School English GRAMMAR

학습영문법

제2판

이 도서의 국립중앙도서관 출판예정도서목록(CIP)은 서지정보유통지원시스템 홈페이지(http://seoji.nl.go.kr)와 국가자료 공동목록시스템(http://www.nl.go.kr/kolisnet)에서 이용하실 수 있습니다.
CIP제어번호: CIP2015034907(양장), CIP2015034908(반양장)

School English
GRAMMAR

학습영문법 제2판 | 박술음 지음 |

한울
아카데미

일러두기

1. ( ) = parentheses(소괄호): 이 안의 말은 넣어도, 넣지 않아도, 다 좋다.

   (예) We (Sisters and I) are going tomorrow.

   　　　 We work (in order) that we may live.

2. [ ] = brackets(대괄호): 이 앞에 있는 말을 써도 좋고, 대괄호 안의 것을 써도 좋다.

   (예) We work that [in order that] we may live.

3. ↔ = 상대 또는 반대

   (예) over 바로 머리 위에 (공간을 두고) ↔ under 바로 아래에 (공간을 두고)

4. < = 좀 더 흔히 쓰이는 표현

3부 통어론 SYNTAX

제2판 머리말

Those who do not know other languages know nothing of their own.
외국어를 모르는 사람은 자신의 모국어도 전혀 모른다.

— 요한 볼프강 폰 괴테(J. W. von Goethe)

영어는 글로벌 시대의 커뮤니케이션 수단으로 인터넷상에서 가장 영향력 있는 도구가 되었고, 그 중요성 또한 날로 높아지고 있다. 따라서 국내의 영어 교육도 많이 강화되었고 그 성과도 상당하다고 할 수 있다.

그러나 한국인이 모국어가 아닌 영어를 숙달하려면 말하기, 듣기, 쓰기를 하는 데 문법을 제대로 알아야 하고, 한국어와 비교한 그 특질을 잘 알아야 한다. 이런 면에서 한국에 영어가 상륙한 지 130여 년이 되었지만 영문법에 정통한 학자로서 평생의 연구성과를 한 권의 책으로 집약하여 남긴 분은 박술음 선생이 유일하다고 할 수 있다.

박술음 선생은 영어학자이자 교육자로서 80평생 연구하고 학생들을 가르친 성과를 집대성한 『학습영문법(School English Grammar)』을 1981년 펴낸 바 있다. 1981년 초판이 나온 뒤 쇄를 거듭했지만, 출판사 사정으로 절판되어 이번에 제2판을 펴내 한국의 많은 학생과 직장인의 영어 실력 향상에 기여하고자 한다.

이 책은 서론, 어형론, 통어론 제3부로 구성되어 있는데, 이는 영어공부를 하는 사람을 위한 최소한의 기초적인 문법 규범을 다룬 것이다.

이 책은 영어학을 연구하면서 불합리한 점을 간추려 새로운 해석을 부여함으로써 학생부터 일반인에 이르기까지 영어를 공부하는 사람들이 합리적인 영어 학습체계를 익힐 수 있도록 하자는 의도에서 쓰였다.

종래의 영어 교육에서는 술어 등이 통일되지 않는 점이 있었다. 그 대표적인 예로 'of'의 소유격 문제가 있다. 'of(의)'는 반드시 소유격 형태로만 쓰이는 것이 아니기 때문에 이 책에서는 이를 속격(屬格)으로 처리했고, 그 예를 들어 상세히 설명했다. 이렇게 하면 'of'를 좀 더 포괄적으로 해석할 수 있으며, 따라서 'of'가 반드시 소유의 의미로만 쓰이는 것이 아님을 이해할 수 있기 때문이다.

그 다음에 'sentence'는 일반적으로 문장이라는 용어로 번역되는데, 이 책에서는 이를 센텐스(sentence)로 썼다. 이는 문장으로 번역할 단어가 아니기 때문이다. 문장은 주어, 동사, 보어, 목적어 등의 완성된 형태의 글로 써야 하며, 구 형태로 문장의 뜻을 포괄하는 형태는 문장이 아니다. 예를 들어 "Good evening."은 문법적으로 완성된 문장은 아니지만 하나의 충분한 의미가 있는 센텐스다. 구어체 중심의 말로 의미가 충분히 전달되는 센텐스이므로 문장으로 번역하지 말고 그냥 센텐스로 두자는 것이다.

또한 문어체를 문장체로, 구어체를 회화체로 바꾸었다. 과거에는 많은 영문법 책이 회화체(구어체)라 하더라도 문장체(문어체)로 볼 때 불충분하고 잘못된 것이라 하여 문어체로 표기했지만, 본 책에서는 문장체로는 서툴러도 회화체로는 적절한 경우 회화체로 해석했다.

과거분사와 현재분사를 제1분사, 제2분사로 다루었다. 사실 현재분사와 과거분사는 시간상으로는 아무 관계가 없다. 문장의 시제 모양이 과거, 혹은 현재의 시제와 비슷하다고 해서 과거분사와 현재분사를 구분한 것이지만 배우는 입장에서 분사는 늘 현재의 입장에서 종결된 어떤 사건이나 경험을 나타내기 때문에 과거에 종결된 것이나 현재에 종결된 것 사이에 명백한 구분이 있는 것처럼 오인해 받아들게 함으로써 혼란만 야기한다. 이러한 차원에서 과거분사는 제1분사, 현재분사는 제2분사로 구분해서 가르쳐야 이해하기 쉽기 때문에 가름한 것이다.

박술음 선생은 한국어와 비교한 영어의 특질 중 대표적인 예로 사물어(thing word)인 가산어(countables)를 복수나 또는 관사가 붙은 단수로 처리해야 실제 말이 된다는 점과 질량어(mass word)인 불가산어(uncountables), 수(numbers)를 들었다.

영어는 대명사가 발달한 언어다. 영어에서는 문장에 한 번 나온 명사는 바로 대명사로 표기하는 반면, 한국어에서는 명사를 되풀이한다. 한국어에서 조사는 말 뒤에 붙어 말과 말의 문법적 관계를 나타내거나 그 말의 뜻을 도와주는 데 반해, 영어에서 조사는 오직 구조적인 역할만 한다. 또한 전치사는 명사 앞에 올 뿐 아니라 내용적인 의미도 가지고 있다. 주어 다음에 술어 동사가 온다는 원칙에서는 두 언어가 같지만, 한국어의 주어는 문맥에 따라, 또는 경어적 표현에서 흔히 생략된다.

이 책은 이러한 한국어와 영어 각각의 특질을 잘 살려서 그 관계성에 맞게 영문법을 잘 정리한 책으로, 영어의 표현을 가장 우리말답게 번역한 대영문학자의 권위가 잘 드러난다.

괴테의 말처럼 모국어를 제대로 알려면 외국어를 알아야 하듯이 박술음 선생은 영어와 한국어의 특질을 깊이 연구, 비교하면서 평생 영어를 연구하고 학생들을 가르쳤다. 한국

영문법의 초석을 다진 대학자 박술음 선생은 이미 고인이 되셨지만, 그가 1981년에 펴낸 20세기의 저서가 오늘날 21세기 글로벌시대의 중심이 된 한국인의 영어 학습에 소중한 길잡이가 되기 바란다.

2015년 12월
박은정(영문학 박사)

초판 머리말

우리가 영어를 가르치고 배울 때 한 보조적 수단으로 영어의 규칙을 설정하고, 그대로 지키기를 권장하는 것은 유익한 일이다. 이 규칙을 처음으로 배우는 이가 쉽게 이해할 수 있을 정도까지 낮추어 다루는 것을 학습 문법(School grammar), 또는 규범 문법(Prescriptive grammar)이라 할 수 있다. 이 책은 그러한 정도의 영문법이다.

현재 중·고등학교 영어교육에서 따로 문법을 가르치지는 않고 현행 영어 교과서에 흡수시켜놓았다고는 해도, 문법을 무시하고 영어 학습이 가능하다고 생각할 수는 없다. 그렇다고 문법의 중요성을 지나치게 강조할 필요도 없다고 본다. 여행자에게 초행길은 서투르다. 그러나 미리 지도를 보고 알아두면 조금은 편리할 것이다. 이 책도 교육을 목표로 하는 실용적 입장에선 보수적(保守的)인 지도서다.

한편, 문법을 하나의 과학으로 다루는 이론적 입장인 과학문법(Scientific grammar)이 있다. 그러니까 여기서 'School'이란 뜻은 '학교'·'학습'·'교과'·'규범'·'실용' 등이다. 이 가운데서 '학습'이란 말을 써서 이 책 이름을 『학습영문법(School English Grammar)』이라 했다. 그러나 이 두 가지 입장은 상대적인 것이므로 명백히 구별될 수 있는 성질의 것은 아니다.

그러므로 어쩌다 과학문법의 영역을 너무 침범하게 될 듯하면 곧 물러나 본래의 목적을 되찾았다. 이 책은 찰스 탤벗 어니언스(Charles Talbut Onions), 조지 O. 컴(George O. Curme), 오토 예스페르센(Jens Otto Harry Jespersen) 등의 저서에 근거한 바 많고, 구조언어학·변형문법(Transformational grammar)의 방법은 대체로 건드리지 않도록 했다. 구조문법(Structural grammar)에서는 School grammar를 전통문법(Traditional grammar)이라 부르고 있고, 변형문법에서는 School grammar와 구조문법을 모두 전통문법이라 하고 있다. '전통'이니 '보수'라는 분류가 달갑지 않은 듯해도, School grammar가 새로운 문법 이론의 밑거름이 되고 있음을 잊을 수는 없을 것이다.

Curme은 그가 쓴 대학 교재 *English Grammar*를 'The Parts of Speech(품사론)', 'Accidence(어형론)', 'Syntax(통어론)'의 3부로 나누었다.

어떤 언어를 이렇게 기계적으로 갈라놓고 설명한다는 것은 거북하나, 단어와 Sentence를 따로 처리해보는 것은 외국어 학습단계에서 뜻있는 일이라고도 생각되어, 이 책도 어떤 부분에서는 그의 방식에 따라보기로 했다. 그러다보니 이미 한 말을 되풀이하게 되는 경우도 더러 있게 되었다. 이 책은 기초적인 것으로부터 상당히 수준 높은 것까지 예를 많이 넣어서 차차 정도를 높여가며 다루었으므로, 중·고교 학생부터 대학 교양과정 정도의 학생 및 일반 영어 연구자의 참고서가 될 수 있을 것으로 안다.

이디스 워튼(Edith Wharton)의 글에 이런 문구가 있다. "빛을 발하는 방법에 두 가지가 있다: 촛불이 되든가, 아니면 그 빛을 반사하는 거울이 되든가"(There are two ways of spreading light : to be the candle or the mirror that reflects it.)

필자가 어찌 감히 촛불이 될 수 있으랴! 제발 거울이라도 맑은 것이 되어서 선배들의 불빛을 일그러짐 없이 비춤으로써 후진을 위해 영어의 어두운 곳을 조금이라도 밝혀보일 수 있다면 다행이겠다. 내 방 앞 벽에는 말(馬)을 그린 옛 중국 그림 한 폭이 걸려 있는데, 말은 나면서부터 네 발로 우뚝 서서 뛰기도 하고 쉬기도 하다가 눕는 날이 곧 죽는 때라는 말이 게으른 나에게 자못 힘이 된 듯도 하다.

1981년 9월
박술음

제1부
서론

Introduction

제1부 서론(Introduction)

말(Speech)은 사람이 사회생활을 하는 데 의사소통을 하기 위한 수단인 바, 말을 구성하는 소리·어형(語形)·단어결합(單語結合) 등에는 일정한 약속이 있다. 이 약속이 바로 문법(Grammar)이므로 이런 뜻에서 말에는 문법이 있다고 말할 수 있다. 이 문법을 기술하는 학문도 문법이라고 부른다.

머리말에서 밝힌 대로 *School grammar*는 영어를 바르게 읽고 쓰고 말하는, 즉 주로 그 실천적인 방면을 기술하는 지침(指針)이다(School grammar is the art of reading, writing and speaking the English language correctly).

완전한 생각이나 감정을 표시하는 독립된 언어 표현을 Sentence라고 한다. 즉, 말(Speech)의 단위(unit)는 Sentence다. 생각이나 감정이 완전하다 함은 우리가 말을 주고받을 때 전달하는 내용을 상대방이 충분히 이해한다는 뜻이다. Sentence란 말은 소리 나 글에 다 쓰이므로, 번역하지 말고 그대로 Sentence라 하는 것이 좋겠다.

생각이나 감정을 완전히 표현하기 위해서는 대체로 단어 여러 개가 필요하지만, 때로는 한 개로도 족한 경우가 있다. 한 가지의 완전한 생각이라 해도, 그것이 독립되지 않은 채 Sentence의 한 부분을 이루고 있을 때는 Sentence가 아니다. 또 손짓이나 몸짓으로도 의사 전달은 할 수 있겠으나 그것도 역시 Sentence라 할 수 없다.

따라서 의사 전달을 하는 데 음성언어나 또는 그것을 기록한 글자로 된 것만을 Sentence라고 한다.

제1장 8품사(Eight Parts of Speech)

1. 품사(Part of Speech)

여러 종류의 많은 책을 도서관에서는 10부분 분류법(decimal classification)에 따라 열 가지로 나누어 정리한다. 영어에서는 40만 개가 넘는다는 영어 단어(word)를, 센텐스(Sentence) 안에서의 형태(Form)·의미(Meaning)·기능(Function)에 따라 8종류로 나누는데, 이것이 **Eight Parts of Speech**(8품사)다. Word는 Sentence를 만드는 데 가장 작은 독립된 의미 단위이기 때문에 그 소속을 밝힌다는 것은 매우 중요하다.

> 참고　**Form**이란 것은 여러 가지에 통하는 형태로서 'Number', 'Case', 'Gender', 'Tense', 'Word Order' 등을 말하고, **Function**이란 것은 'Sentence'에서 어떤 'word'가 다른 'word' 또는 'word group'과 맺는 관계, 즉 'Subject', 'Predicate', 'Object', 'Complement', 'Modifier' 등으로서의 구실을 뜻한다.

① **명사(Noun):** 유형·무형에 불구하고 모든 사물의 이름이다.

  cow　　　　family　　　　flour　　　　peace　　　　America

② **대명사(Pronoun):** 주로 명사의 대신이 되는 품사다.

  I　　　　this　　　　all　　　　who　　　　which

③ **형용사(Adjective):** 직접·간접으로 명사·대명사를 수식(修飾)한다.

  many　　　　pretty

  an *interesting* novel　　　This novel is *interesting*.

> 참고　1. 형용사 중에서 a, an, the를 따로 관사(Article)라고 부른다.
> 　　　2. 수효를 표시하는 one, two, three 등을 수사(Numeral)라고 부른다.

④ **동사(Verb):** 사람이나 사물의 동작 또는 상태를 표시한다.

  arrive　　　　be　　　　write　　　　give　　　　make

> 참고　동사 중에서 shall, will, can, may, must 등 다른 동사의 의미를 돕는 것을 조동사(Auxiliary verb)라고 부른다.

⑤ **부사(Adverb):** 동사·형용사 및 다른 부사, 또는 Sentence 전체를 수식(modify)한다.

He must *work* hard. (그는 열심히 공부해야 한다.) — 동사인 work를 수식한다.

He is **quite** *diligent*. (그는 아주 부지런하다.) — 형용사인 diligent를 수식한다.

It happened **shortly** *before*. (일이 조금 전에 일어났다.) — 부사인 before를 수식한다.

Truly *it is an important matter*. (이것이 중대사임에는 틀림없다.) — Sentence 전체를 수식한다.

[6] **전치사(Preposition)**: 명사나 명사 상당어(Noun equivalent) 앞에 놓여서 그것과 함께 형용사구나 부사구를 만들어 Sentence 안의 다른 어구(語句)와의 관계를 명백히 하는 품사다.

at   from   to   for   between

We live **on** the surface **of** the earth.

(인류는 지구의 표면에 살고 있다.)

> [참고] 1. on the surface는 live를 수식하는 부사구이고, of the earth는 surface를 수식하는 형용사구다.
> 2. the surface는 on의, the earth는 of의 목적어(Object)라고 한다.

[7] **접속사(Conjunction)**: Sentence 안의 단어·구(Phrase)·절(Clause)을 연결하는 역할을 한다.

and   but   if   that   unless

The boy **and** the girl are good friends.

(그 소년과 소녀는 서로 친한 친구다.)

Let's talk in the room **or** in the garden.

(방이나 뜰에서 이야기합시다.)

He was absent **as** he was busy.

(그가 바쁘니까 결석했다.)

> [참고] and는 단어인 (the) boy와 (the) girl을 연결한다. or는 부사구인 in the room과 역시 부사구인 in the garden을, 그리고 as는 부사절인 he was busy를 독립절인 He was absent에 연결한다.

[8] **간투사(Interjection)**: 기쁨·슬픔·놀라움 등의 감정을 표시하는 것으로서, Sentence 안의 다른 부분과 문법적 관계는 가지고 있지 않은, 즉 독립된 성질의 것이다.

Bravo! Alas! Oh! Ouch!(아야!) Good gracious!

Well, come if you like. (글쎄, 오려면 와.)

Why, what's the matter? (아니, 웬일이야?)

2. 품사의 바뀜(Conversion of Parts of Speech)

단어는 어떤 품사로부터 다른 어떤 품사로 흔히 바뀐다. 사전에 어떤 단어의 품사가 명사니, 동사니 등으로 적혀 있는 것은 그저 Sentence에서의 습관적인 구실을 대체로 적은 것에 지나지 않으며, 어떤 단어가 무슨 품사인가는 그 단어가 Sentence 안에 실제로 나타난 때에 비로소 밝힐 수 있다.

Father is out for a **walk**.	[명사]
(아버지는 산책하러 나가셨다.)	
I can't **walk** any farther.	[동사]
(나는 더 이상 걷지 못하겠다.)	
My watch is three minutes **fast**.	[형용사]
(내 시계는 3분 빠르다.)	
Please don't speak so **fast**.	[부사]
(그렇게 빨리 말씀하지 말아주시오.)	
Put **on** your coat in the dining room	[부사]
(식당에서는 외투를 입으시오.)	
Seoul is situated **on** the Han River.	[전치사]
(서울은 한강을 끼고 있다.)	
Think **before** speaking.	[전치사]
(말하기 전에 생각부터 하라.)	
Think **before** you speak.	[접속사]
(말하기 전에 생각부터 하라.)	
Look **before** and after.	[부사]
(앞뒤를 살펴라.)	
I never saw the **like** of him.	[명사]
(그이 같은 사람을 본 일이 없다.)	
The two books are very **like**.	[형용사]

(그 두 책은 비슷하다.)

I should **like** to know the reason. [동사]

(나는 그 까닭을 알고 싶다.)

She sings **like** a lark. [전치사]

(그는 종달새처럼 노래 부른다.)

 EXERCISE 1

1. 다음 글에 나타난 각 단어의 품사를 말하라.

Man can be the master of his own destiny today. He can do whatever he wants if his desire is strong enough. Oh, think of Neil Armstrong, the first man on the moon!

2. 다음 이탤릭체의 단어를 비교하여 그 품사와 뜻을 밝혀라.

(1)
① How *long* have you been learning English?
② The chance was *long* in coming.
③ It will not take *long* before I come back.

(2)
① He left *home* at the age of twenty.
② He has gone *home* to give information.
③ They are satisfied with their *home* products.
④ I saw him on my way *home*.

(3)
① Excuse me! *but* your coat is dusty.
② He is not so sick *but* he can eat.
③ No one *but* him showed interest in it.
④ Youth comes *but* once.

제2장 구와 절(Phrases and Clauses)

3. 구(Phrases)

두 개 이상의 단어가 모여서 한 개의 품사 구실을 하되 주어 + 술어의 형식을 갖추고 있지 않은 것, 즉 형태상으로는 주어·술어를 가지고 있지 않은 단어의 집합체이고, 기능상으로는 한 개의 품사 구실을 하는 것이다.

① **명사구(Noun phrase):** 명사의 구실을 하는 구로서 부정사, 즉 to + **원형동사**, 또는 **의문사 + 부정사**의 형태가 많으며, Sentence 안에서는 주어·목적어·보어 중의 어떤 한 가지 기능을 한다.

> *To live long* is the desire of man. [주어]
>
> (오래 사는 것이 인간의 소원이다.)
>
> Teach me *how to live*. [목적어]
>
> (처세술을 가르쳐주시오.)
>
> Not to advance is *to go back*. [보어]
>
> (전진하지 않는 것은 후퇴하는 것이다.)

> 참고 He is *a sincere man*. (그는 진실한 사람이다.)
>
> I enjoy *seeing movies*. (나는 영화 구경을 좋아한다.)
>
> *All this fresh fruit* will spoil if kept too long. (이 신선한 과실은 오래 두면 모두 상한다.)
>
> 이 Sentence들의 italic체 부분은 **단어 모임**(Word group)이다. 이미 명사인 단어에 수식어가 붙어 있거나, 또는 동사와 명사의 구실을 겸하고 있는 동명사에 목적어가 붙어 있는 것 등에 불과하기 때문이다.

② **형용사구(Adjective phrase):** 명사 뒤에 붙어서 직접 이것을 수식하는 경우와, 불완전자동사·타동사의 보어로 쓰이는 경우가 있다. 보편적인 형태는 **전치사 + 명사**와 to + **원형동사**다.

> A friend *in need* is a friend indeed.
>
> (어려울 때의 친구가 진정한 친구다.)

He is always the first *to come* and the *last to leave*.

(그는 언제나 먼저 와서 나중에 간다.)

She is *in perfect health*. (= perfectly healthy)

(그녀는 건강에 이상이 없다.)

They wanted me *to do it*.   [보어]

(그들은 나에게 그것을 시키고 싶어 했다.)

I saw the man *cross the road*. (원형 부정사)   [보어]

(나는 그 사나이가 길 건너는 것을 보았다.)

The two girls are (*of*) *the same age*.   [보어]

(그 두 소녀는 같은 나이다.)

참고 1. Here is *a very beautiful* flower.
(매우 아름다운 꽃 한 송이가 여기 있다.)
There are many letters *recommending him to the position*.
(그 자리에 그를 추천하는 서신이 많다.)
This is a poem *written by Eliot*.
(이것은 엘리엇이 쓴 시다.)
이 italic체 부분도 Head word(주요어)인 beautiful, recommending, written을 앞뒤에서 도
와줄 뿐으로, 새로 어떤 다른 품사의 기능을 하는 것은 아니므로, 역시 Word group이다.
2. 위의 마지막 예에서 전치사 of를 넣지 않는 경우, the same age를 **기술(記述)의 대격(對
格)**(Accusative of Description)이라 한다.

③ **동사구(Verb phrase)**: 동사와 명사·전치사·부사 등이 결합한 것이거나, 조동사 +
본동사 등의 형태를 말한다.

Please *take care of* yourself.

(제발 건강에 유의하십시오.)

A drowning man will *catch at* a straw.

(물에 빠지면 지푸라기라도 잡으려 든다.)

He *gets up* at six o'clock.

(그는 6시에 일어난다.)

She *may have been deceived*.

(그 여인이 속았는지도 몰라.)

④ **부사구(Adverb phrase)**: 전치사 + (관사)명사의 형태이거나, 또는 부정사구(不定詞 句)가 많다.

He works very hard *till the evening*.

(그는 저녁때까지 아주 열심히 일한다.)

Write your name *with care*.

(당신 이름을 똑똑히 쓰시오.)

Eat *to live*, but do not live *to eat*.

(살려고 먹지, 먹으려고 살지 마라.)

I have been here *these three years*.

(나는 여기서 3년 동안 살고 있다.)

They walked *hand in hand*.

(그들은 손에 손을 잡고 걸었다.)

[참고] 1. 마지막 두 개 Sentence의 italic체 부분을 **부사적 대격**(Adverbial accusative)이라고 부른 다. 고대 영어에서 대격인 명사가 전치사 없이 그대로 부사와 같은 기능을 했다는 데서 이렇게 말한다.

　2. 분사구문(Participial construction)을 부사상당어구로 풀이하는 것이 실제적으로 편리하 다 하여, 부사구에 포함시키기도 한다.

　Strictly speaking, this is not true.

　(따지자면 이것은 사실이 아니다.)

　Being tired with his long walk, he soon fell asleep.

　(오래 걸어서 지쳤으므로 그는 곧 잠들었다.)

　They being absent, nothing could be done.

　(그들이 없으니 아무 일도 되지 않았다.)

⑤ **전치사구(Preposition phrase)**: 전치사에 다른 단어가 붙어서, 합하여 하나의 전치 사 구실을 하는 것이다. **부사 + 전치사, 전치사 + 명사 + 전치사**의 형태가 많다.

He is *out of* work. (out of = without)

(그는 실업자다.)

Thoughts are expressed *by means of* words.

(by means of = through)

(사상은 언어를 통해 표현된다.)

Thanks to the favorable wind, he soon landed.

(thanks to = owing to)

(순풍 덕분에 그는 곧 상륙했다.)

As regards rice, prices are rising. (as regards = regarding)

(쌀에 관해서라면 값이 오르고 있다.)

[참고] 전치사＋목적어로 된 것을 **전치사 부구**(Prepositional phrase, 前置詞 附句)라고 부르기도 한다.

A stitch *in time* saves nine. (여기서 in time은 형용사구)

(제때의 한 바늘이 다음의 아홉 바늘 꿰맬 수고를 덜어준다.)

6 **접속사구(Conjunction phrase)**: 군접속사(Group conjunction, 群接續詞)라고도 부르는데, as soon as처럼 2개 이상의 단어가 하나의 접속사 구실을 한다.

That child talks *as if* he were a man.

(as if = as would be the case if …)

(저 애 말투는 어른 같다.)

A fool is like other men *as long as* he is silent.

(as long as = if only)

(바보라도 입을 다물고 있는 한 보통사람과 다름이 없다.)

He has experience *as well as* knowledge.

(= not only (knowledge), but also ….)

(그에게는 지식뿐 아니라 경험도 있다.)

In case I am prevented from visiting you, please excuse me. (in case = if)

(내가 찾아뵙지 못하더라도 화내지 마시오.)

Take warm clothes *in case* the weather is cold. (in case = lest)

(추우면 안 되니 겨울옷을 가지고 가시오.)

7 **간투사구(Interjection phrase)**: 간투사 또는 간투사구는 대개 불완전하지만 Sentence로 인정해도 좋다.

By Jove! you were there.

(원, 저런! 자네가 거기 있었구나.)

Dear me! (아이고!) Good heavens! (아이고 맙소사!)

Hip, hip, hip, hurrah! (하나, 둘, 셋, 만세!)

Thank God! (이젠 살았다!)

How interesting! (야, 재미있다!)

Poor fellow! (아이, 불쌍해라!)

참고 같은 형태의 다른 품사구

┌ I've left my umbrella *at home*. (at home = in my house) [부사구]

│ (집에 우산을 두고 왔다.)

└ Please make yourself *at home*. (at home = comfortable) [형용사구]

  (편히 하시오.)

┌ She has gone to Paris *to study art*. (그녀는 미술을 연구하러 파리로 갔다.) [부사구]

│ Her wish was *to study art* in France. [명사구]

│ (그녀의 소원은 프랑스에서의 미술 연구였다.)

└ She at last gratified her desire *to study art*. [형용사구]

  (그녀는 드디어 미술 연구의 욕망을 채웠다.)

4. 절(Clause)

Sentence의 한 부분을 이루고 있는 단어의 집단체로서, 그 자체 안에 주부 + 술부의 형식을 갖추고 있으며, Sentence 안에서의 절의 기능에 따라 ① 등위절(Co-ordinate clause), ② 종속절(Subordinate clause), ③ 주절(Principal clause)의 세 가지로 나뉜다.

① **등위절(等位節)**: 두 개 이상의 **독립절**(Independent clause)이 기능상 오로지 대등의 관계에서 연결되어 있는 것으로서, 대개 and, but, for, nor, or 등의 등위 접속사(Co-ordinate conjunction)에 의하여 접속되어 있다.

"I am a boy."와 "You are a girl."이란 두 개의 Sentence가 and로 연결되어 "I am a boy, *and* you are a girl."이란 새로운 한 개의 Sentence가 되면 "I am a boy."와 "you are a girl."은 각각 **등위절**이다.

Father has gone out, *but* mother is staying at home.

　(아버지는 외출하셨으나, 어머니는 집에 계십니다.)

We shall all die someday, *for* man is mortal.

　(우리 모두가 언젠가는 죽는다, 죽지 않는 사람은 없기 때문에.)

I did not speak, *nor* [*neither*] did he speak a word.

　(나는 아무 말도 하지 않았다. 그도 한마디 말도 하지 않더라.)

His remarks did not vex her, *or*, at least, she showed no vexation.

　(남편 말을 듣고도 아내는 노하지 않았다, 적어도 그러한 표정이 없었다.)

He must see it, *or* I must tell him about it.

　(그가 그것을 봐야만 한다, 아니면 내가 그것에 대한 이야기를 그에게 해줘야 한다.)

② **종속절(從屬節)**: 명사나 형용사나 부사의 구실을 하는 절이다. 이에 대하여 종속을 당하거나, 수식되거나 하는 절은 **주절**이다. 주절도 독립절이다. 종속절이 아니기 때문이다.

1) 명사절(Noun clause): Sentence 안에서 명사와 같은 기능(주어·목적어·보어)을 가지고 있는 절이다. 형태상으로는 that, whether, if 등의 종속 접속사(Subordinate conjunction); what, why, where, how, when 등의 관계사(Relative); who, what, when, where 등의 의문사(Interrogative)로 흔히 시작된다.

[참고] 1. **관계사**란 접속사 + 대명사[형용사·부사]의 뜻을 지니고 있는 것을 말하고, **의문사**란 의문대명사. 의문형용사·의문부사를 통틀어 말하는 것이다.

cf. See *if* he has come.	[종속 접속사]
(그가 왔나 보시오.)	
What he wants is money.	[관계대명사]
(그가 원하는 것은 돈이다.)	
They'll give you *what* books they can spare.	[관계형용사]
(없어도 괜찮을 책은 그들이 당신들에게 주리다.)	
That's *why* she can not agree.	[관계부사]
(그것이 그녀가 동의할 수 없는 이유다.)	
Do you know *where* he lives?	[의문부사]
(그의 주소를 아시오?)	
What do you think the flower is?	[의문대명사]
(그것이 무슨 꽃인지 아세요?)	

Tell me *which* fruit you like best.　　　　　　　　　　　　　　[의문형용사]

　　(어느 과실을 가장 좋아하시는지 말씀해주시오.)

2. 명사절을 그 기능에 따라서 나누어보면 다음과 같다

　1) Subject:

　That you have wronged me appears in this.

　　(그대가 나를 해한 것은 이것으로 확실하다.)

　It is necessary *that you should exert yourself*.

　　(당신은 노력할 필요가 있습니다.)

　2) Object:

　She insisted *that it must be done*.

　　(그 여인은 그것이 이루어져야 한다고 주장했다.)

　He thinks it a pity *that she should be absent*.

　　(그녀가 없음을 그는 섭섭하게 생각하고 있다.)

　We are told *that the right way is narrow*.　　　　　　　　　　[보류목적어]

　　(옳은 길은 좁다고 들었다.)

　I know nothing except *that he was found dead*.

　　(그가 죽어 있었다는 것 이외에 나는 아무것도 모른다.)

　3) Complement:

　She is not *what she was*.

　　(그 여인은 사람이 달라졌더라.)

　That seems *why he did not say*.

　　(그것이 그가 말하지 않은 이유인가보다.)

　The trouble was *that we were short of money*.

　　(야단이었어, 우리에겐 돈이 부족했단 말이야.)

3. 다음 Sentence의 italic체 부분은 내용이 그 앞의 명사인 fact와 같으므로 fact와 동격
　　(Apposition)인 명사절이다.

　The fact *that it is false* will not be denied.　　　　　　　　[that은 접속사]

　　(그것이 거짓이라는 사실은 부정할 수 없을 거야.)

　그러나 다음의 italic체 부분은 fact를 수식하는 형용사절이다.

　The fact *that you have admitted* will not be denied.

　　(당신이 인정한 사실이니 부정할 도리가 없지.)　　　　　　　[that은 관계대명사]

4. 뒤의 that은 because의 뜻이므로 italic체 부분은 부사절이다.

　I am glad[sorry, surprised] *that he is going*.

　　(그가 가다니 기쁘다[가엾다, 의외다].)

　We rejoiced *that he came*.

(그가 오니 우리는 즐겁다.)

비슷한 형식이지만 afraid, anxious, aware, certain, confident, desirous, sure 등 뒤의
that … 절은 명사절이다.

I *am certain* that he will come.

＝I *believe* that he will come.

＝I *am certain of* the fact that he will come.

＝I *am certain of* his coming.

I *am not sure* this is right. (이것이 옳은 일인지 나는 잘 모르겠어.) 이렇게 약간 까다
롭기 때문에 이를 **준(準)부사절**(Semi-adverbial clause)이라고도 부르는데, 이런 종류의
형용사는 대개 감정이나 지각(知覺)을 표시한다.

2) **형용사절(Adjective clause)**: Sentence 안에서 형용사와 같은 기능을 가지고 있는
절이다. 형태상으로는 who, that, which 등 관계대명사, 또는 where, when, why
등 관계부사, 또 때로는 일부의 접속사로 시작되어, 명사 또는 대명사를 수식한다.
관계사절(Relative clause)이라고도 부른다.

He *who is good* is happy.

(선한 사람은 행복하다.)

They are plain country folk *that love their family*.

(그들은 가족을 사랑하며 사는 소박한 시골 사람들이다.)

There is nothing in the world *which gives us so much pleasure as reading*.

(이 세상에 책 읽기처럼 우리에게 즐거움을 주는 것은 없다.)

The place *where he lived* was an isolated island.

(그가 살던 곳은 외딴 섬이었죠.)

It was a time *when there was no freedom of speech*.

(언론의 자유가 없던 시대였다.)

Tell me the reason *why you said so*.

(왜 그렇게 말씀했는지 이유를 말해주시오.)

참고 Why 이하의 절이 reason의 내용을 말하는 동격의 절이고, 그것을 수식하는 것이 아니라고
본다면 명사절이라고도 말할 수 있다.

He returned on the day *before she married*.

(그는 그녀가 결혼하기 전날 돌아왔다.)

He had a look *as if he would kill me.*

(그는 나를 죽일 것 같은 얼굴을 하고 있었다.)

[참고] 1. 문장체에서는 형용사절이 많이 쓰이지만, 회화체에서는 이를 원칙적으로 피하는 것이 좋다.

2. 관계사 없는 형용사절을 **접촉절(Contact clause)**이라 부른다. 이러한 Sentence는 본래부터 관계사가 없는 것이며, 있던 것이 생략된 것은 아니다. "This is the boy *we spoke of.* (이 학생이 우리가 말한 그요.)" the boy와 we spoke of의 사이는 그 음성이나 의미에서 밀접하게 접촉되어 있으므로 Pause(휴지)를 두지 않는다. 그러나 whom을 넣으면 the boy와의 사이에 Pause를 둔다. "There is a man below *wants to see you.* (아래층에 당신을 면회하러 온 분이 계십니다.)" who를 wants 앞에 넣어도 뜻은 같다. "She is not the cheerful woman *she used to be.* (그 여인은 예전의 명랑하던 그녀가 아니다.)" she 앞에 관계사를 넣는다면 주격 보어인 that이다. "I am not the swindler *you thought me.* (나는 당신이 생각하고 있는 대로의 사기꾼이 아니요.)" 이 경우에 넣을 수 있는 that은 목적격보어다.

3. **비제한적 관계사절**(Non-restrictive relative clause)도 의미상으로는 등위관계지만, 문법적으로는 종속관계이므로 형용사절이다. "He had three sons, *who became lawyers.* (아들 셋이 있었는데 다 법률가가 되었다.)" cf. He had three sons *who became lawyers.* [제한적 관계사절]

3) 부사절(Adverbial clause): Sentence 안에서 부사와 같은 기능을 하는 절로서 종속접속사(when, while, till, as, than, if, though, because, unless 등), 관계부사(where, how, the 등), 복합관계사(whenever, wherever, however, whoever, whatever 등)로 시작되어, 때·양식(樣式)·비교·조건·양보·이유·처소·결과·목적 등을 표시한다.

He will go *when he has had his lunch.*   [때]

(점심식사가 끝나면 그가 갈 것이다.)

I will follow truth *while I live.*   [때]

(내가 살아 있는 동안 나는 진리를 따를 것이다.)

I slept *till it was light.*   [때]

(날이 훤할 때까지 나는 잤다.)

Once you begin, you must continue. (once … = if ever …)   [때]

(일단 시작했으면 계속해야지.)

The moment he entered, all stopped their chatter.   [때]

(the moment = when)

(그가 들어오니 모두 곧 조용해졌다.)

Do at Rome *as the Romans do*.   [양식]

(어떤 고장에 가거든 그곳 풍습에 따르라.)

Do it *how you can*.   [양식]

(할 수 있는 방법으로 어떻게든지 해봐.)

He is otherwise *than I thought*.   [비교]

(그의 됨됨이는 내가 생각했던 바와 다르다.)

The more one has, the more one wants.   [비교]

(모으면 모을수록 사람의 욕심은 더 커진다.)

He was no more wounded *than I was*.   [비교]

= He was not wounded any more *than I was*.

(내가 그랬듯이 그도 부상하지 않았다.)

참고   no more ··· than[not ··· any more than]

He is *no more* a genius *than* we are. (= He is as little a genius as we are.) = He is *not* a genius *any more than* we are. (그는 우리도 그렇듯이 천재가 아니다.)

She is *no more* nervous *than* he is. (= *as little* nervous *as*) (그 부인은 남편도 그렇듯이 소심하지 않다.)

They can *not* trample upon human rights *any more than* we can. (그들이 인권을 유린할 수 없는 것은 우리가 할 수 없는 것과 마찬가지다.)

이상과 같은 Sentence에서 주의할 것은 **비교표현의 than 다음에는 반드시 긍정적 표현(Affirmative expression)이 온다는 사실이다. 비록 내용에서는 부정적인 것이라 하더라도 이 긍정적 표현이 오는 것이 원칙이다.**

즉, A is *no more* B *than* C is D에서 C is not D는 상식적이므로, A, B의 관계가 C, D의 관계(말도 안 될 만큼 모순된 내용)보다 나을 것이 없다. C, D의 관계가 상식적으로 부정적인 것이니, A, B의 관계도 그와 마찬가지로 부정적이라는 뜻이다.

It may be that when his life at last comes to an end he will leave **no more** trace of his sojourn on earth **than** a stone thrown into a river leaves on the surface of the water. (아마도 우리가 임종할 때, 이승에 잠시 머물러 있었다는 아무 자취도 남기지 않게 되리라, 마치 강물에 던져진 돌이 물 위에 아무 흔적도 남기지 않는 것과 같이.)

leaves와 on 사이에 **no** trace를 넣어보자. 그러나 상식적으로 생각해 보아도 우리가 물 위로 던진 돌은 곧 가라앉고, 표면에 아무 흔적도 남기지 **않는** 것이니, 영어식으로는 일부러 not 등 Negative(부정어)를 쓰지 않는 것이 관습이다.

He thinks *no more* of dying *than* of throwing away an old hat. (그는 죽음을 헌 모자 내버리는 정도로밖에는 생각지 않는다.)

If you are tired, you will go straight home.　　　　　　　[조건]

　(피곤하면 곧 댁으로 가시오.)

We shall go *unless it rains*.　　　　　　　　　　　　　　[조건]

　(비가 오지 않으면 우리는 갑니다.)

Where there is a will, there is a way. (Where = If)　　　[조건]

　(정성이 지극하면 뜻은 반드시 이루어지는 것.)

Suppose it happened, what should you do? (Suppose = If)　[조건]

　(그렇게 된다면 어떻게 할 테야?)

Had he been faithful, everything would have been all right.

　(= Had he been ⋯. = If he had been ⋯.)　　　　　　　[조건]

　(그가 충실했다면, 만사가 순조로웠을 텐데.)

It is worth attempting *though we fail*.　　　　　　　　　[양보]

　(실패한다고 해도 이번 일은 해볼 가치가 있다.)

[참고]　**양보**(Concession, 讓步)라 함은 '⋯ 지마는', '⋯ 라 하여도', '⋯ 이거나' 등의 한 걸음 늦추는 표현을 뜻한다.

I'll see him *whenever he likes to come*.　　　　　　　　[양보]

　(그가 오고 싶다고 할 때는 언제나 만나겠습니다.)

Sit *wherever you like*.　　　　　　　　　　　　　　　　[양보]

　(아무 데나 원하시는 자리에 앉으세요.)

However tired we may be, we must walk on.　　　　　　[양보]

　(우리가 아무리 고단해도 계속해서 걸어야 합니다.)

Whoever else goes hungry, you mustn't [mʌ́snt].　　　　[양보]

　(다른 어떤 사람이 시장하다 하여도 그대가 배고플 수는 없다.)

Whatever happens, I will do.　　　　　　　　　　　　　[양보]

　(어떤 방해가 있든지 나는 하련다.)

She had to go, *whether or no she wanted it.*　　　　　　[양보]

　(좋든지 싫든지 간에 그 여인은 가야만 할 사람이었다.)

I don't like him *because he is dishonest.*　　　　　　　　[이유]

　(그 사람은 솔직하지 않아서 싫다.)

You should not despise a man *because he is poor.*　　　　[이유]

　(가난하다고 그 사람을 업신여겨서는 안 돼.)

We must camp *where we can get water.*　　　　　　　　　[처소]

　(야영은 물 얻을 수 있는 곳에서 해야 한다.)

She was so happy *that tears ran down.*　　　　　　　　　[결과]

　(그 여인은 너무 기뻐서 눈물을 흘렸다.)

We work *that*[*in order that*] *we may live.*　　　　　　　[목적]

　(우리는 살기 위해 일한다.)

　참고　다음 이탤릭체 부분은, 의미상으로는 종속절 중의 부사절이지만, 형태상으로는 등위절이다.

　　　Do it, you will never regret it. (= If you do it, ···.)

　　　　(그렇게 하신다면 후회하지 않으실 것입니다.)

　　　She is poor, nevertheless she is happy. (= Though she is poor, ···.)

　　　　(가난하지만은 그 여인은 행복해.)

　　　He is ill, so we must call on him. (= As he is ill, ···.)

　　　　(그가 병이라니 병문안 가야지.)

　　　Say what you will, I pity her. (= Whatever you may say, −.)

　　　　(무엇이라고 말씀하시든 간에 저는 그녀를 동정합니다.)

　③ **주절(主節):** 한 개의 Sentence 안에 두 개 이상의 절이 포함되어 있을 때, 명사절.
형용사절·부사절 등의 종속절에 대하여, 으뜸자리(主位)에 있는 절을 **주절**이라고 부른다.

I'll tell him that he should keep the secret.

　(that ··· secret은 tell의 직접목적어인 명사절이니 종속절이다.)

　(그 비밀을 지키도록 그에게 일러두겠습니다.)

Do you know the exact time when the train will arrive?

　(when ··· arrive는 time을 수식하는 형용사절이니 종속절)

　(기차가 도착할 정확한 시간을 아십니까?)

As the door was open, *I walked in.*

(As … open은 walked를 수식하는 부사절이니 종속절)

(문이 열려 있으니 내가 안으로 들어갔죠.)

[참고] 1. *The house* which you see in the distance *is a lighthouse.*

   (저 멀리 보이는 집은 등대다.)

   이 예에서 주절은 갈라져 있다.

2. That knowledge is power *is true.*

   (아는 것이 힘이란 말은 진리다.)

   주절의 주어는 따로 없고, That knowledge is power란 명사절이 is true의 주어 구실을 한다.

3. I *said* (that) he was wrong.

   (나는 그가 잘못이라고 말했다.)

   이 Sentence는 제3형인데, 주절의 목적어가 따로 없으며, 명사절인 (that) he was wrong이 I said의 목적어 구실을 한다.

4. What surprises me is that he should get angry.

   (내가 놀라는 것은 그가 노한다는 사실이야.)

   "What surprises me"라는 종속절은 명사절로서 is의 주어이고, "that he should get angry"라는 종속절은 명사절로서 is의 보어다. 엄격히 말하면, 이 Sentence의 주절은 결국 is뿐이므로, 혼란을 가져오는 까닭에 아예 주절이란 말을 쓰지 않는다. 따라서 절이라고 하면 종속절의 의미로만 사용하여, 종속절이나 복합문(Complex sentence)이라는 명칭은 불필요하다고 인정하는 설도 있다. (Jespersen, Fowler)

 EXERCISE 2

1. 다음 italic체 부분이 어떤 품사의 구인지를 말하라.

(1) The patient was too ill *to see anyone* that day.

(2) The man *with a red nose* stood at the gate.

(3) She knows better than *to interfere* in our affairs.

(4) I could not sleep well *at the thought* of the approaching examination.

(5) He had no friends *to back him up.*

2. 다음 italic체 부분이 어떤 품사의 절인지를 말하라.

(1) Wednesday is *when we are least busy*.

(2) *Once you hesitate* you are lost.

(3) He was not the kind of man *which I had expected him to be*.

(4) That is *how he managed* to make both ends meet.

(5) He is not so old *as he looks*.

3. 다음 동사구와 같은 의미의 단어를 말하라.

(1) Can you *make out* her poor handwriting?

(2) Don't be afraid as I'll *stand by* you.

(3) Henry *takes after* his father very much.

(4) Where did you *come by* these old copper coins.

(5) We can't *put up with* your insolence any more.

제3장 상당어(Equivalents)

5. 상당어(相當語)

Sentence 안에서 명사·형용사 또는 부사의 구실을 하는 다른 품사를 상당어라고 부른다. girl friend(여자 친구)의 girl이, 형용사가 흔히 쓰이는 자리에 있다고 해서 형용사라고 할 수는 없다. girl은 어디까지나 명사라고 인정해 두지 않는다면, 무엇 때문에 단어를 8품사로 나누어 놓았겠는가? 그런데 품사의 분류와는 달리 어떤 단어나 구 또는 절을, 때로는 Sentence 안에서 실제로 하는 기능(Function)에 따라 분류할 필요가 있다. 여기서 위의 girl을 형용사 **상당어**라고 부른다. girl의 형용사인 girlish도 있다. 그러나 girlish friend(처녀 같은 친구)라고 하면 대개 남성을 의미하는 말이 된다.

　1 **명사 상당어(Noun equivalents)**: 명사 이외의 품사에 속하는 것으로 Sentence 안에서 명사의 구실을 하는 것을 말한다.

　1) **대명사**

　　It is *I*. (나다.) (It이 주어이고, I는 주어와 동일인임을 말하는 주격보어다.)

　　You are all *mine* and my *all*. (첫 번째 all은 부사)

　　　(당신은 모두 내 것, 그리고 내 전부야.)

　　Those who believe *this* are asses. (this는 목적어)

　　　(이것을 믿는 자는 바보다.)

　　Some have children and *some* have *none*.

　　　(자녀가 있는 사람도 있고, 없는 사람도 있다.)

　　They were *themselves* busy that day. (they와 동격)

　　　(그들 자신은 그날 바빴다.)

　2) **형용사**

　　The nation at *large* wanted peace. (전치사인 at의 목적어)

　　　(국민은 평화를 원했다.)

There are tears for *the many* and pleasures for *the few*.

(많은 사람이 인생을 서럽게 살고, 웃음으로 지내는 사람은 적다.)

One must bow to *the inevitable*.

(피할 수 없는 운명에는 순종할 수밖에 없다.)

He went from *bad* to *worse*.

(그의 병세는 점점 악화되었다.)

Rich and *poor*, *young* and *old*, *good* and *bad* were there.

(빈부·노소·선악인 등 모두가 거기에 살고 있었다.)

Advice often goes in at one ear and out at *the other*.

(권고는 대개 한 귀로 들어가고 한 귀로 나간다.)

In *general* he doesn't come home till *late* now.

(대개 그는 요즘 늦어서나 집에 돌아온다.)

The living are more valuable than the dead. (제1[현재]분사)

(송장보다 살아 있는 사람이 더 가치 있다.)

They had to bury *the killed*, and take care of *the wounded*. (제2[과거]분사)

(그들은 전사자는 묻고, 부상자는 간호해야만 했다.)

Married is *Married*.

(결혼한 것은 한 것이지.)

3) 부사

She is just back from *abroad*.

(그녀가 해외에서 막 돌아온 길이다.)

He left his home for *ever*.

(그는 고국을 떠난 뒤 영영 돌아오지 않았다.)

We shall leave *here* tomorrow.

(내일 우리는 여기를 떠납니다.)

참고 동명사(Gerund)는 당연히 명사다. 다만 그 자체 내에 동사의 기능도 일부 간직하고 있을 뿐이다.

He is ashamed of *having said* so.

(그렇게 말한 것을 그는 부끄러워하고 있다.)

It is absurd *thinking* like that.

(그렇게 생각한다는 것은 어리석다.)

He thinks it dangerous your *climbing* the mountain alone.

(당신 혼자 등산하는 것은 위험하다고 생각합니다.)

4) 인용어

But me no *buts*. (그러나 그러나라고 변명하지 마라.)

참고 처음의 But은 Nonce verb(임시동사), 뒤의 but은 Nonce noun(임시 명사)이다.

'*By God*!' is all I can say.

('기필코'라는 말밖에는 할 말이 없소.)

I don't like your '*If I could*.'

(자네의 그 '할 수만 있다면야'란 수작이 나는 싫어.)

2 **형용사 상당어(Adjective equivalents)**: 형용사 이외의 품사에 속하는 단어로 Sentence 안에서 형용사 구실을 하는 것을 말한다.

1) 명사

She has been to a *beauty* parlor.

(그 여인이 미장원에 갔다 왔다.)

The statue of *General* MacArthur stands in Incheon.　　　　[동격]

(맥아더 장군의 동상이 인천 자유공원에 서 있었다.)

Ms Julia was overwhelmed with grief.　　　　[동격]

(줄리아 여인은 슬픔에 잠겨 있었다.)

참고 Ms[miz]는 Miss와 Mrs의 차별을 없애기 위해 생겨난 새말.

He is proud of his *son's* having succeeded.

(아들이 성공했음을 자랑스러워한다.)

He was *fool* enough to marry her. (fool = foolish)

(그는 어리석게도 그녀와 결혼했다.)

She is more *mother* than *wife*.

참고 mother = motherly; wife = wifely

(그녀는 아내답다기보다 어머니다운 면이 많다.)

37

[참고] "The poor law (빈민구제법)", "the sick bed (병상)"의 poor와 sick은 본래 형용사이던 것이 the와 합하여 명사화했다가, 다시 형용사적으로 사용된 것이므로, "the law for the poor"와 "the bed for the sick"의 단축된 말이다.

2) 대명사

No one came to *his* rescue.

(아무도 그를 구하러 오지 않았다.)

We *both* wondered at his learning. [동격]

(우리 둘 다 그의 학식에 놀랐다.)

She-goats are generally meek.

(암염소는 대개 유순하다.)

3) 분사: 동사 + 형용사의 구실을 한 몸에 지니고 있는 것이니, 준동사로서 형용사의 기능을 한다.

We can find books in *running* brooks.

(흐르는 개천에서도 교훈을 찾을 수 있다.)

She remained *standing* for some time. [보어]

(그 여인은 얼마 동안 선 채로 있었다.)

I saw him *walking* fast to catch the train. [보어]

(그가 기차 타려고 빨리 걸어가고 있는 것을 보았다.)

He handed her some *printed* matter.

(그가 어떤 인쇄물을 그녀에게 넘겨주었다.)

She has lost the ring *given* her by her fiancé.

(그녀가 약혼자로부터 받은 반지를 잃어버렸다.)

4) 동명사

Has even the *swimming* pool been polluted?

(수영장 물까지 오염되었단 말입니까?)

[참고] *a dining* room (식당) *a broadcasting* station (방송국)

5) 부사

They blamed the *then* government for its foreign policy.

(그들은 당시 정부가 취한 외교정책을 비난했다.)

참고 an *up*[*down*] train (서울[지방]행 열차) people *there* (그곳 사람들)

③ **부사 상당어(Adverb equivalents):** 부사 이외의 품사에 속하는 단어로 Sentence 안에서 부사 구실을 하는 것을 말한다.

1) 명사: Adverbial accusative의 명사가 이것이며, 대부분의 경우 수식어가 붙어 있다.

We walked *miles*. (여러 마일을 우리는 걸었다.)

The museum is open *Sundays*. (= on Sundays) (박물관은 일요일에도 연다.)

She waited *two hours*. (그녀가 두 시간 기다렸다.)

It snowed *this morning*. (오늘 아침 눈이 왔다.)

I shall be back *this day week*. (다음 주 오늘 내가 오겠습니다.)

He always travels *second class*. (그는 언제나 2등차로 여행한다.)

Come *this way*, please. (이리로 오십시오.)

It rained *cats and dogs*. (비가 막 퍼부었다.)

This is *a great deal* bigger than that. (이것이 저것보다 훨씬 크다.)

The sea went *mountains* high. (산 같은 물결이 일었다.)

2) 대명사

Give *him* a glass of beer. (맥주 한 잔을 그에게 주시오.)

I had no doubt *whatever*. (나는 전혀 의심하지 않았다.)

He was *that* angry. (그렇게 그가 화가 나 있었다.)

Is she *any* better today? (그녀가 오늘은 좀 나은가?)

He did it *none* too well. (방식이 매우 좋지는 않았다.)

3) 형용사: 회화체에 많이 사용된다.

It is *mighty* good. (참 좋다.)

She talks *awful*. (그 여인은 떠벌이.)

It was *nice and* cold. (nice and[náisn] = nicely) (꽤 추웠다.)

4) 분사: 분사구문에서 품사로서는 형용사적이지만 의미상으로는 부사적인 것을 말한다.

Being sick, he was in bed. (= As he was sick, ….) (병이 나서 그는 누워있었다.)

This task concluded, he came out into garden. (= When this task was concluded,

….) (이 일이 끝나니 그는 뜰로 나왔다.)

Strictly speaking, he is not an artist. (= If we speak strictly ….)

(엄밀히 말해서 그는 예술가가 아니다.)

United, we stand; *divided*, we fall. (= If we are united, …, and if we are divided,

….) (뭉치면 살고, 흩어지면 망한다.)

 ## EXERCISE 3

1. 다음 Sentence에서 명사 상당어를 골라내라.

The wise man can learn something from everyone, even from fools. The fool cannot learn anything from anyone, not even from a wise man.

2. 다음 Sentence의 형용사 중에서 명사 상당어를 골라내고, 그것이 명사 상당어인 이유를 말하라.

England is a paradise for the well-to-do, a purgatory for the able, and a hell for the poor.

3. 다음 밑줄 있는 부분은 어떤 품사의 상당어구인가를 말하라.

(1) <u>Where</u> are you from?

(2) <u>Growing</u> children need nourishing food.

(3) <u>Growing</u> roses needs skill, knowledge and patience.

(4) She is <u>seventeen years</u> old.

(5) We have lived here since <u>before the war</u>.

제4장 센텐스(Sentence)

서론에서 Sentence란 완전한 생각이나 감정을 나타내는 단어 모임(Word group)이라고 말했다. 그러니까 Word는 Sentence를 만드는 가장 작은 단위다. 구체적으로 설명한다면 **무엇이[누가] + 어떻게 하다[어떻게 되다·어떻다]** 등을 나타내는 것이라 하겠다. Sentence 는 문법적으로 볼 때 화제의 중심이 되는 주부와 그에 따른 서술 부분인 술부로 구성되어 있다.

6. 주부(Subject)와 술부(Predicate)

Sentence에서 " … 이[가·는·은]"와 같이 주제(主題)가 되는 부분을 주부(主部)라고 부르고, 이 주부에 관하여 " … 하다[이다]"와 같이 동작이나 상태 등을 말하는 부분을 술부(述部)라고 한다.

Little girls played merrily. (소녀들이 즐겁게 놀았다.)

[참고] Little girls는 주부, played merrily는 술부

Their games are very interesting. (그들의 놀이는 매우 재미있다.)

[참고] Their games는 주부, are very interesting은 술부

[참고] 1. 경우에 따라 주부 + 술부의 차례가 바뀌는 Sentence도 있다.

Is **it** true? (정말이야?) [의문]

There are **no living things** on the moon. (달에는 생물이 없다.) [관용]

Happy may **your birthday** be! (만수무강하세요.) [기원]

How strange **life** is! (인생이란 얼마나 야릇한 것인지!) [감탄]

Down came **the rain** in torrents. (비가 억수로 쏟아졌다.) [강조]

2. 주부가 없는 것

Thank you. (= I thank you.)

Speak now. (이제 입을 여시오[말하시오].) [명령]

3. 술부가 없는 것

Who did it? ─ I. (= I did it.) [생략]

41

4. 단어 한 개로 된 Sentence.

Nonsense! (집어치워!)   [Sentence word]

7. 주어, 술어, 수식어(Subject word, Predicate verb, Modifier)

Girls played는 두 개의 단어로 한 개의 완전한 Sentence를 만들고 있다. 그러나 주부나 술부나 각각 몇 개의 단어로 이루어져 있을 때, 주부의 중심이 되는 단어를 **주어**(Subject word, 또는 그대로 Subject)라고 부르고, 술부의 중심이 되는 단어를 **술어** 혹은 술어동사 (Predicate 혹은 Predicate verb), 또는 그대로 동사(Verb)라고 한다. 앞서 예로 보인 Little **girls** *played* merrily에서 주어는 girls이고, 술어는 played다.

그리고 Little은 girls를 수식하고(modify), merrily는 played를 수식한다. 이와 같이 수식하는 단어를 수식어(Modifier)라고 부른다. 이 예에서 Little은 girls의, merrily는 played의 수식어다. **Their** games are **very** interesting에서는 Their가 games의, very가 interesting 의 수식어다. 수식어로 될 수 있는 품사는, 명사를 수식하는 **형용사 및 그 상당어**와, 동사· 형용사 또는 다른 부사를 수식하는 **부사 및 그 상당어**다.

8. 목적어(Object)

타동사의 동작을 받는 명사와, 전치사의 지배를 받는 명사를 말한다.

He left **Seoul** yesterday.   [Ordinary object, 보통목적어]

(어제 그가 서울을 떠났다.)

They built **an apartment house.**   [Object of Result, 결과의 목적어]

(그들은 공동주택을 지었다.) ― 건축한 결과로 집이 생김.

He shrugged **his shoulders.**   [Instrumental object, 수단의 목적어]

(그는 어깨를 으쓱했다.) ― 무관심·불찬성·단념 등을 표시하는 수단으로.

Do you shave **yourself** everyday?   [Metonymic object, 환유換喩 목적어]

(당신은 면도를 매일 합니까?) — 자신을 깎아버리는 것이 아님.

cf. He shaved **his moustache**.　　　　　　　　　　　　　[보통목적어]

　(그는 콧수염을 깎았다.)

The lady smiled a little **smile**.　　　　　　　[Cognate object, 동족목적어]

　(그 부인은 미소 지었다.)

She doesn't pride **herself** on her good looks.　　[Reflexive object, 재귀목적어]

　(그 여인은 자기의 미모를 자랑거리로 삼고 있지 않다.)

He handed *me* **a parcel**.　　　　　　　　　　　[Double object, 이중목적어]

　(그가 소포 하나를 나에게 건네주었다.) — me는 간접, parcel은 직접목적어.

She is fond *of* **music**.　　　　　　　　　　　　　　[전치사의 목적어]

　(그 여인은 음악을 좋아한다.)

9. 보어(Complement)

　동사가 주어나 목적어와 합해 보아도 뜻이 잘 통하지 않을 때, 즉 불완전할 때 필요한
것이 보어다. 명사 또는 형용사가 보어 구실을 한다.

　불완전 자동사를 돕는 것을 주격 보어(Subjective complement), 즉 술사(Predicative, 述詞)
라고 한다. 또 불완전타동사를 돕는 것을 목적격 보어(Objective complement)라고 한다.

　He *is* **a businessman**. (He = businessman)

　　(그는 사업가다.)

　He *is* **busy**. (busy는 He의 상태)

　　(그는 바쁘다.)

　They *made* him **a businessman**. (him = a businessman)

　　(저들이 그를 사업가로 만들었다.)

　They *made* him **busy**. (busy는 him의 상태)

　　(저들이 그를 바쁘게 만들었다.)

10. 센텐스의 요소(Elements)

Sentence를 구성하는 요소에는 다음과 같이 주요소, 종속요소, 독립요소의 세 가지가 있다.

① 주요소(Principal elements)

1) 주어: Monkeys imitate. (원숭이는 흉내를 낸다.)

2) 술어: The boiler exploded. (보일러가 터졌다.)

3) 목적어: He drinks wine. (그는 포도주를 마신다.)

   Father gave *me* this watch.　　　　　　　　　　[me 간접목적어, this watch 직접목적어]

   (아버지가 이 시계를 내게 주셨다.)

4) 보어

   Man is a social animal.　　　　　　　　　　　　　　　　[주격 보어]

   (사람은 사회적 동물이다.)

   They named the baby Mary.　　　　　　　　　　　　　　[목적격 보어]

   (그 아기 이름을 메리라고 지었다.)

   참고　주요소를 주부와 술부로 나누어 생각할 경우, 목적어와 보어는 술어와 함께 술부에 포함된다.

② 종속요소(Subordinate elements)

1) 수식어

   He made an **excellent** *address*.　　　　　　　　[명사를 수식하는 형용사]

   (그가 훌륭한 연설을 했다.)

   He *runs* about in his pajamas.　　　　　　　　　[동사를 수식하는 부사]

   (그는 잠옷 바람으로 뛰어 돌아다닌다.)

   He was **awfully** *sick*.　　　　　　　　　　　　[형용사를 수식하는 부사]

   (그가 몹시 아팠다.)

   We are short of hands **right** *now*.　　　　　　[부사를 수식하는 부사]

   (우리에겐 바로 지금 일손이 부족하다.)

You **perhaps** underrate my ability.　　　　　[Sentence를 수식하는 부사]

(자네는 내 실력을 아마 낮게 평가하나봐.)

2) 접속사

Henry **and** I will drink to your health tonight.

(헨리와 내가 오늘 저녁 자네 건강을 위해 축배를 들겠네.)

③ 독립요소(Absolute elements)

1) **간투사**: Okay! I'll do it. (좋아, 내가 하지.)

2) **삽입어 [구·절]** (Parenthetic expression)

It was, **indeed**, a tragic accident.

(과연 그것은 비참한 사건이었다.)

It is, **after all**, due to her negligence.

(결국엔 그녀가 태만하기 때문이다.)

She said nothing, and, **what is worse**, laughed at us.

(그 여인이 대답도 하지 않고, 더욱 미운 것은 우리를 놀렸다.)

3) **호격(Vocative, 呼格)**

Friends, Romans, countrymen, lend me your ears.

(친구들이여, 로마인들이여, 동포 여러분이여, 여러분의 귀를 빌려주시오.)

11. 센텐스의 형(Pattern, 型)

Sentence의 주요소, 즉 주어·술어·목적어·보어에 의하여 Simple sentence의 종류를 나눈 5개 형식을 Pattern이라 한다. 이것은 영어를 학습하는 목적의 하나로 Onions에 의하여 널리 알려진 전통적인 것인데, 술부의 성분, 즉 기능을 주로 하고 있다.

> [참고] Hornby 등은 크게 25개를, 또 Palmer는 크게 27개를 설정해놓았다.

　1. 술부가 동사(및 그 수식어)뿐인 것　　　　　　　　　　　　　　　　[제1형]

　　Girls played.

　2. 동사와 주격보어가 있는 것　　　　　　　　　　　　　　　　　　　[제2형]

　　He became a doctor[known].

45

3. 동사와 목적어가 있는 것   [제3형]

    I like spring.

4. 동사와 간접목적어 및 직접목적어가 있는 것   [제4형]

    She handed me the letter.

5. 동사와 목적격보어가 있는 것   [제5형]

    We think him an able man[energetic].

성분 형	주부	술부					
	주어	동사	주격보어	목적어	간접목적어	직접목적어	목적격보어
1	Girls	played.					
2	He	became	a doctor. known.				
3	I	like		spring			
4	She	handed			me	the letter.	
5	They	think		him			an able man. energetic

12. 제1형 S + V

1) **주어와 동사 각각 한 개의 단어로 이루어져 있으며, 수식어가 없는 경우**

    Flowers bloom. (꽃이 핀다.)

    Snow falls. (눈이 내린다.)

    God is. (하느님은 계신다.)

2) **주어와 동사 중 어떤 것에, 또는 두 쪽에 다 수식어가 있을 때**

    Sweet flowers bloom. (향기로운 꽃이 핀다.)

    Sweet flowers bloom beautifully. (향기로운 꽃이 곱게 핀다.)

이렇게 S+V의 형식에 쓰이는 동사를 **완전자동사**(Complete intransitive verb)라 부르고 이를 **제1형**이라 한다.

> [참고] 1. 수식어와 보어의 모양이 같은 경우가 있다. Still waters run **deep**. (소리 없는 강이 깊게 흐른다.) ─ 부사로 수식어. The ditch is **deep**. (그 도랑은 깊다.) ─ 형용사로 보어 .
> 2. There is an apple in the basket. (광주리에 사과가 한 개 있다.)
> 이것도 제1형에 속한다. There는 수식어이고, 주어는 is 다음의 명사다. 그러나 There가

Sentence의 머리에 놓여 있으므로 주어인 듯한 느낌을 주기 때문에, 의문의 뜻으로 말할 때는 Is there an apple …?이라고 한다. There is = We[I] have인 관용 예다.

3) 동사에 수식 어구가 붙어 있는 까다로운 것

The dog ran **after me.**

(개가 뛰어서 나를 쫓아왔다.)

I ran **after school.**

(방과 후 나는 경주했다.)

That coal weighs **two tons.** (two tons는 Adverbial accusative)

(저 석탄은 무게가 2톤이나 된다.)

This bag cost **me ten dollars.** (me = for me. ten dollars는 Adverbial accusative)

(이 가방을 10달러 주고 샀다.)

Our reserved rice will last **us a year.** (us = for us, a year는 Adverbial accusative)

(우리 비축미가 1년은 지속될 것이다.)

[참고] 전치사의 목적어인 명사가, 전치사 없이 부사구와 같은 기능을 할 때, 이것을 **부사적** 대격(Adverbial accusative)이라고 부른다. 그러나 반드시 전치사가 보충되는 것은 아니다.
We walked **four kilometers.** (10리 걸었다.)
They drove **full speed.** (전속력으로 달렸다.)
Come **this way.** please. (이쪽으로 와주시오.)
He is **two years** older than I. (그는 나보다 두 살 연상이다.)

13. 제2형 S + V + C

"Armstrong is X."에서 X에 해당하는 것을 보충하지 않으면 주어에 관한 서술(敍述)이 완전하지 않다. 이 X에 해당하는 것을 주격보어 또는 보어라고 부른다. 보어로 될 수 있는 품사는 명사, 대명사, 또는 형용사다. 명사나 대명사가 보어로 쓰이면, 그것은 주어와 동일한 사람이나 사물, 즉 identity(동일물)를 뜻하고, 형용사가 보어인 때는 주어의 상태, 즉 한 가지 attribute(속성, 屬性)를 말한다.

Armstrong is **an aeronaut.** (암스트롱은 우주비행사다.)

My neighbor became **rich**. (우리 이웃은 부자가 되었다.)

rich 대신으로 strong, diligent 등 여러 가지 상태를 생각할 수 있다. 이 rich를 a rich man으로 고치면 My neighbor = a rich man이니, 역시 뜻하는 바는 같다. 이 제2형에 쓰이는 동사를 **불완전자동사**(Incomplete intransitive verb)라고 부르는데, 의미상 두 가지로 나눌 수 있다. 즉, be에 의해 주어의 상태를 표시하는 것과, become(= begin to be)에 의해 주어의 동작·추이(推移)를 표시하는 것. 제2형에 속하는 동사가 약 60개 있는데, 그 가운데 특히 많이 쓰이는 것을 골라본다.

a) be(am, are, is, was, were), look, seem, appear, etc.

이러한 동사는 "… 이다", "… 처럼 보이다"의 뜻.

b) become, come, fall, grow, turn, get, go, prove, run, wax, etc.

이러한 동사는 대개 " … 로 되다"의 뜻.

c) feel, smell, taste, sound (… 로 들리다), strike

(… 로 느껴지다 = make one feel), etc.

감각을 나타내는 이러한 동사의 보어로는 형용사를 쓴다.

d) remain, lie, live, rest, keep, hold, continue, stand, stay, etc.

이러한 동사는 대체로 "이러이러한 상태에 있다", "어떤 상태를 이어가다"의 뜻.

It is I[me]. (나다.)

God is **almighty**. (하느님은 전능하시다.)

Time is **up**(= ended). (시간이 끝났다.)

The sun is **down**(= below the horizon). (해가 졌다.)

This prize is **for you**(= yours). (이 상품은 당신의 것입니다.)

Now you are **out of danger**(= safe). (이제는 마음을 놓으시오.)

You are **ass**(= stupid) enough to tell her the whole story of your life.

(그녀에게 자네 형편을 모두 털어놓는 것은 아닌데.)

This rule still holds **good**. (hold good = be effective) (이 규칙이 아직도 유효하다.)

Man won't stay **young**. (stay = remain in a certain condition)

(사람이 언제까지나 젊어 있지는 않다.)

He died **a beggar**. (= He was a beggar when he died.) (그는 거지로 죽었다.)

He looked very **well**. (= in good health) (매우 건강하게 보였다.)

Browning looked **the poet** that he was. (브라우닝은 과연 시인같이 보였다.)

They appeared[seemed] (to be) **happy** together. (이 sentence를, "It appeared [seemed] that they were happy together."로 바꾸면 that 이하는 형용사절로서 보어다.)

　(함께 사니 행복한 한 쌍처럼 보였다[생각되었다].)

It came **true**. (그것은 사실로 되었다.)

He came home **sick**. (= He was sick when he came home.) (그는 병들어 돌아왔다.)

They fell **ill**. (그들은 병들었다.)

She fell **a victim** to her ambition. (그 여인은 자기 야망의 희생물이 되었다.)

He has grown **fat**. (그는 뚱뚱해졌다.)

The meadows will turn **green**. (풀밭이 푸르게 될 거야.)

The nights are getting **longer** and **longer**. (밤이 길어지고 있다.)

Children go **naked**. (애들은 옷을 벗고 다닌다.)

This milk went **sour**. (이 우유는 상했다.)

The girl flushed as **red** as a peony. (소녀는 얼굴을 새빨갛게 붉혔다.)

It proved **false**. (거짓임이 판명되었다.)

The dog has run **mad**. (개가 미쳤다.)

He waxed **angry** at my answer. (내 대답을 듣더니 그는 화를 냈다.)

I feel **giddy**. (어지럽다.)

The lily smells **fragrant**. (백합은 향기롭다.)

Honey tastes **sweet**. (꿀은 달다.)

Her voice sounds **soft**. (그녀의 말소리는 곱다.)

The room struck **cold** and **damp** as he came in.

　(그가 들어서니 방안이 차고 습하게 느껴졌다.)

He remains **idle**. (그는 여전히 게으르다.)

Many soldiers lay **wounded**. (많은 부상병이 쓰러져 있었다.)

She lived **single**. (독신 생활을 했다.)

You may rest **assured** that I will do my best. (힘을 다할 터이니 안심하십시오.)

Destiny still rests **my patron**. (운명의 신은 아직도 변치 않는 내 수호자다.)

I will keep **waiting**. (계속 기다리겠다.)

The price of rice continues **firm**. (쌀값엔 여전히 변동이 없다.)

Stand **easy**! (쉬어!)

The sisters sat by the fire **knitting**. (그 자매는 뜨개질하며 난롯가에 앉아 있었다.)

We parted **the best of friends**. (We were the best of friends when we parted)

　(우리는 사이좋게 작별했다.)

He reached the capital **a general without an army**. (as a general … 이라면 as는 전치

사상당어이므로 부사구가 된다.) (그는 군대 없는 장군으로 수도에 도착했다.)

The great and wealthy are not always **to be envied**.　　　　　　[형용사구]

　(부귀한 사람들이라고 우리가 반드시 부러워해야만 할 것은 없다.)

The question is **how to make money**. (문제는 어떻게 돈을 버느냐다.)　　[명사구]

This is **what I know**. (이것은 내가 아는 사실이다.)　　　　　　　　[명사절]

Being sick, he stayed at home.　　　　　　　　　　　　　　[분사구문]

　(그는 몸이 편하지 않아서 종일 집에 있었다.)

He is busy **preparing** for the examination.　　　　　　　[제1[현재]분사]

　(그는 수험 준비로 바쁘다.)

[참고] busy가 is의 보어이고, preparing은 또 is busy의 보어다.

　　He is busy in *collecting* stamps.　　　　　　　　　　　[동명사]

　　(그는 우표 수집으로 바쁘다.)

　　in이 있으면 동명사, 없으면 제1분사로 보어다. in을 쓰는 것은 구식이며, 요즘에는 특히 회

　　화체에서 in을 넣지 않는다.

I found him busy **packing** his trunk.　　　　　　　　　[제1[현재]분사]

　(내가 보니 그가 분주하게 짐을 꾸리고 있었다.)

[참고] busy가 found의 보어이고, packing은 다시 found busy의 보어다.

14. 제1형과 제2형의 비교

완전 자동사	불완전 자동사

완전 자동사

A tyrant **is**. (폭군이 있다.)

She **looked** out of the window.

(그 여인이 창문에서 내다봤다.)

He **turned** when I called him.

(부르니 그는 돌아섰다.)

불완전 자동사

He **is** cruel. (폭군은 잔인하다.)

She **looked** cross.

(심술궂은 인상이다.)

The weather will **turn** fine.

(날씨가 좋아질 거야.)

> [참고] 몇 개의 형용사, 즉 like, unlike, worth, near, opposite 등은 여격(與格, Dative case)의 명사·대명사를 지배(govern)하므로 to를 넣어서 풀이해 보는 것이 좋다. 제2형에 속한다.
> He is **like** his father. (그는 자기 아버지를 닮았다.)
>   cf. He is liker **to** God than man. (그는 사람이라기보다는 신에 더 가깝다.)
> She has a face like **to** an angel's. (천사 같은 얼굴.)
> It looks **like** rain[raining]. (비가 올 것 같다.)
> I feel **like** crying. (울고 싶다.)
> The photo is quite **unlike** him. (그 사진은 전혀 그 사람 같지 않다.)
> This book is **worth** reading[five dollars]. (이 책은 읽을[5달러] 가치가 있다.)
> He sat **near** me. (나와 가까운 곳에 그가 앉았다.)
> The shop stands **opposite** his house. (가게가 그의 집 건너편에 있다.)
> 마지막 두 예의 near와 opposite를 전치사 상당어로 볼 수도 있기는 하나, 그렇게 되면 near me와 opposite his house는 부사구가 되므로, 두 Sentence는 제1형으로 인정될 수밖에 없다.

15. 연결사(Copula)

"The girl **is** sweet(그 소녀는 귀엽다).", "She **is** his sweetheart(그 소녀는 그의 애인이다)."에서 동사는 is이지만 이 is는 본래의 '존재'라는 독립적인 뜻을 잃고, 주어와 보어를 연결하는 구실만 하므로 연결사(連結詞)라고 부르기도 한다. 제2형에 속하는 동사 중에는 본래의 뜻을 잃고 연결사 구실을 하는 것이 많다. 그러나 be만큼 본래의 뜻을 잃고 있지는 않다.

이 be가 보어와 함께 술부를 형성하고 있으나 서술(Predication)의 중심은 be에 있지 않고 보어인 sweet와 sweetheart에 있다. 일부 학자들은 중심이라고 하면서 보어라고 부르는 것은 적당한 명칭이 아니라고 생각해서 오늘날에는 대체로 보어란 말을 피하고 술사(Predica tive, 述詞)라고 부른다. 그런데 목적격 보어까지 술사라고 부르지 않는다는 점에 문제가 있다. 이들은 목적어와 보어를 합쳐서 Nexus object(주술관계 목적어)라고 부른다. 그 까닭은 예컨대, "I found **him gone**."에서 그가 가버렸으니 him을 발견했다고 할 수는 없으며, found한 것은 him gone(= that he was gone)이라는 사실이라는 뜻에서다.

이 책에서는 Nexus설을 채택하지 않고, 종래처럼 보어란 말을 불완전자·타동사에 모두 쓰기로 했다.

16. 형식주어(Formal subject)와 의미주어(Sense subject)

It is hard **to do right**. (옳은 일을 하기란 어렵다.)

It is no use **trying again**. (다시 해볼 필요 없다.)

위의 예에서 It은 형식주어이고, to do right와 trying again은 의미주어다. 형식주어는 예비주어(Preparatory subject) 또는 가(假)주어(Provisional subject)라고도 부르며, 의미주어는 진(眞)주어(Real subject), 또는 논리주어(Logical subject)라고도 부른다.

위의 is는 불완전자동사, hard와 (of) no use(형용사구)는 보어이므로 이 Sentence는 제2형에 속한다.

17. 제3형 S + V + O

동사의 기능의 대상(對象)으로, ' … 을[를]'에 해당하는 것을 목적어라고 부른다. 명사·대명사 및 그 상당어가 이에 해당된다. 목적어를 필요로 하는 동사를 타동사(Transitive verb > vt.), 목적어를 필요로 하지 않는 동사(제1·2형)를 자동사(Intransitive verb > vi.)라 일컫는다. 제3형의 타동사는 보어를 필요로 하지 않으므로 완전타동사(Complete vt.)다.

The catcher caught **the ball**. (포수가 공을 잡았다.)

They decided **to meet him**. (그와 만나기로 결정했다.)

참고 to meet him이라는 명사구가 Object, 또 him은 meet의 Object.

I like **seeing Korean wrestling**.

   (나는 한국씨름 구경하기를 좋아한다)

참고 동명사인 seeing이 Object인데, 다시 seeing의 Object는 Korean wrestling.

The judge thinks **that you are innocent**.

   (재판장은 당신이 무죄라고 생각한다.)

참고 접속사인 that으로 시작되는 명사절이 Object이다. 이 that [ðət]이 뒤에 붙어 명사절의 머리가 되는 것이니, thinks와 that 사이는 잠시 소리가 끊어진다. 즉, Pause(휴지)가 있다.

I'll *call on* him. (call on = visit) (내가 그를 방문하겠다.)

They can not *put up with* simple food. (put up with = endure)

   (저들이 반찬 없는 식사로는 견뎌내기 어려울 것이다.)

He *took advantage of* me. (take advantage of = deceive) (그는 나를 속였다.)

참고 공급을 의미하는 동사, 즉 furnish, provide, supply 등은 그 뒤에 **with＋물건**이란 부사구가 붙는다.

He **furnished** me with this new information. (＜ He furnished this new information to me.) (그가 내게 이 새로운 정보를 제공했다.)

Father **provided** my sister with a good education. (＜ Father provided a good education to my sister.) (아버지는 내 누님에게 고등교육을 시키셨다.)

Our parents **supply** us with food and clothing. (＜ Our parents supply food and clothing to us.) (우리의 밥과 옷은 부모님이 주시는 것입니다.)

다음과 같은 부사구도 관용적이다.

We **informed** the police of the accident.

   (그 사고를 우리는 경찰에 보고했다.)

She **reminds** me of her husband.

   (그 부인을 보면 그의 남편 생각이 떠오른다.)

[참고] 1. 제3형의 피동형

제3형은 목적어를 주어로 하는 말로 변경할 수도 있다. 즉, 위의 The catcher caught the ball.을 The ball was caught by the catcher로 변경 가능하다. 이때에 was caught 는 동사구, by the catcher는 부사구다.

He will be called on by me. (<I'll call on him.)

I was taken advantage of. (<He took advantage of me.)

2. 동족목적어

동사와 동족인 명사가 목적어로 되어 있는 것을 말한다. 그러나 반드시 동사와 같은 말만 쓰이는 것은 아니다.

She will *sleep* a peaceful sleep. (그 여인은 편안한 잠을 잘 것이다.)

The statesman *lived* the life of an exile.

(그 정치가는 망명생활을 했다.)

He *breathed* his **last** (breath). (그가 숨을 거두었다.)

He *died* a natural **death**. (그는 제명대로 살았다.)

They *were running* **a race**. (그들은 경주하고 있었다.)

3. 목적어를 가질 수 있는 것으로 타동사 이외에 전치사도 있다.

They have lived happily *since* **their marriage**.

(결혼 이후 그들은 잘살고 있다.)

He'll stay in Seoul *till* **after the examination**.

(그는 시험이 끝날 때까지 서울에 머물고 있을 것이다.) (till after를 전치사구, 또는 2중 전치사(Double preposition)로 볼 수도 있다.)

Success largely depends *upon* **what we do** and **how we do it**.

(성공은 주로 무엇을 어떻게 하는가에 달려 있다.)

18. 제4형 S+V+I.O.+D.O.

"내가 그에게 영어를 가르친다."에서와 같이 두 개의 목적어가 있는 Sentence다. 이때 "… 에게"에 해당되는 목적어를 **간접목적어**(Indirect object), "… 를[을]"에 해당되는 목적어를 **직접목적어**(Direct object)라고 부른다. 간접목적어는 수여(授與) 등의 상대자가 되는 것이 많은 데서 **여격**(Dative case, 與格)이라 부른다. 또 직접목적어는 수여되는 것을 말하는 것으로 **대격**(Accusative case, 對格)이라 한다.

이 형의 동사에서는 직접목적어가 간접목적어보다 중요하다. 왜냐하면 "I gave the girl

a doll."에서 "I gave a doll."이라고는 말할 수 있으나 "I gave the girl."이라고는 말할 수 없기 때문이다.

> I showed *him* the way. (내가 그에게 길을 안내했다.)
>
> Give *us* our daily bread. (우리에게 날마다 먹을 것을 주세요.)
>
> He will teach *me* how to swim. (헤엄치는 법을 그가 나에게 가르쳐 줄 거야.)
>
> Mother told *me* that I might play. (놀아도 좋다고 어머니가 내게 말씀하셨다.)

1 **여격동사(Dative verb)**: 이러한 동사를 여격[수여] 동사라고 부른다. 앞에서 예로 든 것 외에 많이 쓰이는 것을 들면 다음과 같다.

> ask, bring, leave, lend, offer, pay, sell, send, etc.
>
> The medicine *brought* her some relief.
>
> (그녀에게 그 약의 효력이 조금 있었다.)
>
> His aunt *left* him all her money.
>
> (그의 아주머니가 돌아가시니 있는 것은 다 그의 것으로 됐다.)
>
> *Lend* me a hand in lifting this. (이것을 들겠으니 도와주시오.)
>
> They *offered* him a bribe. (뇌물을 받으라고 그에게 말했다.)
>
> I will *pay* him all I *owe* him. (내가 진 빚을 그에게 다 갚겠다.)
>
> I *sold* him my car. (내 차를 그에게 팔았다.)
>
> *Send* me a line. (편지하게!)
>
> They *awarded* him the prize. (상품을 그에게 수여했다.)
>
> I *conveyed* him a message. (그에게 소식을 전했다.)
>
> She *denied* him admission. (들어오지 못하게 했다.)
>
> *Fetch* me my hat. (내 모자를 갖다 주시오.)
>
> Can you *grant* me a few minutes? (잠깐 뵐 수 없을까요?)
>
> He *handed* me the letter. (그가 내게 편지를 전했다.)
>
> She *made* herself a new dress. (옷을 새로 지었다.)
>
> Please *pass* me the salt. (소금을 이리로 건네주시오.) — 식탁에서
>
> I *picked* her flowers. (꽃을 따서 그녀에게 주었다.)

> 참고 her를 대명사 속격으로 보면 '그녀의 꽃을 땄다.'로, 제3형이다.

He *promised* me a position. (내게 한자리 마련해준다고 그가 말했다.)

Will you please *reach* me the sugar? (그 설탕을 이리로 넘겨주시오.)

He *refused* me the request. (그가 내 청을 받아 주지 않았다.)

I should feel happy if I could *render* you any assistance.

(도와드릴 수 있다면 좋겠습니다.)

Can you *spare* me a few minutes?

(시간 좀 내주시겠습니까?)

> 참고 이 me를 목적어, (for) a few minutes를 부사구로 볼 수도 있으나, 이렇게 보면 "제가 잠깐 어디 다녀와도 좋겠습니까?"란 뜻으로 된다.
> I *struck* the door a heavy blow. (문짝을 박찼다.)

② **간접목적어를 전치사 + 목적어로**: 간접목적어를 그 위치에서 떼어 직접목적어 다음에 **전치사 + 목적어로** 고쳐 넣어도 대체로 뜻은 같으나, 다음과 같은 점에 유의하여 실제로 어느 것을 쓸 것인가는 경우에 따라 정하는 것이 좋다.

"He gave her a ring(제4형)."은 "**What** did he give her?"의 대답이다. 그리고 "He gave a ring to her(제3형)"은 "**Who**(m) did he give a ring to?"의 대답이다.

이때에 전치사 to는 그 뒤에 목표(goal)가 옴을 표시하고, for는 수익자(beneficiary), of는 원천(source)이 옴을 뜻한다.

I showed him a new sample.—I showed a new sample **to** him.

I will find you a job.—I will find a job **for** you.

He asked them a question.—He asked a question **of** them.

이와 같이 전치사를 붙여서 Sentence의 끝으로 돌리면 간접목적어를 강조하는 말이 된다.

제4형의 동사에는 간접목적어를 전치사 + 목적어로 고쳐서 쓸 수 없는 것도 있다. 특수한 단어를 직접목적어로 가지기 때문에, 이 형태밖에는 없는, 즉 전체로서 정형(Formula, 定型)을 이루는 것을 말한다.

Please do me a favor. (제발 제 청을 들어 주시오.)

Don't play him a trick. (그를 속이지 마시오.)

타동사의 목적어가 한 개인 경우에는 대개가 대격이고, 두 개의 목적어가 있을 때는 직접목적어가 대격, 간접목적어가 여격인 경우가 많다.

> I can drive a **car**. Father bought me **a Ford**.
>
> (나는 차를 운전할 줄 안다. 아버지가 포드 차를 한 대 사주셨다.)

그런데 여격[간접 목적에]처럼 보이는 것이 사실은 그렇지 않아서, 두 개의 대격[목적에] 을 가지고 있는 동사가 있다.

> Forgive me my sin. (내 죄를 용서해주소서.)
>
> = Forgive me. Forgive my sin.

이 예에서 "Forgive me."라고도, 또 "Forgive my sin."이라고도 말할 수 있기 때문에 사실은 me가 간접목적어가 아니다. 즉 "Forgive me my sin."은 두 개의 목적어를 가지고 있고, 또 forgive는 두 개의 대격을 가질 수 있는 동사다. 다음의 예도 같다.

> Answer me this question. (내가 묻는 말에 대답하시오.)
>
> = Answer me. Answer this question.
>
> I envy you your beauty. (그대의 아름다움을 부러워하노라.)
>
> = I envy you. I envy your beauty.
>
> Pardon him his offence. (그의 무례를 용서하시오.)
>
> = Pardon him. Pardon his offence.

③ 제4형의 피동형

> (I gave him the book.)
>
> The book was given **him** (by me).
>
> He was given **the book** (by me).

능동형의 목적어 두 개 중의 하나는 본래대로 목적어로 남아 있으므로, 이를 보류목적 어(Retained object, 保留目的語)라고 부른다. 피동형에서는 간접목적어와 직접목적어 모두 주어가 될 수 있다.

> (I showed him the way.)
>
> **The way** was shown to him (by me).
>
> **He** was shown the way (by me).

그러나 제4형에 속하는 동사 모두가 두 개의 피동형으로 될 수 있는 것은 아니니 주의 할 관용어법이라고 하겠다.

(We sent the boy the money.)

    The money was sent to the boy.   (*right*)

    The boy was sent the money.   (*wrong*)

(We wrote him a long letter.)

    A long letter was written to him.   (*right*)

    He was written a long letter.   (*wrong*)

(They spared me the trouble.) (내 수고를 그들이 덜어주었다.)

    I was spared the trouble.   (*right*)

    The trouble was spared me.   (*wrong*)

(They called him names.) (그를 욕했다.) (< 별명(nickname)을 부르다.)

    He was called names by them.   (*right*)

    Names were called him.   (*wrong*)

   4 **이해 여격**(Dative of Interest, 利害與格): 옛 용법으로서 다음 예의 여격은 없는 것이 오히려 좋겠지만, 이것에 의하여 표시되어 있는 사람에게 이익 또는 해가 있음을 표시하게 되는 것이므로 이와 같이 부른다.

    It will last **the owner** a lifetime.

      (그것을 가지면 평생 소용될 거야.)

    Your old umbrella stood **me** in good stead.

      (헌 우산이지만 요긴하게 썼네.)

  한 걸음 더 나아가 이와 비슷한 여격이 감정적 요소를 약간 더하는 정도에 그칠 때 그것을 **심성적**(心性的) **여격**(Ethical dative)이라고 한다.

    I will do **you** your friend what I can. (You = I assure you)

      (당신 친구에게 할 수 있는 대로 힘써 드리겠습니다.)

    He watches **me** the ferry, lying on the grass. (me = depend upon me)

      (그는 풀밭에 누워 나룻배를 지켜보고 있다.)

19. 제5형 S + V + O + C

The president made him X에서 文에 해당되는 것을 보충하지 않으면 목적어에 관한 서술이 완전하지 않다. 이 X에 해당되는 것을 **목적격보어**, 또는 **보어**라고 부른다. 목적격 보어가 될 수 있는 품사는 목적어와의 identity를 말하는 명사·대명사와, 목적어의 state를 말하는 형용사다.

The president made him **a minister**.   [명사]

　(대통령은 그를 장관으로 임명했다.)

Many people think her **happy**.   [형용사]

　(그녀가 행복하다고 생각하는 사람이 많다.)

They beat him **black and blue**.   [두 개의 형용사]

　(멍이 들도록 그를 때렸다.)

He kept the fire **burning**.   [제1분사]

　(불이 계속 타게 했다.)

I left no stone **unturned**.   [제2분사]

　(해볼 만큼 다 해보았다.)

Make yourself **at home**.   [형용사구]

　(편히 하시오.)

You should get your friend **to help you**.   [형용사구]

　(친구가 당신을 돕게 해야 합니다.)

I saw him **come**. (cf. He was seen **to** come.)   [형용사구]

　(그가 오는 것을 보았다.)

Mother has made me **what I am**.   [명사절]

　(내가 이만큼 성공한 것은 어머니의 덕택입니다.)

> 참고 1. People think him **patriotic**. = People think **him to be patriotic**. = People think **that he is patriotic**. (사람들은 그가 애국심이 강하다고 생각한다.) Jespersen은 him patriotic, him to be patriotic, that he is patriotic을 Nexus object(주어 술어 관계의 Word group 으로서 think의 목적어 구절)라고 주장하고, 종래대로 목적어인 him, 보어인 patriotic이라 고 분해하지 않는다.

2. I like **them to be quiet**. (그들이 조용히 하고 있는 것이 나는 좋다.) I like **everything to be in good order**. (모든 것이 정돈되어 있는 것이 나는 좋다.) like는 뒤에 that clause를 가지지 않는 것이 관습이다.

3. Look at **it rain**. (비 오는 것을 보시오.) Look at = See. it rain이 Nexus object로서, it은 날씨를 말하는 Impersonal pronoun이다. rain은 앞에 to를 넣어 생각해 본다.

4. He made **her change her mind**. (그가 그녀의 마음을 변하게 했다.)의 피동태는 She was made **to** change her mind로 to가 나타남을 볼 수 있다. 예전에는 능동태에도 to가 쓰이고 있었음을 알 수 있다. He helped me (to) move the table. (그가 나를 도와서 내가 책상을 옮겨놓게 됐다.)

   help 뒤에는 to가 있어도 좋고, 없어도 좋은데, 없는 것은 make와의 유추(Analogy)에서 이다.

[1] **불완전타동사**(Incomplete transitive verb): 제5형에 쓰이는 동사를 **불완전타동사**라고 부르는데, 이 종류의 동사는 대개 작위(作爲)의 뜻을 가지고 있으므로 내용적으로는 작위동사(Factitive verb)라고도 말한다. 위의 예 이외에 흔히 쓰이는 이 종류의 동사는 다음과 같다.

believe, call, choose, consider, declare, elect, find, have, name, paint, set, wish, etc.

I believe him (**to be**) **honest**.

(나는 그를 정직하다고 믿는다.)

I have nothing to call **my own**.

(내 것이라고 말할 수 있는 것은 하나도 없다.)

We chose him **captain of our football team**.

(우리는 그를 우리 축구팀의 주장을 뽑았다.)

They consider her **a very fine secretary**.

(그녀를 훌륭한 비서로 그들은 생각하고 있다.)

We declared him **an enemy to mankind**.

(그를 인류의 적으로 선언했다.)

They elected him **a representative of the National Assembly**.

(그를 국회의원으로 선출했다.)

I found him **out**. (out = gone. 형용사상당어)

(가서 보니 그는 외출했더라.)

[참고] out을 부사로 보면 '찾아냈다'로 제3형이다.

They named the baby **Paul**.

(그 아기를 폴이라고 불렀다.)

He painted the wall **white**.

(벽을 하얗게 칠했다.)

Set your plan **going**.

(계획을 실천에 옮겨라.)

I wish it (**to be**) **finished**.

(끝내주시오.)

② 사역동사(Causative verb, 使役動詞)도 이 형에 속한다.

What **caused** her to change her mind?

(무엇 때문에 그 여인은 마음이 변했나?)

You must **get** your hair cut.

(머리를 깎아라.)

You should **have** him do it.

(그에게 시켜야지.)

You had better **have** that tooth pulled out.

(그 이를 뽑게 하는 것이 좋겠다.)

[참고] have나 get이 사역동사로 쓰여 있을 때는 거기에 강세(Stress)가 있다.
I hád[gót] my work done. (일을 시켰다.)
그러나 경험수동태(Passive of Experience)에서는 그렇지 않다.
I had[got] my work done. (일은 끝나 있다.)
Our chauffeur had his license taken away for reckless driving.
(우리 집 운전기사는 운전을 무모하게 하다가 면허증을 빼앗겼다.)

Don't **let** the fire go out.

(불이 꺼지지 않도록 하라.)

Eve **made** Adam eat the apple.

(이브가 아담에게 사과를 먹게 했다.)

③ 제5형의 피동형

"He will make his son a doctor(그는 아들을 의사로 만들 것이다)."의 피동형은 "His son will be made a doctor by him."

보어가 to-infinitive이면 피동형에도 to가 그대로 남아 있으나, 원형부정사(Bare infinitive)이면 피동형에 to를 넣어야 한다.

Your father will allow you **to go** sea-bathing.

> You will be allowed **to go** sea-bathing by your father.

(자네 아버지가 자네 해수욕 가는 것을 허락하실 걸세.)

I have never heard him **sing** a pop-song.

> He has never been heard **to sing** a pop-song.

(그가 팝송 부르는 것을 나는 들은 적이 없어.)

④ 제3형이냐, 제5형이냐?

I can't bear you **to be unfortunate**.

(당신의 불행을 그대로 보고만 있을 수는 없소.)

Bid him **go away**.

(가라고 그에게 전하시오.)

Everybody declared him **to be innocent**.

(모든 사람이 그를 결백하다고 단언했다.)

I expect him **to succeed**.

(그가 성공할 것을 나는 기대한다.)

I felt the air **fan my cheek**.

(가벼운 바람이 내 뺨에 스치는 것을 느꼈다.)

I hate you to **talk like that**.

(나는 당신이 그렇게 말하는 것이 싫어.)

Help him **finish the job**.

(그가 그 일을 마치도록 도와주세요.)

We would prefer you **to come again**.

(당신이 또 와주신다면 좋겠습니다.)

I want you **to go**.

(당신이 가시기를 원합니다.)

He told me **to come**.

(그가 나더러 오라고 합니다.)

[참고] 이상의 Sentence에서 infinitive의 기능을 무엇으로 인정하느냐에 따라 그 형이 결정된다.

1) 직접목적어구로 보면 제4형일 것이나, 피동의 경우 이것이 주어로 될 수가 없으니, 이 형은 아니다.

2) 목적격보어구로 보면 제5형이다. 그렇게 보는 것이 무난하다.

3) 제3형으로도 볼 수 있다. 그것은 I want you **to go**나 We heard the bell **ring**. (종 울리는 소리를 들었다.)에서 to go나 ring의 의미상 주어는 you와 the bell이므로 you to go = that you will go이겠고, the bell ring = that the bell rang이기 때문이다. you to go나 the bell ring을 주술관계(Nexus)라고 부른다. to go와 ring은 부정사 주술관계(Infinitival nexus)이다.

The girl sings와 I heard the girl sing에서 정동사(finite verb)인 sings와, 부정사 sing은 모두 the girl에 대하여 술어의 관계에 있다. The girl sings에서는 Nexus가 독립하여 Sentence를 이루고 있지만, I heard the girl sing에서는 Nexus가 종속적(dependent)이어서 Sentence의 일부를 이룬다.

20. 같은 동사의 다른 형

(1)

⎡ Seek, and you shall **find**.   [제1형]

　(구하라, 그러면 찾을 것이다.)

　I **find** no difficulty in translating it.   [제3형]

　(그것을 번역하는 데 어려움이 없다.)

　He will **find** you a position in Seoul.   [제4형]

　(그가 당신을 서울에 취직시켜줄 거요.)

⎣ You will **find** the game dull.   [제5형]

(그 경기는 재미없을 거야.)

(2)
┌ School **keeps** till five o'clock.   [제1형]

　(수업은 5시까지.)

　Keep still, or I will turn you out.   [제2형]

　(조용히 하지 않으면 쫓아낼 테야.)

　She **keeps** a cat.   [제3형]

　(그 여인은 고양이를 기른다.)

└ **Keep** your mouth shut.   [제5형]

　(입을 다물고 있어라.)

(3)
┌ I shall **leave** for Europe tomorrow.   [제1형]

　(나는 내일 유럽으로 간다.)

　She **left** her parasol in the bus.   [제3형]

　(그 부인이 버스에 양산을 놓고 내렸다.)

　He **left** me his library by will.   [제4형]

　(그의 유언으로 그의 장서를 내가 물려받았다.)

└ The insult **left** me speechless.   [제5형]

　(모욕을 당하니 나는 말이 나오지 않더라.)

(4)
┌ They **made** toward the church.   [제1형]

　(그들은 교회당을 향해 갔다.)

　She will **make** a good dancer. (make = become)   [제2형]

　(홀륭한 무용가가 될 것이다.)

　We **make** wine from grapes.   [제3형]

　(포도주는 포도로 담근다.)

　I will **make** you coffee.   [제4형]

　(커피를 끓어드리겠습니다.)

└ It has **made** everything clear.   [제5형]

　(그것으로 모든 것이 명백해졌다.)

(5)

   Think twice before acting.   [제1형]

     (행동하기 전에 잘 생각하라.)

   I think (that) I will try.   [제3형]

     (해볼까 한다.)

   He thinks himself a man of intellect.   [제5형]

     (그는 자기 자신을 지성인이라고 생각하고 있다.)

21. 형과 동사의 종류 (Patterns and the kinds of Verbs)

동사 (Verb)	자동사 (ntransitive v.)	완전자동사(Complete vi)	제1형	S+V
		불완전자동사(Incomplete vi)	제2형	S+V+C
	타동사 (Transitive v.)	완전타동사(Complete vt.)	제3형	S+V+O
		수여동사(Dative v.)	제4형	S+V+I.O+D.O
		불완전타동사(Incomplete vt.)	제5형	S+V+O+C

EXERCISE 4

1. 다음 Sentence가 어느 형에 속하는가를 말하라.

  (1) The girl smiled her thanks.

  (2) This cloth feels rough.

  (3) The fire caught rapidly.

  (4) Don't keep me waiting long.

  (5) I wish you a Happy New Year.

2. 다음 Sentence의 italic체 부분은 주어(S)·보어(C)·목적어(O)·수식어(M) 중 어느 것인가?
(S)·(C)·(O)·(M)의 기호로 표시하라.

[예] This grapes taste *sour*. (C)

(1) Their guide seemed *sure* of the way.

(2) Manners make *the man*.

(3) In the middle of the table is *a flower vase*.

(4) I am not *quite* satisfied.

(5) The fellow *sitting* there began to shout.

3. 다음 Sentence의 italic체 부분이 직접목적어인지 목적격보어인지를 가려라.

(1) a. Our team chose Hal *captain*.

  b. My girl friend chose me *a nice tie*.

(2) a. Call me *a taxi* at once.

  b. We usually call him *Bob*.

(3) a. He left his son *nothing but debts*.

  b. Don't leave anything *half-done*.

제5장 센텐스의 종류(Kinds of Sentences)

Sentence는 우리의 뜻하는 바가 전달될 수 있는 모양과 방법에 의하여 한 개 또는 여러 개의 단어로 생각이나 감정을 나타내는 것이다. A sentence is an expression of a thought or feeling by means of a word or words used in such form and manner as to convey the meaning intended(Curme, *English Grammar*, p. 97).

Sentence에는 **주어와 술어**, 적당한 **휴지**(Pause, 休止)와 **음조**(Intonation, 音調)가 있는 것이 정상적이다. 예컨대, "Dogs bark(개는 짖는 동물이다.)"에서 마지막을 **하강조**(Falling intonation, 下降調)로 끝낸다. 즉, 휴지 상태로 들어간다.

주어·술어 등 보통의 조건을 갖추고 있지 않은 Sentence도 있는데, 이러한 것을 **무정형** (Amorphous, 無定形) Sentence라고 부른다.

> Quick! (빨리!)
>
> Of course! (그렇고말고!)
>
> Another cup, please. (한 잔 더.)
>
> Business first. (능률이 제일이다.)
>
> He a gentleman! (그런 자가 신사야? 기막혀라!)

[참고] 모든 Sentence는 대문자로 쓰기 시작하고 마지막에는 Sentence의 종류에 따라 (.) (?) (!) 등의 구두점(Punctuation mark, 句讀點)을 찍는다.

Sentence는 여러 관점에서 분류된다. 이미 제4장에서 요소(Element)에 따라 5형으로 분류했지만 의미와 구조에 따라서도 분류된다.

22. 의미(Meaning)에 의한 분류

1) 평서 센텐스(Declarative[Assertive] sentence)

2) 의문 센텐스(Interrogative sentence)

3) 명령 센텐스(Imperative sentence)

4) 감탄 센텐스(Exclamatory sentence)

말을 Speaker(말하는 사람), Listener(듣는 사람), Things(이야깃거리) 등의 상호관계에서 생각해보면 다음과 같다.

(1) 이야깃거리에 생각을 집중시키는 것이 진술(Statement, 陳述)로서 Declarative sentence.

(2) 말하는 사람이 듣는 사람으로부터 새로운 사실을 알아내려는 것이 질의(Question)로서 Interrogative sentence.

(3) 말하는 사람이 듣는 사람의 어떤 행동을 요구하는 것이 명령(Command)으로서 Imperative sentence.

(4) 말하는 사람 자신이 주요한 구실을 하는 것이 감탄(Exclamation)으로서 Exclamatory sentence.

23. 평서(平敍) 센텐스(Declarative sentence)

형태상으로는 보통 'S + V'형으로서, Sentence의 마지막에는 종지부(Period, 終止符)인 마침표를 찍고, 음조는 하강조이며, 의미상으로는 단순히 사실의 진술이다.

　　Walls have ears. ─긍정(Affirmative)

　　　(낮말은 새가 듣고, 밤말은 쥐가 듣는다.)

　　It does not pay to lose one's temper. ─부정(Negative)

　　　(화를 내는 것은 손해다.)

　[참고] 어떤 종류의 Sentence이거나, 대개는 Affirmative와 Negative의 두 가지 표현이 가능하다.

24. 의문 센텐스(Interrogative sentence)

대개 V + S 또는 Auxiliary V + S + V의 어순이다. 마지막에는 의문부(Question mark)인 (?)를 붙이고, 음조는 의문사로 시작되는 것에는 하강조, Yes 또는 No로 대답되는 의문형에는 상승조(Rising intonation, 上昇調)다.

　　Is she happy? (그 부인이 행복합니까?)　　↗

　　Where are you from? (고향이 어디시죠?)　　↘

두 가지로 나뉜다.

　1 **일반의문**(General [Yes-or-No] question): 어떤 것의 그렇고 그렇지 않음을 묻는 Sentence로서, Yes 또는 No로 대답될 수 있는 의문이다.

　　Is the moon bright now? (지금 달이 밝은가?) ― Yes[No].

　　Have you any money about you?―Yes[No].

　　　(용돈 좀 가지고 있나?)

　　Won't you have a cup of tea with me?―Yes[No], thank you.

　　　(저와 차나 한잔 하실까요? ― 예, 좋습니다[아니요, 지금은 어렵습니다].)

　　"Do you love me?" ― "Do I love you?"

　　　("나를 사랑하니?" ― "그걸 말이라고 해?")

　[참고]　Declarative sentence의 형식이지만, 마지막에 Question mark를 두고, Rising into nation 을 써서 의외·다짐 등을 말한다. 회화체에 흔하다.

　　　She's absent? (그녀가 못 왔구나, 그렇지?)

　　　You met him there? (거기서 그와 만났지?) ―No, I never.

　　　I beg your pardon? (죄송하지만 다시 말씀해주십시오.)

　　　　cf. I beg your pardon. (실례했습니다. ― 사과의 말)

　　　　　　　　　　　　　(실례합니다. ― 모르는 사람에게 말을 걸 때)

　　　　　　　　　　　　　(미안합니다. ― 남의 말을 가로막고 자기 말을 하려 할 때)

　　　He went where? (=Where did you say he went?)

　　　　(그가 어디로 갔다고 말씀하셨죠?)

　　　Hand me that match box, will you?

　　　　(저 성냥갑을 이리로 넘겨주지 않으시겠어요?) 명령[요청]과 의문이 섞인 것으로 두 가지 의 친근성을 표시하고 있다.

　[주의]　대답이 Yes나 No로 되는 일반의문의 동사가 긍정이냐, 부정이냐는 별로 차이가 없다. 다만 한국어 표현에서는 주의를 요한다.

　　　Will you **take** a glass of wine?―Yes[No].

　　　(포도주 한잔하려나? 예, 하지요[아니요, 싫습니다].)

Won't You **take** a glass of wine—Yes[No].
(포도주 한잔하지 않겠나?—**아니요**, 하렵니다[**예**, 안 하렵니다].)

2 **특수의문(Special question)**: 특수한 것에 관한 지식을 구하는 것으로서, Yes나 No로 대답할 수 없다. 의문사로 시작되고, 대개가 Falling intonation이다. 의문사 또는 의문사를 동반한 명사가 주어인 경우를 제외하고는 어순이 V + S이다.

Who does the largest trade in Incheon?　　　　　　　　　　　[S + V]

(인천에서 누가 가장 크게 장사를 하고 있나?)

Which student spoke?　　　　　　　　　　　　　　　　　　[S + V]

(어느 학생이 연설을 했나?)

Who(m) is that mail from? (whom은 문장체) (누가 보낸 우편물인가?)

What are you about there? (거기서 자네는 무엇을 하고 있는가?)

Why do you stay here when you can get a better position elsewhere?

(자네는 다른 곳에 더 좋은 일자리가 있는데 왜 여기에 머물러 있나?)

Where are you bound to? (어디로 가는 거야[목적지가 어디야]?)

How did he excuse himself? (그가 무엇이라고 변명했을까?)

[참고] 상대방의 말을 듣고, 다시 그대로 받아넘길 때는 Rising intonation이다. What is that? ↘
—What is that? ↗
(= Don't you know what that is?—Yes, that is what I wanted to know.)
(저게 뭐야?—저게 뭐냐고? 그건 내가 알고 싶었던 거야.)

3 **선택의문(Alternative question)**: Yes 또는 No로 대답할 수 없는 의문이니, 특수의문의 일종이라고 볼 수밖에 없는데, A냐? B냐?와 같은 것으로서, **A냐?**는 Rising intonation, **B냐?**는 Falling intonation이다.

Is he an American or an Englishman?

(그는 미국인인가, 또는 영국인인가?)

Are you married or single?

(당신은 기혼입니까, 미혼입니까?)

Are you ready or are you not?

(준비가 다 되었습니까? 또는 아직 안 되었습니까?)

— Yes, I am ready. (예, 다 되었습니다.)

— No, I am not (ready). (예, 아직 안 되었습니다.)

> 참고 다음의 예는 Special question + Alternative question형이다.
>
> Which is more desirable, health or wealth?
>
> (어떤 것이 더 중요한가, 몸인가, 돈인가?)

4 **부가(附加)의문(Tag-question)**: Declarative sentence 다음에 Interrogative sentence의 생략형을 덧붙이는 회화체 특유의 어법으로서, 상대자에게 묻는 것이라기보다 자기가 한 말에 상대자의 동의를 구하는 것이다.

   1) 진술이 긍정이면 의문은 부정으로, 진술이 부정이면 의문은 긍정으로 되는 것이 일반적인 형식이다.

   You had lunch with me, **didn't you?**

   (당신은 나와 함께 점심식사를 했죠, 그렇잖아요?)

   You had no lunch, **did you?**

   (당신은 점심식사를 아직 안했죠, 그렇죠?)

   2) 진술이 긍정인데 의문도 긍정으로, 또는 진술이 부정인데 의문도 부정인 형식도 있으나 이는 상대자의 말을 되풀이하는 것으로서, 말하는 사람의 관심, 즉 의외·만족·빈정댐 등을 표시하는 것이다. 대개 Rising intonation이나, 때로는 Falling intonation으로도 나타난다.

   You heard about that, **did you?**   [의외]

   (그 이야기를 들으셨군요, 그렇죠?)

   "He will soon be here." — **"Will he?"**   [만족]

   ("그가 이리로 곧 오실 겁니다." — "그래요?")

   He isn't ready, **isn't he?**   [놀라움]

   (그는 아직 준비가 되어 있지 않아요, 그렇잖아요?)

   "You can't see him now." — "I can't, **can't I?"**   [빈정댐]

   ("지금은 그를 만나지 못합니다." — "못 만난다고, 내가 말이지?")

5 **수사(修辭)의문(Rhetorical question)**: 형식은 Interrogative sentence이지만, 상대방에게 어떤 것을 묻는 것이 아니고, 말하는 자기의 뜻을 상대방에게 확인시키기 위한 것이다.

긍정의문은 부정의 Declarative sentence와 비슷하고, 부정의문은 긍정의 Declarative sentence와 비슷하나, 단순한 Declarative sentence보다 강하고 감정적이다.

Who knows? (= No one knows.)

Who does not know? (= Everyone knows.)

Who are you to talk to me like that?　　　　　　　　　　　　　　　[비난]

(당신이 도대체 누구이기에 내게 그렇게 말하는 거요?)

What is the use of waiting here? (= It is no use waiting ….)

(여기서 기다려서 뭐하자는 거야?) (= 기다려봤자 소용없다.)

Isn't it funny? (= It's very funny.)

(우습지 않아?) (= 참으로 우스꽝스러운 일이다.)

What would I not give to get the prize!

(진짜 의문이 아니므로 마지막에 종지부 또는 감탄부가 오기도 한다.)

(무슨 수를 써서라도 그 상은 타고 싶다!)

25. 명령 센텐스(Imperative sentence)

명령(command)·의뢰(request)·충고(advice)·금지(prohibition) 등을 나타내는 것으로서, 대개 주어가 생략되고, 종지부를 찍으나, 강조의 뜻일 때는 감탄부를 쓰기도 한다. 음조는 Falling intonation이다.

Rely on your own efforts.

(네 자신의 힘으로 살아가라.)

Mind (you), he hasn't returned my book as yet!

(알겠지, 그가 내 책을 아직 돌려주지 않았단 말이야!)

Do not sacrifice future to present.

(현재 때문에 장래를 희생하지 마라.)

Don't be idle. (놀고먹지 마라.)

You take this seat, madam. (여기 앉으시지요, 부인.)

Have done with such nonsense!

(그러한 허튼 수작은 그만두게!)

Speak the truth, **and** you need not fear. (= If you speak …,)

(참말만 하면 두려울 것 없다.)

Keep at a distance, **or** you will get hurt. (= If you don't keep …,)

(떨어져 있어라, 그렇지 않으면 다친다.)

26. 감탄 센텐스(Exclamatory sentence)

기쁨·놀라움·괴로움·슬픔·소망 등의 강한 감정을 표시하는 것으로, 마지막에는 감탄부 (Exclamation mark)를 붙인다. 대표적인 것은 What이나 How로 시작되는데, 어순은 대개 S + V이지만 V + S인 경우도 있다.

What a pleasant day it has been! (참으로 좋은 날씨였다!)

What these tombs of unknown soldiers could tell us!

(이 이름 모를 전사들의 무덤에 입이 있다면 우리에게 할 말이 있으련만!)

Who would have thought such a thing!

(이런 일을 꿈에나 생각했을까!)

How great was our surprise when they were married!

(그들이 결혼했을 때 우리들의 놀라움 잊을 길 없구나!)

How strange is life! (인생이란 얼마나 야릇한 것인가!)

None of your impudence! (건방진 수작 말아라!)

Oh, isn't it impressive! (아, 얼마나 감동적인가!)

O to have been there! (= O had I been there!) (아 거기 내가 있었더라면!)

Fortunate lady! (그 부인 운도 좋지!)

참고 **Optative(기원, 祈願) sentence**

기원을 표시하는 것으로서 어순은 S + V 또는 Aux. v + S + V이며, 음조는 Falling in-tonation이다. 마지막에는 감탄부를 찍는다. 이것을 독립시켜 Sentence 종류 중의 하나로 인정하기도 하며, 또는 Exclamatory sentence에 포함시키기도 하고, 아예 서상법(敍想法)에서 다루기도 한다.

God bless you! (당신에게 신의 가호가 있기를!)

cf. God blesses you. (자네는 복 받고 있어.)

May he succeed! (그가 성공하기를!)

Oh, that it were not so! (그 반대라면 좋겠는데!)

Would (=I wish) that I had never seen it!

(그것을 내가 보지 않았다면 좋겠는데!)

27. 긍정(Affirmation)과 부정(Negation)

Sentence를 긍정(肯定)과 부정(否定) 두 가지로 나누기도 한다. 그러나 Declarative, Interrogative, Imperative sentence는 그러하지만, Exclamatory, Optative sentence는 대개 긍정이다.

1 Affirmation이란 Sentence의 진술을 긍정·단언(assert)한다는 뜻으로, 이를 강조하려면 다음과 같이 한다.

1) 일반 동사의 경우에는 조동사 do를 넣고, 여기에 강세를 둔다

I dó hope that you will soon recover.

(속히 쾌차하시길 꼭 믿습니다.)

2) 그 밖에도 일반 조동사에 강세를 둔다

You múst sign it, there is no help for it.

(여기에 서명해야 합니다, 별수 없습니다.)

3) do를 쓰지 않는 be, have에는 그것에 강세를 둔다

He wás hungry.

I háve a meeting to attend.

cf. I díd give it to him. (그것을 내가 그에게 정녕 주었다.)

I gáve it to him. (그에게 그것을 내가 주었다.) ― (팔았거나 빌려준 것이 아니고)

② **Negation**은 **Affirmation**의 반대로서, 어구 부정(Word negation)과 센텐스 부정 (Sentence negation)의 두 가지로 나누어 생각할 수 있다.

1) **어구 [특수] 부정 (Word [Special] negation)**

discount (할인), *in*ability(무능), *un*known(알려지지 않은) ― [접두어]. aim*less* ― [접 미어]. *no* one, *non*stop, etc.

Not many(= Few) of us want the disguised peace.

(위장 평화를 원하는 사람은 적다.)

cf. Many of *us don't want*···.

(우리 대부분은 위장 평화를 원하지 않는다) ― Sentence negation.

Neither of the stories is true. (그 두 이야기는 다 허풍이다.)

Nobody ever did his work better. (제 할일을 더 잘한 사람은 없다.)

There are *none* but know it. (아직 못하는 사람은 없다.)

He is *nothing*, if not kind. (그에게서 한 가지 취할 점은 친절이다.)

There was but *little* hope. (희망은 거의 없었다.)

No scribbling on the walls! (벽에 낙서하지 마시오.)

2) **센텐스 [주·술관계] 부정(Sentence [Nexal] negation)**

주어·술어의 결합 전체를 부정하는 것이다.

He does *not* [doesn't] speak. (그는 입을 열지 않는다.)

참고 술어동사를 부정하는 경우 15세기에는 예컨대 *say not*의 형식이 보편적이었다. 그러나 16세 기 이후에는 do를 더하기 시작해 "I *do not say*."가 되었다.

Many of us *don't* want the disguised peace.

(많은 사람이 위장 평화는 원하지 않는다.)

They are *not* [aren't] happy.

참고 이것을 "They are not-happy[unhappy]."라면 Word negation인데, 두 Sentence의 뜻은 대체로 같으나, very를 붙이면 아주 달라진다.

They are not very happy. (그 부부는 그다지 행복하지는 않다.)

They are very unhappy. (그 부부는 매우 불행하다.)

Infinitive가 오면 do를 쓰지 않고 그것을 부정하는 부사가 그 앞에 온다.

He deserves *not to be punished*. [Word n.]

(그가 벌 받지 않은 것은 당연하다.)

    cf. He *does not deserve* to be praised.   [Sentence n.]

    (그는 칭찬 받을 만한 가치가 없다.)

어떤 문장체에서는 Word negation이 Sentence negation보다 때로는 간단 명확하다.

    He said *nothing*. (= He didn't say anything. —Sentence n.)

    (그는 아무 말도 하지 않았다.)

    That will be *no* easy task. (= That won't be an easy task. —Sentence n.)

    (그것이 쉬운 일은 아닐 것이다.)

③ 부정어 없는 부정(Negation without Negatives)

Catch me doing it. (= You won't catch me doing it. = I shan't do it.)

  (그런 짓은 안 한다.)

Am I the guardian of my sister? (= I am not ⋯. = It is not my duty to be ⋯.)

  (내가 내 누이동생의 감시자가 될 수는 없다.)

He a scholar? (= He is not a scholar.)

If ever I saw the like! (= I never saw the like.)

  (나는 꿈에도 그런 것을 보지 못했다.)

I am damned if I know. (= I don't know.) (내가 알 리가 없다.)

What do I care? (= I don't care.) (나와 아무 상관없다.)

He is far from blaming you. (= He is not blaming you.)

  (그는 당신을 원망하지 않는다.)

The village is free from air pollution. (= There's no air pollution ⋯.)

  (그 마을엔 대기오염이 없다.)

The splendor of the King Se-jong's achievements is more than we can

  describe. (= We can not describe the splendor ⋯.)

  (세종대왕의 찬란한 업적을 이루 다 형언할 수 없다.)

④ no more than과 not more than의 비교: 어학에는 기억이 가장 좋은 약이라고는 하지만, 건망증도 대단한 병이라서 기계적으로 대강 외워두었다가도 막상 실용 단계에 가면 주저하게 된다. 그러므로 이 모호한 표현도 Word negation과 Sentence negation으로 나누어서 다루면 혼동되지 않으리라 생각된다.

She **has** *no more than* five dolls. (= only, as few as)　　　　　[Word n.]

　　(그 소녀에게는 인형이 다섯 개밖에 없다.)

She(주어) + has(술어) + no more than five(형용사구로 dolls를 수식) + dolls(목적어)

no(부사)는 more를 수식. no more than five(다섯 개를 넘는 수량은 없는 = 다섯 개뿐인)

cf. a little[much] more than five

　　(다섯 개보다 조금[훨씬] 더 많은).

She(S) + **has**(V) + no more than five dolls(O).

She **has not** *more* than five dolls. (= at most)　　　　　[Sentence n.]

　　(그 소녀에게는 인형이 많아야 다섯 개 있다.)

　　She(주어) + has not(술어구) + more than five dolls(목적어구).

　not은 has를 수식하고, more와는 관계없다. 그러므로 not more than이라고 묶어서 생각하는 것을 피함이 더 알기 쉽다. 미국식 영어로는 이 Sentence가 She does not have more than five dolls이다. 결국 not과 more가 떨어져 있다. 그러니까 has not more than five(다섯 개보다 더 많이는 가지고 있지 않다)에서 has not이 more than five 전체를 부정한다.

　　cf. less[more] than five(다섯 개 이내[이상])

　　She(S) + **has not**(V) + more than five dolls(O)

　5 **이중부정(Double negation)**: 두 개의 부정어가 한 개의 Sentence에 쓰일 때는 그 뜻이 대개 긍정이다.

　　There are *none* who have*n't* heard of it.

　　(그 소문을 듣지 않은 사람은 없다. = 모든 사람이 다 들었다.)

　　You are *not ig*norant of it.

　　(당신이 그 소식을 모르고 있지는 않을 거야 = 당신도 알고 있지.)

　그러나 부정사가 몇 개 있든지, 그것들이 부정을 강화하는 관용례가 고대·중세 영어로부터 현대에까지 속어로서 남아 있다. 심리적으로는 부정어를 한 번만 쓰면 빠져 있지 않나 하는 불안감에서 되풀이해 보는 것이라고 생각할 수 있다.

　　She **never** complains of **nothing**. (nothing을 anything이라면 정상적)

　　(그 여인은 불평을 도무지 하지 않는다.)

　　He could **not** sleep, **not** even after taking an opiate.

(그는 진정제를 써도 잘 수가 없었다.)

They weren't changed at all **hardly**.

(그들은 조금도 달라지지 않았다.)

cf. She is *hardly* (= harshly) treated.

(그 여인은 학대 받고 있다.)

He is *rarely* honest. (rarely = uncommonly)

(그는 드물게 볼 수 있는 정직한 사람이다.)

참고 rarely도 seldom의 뜻으로 쓰이면 부정어다. I rarely meet her now. (요새는 그녀와 별로 만나지 않는다.)

6 **부분부정(Partial negation)과 전체부정(Total negation):** 부정어와 all, altogether, always, absolutely, both, completely, entirely, every-, generally, necessarily, wholly 등이 함께 쓰이면 대개 부분부정으로 된다.

All is **not** lost. (아직 절망은 아니다.)

They are **not all** of them fools.

(그들은 모두가 다 멍청이는 아니다.)

cf. *Not all* the riches of the world prolong our life.

(이 세상 모든 돈을 다 쓴다 해도 우리 생명을 더 연장할 수는 없을 게요.)　　[전체 부정]

All soldiers who go into battle are **not** killed.

(전투 참가자 모두가 죽는 것은 아니다.)

She is **not always** so sad.

(그녀가 언제나 저렇게 슬퍼하고 있는 것은 아니다.)

This is **not altogether** true.

(이것이 전적으로 사실이라고는 할 수 없다.)

He was **not absolutely** sure.

(그가 절대로 자신이 있다는 것은 아니었다.)

Both (of them) are **not** my relatives.

(이 두 사람 모두가 내 친척이라는 것은 아니다.)

Not every good man prospers.

(착한 사람이라고 누구나 잘사는 것은 아니다.)

Every country can **not** produce everything.

(모든 나라가 모든 필요품을 다 생산할 수는 없다.)

One would **not**, like King Lear, give **everything**.

(누구나 리어왕처럼, 모든 것을 다 나눠주려고 하지 않을 것이다.)

Diamonds are **not** found **everywhere**.

(금강석이 어느 곳에나 있는 것은 아니다.)

[참고] 어떤 부사는 부정어와 함께 부분부정의 뜻을 지닌다.

He is *not very* poor. (그가 매우 가난한 것은 아니다.)

This magazine does *not* come out *weekly*. (이 잡지가 매주 나오지는 않는다.)

전체부정은 (1) 부정어와 함께 any(−), either를 쓰거나, (2) neither, no(−), none, not, 또는 (3) 부정의 뜻인 접두어 dis−, im−, un− 등으로 표시된다.

We don't know **any** of you. (회화체) ＝ We know **none** of you. (문장체)

(우리는 당신네들을 아무도 모르오.)

Nobody wants it. (그것은 아무도 원하지 않소.)

28. 비슷한 내용을 여러 종류의 센텐스로 나타낸다

Everybody likes flowers.   [Declarative s.]
Who does not like flowers?   [Rhetorical q.]

How nice the evening glow looks!   [Exclamative s.]
The evening glow looks very nice.   [Declarative s.]
Doesn't the evening glow look nice?   [Rhetorical q.]

All men long for the peace of the world.   [Affirmative]
There are none but long for the peace of the world.   [Negative]
Are there any who are against the peace of the world?   [Interrogative s.]

79

29. 구조(Structure)에 의한 분류

(1) 단순(單純) 센텐스(Simple sentence)

(2) 중복(重複) 센텐스(Compound sentence)

(3) 복합(複合) 센텐스(Complex sentence)

(4) 혼합(混合) 센텐스(Mixed sentence)

여기서 구조라 함은 주어 + 술어를 한 단위로 하여, 한 개의 Sentence 안에 그 단위가 한 개이면 Simple s., 두 개 이상의 단위가 동등한 입장에서 연결되어 있으면 Compound s., 주종(Principal and Subordinate clause, 主從) 관계로 연결되어 있으면 Complex s.이고, 이 Complex s.에 다시 다른 절이 결합되면 Mixed s.이다.

30. 단순 센텐스(Simple sentence)

주부·술부의 관계가 한 번밖에 없는 것, 즉 절이 없는 것으로, 구는 있어도 좋다.

He drank a glass of water.

Bring me a glass of water. I am thirsty.   [2개의 Simple s.]

　(물 한잔 가져다주시오. 목이 마릅니다.)

Being a poor girl, she could do nothing.   [분사구]

　(가난하니까 그 소녀는 어찌할 방책이 없었다.)

To do good to the ungrateful is to throw rose water into the sea. [명사구]

　(배은망덕한 자에게 친절을 베푼다는 것은 바닷물 속으로 장미 향수를 던져 넣는 것과 같다.)

Trial and *error* is the source of our knowledge.   [2개 주어]

　(시행착오가 지식의 근원이다.)

He *said so* and *went out*.   [2개 술어]

　(그는 그렇게 말하고 가버렸다.)

A cat and a dog had a fight and got hurt.   [2개 주어·술어]

cf. A cat and a dog had a fight and they got hurt.   [Compound s.]

참고 Simple sentence라고 해서 반드시 짧은 것은 아니다. 수식 어구가 붙을 수 있기 때문이다.

31. 중복 센텐스(Compound sentence)

두 개 이상의 Simple sentence가, 대등한 문법적 관계로 묶는 and, but, or, for, either … or 등 등위 접속사, 또는 therefore, moreover, however, consequently 등 접속부사 (Conjunctive adverb)로 연결된 것으로, 이 절을 각각 독립 절(Independent clause) 또는 등위 절(Co-ordinate clause)이라 부른다.

He felt no fear, *for* he was brave.

(그는 조금도 두려워하지 않았다, 매우 용감한 사람이었으니까.)

There was not one there, *so* he went away.

(한 사람도 거기 없으니, 그는 다른 곳으로 가버렸다.)

Either the mail-carrier hasn't come yet *or* there aren't any letters for me this morning.

(오늘 아침엔 집배원 아저씨가 아직 오지 않았던지, 아니면 내게 오는 편지가 없나보다.)

I think; *therefore* I am.

(나는 생각한다, 그러므로 나는 존재한다.)

이상과 같은 접속사 없이도 이 종류의 Sentence는 흔하다.

You do not love me, you love only my money.

(그대는 나를 사랑하지 않아, 내 돈이 탐날 뿐이지.)

A man dies, his name remains.

(사람은 죽어서 이름을 남긴다.)

A writer wants something more than money for his work; he wants permanence.

(작가는 자기 작품이 잘 팔리기보다 그것의 영속성을 더 원한다.)

32. 복합 센텐스(Complex sentence)

한 개의 주절에, 한 개 이상의 종속절이 붙어 있는 것으로, 이 때 두개의 절을 연결하는 것은 종속 접속사·관계사 등이다. 종속절에는 세 종류가 있다(26쪽을 보라): 명사절·형용사절·부사절

I believe (that) he is right.   [명사절]

He will tell us what he has seen, and what he has heard.   [명사절]

  (그가 보고 들은 바를 이야기할 것이다.)

I gave him all the books (that) I had read.   [형용사절]

She could not come because she was ill.   [부사절]

Most people cease to study when they have got jobs after their graduation.

  (사람들 대부분이 졸업 후 취직하면 공부하지 않는다.)   [부사절]

Had you seen it, you should have shuddered.   [부사절]

  (그것을 보았더라면 당신은 몸서리쳤을 거요.)

The runner started as soon as the signal was given, and he continued to run till

he reached the goal.   [부사절]

  (신호에 따라 뛰기 시작해, 결승점까지 계속 달렸다.)

33. 혼합 센텐스(Mixed sentence)

Compound sentence를 구성하는 Co-ordinate clause가 그 안에 Subordinate clause를 가지고 있는 것을 말한다. 즉, Compound-Complex sentence이다.

  The earth is a globe *that always turns round*, and at the same time it moves

    round the sun.

    (지구는 언제나 돌고 있는 구이고, 동시에 그것은 태양의 둘레를 돌고 있다.)

EXERCISE 5

1. 다음의 것을 Interrogative sentence로 고쳐라.

(1) Rice grows slowly.

(2) The picture was interesting.

(3) You must send for the nurse.

(4) They showed her the jewels.

(5) We elected him chairman.

2. 다음을 긍정은 부정으로, 부정은 긍정으로 바꾸어라.

(1) Take this medicine.

(2) He has not any friends.

(3) They expect that they will meet us.

(4) You have to start at once.

(5) He is so young that he cannot take the examination.

3. 다음을 (   ) 안의 지시대로 고쳐라.

(1) It is a lovely day. (Exclamatory s.로)

(2) They have been suffering from hunger. (Interrogative s.로)

(3) The lady is his aunt, and she lives in the country. (Complex s.로)

(4) Half a year has passed since I came here. (Simple s.로)

(5) If you touch it, I'll kick you out. (Compound s.로)

제2부
어형론

Accidence

제2부 어형론(Accidence)

어형론(語形論)은 단어의 어형변화(Inflection)를 취급하는 것인데, 센텐스에서 단어가 하는 구실을 표시하기 위해 단어의 형태(form)가 변화하는 모습을 연구하는 것이다. Accidence is the study of the inflection of words, i.e. the change of form in words to indicate the part they play in the sentence(Curme, *English Grammar*, p. 35).

어형론은 Sentence에서 단어의 배열이나 그 상호 관계를 취급하는 통어론(Syntax)과 함께 Grammar의 두 부문 중의 하나이다.

어형론은 형태론(Morphology)이라고도 부르는데, Noun, Pronoun의 수(Number), 격(Case), 성(Gender), 인칭(Person)과 Adjective, Adverb의 비교변화(Comparison) 및 Verb의 시제(Tense) 등으로 생기는 어형 변화에 의해 그 형태를 주로 다룬다는 뜻에서 생긴 말이다.

어형 변화가 없는 Preposition, Conjunction, Interjection은, 따지자면 형태론에서는 제외될 것이나, 편의상 여기에 포함시켰다. 품사론(The Parts of Speech)이라는 제목 뒤에서 8품사를 모두 취급하자니, 단어에 관한 한 어형이 지니는 무게가 매우 큼을 생각하지 않을 수 없다. Adverb의 일부에도 어형 변화가 있으나, 대수롭지 않다는 생각으로 때로는 이 어형 변화의 문제에서 제외되기도 한다.

제1장 명사(Nouns)

명사를 Substantive(實詞)라고도 부른다. 명사는 Sentence에서 주어·목적어·보어의 기능을 하며, 때로는 Adjective, Adverb, Conjunction의 상당어 구실도 한다.

[1] 명사의 기능(Functions of Nouns)

34. 명사의 5기능

① 주어

Baseball is much played in that school.

Off we started, **Father** remaining behind. (= while father remained.)

　　(우리는 떠나버렸다, 아버지는 뒤에 남아 계셨고.)　　　　　　[Absolute nominative]

He thinks **dogs and cats** are not friends.　　　　　　[Compound subjects]

We are **many of us** satisfied.　　　　　　[Appositive to Subject]

Mr. Wagner, what do you think of him?　　　　　　[Vocative]

　　(와그너 씨, 그 사람을 어떻게 생각하십니까?)

② 목적어

I can not *enjoy* **angling**.　　　　　　[Object of vt.]

　　(나는 낚시에 취미가 없다.)

Be not curious *about* **God**.　　　　　　[Object of Preposition]

　　(하느님을 의심하지 마라.)

She showed the officer **her passport**.　　　　　　[Direct object]

　　(그 부인은 여권을 조사원에게 보였다.)

Mother has bought **her sister** a handbag.　　　　　　[Indirect object]

(어머니가 이모에게 손가방을 사주셨다.)

They came **full speed**. [Adverbial accusative]

(그들은 전속력으로 내달아왔다.)

This box is **the same size** as that. [Accusative of Description]

(이 상자는 크기가 저것과 같다.)

We left the Vatican, **the home of the Pope**. [Appositive to Object]

(교황이 사시는 바티칸 궁을 우리는 물러나왔다.)

③ **보어**

Miss B has become **a pianist**. [Subjective complement]

(B양은 피아니스트가 되었다.)

Father has made my brother **a trader**. [Objective complement]

(우리 아버지는 형을 무역상으로 출세시키셨다.)

④ **수식어**

Who is this **magazine-cover** girl? [Adjectival modifier]

(이 잡지 표지 소녀가 누구지?)

They bound him **hand and foot**. [Adverbial modifier]

(그들은 그의 손발을 묶었다.)

I went over there **afternoons**. [Adverbial modifier]

(나는 오후면 그리로 헤엄쳐 건너갔다.)

⑤ **연결어(Connective)**

He started **the moment** he got your message. (= as soon as)

(당신의 연락을 받자마자 그는 떠났소.)

[2] 명사의 종류(Kinds of Nouns)

명사는 그 표시하는 것의 성질에 따라 다음의 5종으로 분류된다.

(1) 보통명사(Common noun)

(2) 집합명사(Collective noun)

(3) 물질명사(Material noun)

(4) 추상명사(Abstract noun)

(5) 고유명사(Proper noun)

35. 명사의 종류(Kinds of Nouns)

1 **보통명사**: 같은 종류의 사람이나 사물에 공통되는 명사다.

1) 셀 수 있는 것이 특징이고, 단수일 때는 부정관사인 a[an]를 그 앞에 둔다: (a dog; an animal(동물). 또 복수일 때는 어미에 -s[-es]를 붙인다: (birds; dishes). 대개 small letters(소문자)로 쓰기 시작한다.

2) 정관사인 the는 단수나 복수에 모두 붙을 수 있다.

3) 보통명사가 동물을 뜻할 때 속격(Genitive case)임을 나타내려면 -'s가 어미에 붙는다: a deer's horns(녹용).

4) 성별(性別)을 다른 말로 표시하는 것도 있다: uncle; aunt.

2 **집합명사**: 같은 종류의 사람이나 물건의 집합체를 하나의 단위(unit)로 표시하는 명사를 말한다.

    army(군대)   audience(청중)   nation(국민)   furniture(가구)

이 뭉친 것을 한 개로 볼 수 있으니, 어떤 것은 보통명사처럼 부정관사를 붙이기도 하고, 또 복수형으로 할 수도 있다: a class—two classes(두 반).

1) 때로는 집합명사를 보통명사로 만들어 쓰기도 한다

    She is taking **a class**[classes] in flower arrangement. (= a lesson; the teaching)

      (그 부인은 꽃꽂이 강습을 받고 있다.)

2) 집합명사를 일종의 조수사(Numerative, 助數詞)로도 쓴다

    a **group** of children(한 무리의 아이들) ; a **flock** of birds(한 떼의 새들); etc.

3) 물질명사와 같은 용법의 집합명사

A waistcoat is an article of **clothing**.

(조끼는 의류의 일종이다.)

4) 중다(衆多)명사(Noun of Multitude)

집합명사를 한 개의 뭉쳐 있는 단위로 보지 않고, 그것을 이루는 개개의 성원(成員)에 중점을 둔 것.

The *public* **are** much interested in their immediate surroundings.

(세상 사람들은 바로 이웃 환경에 관심이 많다.)

All my *family* **are** early risers.

(우리 집 식구들은 아침에 모두 일찍 일어난다.)

cf. My **family** is a large one. [단수집합명사]

(우리 집엔 아이들이 많다.)

Two **families** live in that house. [복수집합명사]

(두 가족이 그 집에 살고 있다.)

다만 police에는 the를 붙여 중다명사로만 쓰고 있다.

The **police** are on the robber's track.

(경찰이 강도를 추적하고 있다.)

③ **물질명사**: 물질 또는 재료의 이름을 표시하는 명사다.

oxygen(산소) water flour wood steel(강철)

물질이나 재료에는 일정한 형체가 없으니, 셀 수도 없고, 부정관사나 복수 어미도 붙일 수 없다. 따라서 그 수량을 표시하려면 Numerative를 붙인다.

two **cups** of coffee (두 잔의 커피) some **sheets** of paper (몇 장의 종이)

a **bit** of advice (충고 한마디) a **piece** of information (한 가지 소식)

물질명사의 종류·제품을 표시할 때는 보통·명사화해 a[an]을 붙이거나, 또는 복수화한다.

This **tea** is better than the **one** we had yesterday.

a glass (유리잔 한 개) two glasses (유리잔 두 개)

glasses (안경) ― 제품

④ **추상명사**: 동작·성질·상태 등 무형인 것을 표시하는 명사다. 셀 수가 없으니 부정관사 a[an]이나 복수 어미를 붙일 수도 없다.

health   wealth   power   courage   peace

학문·운동·병 이름: logic(논리학), volley-ball, polio(소아마비).

명사·형용사·동사 등에 접미어를 붙인 것: friend**ship**(우정), happ**iness**, punish-**ment**, etc.

Art is long and **time** is fleeting.

　(갈 길은 먼데 해는 서산을 넘는구나.)

He escaped **death** by the skin of his teeth. (= barely)

　(그가 가까스로 죽음을 면했다.)

1) 다음의 것은 추상명사를 보통명사화한 것이다

She is the **pride** of her school. (자랑거리)

Such a **cruelty** to animals must be prevented. (학대행위)

I have received many **kindnesses** from him. (친절한 대접)

2) 추상명사를 고유명사화한 것

Fortune favors the brave. (운명의 여신은 용기 있는 자를 돕는다.)

3) 관용례

① of + 추상명사 = 형용사

　a book **of value**(= a valuable book) (가치 있는 책)

　the matter **of great importance** (= very important) (매우 중요한 사건)

② with[on] + 추상명사 = 부사

　Listen to his lecture **with patience**. (= patiently)

　　(그의 강의를 끈기 있게 들으시오.)

　He did it **on purpose**. (= purposely, 일부러)

③ all + 추상명사 = 추상명사 + itself (강한 뜻의 보어로)

　He is **all eagerness**[eagerness itself] (= very eager) to become rich.

　　(그는 부자가 되려고 몹시 애쓰고 있다.)

④ 대문자로서 존칭을 표시

　Your[His] **Excellency**(각하) — 2[3]인칭

⑤ **고유명사**: 특정한 사람이나 물건에 주어지는 명사로서, 쓸 때는 대문자로 시작한다.

Shakespeare　　　New York　　　the Pacific Ocean　　　Korea

그러나 보통명사처럼 취급되는 특별용법(idiomatic usages)도 있다.

Among the foreign professors there are two Wilsons.

(그 대학 외국인 교수 중에는 윌슨 씨가 두 분 계신다.)

There will appear many Edisons in our country. (= inventors- like Edison)

(우리나라에도 에디슨 같은 발명가가 많이 나타날 것이다.)

Ulsan is **the** Manchester of Korea. (= an industrial city like ⋯.)

(울산은 한국의 공업도시로 맨체스터 같은 곳이다.)

She talked in **an** English that had an intonation of a foreign tongue.

(= a kind of)

(그 여인은 어떤 외국어의 억양이 섞인 영어로 떠들었다.)

One of her relatives is **a** Mrs. Brown. (= a person called)

(그녀의 친척 중에 브라운인가 하는 여자가 있다.)

We've bought **a** Ford. (= a product from)

(우리는 포드 자동차를 한 대 샀다.)

He has been studying **Milton**. (= a work written by)

(그는 밀튼의 작품을 연구해 오고 있다.)

The Forsytes have been living in great splendor.

(포사이트 일가는 호화롭게 살아왔다.)

36. 명사의 다른 분류(Some Other Classifications of Nouns)

이상의 예에서 본 대로 고유명사나 추상명사 등이 보통명사처럼 수(數)의 개념을 띠고 나타나는 경우를 참작하여 가산어(可算語)와 불가산어(不可算語)로 나누기도 한다.

1) **가산어(Countable, 可算語)**

셀 수 있는 것으로 flowers, houses 등 물질적인 것과, mile, idea 등의 비물질적인 것을 포함하여 a[an], two, several, many 등을 붙여 단수·복수로 할 수도 있는 것.

　hostilities (전투행위) < hostility (적의, 敵意)

보통명사·집합명사가 이에 속하고 성질이 다르지만 때로 고유명사도 이에 포함시킨다: another Cleopatra (또 하나의 미인)

2) **불가산어(Uncountable, 不可算語)**

그대로는 세거나, 달거나, 잴 수 없는 명사로서 music, time 같은 비물질적인 것 외에 milk, sugar, air 등 물질적인 것도 포함되는데, 추상명사·물질명사, 때로는 고유명사가 이에 속한다.

요컨대 문법상 복수형을 가질 수 있느냐 없느냐에 그 표준을 둔 것이라 하겠다.

　many experienc**es** (허다한 경험) ― 구체적인 것　　　　　　　　　　[가산어]

　much experience (풍부한 경험) ― 추상적인 것　　　　　　　　　　[불가산어]

　an iron (다리미)　　　　　　　　　　　　　　　　　　　　　　[가산어]

　a lady of iron (강한 의지의 여인)　　　　　　　　　　　　　　　[불가산어]

[참고] 또 명사를 다음 두 가지로 나누기도 한다.

　　사물어(Thing-word, 事物語) = 가산어

　　질량어(Mass-word, 質量語) = 불가산어

　　물질명사, 추상명사 등 종래의 분류는 그러한 식으로 분류된 다른 보통명사니, 집합명사니 하는 것 등과 문법상 몇 가지의 공통된 특색이 있으므로 이 구분이 때로 편리할 수도 있다.

[비교] 원래 명사·형용사·동사·부사는 **개방어류**(Open-class, 開放語類)에 속한다. 개방어류는 말의 추가를 언제나 쉽게 허용하는 것으로서 그 포함하는 수효에 제한이 없다. 의미를 주로 생각하면 의미가 충분히 있는 이 어류는 실어(Full word, 實語)다. 이에 반하여 **고정어류** (Closed-class, 固定 語類)는 대명사·전치사·접속사·관사·조동사 등 새 말의 추가를 쉽게 허용하지 않는 것으로서 그 포함하는 수효가 셀 수 있을 정도로 적다. 예컨대, from, to, with 가 소속되어 있는 어류에는 앞으로 말이 더 증가할 것을 기대할 수 없다. 이 어류는 의미보다 통어적 기능을 가지고 있는 것으로서 Sentence 구조에 반드시 있어야 한다. 이렇게 나누어볼 때 Interjection은 독립요소이므로 제외된다.

EXERCISE 6

1. 다음 명사의 종류를 말하라.

(1) This reference book is an absolute necessity for the beginners.

(2) You will find two Websters on that shelf.

(3) There is no room to step in.

(4) Hot dog disagrees with me.

(5) She lost her sight when a child.

2. 다음 한국어를 영어로 옮겨라.

(1) 그 애가 우물에 빠졌다.

(2) 대부분의 과실은 통조림으로 만든다.

(3) 이순신 제독은 한국의 Nelson이다.

(4) 건강은 우리에게 행복을 준다.

(5) 그는 노인을 존경할 줄 모른다.

[3] 수(Number)

37. 명사의 수

명사·대명사에서 하나인가, 또는 둘 이상인가에 따라 어형에 변화를 가져온다. 하나를 표시할 때는 **단수**(Singular), 둘 이상을 표시할 때는 **복수**(Plural)라고 부른다. 동사는 주어의 수에 호응(呼應)하는 형식을 밟는다.

      He tries to solve the problem. (그가 문제 해결을 위해 노력한다.)   [단수]

      They try to ….   (그들이 … .)   [복수]

이것은 동작이 단수 또는 복수라는 뜻이 아니고, 다만 호응(Concord)이라는 문법상 문제일 뿐이다. 단수·복수의 표시가 영어에는 잘 나타나지만 한국어에는 표현에 별로 나타나지 않기도 한다. 단수가 복수로 변하는 데는 **규칙복수**와 **불규칙복수**의 두 가지가 있다.

1 **규칙복수(Regular plural)**: 단수 어미에 -s 또는 -es를 붙인다.

1) -s

birds [bə:dz]   hats [hæts]   months [mʌnθs]   smiths [smiθs]

참고 1. 유성음(Voiced sound, 有聲音) 뒤에서는 [-z], 무성음(Voiceless sound, 無聲音) 뒤에서는 [-s].

2. 긴 모음 또는 이중모음 + th[θ]는 -s가 붙을 때 [-ðz]로 소리가 변한다.

┌ bath [ba:θ]   ┌ path [pa:θ]   ┌ mouth [mauθ]
└ baths [ba:ðz]   └ paths [pa:ðz]   └ mouths [mauðz]

3. r이 th 앞에 있을 때는 [-θs]다.

berths [bə:θs] (배나 기차의 침대)   births [bə:θs] (출산 회수)

hearths [ha:θs] (벽로, 壁爐)

2) 문자·숫자·명사 상당어 다음에는 -'s를 붙인다

Dot your i's and cross your t's.

(만사를 똑똑히 하라. < i자를 쓸 때는 윗점을, t자를 쓸 때는 가로줄을 잊지 마라.)

There are two 9's in 99.

(99에는 9자가 두 개 있다.)

He used too many I's, my's and me's in his speech.

(그는 연설 때 나·내·나를 따위 말을 너무 많이 썼다.)

The pro's and con's are equally divided.

(찬성과 반대가 반반씩이다.)

참고 's 표의 (') 부호를 Apostrophe(복수[생략: '81 = 1981] 부호)라 부른다.

3) **치찰음 (Sibilants, 齒擦音) (= s·ss·c·sh·tch·ch·g·dg·x·z) 다음에는 -es [-iz]를 붙인다**

gases   masses (대중)   vices (악)   dishes   ditches (도랑)

churches   ages   edges (칼날)   boxes   topazes (황옥)

참고 1. [-iz]는 한 개의 음절(Syllable)을 이룬다.

2. vice, age, edge 등도 어미는 치찰음이니 -s만을 붙인다.

3. rose, horse, moustache [məstá:ʃ](콧수염)에서처럼, -e가 소리 나지 않는 때는 복수 어
미 -s 만을 붙이고 발음은 [-iz]로 한다. house [haus]의 복수 발음: houses [háuziz]

4) -o로 끝나는 다음 단어의 복수형에는 -es를 붙인다: 다음 12개 외에 -o로 끝나는
단어에는 대개 -s만을 붙인다.

echoes (산울림)·embargoes (금지·억류)·goes (유행)·heroes (영웅)·innuendoes (풍
자, 諷刺)·jingoes (주전론자)·Negroes (흑인)·noes (반대투표자)·potatoes (감자)·toma-
toes·torpedoes (수뢰, 水雷)·vetoes (거부권, 拒否權)

5) 자음+-y로 끝나는 단어는 -y를 -i로 바꾼 뒤 -es를 붙인다

cities bodies, etc.

cf. 모음 + -y의 단어에는 그대로 -s만을 더한다.

days boys keys

6) -f, -ff, -fe로 끝나는 단어는 -f를 -v로 변하고 -es를 붙인다: 상용어로는 15개가
있다.

beef(쇠고기)	calf(송아지)	elf(요정, 妖精)	half	knife
leaf	life	loaf(덩어리)	self	sheaf(묶음, 束)
shelf(선반)	staff(지휘봉)	thief	wife	wolf(이리, 狼)

cf. roofs(지붕) safes(금고) chiefs(두목) cliffs(절벽)

7) 복합어(Compound word)에서는 그 중의 중요한 단어를 복수화한다

girl friends brothers-in-law(의형제) lookers-on(구경꾼)

passers-by(통행자) men-of-war(군함) poets laureate(계관시인, 桂冠詩人)

two spoonfuls(두 숟가락)

cf. man이나 woman이 앞에 오는 복합어는 앞뒤 모두 복수로 한다.

men servants(남자공무원) women writers(여성작가)

2 불규칙 복수(Irregular plural)

1) 모음변이(Mutation [Umlaut], 母音變異)

man—men tooth—teeth mouse—mice

woman [wúman]—women [wímin]

1. –en이 붙어서 복수되는 단어로 ox–oxen이 있다.

2. Englishman–Englishmen, gentleman–gentlemen 등의 –man–men의 발음은, 그 음절에 강세가 없으므로, 모두 [–mən]이다.

3. 고유명사는 대개 그대로 –s: Germans

2) 이중 복수(Double plural)

- brothers (형제)
- brethren (동포·동지)

- cloths [klɔ́s] (여러 가지 천)
- clothes [klóuðz] (옷)

- indexes (색인, 索引)
- indices (지수, 指數)

- geniuses (천재)
- genii [dʒíniai] (수호신, 守護神)

- pennies (penny라는 청동화)
- pence (penny의 가치)

- staffs (직원)
- Staves (지휘봉)

cf. children 〈 cildru (고대 복수형) 〈 cild (고대어 = child)

brethren 〈 brothru (고대 복수형)

3) 불변화 복수(Unchanged plural)

수보다 양(量)에 치중한 데서 이와 같이 쓴다.

- a sheep
- many sheep

- a fish
- many fish

- a series of misfortunes (잇단 재난)
- the World Series (세계 야구 선수권대회)

fishes라면 여러 종류의 물고기를 뜻한다.

corps(대·단, 隊·團)의 단수 [kɔː], 복수 [kɔ = z]. 한국의 won(원)도 불변화복수다.

4) 외래 복수(Foreign plural)

- crisis [-sis] (위기, 危機)
- crises [-si:z]

- formula (공식, 公式)
- formulae [-li:]

- stimulus (자극)
- stimuli [-lai]

- stamen [stéimən] (수꽃술)
- stamina [stǽminə] (정력)

- phenomenon (현상, 現象)
- phenomena

- appendix (부록)
- appendices

- datum (재료)
- data

- medium (매개물)
- media

5) 분화 복수(Differentiated plural, 分化複數)

단수형과 다른 뜻을 지니고 있는 복수

$$\left[\begin{array}{l} \text{better} \\ \text{letters (문학)} \end{array}\right. \quad \left[\begin{array}{l} \text{ash (재)} \\ \text{ashes (유골, 遺骨)} \end{array}\right. \quad \left[\begin{array}{l} \text{color} \\ \text{colors (군기, 軍旗)} \end{array}\right.$$

$$\left[\begin{array}{l} \text{custom} \\ \text{customs (관세, 關稅)} \end{array}\right. \quad \left[\begin{array}{l} \text{pain} \\ \text{pains (수고)} \end{array}\right. \quad \left[\begin{array}{l} \text{arm} \\ \text{arms (무기)} \end{array}\right.$$

> [참고] 그러나 복수의 형태를 가지면서도 단수인 때의 뜻을 지니고 있는 것이 있다. arms (팔),
> colors (여러 가지 빛깔), letters (편지, 글자).

6) 절대 복수(Plural tantum, 絕對複數)

어떤 명사는 복수형으로만 나타난다.

news [njuːz] pants trousers barracks (병영) arms (무기) scissors (가위)
spectacles (안경) billiards (당구) gardens (유원, 遊園) riches (부, 富)
wages (삯 [임금]) economics (경제학) linguistics (언어학) mumps (항아리손님,
  流行性耳下腺炎) species [spíːʃiːz] (종, 種)

> [참고] 바지·가위·안경 등은 a pair of, two pair(s) of를 넣어서 수를 표시한다. a pair of shoes
> (구두 한 켤레)

7) 근사 복수(Plural of Approximation, 近似複數)

성질이 비슷한 사물이 둘 이상인 때.

He must be a man in his middle fifties or early sixties.

  (그는 55세쯤이거나, 아니면 60세를 갓 넘은 사람일 게다.)

fifties라면 50이 여러 개라는 뜻이 아니고, 51, 52, 53 … 등을 말하고, we는 I의
복수이지만, 나와 비슷한 여러 사람을 뜻할 따름이다.

8) 강의 복수(Intensive plural, 強意複數)

She was once more all smiles.

  (그 여인은 한 번 더 활짝 미소를 띠었다.)

Terrors caught him.

  (공포에 싸여 꼼짝도 못했다.)

I must express hearty thanks to you.

  (진심으로 당신께 감사드립니다.)

There were winds in the heavens.

(하늘엔 온통 강한 바람이 일고 있었다.)

Imagine the snow**s** and frost**s** of an Arctic winter.

(북극 겨울의 쌓이고 쌓인 그 눈과 얼음을 상상해 보라.)

9) 상호 복수(Plural of Reciprocity, 相互複數)

물건을 바꾸든지, 두 개 이상의 것이 서로 관계되어 있음을 표시한다.

I exchanged seat**s** with her.

(내가 그 여인과 자리를 바꿔 앉았다.)

I will be friend**s** again if she wants.

(나는 그녀가 원한다면 다시 친구가 될 것이다.)

Let's touch glasse**s**.

(자, 잘까닥![우리 잔 댈까?])

10) 총칭 복수(Generic plural, 總稱複數)

어떤 종류에 속하는 것 전체를 뜻한다.

Owl**s** can see well in the dark. (= All owls)

(부엉이는 어두운 데서 잘 본다.)

Men must work, and women must weep.

(남자는 억세서 일을 잘하고, 여자는 마음 고와 애정으로 살아야지.)

It's no good crying over spilt milk and it would only make things worse if you make a fuss.

(과거는 흘러갔다. 그러니 소란을 피운다면 사태를 악화시킬 뿐이다.)

참고 1. 명사가 형용사 상당어인 때, 앞에 복수형용사가 있어도 대개는 단수다.

the five **year** economic plan (5개년 경제 계획)

three **dozen** ball-point pens (3타의 볼펜)

cf. three dozens of pencils

four act play (4막극)   ten dollar note (10달러 지폐)

2. 요일의 경우 on Sunday라면 next[last] Sunday라고 인정될 수도 있으니, on Sundays, on a Sunday, of a Sunday가 분명하겠다.

EXERCISE 7

1. 적당한 말을 B에서 골라, A의 빈칸을 채워라.

A		B		
(1) a bowl of _____	(a) water	wine	beer
(2) a cup of _____	(b) chalk	string	paper
(3) a glass of _____	(c) rice	porridge	soup
(4) a piece of _____	(d) coal	steel	books
(5) a ton of _____	(e) milk	coffee	tea

2. 다음 단어의 복수형을 말하라.

boy-scout   quiz   medium   tooth-brush   Chinese

3. 다음 영어를 한국어로 표현하라.

(1) Crowds of people were pouring from a variety of quarters.

(2) Children don't know much about these sort of tricks.

(3) It would make me very glad to shake hands with you before going away.

(4) We rode over the solitudes of the trackless desert in Arabia.

(5) The tears of a girl ran down her forty year old face.

[4] 격(Case)

명사 또는 대명사가 Sentence에서, 다른 말(Word)에 대한 문법적 관계를 표시하는 것이 **격**(Case)이다. 대개 한국어의 "…가[는]"(주격), "…의"(속격), "…을[를]·에게"(목적격)에 해당된다. Case란 말의 본래 뜻은 obliquity(비스듬히 기울어짐傾斜)이다. 즉, 이 세 가지 격에 따라 말의 모양이 변함을 뜻하는 데서 생긴 용어다. 예컨대 he, his, him과 같은 경우다.

다만 현대 영어에 와서는 명사의 형태에 속격만 있고, 주격과 목적격의 모양은 같으므로 이를 통격(Common case, 通格)이라고도 부른다. 그러므로 이 두 개의 구별은 어순, Context(전후관계) 등에 의한다.

 (1) 주격(Subjective[Norninative] case, 主格)

 (2) 속격(Genitive[Possessive] case, 屬格)

 (3) 목적격(Objective case, 目的格)

38. 명사의 세 가지 격

ㇱ **주격**: Nominative란 말은 name(이름)에서 온 것이므로, **주격**이란 말에 적당치 않다 하여 Subjective를 쓰기도 한다. 주격에는 주어·주격보어·주어동격어·독립주어 등이 포함된다.

다음 Sentence는 뜻이 비슷하나, 주어가 모두 바뀌어 있다. 주어는 서술의 주체가 되는 부분으로서 술어를 동반하고 있기 때문에 그 비중이 크니 만큼 뜻에 미묘한 차이도 있음을 인정하게 된다.

 The teacher awarded the girl the prize yesterday.

  (선생님께서 어제 상품을 그 여학생에게 주셨다.)

 The awarding of the prize to the girl by the teacher occurred yesterday.

 The girl was awarded the prize by the teacher yesterday.

 The prize was awarded the girl by the teacher yesterday.

 Yesterday was the time of the awarding of the prize to the girl by the teacher.

[참고] 1. 주어와 술어 사이에는 주어의 인칭·수 등에 따르는 **호응**(Concord)이 있다. 명사의 인칭(Person)은 모두 제3인칭(the Third person)이다.

  2. 독립주어(Absolute subjective[nominative])는 독립분사구문(Absolute participial construction)에서 분사 그 자체의 의미상 주어를 말한다. 이때 그 분사는 그 Sentence의 주어에 문법적으로 의존하지 않으므로 절대[독립](absolute)이라고 불린다.

  The sky *being clouded*, a timeless flat light fell on to everything.

  (날씨가 흐려 있으니, 때를 모를 지루한 빛이 만물을 한 빛으로 비추고 있었다.)

② **속격**: 기능은 명사의 수식어로서 한국어 "…의"에 해당한다. 종래에는 소유격 (Possessive case)이란 술어를 흔히 쓰고 있었으나, 이 격의 말에는 소유 이외에 여러 가지 다른 뜻도 있으므로 '근원'이나 '소유자'를 의미하는 속격(Genitive case, 屬格)이란 술어를 쓰기로 한다.

 1) **형식**: 's, of

사람 또는 다른 동물을 표시하는 단수 명사에는 철자와 관계없이 's(Apostrophe s)를 붙인다. 's는 고대 영어의 어미인 -es에서 모음인 e가 생략되어 있다는 표로 (')를 쓴 것이고, 발음은 복수와 같아서 [s] 또는 [(i)z]이다. 무생물에는 대개 's 대신에 of를 그 명사 앞에 쓰는데, 현대 영어에서는 단연 이 of를 많이 쓴다. **of-genitive**라 부른다. of[əv], 무성자음 앞에서는 [əf].

> This is my sister**'s** camera.
>
> She is wearing a dress **of** silk.
>
> (그 여인은 비단옷을 입고 있다.)

참고 예외로 다음과 같이 시간·거리·중량 등을 표시하는 데에 무생물을 의미하는 말에도 'S를 붙이는 관례가 있다.

> We always expect a fortnight**'s** notice.
> (반드시 2주 전에 알려주시오.)
> That accounts for the book**'s** popularity.
> (그 때문에 그 책이 유명하다.)

today**'s** paper	a month**'s** salary
a boat**'s** length	within a stone**'s** throw (가까운 거리)
a hundred mile**'s** distance	one shilling**'s** worth
160 pounds**'** weight	our journey**'s** end (나그네 종착점)
at the water**'s** edge (물 가)	to one's heart**'s** content (실컷)
at one's wit**'s** end (어찌할 바를 몰라)	for form**'s** sake (형식상)

① -S로 끝나는 복수명사에는 (')만을 붙인다.

a girls' school   girls ⎤
birds' song   girl's ⎬ [gə:lz]
boys' adventures (남아의 모험) girls' ⎦
ladies' tenderness (부인들의 고운 마음씨)

　　　-s로 끝나지 않는 복수명사에는 ('s)를 붙인다.

men's ambition (남성들의 대망)　　women's virtue (여성들의 미덕)

people's joy over victory(승리에 대한 사람들의 기쁨)

② 복합명사 및 이와 비슷한 어군속격(Group genitive)에는 ('s)를 붙인다.

motor-man's gloves (운전기사의 장갑)

house-keeper's routine work (가정부가 매일 하는 일)

wall-flower's loneliness (짝 없는 춤꾼의 외로움)

somebody else's business (다른 어떤 사람의 관계사)

Queen Elizabeth the Second's reign (엘리자베스 2세 여왕의 통치)

my friend White's house (우리 친구 화이트의 집)

a year or two's experiment (1~2년의 실험)

an hour and a half's debate (한 시간 반의 토론)

③ 개별 소유인 때는 각 개에 's를 붙이고, 공동 소유인 때는 마지막에 's를 붙인다.

Paul's and Trench's publications (폴 씨와 트렌치 씨의 출판물); Noble, Walter and

Johnson's Trading Company (3씨 공동소유무역회사)

That's the man I met yesterday's son. (그가 어제 내가 만난 그 사람의 아드님이다.)

④ 명사의 되풀이를 피하기 위해, 앞뒤가 분명한 것이면 (')만을 쓴다.

This bicycle is my cousin's (bicycle).

Nightingale's (nature) was a gentle nature.

　　(나이팅게일은 마음씨 고운 여성이었다.)

He fixed his passionate eyes upon Sophia's (eyes).

　　(그는 정열적인 눈으로 소피아의 눈을 골똘히 보았다).

⑤ 건축물인 house, shop, office 등을 생략하고 속격 부호만을 쓰는 예가 있다. 이것을

절대속격(Absolute genitive, 絶對屬格)이라 부른다.

We will stay at our uncle's (house) in summer.

They go to that barber's (shop) to have their hair cut. She bought it at the

grocer's (shop).

　　(어머니가 그것을 식료품 가게에서 사셨다.)

St. Luke's (Hospital) St. Paul's (Cathedral)

Korean ambassador to the Court of **St. James's** (주영 한국대사)

참고 St. James's는 흔히 영국 왕실의 별명으로서, 다음에 Palace를 넣어볼 것.

at Smith, the bookseller's[Smith's, the bookseller's]

　(서적상 스미스 씨의 가게에서)

⑥ 이중속격(Double genitive)

'Ford 씨의 이 집'을 Mr. Ford's this house라면 Mr. Ford's도 this도 house를 수식하는 효과가 비슷하니, 두 말을 따로 떼어 this house of Mr. Ford's라고 표현하면 군색하지가 않다. Double이란 말은 of와 's 두 가지를 표시하기 때문이다. '우리 아버지 친구 분의 저 자동차'는 my father's friend's that car라면 군색하니까 that car of my father's friend다. of 뒤의 속격은 언제나 사람을 뜻하는 말이다.

a boy-friend **of** my sister's (우리 누나의 한 남자 친구)

that daughter **of** the miller's (그 방앗간 주인의 저 따님)

the words **of** Christ's (그리스도의 그 말씀)

It was no fault **of** the pitcher's. (그것은 결코 투수의 실수가 아니었다.)

I will stay with friends **of** Helen's in the States.

　(미국에 가서는 헬렌의 친구들과 함께 머무를 것이다.)

2) 발음

[s] a wife's devotion to her husband (남편에 대한 아내의 헌신)

　Jack's pride (잭의 자랑거리)　　　　a ship's name

　cat's eye (고양이 눈 ― 보석 이름)　　the earth's surface

참고 [s]로 끝나는 단어가 sake 앞에 와서 관용구로 될 때는 [s] 소리가 세 번이나 나게 되므로 조화음(Euphony) 관계로 (')만을 붙인다.
　for appearance' sake (체재상, 體裁上)
　for conscience' sake (양심의 가책 때문에)
　for convenience' sake (편의상)　for shortness' sake (간단히)

[z] He is no man's man. (그는 남의 지배를 받을 사람이 아니다.)

　England's history, hero's tragic end (주인공의 비극적 종말)

　soul's eternity (영혼의 영원불멸)　nature's bosom (자연의 품)

a boy's fun (소년의 장난) duty's call (의무의 요구)

[iz] a fox's tail (여우꼬리)

Jones's Pronouncing Dictionary (존스 편 발음사전)

Coleridge's criticism (콜리지의 비평)

참고 1. [s]·[z]로 끝나는 고유명사에는 대개 ('s)를 붙이지만 그대로 (')만을 붙이는 경우도 있다.

Keats's[kíːtsiz] poems (키츠의 시)   [정식]

Keats'[kíːts] epitaph (키츠의 비명, 碑銘)   [약식]

James's[ʤéimziz] influence (제임스의 정치적 세력)   [정식]

James'[ʤeimz] merits (제임스의 공로)   [약식]

2. 음절이 두 개 이상인 옛 분들의 이름에는 (')만을 붙인다.

Jesus'[ʤíːzəs] disciples (예수님의 제자들)

Socrates'[sɔ́krətiːz] teachings (Socrates의 교훈)

3) 의미

the president speech라면 동떨어진 말이다. 그러나 the president's speech[the speech of the president]라면 뜻이 잘 나타난다. 이와 같이 다른 말에 대한 명사 대명사의 문법적 관계를 표시하는 것이 Case이다.

① 출처(Genitive of Origin)

this soldier's deeds = the deeds of this soldier (이 군인의 공훈)

Watt's engine (와트의 기관차)

Milton's works = the works of Milton (밀턴의 작품)

the devastations of the war (전쟁의 참화)

② 소유(Possessive genitive)

the master's dog[the dog of the master]

the dog's master[the master of the dog]

(개가 소유하고 있는 주인이 아니고, 개 세계에서의 사람인 주인)

the sheep's skin[the skin of the sheep] (양의 가죽)

cf. the sheep-skin (졸업장, 증명서)

③ 주어 속격(Subjective genitive)

속격의 명사나 대명사가 그 다음에 오는 명사나 동명사에 대하여 의미상 주어가

되는 관계

the doctor's arrival (의사의 도착)

the nurse's care (간호사의 간호 = 간호사가 간호함)

a mother's love for her children = the love of a mother for her children

　(어머니가 그 자녀를 사랑하심)

Picasso's pictures (피카소가 그린 그림)

The chance is lost of your going abroad. (당신이 해외로 갈 기회는 놓쳤소.)

④ **목적어 속격**(Objective genitive)

속격의 명사나 대명사가 그 다음에 오는 명사나 동명사의 의미상 목적어가 되는
관계

her children's education = the education of her children (그녀의 자녀를 교육함)

his wife's photograph (아내의 사진)

King Lear's protector (리어왕 보호자)

That will spoil the party's enjoyment. (= enjoying the party)

　(그렇게 하면 우리 모임의 흥을 깨뜨릴 것이다. = 모임을 즐김)

No good swimmer could come to her boy's rescue. (to rescue her boy)

　(그 여인의 아들을 구하러 수영 선수는 아무도 올 수가 없었다.)

They are eager for his praises. (그들은 그이를 칭찬하고 싶어 한다.)

⑤ **재료·합성 속격**(Genitive of Material and Composition)

　a crown of thorns (가시로 만든 관)　a bridge of stone (돌다리)

　an idol of gold (금제 우상)　a swarm of bees (꿀벌 떼)

　a group of trainees (연습생 모임)

⑥ **기술 속격**(Descriptive genitive)

속격어가 주요어를 기술하고 있는 것으로, 명사에 한하며 대명사에는 없다. 특색
(characteristic)과 계량(measure)을 주로 말해 준다.

I'm of your opinion. (나도 같은 의견이다.)

She is worth ten of his daughter.

　(그 여자는 그 집 딸 10명을 주어도 바꿀 수 없는 사람이다.)

Can I be **of** any service to you? (제가 도와드릴 수 있는 일이 있을까요?)

The flowers are **of** a beautiful color. (그 꽃은 빛깔이 곱다.)

the king**'s** English (= correct English) (표준 영어)

a child**'s** language (아동어)　　a children**'s** hospital (소아과 의원)

a child**'s** play (간단한 일)　　the mother**'s** (= motherly) heart (모정)

a students**'** hall (학생회관)　　the printer**'s** ink (인쇄용 잉크)

a printer**'s** error (오식, 誤植)

two printer**'s**[printers**'**] errors (두 개의 오식)

his black civil servant**'s** overcoat (그의 검은 문관복 외투)

a boys**'**[girls**'**] school (남[여]학교)

a men**'s** college (남자 대학)　a woman**'s**[women**'s**] college (여자 대학)

men**'s** shoes (남자 신발)　a woman**'s** voice (여자 같은 목소리)

a fool**'s** errand (헛걸음)　a little carpenter**'s** work (간단한 목공일)

things **of** this sort (이런 종류의 일)　a matter **of** importance (중요한 일)

I could let you have a million in a couple **of** year**'s** time.

　　(2년 안에 당신 손에 백만 달러를 쥐어주지.)　　　　　　　　　　　　　[계량]

a ten minutes**'** talk (10분간 회담)　　　　　　　　　　　　　　　　[계량]

one month**'s** room rent (한 달 치 방세)　　　　　　　　　　　　　　[계량]

a moment**'s** reflection (잠시 동안의 반성)　　　　　　　　　　　　　[계량]

an hour**'s** delay = the delay **of** an hour (한 시간 연착)　　　　　　[계량]

an hour or so**'s** delay = the delay **of** an hour or so (한 시간쯤의 연착)

⑦ 부분 속격(Partitive genitive)

A relative **of** Prof. Wilson**'s** is welcome.

　(윌슨 교수님의 친척이시면 어떤 분이시거나 환영합니다.)

참고　이 of(중의)에 따라서 Prof. Wilson's relatives라고 본 것. 이 of를 **Partitive 'of'**라 부른다.

a friend **of** mine(= my friends) (내 친구 한 사람)

He drank **of** the water(= some of the water) (한 모금[조금])

She ate **of** the fruit(= some of the fruit) (맛보았다)

I am looking for the word **of** words that will express my delight.

(이 내 기쁨을 어떻게 표현할까? 말 중에서 가장 맞는 말을 찾고 있다.)

⑧ **동격 속격(Appositive genitive)**

A relative of Prof. Wilson's를 a relative = Prof. Wilson's relative, 즉 '윌슨 교수의 친척'이라고 볼 수도 있다. 이때 of는 (=)의 뜻이다. 이 of를 Appositive 'of'라 부른다.

Life**'s** journey (인생이란 여로旅路) the art **of** printing (인쇄술)

the vice **of** intemperance (무절제란 악습)

a beast **of** a night (맹수 같은 무서운 밤)

a monster **of** a dog (괴물 같은 개) a mountain **of** debts (산더미 같은 빚)

a sea **of** troubles (파도같이 밀려오는 걱정과 근심)

seas **of** flame (불바다) time**'s** fleeting river (세월이란 훌쩍 흘러가는 강물)

After life**'s** fitful fever he sleeps well.

(삶이란 발작적 열병을 앓고서 그는 이제 조용히 잠들어 있다.)

> **[참고]** the City **of** Seoul = the City which is called Seoul.
> that closed mouth **of** Harry's (해리의 저 다문 입)에서도 that closed mouth = Harry's mouth이다. 그러나 속격이 붙느냐 아니냐로 뜻이 달라지기도 한다.
> ┌ a picture **of** my mother's (어머니가 지니고 계신 사진)
> └ a picture **of** my mother (어머니를 찍은 사진)
> ┌ the slaughter **of** the queen's (여왕이 저지른 살해)
> └ the slaughter **of** the queen (여왕을 살해한[하는] 일)
>   *cf.* an essay **of** Lamb's = an essay **of** Lamb (램의 수필)

⑨ **속격의 부사적 용법(Adverbial use of some genitives)**

예전에는 속격이 부사의 기능도 했기 때문에, 아직까지 그 관용례가 얼마쯤 남아 있다.

He would often drop in **of an evening.**

(저녁이면 종종 그가 내게 훌쩍 들렀다.)

Of late years we see very little of each other.

(근년엔 우리가 서로 거의 만나지를 못해.)

We like to sit on the porch **of rainy afternoons.**

(비오는 오후면 우리는 현관에 앉아 있는 것을 좋아한다.)

I was taken **unawares** by his question.

(나는 불의의 질문을 그로부터 받았다.)

He could see the plow at work before he got out of bed mornings.

(아침이면 그가 잠자리에서 일어나기도 전에 농민들이 일하고 있는 것을 볼 수 있었다.)

alway**s** afterward(**s**) backward(**s**) forward(**s**) need**s**(= of necessity) (기어코)

nowaday**s** onc**e**(< ones < one) sideway(**s**)

③ 목적격

1) 목적어(Object)

A burnt child dreads the **fire**. [타동사의 목적어]

(자라 보고 놀란 가슴 솥뚜껑 보고 놀란다.)

He has done it with **ease**. [전치사의 목적어]

(그는 쉽게 그 일을 했다.)

We have found him a **spy**. [목적격보어]

(알고 보니 그는 간첩이다.)

They fought a fierce **battle**. [동족목적어]

(그들은 격전을 치렀다.)

[참고] Cognate object는 본래의 자동사가 같은 어원의 명사, 또는 그 밖의 어떤 관계있는 명사를
목적어로 한 것이다.

The dictator *lived* the **life** of an exile. [동일한 어원]
(그 독재자는 망명 생활을 했다.)

He *hit* me a heavy **blow** on the head. [비슷한 뜻]
(그가 내 머리를 몹시 때렸다.)

They *shouted* their **loudest** (shouts). [형용사만 남김]
(그들은 있는 힘을 다해 소리쳤다.)

She *smiled* (a smile of) **thanks[assent]**. [명사 생략]
(그 여인은 미소로 감사[승낙]의 뜻을 표시했다.)

We had to *walk* **it** in the rain. [it로 대신]
(비를 맞으며 걸어가야만 했다.)

I'll go **any place any time** you wish. [부사대격]

(나는 당신이 원하는 어느 곳 어느 때나 갑니다.)

He is not **my sort**. (= the kind of man that I like)   [기술대격]

The girl extended a hand **the color of cream**.   [기술대격]

(그 처녀는 우윳빛 같은 손을 내밀었다.)

2) 직접 목적어(Direct object)

간접 목적어가 있을 때 '…을[를]'에 해당하는 말로서 대격(Accusative case, 對格)이다.
다음에 예로 든 you는 간접 목적어다.

I wish you many happy **returns** of the day.

(만수무강하소서)―생일 축하의 말

3) 간접 목적어(Indirect object)

직접 목적어가 있을 때 '…에게' 등에 해당하는 말로서 여격(Dative case, 與格)이다. 다음
예의 alarm clock은 직접 목적어다.

Uncle bought **me** an alarm clock. (= Uncle bought an alarm clock for me)

(우리 아저씨가 이 자명종을 사주셨다.)

She left **her daughter** a large fortune. (= She left a large fortune to her daughter).

(그 여인은 딸에게 많은 재산을 남겨주고 작고했다.)

 EXERCISE 8

1. 다음 속격이 잘못 쓰인 곳을 찾아 고쳐라.

(1) That pitcher's ear is broken.

(2) The assistant professor has a degree of doctor.

(3) I will play ping-pong with a friend of my sister.

(4) Is this a portrait of your mother's? You look like her.

(5) His office is within a few minute's walk from the bank.

2. 다음 영어를 한국어로 옮겨라.

(1) The dogs' barking attracted Jim's attention.

(2) It is no business of yours.

(3) That composition of his has few mistakes.

(4) I could not sleep a wink last night.

(5) They were loud in your praises.

[5] 성(Gender)

자연계의 생물에 성(sex)의 구별이 있듯이, 명사·대명사 등에도 문법상 성(Gender, 性)의 구별이 있다.

39. 명사의 네 가지 성

(1) 남성(Masculine gender): father, he   [male]

(2) 여성(Feminine gender): mother, she   [female]

(3) 통성(Common gender, 通性): friend, parent   [남녀공통]

(4) 중성(Neuter gender, 中性): table, it   [sexless, 무성]

1 성을 표시하는 방법

1) 서로 다른 말을 쓰는 것

Man thinks with the head, and woman with the heart.

(남자는 머리로 생각하고, 여자는 정으로 생각한다.)

papa—mam(m)a uncle—aunt nephew (조카)—niece (조카딸)

comedian—comedienne bachelor—spinster lad—lass

tailor—dressmaker (양재사)　monk (비구승)—nun (비구니)　gentleman—lady

spokesman—spokeswoman　cock—hen　horse—mare (암말)

dog—bitch　bull[ox (거세우)] (황소)—cow　drake (수오리)—duck

sir (여보시오, 어른)—madam (여보시오, 부인)은 호칭.

2) 접미어(Suffix, 接尾語)를 써서, 대부분은 남성어에 -ess가 붙어 여성어로 된다

god—goddess　hero—heroine　mister(Mr.)—mistress(Mrs.)

aviator—aviatrix[aviatress]　actor—actress　author—authoress　poet—poetess

host—hostess　heir—heiress (여상속인)　patron (단골손님)—patroness (여성고객)

waiter (웨이터)—waitress　steward (여객 승무원)—stewardess

tiger—tigress (암호랑이)

이 밖에 여성어에 어떤 접미어를 써서 남성어로 만드는 것도 있다.

bride—bridegroom (신랑)　widow—widower (홀아비)

> 참고　남녀를 차별하지 않기 위해서 chair**man** (회장) 대신 chair**person**이란 말이 새로 쓰이기도
> 한다.

3) 통성명사 앞이나 뒤에, 남성 또는 여성의 명사 [대명사] 를 붙인다

① 사람

boy student — girl student　man player — lady player (여자 선수)

teacher — a lady[woman] teacher　orphan boy — orphan girl (여자 고아)

② 동물

tom[he] cat (수고양이) — tabby[she] cat (암고양이)

he[billy] goat — she[nanny] goat (암염소)

peacock (공작 수컷) — cock　pheasant — hen pheasant (암꿩)

4) 본래의 남성어 또는 여성어가 통성으로 되어버린 것

The **dog** is a friend of **man**. (개는 사람의 친구다.)

She was the **master** of the situation. (그녀가 난국을 극복했다.)

In the days of prosperity a **man** should prepare **himself** for the days of
adversity. (우리는 운이 좋을 때 불운에 대비해야 한다.)

Money makes the **mare** go. (돈이면 안 되는 일이 없다.)

40. 의인성(Gender of Animation, 擬人性)

무생물이나 추상명사는 중성이므로 원칙적으로는 it로 대신해야 할 것이지만, 시(詩)나
그 밖의 특별한 경우에 이러한 명사를 다음과 같이 의인화(Personify, 擬人化)한다. 과학적
인 기사에는 별로 쓰지 않는다.

① **남성**: 강력·위대·공포 등을 뜻하는 명사

Death will come when **he** is least expected. (죽음은 아차 하는 사이에 온다.)

Time is ever silently turning **his** pages. (세월은 언제나 조용히 그 책장을 넘기고 있다.)

The **sun** sent forth **his** cheerful beams. (태양은 그 유쾌한 빛을 내려 보냈다.)

cf. The **sun** was glowing in all **its** splendor. (태양은 찬란하게 빛나고 있었다.)

anger, battle, day(낮), despair, discord, fear, law, love, mountain, murder,
ocean, revenge, river, summer, autumn, winter, vice, thunder, war, wind, etc.

② **여성**: 우미(優美)·유화(柔和) 등을 뜻하는 명사

The **moon** is showing **her** cold face. (달님은 차가운 얼굴을 보여주고 있다.)

Science has failed because **she** has attempted an impossible task.

　(과학은 당치 않은 일을 해보려고 했기 때문에 실패했다.)

When **spring** comes, **she** brings the swallow with **her**.

　(봄이 오면 제비도 함께 온다.)

art, charity, church, city, college, country, earth, flattery, fortune, hope, jeal-
ousy, liberty, mercy, music, nature, night, peace, philosophy, religion, ship,
soul, victory, virtue, wisdom, world, etc.

> 참고　1. love를 남성으로 다루는 것은 Rome 신화에서 사랑의 중매신인 Cupid가 남성이기 때문이
> 　고, sun을 남성, moon을 여성으로 하는 것은 태양신인 Apollo가 남성이고, 달의 신인
> 　Diana가 여성이기 때문이다.
> 　2. 어머님의 품같이 우리를 감싸주고 보호해주는 nature, ship, boat, train, aero plane,
> 　motor car, engine 등은 여성으로 다루어진다.
> 　The train is late, honey, isn't **she**? (기차가 늦죠, 여보, 아니요?)
> 　The ship started on **her** voyage. (그 배는 항해 길에 올랐다.)

3. 땅·나라 이름의 대명사는 대개 정치적인 때에는 여성이고, 지리적인 때에는 중성이다.

India has to solve **her** food problem. (인도는 식량난을 해결해야 한다.)

France is smaller than Spain, but **it** is much more fertile.

(프랑스가 스페인보다 면적은 좁지만 땅은 훨씬 더 기름지다.)

4. 수컷·암컷 중에서 인간과의 관계로 보아 더 유용한 것을 그 동물의 대표로 한다.

cow, hen, duck, goose, bee, etc.

cf. bull, cock, drake, gander, drone, etc.

5. 일반 동물의 성별을 따지면 대명사인 he, she이겠지만, 도거리로 중성인 it을 흔히 쓴다.

An eagle caught a hen and killed **it**. (독수리가 암탉 한 마리를 잡아 죽였다.)

The bull is so wild that the rope is not strong enough to hold it.

(그 황소는 거칠어서, 그 고삐로 매어두기는 어려울 거야.)

6. 사람의 경우 성을 밝힐 필요가 없을 때면 대개 남성 대명사를 쓴다.

The student is always poring over **his** books.

(그 학생은 언제나 책과 씨름하고 있다.)

그러나 그 학생이 여학생이라면 당연히 her다.

7. 다음과 같은 것은 성이 확실하지 않다고 보아서 중성으로 다룬다.

A baby cries when **it** is hungry.

The child is forward for **its** years. (그 애는 성숙하다.)

Who is it at the door? — **It's** me.

EXERCISE 9

1. 다음 단어를 남성어는 여성어로, 여성어는 남성어로 말하라.

wife, lady, cock, niece, daughter, master, goddess, waiter, tiger, poet, heroine, widower, bride, alumnus, male reader

2. 다음 빈칸에 성별로 적당한 말을 넣어라.

(1) The ship went down with all _____ crew.

(2) Korea is noted for _____ landscape scenery.

(3) By nothing is England so glorious as by _____ poetry.

제2장 대명사(Pronouns)

대명사(Pronoun)의 기능은 대시(Representation, 代示)로서 주로 명사를 대신한다.

We will leave this house and remove to a new **one**.

(우리는 이 집에서 새 집으로 옮긴다.)

It is an annoyance, your constant *repetition* of the same response.

(귀찮구나, 같은 대답을 너는 언제나 되풀이하고 있으니 말이다.)

그러나 다음과 같은 점에서 명사와 다르다.

(1) 명사는 복수인 때 대개 규칙적으로 −(e)s가 붙으나, 대명사는 전혀 다른 말을 쓰거나 (I−**we**; he, she, it−**they**), 그렇지 않으면 복수형이 전혀 없는 것도 있다. (all, some, what, etc.)

(2) 명사에는 격의 모양이 두 가지로서 **통격**(주격·목적격)과 **속격**이 있지만 대명사에는 세 가지 모양을 가진 것도 있다. (he−his−him)

(3) 명사는 어느 것이나 제3인칭이지만 대명사에는 세 가지(제1·2·3인칭) 모양을 갖춘 것도 있다. (I−you−it)

(4) 명사는 그 자체가 어떤 뜻을 지니고 있지만,

　　a. 대명사는 Sentence의 앞·뒤에 나타나는 명사의 대신으로 그것을 가리킨다.

　　　His *voice* is like **that** of a woman. (그의 목소리는 여성의 그것과 같다.)

　　b. Sentence에 이미 나타난 것은 없지만, 주위의 사정으로 미루어 알 수 있는 것을 가리킨다.

　　　It is seven o'clock.

　　c. 때로 사람이나 물건의 이름을 물을 때에 쓰인다.

　　　Who are you?

　　d. none은 아무 명사도 대신하고 있지 않다.

　　　None but a fool would try that. (바보가 아니고서야 누가 그것을 시도하겠는가?)

대명사의 **종류**에는 다섯 가지가 있다.

　(1) 인칭대명사 (Personal pronoun, 人稱代名詞): I, you, he, she, it, we, they

(2) 지시대명사 (Demonstrative pronoun, 指示代名詞): this, these, that, those

(3) 의문대명사 (Interrogative pronoun): who, which, what

(4) 관계대명사 (Relative pronoun): who, which, what, that, as, but

(5) 부정대명사 (Indefinite pronoun, 不定代名詞): one, any, some, another, both, all

[1] 인칭대명사(Personal Pronouns)

41. 인칭대명사의 인칭·수·격·성

인칭대명사는 인칭(Person)의 구별을 표시하는 대명사다. 인칭이라고 해서 사람만을 대신하는 것은 아니다. it도 인칭대명사이기 때문이다.

인칭에는 세 가지가 있는데, 각 인칭에 수·격에 의한 어형변화가 있으며, 제3인칭 단수에는 세 가지 성(Gender)의 구별이 있다.

1) 말하는 사람[당사자]: I, we   [제1인칭]

2) 그 말을 듣고 있는 사람[당사자]: you   [제2인칭]

3) 화제가 되는 사람이나 사물, 즉 제3자로서 제1, 2인칭 이외의 명사·대명사다.

    he, she, it, they, etc.   [제3인칭]

boy, girl, friend, cat, house 등 명사는 인칭대명사는 아니지만, 명사로서 제3인칭에 속한다. 모든 명사는 제3인칭이다.

인칭이란 문법적인 용어로서, 대명사 중에서는 인칭대명사가 인칭관계를 가장 잘 표시한다. 명사와 동사도 이 인칭의 영향을 받는다. 동사에서는 인칭·수·시제(Tenses) 등에 따라 be가 am, are, is, was, were로, have가 has, 또 shall이 will 등으로 변하는 외에, 일반동사가 제3인칭, 현재시제, 단수인 때 —(e)s 어미를 가진다.

A wise **man** makes more opportunities than **he** finds.

cf. Wise **men** make more opportunities than **they** find.

(현명한 사람은 있는 것보다 더 많은 기회를 만든다.)

인칭이 문법적인 문제이니만큼, 뜻으로 보아 생각할 수 있는 인칭과 반드시 같은 것은 아니다. 전화로 "This is **Mr. Robert** speaking(여긴 로버트입니다)."라고 말하는 사람이 실제로는 제1인칭이지만 문법적으로는 제3인칭이다. "Is **my darling** ill? (당신, 아파?)"에서 실제로는 제2인칭이나, 문법적으로는 제3인칭이다.

제1인칭 we, 제2인칭 you, 제3인칭 he, they 및 부정대명사 one(문장체) 등이 인칭의 구별을 초월하여 널리 '일반 사람들'의 뜻을 지니고 있을 때 이를 총칭(總稱) 인칭(Generic person)이라 부른다.

We often fail to see **our own** mistakes. (사람은 흔히 자신의 허물을 모른다.)

Gather roses while **you** may. (기회 있을 때 장미를 따라.)

What language do **they** speak in Brazil? (브라질에서는 어떤 언어를 씁니까?)

One may do what **one** likes with **one's** own.

(제 것을 가지고 제 멋대로 하겠다는데 막을 도리가 없지.)

참고 1. he, they가 관계대명사의 선행사(Antecedent)로 쓰이는 것은 옛 문체다.

He who loves not **his** country can love nothing. (= One, A man)

(자기 나라를 사랑하지 않는 자는 아무것도 사랑할 수 없는 사람이다.)

They that sing on Friday will weep on Saturday. (= Those who)

(즐거운 일이 다하면 곧 슬픈 일이 온다.)

2. We에는 다음과 같은 특별한 용법이 있다.

1) 겸손의 복수(Plural of Modesty) [주필의(Editorial) we]

We make it our object to guide the public opinion.

(우리는 여론 지도를 목적으로 하고 있다.)

인칭대명사의 형태

인칭＼성＼수격		단수				복수			
		주격	속격	목적격	소유대명사	주격	속격	목적격	소유대명사
제1인칭	통성	I	my	me	mine	we	our	us	ours
제2인칭 (옛말)	통성	you (thou)	your (thy, thine)	you (thee)	yours (thine)	you (ye [ji:])	your (your)	you (ye, you)	yours (yours)
제3인칭	남성	he	his	him	his	they	their	them	theirs
	여성	she	her	her	hers				
	중성	it	its	it	—				

2) 어버이 정(情)의 (Paternal) we — 어버이가 자녀에게, 스승이 제자에게, 의사가 환자에게 쓰는 we로서, 상대자와 자기가 같은 처지임을 생각하는 정의 표시.

How are **we** (= you) this morning, my child? (잘 잤니, 우리 애야?)

[참고] 제2인칭 속격인 thine은 모음과 [h]로 시작되는 말 앞에 쓰이는 옛말 또는 시어(詩語)다. 발음의 조화를 위한 이러한 조치는 my의 뜻인 mine도 마찬가지다.

thine **e**ars   thine **h**eart

cf. mine **e**yes   mine **h**and

42. 인칭대명사의 용법

① 주어

He who is idle can do nothing.

(게으름쟁이는 만사에 실패한다.)

② 주격보어

It is I[me]. (나야.)

규범문법이, 초보적인 학습 단계에서는 크게 도움이 되나, 끝없는 변화 속에 생성·소멸하는 언어에서 법만을 따지고 있을 수는 없다. 이러저러한 까닭으로 종래의 법과는 약간 다른 용례가 생기게 되면, 사람들은 흔히 그리로 쏠리어 그것이 그만 당당한 자리를 차지하게 된다. 관용(慣用)도 한 법이다. 학습자는 이에 무조건 따를 것이고, 학자는 다만 그 까닭을 밝혀주어야 한다.

It is I가 옳은 것이지만, 16세기부터 me를 차차 쓰기 시작하여 적어도 회화체에서는 대부분 me를 쓰고 있다. 까닭은 다음과 같다.

1) 대개 동사 다음에 오는 것은 목적격이다: Tell **me**. They saw **me**.

2) It is … 뒤에서는 I [ai]보다, 다른 대명사인 he, she, we의 발음과 비슷하게 me [mi(:)]가 더 적당하다.

3) 형용사절의 동사가 타동사인 때, 또는 그 관계 대명사가 전치사의 목적격이면 은연중 목적격이란 심리적 영향도 있겠다.

It is **me** whom[that] he **bullied**. (그가 구박한 건 나야.)

It's **me** you want. (필요한 건 나지.)

It is not **me** (that[whom]) you are in love **with**.

(당신이 사랑하고 있는 사람이 나는 아니야.)

It is **me** I'm anxious **about**. (그야 내 걱정이 앞서지.)

③ 속격은 형용사 상당어

She dearly loved **her** son. (자기의 ….)   [소유 속격]

His praise encouraged me. (그이가 칭찬 ….)   [주어 속격]

He was loud in **your** praise. (당신을 칭찬 ….)   [목적어 속격]

속격어 대신에 'the'를 쓰는 관용례가 있다. "I will take you by **the** hand(내가 당신의 손을 잡아주겠습니다)." "I will take your hand."라고 표현하지 않는 것은 잡고 싶은 것이 손이 아니라 사람이기 때문이다.

They caught him by **the** arm. (그의 팔을 잡았다.)

He struck me on **the** shoulder. (내 어깨를 때렸다.)

He looked her compassionately in **the** face.

(그는 동정적으로 그녀의 얼굴을 들여다보았다.)

They seized him by **the** wrist. (그의 손목을 붙잡았다.)

He kissed the girl on **the** cheek. (그 소녀의 볼에 입 맞추었다.)

You must not look a gift horse in **the** mouth.

(남이 보낸 선물을 왈가왈부日可日줌하면 실례다.) — 선물로 받은 말이 늙어서 일하지 못하게 된 것은 아닌지 의심해 말의 이[齒]를 세어봄은 부당하다. — 우마의 나이는 이의 수에 따름.

④ 목적어

He will coach **you** in your duties as a new hand.

(신입 사원으로서의 할 일을 그가 자네에게 가르쳐줄 거야.)

Fill **her** up, please. (차에 휘발유를 넣어주시오.) — 주유소에서

She handed **him** the package. = She handed the package **to him**. (him은 간접목적어, package는 직접목적어)

Do you understand[see] **me[him]**? (me = what I say; him = what he says)

(내[그이의] 말을 알아듣겠습니까?)

⑤ 목적격 보어

We thought it **her**. (우리는 그것을 그 여인인 줄로 생각했다.)

We believe the tormentor to be **him**.

(우리는 괴롭히는 자가 그라고 믿는다.)

⑥ me를 주어 대신으로 쓰는 경우(속어)

Me and my wife never go there. (나와 내 아내는 거기에 결코 가지 않는다.)

⑦ than 다음에 오는 대명사의 격

He knows you better than **I** (do).   [주격]

(나보다 그가 자네를 더 잘 알고 있네.)

He knows you better than (he knows) **me**.   [목적격]

(나를 알기보다는 그가 자네를 더 잘 알고 있지)

43. 소유대명사(Possessive pronoun)

소유대명사는 일명 독립 소유격(Absolute possessive)이라고도 하며, **인칭대명사의 속격 + 단[복]수명사, 즉 소유물**을 뜻한다.

All good wishes to you and **yours** (= your family).

(가족 여러분께 안부 전해주시오.)

Myself and what is **mine**, to you and **yours** is now converted.

(나 자신과 내 재산은 이제 당신과 당신의 것으로 바뀌었습니다.)   [단수]

Those pens are **theirs**(= their pens).   [복수]

This room is **theirs**(= their room — 공동사용)   [단수]

Hers was a tender soul. (그 여인은 다정다감했다.)   [단수]

(I am[remain]) **Yours** sincerely, Robert White.

(이만 그칩니다. 로버트 화이트 = 진정으로 나는 변함없는 당신의 친구입니다) 등, 餘不備白.

편지의 마지막 문구. Yours = Your friend, etc.

I'll call on a friend of **mine**. cf. I'll call on my friend.

We hate that dog of **hers**.

소유물인 mine, ours, yours는 3인칭이며 단수와 복수에 모두 통용된다.

(1) 소유대명사의 수에 따라 동사가 변한다.

Ours is a large class. (Ours = Our class) (우리 반엔 사람이 많다.)

Ours are of high quality. (Ours = Our goods) (우리 상품은 고급이다.)

(2) 소유대명사에는 주격·목적격이 있을 뿐 속격은 없다. 소유자를 강조하려면 **속격 +
own (+ 명사)**의 형식을 쓴다. (my[our, your, his, her, its, their] own)

my own은 mine의 강조이고, **my own + 명사**는 my의 강조 + 명사다.

This library is **my own**. (이 서재는 내 것이다.)　　　　　　　　　[명사 상당어]

This is **my own** library. (이것이 바로 내 장서다.)　　　　　　　　[형용사 상당어]

(myself's library라는 표현은 없다.)

(3) a[an, some, any, no, this, that] + 명사 + of + 소유대명사

He is **a classmate of mine**. (그는 나의 반 친구다.) - 지정하는 경우가 아니면 my
classmate라고는 말하지 않는다.

That lecture of his was interesting. (그의 강의는 재미있었다.) - His that lecture라고
표현하지는 않는다.

44. 복합인칭대명사(Compound personal pronoun)

인칭대명사에 -self 또는 그 복수형인 -selves가 붙어 있으므로, 복합(Compound)이란 말을
쓰고 있는데, 이것을 Reflexive pronoun(재귀대명사)이라고 부르면 편협하다. 같은 모양이지
만 강조의 뜻으로 쓰이기도 하기 때문이다. 인칭·수·성에 따라 어형이 변한다.

서칭	제1인칭	제2인칭	제3인칭		
단수	myself	yourself	himself	herself	itself
복수	ourselves	yourselves	themselves		

참고 oneself는 위의 5개 단수형의 대표로 쓰인다.

이 용법에는 **재귀**(再歸)와 **강조** 두 가지가 있다.

  a. 재귀 용법의 복합인칭대명사에는 Sentence stress가 없다.

    History repeats itself.

  b. 재귀용법에서는 복합인칭대명사를 생략할 수 없다. 생략하면 Sentence를 이루지 못한다. 강조 용법의 복합인칭대명사에는 Sentence stress가 있다.

    I did it mysélf.

    문법적으로는 강조되는 말과 복합인칭대명사가 동격 관계에 있으므로, 복합인칭대명사는 대부분의 경우 없어도 좋다. 다만 다음과 같은 관용례에서는 필요하다.

    The host was hospitality itself. (= The host was very hospitable.)

    (주인은 손님 대접을 극진히 했다.) itself를 생략할 수 없다.

① 재귀용법(Reflexive use)

1) 타동사의 목적어로 사용되는 경우: 주어와 목적어가 같은 사람이나 사물일 때, 그 동사의 동작이 주어에게로 다시 돌아옴을 의미한다.

They have hurt **themselves**. (그들이 다쳤다.)

One should try to know **oneself**. (사람은 자신을 알려고 노력해야 한다.)

Please help **yourself** to this cake. (help = serve food to) (이 케이크를 많이 드시지요.)

How did *you* amuse **yourself** the other day? (일전에 재미있었나?)

He presented **himself** before me. (그가 내 앞에 나타났다.)

Why did *you* absent **yourself** from school yesterday? (어제 왜 결석했니?)

Jesus called **himself** the son of God. (예수님은 자신을 하느님의 아들이라고 불렀다.)

I could not make **myself** understood. (내 말을 상대방이 알아듣도록 할 수가 없었다.)

Never overeat[overdrink, overwork] **yourself**. (결코 과식[과음·과로]하지 마라.)

He drank **himself** to death. (그는 과음해서 죽었다.)

The wind has blown **itself** out. (바람이 불대로 불다가 그쳤다.)

2) 전치사의 목적어로 사용되는 경우

Take care of **yourself**. (건강에 유의하시오.)

He thinks too meanly of **himself**. (그는 지나치게 겸손하다.)

They were beside **themselves** with excitement. (그들은 흥분해서 어쩔 줄을 몰랐다.)

I acted foolishly in spite of **myself**. (나도 모르게 그만 어리석은 짓을 했다.)

After some minutes *she* came to **herself**. (몇 분 뒤에 그 여인은 제 정신이 들었다.)

[참고] 다음의 관용구에 주의하라.

He got there **by himself**. (= alone)

(그는 혼자서 거기 갔다.)

Find out the meaning of the word **for yourself**. (= by one's own efforts)

(그 말의 뜻을 스스로 생각해내게.)

The service is of great value **in itself**. (= independently of outward things)

(봉사란 본래가 매우 값진 것이다.)

The light went out **of itself**. (= automatically)

(등이 저절로 꺼졌다.)

She has a large room **to herself**. (= not shared by anyone else)

(그 여인은 큰 방을 독차지하고 있다.)

2 강조용법(Emphatic use)

The matter **itself** is clear. (사건 자체에는 복잡할 것이 없다.)　　　　　[주어 강조]

One must do such things **oneself**. (이런 일이야 자기 손으로 해야지.)　　[주어 강조]

What was (he) **himself** doing on that occasion?　　　　　　　　　[주어 강조]

(그때 그 사람은 대체 무엇을 하고 있었나?)

The poor girl was **myself**.—(보어인 I가 생략되었음).　　　　　　　[보어 강조]

(그 불쌍한 소녀가 누구였냐고요? 바로 저였죠.)

She was sympathy **itself**.　　　　　　　　　　　　　　　　　　　[보어 강조]

(그 부인은 동정심이 매우 많았다.)

We saw the archbishop **himself**.　　　　　　　　　　　　　　　[목적어 강조]

(대주교 바로 그분을 뵐 수 있었다.)

[참고] He gave me **his own** lunch. (himself's lunch라고 말하지 않는다.)

(그가 자기 몫인 점심식사를 내게 주었다.)

The couple has no child **of their own**. (themselves' child라는 표현은 없음)

(그 부부에게는 친 자녀가 없다.)

He has a house **of his own**. (He has his own house보다 관용적)

45. it의 용법

☐ 앞에 나온 단어·구·절을 대신하되, 특히 마음속에 있거나 문제로 되어 있는 사람 또는 사물

He received a letter and opened it.

  (편지를 받고는 봉투를 뜯었다.)

She has brought up the child since it was a baby in arms.

  (젖먹이 적부터 그 애는 그 부인이 기르고 있다.)

Go and see who it is.

  (가서 그가 누군지 보고 오라.)

Somebody sat behind her, but I couldn't see who it was.

  (누군가가 그녀 뒤에 앉아 있었으나, 그가 누구인지는 몰랐다.)

Where is the dog?—It is out there.

It is a dog. (개다). (이러한 경우의 it은 글이나 그림, 또는 말로서 개임을 알린 뒤에 쓰는 것으로서, 번역할 필요가 없다.)

He tried to do so, but found it impossible. (it = to do so)

  (해보려고 했으나 불가능한 일이라는 것을 그는 알게 되었다.)

I should like to travel by air, but I can't afford it. (it = to travel by air)

  (비행기로 여행을 하고는 싶으나, 돈이 있어어지.)

The dog is faithful, and I know it well. (it = The dog is faithful.)

I have been kind to him, and he knows it. (it = I have been kind to him.)

참고 one(부정대명사)은 지정되어 있지 않은 것에, it(인칭대명사)는 지정되어 있는 것에 쓴다.
  ┌ Have you *a cup*? Yes, I have **one**. (one = a cup)
  └ Have you *the cup*? Yes, I have **it**. (it = the cup)
  ┌ *This* is a dictionary. It is a Korean dictionary.
  └ *That* is a dictionary, too. It is a Korean-English dictionary.
  this, that(지시대명사)은 처음 나오는 대명사고, it은 이미 나온 것을 대신하는 인칭대명사다. it은 '이것'·'그것'·'저것'에 다 통한다.
  these와 those도 this와 that의 복수이고, they는 또 it의 복수이니, 위의 경우와 같다.

These are mine, and *those* are yours.

They are brought from abroad.

② 비인칭(Impersonal, 非人稱) 'it'

옛 영어에 주어를 필요로 하지 않는 동사가 있었다. 그것이 비인칭동사아다. 시간이 지나는 동안 이것이 다른 동사와 같이 주어를 가지게 되었고, 그 주어로 it을 쓰기 시작했다. 그러니까 현대 영어에서는 동사 중에, 동작이나 상태를 진술하기는 하나, 특정한 논리적 주어를 가지고 있지 않는 동사를 **비인칭동사**(Impersonal verb)라고 부르고, 그러한 동사의 주어 구실을 할 때의 것을 비인칭 'it'(Impersonal 'it')이라 한다. 이것은 자연현상(날씨·명암)·시간·거리 등을 나타낸다. 대체로 번역할 필요가 없다.

It rained last night. (어젯밤 비가 내렸다.)

It stopped snowing. (눈이 그쳤다.)

It has been cloudy all day. (종일 흐렸다.)

It will soon clear up. (곧 날이 갤게다.)

It is rather sultry now. (요즘 꽤 무덥다.)

It is getting dark. (어두워온[긴다.)

It struck two. (두 시를 쳤다.)

What time is it now?－It is three (o'clock).

It is four years since I saw you last. (자네와 작별한 지가 4년)

It is still early. (아직 이르다.)

What day of the week is it today? (오늘이 무슨 요일?)

It is time to go to bed. (잠자리에 들 시간이다.)

How far is it from here to your town? (여기서 당신 마을까지 몇 리?)

It is ten minutes' walk to the bridge. (다리까지는 10분 도보거리다.)

It's a long way to Arirang Hill. (아리랑고개까지는 멀다.)

③ 환경(Situation, 環境)의 'it'

막연한 상황, 또는 부정(不定)의 것을 의미하기는 하나, 확실히 그 무엇을 가리키는가는, 전후관계(Context)나 또는 그때의 상황 등으로 짐작할 수 있을 정도의 'it'이다. 본래는 비인칭 'it'과 같은 것이나, 약간 다른 점을 추려서 따로 생각해 본다.

How is it with your father? (자네 아버지 안녕하신가?)

It is very kind of you. (대단히 고맙네.)

이 of는 be kind라는 행위의 행위자인 명사나 대명사를 그 뒤에 가지는 전치사다. 즉, '그러한 행위를 하는 당신은 친절하십니다'의 뜻으로 다음 표현보다 kind를 더 강조하는 것이다. "You are kind(당신은 친절하십니다)." 즉, 사람을 주제로 진술하는 표현이다.

It is funny. (우습군.)

It is all over[up] with him. (그는 이제 끝장[파산]이다.)

How fares[goes] it with you? = How are you? (it = the world)

If it were not for your help, I could not get it through.

　(당신이 도와주지 않는다면 나는 그 일을 해낼 수 없을 거야.)

"That's it. (it = the point) (바로 그거야.)

You are it now. (이제는 네가 술래 차례다.) — (술래잡기 장난(tag)에서)

For barefaced lying you are really it.

　(새빨간 거짓말하는 데 있어서야 자네가 제일이지.)

In the dance it is grace. (it = the important thing)

　(춤에서야 점잖음이 으뜸이란다.)

It looks[seems] as if we were forgotten. (우리가 잊힌 것처럼 보인다[생각된다].)

It seems that he will recover. (= He seems to recover.)

이상은 자동사의 경우이고, 다음은 Situation 'it'이 타동사·전치사의 목적어인 예다.

Go it while you are young. (젊었을 때 해봐.)

He lorded it over his household. (그는 집 안에서 호랑이 노릇을 했다.)

She queens it. (여왕인 체 극성이다.)

Let's walk[foot, bus, train] it. (걷자[걷자·버스 타자·기차 타자].)

We'll fight it out. (최후까지 싸우겠다.)

As ill luck would have it, his uncle died. (운 사납게도 그의 아저씨마저 돌아갔다.)

You will catch it mightily. (자네 단단히 혼날 거야.)

I had a hard[good, pleasant] time of it there.

(나는 거기서 고생했다[잘 지냈다·재미있었다.])

There was nothing for it but to run away. (삼십육계 줄행랑이 제일이었다.)

She'll have no easy time for it, poor little girl. (불쌍한 것, 고생할 테지.)

Depend upon it, you are mistaken. (= to be sure) (확실히 네 실수다.)

Confound it![Damn it!] (빌어먹을!)

④ **예비의(Preparatory) 'it'**: it을 먼저 내세워 형식상 주어 또는 목적어 구실을 하게 하고, 간격을 두었다가, 그 다음에 단어·구·절을 넣어서 의미상으로는 이것이 주어 또는 목적어 노릇을 하는 것 같은 형식에서, 그 'it'을 **예비의** it이라 하고, 다음에 나타나는 단어나 구나 절을 **외위치**(Extraposition, 外位置)라 한다.

It must have been pleasant, your picnic.　　　　　　　　[주어]

　(과연 유쾌했겠죠, 당신들의 피크닉이.)

I think it rather dangerous your going there alone.　　　[목적어]

　(거기에 자네 혼자 가는 것은 좀 위험하네.)

It is no use his trying to make a reasonable excuse.　　[주어]

　(그럴듯한 핑계를 대보려고 해도 소용없다.)

It is hard to make money.

　(돈 벌기는 힘들다.)　　　　　　　　　　　　　　　　　[주어구]

It is more blessed to give than to receive.　　　　　　[주어구]

　(받기보다 주는 것이 더 복된다.)

It happened that I was away from home.　　　　　　　[주어절]

　(우연히도 나는 외출했었다.)

It is not yet certain who will succeed him.　　　　　　[주어절]

　(누가 그의 후계자가 될 것인지는 미정.)

Do you think it right to deny his request?　　　　　　[목적어구]

　(그의 요청을 거부하는 것이 옳다고 생각하나?)

We deem it wise for you to accept his advice.　　　　[목적어구]

　(당신은 그의 권고대로 하는 것이 현명하다고 우리는 봅니다.)

You must see to it that children get up earlier.　　　　[목적어절]

(애들이 일찍 일어나도록 지도해야 한다.)

They may feel it doubtful **whether I was really ill.**　　　　　[목적어절]

(내가 진짜로 아팠는지 아닌지 그들이 의심할지도 몰라.)

1) 동격(Apposition)과 외위치(Extraposition)의 차이

"Brown, the shoe-maker(신발장사 브라운)"라고 하면, Brown은 **주요어**(Head word, 主要語)이고, the shoe-maker는 **동격어**(Appositive, 同格語)이며, 이 문법적 관계는 **동격**(Apposition)이다.

"He was a great novelist, that Charles Dickens(저 찰스 디킨스, 그는 대소설가였다)"라는 Sentence에서 that Charles Dickens 같이 Sentence 구조의 밖에 놓이면 이것을, 또 이러한 문법적 관계를 **외위치**(Extraposition, 外位置)라 부른다.

그러므로 주요어에 가깝게 붙어 있으면 동격이고, 떨어져 있으면 외위치다. 외위치가 결국 선행(Anticipatory, 先行)의 'it'과 같은 것이니 명사상당어[구·절]다.

2) 예비의 'it'＋외위치 구조의 필요

① 간명(conciseness, 簡明)

It is strange ｜ that he should not come ｜ as he promised to ｜

(이상하다(4)　　　　그가 오지 않음이(3)　　　　약속한 대로(2)

last Saturday.

지난 토요일에(1).)

이 Sentence에서 "It … that …." 형식이 아니라면, "That he … Saturday is strange."일 수밖에 없으니, 주어절이 너무 길어서 '… 이상하다.'라는 결말이 날 때는, 무엇이 그렇다는 것인지 윗부분을 이미 잊어버리고 있기도 쉬울 뿐 아니라 표현 형식이 터분하다. 이에 대해 "It … that … ."이면 '(1) 이상하다, (2) 그가 오지 않음이, (3) 약속대로, (4) 지난 토요일에 한' 등으로 차례를 따라 알려주므로 간편해 이해하기 쉽다.

② 강조(Emphasis)

He broke the window on purpose.

(그가 창을 일부러 깨뜨렸다.)

It was **he** that[who] broke the window on purpose.

(창을 일부러 깨뜨린 자는 그였다.)　　　　　　　　　　[he를 강조]

It was **the window** that[which] he broke on purpose.

(그가 일부러 부순 것은 창이었다.) [window를 강조]

It was **on purpose** that he broke the window.

(그가 창을 깨뜨린 것은 고의에서였다.) [on purpose를 강조]

참고 1. that 대신 who, which, when 등도 쓰인다.

2. 강조되는 것이 부사이면 that은 접속사이고, 그밖에는 관계대명사다.

3) 형식주어·형식목적어

흔히 형식주어(Formal subject), 형식목적어(Formal object), 의미주어(Sense subject), 의미목적어(Sense object)라는 말을 쓰기도 하지만, 모든 경우에 이 말이 맞는 것은 아니니, **예비의 'it' + 외위치**로 통일하는 것이 모호하지 않다.

"It is right that you should go(당신이 가야 됩니다)."에서는 It이 형식주어이고, "that you should go."가 의미주어라고 할 수 있다. 왜냐하면 형식주어인 "It" 대신 "That you should go."라는 의미주어를 넣어서 "That you should go is right."라고도 할 수 있기 때문이다.

그러나 다음과 같은 Sentence는 이렇게 바꿀 수 없다. "It was here that it happened (< "It happened here")(일이 여기에서 있었다)."의 here를 강조하는 형식인데, 이것을 "That it happened was here."라고는 표현하지 않는다. 그러므로 "that it happened."가 의미주어로는 될 수 없다. "It is because I am ill that I don't join in the contest(그 경기에 참가하지 않는 것은 병 때문이다)."는 "I don't join in the contest because I am ill."의 because …를 강조하는 형식이므로, It을 형식주어, that …을 의미주어라고 할 수 없다. "How is it that you are here?(여기 자네가 어떻게 왔나?)"를 "How is that you are here?"라고는 표현할 수 없다. "It is you that I am talking to(내가 말을 건네고 있는 것은 당신입니다)." 이것은 "I am talking to you."의 you를 강조하는 것이므로 "That I am talking to is you."라고는 표현하지 못한다. "It is you that[who] is to blame(비난받아야 할 사람은 당신이요)." "You are to blame."의 You를 강조하는 것이다. "What book is it that[which] you are going to sell?(팔려고 하는 책은 어떤 것이죠?)"은 "What book are you going to sell?"의 What book를 강조하는 형식이다.

형식주어를 가주어(Provisional subject, 假主語), 형식목적어를 가목적어(Provisional object)라고도 부르고, 의미주어를 진주어(Real subject, 眞主語), 또는 논리주어(Logical subject,

論理主語)라고도 부르며, 의미목적어를 진목적어, 또는 논리목적어라고도 부른다.

We found it easy **to memorize the poems.**

(우리가 해보니 그 시를 암송하기가 쉬웠다.)

it은 형식목적어, to memorize the poems는 의미목적어다.

 ## EXERCISE 10

1. 다음의 it은 무엇을 의미하는가?

(1) My baby was very lovely, so I could not help kissing it.

(2) It is said that there was a great fire there.

(3) It was ten years ago that he left home.

(4) It is not polite to speak with your mouth full.

(5) It was not often that he came late.

2. 다음 Sentence의 잘못된 것을 찾아라.

(1) This overcoat of him is already worn out.

(2) He seemed that he was more than forty years old.

(3) He sent a message to you and she.

(4) This typewriter is your's, isn't it?

(5) He took me by my hand.

[2] 지시대명사(Demonstrative Pronouns)

46. 지시대명사

this(복수 these)와 that(복수 those)을 말한다. 이것은 이미 나온 말, 또는 앞뒤 관계에서 그것이 무엇인가를 똑똑히 가리키는 것이므로 지시대명사라고 불린다. this, these는 시간적·공간적·심리적으로 가까운 것을, 또 that, those는 먼 것을 가리킨다. 여러 개의 명사를 가리킬 때, 사람이면 these, those로 사물이면 this, that으로 흔히 받는다. "I'll do all **that** (그 모든 것을 내가 하련다)." 'so ⋯ that'의 that은 접속사로서 부사절을 인도하고 관계대명사인 that은 형용사절을 인도한다. 또 '⋯ 라는 것'이란 뜻의 that은 접속사로서 명사절을 인도하는데, 생략하기도 한다.

> We know (**that**) you are intelligent. (당신들이 총명함을 우리는 안다)
>
> Get out of **this**, please. (제발, 여기서 나가주시오.)
>
> **This** is my brother Tom. (이 애가 내 동생 톰입니다.)
>
> **That** is our captain, Mr. Wood. (저 분이 선장 우드 씨입니다.)
>
> **This** is an overcrowded place, Seoul. (여기는 인구가 과다한 곳이다. 서울은 말이야.)
>
> Hello, is **that** Miss Helen?—**This** is Jim speaking.
>
> (여보세요, 헬렌 양입니까? 여기 나는 짐입니다.)
>
> 참고 This is Jim speaking. < This is Jim+Jim is speaking. (speaking은 제1[현재]분사)
>
> Do come here, **that's**[there is] a good girl. (어서 이리 오너라, 우리 딸 착하지.)
>
> Virtue and vice have different results; **this** leads to misery, and **that** to happiness. (선과 악은 결과가 다른데, 후자는 불행으로, 전자는 행복으로 통한다.)
>
> Dogs are more faithful than cats: **these** attach themselves to places, and **those** to persons. (개가 고양이보다 믿음직하다, 고양이는 처소에 애착이 있고, 개는 사람을 따르니까.)

참고 1. that = the former(前者), this = the latter(後者). 사람을 지시할 때는 흔히 the former, the latter를 쓴다.

2. 정관사인 the; the more …, the better의 부사인 the; nevertheless의 부사인 the 는 역사적으로 모두 that에서 온 것이다.

47. 지시대명사의 용법

1 이미 나온 단어·구·절을 대신한다.

His dress was **that** of a gentleman, but his manners were **those** of a clown.

　(그의 복장은 신사의 것인데, 예법은 촌뜨기 식이었다.)

We don't like birds of prey, that is, hawks, eagles, etc.

　(맹금猛禽이 싫다, 즉 매·독수리 등.) (that is (to say) = namely〔in other words〕 즉)

There was nothing left but a few books, and **these** must be sold to get bread.

　(책 몇 권밖에는 남은 것이 없었는데, 이것마저 먹기 위해서는 팔지 않을 수 없었다.)

With **this**, he left the room, "Have your own way."

　(이 말을 남기고 그는 방을 나갔다, "네 마음대로 해!")

To be good, **that** is to be happy. (선한 것, 그것이 행복이니라.)

To be or not to be; **that** is the question.

　(하루하루를 질질 끌며 살아갈 것인가, 아니면 죽어버리고 말 것인가, 그것이 문제로구나.)

He has apologized; **this** shows that he is sorry.

　(그가 사과했는데, 이것이 그가 미안해하는 증거다.)

That's all for today. (오늘 공부는 그것으로 다다.)

That's right. (그 말이 맞았네.)

That'll do. (그것으로 됐어.) (do = serve the purpose)

Is **that** so? (그래?)

At **this** he got angry. (이 말을 듣고 그는 발끈했다.)

With **this**(= So saying) he went away. (이렇게 말하면서 그는 가버렸다.)

This is how it happened. (자초지종이 이와〔다음과〕 같다.)

참고 1. 다음의 this … that은 부정(Indefinite) 용법이다.

Some say **this**, and others say **that**.

(어떤 사람들은 이렇다고, 또 다른 사람들은 저렇다고 말한다.)

② 형용사적 용법

These houses have been sold to **those** men. (이 집들이 모두 저 사람들에게 팔렸다.)

He came **this** day week. (그는 지난주 오늘에 왔다.)

cf. He will come this day week[month] (그는 다음 주[달] 오늘에 올게다.)

This way, please. (이리로 오시죠.)

To me **this** cushion is more comfortable than **that** one.

  (내게는 저 방석보다 이것이 더 편안하다.)

In **those** days such things were not known. (예전엔 미처 몰랐다.)

His father has been dead **these** five years. (그의 아버지가 작고하신 지 5년이 된다.)

He has been ill **these** few days. (그가 며칠째 앓고 있다.)

They will come here one of **these** days. (그들이 며칠 사이에 이리로 올게다.)

This much, you must learn. (이만큼은 배워 두어야지.)

That much is certain. (그 정도는 확실하다.)

[참고] 1. 부정 (Indefinite) 용법

  She is always quarrelling with **this** woman or **that**.

  (그 부인은 이 여인 저 여인과 언제나 말다툼하고 있다.)

  2. this = the, a[an]

  She did not like him, but she felt **this** sympathy. (= the)

  (그녀가 그를 좋아하지는 않았으나, 불쌍하다는 생각은 들었다.)

  I was walking along, when **this** girl came up to me. (= a)

  (내가 걷고 있노라니, 어떤 소녀가 내게로 왔다.)

  Well, I'll tell you a story. There was **this** inventor. (= an)

  (자, 이야기를 하나 들려줄게. 어떤 발명가 한 사람이 있었단다.)

③ 부사적 용법: 거리·정도·분량 등을 가리킬 때 쓴다.(특히 회화체에서)

I cannot jump **that** far. (= so)

  (그만큼 멀리는 내가 뛰어넘지 못한다.)

She was **that** sleepy (that) she couldn't keep her eyes open.

  (= so) (그 여인은 어찌나 졸린지 눈을 뜨고 있을 수가 없었다.)

The snow was about **this** deep. (= thus) (눈이 거의 이만큼 쌓여 있었다.)

This [**That**] much we can say for certain.

(This much = Thus much; That much = so much) (이[그] 정도 이야기는 우리가 확신을

가지고 말할 수 있다.)

4 관계대명사의 선행사(Antecedent)로서의 that [those]

What is **that** which he is staring at?

(그가 노려보고 있는 것이 무엇인가?)

Those (who were) present were all surprised at this. − (이 those의 단수는 one[he,

she, a person]) (참석한 사람들은 이것에 모두 놀랐다.)

Those that think must govern **those** that toil.

(정신노동자가 육체노동자를 지배하게 된다.)

I have lived through **that** which would have made most men mad.

(보통 사람이면 미쳐 버렸을 것이라고 생각할 수도 있는 난처한 사정을 나는 뚫고 살아왔다.)

Those are really trustworthy who have never flattered.

(one의 복수) (아첨한 적이 없는 사람이야말로 진정 믿을 수 있다.)

There is **that** (= something) about him that does not please her.

(그 남편에게는 부인의 마음에 들지 않는 것이 있다.)

참고   1. 관계대명사의 선행사 앞에 붙는 that에는 **지시**보다 **한정**의 뜻이 강하니, the보다 더 강조
적이다.

The root is **that** part of the vegetable which least impresses the eye.
(채소의 뿌리는 눈에 가장 띄지 않는 바로 그 부분이다.)
Then a negro was lynched, probably the wrong one **at that**.
(그리고 흑인 한 사람에게 사형(私刑)이 가해졌다. 더욱이 십중팔구는 딴 흑인에게 말이야.)
at that = in addition

5 this, that 이외의 지시대명사: this, that 이외에, 본래는 형용사인 such, 부사인

same, so 등이 지시대명사로 인정되는 일도 있다.

Thieves often become **such** (= thieves) by their surroundings.

(도둑은 그 환경 때문에 도둑이 되는 경우가 종종 있다.)

Such as (= Those who) heard him were full of admiration.

(그의 말을 들은 사람들은 감탄의 감정으로 가슴이 벅찼다.)

Your conduct is not **such as** (= that which) I can approve.

(당신의 행동은 내가 찬성할 수 없는 것입니다.)

Students must behave themselves as **such** (= students).

(학생은 학생답게 처신해야 한다.)

I may have offended you, but **such** (= that) was not my intention.

(실례가 된 것 같으나, 내 본의는 아니었소.)

He was witty and **as such** was praised by his elders.

(= in that capacity.) (그에게는 기지가 있어, 그래서 선배로부터 그렇다고 칭찬을 받았다.)

A Happy New Year! The **same** to you.

(새해 복 많이 받으세요. ─ 당신께서도)

It is the **same** with animals as with plants.

(식물에 대해서와 같이, 동물에 대해서도 마찬가지다.)

We accompanied him for a mile or **so** (= about that distance).

(1마일쯤 그와 우리가 동행했다.)

Don't be afraid of doing it because **so and so** may laugh at you.

(아무 아무가 비웃을는지도 모른다고 해서, 그 일 하기를 꺼려하지 마라.)

[3] 의문대명사(Interrogative pronouns)

48. 의문대명사의 형태·의미·격 등

의문대명사는 의문을 표시하는 대명사로서 who, what, which의 세 개가 있다. what은 본래 who의 중성 주격이었고, 의문부사인 why는 그 what의 조격(助格), 즉 by what이었으며, 또 which는 〈 who + like다.

1) 단수·복수의 모양이 같다.

2) who는 사람에, what, which는 사람과 사물에 다 쓰인다.

3) what(무엇?) – 어떤 범위가 한정되어 있지 않은 것에 쓰인다.

    What do you want for lunch? (점심식사로 **무엇**을 원하십니까?)

which(어느 것?) – 어떤 한정된 범위 내에서 선택할 때 쓰인다.

    There is rice, toast or sandwiches for lunch. **Which** do you prefer?

    (밥·토스트·샌드위치가 있습니까? **어느** 것을 원하십니까?)

4) 어떤 것은 뒤에 명사를 가지기도 한다. 이런 것을 의문형용사라고 부른다. 다만 who, whom은 의문형용사로 쓰이지 않는다.

5) what와 which에는 속격이 없으므로 of를 넣어서 이를 보충한다.

    Of what[which] is Washington the capital?

    What[Which] is Washington the capital **of**?   [회화체]

    (워싱턴은 어떤[어느] 나라의 수도인가?)

6) 의문대명사가 주어로 되는 때에는 do, did 등의 보조동사를 필요로 하지 않는다.

    Who told you so? (누가 당신에게 그렇게 말했습니까?)

    What made him propose such a thing? (왜 그가 그런 제안을 했을까?)

    cf. Why *did* he propose such a thing? – 뜻은 위와 같음.

7) '무엇이 있습니까?'는, 설혹 내용이 복수일지라도 What is there? 라는 단수로 표현한다. there is = we[I] have라는 관용례로 보는 까닭에서이다.

8) 강조하려면 의문대명사 다음에 on earth, in the world, ever, the devil 등을 붙인다.

    What **on earth** does she want? (도대체 그녀의 소원이 뭐야?)

    Who **in the world** deny that? (대체 누가 그것을 부정한단 말이야?)

    Who **ever**[Whoever] said so? (누가 그런 맹랑한 소릴 했어?)

9) 의문사(Interrogative)에는 의문대명사 이외에 의문부사(when, where, why, how)도 포함된다.

뜻 \ 격	주격	속격	목적격
누구?	who?	whose?	whom?
무엇?	what?	–	what?
어느 것?	which?	–	which?

① 주격

Who lived here? (누가 여기 살았나?)

Whoever is it? (= Who ever) (도대체 누구야?)

What has happened to him? (= What has become of him?) (그가 어찌 되었지요?)

What (= How much) are cabbages today? (오늘 양배추 시세는 얼마죠?)

Which won the game? (어느 쪽이 그 경기에서 이겼나?)

Which are your classmates? (어느 학생들이 당신의 반 친구요?)

Which of you would like to enjoy jogging with me? (= Who)

　(누가 나와 거북 마라톤을 하고 싶은가?)

What is wealth without health?　　　　　　　　　　　　[수사의문]

　(돈 두고 죽으면 뭐해?)

What if it is true? (= What does it matter though it is true?)　　[수사의문]

　(사실이면 어때?)

What novel can be more impressive than this?　　　　　[의문형용사]

　(도대체 어떤 소설이 이보다 더 인상적이라고 하는가?)

If all the presidents were numbered, what number would Lincoln be?

　(링컨은 몇 대 대통령입니까?)　　　　　　　　　　　　　[의문형용사]

Which writer got the Nobel prize?　　　　　　　　　　[의문형용사]

　(어느 작가가 노벨상을 받았나?)

Which months have thirty days?　　　　　　　　　　　[의문형용사]

　(한 달이 30일인 달은 어느 어느 달입니까?)

참고　1. who나 what은 부정(不定)의 의문이지만, which는 한정된 수에서 하나 또는 그 이상을 묻는 것이다.

　　　2. 다음 who와 what의 차이는 전후 관계로 알게 되는 것이니, 절대적인 것은 아니다.

　　　　Who is he? (그가 누구야?) —He is Mr. Holt[my brother].

　　　　who는 이름, 혈통, 신분, 성격, 권위 등에 쓰인다.

　　　　What is he? (그는 뭐하는 사람인가?) —He is a lawyer[an American].

　　　　what은 직업, 국적, 성격 등을 물을 때 쓰인다.

　　　3. 남의 이름을 물을 때는 What's your name? 또는 Your name, please라고 말함이 좋다.

Who are you?에는 따져 묻거나, 수상하다는 뜻도 있기 때문이다. What's your last name? (성씨가 무엇이죠?)

4. Who와 Whom―회화체에서는 whom 대신 who를 많이 쓴다.

Who did you give the money to?

Whom did you give the money to?   [문장체]

Sentence 머리에는 주격이 온다는 생각에서다. 그러나 이론적으로는 to의 목적격이다.

2 속격

Whose are these books?―These books are theirs.   [의문소유대명사]

(이 책은 누구의 것인가?―이 책은 그들의 것입니다.)

Of the three patriots' speeches you have heard, **whose** do you like best?

(당신들이 들은 세 애국자 연설 중에서 누구의 것이 가장 좋지?)   [의문소유대명사]

Whose books are those?―Those are ours.   [의문형용사]

(저것은 누구의 책인가?―저것은 우리 것입니다.)

3 목적격

Whom did you meet at the party?―I met Mr. Winston.

(그 놀이에서 누구를 만났습니까?―윈스턴 씨를 만났죠.)

[참고] *Who* did you …?라면 회화체

By **whom** was the wireless invented?

(무선은 누구의 발명인가요?)

What[How] about (going to) bed? (이제 그만 자지.)   [제안]

What (do you say) about a drink? (한잔 어때?)   [제안]

So **what**? = **What** of it? = **What** (부사) does it matter?

(그게 어쨌다는 거야? = 괜찮지 않아?)

What for? = **Why**? (왜, 뭐 때문이야?)

(At) **What** time do you usually take your breakfast?

(당신은 대개 아침 식사를 몇 시에 드십니까?)

[참고] At을 넣음이 옳으나, 대개는 회화체에서 뺀다.

What (did you say)? = I beg your pardon?

(뭐라고 말씀하셨죠? = 다시 말씀해주시죠.)

What would I not give to see her? [수사의문]

(그녀와 만날 수만 있다면 무엇이 아까우랴?)

What *ever*[Whatever] do you mean by that? [강조]

(당신의 그 말이 도대체 무슨 뜻이지요?)

What will people say? (사람들이 뭐라고 할까?)

What is he like? = What sort of man is he?

(그가 어떤 사람이지?)

What are you talking about? (무엇에 대해 말하고 있습니까?)

What can he do but die? (죽는 길밖에 없다.) [수사의문]

In **what** year were you born? (어느 해에 태어났습니까?) [의문형용사]

What[Which] plans do you suggest as appropriate? [의문형용사]

(어떤[어느] 계획이 적당하다고 말씀하시는 것입니까?)

Which do you like to take, tea or coffee?

(어느 것을 좋아하시는지, 홍차, 아니면 커피?)

Which of these toys do they like best?

(이 장난감 중에서 어떤 것을 그들이 가장 좋아할까?)

Which suitcase will you have, this or that? [의문형용사]

(어느 여행 가방을 가지겠습니까, 이것 또는 저것?)

4 부사로서의 what (= partly, somewhat)

What is he better for it? (그것으로 그가 얼마만큼 이로운가?)

What the better are they for that? (그 덕분에 그들은 얼마나 이익을 얻는가?)

What *by* threats, **what by** entreaties, he accomplished his purpose.

(위협도 하고, 간청도 해서 드디어 그는 목적을 이루었다.)

[참고] what by는 수단 방법을 인도하는 구식 표현이다.

What *through* banks, and **what** *through* creditors, the company has dwindled to nothing. (은행 독촉에, 또 채권자 등쌀에 그 회사는 망했다.)

What *with* his illness, and (**what** *with*) the bad times, he is in the difficulty of living. (병에, 불경기에 그는 생활난에 빠져 있다.)

⑤ 간투사로서의 what

What? the car stolen? (뭐야, 차 도둑맞았어?)

What a hard stone it is! = How hard this stone is! (이 돌이 얼마나 단단한가?)

What cool impudence! (시치미 떼고 있는 저 철면피[몰염치]!)

What a shameful sight! (에이, 창피한 꼴!)

What nonsense(you are talking)! (무슨 수작이야!)

What a time you have had! (얼마나 재미있었겠나!)

What these ancient walls would tell us! (아, 이 옛 성벽이 우리에게 무엇을 말할까!)

What wouldn't I give to be able to sing like that!

　(내가 저만큼 노래를 할 줄 안다면 얼마나 좋겠니!)

What was her surprise when she heard about it!

　(그녀가 그 소식을 듣고 얼마나 놀랐을까?)

49. 간접[종속]의문(Indirect[Dependent] question)

의문대명사가 명사구·명사절을 이룰 때, 이를 간접[종속]의문이라 한다. 여기서 관계되는 명사절은 Complex sentence 중에서 의문을 표시하는 종속절을 말한다.

I don't know what to do. (내가 어찌해야 좋을지 모르겠다.)

He knows what he can do. (그는 자기능력을 알고 있다.)

I don't know to whom he gave it [whom he gave it to].

　(그가 누구에게 그것을 주었는지 나는 모른다.)

It is not who rules us that is important, but how he rules us.

　(중요한 것은 누구냐가 아니라 어떤 정치냐다.)

They were debating about which was the better plan, his or mine.

　(그의 안건과 내 것 중에 어느 것이 나은지를 놓고, 그들이 토의 중이었다.)

She looked at him without the slightest idea as to what was in his head.

　(남편이 무엇을 생각하고 있는지는 까맣게 모르고, 남편 얼굴을 보았다.)

What he means I have not the haziest notion.

(무슨 수작인지 어슴푸레하게나마 짐작도 못하겠다.)

It is not a question of **what** we would like, but of **what** we've all got to put up with.

(우리가 무엇을 좋아하느냐가 아니고, 모두 무엇을 참고 견뎌 나가야 하느냐가 문제다.)

I am at a loss **which** to choose, for I don't know **who's who**.

(누구를 고를지 모르겠다, 나는 누가 누구인지를 모르니까.)

참고   Who's Who라면 인명록(人名錄)

He knows **what's what** too well. (= the true state of affairs)

(그는 실정을 잘 알고 있다.)

I'll tell you **what** (it is). (= something) (들어봐, 사실은 이러해.)

I know **what** (it is). (좋은 생각이 떠올랐어.)

I wondered **what** they were blaming her for.

(사람들이 왜 그 여인을 비난하고 있는지 모를 노릇이었어.)

cf. What were they blaming her for? I wondered.   [직접의문]

① 어순(Word order)은 보통 때의 그것, 즉 S + V이다.

Who *is she*?   [직접의문]

He says, "Who *is she?*   [직접의문]

He asks who **she is**. (여기의 who는 보어)   [간접의문]

그러나 의문대명사가 주어인 때도 어순은 S + V이다.

Who wrote this article? (그 기사를 누가 썼나?)

Do you know **who wrote** this article?

He asked me **what was** the matter with me.

(웬일이냐고 그가 내게 물었다.)

cf. He said to me, *What is* the matter with you?"

They ask him **what is** the price of wheat.

(밀 시세가 얼마냐고 저들이 그에게 묻는다.)

cf. They say to him, *What is* the price of wheat?"

또 직접의문인 때 조동사 do가 있으면 간접의문인 때는 이를 없앤다.

Which *do* you like best? (어느 것이 가장 좋지?)　　　　　　　　　[직접의문]

Tell me **which** you like best.　　　　　　　　　　　　　　　　[간접의문]

> 참고　간접의문인 절을 Object로 하고 있는 전치사는 흔히 생략된다.
>
> He is ignorant (of) **whom** they will appoint.
>
> (그들이 누구를 임명할지 그는 아직 모르고 있다.)

② **간접의문의 특수형식** : 간접의문을 끌어내는 동사가 think, suppose, guess, believe, say, imagine 등인 때는 주절(Principal clause)을 의문대명사 다음에 넣는다.

Who **did you say** wrote it? (누가 썼다고 말했나?)

이러한 것을 특수의문(Special question)이라고 해, yes 또는 no로 대답이 나오는 일반의문(General question)과 구별한다.

What did he say he wanted? (무엇이 자기에게 필요하다고 그가 말했소?)

cf. Did he say what he wanted?　　　　　　　　　　　　　　　[일반의문]

(무엇이 자기에게 필요한지를 그가 말했습니까?)

Who do you think wrote it? (누가 그 작품을 썼다고 생각합니까?)

Who do you suppose he is? (그가 누구인 줄로 생각합니까?)

What did you say your name was? (성함이 어떻게 되신다고 하셨죠?)

What do you think I mean to do when I grow up?

(제가 자라서 무엇을 할 것이라 생각하셔요?)

What day does she say she wants you back?

(어느 날 당신더러 돌아오라고 그 부인이 말씀하시지?)

③ **양보의 뜻을 지닌 형식 속의 의문대명사**

Come **what** may[No matter **what** may come], I am bound to refuse his request.

(어떤 일이 일어난다 해도, 나는 그의 청을 거절해야만 해.)

In whatever circumstance a man may be, the spring will surely come to him.

(= no matter what)

(우리가 어떤 경우에 처해 있든지, 봄은 반드시 오고야 만다.)

④ 의문대명사냐 관계대명사냐?

ask, inquire, wonder 등 뒤에서는 의문대명사다.

Ask him **what** he has done.

　(그가 무엇을 했는지 물어봐.)　　　　　　　　　　　　　　　[의문대명사]

I told him *what* I had told you.　　　　　　　　　　　　　　[관계대명사]

　(자네에게 한 말을 그에게도 했네.)

　(내가 자네에게 무엇을 말했는지를 그에게도 이야기했네.)　　　[의문대명사]

He inquired **what** would become of that war.　　　　　　　[의문대명사]

　(그 전쟁의 결과가 어떻겠느냐고 그가 물었다.)

Always speak *what* you think. (너의 생각을 언제나 말하라.)　[관계대명사]

I wonder **what** he thinks about our proposal.　　　　　　　[의문대명사]

　(우리 제안을 그가 어떻게 받아들일지 모르겠다.)

The missionary described exactly **what** he saw.　　　　　　[관계대명사]

　(그 선교사는 보이는 바를 그대로 적었다.)

 ## EXERCISE 11

1. 다음 Sentence의 빈칸을 채워라.

(1) _____ do you think is the best doctor?

(2) _____ teacher of all those you were under did you respect most?

(3) During the war I passed a village, but all seemed empty; I could see not a human creature, nor heard any sound except _____ of the stream.

(4) The difference must be _____ : her sorrow was greater than his.

(5) She wondered _____ she should write to him.

2. italic체로 된 곳에 주의하여, 다음을 우리말로 고쳐라.

(1) *What* put it into her to go on like that?

(2) *Whom* have you got in mind for our committee?

(3) You've treated me *that* bad there's no words for it.

(4) *Who* shall I have to work for when father's gone?

(5) The question was *who* would go to tie a bell to the cat.

[4] 관계대명사(Relative Pronouns)

관계대명사는 **대명사 + 접속사**의 구실을 하는 것으로 이미 나온 단어 또는 단어 모임 (Word group)을 대신하는 동시에, 그 단어 또는 단어 모임과 다음에 오는 절과를 접속시키는 구실을 한다. 이렇게 종속절을 만드는 관계대명사가 형용사절을 이끌고 나올 때, 그 앞에서 수식되는 명사 또는 대명사를, 이 관계대명사의 **선행사**(Antecedent, 先行詞)라고 부른다.

He is the only man who can tell about it.—(the only man(선행사), who(관계대명사), who can tell about it(형용사절))

(이에 대해 이야기를 해주실 수 있는 분은 그이뿐이다.)

관계대명사는 **인칭**(Person)·**수**(Number)에서 그 선행사와 일치하고, **격**(Case)은 그것에 따라 나오는 절에서 관계대명사가 하는 구·실에 의하여 결정된다. 위의 예에서 who는 제3인칭·단수·주격이다.

These are the samples which my brother sent me. — (which의 선행사는 samples, which는 제3인칭·복수, sent(타동사)의 목적어이므로 격은 목적격이다.)

(이것은 우리 형이 보내준 견본이다.)

선행사 \ 격	주격	속격	목적격
사람	who	whose	whom
사물·동물	which	whose [of which]	which
사람·동물·사물	that [ðət]	—	that [ðət]
—	what	—	what

(1) 종류로는 who, which, that, what가 대표적인 것들이다.

(2) 이것들과 비슷한 용법을 가진 이른바 유사(類似) 관계대명사(Quasirelative pronoun, 類似—)로 as, but이 있다.

(3) 또 복합(複合) 관계대명사(Compound relative pronoun)로 whoever, whichever, what ever가 있다.

50. 관계대명사의 두 가지 용법

1 **제한적 용법(Restrictive use)**: 관계대명사로 이루어지는 형용사절이 선행사의 뜻을 제한하는 것. 이 형용사절은 주절에 종속되어, Sentence 전체가 하나로 뭉쳐 있다.

We met the driver **that** had taken us to the beach.

(우리를 바닷가까지 태워주었던 운전기사를 만났다.)

We want a secretary **who** understands English.

(영어를 아는 비서를 구합니다.)

She has bought a doll **which** has blue eyes.

(파란 눈의 인형을 그녀가 샀다.)

It is a long lane **that** has no turning.

(굴곡이 없으면 그 길은 멀고 지루하다.)

2 **비제한적 [계속적] 용법(Non-restrictive [Continuative] use)**: 선행사에 관하여 설명을 가하는 것으로서, 그 관계대명사가 이끄는 절은 독립성이 강하므로, Sentence 전체가 두 가지 사실을 진술하는 느낌을 준다. 흔히 그 관계대명사 앞에는 comma가 있고, 말할 때는 pause를 둔다. 이렇게 의미상으로는 두 가지이지만, 형식상으로는 이것도 Complex sentence에 속한다.

We met the driver, **who** then took us to the beach. (= and he)

(우리가 그 운전사를 만났다. 그랬더니 그는 바닷가까지 우리를 태워주었다.)

He said he did not know, **which** was a lie. (= but it)

(그는 모른다고 했다. 그러나 그것은 거짓말이었다.)

51. who, whose, whom

who, whom은 사람을 뜻하는 말을 선행사로 하고, whose는 동물·사물에도 쓰인다.
제한·비제한의 용법이 다 있다.

This is the reporter **who** has come here to obtain the news.

(이분이 취재하러 온 기자시다.)

The mouse **whose** life had been spared came again.

(죽음을 면했던 생쥐가 또 왔다.)

He was one of the remarkable men **whom** this century has produced.

(금세기 인물로서 그는 비범한 분이었다.)

They employed your son, **who** proved capable.

(자네 아드님을 거기서 채용했는데, 유능하다는 평이야.)

He often thinks of the turbid river, on **whose** banks[on the banks **of which**]

he lived so Ion? in childhood.

(그는 그 흐린 강물을 종종 회상한다. 당연한 일이겠지. 어린 시절에 그 강 언덕에 그가 오래

산 일이 있으니까.)

My daughter announced a visitor, **whom** she showed into my study.

(딸애가 손님이 오셨다더니, 내 서재로 그를 안내했다.)

참고 1. 선행사를 따로 가지지 않고, 그 자체 내에 이것을 포함하고 있는 옛 예가 있다.

Who (= He who) steals my purse, steals trash.

(내 지갑 훔치는 놈은 허탕 친다.)

Whom (= Those whom) the gods love die young.

(재능이 뛰어난 남자와 아름다운 여인은 팔자가 기구하다.)

Whose (= Those people whose) house is of glass, must not throw) stones at

another. (가는 말이 고와야 오는 말이 곱다.)

2. than(접속사)을 전치사 상당어로 생각하여, 그 다음에는 whom을 쓴다.

Mrs. Ann, than **whom** there never was a kinder heart.

(앤 부인, 그분만큼 고운 마음씨를 가진 사람은 없었다.)

52. which

동물·사물에 쓰이는 데 제한·비제한의 용법이 다 있다. which는 자체의 속격을 가지고 있지 않으므로 whose나 of which(회화체)로 이를 대신한다. which가 who, that와 다른 점은 선행사로서 구나 절도 가진다는 것이다.

That is a question **which** puzzles many experts.

(그것이 많은 전문가를 괴롭히는 문제다.)

The crowd **which** had gathered around him began to disperse.

(그를 둘러쌌던 많은 사람이 흩어지기 시작했다.) — crowd는 사람을 의미하는 집합명사.

The mountain **whose** summit[the summit **of which**] you see over there is Mt.

Bukhan. (저기 그 정상이 보이는 산이 북한산이다.)

The parasol **which** she lost yesterday was her mother's.

(우리 누나가 어제 잃은 양산은 엄마의 것이다.)

We want to order this book, **which** (= for it) treats of atomic energy.

(이 책을 주문하고 싶다, 원자력에 관한 것이니까.)

We came in sight of the mountain, **whose** peak[the peak **of which**] was still

buried in the fog. (산이 보이기는 했으나, 그 봉우리는 아직 안개에 묻혀 있었다.)

The master ordered me to approach, **which** I did.

(선생님이 가까이 오라고 명령하시니, 저는 그대로 했습니다.)

선행사는 to approach; ,which = and I did as he ordered[and I obeyed him]

Our ship ran aground, with the noise **of which** the crew awoke.

(우리가 탄 배가 좌초하니, 그 소리에 승무원 전원이 잠을 깼다.) — which의 선행사는 Our

ship ran aground라는 절.

참고 1. 선행사가 사람을 의미하는 명사라도, 사람 그 자체가 아니라, 그 지위 직업·성격·종류 등
을 말할 때는 which를 쓴다.

He is a scholar, **which** his son is not.

(그는 학자인데, 그의 아들은 그렇지가 않다.)

2. 고체(古體)에서는 which = who이다.

Our father **which** art in heaven. Hallowed be thy name.

(하늘에 계신 우리 아버지, 당신의 이름을 거룩하게 하옵소서.)

53. that

사람·동물·사물에 대하여 쓰인다. 제한적 용법만 있다. 그러므로 전치사가 필요하게 되면 그 뒤로 돌리고, 앞에는 놓지 않을 만큼 제한하는 힘이 강하다. the house that he lives in(그가 사는 집)이라고 하며 the house in that he lives라고는 말하지 않는다. 본래는 Compound sentence의 뒷 절 주어이던 지시대명사였다.

He chopped a tree with an ax; *that* [ðæt] was his father's.

(그가 도끼로 나무를 베었다. 그 도끼는 그의 아버지 것이었다.)

He chopped a tree with an ax that [ðət] was his father's.

(그는 아버지 도끼로 나무 한 그루를 베었다.)

대개의 경우 사람에게는 who, 동물이나 사물에게는 which로 대용할 수도 있다. 쓰이는 경우는 아래와 같다.

> [참고] 1. 예전엔 선행사를 자체 내에 포함하는 의미로 쓰이기도 했다.
>
> Handsome is **that** handsome does. (= One who acts handsomely is hand some.)
>
> (행실 좋은 사람이 잘난 사람이다.)
>
> 2. that은 관계부사로 at which = when, for which = why, in which 등의 뜻도 가지고 있다.
>
> He came at the time **that** I expected him. (= when)
>
> (그는 내가 얘기하는 때에 왔다.)
>
> This is the reason **that** I resigned my position. (= why)
>
> (이것이 내가 사직한 이유다.)
>
> He behaves in a peculiar way **that** we seldom do here. (= in which)
>
> (그는 우리 관습과는 다른 행동을 한다.)

① 최상급 형용사로 수식되는 명사가 선행사인 때

He is one of the *greatest* admirals **that** Korea has ever produced.

(그는 한국이 낳은 최대의 제독이다.)

They will take the *first* aeroplane **that** starts from Hawaii.

(그들은 하와이에서 떠나는 첫 비행기를 탈 것이다.)

The captain is the *last* man **that** leaves the ship.

(선장의 임무는 최후까지 남아서 배를 지키는 일이다. > 선장으로서는 조난선을 떠나면 안 된다.)

cf. He was the *last* runner that arrived at the goal.

(그가 결승점에 도착한 마지막 주자다.) — last의 의미 차이

2 제한적 뜻이 강한 the same, the only, the very 등의 뒤에 쓴다.

This is the *same* bag **that** I have lost.   [동일물]

(이것이 내가 잃어버린 바로 그 가방이다.)

cf. You have the *same* dictionary *as* I have.   [유사물]

(내 것과 비슷한 사전을 자네도 가졌군.)

He is the *only* technician **that** I know of in this country.

(그가 이 나라에서 내가 알고 있는 단 한 사람의 기술자다.)

You are the *very* interpreter **that** I have been looking for.

(당신이야말로 내가 찾고 있는 바로 그 통역사요.)

3 사물을 뜻하는 부정(不定)대명사 all, everything, any, no, little, much 등이 선행사인 때

All is gospel **that** comes out of his mouth.

(그의 말은 모두 진실이어서 팥을 콩이라 해도 곧이듣게 된다.)

All **that** are in bed must not have quiet rest.

(잠자리에 든 모든 사람이 반드시 안식을 얻는 건 아니다.)

None can get *everything* **that** they need.

(누구도 필요한 것을 모두 손에 넣을 수는 없다.)

She gets *any* toy cars **that** her son likes.

(아들이 좋아하면 장난감 자동차는 어떤 것이든 사준다.)

No man **that** has common sense will behave like that.

(상식 있는 사람이라면 아무도 그러한 행동은 하지 않을 것이다.)

His writings contain *little* **that** is new, but *much* **that** is old.

(그의 저서 내용에는 새것이 적고 묵은 것이 많다.)

④ 선행사가 신분·상태를 뜻하는 보어인 때

He is not a good *fellow* **that** he once was.

(그는 이제 이전의 그 마음씨 좋은 사람이 아니다.)

Fool **that** I was.

(나는 과연 어리석었다.)

O wretched *man* **that** I am.

(아! 나는 불쌍한 사람이로다.)

⑤ 강조

It is rest **that**[which] the patient needs. 〈 The patient needs rest.

(환자가 필요로 하는 것은 휴식이다.)—it은 Preparatory(예비의) 'it'이고, that the pa-tient needs는 Extraposition(외위치).

It is you, not he, **that** have to find a sidejob.

(부업[아르바이트]을 가져야 할 사람은 그가 아니고 당신입니다.)

⑥ 선행사가 사람 + 사물 [동물]인 때

Look at the *boy* and his *dog* **that** are romping about together.

(아이와 개가 함께 장난치며 이리저리 뛰어 다니는 것을 보시오.)

⑦ who, which, what가 선행사인 때

Who **that** knows them will not trust them?

(그들을 아는 사람 중 누가 그들을 믿지 않겠습니까?)

Which of the two plays **that** you have seen is more realistic?

(구경하신 두 개의 극 중에서 어떤 것이 더욱 현실적이죠?)

What do you suppose there is in kite-flying **that** makes the fool so mad about it?

(못난 녀석은 연날리기를 미친 듯이 좋아하니 무엇이 그렇게 재미가 있다고 자네는 생각하나?)

> 참고 반대로 that, those가 선행사이면 관계대명사는 who, whom, which를 사용한다.
>
> *Those* rural scenes **which** people enjoyed have been changed by factories.
>
> (한때 즐겼던 전원 풍경이 공장 때문에 변모했다.)

That **which** has cost a sacrifice is always endeared.

(그 어떤 것을 희생한 것은 언제나 소중히 여겨진다.)

Those **who** have wealth can also acquire fame.

(돈 있는 사람이 명성도 얻을 수 있다.)

54. what

선행사를 그 자체 안에 포함하고 있는 관계대명사로서, 언제나 제한적 용법뿐이고, 생략되는 일이 없다. 이끄는 절은 명사절이며, 사람에게는 쓰지 않는다. 다음과 같은 뜻을 지니고 있다.

the thing[that] + which (…는 것)

the things[those] + which (…는 것들)

all … that (…는 모든 것)

as much … as (…만큼)

What you say is always true. (= that which)

(당신의 말씀은 언제나 옳습니다.)

What I have done I have done.

(내가 한 행동은 했다고 할 수밖에[두려워서 자기가 한 것을 아니했다고 할 수 있겠는가!].)

Martyrdom, or call it **what** you will.

(순교라든지, 아니면 당신 좋으실 대로 불러보세요.)

What is done can never be undone.

(한 번 엎지른 물은 다시 주워 담지 못한다.)

Things are not **what** they seem. (= those which)

(세상만사가 외관과 실질과는 다르다.)

He spends **what** he earns. (= all … that)

(그는 버는 돈을 다 써버린다.)

Give us **what** there is. (있는 대로 다 주시오.)

I will give you **what** help I can. (= all the help that; as much help as) [관계형용사]

(내가 줄 수 있는 만큼의 도움이야 자네에게 주지.)

I will do **what** little I can. (= the little that)　　　　　[관계형용사]

(미력이나마 정성껏 해보겠습니다.)

Give him **what** little money you have.　　　　　[관계형용사]

(가지신 돈이 적을 것이나 그에게 전부 주시오.)

Wear **what** dresses you please. (= any…that)　　　　　[관계형용사]

(당신이 좋아하는 옷을 입구려.)

> 참고　No one can understand **what** he says.
> 이 what을 관계대명사로 생각하면 다음과 같다. (그의 말하는 바를 아무도 알아들을 수 없다.)
> 또 의문대명사로 생각하면, 간접 의문으로서 다음과 같다.
> (그가 무슨 이야기를 하는지 아무도 이해 못한다.)

① 관용례

Grandfather made me **what I am**. (오늘의 나는 조부 덕택이다.)

She is not **what she was**. (그 여인이 예전과는 다르다.)

Reputation is **what we seem**, and character is **what we are**.

　(세 평은 외관이고, 인격은 실체다.)

A man's worth lies not in **what he has** but in **what he is**.

　(사람의 가치는 재산에 있지 않고, 인격에 있다.)

He is **what you call**[**what is called; so called**] a learned man.

　(그는 이른바 학자다.)

She took with her cloth, needles, string, scissors and **what not**. (what not = those
things which are not mentioned here)

　(그 여인이 헝겊·바늘·실·가위 등을 가지고 갔다.)

cf. *What* else did she not take? (의문대명사)

　(그밖에 가지고 가지 않은 것이 무엇이죠?)

A is to B what C is to D

　(갑이 을에 대한 관계는 병이 정에 대한 관계와 같다.)

what C is to D = that which C is to D. 이 명사절이 A is의 보어다.

A is | what C is to D | to B
　　(명사절로서 is의 보어) (부사구로 is를 수식)

다시 말하면, "A는 B에 대하여 C가 D에 대한 관계다.

Water is to fish **what** air is to man.

(물은 고기에 대하여, 공기가 사람에 대한 관계다. = 물과 고기의 관계는 공기와 사람의 관계와

같다.)

Intellect is to the mind **what** sight is to the body.

(지력(知力)이 정신에 대해서는 시력이 신체에 대함과 같다.)

Reading is to the mind **what** food is to the body.

(독서와 정신과의 관계는 영양과 육체와의 관계와 같다.)

The pen is to thought **what** the stick is to walking.

(펜의 사상에 대한 관계는 지팡이의 보행에 대한 관계와 같다.)

② **삽입절(Parenthetic clause, 挿入節)** ― 일종의 독립절

He is a good scholar, and, **what is better**, a good writer.

(그는 학문이 높은데, 더욱 부러운 것은 글도 잘 쓴다.)

He said nothing, and, **what is worse**, laughed at us.

(그는 아무 말도 하지 않고, 더욱 기분 나쁜 것은 우리를 비웃었다.)

What is more, he had his mother die then.

(설상가상으로 바로 그때 그의 어머니가 돌아가셨다.)

55. 복합관계대명사

선행사 + 관계대명사가 -ever로 양보(concession)의 뜻을 나타낸다. - ever는 일종의 강
의어(Intensive)다. 복합관계대명사로는 다음과 같은 3종이 있다.

whoever(whoseever ― 속격: whomever ― 목적격), whichever, whatever

1 명사절 인도

Whoever comes will be welcome. (= anyone who)

(오시는 분은 누구나 환영합니다.)

Whose(e)ver horse comes in first wins the prize. (= anyone whose)

(탄 말이 먼저 들어오는 그 사람이 상금을 받는다.)

Choose whichever you like among these clocks. (= anything which)

(이 탁상시계 중에서 마음에 드시는 것을 어느 것이나 고르세요.)

Whatever will be, we'll be. — whatever (= any man who) will be가 we'll be의

보어(될 대로밖에 되지 않는다.)

2 부사절 인도

It's a very fine teacup, who(m)ever it belongs to. (= no matter whom)

(누구의 것이든 간에, 참 훌륭한 찻잔이다.) — whoever는 회화체.

Whatever you may do, do it well. (= no matter what)

(어떤 일을 하든지 그것을 잘하라.)

cf. Whatever are you doing? (= What in the world)　　　　　　　　[복합의문사]

(도대체 자네는 무엇을 하고 있는 거야?)

> [참고] 1. —ever 다음의 may는 회화체에서 차차 없어지고 있다.
>
> Whichever you (may) choose, you will be pleased.
>
> (어느 것을 고르거나 손님께서는 만족하실 것입니다.)
>
> 2. —ever가 없는 것도 있다.
>
> What(ever) (= Anything which) you see here is yours.
>
> (여기 보이는 모든 것은 당신이 가질 것입니다.)
>
> 3. 다음의 whatever는 부사로서 부정(否定)을 강화한다.
>
> There is no doubt whatever. (= at all)
>
> (의심할 여지가 전혀 없다.)

56. 유사관계대명사

본래 접속사인 것이 때로 대명사 구실을 겸하고 있을 때, 이를 유사(Quasi-, 類似)관계대명사라고 부른다: as, but 등.

1 as: the same, such, as 뒤에서

This is *the same* essay **as** I read the other day. (= which [that])

(이것은 내가 일전에 읽은 것과 비슷한 수필이다.)

He is not *such* a man **as** can afford the luxury. (= who)

(그는 그러한 호강을 할 여유가 있는 사람이 아니다.)

Such **as** wish to enter our club must pay membership fee. (= those who)

(우리 모임에 가입하려는 분은 회비를 내야 한다.)

As many goods **as** are necessary must be released. (= which)

(필요한 만큼의 물자가 방출되어야한다.)

He is absent, **as** is often the case. (앞의 절이 as의 선행사)

(자주 그렇듯이 그는 결석이다.)

2 but: that … not의 뜻으로, 주절이 부정, 또는 이와 비슷한 것일 때

There is *no* rule **but** has some exceptions. (but has = that has not)

(예외 없는 규칙은 없다.)

Who can there be **but** hates their brutality?

(그들의 만행을 미워하지 않을 사람이 있겠습니까?)

[참고] 1. 머리에 있는 것이 보통인 There is를 생략하기도 한다.
   Nobody **but** has his faults. (결점 없는 사람은 없다.)

2. 아래의 예와 같이 비교급과 합친 than이 기능상 관계대명사와 비슷하나, 이러한 것은 역시 접속사로 보는 것이 좋다. 그렇게 생각할 때 than 뒤에 it(여기서는 the end)을 넣어 본다.
   The end of the war came *sooner than* had been expected.
   (전쟁 종말이 예상보다 빨리 왔다.)

57. 이중제한(Double restriction)

관계대명사로 시작되는 절이 겹쳐서, 다음과 같이 선행사를 제한하는 것을 말한다. 이
때 두 개의 관계대명사가 대개는 등위 접속사에 의하여 연결되지 않는다.

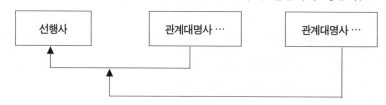

Will you recommend any one **that** we know **who** is as talented as you?

   (우리가 아는 사람으로 당신만큼 재주 있는 분을 한 사람 추천해주시겠습니까?)

There is no one **that** I know of, **who** deserves his wages.

   (내가 아는 범위 내에서 그만한 삯을 받을 만한 사람은 없다.)

He gave his daughter everything (**which**) she wanted **that** he could afford.

   (딸에게, 그녀가 원하는 것으로 그가 사서 줄 수 있는 것은 다 사주었다.)

There are many things (**which**) you can do **that** others can't.

   (당신은 할 수 있지만 다른 사람은 할 수 없는 일이 세상에는 많습니다.)

He has sent me the book (**that**) I wanted *and* **which** I should have continued

   to want if he had not sent it.―등위 접속사가 있는 예.

   (그는 내가 원하는 책, 그가 보내주지 않았다면 계속해서 원했을 책을 내게 보내주었다.)

[참고] 1. 다음의 예는 관계대명사의 되풀이다.

   You will find many things **that** you should do or **that** you should not do.
   (자네는 해야 할 것, 또 해서는 안 되는 것 등의 여러 가지를 앞으로 알게 될 거야.)
   This letter is to my son **who** expects to hear from me and from **whom** I expect to
   hear in reply. (이 편지는 내 소식을 알고 싶어 하고, 또 나도 그의 회답을 기다리는
   우리 아들에게 보내는 것이다.)

   2. 두 개의 관계대명사 중 한 개가, 그 다른 절을 수식하는 종속절을 이끌고 나오는 것도
   있다.

   He carried on a lucrative business, **which** enabled him to educate his family with
   all the advantages **that** money could give. (여기서는 that) (그는 돈 버는 사업을 했
   으므로 자녀들에게는, 돈으로 해결할 수 있는 편의라면 모두 제공해주며 교육을 받게 할

수 있었다.)

3. 관계대명사로 시작되는 절에 또 하나의 절이 들어 있는 것을 연쇄(連鎖)관계사절 (Concatenated relative clause)이라고 부른다.

Why do you say things **that** *you know* must pain me?

　(내가 들으면 괴로워할 것을 알면서 당신은 왜 그런 것을 말합니까?)

They feed children **whom[who]** they think are hungry.

　(그 기관에서는 굶고 있다고 생각하는 어린이들을 먹여 살린다.)

58. 접촉절(Contact clause, 接觸節)

관계대명사가 없는 형용사절을 접촉절(接觸節)이라고 부른다. 이 경우를 보통 관계대명사의 생략이라고 말하지만, 본래에 있었던 것을 빼내야 생략(omission, 省略)이지, 처음에는 관계대명사가 없었던 것을 차차 넣어서 쓰게 된 것이므로, 이를 생각하면, 형용사절이 직접 선행사에 접촉한다는 뜻에서 쓰인 이 용어가 적절하다고 하겠다. 접촉절과 선행사 사이에는 뜻에 중단(break, 中斷)이 없고, 발음에 휴지(pause)가 없다. 관계대명사를 넣는다면 다음과 같다.

① 목적격일 경우(가장 많다)

Bring me the book (which) I told you to *read*.

　(내가 읽으라고 일러준 책을 가져오시오.)

He falls in love with all the girls (that) he *sees*.

　(그는 만나는 소녀에게 모두 반한다.)

The seed (which) ye *sow*, another reaps; The wealth (that) ye *find*, another

　keeps. (갑이 심은 씨, 을이 거두고, 병이 모은 돈, 정이 차지해.)

What is it (that) he is staring *at*? (그가 노려보고 있는 것이 무엇이죠?)

This is the wrestler (whom) we spoke *of*. (이 씨름꾼이 우리가 화제로 삼았던 그다.)

That's the cosy lakeside cabin (which) we stay *in*.

　(저것이 우리가 머물고 있는 아늑한 호숫가 오두막이다.)

You are not the first (that) I have said no *to*.

(당신은 내가 '안 된다'고 말한 첫 상대자가 아닙니다.)

The family (whom) he lived *with* simply adored him.

(그의 하숙집 식구들이 그를 아주 좋아했다는 것뿐이야.)

[참고] 관계대명사와 전치사

whom, which에 한하여 전치사를 그 앞에도 놓을 수 있다. 전치사를 관계대명사 앞에 놓느냐 뒤에 놓느냐 하는 문제는 주로 그 어조(tone, 語調)에 따른다.

He is the boy *with* whom I talked [(whom) I talked *with*].

(그는 내가 이야기를 나눈 그 소년이다.)

관계대명사가 없는 절은 전치사를 뒤로 돌릴 수밖에 없다. 또 전치사로 끝나는 관용구는 그대로 둔다.

This is the book (which) I cannot do *without*. (이것은 나에게 없으면 안 될 책이다.)

② **보어일 경우**(관계대명사는 주격)

I am not the man (that) I was when you knew me first.

(내가 처음으로 당신과 인사를 주고받을 때의 그 사람이 이제는 아닙니다.)

He is not the cheerful man (that) he used to be.

(그는 예전대로의 쾌활한 사나이가 이제는 아니다.)

She speaks like the dutiful daughter (that) she is.

(그 소녀가 효녀 같은 말투다.)

③ **주격일 경우**: 드문 편인데 it is, there is[are], here is[are] 다음에서 쓰인다. (회화체)

It wasn't I (who) let him in.

(그를 들어오게 한 사람은 내가 아니다.)

There is a man downstairs (who) wants to see you.

(아래층에 당신을 만나고 싶어 하는 손님이 계십니다.)

Here are the children (who) like swimming better than anything else.

(여기 있는 애들은 무엇보다도 수영을 좋아합니다.)

다음은 형용사절에 there is[are, was, were]가 끼어 있는 경우다.

He taught me the difference (that) there is between what is right and what is wrong. (옳고 그른 차이를 그가 내게 가르쳐 주었다.)

This is one of the finest works (that) there are in the world.

(이것이 세상에서 가장 아름다운 작품이다.)

④ who, what 등 의문사로 시작되는 것

Who is he (that) comes here?

(여기 오는 그 사람이 누구야?)

What's he (that) comes here?

(여기 오는 그 사람은 뭐하는 사람이야?) (때로는 Who인 경우의 뜻으로도).

참고 비제한적 용법인 때는 관계대명사 없이 그대로 접촉시킬 수 없다.

He told us a lie, **which** we have believed.

(그가 거짓말을 했는데, 우리는 그것을 믿고 있었지 뭐야!)

EXERCISE 12

1. 빈칸을 적당한 말로 채워라.

(1) _____ cannot be cured must be endured.

(2) Who _____ has read Hardy's novels can forget their tragic ends?

(3) Ahead of me I saw a gentleman _____ I thought was my uncle.

(4) That was the reason _____ prevented me from coming earlier.

(5) Even a man _____ eyesight is poor can read this.

2. 다음 밑줄 그은 것은 의문대명사인가, 또는 관계대명사인가?

(1) You are the only one <u>who</u> doesn't know <u>who</u> she is.

(2) I knew <u>what</u> was <u>what</u> too well.

(3) <u>What</u> we learned in elementary schools has remained in our minds.

(4) They had no notion of <u>what</u> he was talking about.

(5) It is clear <u>what</u> would happen to him if these hardships went on for long.

3. 다음 영어를 한국어로 번역하라.

(1) I sometimes wonder who it is that makes the fashions.

(2) It was Lucy pushed Mary into the mud.

(3) There is nothing so great but the mob will forget in an hour when the fit is over.

(4) His next words deprived me of whatever desire I might have had to laugh.

(5) Who was it knew me better than I knew myself?

[5] 부정대명사(Indefinite Pronouns)

어떤 특정의 것을 가리키는 대명사가 아니라, 아무것도 정해진 것이 없는 사람·사물·수량 등을 막연히 표시하는 일반적인 대명사다. 결국 인칭대명사·지시대명사·의문대명사·관계대명사 이외의 모든 대명사에 분류 편의상 주어진 명칭이다.

one   none   any   some   all   both   either   neither   each   another
other(s)   such   no   every   etc.

이 밖에 다음 말도 포함시킬 수 있으나, 대부분 형용사에서 다루기로 한다.

same   so   enough   several   few   little   many   much   etc.

위의 말 중에 none, all, both 등 그 뜻이 부정(indefinite, 不定)이라고 보기는 어려운 것도 있겠으나, 이것들이 숫자처럼 수량을 똑똑히 표시하지는 못하고, 또 some(어떤 것), any (body) (아무나)같이 사람이든 물건이든 간에 특정화하지 않으므로 이 종류에 넣는다.

59. one

① **총칭 인칭(Generic person)의 one**: 이 one은 형식적(formal)인 딱딱한 말인데, 회화체로의 익숙한(familiar) we, you 등과 뜻이 같고, anyone보다는 약하다.

One should love **one**'s neighbor as **one**self.

(우리는 이웃사람을 우리 몸처럼 사랑해야 한다.)

[참고] one으로 시작하면, 위의 예처럼 끝까지 one을 씀이 문법적이나, he, his로 받는 경향이 강하다. anyone, everyone, each one, no one 및 수사(數詞)의 one도 그러하다.

One should try to be on time for **his** class.

(누구나 수업에 늦지 않도록 해야 한다.)

Everyone did his best to tide over the difficulties.

(이 난국을 타개하려고 모든 사람이 애썼다.)

② a person이란 뜻의 one

He received a telegram from **one** Mr. Lutz.

(루츠 씨라는 분의 전보를 그가 받았다.)

How are your little **ones**? (댁의 아기들 다 잘 자라고 있습니까?)

Each woman he falls in love with is of a higher type than the **one** before.

(그가 사랑하는 여성은 각각 그 전의 여인보다 더 고상한 유형의 여자다.)

The cleverest boys at school are not always the **ones** who succeed best in after life. (학교에서 가장 재주 있는 애들이라고 해서 졸업 후에도 가장 크게 성공한다고 할 수는 없다.)

[비교] 수사(Numeral)로서의 one에는 강세가 있다.

One of the girls raised her hand.

(여학생 중 한 사람이 손을 들었다.)

I saw **óne** drop her pen.

(한 여학생이 펜 떨어뜨리는 것을 보았다.)

[참고] one을 I[me] 대신으로 쓰는 것은 뽐내는 표현이다.

One is (=I am) rather busy this afternoon.

(나 말인가, 에, 나로 말하면 오늘 오후엔 좀 바쁜데.)

③ 동일한 단수 보통명사의 되풀이를 피하기 위한 'one' (복수일 경우 some)

You have lost your stick; I think you must buy **one**.

(지팡이를 잃어버리셨군요. 한 개 사셔야겠습니다.)

She keeps three dogs, a black **one** and two yellow **ones**.

(그녀가 개 세 마리를 기르고 있는데, 한 놈은 검둥이, 두 놈은 누렁이다.)

이 one은 같은 종류의 **부정**(不定)의 것을 의미하고, it은 **특정**의 동일물을 말한다.

┌ Have you **a** dictionary? ― Yes, I have **one**.

  (사전이 있나?―예, 한 권 가지고 있습니다.)

└ Have you **the** dictionary I gave you? ― Yes, I have **it**.

  (내가 준 그 사전을 가지고 있나? 예 그대로 지니고 있습니다.)

┌ He is **an** artist, and I treat him as one. [such(구식)]

  (그는 예술가니까 그렇게 내가 대접한다.)

└ He brought **a** blanket and lent **it** to me.

  (그가 담요를 한 장 가져다가, 그것을 내게 빌려주었다.)

┌ He asked for **a** pen, so I gave him **one**.

  (그가 펜을 달라기에, 한 자루 주었다.)

└ He asked for some **pens**, so I gave him **some**.

  (그가 펜을 몇 개 달라기에, 그대로 해주었다.)

[참고] 1. **a+보통명사**를 받는 대명사가 주어일 때는 *it*을 쓴다.

  Won't **a pencil** do? ― Yes, it (= a pencil) will do as well.

  (연필 괜찮을까요? ― 예, 그것도 좋겠지요.)

2. than the one of 대신 than that of

  Your story is more exciting than **that** of his (stories).

  (당신의 이야기가 그의 것보다 더 흥미 있습니다.)

3. 관용례

  Do you like a peach [peaches]? ― Yes, I like it [them].

  (복숭아를 좋아하십니까? ― 예, 좋아합니다.)

④ **지주어(Prop-word, 支柱語)로서의 one**: one이 앞 또는 뒤에 있는 형용사[구·절]에 의하여 수식될 때의 그 one을 말한다. 또 복수로도 될 수 있다.

He keeps a black dog and a white **one**.

  (그는 검은 개와 흰 개를 한 마리씩 기르고 있다.)

여기에 one이 없다면, a white만으로 끝이 나니까, 뜻이 통하지 않는다. 이렇게 형용사는 one을 **기둥**으로 하여 비로소 이 Sentence에서의 문법적 관계가 확실해진다. 또 and white ones라면 복수니까 '흰 개 몇 마리'의 뜻이다.

The middle **one** of the three windows was open.

(세 개 창 중에서 가운데의 것이 열려 있었다.)

[참고] 다음의 경우에는 지주어 'one'을 쓰지 않는다.

1. 불가산어(Uncountable)일 때

   She likes red wine better than *white*. (white one이 아님)

   (흰 포도주보다 빨간 것을 그 부인은 더 즐긴다.)

   The pain in the mind was bitterer than *that* in her body. [that one이 아님]

   (마음의 고통은 몸이 아픈 것보다 더 괴로웠다.)

2. 속격 및 **속격 + own** 뒤에서

   My opinion is different from the *other's*. [the other's ones가 아님]

   (내 의견은 다른 사람들의 것과 다르다.)

   If there is any difficulty about cars, I'll bring *my own*. [my own one이 아님].

   (차 형편이 어렵다면 내 차를 가져오리다.)

3. 수사 및 서수(序數) 뒤에서

   He has prepared three pens and I have only *two*.

   (two ones가 아님) (그는 펜 세 자루를 준비했는데 나는 두 개뿐.)

   As I have finished reading the first volume, I will read the *second*. [the second

   one이 아님] (제1권을 끝냈으니 제2권을 읽어야지.)

[비교] 다음의 one은 부정형용사(Indefinite adjective)로서 부정관사인 'a'와 비슷하다.

   I will take you there **one** day. (= some, 대개는 one day이면 과거에, some day이면

   미래에 쓰인다.)

   (어떤 날 당신을 거기로 모시고 가렵니다.)

   One fine morning we started for home.

   (어떤 날씨 좋은 아침 우리는 집으로 향했다.)

   One John Butler telephoned (to) you while you were out.

   (존 버틀러라든가 하는 분이 전화 걸어오셨습니다. 외출하신 동안에.)

⑤ **대조(Contrast, 對照)**

We have two dogs; **one** is black, and the other white.

(두 마리 개가 있는데 한 마리는 검고, 또 한 마리는 하얗다.)

A man and a woman are sitting in the lobby; **the one** looks about twenty -five

years old and *the other*, twice that age.

(남녀가 현관 휴게실에 앉아 있는데, 여자[후자]는 25세가량, 남자[전자]는 그 배 정도다.)

참고 the one이 전자(前者), the other가 후자(後者)로 쓰이는 예도 드물게 있다.

Health is more valuable than money; **the one** gives more happiness than **the other**.

(건강이 돈보다 값지다, 전자는 후자 이상으로 행복을 가져오니까.)

cf. Winter and summer come to all; **this** with its flowers, and **that** with its snow.

(누구에게나 겨울과 여름은 오는 것, 후자는 꽃을, 전자는 눈을 가져온다.)

6 관용례

It was all **one** to me what you do. (= the same)

(자네가 어떤 짓을 하든지 내가 알게 뭐야.)

cf. We held **one** opinion on that problem. (= the same)   [형용사]

(그 문제에 대한 우리의 의견은 같았다.)

They answered with **one** voice.   [형용사]

(그들이 이구동성으로 호응했다.)

The class was **one** in its approval. (= united)

(그 반에서는 만장일치로 찬성했다.)

I kept always two books in my pocket, **one** to read, and **one** to write in.

(내 호주머니에는 언제나 책들이 들어 있는데, 하나는 독서용, 또 하나는 필기용이었다.)

60. none

부정(否定)의 대명사로 no + one의 뜻. 사람을 의미할 때는 대개 복수이고, 단수일 때면 nó óne이다. 사물을 표시하는 때는 단수다.

1 명사의 되풀이를 피한다

Some have children and others have **none**.

(자녀가 있는 사람들도 있고, 없는 사람들도 있다.)

Gold and silver have I **none**. (금과 은은 내게 없다.)

His English pronunciation is **none** of the best.

(그의 영어 발음이 가장 좋은 편은 결코 아니다.)

He is **none** of my friends. (= He is not a friend of mine at all.)

(그가 내 친구라니 당치도 않다.)

It is **none** of your business. (참견하지 마라.)

② 특별히 가리키는 명사가 없을 때

None but the brave deserve the fair. (none but = only)

(용감한 사나이만이 미인을 손에 넣을 자격이 있다.)

There were **none** present[absent].

(출석[결석]자 전무.)

All were saved; there are **none** missing.

(전원 구조되다, 실종자도 없음.)

None were so cruel as to shoot the animal.

(그 동물을 총으로 쏠만큼 잔인한 사람은 전혀 없었다.)

None of this concerns me. (이런 것은 내게 아무 관계도 없다.)

[참고] 1. 부사로 (the + 비교급, too, so 등 앞에서 = not at all; not in the least)

She is **none** *the happier* for her marriage.

(그 여인이 결혼했다고 해서 그만큼 더 행복할 것도 없다.)

His salary is **none** *too* high. (그의 월급이 결코 지나치게 많은 것은 아니다.)

I am **none** *too* sure of it. (그것에 별로 자신이 없다.)

I am **none** *so* fond of him. (나는 그가 오히려 싫다.)

He found the work **none** *so* difficult. (그에게 그 일이 그렇게 어렵지는 않았다.)

2. 고어체에서 형용사로(= no)

Thou shalt have **none** other gods but me. (나 이외의 다른 신을 섬기지 마라.)

61. any, some

가산어·불가산어·사람사물, 단수·복수에 모두 쓰인다. 형용사로사의 용법도 여기 포함시킨다. 일반적으로 some은 **긍정**에, any는 개별적·임의선택적·강조적인 뜻을 지니고 **의문·부정·조건**에 쓰인다.

Do you want **any** of these books? [의문]

  (이 책 중에 필요한 것이 있나?)

Yes, I want **some** of them. (약간, 어떤 것[사람·때·곳 등]) [긍정]

  (예, 몇 권 필요합니다.)

No, I do*n't* want **any** of them. [부정]

  (없습니다. 아무 책도 필요하지 않습니다.)

Correct the errors if **any** (= if there are any errors). [조건]

  (잘못이 있으면 고치시오.)

1 긍정의 **any**(= no matter which; it doesn' t matter which): 양보(concession)의
뜻(어느 것이나, 아무나, 얼마든지 등)이 포함되어 있는데, 대개 any에 강세(stress)가 있다.

Which of these neckties do you like best? — **Any** will do. (Any = Any necktie)

  (이 넥타이 여러 개 중에서 어느 것이 가장 좋지요? — **아무 것이나** 좋습니다.)

He is younger than **any** of his school-fellows.

  (그는 학우 중에서 누구보다도 어리다.)

You may visit me **any** day. (아무 날에나 찾아오십시오.)

He would do **any** job for money.

  (돈만 생긴다면 그는 아무 일이나 다 한다.)

He takes **any** raw fish if it is fresh.

  (신선하기만 하면 생선회는 어떤 것이거나 그가 다 먹는다.)

Any food is better than none.

  (아무 것이라도 먹는 것이 굶는 것보다야 낫지.)

Any day will do. (아무 날이면 어때?)

2 형용사인 때

Have you **any** eggs to boil?

  (삶을 달걀이 (몇 개고) 있습니까?)

We could not see **any** family of his on the beach.

  (바닷가에서 그의 가족은 아무도 우리가 만나지 못했다.)

Have you got **any** money to spare?

  (여윳돈이 얼마간 있습니까?)

Do you know of **any** comic book that suits my boy?

  (우리 집 애에게 적당한 만화책으로 당신이 아는 것이 있습니까?)

Yes, I have heard about **some** both interesting and instructive.   [대명사]

  (예, 재미있고 유익한 것이 있다는 소문을 들었죠.)

If you have **any** tobacco, spare me some.

  (담배 있으면 몇 개 주게나.)

If there is **any** more of this stuff, I'll get some.

  (이런 물건이 더 있으면 얼마 사겠다.)

Some *people* are always grumbling. (some + 복수 = a certain number of)

  (일부 사람들은 언제나 불평만 털어놓고 있다.)

Some *girl* has brought these flowers. (some + 단수 = a certain)

  (어떤 소녀가 이 꽃을 가져왔다.)

There is **some** *truth* in what you say. (some + 추상명사 = a certain degree of)

  (자네 말에도 일리는 있네.)

There is still **some** *water* left in the well. (some + 물질명사 = a certain quantity of)

  (우물에 아직까지 물이 조금 남아 있다.)

It happened **some** *five* years ago. (some (+수사) = about)

  (약 5년 전 일이죠.)

③ 의문 센텐스의 'some'

Will you take **some** more milk? (= Please take some more milk.)

  (우유를 더 드십시오.) ─ 남에게 어떤 것을 권할 때.

May I have **some** more milk? ─ Yes, you may.

  (우유를 더 마실 수 있을까요? ─ 그렇고말고요.) ─ 긍정의 대답을 기대하면서.

May I take **some** alcoholic drinks here?

  (여기서 술을 마셔도 괜찮겠습니까?) ─ 가능 여부를 알아보려고 할 때.

Yes, you may. (예, 좋습니다.) ─ 허가.

No, you mustn't [mʌ́snt]. (안 됩니다.) — 금지

④ **관용례**

He has **not any** appetite. (= no) (그이는 아직 입맛이 없다.)

At any rate he told me you hid it. (= any way; in any case)

　(여하간 그의 말이 자네가 그것을 숨겼다고 하데.)

There is little water, if any. (음료수가 있다 해도 얼마 안 된다.)

I cannot wait **any longer**. (= no longer) (이 이상 더 기다릴 수 없다.)

He is **not any more**. (= no more) (그는 이제 이 세상에 없다.)

I will do **anything but** that. (= not at all) (그것 이외라면 무엇이든지 하겠다.)

They hope to climb Mt. Seolak **some day[time] or other**.

　(아무 날[때]이고 앞으로 설악산 오르기를 그들은 바라고 있다.)

He has **any number of** books. (= a great many)

　(그가 많은 책을 가지고 있다.)

He will give you **any amount of** trouble. (= a great deal of)

　(그 사람 때문에 크게 걱정하시게 될 것입니다.)

It was **sóme** party. (= striking)　　　　　　　　　　　　　　　　[회화체]

　(대단한 연회였다.)

He is **sóme** scientist. (= remarkable)　　　　　　　　　　　　　　[회화체]

　(그는 유명한 과학자다.)

He is really **something**. (= a person of some importance)

　(그는 과연 거물이다.)

⑤ **그 밖의 주의할 용례**

① if, whether로 시작되는 명사절에는 any.

　I wonder *if* he knows **any** foreign language.

　(그가 외국어를 아는지 모르겠다.)

　I should like to know *whether* you have **any** trouble at home.

　(댁에 어떤 걱정이라도 있으신지 알고 싶습니다.)

② He has **some** knowledge of English. (some = a)

(그는 영어를 안다.) the knowledge of English라면 '영어를 모두 안다'는 뜻이겠으니, 이러한 사람은 있을 수 없겠다.

③ **Some** (people) like mutton; **others**[some] not.

(어떤 사람은 양고기를 좋아하는데, 또 어떤 사람들은 그렇지 않다.)

④ I heard it from **some** man in the taxi.

(택시 탔을 때 어떤 사람이 그런 말을 하더군.)

A **certain** politician told me so.

(어떤 정치인의 이야길세.)

some은 '어떤'이라고만 말할 뿐, 그 사람의 정체가 불명(不明)인 경우에, a certain은 그가 어떤 누구인지를 알고는 있으나, 그 이름 등을 밝힐 필요가 없을 때, 또는 무시해서 이름까지 말할 필요가 없다고 인정할 때 쓴다.

⑤ Come to see me **any day**. (아무 날에나 나를 만나러 오게.)

I'll call on you **some day**.   [미래]

(후일에 내가 자네를 방문하겠네.)

I saw him in the museum **the other day**.   [과거]

(일전에 박물관에서 그를 만났다.)

We took them to the gardens **one day**.   [과거]

(어떤 날 우리가 그들을 유원지로 데리고 갔다.)

⑥ -body, -one, -thing은 언제나 단수형이니 -bodies, -ones, -things는 없다. -body는 회화체이고, -one은 문장체다.

We want **somebody** to carry this. (누구에겐가 이 짐을 운반토록 해야겠다.)

We want **someone** (of you) to carry this to the terminus.

(여러분 중 누구에겐가 한 사람에게 이 짐을 종점까지 가지고 가도록 부탁해야겠습니다.)

The moderns must know **something** of **everything**, and **everything** of **something**. (현대인에게는 상식과 전문적 지식이 필요하다.)

⑦ -one에 강세가 있으면 필기할 때 떼어 쓴다.

Any óne of you will do.

(여러분 중 아무나 한 사람만 와주면 돼요.)

cf. Anyone can read this. (아무나 이거야 읽을 수 있지.)

⑧ -thing, -body 등으로 끝나는 단어에 형용사(구)를 쓰려면, 바로 뒤에 쓴다. some-, any- 등이 본래 형용사이기 때문이다.

Is there *any*body **absent**? (결석자가 있나?)

Give me *some*thing **to drink**. (마실 것을 주십시오.)

*Every*thing **good** was sent to me by Mother.

(필요한 것은 모두 어머니가 보내주셨다.)

There was *no*thing **sensational** there.

(거기에 경이적인 것은 아무것도 없었다.)

[참고] else 만은 형용사 앞에 온다.

Was there anybody *else* present?

(그 외에 출석한 사람이 있었나?)

⑥ 부사인 때

Stay here with me. You won't be **any** happier there.
(여기 나와 함께 있자, 거기 간다고 나을 게 조금도 없을 게다.)

Is he **any** better today? (오늘은 그의 병이 조금 나은가?)

Did you sleep any last night? (어제 조금 잤나?)

He has improved **some**. (= somewhat) (그는 건강이 약간 좋아졌다.)

He is **some** nice boy. (꽤 얌전한 애다.)

⑦ 단수를 복수로 받는 Americanism: 미국식 영어 회화체에서 뜻을 위주로 형식에 구애되지 않으려거나, 또는 성(性)의 구별이 모호해 him, her보다 편리하다고 생각될 때 쓴다.

If **anybody** wanted to tell me something, **they'd** have to write it on a piece of paper. (내게 할 말이 있는 사람이 있다면, 종이에 그것을 적어 보내라고 해.)

All you have to do to depress *somebody* is to give **them** a lot of phoney advice. (남을 괴롭히려면 가짜 조언을 듬뿍 해주는 게 상책일 것이다.)

Somebody darted out into the road and I almost hit **them**.

(누군가가 큰 길로 갑자기 뛰어드니 하마터면 마주칠 뻔했다.)

62. all

모든 것, 전부 등의 총괄적(總括的)인 뜻을 지니고 있다. 대체로 **물건**을 가리킬 때 **단수**
(= everything)이고, **사람**의 뜻일 때 **복수**(= all people)다. 여기에 형용사·부사로서의 용례도
함께 다루기로 한다.

① 대명사로서의 용법
1) 단수

All was silent. (세상은 고요했다.)

All goes well. (모든 일이 잘되고 있다.)

All he says is nonsense. (그의 말은 모두 허튼 수작이야.)

It **all** ended in failure.   [It과 동격]

   (그 일은 결과가 모두 실패였다.)

All of the juice has spoiled. (그 과즙이 전부 상했다.)

What can be the point of it **all**?   [It과 동격]

   (그의 목적이 도대체 무엇일까?)

Don't worry about that. I'll do **all** that.   [that과 동격]

   (그 일에 대하여 걱정할 것 없다. 내가 전부 해낼 테니까.)

All this together has been too much for her.   [this와 동격]

   (이런 일이 겹쳐서 그 여인에게는 견디기 어려웠다.)

All's right with the world. (세상은 만사태평.)

All's well that ends well. (결과가 좋으면 다 좋은 것이다.)

All is fair in love and war. (연애와 전쟁은 수단을 가리지 않는다.)

You are all mine and my **all**. (당신은 온통 내 것, 그리고 내 전부요.)

2) 복수

All were silent. (모두 입을 다물고 있었다.)

We **all** want to go. (We all = All of us, We all of us)

   (우리 모두가 가고 싶다.)   [We와 동격]

They have **all** gone. (그들은 모두 가버렸다.)　　　　　　[They와 동격]

He cried to them **all** to go out.　　　　　　　　　[them과 동격]

　(모두 밖으로 피하라고 그가 외쳤다.)

All of them are against the withdrawal of the army.

　(모든 사람이 군대 철수에 반대하고 있다.)

Rich and poor, **all** must die.

　(있는 자나 없는 자나 모두 죽음을 면할 수는 없다.)

[비교]　The runners were **all** covered with dust.
　　　a. **전** 경주자가 먼지투성이였다. (all을 대명사로 보면 runners와 동격이다)
　　　b. 경주자가 **온통** 먼지투성이였다. (all을 부사로 본다)

② 형용사로서의 용법

1) 단수 명사에

All pleasure is got at the price of pain. (= Every kind of)

　(이 세상 모든 쾌락은 고통이라는 대가를 치르고서 얻어진다.)

It rained **all** day. (종일 비가 내렸다.)

He is **all** kindness[attention, anxiety]. (= very kind[attentive, anxious])

　(그는 매우 친절하다[주의 깊다, 근심하고 있다].)

All Korea is changing now.

　(오늘의 한국은 어떤 면에서 보나 변해가고 있다.)

I walked **all** the long way back.

　(먼 거리를 모두 걸어서 돌아왔다.)

All the world's a stage.

　(이 세상은 모두가 무대 같은 것이다.)

It is **all** one to me. (all one = just the same thing)

　(이러나저러나 내게는 마찬가지다.)

He's lost **all** his money.

　(그는 가졌던 돈을 전부 잃었다.)

[비교]　All this is delicious. (이것 모두 맛있다.)

이 All은 대명사로서 this와 동격 관계에 있다. 지시대명사인 this를 수식하는 형용사로서의 All이 아니다.

2) 복수 명사에

All men are created equal. (= Men are **all** created equal.)

(사람은 모두 나면서부터 평등하다.)

All his guests were handsomely entertained.

(그의 손님들이 모두 후한 대접을 받았다.)

We will welcome **all** visitors. (모든 손님을 환영합니다.)

The girl came back **all** tears. (= full of)

(그 소녀는 눈물 가득히 돌아왔다.)

All that live, must die. (생명 있는 모든 것은 반드시 죽는다.)

[참고] 1. all of + 복수명사의 형식, 즉 all of boys 등은 일반적으로 드물다. 그러므로 all the boys (all of the boys)나 all boys다.

2. all the way, all those visitors와 같이 형용사인 all이 관사나 지시형용사 등의 앞에 오는 것은, all이 본래 대명사로서 the way, those visitors와는 **동격관계**에 있었기 때문이다.

3. all의 위치

   a. the, my, your, his, her, its, their, these, those 등과 같이 오면 그 앞에 온다. **all** *the* girls ; **all** *these* books; etc.

   b. 인칭대명사와 함께 오면 그 뒤에 온다: *they* **all**; *them* **all**; etc.

   c. 명사·대명사와 동격일 때는 떨어지기도 한다: *Children* are **all** happy (애들은 모두 행복해.)

③ 부사로서의 용법

That's **all** right. (맞았어.)

The girl has come up to Seoul **all** alone.

(그 소녀가 혼자서 서울로 올라왔다.)

It ended **all** too soon. (모두 너무 일찍 끝났다.)

It must **all** seem very funny to you.

(자네에게는 이것이 대단한 장난거리처럼 보일 테지.)

All of a sudden they opened an attack on us.

(갑자기 저들이 아군에 공격을 개시해왔다.)

She was dressed **all** in white.

(그 여인이 온통 흰 옷을 입고 있었다.)

④ **관용례**

Above all, be punctual. (= most importantly)

(무엇보다도 시간을 잘 지켜라.)

After all, it is not so significant. (= After all is said and done)

(결국 그 일이 그렇게 중요한 것은 아니다.)

All at once they disappeared in the crowd. (= all of a sudden)

(갑자기 그들은 군중 속으로 사라졌다.)

With all his wealth, he is not happy. (= In spite of)

(돈은 있어도 그는 행복은 모르고 산다.)

He will not trust you **for all** that you may say in your defence.

(아무리 변명을 해도 그는 당신을 믿지 않을 거요.)

Money is not *all in all*. (= everything)

(돈만 있다고 해서 만사가 해결되는 것은 아니다.)

Do you know him at **all**? (도대체 그를 알고 있나?)　　　　　　　　　　　[의문]

No, I don't know him **at all**. (아니, 전혀 몰라.)　　　　　　　　　　[부정]

If you do it **at all**, do it well. (이왕 하려면 잘해라)　　　　　　　[조건]

Thank you very much. — **Not at all.** [Don't mention it. You are welcome.]

(매우 감사합니다. — 천만에)

He is **all but** dead. (= nearly) (그는 거의 죽어 있다.)

She is **all** ears. (그 여인은 온 정신을 쏟아서 듣고 있다.)

It is **all the** same to me. (이렇거나 저렇거나 내게는 마찬가지다.)

There were ten **all told**. (= in all) (전부 열.)

If that's so, it will be all **the better** [worse].

(그렇다면 더욱 좋겠다[나쁘겠다].)

참고　all의 부정은 부분부정(Partial negation)이다.

All is *not* gold that glitters. = **All** that glitters is not gold.

= Appearances are deceptive[may deceive].

(번쩍이는 것 모두가 금은 아니다[소문난 잔치 먹을 것 없다].)

All of these tools are *not* mine. = *Not* **all** of these tools are mine.

(이 도구가 모두 내 것은 아니다.―더러는 남의 것)

You must *not* give him **all** the money you have.

(당신이 가지고 있는 돈 전부는 그에게 주지 마시오.)

Not **all** of the married couples are happy. = **All** of the married couples are *not* happy.

= Some married couples are happy, but others are unhappy

(결혼한 부부 전부가 행복하다고 할 수는 없다.)

Not **all** good men will prosper.

(착한 사람이라고 모두 잘사는 것은 아니다.)

cf. **None** of them will prosper.   [전체부정(Total negation)]

(잘사는 사람은 하나도 없을 것이다.)

63. both

'둘'(= the two; the one and the other)이라는 뜻으로 사람과 물건에 쓰이며 언제나 복수로 다루어진다. 형용사로도 쓰이는데 그때는 복수명사만을 수식한다.

① 대명사로서의 용법

Both (of these houses) are hers. (= These[They] are **both** hers.)

(이 집 두 채가 모두 그 여인의 것이다.)

Both are in good health. (두 분 다 건강하시다.)

We **both** enjoyed the vacation in a monastic temple.

(우리는 둘 다 어떤 절에서 휴가를 즐겼다.)   [We와 동격]

[참고] 어순은 all에서처럼 We[You, They] 다음에 both가 온다.

We met them **both**[**both** of them].   [them과 동격]

(두 분을 모두 만나보았다.)

They are **both** (of them) married.   [They와 동격]

175

(두 사람이 다 결혼했다.)

His sisters are **both** pretty.　　　　　　　　　　　　[His sisters와 동격]

(그의 자매가 모두 미인이다.)

They can **both** play ping-pong very well.

(둘이 다 탁구를 매우 잘한다.)

> [참고] 완료형에는 have 뒤에 both를 둔다.
> They have **both** been cheered.
> 　(둘이 모두 격려의 갈채를 받았다.)

2 형용사로서의 용법

Look on **both** sides of the shield.

(사물에는 표리(表裏)가 있는 법이다. ＜ 방패의 양면을 보라.)

Both her parents are still living. = Her parents are *both* still living.

(그 여인의 양친이 살아계신다.)　　　　　　　　　　　　　[대명사]

> [참고] 1. both가 위의 예에서 형용사이지만 her both parents가 아님은, 본래에 both가 대명사로
> 　　　서 her parents와 동격 관계에 있었던 까닭에서다.
> 　　2. Both girls are bright. = Both the girls are bright.
> 　　　(어느 쪽 소녀도 총명하다.―그 소녀들 두 명 모두 총명하다.)
> 　　3. Both of the girls ···. = Both of girls ···. (회화체)
> 　　4. Both of them ···.이라고 대명사와의 사이에는 of를 두고, 그대로 Both them이라고는 쓰
> 　　　지 않는다.

3 and와 합하여 상관(Correlative) 접속사로 쓴다 (= not only ··· but also)

He is **both** a scholar **and** a writer.

(그는 학자이기도, 또 작가이기도 하다.)

The picture is **both** interesting **and** enlightening.

(그 영화는 재미도 있고, 계몽적이기도 하다.)

You can **both** sing **and** dance.

(자네는 노래도 춤도 다 가능하지.)

Both he **and** she **and** their boy were taking their lunch.

(그이도, 부인도 그 아들도 점심식사를 하고 있었다.)

④ both의 부정은 부분 [한쪽] 부정(Partial negation)이다

Both (of those buildings) are *not* his. (= One is not his, but the other is.)

(저 두 채 건물이 다 그의 것은 아니다.) (= 한 채만이 그의 것.)

참고 전체 부정(Total negation)일 경우에는 다음과 같다.

Neither of them is his. (두 채 중에 어느 하나도 그의 것은 아니다.)

We do *not* know **both** of them.

(우리가 그 두 분을 다 아는 것은 아니다.)

cf. We know **neither** of them. (전체부정)

Both her parents are *not* dead.

(그의 양친이 다 돌아가신 것은 아니다.)

You may have one or the other, *not* **both**.

(이것이나 저것 중 하나만 가져가세요. 두 개 다는 아닙니다.)

Are your parents living?—No, *not* **both**.

(양친이 다 살아계십니까? — 아닙니다, 한 분만 계십니다.)

64. either [áiðə, (미) íːðə]

양자(兩者) 중 어느 하나, 즉 one or the other(of the two)다. 그러므로 언제나 단수인 물건이나 사람에 쓰인다. any(셋 이상)를 둘에 한정하면 either가 된다.

① 대명사로서의 용법

Either of you may go.

(두 사람 중에서 아무나 한 명 가도 좋아.)

Do you know **either** of those two brothers?

(저 형제 두 사람 중 어느 한 사람을 알고 있습니까?)

I do*n't* know **either** of them   [양자부정]

(= I know *neither* (< not + either) of them)

(나는 그 아무도 모르고 있습니다.)

I do*n't* like **either**. (어느 쪽도 싫다.)

It is impossible for **either** of us to continue study here. (= *Neither* of us can continue study here.) (우리 두 사람은 어느 누구도 여기서 공부를 계속할 수가 없다.)

Which will you take, this or that? — **Either** (of them) will do, but I would rather take that than this. (어느 것을 가져가시렵니까, 이것 또는 저것? — 어느 쪽이나 좋은데, 이것보다 저것을 택하겠습니다.)

If you have finished **either** of the magazines, return it to me.

(그 잡지의 어떤 한 책을 다 읽으셨으면, 그것을 돌려주시오.)

2 **형용사로서의 용법**(단수 명사를 수식)

Either room will suit me. (어느 방이나 좋겠다.)

You can take **either** way. (= one way or the other)

(어느 길로 가도 좋다.)

Please sit down on **either** side, whichever you like.

(어느 편이든 좋을 대로 앉아요.)

You may take **either** half of the melon.

(참외 반쪽씩이다, 어느 것이나 집어라.)

I don't like **either** room.

(어느 방이든 두 개 다 마음에 들지 않는다.)

> 참고 There are poplars on *either* side of the road. (길 양쪽에 포플러가 서 있다.)와 같이 either를 both와 같은 뜻으로 쓰는 것은 문장체인데, 현대 영어에서 사용하는 경우는 드물다. 그러므로 both sides나 each side가 통례다.

3 **부사로서의 용법**: 부정 Sentence에 한해서 쓰이고, 뜻은 긍정 Sentence에서의 too 또는 also에 해당한다.

If she doesn't go, I will *not* **either**.

(그 여인이 가지 않는다면 나도 가지 않겠다.)

Have*n't* you met him, **either**?

(당신도 그분을 만나지 못했습니까?)

There was *no* time to lose [luːz], **either**.

(그 위에 한시도 지체할 수 없었다.)

You don't like it, and I do*n't* **either**.

(당신은 그것을 좋아하지 않지, 나도 좋아하지 않습니다.)

She doesn't read novels, and he does*n't* read them **either**[neither does he].

(그 부인은 소설을 읽지 않는다, 그런데 그 남편도 그렇다[소설을 읽는다].)

> 참고 부정의 '도 또한'은 **부정어 + either**이고, 긍정의 뜻으로는 too 또는 also다.: If you read, I will read, too[also read]. (당신이 읽는다면 나도 읽어보겠습니다.)

4 상관접속사로서, or과 합해 쓰일 경우

Either you **or** I am (in the) wrong.

(당신이나 나 둘 중의 한 사람은 잘못이다.)

You must **either** tell the truth **or** shut your mouth.

(사실을 말하든지, 아니면 입을 다물든지, 양자택일하라.)

Most people seek after **either** money **or** fame.

(대부분의 사람들이 돈 아니면 명성을 추구한다.)

Either be quiet **or** go away.

(조용히 있든지, 아니면 여기를 떠나라.)

Why are you standing still there? **Either** come in **or** go out.

(거기 왜 가만히 서 있어? 들어오든지, 아니면 나가든지 해라.)

He must be travelling now **either** in Spain **or** in France.

(그는 현재 스페인 아니면 프랑스에서 여행하고 있을 거야.)

65. neither [náiðə, (미) níːðə] (< not, no 등 부정어 + either)

둘에 대해 쓰이고, 셋 이상에는 none, no(형용사)를 쓴다. 단수로 다룬다.

Neither will do. (어느 쪽도 다 못쓰겠다.)

Neither of these answers is satisfactory.

(이 두 가지 회답 모두 만족하지 못하다.)

Neither of the (two) paintings was sold.

(그 유화가 두 장 다 팔리지 않았다.)

Neither of her parents is present. (= Both her parents are absent.)

(그의 양친은 아무도 오지 않으셨다.)

He refused **neither** offer.   [형용사]

(그는 어느 제안이고 둘 다 거부하지 않았다.)

Neither brother has sent me a card since.

(형이나 아우나 아무도 그 뒤로 내게 엽서를 보내준 일이 없다.)

In **neither** case can I accept his invitation.

(두 가지 어떤 경우에도 그의 초대에 응할 수 없다.)

My daughter hasn't accepted it, and **neither** have we.   [부사]

(딸은 그것을 수락하지 않았고, 우리 부부도 응하지 않았다.)

If you don't join, **neither** shall I.

(자네가 참가하지 않는다면, 나도 안 하겠네.)

I will sign it **neither**. (나도 서명하지 않겠다.)

Neither you nor she is rich enough for the journey.   [상관접속사]

(자네나 부인이나 여행할 수 있을 만큼 금전상 여유는 없을 거야.)

[참고] 위와 같은 예에서 동사는 마지막 주어와 일치한다.

It is **neither** hot **nor** cold in October here.

(한국의 10월은 덥지도 춥지도 않다.)

Father **neither** smoked **nor** drank.

(아버지는 담배도 술도 하지 않으셨다.)

It was **neither** more **nor** less than a rumor.

(그것은 바로 뜬소문에 지나지 않았다.)

Neither wind, **nor** rain, **nor** anything else could cool our affection.

(바람도 비도 또 그 밖의 어떤 것도 우리 두 사람의 애정을 식힐 수는 없었다.)

[참고] 때로는 이렇게 neither − nor…에, 또 하나의 nor…가 붙기도 한다.

We know **neither** whence man comes **nor** whither he goes.

(우리는 사람이 어디로부터 와서 어디로 가는지를 모른다.)

[참고] **Neither** of the parents *are* dead. (양친 중 돌아가신 분은 없다.) 단수여야 하지만 parents 라는 복수에 끌려 (Attraction 현상), 또는 그 본래의 의미(양친이라는)의 영향을 받아서 복 수로 쓰이는 일이 있다. 마치 everybody, nobody 등이 복수인 they로 대용되는 것과 같다.

Everybody thinks *they* are[he is] better than others.

(사람은 누구나 남보다 낫다고 생각한다.)

Nobody ever sang *their*[his] school song better.

(교가를 그만큼 잘 부른 사람은 없다.)

[비교] We know **neither** of them. (= We don't know **either** of them.)   [양쪽부정]

We don't know **both** of them. (= We know **one** of them.)   [한쪽부정]

We don't know **all** of them. (= We know **some** of them.)   [부분부정]

We know **none** of them. (= We don't know **any** of them.)   [전체부정]

66. each

둘 또는 그 이상의 사람이나 물건을 개별적으로(separately) 떼어놓은 '각각(各各)'이란 뜻. 즉, 전체에는 관계없이, 어떤 일정한 수효 중에서 하나하나를 의미한다. 따라서 단수다.

① 대명사로서의 용법

Each has his[her] merits. (사람은 각각 장점을 가지고 있다.)

Each of us should lead his or her own life.

(사람은 각자가 자기 살길을 찾아 걸어가야 한다.)

Each of the girls has her own cabinet.

(여학생들은 각각 자기의 캐비닛을 가지고 있다.)

Each of the trainees has a name-plate.

(= The trainees **each** have a name-plate.)   [trainees와 동격]

(연습생들은 각자 명찰을 붙이고 있다.)

Each of us has his own claims.

(사람은 누구에게나 각자가 주장할 권리를 가지고 있다.)

We **each** know all theories are open to objection.　　　　　[We와 동격]

(모든 학설에는 난점이 있음을 우리는 각기 알고 있다.)

They **each** know what the other thinks.

(그들은 각각 상대방이 무엇을 생각하고 있는지 알고 있다.)

They are **each** of them principals in their own schools.

(저들은 모두 각자 학교의 교장선생님이시다.)　　　　　　　　[They와 동격]

② 형용사로서의 용법(단수명사를 수식)

Each hand has five fingers. (손에 각각 손가락이 다섯 개 있다.)

Each country has its own manners and customs.

(각 나라에는 그 나름대로의 풍속 습관이 있다.)

Each one of us should not escape his duty.

(우리는 각자 해야 할 의무를 회피해서는 안 된다.)

Each peasant hurries toward his home at sunset.

(해질 무렵이면 농민들은 누구나 각기 집을 향해 걸음을 재촉한다.)

③ 부사로서의 용법(= apiece)

They cost one dollar **each**. (그것의 값은 한 개에 1달러씩이다.)

Give the singers[síŋəz] a bouquet[bu(:)kéi] **each**.

(= Give **each** of the singers a bouquet.)　　　　　　　　　[대명사]

(그 가수들에게 꽃다발을 한 개씩 선사하시오.)

They sell apples one hundred won **each**. (사과를 한 개에 100원씩 받고 판다.)

> 참고　1. 다음 두 Sentence의 뜻은 같다.
> 　　　a. They each had a book.
> 　　　b. They had a book each.
> 　　　다만 each의 품사를 따지자면 a의 each는 They와 동격이므로 대명사이고, b의 each는
> 　　　부사로 보는 것이 온당하다. 일부러 앞에 떨어져 있는 They와 동격이라고 할 필요는 없
> 　　　겠다.
> 　　　2. each other는 대개 둘의 '서로'라는 뜻에, one another는 셋 이상의 '서로'는 뜻에 쓰고
> 　　　있지만, each other를 셋 이상에, 또 one another를 둘의 경우에도 쓰는 일이 있음에

유의하여야 한다.: The two[three] brothers often quarrel with each other[one another], ＝Each of them quarrels with the other. (그 (삼)형제는 종종 서로 다툰다.) They looked at each other's face. (그들은 서로 얼굴을 눈여겨보았다) ―3인 이상일 수도 있다.

| 비교 | Tell **each** boy to read. (각 학생에게 읽으라고 하시오.) | [개별적] |

Tell **every** boy to read.　　　　　　　　　　　　　　　　[개별적이면서 총괄적]

(한 사람씩 모든 학생에게 읽으라고 하시오.)

Tell **all** the boys to read.　　　　　　　　　　　　　　　　　[총괄적]

(모든 학생에게 읽으라고 하시오.)

Tell any **boy** to read.　　　　　　　　　　　　　[개별적·임의선택적·강조적]

(개개인 어느 학생에게나 읽으라고 하시오.)

67. another, other(s)

① **another**: another는 an[one] + other가 한 개의 단어로 합쳐진 것이니, '다른 또 하나의 물건이나 사람'이란 뜻이다. 속격은 another's이다. 단수에 한하여 쓰이고, 복수명사를 수식할 때의 형용사는 other, 대명사의 복수는 others이다.

1) 대명사로서의 용법

These bats won't do. Please show me **another**.

(이 야구방망이들은 마음에 들지 않으니, 다른 것을 하나 보여주시오.)

We have seen many porcelains, but shall never see such **another**.

(자기磁器를 여러 개 보았으나, 이런 것은 다시 눈에 띄지 않을 게다.)

If I am a fool, you are **another**.

(내가 바보라면, 자네도 또한 그것이지.)

His father is a pastor and he is **another**. (＝ different)

(아버지는 목사님이신데, 그는 전혀 다르다.)

To know is one thing, and to act is **another**.

(지식과 실행은 별개의 것이다.)

We can easily see **one another's** weak points.

(사람은 서로서로 남의 약점을 찾기 쉽다.)

The refugees are helping **one another** in their refuge houses.

(= mutually) (피난민들이 난민 수용소에서 서로 돕고 있다.)

Runners came in **one after another**. (= successively)

(경주자들이 계속[차례차례로] 들어왔다.)

2) 형용사로서의 용법

Another day has begun to dawn. (= One more)

(또 다음날이 밝기 시작했다.)

Won't you have **another** glass of beer?

(맥주를 한잔 더 드실까요?)

That's **another** matter. (= a different) (그것은 별개의 문제다.).

Please show me **another** one. This is too big.

(또 하나 보여주시오. 이것은 너무 큽니다.)

She is called **another** Cleopatra.

(그 여인은 또 한 명의 클레오파트라라고 불리고 있다.)

One man's meat is **another** man's poison. (격언) (갑의 약은 을의 독)

(= 갑에게는 약이 될 수 있는 것이 을에게는 독이 되기도 한다.)

Another five minutes has passed. (또 5분이 지났다.)

> 참고 five minutes라는 복수를 함께 묶어, 본래는 단수명사만을 수식하는 another와 함께 쓸 수
> 있다: It will take **another** two years to finish the graduate course. (대학원을 마치려면
> 2년이 더 걸린다.)

② **other(s)**: '다른(물건이나 사람)'의 뜻이다. 복수는 others이고, 속격은 other's(단수).
others'(복수)이다.

1) 대명사로 쓰일 경우

(some other, any other, no other, or other, the other, other(s), the others 등의 모양으로)

Why don't you ask *some* **other** instead of him? (= other person)

(그분 말고 어떤 다른 분에게 왜 묻지 않나?)

Bring me *some* **others** of this kind.

(이 종류로 다른 것들을 가져오시오.)

This shirt is too expensive. Have you *any* other?

(이 셔츠는 너무 비싸니, 다른 것은 없습니까?)

This colorful cloth is good, but have you *no* other?

(이 화려한 천이 좋기는 한데, 다른 것은 없습니까?)

It was *no* other than the president himself.

(누구였냐고요? 바로 대통령이 친히 나타나셨단 말입니다.)

After graduation you will have something *or* other to do.

(졸업하면 무엇인가 할일이 있을 거다.)

One *or* other of us must report it to the commander.

(우리 중에 누군가가 이 일을 사령관님께 보고해야 합니다.)

She has brought two roses; one is pink, and *the* other scarlet.

(그녀가 장미 두 송이를 가져왔는데, 하나는 분홍색, 또 하나는 진홍색이다.)

Put the flower pot on this side, not *the* other.

(화분을 이쪽에 놓아요, 그쪽이 아닙니다.)

Have you any more peaches? Yes, I have a few others.

(복숭아를 더 살 수 있어요? ― 예, 몇 개 더 있습니다.)

Do to others as you would(= wish to) be done by(= treated).

(남에게 대접 받고 싶은 대로 남을 대하라.)

Don't speak ill of others behind them.

(당사자는 없는데 그를 헐뜯는 말을 해서는 안 된다.)

He has gone out on this very day of all others.

(많고 많은 날 중 하필이면 그가 왜 오늘 외출일까?)

He and I are going to find out what each other are[is] like.

(그와 나는 서로가 어떤 사람인지 알아보려고 하고 있다.)

Some clapped their hands, but *the* others didn't. (= the remaining ones)

(몇 사람은 박수쳤으나, 나머지는 하지 않았다.)

A few libraries are closed today, and *the* others not.

(2~3개 도서관이 오늘 휴관이나, 나머지 다른 곳은 그렇지 않다.)

You must consult **the others**.

(나머지 사람 전원의 의견을 듣는 것이 필요하다.)

These rooms are lighter than *the* **other** *ones*.

(이 방들은 다른 방들보다 밝다.)

[참고] the other ones라면 the others보다 개별화의 힘이 강하다.

Most of us don't like to stay at **others'** houses.

(우리 대부분 남의 집에 머물러 있고 싶어 하지는 않는다.)

[비교] Some are rich and **others**[some] poor.

(어떤 사람들은 잘 살고, 또 일부는 가난하다.)

Washington and Seoul are large cities; one is in the States and **the other**[the latter, this] (is) in Korea. (워싱턴과 서울은 큰 도시인데, 전자는 미국에, 후자는 한국에 있다.)

He planted many trees ; one is tall and **the others**[the rest] (are) short.

(그가 나무를 여러 그루 심었는데, 한 개는 크고 나머지는 작다)

2) 형용사로서의 용법

Other people think otherwise.

(사람이 다르면 생각도 달라진다.)

Give me the **other** towel, not this one.

(또 하나 있는 그 수건을 주세요, 이것 말고요.)

He had many **other** fairy tales to tell besides.

(그는 이것 외에도 들려줄 많은 다른 동화를 알고 있었다.)

Where do the **other** sisters of yours live?

(그 밖에 당신의 자매 분들이 어디에 살고 계시오?)

He got back his money the **other** day.

(일전에 그가 돈을 돌려받았다.)

I go to see him in hospital every **other** day.

(입원 중인 그를 찾기 위해 하루걸러 한 번씩 내가 병원엘 간다.)

Please call on me some **other** time.

(다음 어떤 때 나를 방문해주시오.)

I have no **other** thermos (bottle) than this.

(이 보온병 외에 또 따로 이런 것을 가지고 있지는 않다.)

Are there any **other** questions?

(그 밖에 또 질문이 있나?)

You will find the dentist's on the **other** side of the street.

(그 길 건너편에 그 치과병원이 있다.)

[참고] 1. one … or another = one … or other

Everyone has, at **one** time **or another[other]** a little Rubicon.

(누구든지 언젠가는 사소한 일일망정 어떤 결단을 하게[루비콘 강을 건너게] 된다.)

(= 작은 일에서라도 단연 결의를 표명해야만 될 때가 누구에게나 온다.)

2. These two men hate **each other**.

(이 두 사람은 서로 싫어한다.)

They all at last understood **one another**.

(결국엔 그들이 모두 서로서로의 심정을 이해하게 되었다.)

The two are never weary of **each other's[one another's]** company.

(그 두 사람은 서로 염증 없이 사귀고 있다.)

each other(두 사람[물건]이 '서로')와 one another(대개 셋 이상의 사람[물건]이 '서로')를 **상호대명사**(Reciprocal pronoun)라 부른다. 둘에게 인가, 셋에게 인가라는 제한이 심하지 않고, 매우 자유롭다.

3) 부사로 쓰일 경우

You ought to have answered **other** than you did. (= otherwise)

(자네는 다른 대답을 했어야 해.)

If you think **other** than artistically, you can hardly appreciate this work.

(예술적으로 생각하지 않으면, 이 작품 감상이 어려울 거야.)

I can do no **other** than laugh. (= I can't do **other** than laugh.)

(웃지 않을 수 없구나.)

68. such

① **대명사로서의 용법**: (한)사람(들)이나 사물(들) (= such a person or thing[such persons or things])

Such is life[the world]. (인생[세상]이란 그런 거야.)   [보어]

Such are the results. (결과는 이러하다.)   [보어]

So perish all **such**   [주어]

  (이러한 사람들[사물들]은 다 이렇게 멸망한다.)

Take **such** *as* (= the thing(s) which) you like.   [as는 관계대명사]

  (좋아하시는 것을 드세요.)

Such *as* (= Those who) have much money never want for

Such of you *as* have passed the exam must go through due formalities.

  (합격자는 정한 바 절차를 밟아야 한다.)

You require books of reference, **such** *as* (= for example) a dictionary, an atlas,

  etc. (자네에게 참고서가 필요할거야. 사전·지도책 등.)

Your effort is **such** *as* has been hardly to be expected.

  (당신의 노력은 도저히 기대하지 못했던 대단한 것입니다.)

If you are a man, show yourself **such**. (남자라면 남자다워라.)

He is a foreigner, and must be treated *as* **such** (= a foreigner).

  (그가 외국인이니, 외국인 대우를 받아야 한다.)

We must obey a law *as* **such** (= because it is a law).

  (법은 법이니까 복종해야 한다.)

They do not oppose the plan *as* **such**.

  (계획 그 자체를 그들이 반대하는 것은 아니다.) (= 그 근본정신을 반대하는 것뿐.)

The weather was **such** *that* (= so bad that) we could not continue the game.—

  (that은 접속사, such that은 결과 표시. so는 부사) (날씨가 나빠서 경기를 중단했다.)

Such was the force of the explosion *that* all the cement construction was

  broken. (= so strong that) (폭발력이 대단해 그 양회 축조물은 모두 파괴되었다.)

Such is the pleasure you give *that* you cannot come too often..

(자네는 재미있는 사람이니까 자주 찾아와줄수록 좋아.)

Everyone has his own opinion **such** *as it is*(= though it is of little value).

(별로 중요하지는 않다 해도 누구에게나 각자의 의견이 있다.)

Such *being the case*, we cannot accept their proposal.

(= because of the circumstances)

(사정이 이러하니 우리가 저들의 제안을 받아들일 수 없다.)

② **형용사로서의 용법**: 단수명사·복수명사를 다 수식하되, 단수인 때는 a, an, another 잎에 오고, 또 some, any, no, every, all, many, so가 있으면 그 뒤에로 온다. such 뒤에 대개 as가 붙으나, 생략되기도 한다.

Have you heard of **such** an English teacher (as he)?

(그러한 영어 선생님에 대한 이야기를 들은 적이 있나?)

참고 such a teacher as he(문장체). a teacher like him(회화체).

Such car accidents (as these) cannot be helped.

(이러한 자동차 사고는 어찌할 도리가 없다.)

We want *some* **such** secretaries.

(이러한 비서를 몇 명 채용하겠다.)

Honest money-lenders?—There are *no* **such** persons.

(정직한 대금업자라고요? — 그런 사람이 어디 있겠습니까.)

I have never seen **such** workers.

(이러한 노동자들은 본 일이 없다.)

연구 다른 형용사 없이 그대로 명사를 수식하는 이러한 such는 so good 또는 so bad라는 감탄적인 뜻이 포함되어 있으므로, 전후관계(context)를 따라 풀이하는 것이 좋다. 그러나 "We had **such** sport by pretending to be asleep. (자는 체하니 과연 재미있었다.)"는 sport(= fun)로, 또 "It was *such*, a cold day. (매우 찬 날이었다.)"는 cold에 따라 내용이 확실해진다.

참고 so cold a day (문장체) ; such a cold day (회화체).

Such father, **such** son. (= The son is such as his father.)

(그 아버지에 그 아들.)

It is your system (that) makes **such** children.

(애들이 이렇게 되는 것은 당신의 (지도)방식 때문이죠.)

Little did I know that you were **such** a fellow.

(네가 이런 놈인 줄은 미처 몰랐었다.)

Never associate with **such** men *as* will betray you. (= those men who).

(배신할 사람과는 결코 사귀지 마시오.)

참고 such … as (회화체). such as (고체·시어).

If you must go, say you must go for **such** and **such** reasons.

(가야 한다면 이러이러한 이유로 갈 수밖에 없다는 말을 해주시오.)

Tell me to say so and so on **such** and **such** an occasion.

(이러 이러한 경우에는 이러 이렇게 말하라고 일러 주세요.)

참고 so and so는 명사로, such and such는 형용사로만 쓰인다.

He was **such** an active fellow *that* all envied him.

= He was *so* active a fellow *that* all envied him.

(매우 활동적인 친구여서 모든 사람이 부러워했다.)

참고 that은 접속사로서 위의 such 또는 so와 합하여 상관접속사의 구실을 하며, that이 하는 결과를 의미하는 부사절이다.

He was **such** a good runner *that* I couldn't catch him.

(그가 어쩌나 잘 뛰는지 쫓아갈 수가 없었다.)

This put him into **such** a passion *that* he left the place in a pet.

(이 때문에 그는 매우 화가 나 그곳을 좋지 않은 기분으로 떠났다.)

69. no

no는 전체 부정의 뜻인 말로서, 대명사로의 용법은 없고, 형용사·부사·명사로의 용법만 있다. 그러나 none의 변형으로 보아, 여기 부정(不定)대명사에 포함시켜 다루기로 한다.

1 형용사로서의 용법

There is **no** (= not any) *boy* who cannot do such easy sums.

　(이렇게 쉬운 산수 문제를 풀지 못할 학생은 없다.)　　　　　　　[+ 단수보통명사]

There are **no** (= not any) *children* who are not pupils of hers.

　(그 여선생님의 지도를 받지 않는 애는 없다.)　　　　　　　[+ 복수보통명사]

There is **no** (= not any) *milk* in the pail.　　　　　　　[+ 물질명사]

　(통에 우유가 없다.)

There is **no** (= not any) industrial *possibility* of the new invention, we hear.
[+ 추상명사]

　[그 새 발명품에는 생산화의 가능성이 없단다.]

There is **no** account*ing* for tastes.　　　　　　　　　[+ 동명사]

　(= **No** one *can* account for tastes.)

　(취미는 가지각색이어서 설명할 도리가 없다.)

You have **no** business here. (여기서 자네가 볼 일은 없으니 가시게.)

No medicine can cure folly. (어리석음을 고칠 약은 없다.)

No one is born wise. (나면서부터 지혜로운 사람은 없다.)

No smoking (is allowed here) within these walls.　　　　[게시용어]

　(이 구역 내 금연)

No talking in class. (수업 중 잡담 금지)　　　　　　　[게시용어]

No parking here. (주차 금지)　　　　　　　　　　　[게시용어]

No scribbling on the walls. (벽 위에 낙서를 금함)　　　　[게시용어]

No admittance except on business.　　　　　　　　　[게시용어]

　(일 없는 사람 입장 금지)

They have **no** *little* money. (no little = not a little)

　(저들은 적지 않은 돈을 가지고 있다.)

He is *by* **no** *means* an awkward workman. (= never)

　(그는 결코 서투른 직공이 아니다.)

We must get it done *in* **no** *time*. (= very quickly)

(당장에 끝내도록 시켜야겠다.)

No *doubt* it is difficult. (= surely)

(확실히 이것은 어려운 일이다.)

No mill, **no** meal. (격언)

(방아 없이 밥도 없다. = 심지도 않은 씨에 싹이 나올 이치 없다)

No pains, **no** gains = **No** sweat, **no** sweet. (격언)

(수고 없이 수입 없다. = 땀 없이는 단 것 없다.)

비교 ┌ He is **no** teacher. (전혀 교사답지 않다.) (= far from being)　　　　　[강한 부정]
　　 └ He is *not* a teacher but a writer. (교사가 아니라 작가다.)

　　 ┌ I have *not a* dog. (개라곤 한 마리도 없다.) (= even a dog)　　　　　[강한 부정]
　　 └ I have **no** dog. (개를 기르지 않는다.)

　　 ┌ *None* (= no one) of them are[is] idle.　　　　　　　　　　　　　　[강한 전체 부정]
　　 └ **No** (= not a[any]) one is idle.　　　　　　　　　　　　　　　　　[전체 부정]

② 부사로서의 용법

Do you speak English?　　　　　　　　　Yes, I do.

　(영어회화를 할 줄 아시오?)　　　　　　　(예, 할 수 있습니다.)

　　　　　　　　　　　　　　　　　　　　No, I don't (speak English).

　　　　　　　　　　　　　　　　　　　　(아니오, 못합니다.)

Don't you speak English?　　　　　　　*Yes,* I do.

　(영어회화를 할 수 없습니까?)　　　　　　(**아니오**, 할 수 있습니다.)

　　　　　　　　　　　　　　　　　　　　No, I don't.

　　　　　　　　　　　　　　　　　　　　(**예**. 할 수 없습니다.)

참고 영어에서 대답으로서의 Yes와 No는 묻는 말이 긍정 형식이든지 부정 형식이든지 간에 문제로 되어 있는 점(to speak English)에 대하여, 대답할 내용이 긍정적(can speak)이면 Yes, 부정적(cannot speak)이면 No다.

다만, mind라는 동사는 위와 반대임에 유의해야 한다.

　　Do you mind (= dislike) my smoking here? — Yes. (예, 피우지 마시오.)

　　(여기서의 내 흡연을 싫어합니까?) — No. (아니요, 피우시오.)

　　Don't you mind my smoking? —**Yes**. (**아니요**, 싫어요.)

　　(담배 피우면 싫지 않습니까?) — **No**. (**예**. 싫지 않아요. = 좋아요.)

Thank you. Oh, **no**, not at all. (고맙습니다. — 천만의 말씀.)

Hot *or* **no** (= not), you must do what you are assigned to.

(덥거나 어떻거나, 하도록 배정 받은 일은 마쳐야죠.)

You must go *whether* (you will) *or* **no**[not].

(= in either[any]case) (싫든 좋든 간에 당신은 가야 합니다.)

She is **no** *better than* she was yesterday.

(그녀의 병세는 어제보다 나을 것이 조금도 없다. = 어제와 같다.)

No *less than* three visitors have told me so. (= as many as)

(방문객 세 사람이나 그렇게 말을 전하더라.)

I give him **no** *less than* 1,000 won every day. (= as much as)

(매일 그에게 1,000원이나 준다.)

We go there **no** *longer*. (= We do not go there any longer.)

(이제는 거기 가지 않는다.)

No *more* will he come to me.

(이제는 그가 내게 오지 않겠지.)

She had **no** *more than* 200won[three books]. (= as little[few] as)

(그녀는 200원[책 세 권] 정도밖에 가지고 있지 않았다.)

He is **no** *more* crazy *than* you. = Neither he nor you are crazy.

(그도 당신도 흥분하고 있지 않습니다.)

No *sooner* had he seen me[He had **no** *sooner* seen me] *than* he began to cry.

(나를 보자마자 그는 울기 시작했다.)

3 명사로서의 용법

He will not take **no** for an answer.

(회답으로 그가 반대의사 표명은 하지 않을 게다.)

The **noes** have it (= are in a majority). *cf.* ayes(가, 可) (반대투표가 다수다.)

70. every

every가 현대 영어 초기까지도 명사로 쓰인 일이 있다. 즉, "every of your wishes (그대소원 중의 하나하나 모두)", "every of this happy number(명랑한 이 모임의 한 사람 한 사람 모두)" 등의 경우와 같다. 그러나 지금엔 단수명사를 수식하는 형용사로의 용법만을 가지고 있다. 여기서는 no, some, any 등이 -body, -one, -thing과 결합해 부정대명사가 됨을 참작하면서 다루기로 한다.

Every word of his pronunciation is correct. (= each + all)

(그가 발음하는 단어 **하나하나**가 **다** 정확하다.)

He has referred to **every** book in his study. (= all the books)

(그는 자기 연구실에 있는 책을 **이것저것 모두** 참고했다.)

Every one here may ask me any question he chooses. (= any)

(여기 계신 분은 누구나 하고 싶은 질문이 있으면 해주시오.)

참고 everyone은 총체적인 뜻이 강하니, each의 뜻으로 쓰려면 떼어서 every one (두 개 단어)으로 한다. everyone of them이라고는 대개 쓰지 않는다. **Everyone** has his claims. (사람은 누구나 각자 요구하는 바가 있다.)

Every bird thinks its own nest charming.

(어떤 새나 제 둥지를 좋다고 생각한다.)

Every man naturally thinks well of his own way.

(누구나 자기 방식이 좋다고 생각하는데, 당연한 일이지.)

There is **every** reason to be proud of our victory. (= a very strong)

(우리의 승리를 자랑할 충분한 이유가 있다.)

Every thing went off without a hitch.

(여러 가지 일이 아무 사고 없이 끝났다.)

Everything (= All things) has its drawbacks.

(어떤 것이나 결[약]점은 있다.)

Everything was clean in the kitchen.   [구체적인 것]

(부엌에는 모든 것이 깨끗했다.)

Professor, thank you for **everything**.　　　　　　　[추상적인 것]

　(교수님, 여러 가지로 지도해주셔서 감사합니다.)

Everybody's business is nobody's business. (격언)

　(= Responsibility cannot be shared.)

　(책임을 남에게 덮어씌우는 것은 안 된다. = 공동책임은 무책임.)

Health is **everything**. (= the most important thing to be considered)

　(건강하고 볼 일이다.)

You are **everything** to me. (당신은 내게 없어서는 안 될 사람이야.)

Money is not **everything**. (돈이 만능은 아니다.)

One cannot have **everything**. (오복을 갖출 수는 없다.)

Type from a copy on **every** *other* line.

　(한 줄 거르는 간격을 두고 이 원고를 타자해주시오.)

Every third man has a car.

　(세 사람에 한 사람은 차를 가지고 있다.)

Every time I called on him, he was out. (= Whenever)

　(내가 그를 방문할 때마다 그는 외출하고 집에 없었다.)

It blows **every** day in this season of typhoon.

　(태풍 계절에 들면 바람이 매일 분다.)

cf. **every** *second* day (하루 걸러) = every other day; every two days (이틀에/ 이틀에 한 번)

　every *third* day (이틀 걸러) = every three days (사흘에 (한 번))

　every *fourth* day (사흘 걸러) = every four days (나흘에 (한 번))

　every *fifth* day (나흘 걸러) = every five days (닷새에 (한 번))

　every *year* or two (1~2년마다) every now and then (때때로)

　We expect you **every** *moment*[*minute*]. (= at any time; very soon.)

　　(all로 대치할 수 없음)

　　(이제 오나 저제 오나 하고 우리는 당신들을 기다리고 있습니다.)

참고　1. everyone 등을 인칭대명사로 바꿀 때 he를 쓰는 것이 일반적이지만, he or she도 쓰고, 또 they도 쓴다.

At twelve **everyone**[**every one**] of the house **were** in **their** beds.

(12시가 지나서 집안사람은 모두 잠자리에 들어 있었다.)

Everybody has a right to their own opinions.

(누구든지 각자의 의견을 가질 권리가 있다.)

2. **형용대명사**(Adjective pronoun)

Some (*people*) say one thing, and some (people say) **another** (*thing*).

(어떤 사람들은 이렇다고, 또 어떤 사람들은 저렇다고 말한다.)

이 예에서 some은 대명사(= 명사적 대명사, Noun pronoun)다. 그러나 괄호를 없애고 Some people이라면 Some은 형용사다. another도 마찬가지로 여기선 대명사지만, 뒤의 괄호를 벗기고 another thing이 되면 형용사가 된다. 이렇게 형용사로도 쓰이는 대명사가 형용대명사인데, 다음의 것들이 이에 포함된다.

1) 지시대명사: this, that, these, those

2) 부정(不定)대명사: all, both, each, any, some, such, either, neither, other, another, etc.

3) 의문대명사: what?, which?

4) 관계대명사: what(ever), which (ever)

이 형용대명사를 **대명형용사**(Pronominal adjective)라고도 부르는데, 형용사로도 쓰이는 대명사란 뜻이다.

 EXERCISE 13

1. 다음 Sentence의 빈칸을 채워라.

(1) _____ is not sugar that tastes sweet.

(2) There is scarcely _____ oil left. We shall have to order _____.

(3) She prefers Korean dresses to foreign _____.

(4) _____ cannot be too faithful to one's duties.

(5) _____ but fools would believe such nonsense.

2. 잘못된 부분을 고쳐라.

(1) We don't know neither of them.

(2) If someone comes, tell him to come again tomorrow.

(3) "I don't like an oyster." _____ "I don't like it, too."

(4) "Have you seen a bat alive?" _____ "Yes I have seen it once."

(5) He is not a thinker, nor is he a poet neither.

3. ( ) 안의 낱말 가운데 적당한 말을 골라라.

(1) She is a lady, and expects to be treated as (so, it, such).

(2) (You, One, They) should take care of one's health.

(3) He was too tired to go (more, any, no) farther.

(4) She had (every, all, each) reason to be proud of her son.

(5) (Each, Every, All) of us wants to have his own way.

제3장 형용사(Adjectives)

형용사의 기능은 직접 또는 간접으로 명사나 대명사를 수식하여, 그 성질·상태·종류·수량 등을 표시하는 것으로서, 일종의 수식어(Modifier)다.

[1] 형용사의 종류(Kinds of Adjectives)

의미를 주로 하여 다음의 3종류로 나눈다.

(1) **성질형용사**(Qualifying adjectives)[정한사(Qualifier, 定限詞)]

　　good　　high　　clean　　young etc.

(2) **고유형용사**(Proper adjectives)

　　Korean(< Korea)　　American(< America)　　English(< England)　　Shakespearean
　　(< Shakespeare) etc.

(3) **수량형용사**(Quantitative adjectives)[수량사(Quantifier, 數量詞)]

　　many(수)　　few(수)　　much(양)　　little(양) etc.

이 밖에 대명형용사(Pronominal adjectives)로서 다음과 같은 것을 들 수 있다.

　　a) 인칭대명사의 속격: my, your, his, her, its, their

　　b) 지시형용사(Demonstrative adjectives): this, that, these, those

　　c) 의문형용사(Interrogative adjectives): what, which, whose

　　d) 관계형용사(Relative adjectives): which, what

　　e) 복합관계형용사(Compound relative adjectives): whichever, whatever, whoseever

　　f) 부정(不定)형용사(Indefinite adjectives): all, any, some, other, another, both,
　　　　each, every 등

그러나 이미 대명사 해당 부문에서 그 대강(명사가 없으면 대명사, 있으면 형용사)을 다룬
바 있으므로, 여기서는 이에 대한 설명을 되풀이하지 않는다.

어형성(Word formation, 語形成)의 입장에서는 형용사를 다음과 같이 나누기도 한다.

　1. **단일어**(Simple word): kind, blue, much, etc.

　2. **파생어**(Derivatives, 派生語): national, useless, hardy, etc.

　3. **복합어**(Compound words): world-wide (세계적인), ever-green (상록의), hand-to-mouth

　　(하루살이 살림의), etc.

71. 성질형용사

　성질·상태·재료·종류 등을 표시하는 것으로 일명 기술(記述) 형용사(Descriptive adjectives)라고도 하며 형용사의 대부분이 이에 속한다. 대체로 비교급·최상급의 비교변화(Comparison)가 있고, 한정적 용법(Attributive use, 限定的用法)으로도, 또 서술적 용법(Predicative use)으로도 쓰인다. good을 예로 들어본다.

He wished me good night.	[한정적]

　　(잘 자라고 그가 내게 인사했다.)

The water is good to drink.	[서술적]

　　(이것은 음료수다.)

We have seen better days.	[한정적·비교급]

　　(우리도 잘살아본 적이 있다.)

I feel better today. (오늘은 내가 덜 아프다.)	[서술적·비교급]
That's the best shop for curios.	[한정적·최상급]

　　(골동품으로는 유명한 가게다.)

Women are best or worst as heaven and hell.	[서술적·최상급]

　　(여자는 착하면 천당 같고, 악하면 지옥 같다.)

성질형용사 중에는 다른 품사의 말로부터 변해온 것이 더러 있다.

① 명사에서 온 형용사

　1) 보통명사

　　pen name (아호, 雅號)　　boy[girl] scout (소년[소녀] 단원)

college education (대학교육) etc.

2) 명사 + -ed (준분사, Quasi-participle, 準分詞)

blue-eyed girls (파랑 눈의 아가씨들)

high-heeled shoes (굽 높은 신)

three-storied building (3층 건물)

kind-hearted old couple (친절한 노부부)

a middle-aged lady (중년 부인)

a thickly wooded valley (숲이 우거진 골짜기)

four legged animals (네 발 가진 짐승)

3) 물질명사 + -en [-y] (비유적인 것이 많다)

the golden rule(황금률)   wool(l)en mill(모직물 공장)

silken [silky] hair(비단결 같은 머리털)

a man of brazen impudence(뻔뻔스러운 사나이)

4) 추상명사

power station(발전소)   export increase(수출 증대)

beauty contest(미인 선발 대회)   the Security Council(UN의 안전보장이사회)

② 동사에서 온 형용사(= 분사형용사, Participial adjective)

1) 제1[현재]분사

a running brook (흐르는 시내)   [자동사]

the newly rising Republic (그 신흥공화국)   [자동사]

a sleeping baby (자고 있는 아기)   [자동사]

a walking dictionary (박식한 사람)   [자동사]

his loving daughter (효녀)   [타동사]

a charming girl (매력적인 소녀)   [타동사]

an engaging smile (애교 있는 미소)   [타동사]

2) 제2[과거]분사

fallen(< fall) leaves (낙엽)   [자동사]

the retired professor (퇴직 교수)   [자동사]

200

the forbidden fruit (금단의 과실) [타동사]

lost(< lose) labor (헛수고) [타동사]

3) 동명사

dining room (식당) a frying pan (튀김 냄비)

a sleeping car (침대차) a walking stick (산책용 지팡이)

③ 부사에서 온 형용사

an off day (비번일非番日) the then ruler (그때의 통치자)

a through fare (직통요금) the down platform (하행선 승강장)

④ 기타

an up-to-date method of teaching foreign languages (최신식 외국어 교수법)

72. 고유형용사(Proper adjectives)

고유명사에서 유래된 형용사를 말한다. 그러나 이 고유형용사가 대부분 그대로 명사화하여, 그 나라의 언어·국민·개인 등을 표시하는 것도 있다. 모두 대문자(Capital letter)로 쓰기 시작하는 것이 원칙이지만, 완전히 성질형용사로 변한 것은 작은 글자(small letter)로 쓰기도 한다.

erotic (색정적인) 〈 Eros (사랑의 신)

panic (공황적恐慌的) 〈 Pan (목양牧羊 신)

quixotic (공상적) 〈 Don Quixote (가공적 인물인 비실제적 무사)

herculean (초인적인) 〈 Hercules (그리스 신화의 장사 이름)

그러므로 아예 고유형용사를 성질형용사에 포함시키기도 한다. 다음은 사용 범위가 큰 것들을 골라 정리한 것이다.

고유명사	형용사·국어	개인	개인 복수	국민 전체
Africa	African(형)	an African	Africans	—
America	American(형)	an American	Americans	the Americans
	English(국어)			
Alps	Alpine			

Arabia	Arabian(형) Arabic(국어)	an Arab	Arabs	the Arabs
Asia	Asian [Asiatic] (형)			
Athena	Athenian(형)			
Australia	Australian(형) English(국어)	an Australian	Australians	the Australians
Belgium	Belgian	a Belgian	Belgians	the Belgians
Brazil	Brazilian(형) Portuguese(국어)	a Brazilian	Brazilians	the Brazilians
Britain	British	a Briton	Britons	the British
Bulgaria	Bulgarian	a Bulgarian	Bulgarians	the Bulgarians
Burma	Burmese	a Burmese	Burmese	the Burmese
Cambridge	Cantabrigian Cambridgian			
Canada	Canadian(형) English(국어)	a Canadian	Canadians	the Canadians
China	Chinese	a Chinese	Chinese	the Chinese
Christ	Christian			
Dante	Dantesque			
Denmark	Danish	a Dane	Danes	the Danes
Egypt	Egyptian	an Egyptian	Egyptians	the Egyptians
Elizabeth	Elizabethan			
England	English	an Englishman	Englishmen	the English
Europe	European			
Finland	Finnish	a Finn	Finns	the Finns
France	French	a Frenchman	Frenchmen	the French
George	Georgian			
Germany	German	a German	Germans	the Germans
Greece	Greek [Grecian]	a Greek	Greeks	the Greeks
Hawaii	Hawaiian			
Iceland	Icelandic	an Icelander	Icelanders	the Icelanders
India	Indian	an Indian	Indians	the Indians
Iran	Iranian	an Iranian	Iranians	the Iranians
Ireland	Irish	an Irishman	Irishmen	the Irish
Israel	Israelite	an Israelite	Israelites	the Israelites
Italy	Italian	an Italian	Italians	the Italians
Japan	Japanese	a Japanese	Japanese	the Japanese

Java	Javanese	a Javanese	Javanese	the Javanese
Korea	Korean	a Korean	Koreans	the Koreans
London		a Londoner	Londoners	
Mexico	Mexican(형) Spanish (국어)	a Mexican	Mexicans	the Mexicans
Milton	Miltonian [Miltonic]			
Mongolia	Mongolian Mongol (ic)	a Mongol a Mongolian	Mongolians	the Mongolians
Naples	Neapolitan			
Napoleon	Napoleonic			
Netherlands	Netherlandish [Dutch]	a Dutchman	Dutchmen	the Dutch
New York		a New Yorker New Yorkers		
Norway	Norwegian	a Norwegian	Norwegians	the Norwegians
Oxford	Oxonian	an Oxonian	Oxonians	
Paris	Parisian	a Parisian	Parisians	
Philippine	Philippine	a Philipino	Philipinos	the Philipinos
Platon	Platonic			
Poland	Polish	a Pole	Poles	the Poles
Portugal	Portuguese	a Portuguese	Portuguese	the Portuguese
Rome	Roman(형)	a Roman	Romans	the Romans
Russia	Russian	a Russian	Russians	the Russians
Scotland	Scotch [Scottish]	a Scotchman	Scotchmen	the Scotch [Scots]
Seoul		a Seoulite	Seoulites	
Spain	Spanish	a Spaniard	Spaniards	the Spaniards
Sparta	Spartan			
Sweden	Swedish	a Swede	Swedes	the Swedes
Switzerland	Swiss Italian(국어)	a Swiss	Swiss	the Swiss
Turky	Turkish	a Turk	Turks	the Turks
Venice	Venetian			
Victoria	Victorian			
Wales	Welsh	a Welshman	Welshmen	the Welsh

참고 1. 국적(國籍)을 말할 때는 대개 관사를 생략한다.
We are[I am] *Korean*. (우리는 한국인이다.)
2. 국어를 말할 때는 the ~ language 안에 고유형용사를 넣기도 한다: the *English*

language.

3. 고유형용사로는 아래의 어미를 가진 것이 많다.

    a) –an — Europe*an*, Oxoni*an*, etc.

    b) –ic — Arab*ic*, Napoleon*ic*, etc.

    c) –ish — Engl*ish*, Ir*ish*, etc.

    d) –ese — Burm*ese* Javan*ese*, etc.

73. 수량형용사

수·양 또는 정도를 표시하는 것인데 두 가지가 있다.

(1) 일정한 수효나 순서를 말하는 수사(Numeral, 數詞).

(2) 부정(不定)의 수·양을 말하는 것 .

  (a) 수(數)만을 표시하는 것.

    many, (a) few, several. 회화체 — a good[great] many(꽤 많은), a large [good, great] number of(많은), numbers of(많은)

  (b) 양(量)만을 표시하는 것으로 물질명사·추상명사를 수식한다.

    much, (a) little. 회화체 — a large[great] amount of(다량의), a good[great] deal[quantity] of(많은 분량의)

> [참고] 1. no, all, some, any, several, enough 등은 수·양에 다 쓰인다.
>
> 2. a lot of, lots of, plenty of 등은 다수(多數)·다량(多量)이란 두 가지의 뜻인 회화체 관용구다.
>
> 3. 수량형용사라면 대표적인 것이 many(수) — much(양), few(수)·little(양) 등인데, 다음과 같은 공통점이 있다.
>
>   a. 그대로 명사·대명사로도 쓰인다(no는 제외).
>
>   b. 비교급·최상급의 변화를 가진다.

① **many**: 수를 표시한다. 명사·대명사로도 쓰이고, 비교급 more, 최상급 most다. 양(量)을 표시하는 much와 비교된다.

Many hands make light work. (격언)

(일손이 많으면 일이 쉽게 이루어진다.)

So many men, so many minds. (격언)

(사람이 다르면, 마음도 저마다 모두 다르니라.)

Many talk like philosophers, and live like fools.　　　　[대명사]

(말로는 철학자, 행동으로는 무식쟁이가 많다.)

· 관용어구

The **many** demanded his release. (= the multitude)

(군중은 그를 석방하라고 요구했다.)

Many a jeep ran and ran along this road.

(많고 많은 군용 자동차가 이 길을 달리고 또 달렸다.)

Many a true word is spoken in jest.

(듣기에는 농담이나, 진담인 것이 많다.)

Many a gem is looked on as a worthless pebble because it remains unpo-

lished. (갈고 닦지 않은 채로 있기 때문에 내버려진 자갈처럼 보이는 보석이 허다하다.)

[참고] 1. many a 또는 many and many a는 many times a + Noun에서 온 것이므로, 몇 번이고
횟수(回數)가 거듭된다는 뜻이니 many보다 강한 문장체 표현이다. many a 다음에는 단수
명사가 온다.

I have sat invisible beside you many and many a night.

(밤이면 밤마다 며칠 밤을 당신 곁에 보이지 않게 앉아 있었습니다.)

The boys climbed up the trees **like so many** monkeys.

(아이들이 나무에 오르는데 마치 그만한 수의 원숭이들 같더라.)

Those six days there were **as so many** years to us.

(거기서의 엿새는 우리들에게 6년이나 다름없었다.)

Too many cooks spoil the broth. (격언)

(너무 많은 요리사들이 참견하면 국을 맛없이 끓이게 된다.)

I have found three mistakes in **as many** lines.

(잘못이 여러 줄에서 셋씩이나 눈에 띄었다.)

She treated her old wedding dresses **as so many** treasures.

(그 여인은 옛 웨딩드레스를 그만한 수효의 보물처럼 다루었다.)

He has been here **a good many** times. (= very often)

(그가 여러 번 여기 왔다 갔다.)

参考 회화체 긍정 Sentence에서, 주어 이외에는 a lot of, a good[great] many, a (large) num-
ber of 등을 쓴다.

He has a good many girl friends.

= He has lots[a lot] of girl friends. (그에게는 꽤 많은 여학생 친구들이 있다.)

② **much**: 양(量)을 표시하는 형용사로 물질명사·추상명사를 수식한다. (대)명사·부사로
도 쓰이고, 비교급 more, 최상급 most, 수를 표시하는 many와 비교된다.

Do you take **much** interest in the sport?

(그 경기에 관심이 많습니까?)

The French drink **much** wine.

(프랑스 사람들은 포도주를 흔히 마신다.)

Much cry and little wool.

(소문난 잔치에 먹을 것 없더라.)

Much caution does no harm.

(많이 주의한다고 손볼 것 없다. = 주의는 많이 할수록 좋다.)

参考 1. 의문·부정·조건에는 much를 쓴다.

Have you **much** rice? (쌀이 많습니까?)   [의문]

No, we haven't **much** (rice). (아니요, 별로 많지 않습니다.)   [부정]

Let's export some if there is **much** (rice). (많으면 수출합시다.)   [조건]

2. 회화체 긍정에서는 much 대신 a good[great] deal (of), a great quantity (of), plenty
(of), a lot[lots] (of) 등을 많이 쓴다.

Have you much gold? (금이 많이 있나?)

Yes, we have **a good deal**. (꽤 많이 가지고 있죠.)

3. 긍정에서는 주어 또는 주어를 수식할 때 much를 쓴다.

Much has been done during his tenure of office.

(그의 재직 기간 동안 많은 일이 이루어졌다.)

Much knowledge requires a scientific method.

(깊은 학문은 과학적인 방법을 필요로 한다.)

比較 I had **much** pleasure of your company at dinner.   [문장체]

(식사 때 자리를 함께해주셔서 기뻤습니다.)

I have **a great deal** of confidence in you.　　　　　　[회화체]

　　(나는 자네를 매우 신임하네.)

How **much** is that jar?　　　　　　　　　　　　　　　[명사]

　　(저 항아리 값이 얼마입니까?)

He is not **much** of an actor.　　　　　　　　　　　　[명사]

　　(그는 대단한 배우가 아니다.)

Much will have more. (will = wish to) (격언)　　　　　[명사]

　　(계속해서 부족하다고만 생각하고 만족을 모르는 것이 인간이다.)

Much of the money he earned he saved.　　　　　　　[명사]

　　(그가 힘들여 번 돈 대부분을 그는 저축했다.)

One million won is **much** to most of us.　　　　　　　[명사]

　　(보통사람에게 100만 원이라면 큰돈이다.)

Much has been talked and written about the incident.　　[명사]

　　(그 사건에 관하여 많은 것이 입으로 글로 전해지고 있다.)

This **much** is known of that missionary.　　　　　　　[명사]

　　(그 선교사에 대하여 이만큼의 일은 알려져 있다.)

The poor are not those who have little, but those who want **much**. [명사]

　　(가난뱅이란 가진 것이 별로 없는 사람들이 아니라, 욕심이 많은 사람들이다.)

Do you see her **much**? (일종의 강의어, Intensive)　　　[부사]

　　(그녀와 종종 만나나?)

The two girls are **much** of a size.　　　　　　　　　[부사]

　　(그 두 여학생은 키가 어지간히 같다.)

Yours is **much** better. (당신 것이 훨씬 좋아요.)　　　[부사]

Hers is **much** the better[the best].　　　　　　　　　[부사]

　　(그녀의 것이 그만큼 더[월등히] 낫다.)

He seems to be not **much** satisfied.　　　　　　　　　[부사]

　　(그가 별로 만족해하는 것 같지 않다.)

We were **much** surprised. (매우 놀랐다.)　　　　　　[부사]

Children often eat too **much**. (애들은 때로 과식한다.) [부사]

참고 위의 예와 같이 비교급·제2[과거]분사를 수식하는 데는 much를 쓴다. 그러나 원급(Positive degree)인 형용사나 부사·제1[현재]분사·최상급에는 very를 쓴다.

She is **very** *happy*. [형용사원급]

He works **very** *hard*. [부사원급]

Your report is **very** *surprising*. [제1분사]

(당신 보고서는 매우 놀랍습니다.)

She is one of the **very** *happiest* girls. [최상급]

cf. I am **very** *tired*[*pleased*], tired나 pleased가 본래는 제2분사지만, 이제 여기서는 형용사로 변한 것이다.

He is the **very** man I want. (형용사)

(그는 내가 원하는 바로 그 사람이다.)

· 관용어구

It was **too much** for her to run a hotel.

(여성으로서 호텔을 경영한다는 것이 힘에 겨웠다.)

I am sorry to give you **so much** trouble.

(많은 수고를 끼쳐드려 죄송합니다.)

We think **as much** (as you tell us now). (= so)

(우리도 그렇게 생각한다.)

We don't think it will **come to much**.

(그것이 일답게 될 것 같지는 않다.)

He **makes**[**thinks**] **much of** his income only.

(그는 수입만을 중요시한다.)

cf. He **makes**[**thinks**] **little of** the academic career.

(그는 학적 경력을 중요시하지 않는다.)

We did not even meet with each other, **much less** shake hands.

(우리는 서로가 만난 일조차 없다. 그런데 악수라니 말이 되나?)

He cannot speak English, **much**[**still**] **less** French. [부정형]

(그는 영어를 몰라, 프랑스 말은 더구나 모른다.)

I have a right to money, **much**[**still**] **more** to my life. [긍정형]

(돈에 대한 권리가 내게 있다. 생명에는 더구나 그렇다.)

You may take **as much** money **as** you please[like].

(돈을 얼마든지 마음대로 가져가시오.)

One must take **as much** vegetable **as** meat.

(우리는 육류와 같은 분량의 야채를 섭취해야 한다.)

He spends **as much as** 50,000won for board and lodging per month.

(그는 숙식비로 매달 5만 원이나 쓴다.)

He has half[twice, three times] **as much** (money) **as** I have.

(그는 내 것의 반[두 배, 세 배]을 가지고 있다.)

She was glad two times **as much as** you.

(그 여인은 당신 두 배나 기뻐했습니다.)

He nodded his head **as much as** to say that he would approve it.

(찬성하겠다는 뜻을 말로 표시하듯이 그는 머리를 끄덕였다.)

I will do it in **much the same** way.

(거의 같은 방식으로 하련다.)

So[This, Thus] **much** for today. (오늘 수업[일]은 그만.)

If you are rich, it is **so much the better**. (돈이 많으면 그만큼 더 유리하다.)

You are **not so much** a linguist **as** a critic.

(자네는 언어학자라기보다 오히려 평론가네.)

He can **not so much as** spell his own name. (= not even).

(그는 자기 이름도 쓸 줄 모르는 친구다.)

Don't read **so much as** to tire yourself.

(지칠 정도까지 독서해서는 안 돼.)

He went out **without so much as** saying good-bye. (= without even)

(잘 있으라는 말 한마디도 남기지 않고 그는 나가버렸다.)

It is **not too much to say** that he is at the zenith of his fame.

(그는 이제 명성의 절정에 서 있다고 말해도 과언은 아니다.)

He is **very much of** a diplomat, but **not much of** a scholar.

(= He is more of a diplomat than a scholar.)

(그는 다분히 외교가이지, 학자다운 데는 별로 없다.)

③ **few**: 가산어를 수식하는 형용사로도, 또 가산어인 (대)명사로도 쓰인다. 수(數)라는 점에서 many의 반대이고, 양(量)을 표시하는 little과 상대된다. 관사의 유무로 뜻에 차이가 있음에 유의하여야 한다.

　　She has **a few** dolls.

　　　(그 소녀에게 인형이 몇 개 있다.)

　　Her sister has **few** dolls.

　　　(그 언니에게는 인형이 별로 없다.)

1) **a few**

'소수(a small number of)'의 뜻으로 긍정적이다. no, none의 반대어이기도 하다.

　　Are there any? (얼마쯤 있기는 한가?)

　　There are **a few**. (몇 개는 있다.)

이 few(= not many)가 복수의 뜻을 지니고 있는데, 거기에 단수를 의미하는 a가 붙음은 이상하기도 하나, **a** score (= twenty) of people(20명의 사람들), **a** dozen eggs(달걀 12개 = 1다스), **a** good many visitors(꽤 많은 관광객들), **a** hundred (= very many) things to do (태산같이 많은 할 일) 등과 비슷한 표현이다.

　　We had **a few** months left.

　　　(두서너 달의 여유가 있었다.)

　　A faithful **few** remain.

　　　(신의 있는 몇 사람은 계속하여 자리를 지키고 있다.)

　　There were **a few** of my acquaintances there.

　　　(거기에 내가 아는 사람으로도 몇 명 있었다.)

　　Only **a few** grasped the meaning of the fable.

　　　(그 우화의 뜻을 파악한 사람은 극히 적다.)

　　We met **only a few**[but few] foreign ladies.

　　　(우리가 만난 외국 부인이란, 눈에 띌까 말까할 정도로 드물었다.)

　　Not a few are of my opinion. (= Many)

(내 의견과 같은 사람이 적지 않다.)

They have bought **a good few** Korean dancing masks.

(= a rather large number of)

(그들은 상당수의 탈춤용 한국 탈을 샀다.)

I know **quite a few** scholars of Chinese classics. (= a fairly large number of)

(꽤 많은 한문학자를 나는 알고 있다.)

2) few

앞에 a가 없는 형용사. (대)명사로서 '거의 없다(= hardly any), 조금밖에 없다'의 뜻으로 부정적(否定的)이며, many의 반대어다.

Are there many? (많아요?)

There are **few**. (별로 없어요[조금밖에 없어요].)

Few things are impossible to diligence and skill.

(부지런하고 재주 있는 사람에게 불가능한 일이란 없다.)

Few of the inhabitants were to be seen.

(주민이라고는 별로 보이지 않았다.)

Very few think as you do.

(당신 생각과 같은 사람은 별로 없습니다.)

He makes **few or no** mistakes in dictation. (= hardly any)

(그는 받아쓰기에서 실수를 거의 하지 않는다.)

Now they have **but few** chances of success.

(이제는 그들이 성공할 기회란 거의 없다.)

There are **few, if any,** such men.

(그런 사람들이 있다고 해도 그 수효는 적다.)

Consult your doctor **every few** days.

(2~3일에 한 번씩 의사의 진찰을 받으시오.)

The apartment houses could be bought by **the** fortunate **few**.

(the few = the minority)

(공동주택을 살 수 있는 사람이란 운이 좋은 몇 명이었다.)

Such welcome visitors are **few and far between**. (= rare)

　(이런 귀한 손님은 드물다.)

There are **no fewer than** ten members present. (= as many as)

　(회원이 열 분이나 참석했다.)

Some few of them remained in the drawing room to chat over cigarettes.

　(= No great number of)

　(그들 중 몇 사람은 응접실에 남아서 담배 피우며 잡담하고 있었다.)

④ little: 형용사·(대)명사·부사로 쓰인다. 대체로 much의 반대어여서 '소량(少量)'의 뜻이다. 수(數)를 의미하는 few와 비교해 보는 것이 좋겠다. '작은, 귀여운, 어린, 아이 같은, 변변찮은' 등의 뜻으로, 귀여움과 업신여김의 감정이 포함되어 있기도 하다. 상대어로는 big과 great가 있어서 big and little, great and little 등으로 표현한다. large and little이나, big and small이라는 표현은 별로 볼 수 없고, great[large] and small이 일반적이다.

　few에서처럼 a의 유무는 뜻에 큰 차이를 가져온다.

　We like them **little**. (별로 좋아하지 않는다.)

　We like them **a little**. (조금 좋아한다.)

1) a little

　'조금·소량'의 뜻으로 긍정적이다. 비교급 less, lesser, 최상급은 least이다.

[참고] less는 수량·정도에 쓴다.
　　　The height of Namsan is **less** than that of Bukhansan.
　　　　(남산의 높이는 북한산의 그것보다 낮다.)
　　　lesser는 대소(大小)·가치·중요성 등에 쓴다.
　　　He is one of the **lesser** essayists of the 19th century.
　　　　(그는 19세기 제2류 수필가였다.)

I still think there is **a little** hope.

　(아직도 희망이 다소 있다고 나는 본다.)

A little care would have prevented such accident.

　(조금만 주의했더라면 이러한 사고는 방지할 수 있었을 것을.)

He has seen **a little** of life.

　(그가 세상맛을 조금은 알았다.)

We call him a pocket encyclopaedia because he knows **a little** of everything.

　(그는 무엇에 관해서거나 조금씩은 모두 알고 있으니까 별명이 소 백과사전이다.)

Judging from **the little** of his work that remains, he was a genius.

　(많지는 않지만 그의 유작에 의하여 판단한다면, 그는 천재였다.)

I will do **the little that**[what little] I can.

　(보잘것없겠지만 할 수 있는 대로는 해보겠습니다.)

The patient is **a little** better this morning. (= rather)

　(그 환자는 오늘 아침에 약간 차도가 있다.)

Wait **a little**. (잠깐 기다려주시오.)

We know him **a little**. (우리가 그를 조금은 알고 있다.)

This garden is **a little** *too* small.

　(이 정원은 좀 작아서 안 되겠다.)

I was **not a little** surprised at his failure.

　(그가 실패했다니 적지 않게 놀랐다.)

Not a little[*No little*] tenacity is necessary for this.

　(이 일을 위해서는 적지 않은 집념이 필요하다.)

He knows **quite a little**(= a lot) about it.　　　　　　　　　　　[회화체]

　(그는 그것에 관하여 어지간히 많은 것을 알고 있다.)

2) little

'조금밖에 없다', '거의 없다'의 뜻으로 부정적(否定的)이다.

He has **little** knowledge of the world as a new-born baby.

　(갓난아이처럼 그는 세상을 별로 모른다.)

There is **little** doubt as to who will pass.

　(누가 합격할 것인가 대개 알고 있다. < 의심이 거의 없다.)

We need **but little** here below.

　(사람이 이승에서 생활에 필요한 것이라고는 조금밖에 없다.)

Little is known of the island.

　(그 섬의 일은 별로 알려져 있지 않다.)

Little remains to be said. (더 할 이야기는 없다.)

He has little to do with the affair.

(그가 그 사건과는 거의 관계가 없다.)

Your survival is little short of a miracle. (short of = apart from)

(자네의 살아남음은 기적일세.)

We know you love her very little.

(당신이 그녀를 별로 사랑하고 있지는 않은 것으로 압니다.)

참고 부사로서의 little이 care, dream, guess, imagine, know, realize, think 등의 동사를 수식하면 not at all의 뜻으로 변한다.

> Little did he *dream* that his son would live such an idle life.
>
> (자기 아들이 이렇게 놀고먹는 생활을 하리라고는 꿈에도 생각 못했다.)
>
> He little *knows* his own mind.
>
> (그에게는 결단심이 도무지 없다.)
>
> Little did I *know* that he was a swindler.
>
> (그가 사기꾼임을 조금도 몰랐다.)
>
> She *is* little *known* among us.
>
> (그 여인이 우리들에겐 알려져 있지 않다.)
>
> He little *thought* it was his last visit here.
>
> (그때 이곳 방문이 그의 마지막 것인 줄은 그가 미처 몰랐다.)
>
> Little did he *think* that he should pass the qualifying examination.
>
> (검정시험에 합격하리라고는 그가 전혀 생각 못했다.)

They have given us no little trouble.

(그네들 때문에 우리는 적지 않게 귀찮았다.)

There is little or no hope of his recovery. (= hardly any)

(그가 회복할 가망은 별로 없다.)

This room is little better[more] than an attic.

(이 방은 다락방과 다를 게 없다.)

He owns little[no] less than five factories. (= as many[much] as)

(그의 소유 공장이 다섯 개나 된다.)

She is little less beautiful than her sister.

(그녀도 언니 못지않게 미인이다.)

⑤ enough [inʌ́f]: 정도·분량을 표시한다.

1) 형용사

'충분한', '… 하기에 족(足)한', '할 만큼의' 등의 뜻으로 수량의 명사를 수식한다.

There are **enough** apples. (수) (사과가 충분하다.)

There is **enough** fruit juice. (양) (과즙이 충분하다.)

He has **enough** money[money **enough**] to found a college.

　(그에게는 대학 하나를 세울 만한 재력이 있다.)

It isn't a good **enough** example.

　(그게 그렇게 좋은 예는 아니다.)

There is time **enough**[**enough** time] for the 16 : 20 train.

　(오후 4시 20분 차를 타기에는 시간이 넉넉하다.)

His salary is just **enough** to live.

　(그의 월급으로 생활은 유지된다.)

They are not fools **enough** to say so.

　(그런 말을 할 만큼 저들이 어리석지는 않다.)

That's **enough**. (그만하면 됐어.)

〔참고〕 질(quality, 質)에 관해서라면 enough가 아니고, sufficient이다. The climbers had made sufficient investigation before. (그 등산인들은 이전에 충분한 조사를 해 왔었다.)

2) 명사 — '충분'의 뜻

There isn't **enough** for everybody.

　(모든 사람들에게 다 줄만큼 많지는 않다.)

I have had **enough**.

　(많이 들었습니다 = (속어) 배불러 더 못 먹겠습니다.)

I have had **enough** of it.

　(이제 그 일엔 지쳤다[더 견딜 수 없다].)

Enough of that! (그만[더 이상 듣기 싫다]!)

I have **enough** to do to pay my own debts.

(나로서는 내가 진 빚 갚기가 고작이다.)

3) 부사 — '필요한 만큼', '충분히 … 할 만큼'의 뜻이다.

We know him well **enough** to ask for help.

(도움을 청해도 좋을 만큼 우리는 그를 잘 알고 있다.)

It is good **enough** for me. (저에게는 그것으로 좋습니다.)

I cannot thank you **enough**. (= too much)

(당신에게 아무리 감사한다 하더라도 지나치다고 할 수는 없습니다.)

Now you are old **enough** to marry.

(이제는 너도 결혼할 나이가 되었다.)

Be good[kind] **enough** to sing one of your folksongs.

(제발 귀국 민요나 한 곡 불러 주시구려.)

4) 관용례

He has money **enough**[enough money] **and to spare**.

(= more than is needed) (그에게는 돈이 쓰고도 남을 만큼 많다.)

You have done **more than enough** for her.

(그 여인을 위해 그만큼 했으면 과할 정도다.)

Oddly enough (= Strange to say) a tortoise sometimes beats a hare in a race.

(이상하게도 경주에서 때로는 거북이 토끼를 이긴단 말이야.)

We thought the KEE would conquer the world's highest mountain this time,
and **sure enough**, they launched the final attack successfully at 12 : 50 p.m.,
Sept. 15, 1977. (= as was expected; KEE = The Korean Everest Expedition)

(이번에는 한국 에베레스트 원정대가 그 세계 최고봉을 정복하리라고 생각했었는데, 과연 기대

대로 1977년 9월 15일 오후 4시 30분(한국 시간)에 그들이 최후 공격에 성공했다.)

He will soon be here **sure enough**. (= certainly)

(오래지 않아 그가 꼭 올 거야.)

I could play on the flute **well enough** if I liked. (= fairly[quite] well).

(기분만 난다면 나도 플루트를 멋지게 불 수 있고말고.)

6 **several**: 형용사로도 또 명사로도 쓰이며 '서너 너덧', '대여섯', '몇' 등의 뜻.

Several men, several minds. (사람이 여럿이면 마음도 여럿.)

Milton could speak several languages. (= not a few; some)

 (밀턴은 4, 5, 6개 국어로 말할 수 있었다.)

They went to their several homes. (= separate)

 (그들이 제 집에 따로따로 돌아갔다.)

The engineers were engaged in their several tasks. (= different)

 (기술자들이 각 분야에 참여하고 있었다.)

Each man has his several ideal. (= individual [respective])

 (사람은 각각 자기 이상을 가지고 있다.)

I called him three several times, but he could not hear me. (= as many as)

 (세 번이나 불렀지만 그는 내 목소리를 듣지 못했다.)

Several (of them) were caught. [대명사]

 (여러 명이 잡혔다.)

[2] 형용사의 용법(Uses of Adjectives)

형용사의 용법에는 두 가지가 있다.

(1) 한정적 용법(Attributive use, 限定的用法)

(2) 서술적 용법(Predicative use, 敍述的用法)

74. 한정적 용법

형용사가 명사를 직접 수식한다. 다시 두 가지로 나누어진다.

① **전치 용법(Prepositive use, 前置用法)**: 형용사가 명사 바로 앞에 오는 일반적인 것

이다.

A cosmos[kɔ́zmɔs] is a **tall** plant with **white, pink** or **purple** flowers.

(코스모스는 키가 큰 풀로서, 꽃은 희거나 분홍이거나 또는 새빨갛다.)

She sailed alone on a **wide, wide** ocean.

(넓고 넓은 큰 바다를 그 배는 외로이 떠갔다.)

In his **younger** days he indulged in dissipation. [비교급]

(젊은 시절엔 그가 방탕했다.)

The letter was written in the **kindest** spirit. [최상급]

(그 편지는 과연 친절한 기분으로 쓰여 있었다.)

2 **후치 용법**(Postpositive use, 後置用法): 여러 가지 까닭으로 형용사가 명사 다음에 놓이는 것이다.

She was a woman **sweet, simple, home-loving**.

(그 부인은 상냥하고, 순박하고, 가정만 아는 여자였다.)

She was holding his hand, in a clasp **firm** and **tender**.

(그 부인이 남편의 손을 꼬옥 정답게 쥐고 있었다.)

The wind **cold** and **cruel**, and the winter **long** and **dreary** are over now.

(차고 몹쓸 바람, 그리고 길고 지루한 겨울도 이제는 끝났다.)

In that vocal recital we heard a voice **sweeter** than the sweetest song of a bird.
(= which was sweeter로 서술적 느낌)

(그 독창회에서 우리는 노랫소리를 들었다. 그것은 새 노래보다 더 아름다웠다.)

A man of words and not of deeds, is like a garden **full** of weeds. (격언)

(수식어구 동반) (말뿐이고 실행 없는 사람은 잡초 우거진 정원과 같다.)

He belongs now to the world **everlasting**. (문장체, 강조)

(이제 그는 영면의 세계에 속해 있다.)

All the members **present** were much shocked. (서술적인 형용사)

(참석한 회원들은 모두 큰 충격을 받았다.)

We would like to hear something **new**. (= that is new. 관용례)

(새로운 이야기를 듣고 싶다.)

He has been in the habit of drinking for some time **past**.

(얼마 전부터 그의 술 마시기는 습관화됐다.) (관용례)

[참고] 1. 성질형용사는 대부분이 한정적으로도, 또 서술적으로도 쓰이나, 다음의 것은 한정적으로
만 쓰인다.

1) −er

my eld**er** brother (내 형)   his form**er** house (이전에 그가 살던 집)

Inn**er** life (정신생활)   the latt**er** half (후반)

out**er** man (용모)   upp**er** rooms (위층의 방)

utt**er** refusal (단호한 거절)

2) −en

earth**en** ware (질그릇)   maid**en** voyage (첫 항해)

old**en** days (옛날)   wood**en** face (무표정한 얼굴)

3) 그 밖의 형용사

live [laiv] broadcast (생방송)   **lone** flight (단독 비행)

main event (주요 경기)   **mere** coincidence (우연의 일치)

sheer luck (순전한 요행)   **spare** man (보결 선수)

a **very** knave (진짜 악인)

2. 까다로운 표현

a **natural** scientist (자연과학자) (<natural science, 자연과학)

a **public** schoolboy (대학 예비교 학생) (<a public school)

New Englanders (뉴우 잉글랜드 주민) (<미 동북부 New England 지방)

a **sick** room (병실) (<a sick man 병자)

the **poor** law (빈민구제법) (<the law for the poor)

the **Foreign** Ministry (외무부) (<foreign affairs 외교 사무)

75. 서술적 용법

① 주격 보어와 목적격 보어

Red as a rose is she. (붉더라, 장미같이, 그 여인은.)

It is wonderful. (훌륭하군요.)

She was born poor, lived poor and poor she died.

(그 여인은 가난하게 태어나서, 가난하게 살다가, 가난하게 갔다[죽었다].)

She sat silent. (그 여인은 아무 말도 하지 않고 앉아 있었다.)

Gay and cheerful, the children rushed in and out. (= Being gay and cheerful…)

(즐겁고 좋아서 애들은 들락날락했다.)

He is reported ill. (그가 병이라는 보고다.)

She got sick. (그녀가 병났다.)

They found it urgent to put off their departure.

(출발을 연기하는 것이 긴급한 일임을 알았다.)

She saw her son strong and proud.

(그 부인은 자기 아들의 늠름하고 의기양양한 모습을 보았다.)

He made his mother gloomy.

(그는 어머니의 심정을 침울하게 했다.)

Don't keep the door open. (문을 열어두지 마라.)

They left him alone. (그들은 그를 홀로 두고 떠났다.)

2 서술적으로만 쓰이는 형용사

The plan is still **afloat**. (= in the air) (그 계획은 아직 미정이다.)

He is **afraid** of the results. (그는 그 결과를 걱정하고 있다.)

참고   very afraid가 아니고, much afraid이며, feel afraid가 아니고, be afraid이다.

He and his brother are **alike** in character. (그 형제는 성질이 매우 비슷하다.)

A few were captured **alive**. (몇 사람은 생포되었다.)

Let my papers **alone**. (내 서류에 손대지 말아라.)

What is there to be **ashamed** of in confessing one's errors?

(자기 잘못을 고백하는 데 부끄러워할 것이 무엇인가?)

He fell sound **asleep**. (그는 깊이 잠들었다.)

The typhoon kept me **awake** all last night.

(태풍 때문에 어젯밤엔 한잠도 못 잤다.)

I was not **aware** of your retirement under the age limit.

(당신이 정년퇴직했음을 나는 몰랐습니다.)

This ship is **bound** for Europe. (이 배는 유럽행이다.)

He was **content** to live in obscurity.

　(그는 초야의 생활에 만족했다.)

He had no sooner got well than he fell ill again.

　(그는 쾌차하자마자 다시 병에 걸렸다.)

I am **liable** to catch cold.

　(나는 감기에 잘 걸린다.)

This mask is **proof** against poisons.

　(이 마스크는 방독용이다.)

I regret being **unable** to swim. (미안하지만 나는 헤엄을 칠 줄 모른다.)

She is quite **well** again, thanks.

　(고마워요. 그녀가 전쾌했어요.)

He is **wont** [wcount] to read the paper before breakfast.

　I (= accustomed, 문장체)

　(그는 아침식사 전에 신문을 늘 읽는다.)

To reign is **worth** ambition.

　(정권은 잡아볼 만한 것이다.)

〔참고〕 아래와 같은 예는 이 형용사들이 본래는 서술적이었음을 생각하게 해준다고도 볼 수 있겠다.

　There was nobody (who was) **content**.

　　(만족한 사람은 아무도 없었다.)

　Nothing (which was) **alive** was ever found in the moon.

　　(달에 살아 있는 것은 아무것도 발견되지 않았다.)

③ 한정용법과 서술용법 두 가지로 다 쓰이나, 뜻이 각각 다른 것

┌ He is an **able** man. (= clever)

│　(그는 능란한 사람이다.)

│ He will be **able** to do it. (= have the power)

└　(그는 그 일을 능히 해낼 수 있다.)

┌ I had **certain** reasons for not going. (= some)

│　(가지 않는 어떤 까닭이 내게는 있었다.)

We are **certain** that the project will be a success.

    (= The project is **certain** to be a success.) (그 계획은 확실히 성공한다.)

cf. To my **certain** knowledge your interests may clash with his.

    (내가 확실히 알기로는 자네의 이해가 그의 것과 충돌할 거야.)

Ill news runs apace. (나쁜 소문은 빨리 퍼진다.)

He is **ill** with a fever. (그는 열병으로 앓는다.)

K was the **late** secretary of the state.

    (= recently ended; dead) (K씨가 전 국무장관이었다.)

This is the bust of the **late** Mr. Yi-jun, patriot of Korea.

    (이것은 한국의 고故 이준 열사 흉상胸像이다.)

The secretary of the state was **late**. (국무장관 참석이 늦었다.)

Let not your **left** hand know what your **right** hand does.

    (오른손이 하는 일을 왼손이 모르게 하라.)

What we ought to have done are **left** undone. (leave의 제2분사)

    (했어야 할 일들이 하지 않은 채로 남아 있다.)

Be sure you are **right**, then go ahead. (옳은가를 확인하고 전진하라.)

She is the **present** queen. (그녀가 현재의 여왕이시다.)

The queen is **present**. (여왕께서 납시었다.)

참고 1. 강세가 다를 수 있다.

    There are many shórt–sighted students.   [한정적]

    (근시안인 학생들이 많다.)

    He is very short–sighted.

    (그에게는 앞을 내다보는 슬기先見之明가 부족하다.)   [서술적]

  2. be+형용사 + of = 타동사

    We **are afraid of** snakes. (= fear)

    (우리는 뱀을 무서워한다.)

    Smoking **is destructive of** health. (= destroys)

    (흡연은 건강을 해친다.)

    He **is fond of** music. (= likes)

    (그는 음악 애호가다.)

She **is ignorant of** the fact. (= does not know)

(그 여인은 그 사실을 모른다.)

We **are proud of** your acquaintance. (= boast)

(서로 알게 돼서 영광입니다.)

I **am sure of** his innocence. (= trust[believe])

(그의 결백을 나는 믿는다.)

The cross **is symbolic of** Christianity. (= symbolizes)

(십자가는 기독교를 상징한다.)

3. ill에 '병든', '앓는(not well)' 뜻으로의 한정용법은 없다. 즉, an ill child라고는 표현하지
않는다. 그러나 '나쁜(bad)', '해로운(harmful)', '적의(敵意)가 있는(hostile)' 등의 뜻인 때
는 한정적으로도 쓰인다.

a boy of **ill** breeding (버릇없는 애) (= bad)

a man of **ill** fame (악평·오명(汚名))

ill fortune[luck] (불행)

ill[bad] health (불건강)

ill management (서투른 경영)

a bird of **ill** omen (흉조의 새) (= harmful)

do a person an **ill** turn (남을 해치다) (= harm a person)

Ill weeds are sure to thrive. (못된 자가 관을 친다.) (= hostile)

It is an **ill** wind that blows nobody good. (= hostile)

(= Every loss is advantageous to someone.)

(덕 보는 사람이 아무도 없이 부는 바람은 나쁘다. = 한 사람에게 손해가 있으면, 그것이
다른 사람에게는 이익이 되는 것이 세상사다.)

76. 형용사의 명사화

① the + 형용사 [제1·2분사]

1) 복수명사(= those who are + 형용사)

The old and **the young** seldom agree in their feeling.

(노소간에 감정이 일치하기란 드문 일이다.)

The not so **poor** there were fat and bald.

(그다지 가난하지 않은 그곳 사람들은 뚱뚱하고 대머리인 사람이 있었다.)

the helpless (무력자) the needy (구호 대상자)

the killed and wounded (사상자) — 내용이 비슷하므로 관사는 1개

the dead and the living (죽은 자와 생존자들) — 생사는 전혀 다른 개념.

[참고] 1. 대구(對句)로 쓰이면 the 없이 복수명사화한다. (회화체)

High and low mourned the death of this hero.

(귀천 간에 모든 사람이 이 영웅의 죽음을 슬퍼했다.)

Things are going from bad to worse.

(일은 점점 악화했다.)

2. the와 형용사 사이에 다른 형용사가 올 수도 있다.

the *new* rich (신흥 재벌)　the *beloved*[bilʌ́vid] dead (소중한 저승의 사람들)

2) 단수명사(= one who [that which] is + 형용사)

Talk of the absent, and he'll appear.

(없는 사람 이야기를 하면, 그가 나타난다. = 호랑이도 제 말하면 온다.)

He found himself the rescued instead of the rescuer.

(그는 자기가 구조자라기보다 피구조자임을 알게 되었다.)

The accused was acquitted of the charge.

(그 형사 피고인에게는 고소가 취하되었다.)

She is the youngest (girl) of them all.

(여럿 중에서 가장 어린 소녀다.)

The children wanted to hear more about the Old World and the New (World).

(Old World = Europe, Asia, Africa. New World = America)

(애들은 신·구세계에 관한 이야기를 더 듣고 싶어 했다.)

He prefers white wine to red (wine). (물질명사이므로 관사 없음.)

(그는 붉은 포도주보다 흰 것을 더 좋아한다.)

the betrothed (약혼자) the deceased (고인故人)

the handicapped (신체[정신] 장애자)

the undersigned (서명자)　　　　　　　　　　　　　　　　　[단·복수]

the displaced (전쟁 난민)

the impossible (불가능한 일)　　　　　　　　　　　　　　　[단·복수]

3) 추상명사(=that which is + 형용사)

Everywhere **the old** is giving place to **the new**.

(어디서나 옛 것이 새것에 자리를 내어주고 있다新陳代謝)

The aim of life is to discover **the true**, **the good** and **the beautiful**.

(인생의 목적은 진선미를 발견하는 일이다.)

One must bow to **the inevitable**.

(사람은 필연적인 운명에 복종할 수밖에 없다.)

The unexpected always happens.

(뜻하지 않은 일이 언제나 일어난다.)

the false = falsehood(허위)   **the sublime** = sublimity(숭고)

4) 부분(= the⋯part)

the deep (part) of the sea (바다 한가운데)

the middle of the road (길 한복판)

the thickest of the forest (울창한 숲)

the white of the eye (눈의 흰자위)

the yellow of an egg (달걀의 노른자위)

② 형용사 + s = 복수보통명사

the **ancients** (고대 문명 국민)   **betters** (손윗사람들, 선배)

eatables (음식)   **elders** (연장자年長者)

equals (동등한 것[사람]들)   **greens** (= green vegetables) (채소)

the **moderns** (현대인들)   **movables** (= movable property) (동산)

daily **necessaries** (일상 필수품)

He went into **particulars**. (그가 자세하게 이야기했다.)

Let **bygones** be **bygones**. (과거는 흘려버리자.)

[참고] 부정관사가 붙어 있으면, 그 형용사는 이미 명사로 되어 있는 것이다.

  a **black** and a **white** (man) (흑인과 백인)

  a **convertible** (car) (접는 포장이 달린 자동차)

  a **lunatic** (정신이상자)   a **private** (soldier) (사병)

3 관용례

He is **at best** a substitute. (기껏해야 그는 보결 선수다.)

Try to **do your best** in everything. (만사에 있는 힘을 다하라.)

They fought well **from first to last**.

　(우리 편은 시종일관 잘 싸웠다.)

The war broke out **at last**. (드디어 전쟁은 일어났다.)

The criminal is still **at large**. (그 범인이 아직 붙잡히지 않고 있다.)

He ran like **mad**. (그는 미친 듯이 뛰어갔다.)

The hills will be aflame with autumnal tints **before long**.

　(산과 들은 미구에 불타는 듯 빨간 단풍으로 물들겠죠.)

I don't know **for certain**. (확실히는 내가 모른다.)

Sign your name **in full**. (약자를 쓰지 말고 정식으로 서명하시오.)

In general we dislike being criticised.

　(대체로 우리는 남에게 비평 받는 것을 싫어한다.)

of late (= recently) (최근)　　**of old** (=formerly) (이전에는)

in particular (=especially) (특별히)　　**in short** (=in a few words) (간단히)

77. 형용사의 부사화

　형태는 형용사이지만, 기능상 부사인 일종의 강의어(Intensive)가 있다. 아예 이것을 -ly 없는 부사, 즉 단순형 부사(Flat adverb)로 보아도 좋다.

I am **awful** sorry for that. (= awfully)

　(그것을 매우 미안하게 생각한다.)

It is **bitter[piercing]** cold. (= bitterly[piercingly])

　(살을 에는 듯이 차다.)

It was **burning** hot. (= burningly)

　(타는 듯 뜨거웠다.)

He was **dead** asleep. (= deadly[extremely])

(그가 깊은 잠에 곯아떨어져 있었다.)

We are **exceeding** glad to hear that. (= exceedingly)

(그 말을 들으니 진짜 기쁘다.)

You are **mighty** sensitive to heat. (= mightily)

(자네는 더위를 몹시 타네.)

We are **real** pleased to meet you. (= really)

(뵈오니 참으로 반갑습니다.)

They must have felt **uncommon** queer. (= uncommonly)

(매우 이상하다고 느꼈을 거야.)

He had his eyes **wide** open. (= widely)

(그는 방심하지 않았다.)

> [참고] 본래의 a very (= true), perfect, gentle knight(신의 있고, 원만하고, 예절 갖춘 무사)가 현
> 대영어의 a very perfect and gentle…로 되었으니, 이는 형용사인 very가 부사로 변했음을
> 말해준다.

78. worth에 관하여

이 형용사는 그 뒤에 오는 명사 또는 동명사를 목적어로 가진다고 주장하는 설도 있으
나, 이 한 개의 형용사 때문에 형용사도 목적어를 가질 수 있다고 하기보다는, worth 뒤의
명사상당어를 부사적 대격(Adverbial accusative)으로 보는 것이 좋겠다.

It is not **worth** a penny[a straw]. (한 푼의[작은] 가치도 없다.)

It is **worth** noticing. (주목할 만하다.)

I'll make it **worth** your while.

(당신이 그것을 할 가치가 있는 것으로 내가 해주겠습니다.)

cf. She is **near** me. (near는 전치사, near me는 부사구)

(그 소녀가 내 곁에 있다.)

He came **near** being drowned. (near being… 부사구)

(그가 물에 빠져 죽을 뻔했다.)

He is **like** (to) his father.

(to his father 부사구, his father 부사적 대격)

(그는 자기 아버지를 닮았다.)

I wish I could fly **like** a bird. (like 전치사, a bird와 합하여 부사구)

(새처럼 날아갈 수 있으면 좋겠다.)

It looks **like** rain. (like 형용사로 주격보어, rain 부사적 대격)

(비올 것 같다.)

I felt **like** crying. (like 형용사, crying 부사적 대격)

(나는 울고 싶었다.)

Sweet sleep, were death **like** to thee.

(단잠이여, 죽음도 그대와 같기를.)

It is quite **unlike** her to say so. (her 부사적 대격)

(그렇게 말하는 것은 그녀답지 않다.)

The house is right **opposite** the hospital. (the hospital 부사적 대격)

(그 집은 바로 병원 건너편에 있다.)

참고) 이상의 예에서 본 대로 worth 뒤의 명사를 부사대격으로 인정할 만한 근거로 다음과 같이 생각해 본다. worth는 모두 be의 보어로, 형용사로서의 기능은 다했다. 그 형용사에 붙을 수 있는 것은 부사구 또는 부사적 대격이 있을 뿐이다.

We don't care *a fig* about it. (그것에 관해서는 조금도 개의치 않는다.)

I'm *a bit* tired. (조금 피곤하다.)

[3] 형용사의 위치(Positions of Adjectives)

79. (관사) + 형용사 + 명사

형용사가 명사를 한정적으로 수식할 때는 원칙적으로 이 위치에 온다.

Life is not **an empty dream**.

(인생은 일장춘몽이 아니다.)

Frosty wind made moan in **the bleak mid-winter**.

(서리 찬바람이 엄동설한에 울부짖었다.)

[참고] 1. **all** the children, **both** the brothers 등은 본래에 all이나 both가 대명사로서, 그 뒤의 명사와 동격이었던 관계상 차례가 뒤바뀐 것이다.

2. He is **as** diligent a scavenger **as** ever lived.

(그는 일찍이 본 일이 없을 만큼 부지런한 청소 아저씨다.)

as…as는 상관접속사. 앞의 as에 끌리어 diligent가 앞으로 자리를 옮긴 것으로 일종의 Attraction 현상이다.

80. (관사) + 명사 + 형용사

습관적으로, 또는 그 밖의 어떤 까닭으로 다음과 같이 명사 다음에 형용사가 오기도 한다.

① 프랑스 말·Latin의 영향

Alexander **the Great** (알렉산더 대왕)   Asia **Minor** (소 아시아)

Elizabeth **the Second** (엘리자베스 제2세 여왕)   England **proper** (영국 본토)

a poet **laureate** (계관 시인)   President **elect** (당선 대통령 — 취임 전)

consul **general** (총영사)   attorney **general** ((미)법무장관)

things **Korean** (한국의 문물)   sum **total** (총액)   devil **incarnate** (악마의 화신)

court martial (군법회의)   proof positive (확증)

a custom from time immemorial (태곳적부터의 풍습)

② 강조·습관

Paradise Lost (낙원 상실[실락원])   things immortal (불멸의 것)

on Sunday last (지난 일요일에)   cf. last Sunday

on Saturday next (다음 토요일에)   cf. next Saturday.

August the fifteenth (8월 15일) = the fifteenth of August

matters political (정치 문제)

③ 운율(韻律)을 포함한 음성 조화(音聲調和)

the vale profound (깊은 골짜기)   human face divine (숭엄한 인간의 외모)

Those patriots belong now to the world everlasting.   [문장체]

  (이제 그 애국자들은 영원한 세계의 사람들로 되어 있다.)

a youth to fortune and to fame unknown (부귀와 영화를 모르는 젊은이)

④ 중복 회피(-thing 앞의 any-, every- 등은 형용사)

anything probable (있을 수 있는 것은 어떤 것이나)

everything good (좋은 모든 것)

nothing wrong (잘못되지 않은 것[잘못이 없는 것])

something pretty (아름다운 어떤 것)

cf. an *indescribable* something (형언하기 어려운 어떤 것)

No man living can write better than he.

  (생존 작가로는 그이보다 나은 사람이 없을 게다.)

⑤ 술어적 느낌

all (who are) present (출석자 전원)

any other person (who is) absent (결석한 또 다른 어떤 사람)

the greatest soldier (that is) alive (생존해 있는 가장 위대한 군인)

every means (that can be) conceivable (생각해낼 수 있는 모든 수단)

all methods imaginable (상상할 수 있는 한의 모든 방법)

the assistance possible (가능한 원조)

the earliest document **extant** (현존하는 초기의 문서)

a book **worth** reading (읽을 만한 양서)

those **handicapped** (신체장애자)

the eight places **famous** for scenery in Gwan-dong District (관동팔경, 關東八景)

They announced him as one **dead**. (그를 사망자의 한 사람으로 발표했다.)

Things **seen** are mightier than things **heard**. (= Seeing is believing)

   (보는 것이 듣는 것보다 확실하다.)

6 형용사가 중복 또는 수식어 관계로 길 때

a face **pale** and **worn** (지쳐서 핼쑥한 얼굴)

a person **small** and **emaciated** (작고 야윈 사나이)

a teacher **kind** and learned [lɔ́:nid] (인정 많고 학식 높은 교육자)

a peasant **poor** but **contented** (가난하나 만족을 아는 농민)

a story very **sad** and **true** (슬픈 실화)

Korea (of) **today** and **tomorrow** (한국의 오늘과 내일)

a politician **ambitious** for power (정권욕에 불타는 정치가)

people **anxious** for peace (평화를 갈망하는 사람들)

a poet **worthy** of the name (그 이름이 부끄럽지 않은 시인)

eyes **full** of tears (눈물 고인 눈)

a girl seventeen years **old** (= a seventeen-year-old girl) (열일곱 살의 소녀)

a building of three stories **high** (3층 건물)

a rope six feet **long** (여섯 자 길이의 밧줄)

Don't talk with your mouth **full**. (음식을 입에 가득히 넣고 남과 이야기하지 마라.)

She lay in bed with her eyes **open**. (그 여인은 눈을 뜬 채로 침대에 누워 있었다.)

a drama **on a grand scale** (웅장한 규모의 각본)

a Christmas card from **my pen pal** (편지친구로부터 온 성탄축하장)

boys and girls **who always smile** (언제나 미소 짓는 소년 소녀들)

a mountain **whose summit is covered with snow all the year round**

   (1년 내내 그 정상이 눈에 덮여 있는 산)

참고 1. 앞에 있는 seventeen years, three stories, six feet 등은 모두 부사적 대격이다.

2. 다음과 같은 형용사[구·절]은 Hyphen으로 연결하면 전치되기도 한다.

┌ your duty **of drawing water** (물 긷는[대는] 일)
└ = your drawing-of-water duty

┌ a task **of hewing wood** (나무 베는 일)
└ = a hewing-of-wood task

┌ the manner **about which I know nothing** (내가 모르는 방식)
└ = the I-know-nothing-about-it manner

┌ They know these current expenses are **not to be avoided.**
│ (이 경상비가 피치 못할 것임을 그들은 알고 있다.)
└ = They know these not-to-be-avoided current expenses.

81. 두 개 이상의 형용사

① 지시형용사 + 수량형용사 [수사] + 성질형용사

those three smart coeds [kóuedz] (재치 있는 세 여대생)

the first one year of college life (대학생활의 첫 일 년)

all these living things (살아 있는 이 모든 것들)

② (형용사 + 형용사) + 명사

이때 형용사의 차례는 Syllable(음절, 音節)의 수가 적은 것부터다.

He had a **kind** and **gentle** heart. (그의 마음씨는 온유하고 겸손했다.)

He was a **great, glorious** personage. (그는 위대한 빛나는 인물이었다.)

a **long, narrow** lane (긴 좁은 길)

the **rich** but **unhappy** couple (부유하지만 불행한 부부)

③ 형용사 + (형용사 + 명사)

a rustic young man (시골 젊은이)

a fine silver spoon (아름다운 은 숟가락)

a clumsy second-hand car (본때 없는 중고차)

82. 형용사 + 관사 + 명사

double[triple] the price (그 값의 2[3]배)

half a dozen (반半, dozen) cf. a half-dozen

many a time (여러 번)

such an accident (이러한 사고)

in so short a time (매우 짧은 시간에) (부사 so에 끌림)

too[so] hard a task (너무 어려운 일) (부사 too에 끌림)

How brave a man he is! (부사 How에 끌림) (그가 얼마나 용감한 사나이인가!)

However dark a night it may be, we must start at once. (부사 however에 끌림)

 (이 밤이 아무리 어두워도 우리는 당장에 떠나야 한다.)

She is no less remarkable a woman than her mother. (부사 no less에 끌림)

 (자기 어머니에 못지않게 잘난 여성이다.)

[4] 수사(Numerals)

수사(Numerals, 數詞)는 수량형용사 중에서 특히 **정해진 수**를 표시하는 것으로, 세 가지가 있다.

1. 기수사(Cardinals, 基數詞): one, two, three, etc.

2. 서수사(Ordinals, 序數詞): first, second, third, etc.

3. 배수사(Multiplicatives, 倍數詞): twice[double, twofold, two times], thrice[triple, treble, three fold, three times]

83. 기수와 서수

기수	(Arabic numerals)	(Roman numerals)	서수	
one	1	I	the first	1st
two	2	II	the second	2nd
three	3	III	the third	3rd
four	4	IV	the fourth	4th
five	5	V	the fifth ($<$ five)	5th
six	6	VI	the sixth	6th
seven	7	VII	the seventh	7th
eight	8	VIII	the eighth [eitθ]	8th
nine	9	IX	the ninth ($<$ nine)	9th
ten	10	X	the tenth	10th
eleven	11	XI	the eleventh	11th
twelve	12	XII	the twelfth ($<$ twelve)	12th
thirteen	13	XIII	the thirteenth	13th
fifteen ($<$ five)	15	XV	the fifteenth	15th
twenty	20	XX	the twentieth	20th
twenty-one	21	XXI	the twenty-first	21st
thirty	30	XXX	the thirtieth	30th
forty ($<$ four)	40	XL	the fortieth	40th
fifty ($<$ five)	50	L	the fiftieth	50th
ninety-nine	99	XCIX	the ninety-ninth	99th
one hundred	100	C	the one hundredth	100th
one hundred and five	105	CV	the one hundred and fifth	105th
five hundred	500	D	the five hundredth	500th
one thousand	1,000	M	the one thousandth	1,000th
one thousand and one	1,001	MI	the one thousand and first	1,001st
three thousand	3,000	MMM	the three thousandth	3,000th
etc.			etc.	

참고 1. thirteen(13)부터 nineteen(19)까지의 서수는 the + 기수 + th이다.

2. twenty-one(21)부터 ninety-nine(99)까지의 **10위 수에 단위 수**를 덧붙이는 데 Hyphen(-)을 넣는다.

   thirty-two, twenty-five (= five and twenty, 회화체로 나이 등을 말할 때 쓰이나, 옛 형식의 유물)

3. 101로부터 hundred 다음에는 and를 넣는다. 다만 미국 영어에서는 그렇지 않기도 하다.

   101 = one[a] hundred **and** one

   327 = three hundred **and** twenty-seven

   6,045 = six thousand **and** forty-five

4. 백·천·백만은

1) 회화체에서 a hundred, a thousand, a million 같이 a를 붙이나, 강조할 필요가 있으면 a 대신에 one을 쓴다.

2) 일정한 수를 표시하는 수사가 앞에 있으면 복수의 -s가 없다. 다만 million에는 있기도 하다.

Two hundred were rescued. (200명이 구조되었다.)

Five thousand are missing. (5,000명이 실종됐다.)

The population of Seoul is about eight millions. (서울 인구는 약 800만.)

This diamond is worth three millions. (이 금강석 값은 300만 달러)

3) '몇 백', '몇 천'은 hundreds[thousands, millions] of people이다.

5. 기수사는 대명사로도 쓰인다.

There were **thirty-three** then. (그때 33인)

84. 수 읽기

546 = five hundred and forty-six

2,037 = two thousand and thirty-seven

31,000 = thirty one thousand

829,761,354 = eight hundred and twenty nine million, seven hundred and sixty one thousand, three hundred and fifty-four

참고 1,100~2,000에서는 hundred를 단위로 하여 읽는 일이 때로 있다.

1,320 = thirteen hundred and twenty

① **million(1,000,000)**은 대개 복수지만, 형용사인 때는 단수다.

He reached million**s** of people through his books.

(그는 저서를 통해 수백만 대중과 접촉했다.)

Seoul City contains 8,000,000(eight **million**) population. (서울 인구는 800만 명이다.)

Korea had the rural population of over twenty million(s).

(한국의 농가 인구는 2,000만 이상이었다.)

② **billion**은 미국에서 10억(a thousand million)으로, 영국에서는 1조 (a million million) 로 통한다. 조(兆)를 미국에서는 trillion이라 하고, 영국에서 trillion은 a million million million이다. 우리의 억(億)에 해당하는 영어는 a hundred million이다.

③ **연·월·일**

465년 = four hundred (and) sixty-five

1900년 = nineteen hundred

1903년 = nineteen three[nineteen hundred and 0[ou] three]

1979년 = nineteen seventy-nine(가장 일반적인 식)

1981년 = nineteen eighty-one

1902년 11월 5일 = November the fifth, nineteen 0 two; the fifth[5th] day of November 1902 [정식]

1980's(1980년대) = nineteen eighties

19__ = nineteen (hundred and) blank [something]

참고   Mr.——= Mr. Blank [Mr. So and So] (모某 씨)
영국영어로는 Mr 뒤에 (.)이 없다. 미국영어에는 대개 있다.
on the ——th of August = on the blankth of August (8월 모일)

④ **전화번호**

2103 = two one 0 three

733485 = seven double three four eight five

⑤ **시간 그 밖에**

It is a quarter past[(미) after] eight (o'clock) (8시 15분)

It is ten minutes to[(미) of, till] seven (7시 10분 전)

the 9: 20 a.m. train = the nine twenty[ei em] train

   (오전 9시 20분 발 열차). a.m. 〈 ante meridiem = before noon cf. p.m. 〈 post meridiem = afternoon. 대문자 A.M., P.M.도 쓴다.

Ten minutes **is** sufficient for me to finish that job.

   (그 일을 끝내는 데 나라면 10분으로 충분하다.)

cf. Ten minutes **have** passed since I ordered you to translate it.

(그것을 번역하라고 한 뒤 10분이 지났다.)

Charles I = Charles the First (찰스 왕 제1세)

World War II = World War Two[the Second World War] (제2차 세계대전)

Chapter III = Chapter Three[the Third Chapter] (제3장)

Page 192 = Page one hundred and ninety-two[the one hundred and ninety-second page]

Now turn to page 9, paragraph two. (9쪽 제2절을 보시오.)

37°2′(= thirty-seven degrees and 2 minutes Centigrade (섭씨 37도 2부).

F = Fahrenheit (화씨)

The thermometer was[registered] 9 degrees below zero. (영하 9도)

No. 1 = Number one. (No. < Latin의 numero = number)

6 화폐

$5.32 = five dollars and thirty-two (cents). $ < US.

£ 6.5s 1$\frac{1}{2}$ = six pound(s), five(shillings) and a penny half-penny [héipəni]
3/6 = three and 6 pence(3실링 6펜스) /(/ < s(hilling))

₩653 = six hundred and fifty-three won

7 소수(decimals, 小數) — (point 이하의 수사는 한 개씩 읽는다.)

4.26 = four decimal[point] two six

16.05 = sixteen decimal nought five

0.357 = decimal three five seven

0.1 = a tenth[(naught) point one] (naught = nought)

0.2 = two tenths

0.01 = a hundredth

1.02 = two hundredths

0.007 = naught point naught naught seven

8 분수(fractional numbers, 分數)

$\frac{1}{2}$ = one[a] half　　　　　　$\frac{1}{3}$ = one[a] third

$\frac{1}{4}$ = one[a] fourth[quarter] $\frac{2}{5}$ = two fifths

$2\frac{3}{4}$ = two and three fourths

$\frac{374}{462}$ = three hundred and seventy-four over[by, upon] four hundred and six-ty-two

9 **가감승제(four operations: addition, subtraction, multiplication, division) 등**

4 + 5 = 9 Four and five are nine[Four plus five equals nine].

6—2 = 4 Two from six[Six minus two] leaves[is, equals] four.

7 × 8 = 56 Seven times eight is[are, make(s)] fifty-six.

(= Seven (multiplied) by eight is fifty-six.)

15÷3 = 5 Fifteen divided by three equals[gives] five.

(=Three into fifteen goes five times.)

17÷3 = 5 ⋯ 2 Three goes into seventeen five times with two over.

3 : 6 = 4 : 8 Three is to six what[as] four is to eight.

(= As three is to six, so four is to eight.)

85. 기수사(Cardinals)

개수(個數)를 표시하는 수사

It is all **one** to me what you do. (= the same)

(자네가 어떤 짓을 하든 내가 알게 뭐야.)

We held **one** opinion on that problem. (= the same)

(이 문제에 관해서는 우리 의견이 일치했다.)

The class was **one** in its approval. (= united)

(그 반에서는 그 안건에 만장일치로 찬성했다.)

They answered with **one** voice.

(그들은 이구동성으로 호응했다.)

Two is company, but **three** is none.

(둘이면 의좋고, 셋이면 싸운다.)

East is East, West is West, and never the **twain** shall meet.

(동은 동, 서는 서, 그리하여 둘이 결코 합할 수는 없을 거야.)

Children go to school **by twos and threes**.

(애들은 삼삼오오 짝을 지어 학교로 간다.)

In former days people married while still in their **teens**.

(이전에는 10대에 사람들이 결혼했다.)

Now most girls marry in their **twenties**.

(요즘에는 아가씨들이 대개 20대에 결혼한다.)

참고 −teen에는 대개 강세가 있다.

He graduated from the school at the age of nine**teen**.

(그가 열아홉 살에 학교를 졸업했다.)

It is **six** of one and **half a dozen** of the other.

(둘러치나 메치나 일반이다.) = There is no real difference.

참고 three[thrice], seven, nine은 신비로운 수로 쓰이기도 한다.

I **thrice** presented him a kingly crown, which he did **thrice** refuse, was this ambition?

(thrice = three times)

(내가 시저에게 세 번이나 왕관을 권했으나, 세 번 모두 그는 그것을 사양했소, 이것이 야심입니까?)

I saw the **seven** angels who stood before God.

(신 앞에 일곱 천사가 서 있음을 보았다.)

A cat has **nine** lives. (고양이는 쉽사리 죽지 않는다.)

She is dressed up **to the nines**. (= to perfection) (그 여인은 성장했다.)

We tried to creep **on all fours**.

(손발로 기어가려고 애썼다.)

Ten to one[In nine cases out of ten] he will pass the physical examination.

(= It is **eight or nine chances out of ten** that he will pass···.)

(십중팔구 그가 신체검사에 합격할 것이다.)

We give you **a thousand** thanks for your kindness.

(이렇게 보살펴주심을 무한히 고맙게 생각합니다.)

참고 2·12·20의 뜻인 말:

Let's meet **a couple** of times yearly. (일 년에 두어 번 만나기로 하세.)

To conclude, the happy **pair** were married.

　(결국 두 사람은 결혼해서 잘 살았다.)

She boiled us **a dozen** eggs soft.

　(어머니가 우리들에게 반숙 달걀 12개를 주셨다.)

　cf. a baker's dozen (13개)

Three **score** and ten is the age of man.

　(= The days of our years are three **score** years and ten. (<Bible)) (인생 70년.)

The storm blew down **scores** of pine trees. (폭풍에 소나무 수십 그루가 쓰러졌다.)

86. 서수사(Ordinals)

순서를 표시하는 수사를 말한다.

The **second** girl has a slender, graceful figure.

　(둘째 아가씨는 몸매가 날씬하고 우아하다.)

A **second** girl stood up before the judges in her swimming suit.

　(또 한 사람의 아가씨가 수영복 차림으로 심사원들 앞에 섰다.)

참고 서수는 대개 정관사인 the를 동반하나, 부정 관사인 a[an]가 붙으면 another의 뜻이다.

He is in **his second** childhood.

　(그는 이제 늙었다.)

One is deaf, another is blind, and **a third** is lame.

　(한 사람은 귀머거리, 또 하나는 장님. 그리고 또 한 사람은 절름발이다.)

참고 …and **the third**라면 전부 3인인 경우다.

I'll do it (the) **first** thing in the morning.

　(오전 중 맨 처음에 그 일을 하련다.)

First come, **first** served.　　　　　　　　　　　　　　　　　　　[부사]

　(선착자 우선[빠른 것이 제일].)

I'm going to travel **second** class.

(이등차를 타려고 한다.)

cf. I **second** the motion. [동사]

(그 동의動議에 재청합니다.)

Third time does the trick[is lucky, pays for all]. (격언)

(세 번째는 성공한다.)

They perceived the danger **at the eleventh hour.**

(아슬아슬한 고비에 그들은 그 위험을 알았다.)

He is **second to none** in English oration. (= without a superior)

(영어 웅변에서는 그가 첫째간다.)

On second thought(s), I'll try it again.

(다시 생각해 보니 그 일을 또 해보아야겠다.)

I found English difficult **at (the) first**, but I liked it **from the first.**

(처음에는 영어가 어려웠으나, 처음부터 내가 좋아하기는 했다.)

We saw a mummy **for the first time** in the museum.

(박물관에서 처음으로 우리는 미라를 보았다.)

He fell in love with her **at first sight.**

(그는 그 여인에게 첫눈에 반했다.)

My **sixth sense** tells me your past.

(자네 과거는 내 육감으로 짐작이 가네.)

A third of our company died in battle, and **a third** died of want. [분수]

(우리 중대의 1/3은 전사, 또 1/3은 양식 부족으로 죽었다.)

And yet I have told you but a **tithe** of what was there.

(그러나 이 이야기도 거기에 있었던 일의 1/10밖에 되지 않는다.)

87. 배수사(Multiplicatives)

배수를 표시하는 수사로서, 기수사에 'fold, -ble, -pie' 등이 붙는다. half once twofold [twice, double] threefold[treble, triple, thrice, three times(현대 영어에서 가장 보편적 임)]

multiple(다수의) thousandfold(천 배)

It will take **half** an hour. (미) **a half** hour

Two is the **half** of four. Four is the **double** of two.   [명사]

One **half** of men do not know how the other **half** live.

   (이 세상에 절반의 사람들은 다른 절반이 어떻게 사는지 모른다.)

He lay in bed **half** the day. (반나절 그는 자리에 누워 있었다.)

She does nothing by **halves** [ha:vz].

   (그 여인은 일을 어중간하게 하지 않는다.)

He is **half** as old again as she.

   (남편 나이는 부인의 1배 반이다.) (= 남자 30세, 여자 20세)

He is **twice** as old as she[as old again as she; double her age].

   (남편의 나이는 부인의 2배다.) (= 남자 40세, 여자 20세)

Once one is one. (1×1 = 1)   [부사]

Once bit, **twice** shy. (격언) (bit = bitten; twice = for the second time; shy = wary)

   (한 번 물리면 두 번째는 조심하게 된다. = 자라 보고 놀란 가슴 솥뚜껑 보고 놀란다.)

Twice four is[are] eight. (4의 2배는 8.)

Your estate is **twice**[two times, doubly] as large as mine.

   (당신의 재산은 내 것의 배요.)

The glottis is **twofold**. (성문은 두 겹이다.)

His income is **double** (of) what it was.

   (그의 현재 수입은 이전의 배다.)

We had to pay **double** the usual fare in the small hours.

   (small hours: 12 : 00 a.m. → 3 : 00 a.m.)

   (밤중엔 차비의 곱을 내야 했다.)

It costs **double** what it did. (그것의 값은 전의 배다.)   [부사]

Has the price of rice been **doubled**?   [동사]

   (쌀값이 배가 되었소?)

a double bed (2인용 침대 1개)

a twin bed (한 쌍으로 된 같은 모양의 1인용 침대 한 개)

twin beds (한 방에 놓여 있는 같은 모양의 침대 두 개)

He earns **treble** her earnings. (그의 수입은 그녀의 3배다.)

The **treble** of the sum would be too little.

(그 총액의 3배를 낸다 해도 부족할 게다.)

It's value has **trebled**.   [동사]

(그것의 가치가 세 배로 되었다.)

The demand is **three times** as great as the supply.

(수요가 공급의 3배나 된다.)

That room is **five times** as large as this.

(저 방은 이것보다 5배나 더 넓다.)

The sum is **ten times** harder than this.

(그 계산은 이것의 10배나 복잡하다.)

I will return the money **ten-fold**.

(열 곱해서 내가 그 돈을 돌려주겠다.)

He has got **ten-fold** worse. (ten-fold = very much)

(그의 병세가 매우 악화했다.)

[5] 비교변화(Comparison, 比較變化)

비교변화는 **비교의 급**(Degree, 級)을 말한다. 모든 형용사에 다 비교변화가 있는 것은 아니다. 대부분의 형용사와 일부 부사에는 그 모양·성질·상태·시간·거리·분량·수량 등의 정도를 표시하는 등급이 있는데 이를 표현하기 위한 것이 비교변화다. 급에는 세 가지가 있다.

(1) 원급(Positive degree, 原級): high(높은[높게]), important(중요한)

(2) **비교급**(Comparative degree, 比較級): higher(더 높은[더 높게]), more important(더 중요한)

(3) **최상급**(Superlative degree, 最上級): highest(가장 높은[가장 높게]), most important(가장 중요한)

또 여기에 다시 규칙적으로 변화하는 것과, 불규칙적으로 변화하는 두 가지가 있다.

88. 규칙비교변화(Regular comparison)

① 어미(語尾)비교변화(Terminational [Inflectional] comparison)

단어 꼬리에 -er, -est를 붙여 비교급·최상급을 표시하는 것인데, 단음절(Monosyllable, 單音節)의 말 거의 전부와, 2음절(Disyllable)의 말 몇 개에 있는 현상이다. 이것이 영어 고래의 방법으로 예전에는 단어가 짧거나 길거나 간에 이 형식이었다.

변화 \ 급		원급	비교급	최상급
어미비교변화	단음절	short	shorter	shortest
		young	younger	youngest
		wise	wiser	wisest
		big	bigger	biggest
	2음절	easy	easier	easiest
		narrow	narrower	narrowest

② 우언(迂言)비교변화(Periphrastic comparison)

두 음절의 말 대부분과, 세 음절 이상의 말 및 복합형용사에는 앞에 more, most를 붙인다. 이러한 것을 우언비교변화라고 부른다. 이것은 외국어의 영향으로 영어에 비로소 쓰이기 시작한 것인데, 서술용법만의 형용사에는 more, most를 쓴다.

She was **more fond** of her son than her daughter.

(그 어머니는 따님보다 아드님을 더 귀여워하서.)

또 한정용법에서는 -er, -est로 변화하는 형용사가 서술용법에서는 more, most를 많이 쓴다.

She was far **more sad** than her brother was.

(그녀는 자기 오빠보다 훨씬 더 섭섭해 했다.)

There never was a master **more** kind and just. (강조)

(그 분 이상으로 더 친절하고 공정한 주인은 없었다.)

cf. There never was a **kinder** and **juster** master.

그러나 강조·무식·오해 등으로 이 두 가지 변화형을 동시에 사용하거나, 또는 어미비교 변화를 덧놓는 등의 2중 변화도 예전에는 많았다. 일종의 속어이던 lesser(= little의 비교급 less+er)는 이제 표준어로 인정할 수밖에 없고, 또 near(= nigh의 비교급), rather(= rathe의 비교급)도 오늘날에는 비교급으로 생각하지 않고, near는 새로 nearer라는 비교급이 있을 정도다.

급 변화	원급	비교급	최상급
우언비교변화	useful happily energetic up-to-date	more useful more happily more energetic more up-to-date	most useful most happily most energetic most up-to-date
어미·우언비교변화	pleasant cruel common	┌ pleasanter └ more pleasant ┌ cruel(l)er └ more cruel ┌ commoner └ more common	┌ pleasantest └ most pleasant ┌ cruel(l)est └ most cruel ┌ commonest └ most common

참고 1. short [ʃɔːt]는 young, long, high, soon 등과 함께 정상적인 변화다.

2. 단음절인 wrong과 right는 우언비교변화를 하는 드문 예다.

3. 발음에 주의할 말.

young [jʌŋ] younger [jáŋgə] youngest [[jáŋgist]

long [lɔŋ] longer [lɔ́ŋgə] longest [lɔ́ŋgist]

strong [strɔŋ] stronger [strɔ́ŋgə] strongest [strɔ́ŋgist]

poor [puə] poorer [púərə] poorest [púərist]

dear [diə] dearer [díərə] dearest [díərist] etc.

4. 철자: wise는 'e'를 그대로 살리고 -r, -st 만을 붙인다.

wise wiser wisest

같은 예: brave, fine, nice, true, white, etc.

5. 자음 중복

짧은 모음＋단일 자음의 big는 bigger, biggest로 자음 하나를 더 한다.

fat, thin, wet, etc.

cf. thick [θik] thick**er** thick**est**

6. (자음)＋y는 i로 고친다.

dry dri**er** dri**est**

같은 예: busy early heavy pretty etc.

early 이외에 –ly 형의 부사에는 more, most를 붙인다: wisely, timely, etc.

(모음)＋y는 그대로 둔다: gay gay**er** gay**est**   grey grey**er** grey**est**

7. 2음절의 단어로서 –er, –est가 붙는 말

1) –er: bitter clever tender etc.

2) –le: able gentle idle noble simple etc.

3) –ow: hollow shallow yellow etc.

4) –y: angry dirty early easy happy healthy heavy holy hungry ugly etc.

5) –some: handsome

6) 그 밖에 발음이 비교적 간단한 것: quiet often solid etc.

7) 마지막 음절에 강세가 있는 말: absúrd políte profóund remóte sincére etc.

8) 다음 단어에는 more, most가 붙는다: content docile eager fertile hostile proper etc.

9) 다음과 같은 단어는 단음절이라도 more, most를 붙인다: just like real right 고유형용사 etc.

89. 불규칙비교변화(Irregular comparison)

비교급·최상급을 만드는 데 -er, -est 또는 more, most를 더하지 않는 형용사 또는 부사는 대체로 다음과 같다.

뜻 ＼ 급	원급	비교급	최상급
많은	(수) many (양) much	more	most
좋은 건강한, 잘	good well	better	best
나쁜 나쁘게, 몹시	bad badly	worse	worst

병든 불길한 잘못된	ill evil wrong		
나이든	old	노소, 신구 older 장유(長幼) elder	oldest eldest
적[작]은	little	less (less의 비교급) (cf. greater) lesser (더 작[적]은)	(정도·분량) least
먼	far	(거리) farther (정도) further	farthest furthest
늦은	late	(시간) later (후자) latter	(시간 : 최근의) latest (순서 : 최후의) last
가까운	near	nearer	(거리) nearest (순서) next
앞의	fore	former	(거리) foremost (순서) first
(위치) 안(에)	in	inner	in(ner)most
밖(에)	out	(위치) outer (정도) Utter	(위치) out(er)most (정도) ut(ter) most
위	up	upper	up(per)most
뒤	hind	hinder	hind(der)most
꼭대기의	top	—	topmost

[참고] 1. 비교어의 위치:

south(ern)　　　**more** south (ern)　　　south(ern)**most**

east(ern)　　　**more** eastern　　　eastern**most**

2. 복합형용사의 앞말 변화: 흔히 more, most를 붙인다.

hard–working　　　　harder–working　　　　hardest–working

well–known　　　　**better**–known　　　　**best**–known

　(앞의 hard와 well의 경우는 부사)

dull–witted (머리 둔한)　　　duller–witted　　　dull**est**–witted

a kind**er**–hearted man　　　the **more**[**most**] old–fashioned cup

more[**most**] well–to–do class　　　the **more**[**most**] good–natured nurse

cf. bloodthirsty (잔인한)　　　bloodthirst**ier**　　　bloodthirst**iest**

3. 다음 Latin계통 말의 비교급은 그 다음에 than이 아니라 to를 가진다.

┌anterior (시간: 앞의) (공간: 전방의)

└prior (시간: 이전의, 먼저의)

posterior (시간: 이후의, 더 늦은)

(공간: 후방의)

superior (우수한) ― inferior (열등인)

senior (손위의) ― junior (손아래의)

minor (작은 쪽의) ― major (큰 쪽의)

A is superior **to** B. = A is better than B.

Death is preferable **to** betrayal. (배신보다 죽음이 낫다.)

Foreign beef is inferior in flavor to home grown.

(외국산 쇠고기는 맛이 국산 것만 못하다.)

A is three years **senior** to B. [형용사]

= A is three years B's senior. [명사]

= A is B's **senior** by three years. [명사]

= A is **senior** to B by three years. [형용사]

= A is three years older than B.

= A is older than B by three years.

4. 다음과 같은 형용사나 부사는 그 절대성 때문에, 보통 경우에는 비교변화가 없다. 예컨대, perfect라면 '완전한'이란 뜻의 성질형용사인데 '완전'이면 그만이지 어찌 그 정도의 차이가 있겠는가? 그러므로 다음과 같은 것을 생각함이 좋다.

(more perfect = nearer to perfection)

(most perfect = nearest ; to perfection)

dead (죽어 있는)	empty (빈)	eternal(ly) (영원한[히])
extreme (극도의)	final(ly) (최후의[에])	hopeless (희망 없는)
lunar (달의)	parallel (평행의)	round (둥근)
single (독신의)	solar (태양의)	square (네모난)
supreme (최고의)	unique (유일한)	

top(정상의)은 비교급 없이, 강조적 형식으로 최상급인 topmost만을 가지고 있다.

5. 이중비교변화(Double comparison)

비교급 또는 최상급의 형태를 기초로 하고, 그 위에 다시 비교의 형태 변화를 가하는 것. 대개 강조의 뜻이다.

It was **more** harder than the stones.

(그것은 돌보다 더 굳었다[단단했다].)

This was the **most** unkindest cut of all.

(이거야말로 가장 잔인무도한 칼 상처였다.)

the **most** bold**est** and **best** hearts of Rome

(로마의 가장 용감하고 선량한 사람들)

lesser nearer worser (＜worse ― bad의 비교급) etc.

90. 원급(Positive degree)

원급에는 명백한 비교가 포함되어 있지 않으므로, 엄격히 따질 때 어떤 등급의 비교변화라고는 말할 수 없으나, 상대가 되는 비교급·최상급에 대하여, 원급이라고 불러두는 것이 편리한 것임에는 틀림없다. 원급에 의한 비교의 표현은 다음과 같다.

① **동등비교(Comparison of Equality)**: as…as(상관접속사)에 의하는 것으로 첫 as는 지시부사, 둘째 as는 종속 접속사[관계부사], 그리고 둘째 as 이하는 부사구[절]다. 회화체나 의문 Sentence에서 as…as는 so…as로, not so…as는 not as…as로도 된다.

He is **as** tall **as** a giant (is).

(그는 거인만큼 키가 크다.)

This portrait is **as** large **as** life.

(이 초상화는 실물만큼 크다.)

Velvets are (**as**) soft **as** silk.

(우단 제품은 비단처럼 보드랍다.)

She knows the world **as** little **as** a baby.

(그 여인은 아기만큼이나 세상을 모른다.)

He was **so** kind **as** to help me.

(그가 친절하게도 나를 도와주었다. 나를 도와줄 만큼 그는 친절했다.)

Please get up **so** early **as** to be in time for your breakfast.

(아침 식사 때에 맞춰 일찍 일어나라.)

Can he run **so** fast **as** I (can)?

(나만큼 그가 빨리 달릴 수 있을까?)

Are you **as**[so] wise as he?

(자네가 그만큼 지혜로운가?)

She is **as** bright **as** (she is) fair.

(그 소녀는 얼굴이 예쁜데 머리도 총명해.)

He is **as** obedient **as** (he has) **ever** (been).

(그는 변함없이 고분고분하다.)

I went to school **as** usual (as it was usual with me).

(평상시대로 나는 학교에 갔다.)

We stayed on that island two days; it seemed to us **as** many years (as we

stayed).

(그 섬에 우리가 이틀 묵었는데, 2년이나 된 것처럼 지루했다.)

I thought **as much** (as that).

(그만한 것은 나도 생각하고 있었다.)

You **might as well** throw a stone at the sun **as** injure him.

(그를 해롭게 하려면 차라리 해를 보고 돌을 던지는 것이 쉬울 게다.)

Read **as** rapidly **as** you will, you can not finish it before the curfew hour.

(= However rapidly you may read, ….)

(아무리 빨리 읽어도 통행금지 시간 전에 그 책 읽기를 끝내지는 못할 것이다.)

We went by bus **as far as** Su-weon.

(수원까지는[까지도] 버스로 갔다.)

We must do it **as**[so] far as is possible[we can].

(할 수 있는 한 해야지.)

So far as the plot is concerned, it leaves very little to be desired.

(이야기 줄거리에 관한 한 더할 나위 없이 만족스럽다.)

You can get **as many as** two dozens with this money.

(이 돈으로 두 타도 살 수 있다.)

I can do it **as well** (as you can).

(나도 할 수 있다.)

뜻이 분명하면 두 번째 as 이하는 생략하기도 한다.

2 **부동(不同)의 비교(Comparison of Inequality)**: not so … as에 의한 것.

He is **not so** old **as** he looks.

(겉보기처럼 그가 나이 들어 있지는 않다.)

His watch is **not so** good **as** mine.

(그의 시계는 내 것만 못해.)

He cannot speak French **so** fluently **as** she (does).

(그의 프랑스 말 회화는 부인만큼 유창하지 못하다.)

He is **not so** lazy a boy (**as** you think).

(그는 그러한 게으름뱅이가 아니다.)

He is **not so much** a scholar **as** a teacher.

(= He is a teacher rather than a scholar.) (그는 학자라기보다 교사다.)

None are **so** blind **as** those who will not see.

(보려고 하지 않는 자만큼 눈 먼 사람은 없다. = 쇠귀에 경 읽기牛耳讀經)

He can**not so much as** write his own name. (= not even …)

(그는 자기 이름도 쓸 줄 모른다.)

She went out **without so much as** saying goodby.

(안녕이라는 인사 한마디조차 없이 그 여인은 나가버렸다.)

There is **no** love **so** generous as parental love.

(부모님의 애정만큼 비이기적인 것은 없다.)

3 **배수(倍數)와의 관계(Comparison with Multiplicatives)**

This wrestler was **three times as** strong **as** I.

(이 씨름꾼은 나보다 세 배나 강했다.)

He reads **twice [two times] as** fast **as** an ordinary reader.

(그는 보통 독자의 두 배나 빨리 읽는다.)

He is **not half so** foolish **as** his brother.

(그는 형의 반만큼도 어리석지 않다.)

Her income is **half as** much again **as** his.

(그녀의 수입은 남편의 1배 반이다.)

The demand is **four times as** great **as** the supply.

(수요가 공급의 네 배나 된다.)

The G Hotel has **two-thirds as** many rooms **as** the C Hotel.

(G호텔은 방 수효가 C호텔의 2/3다.)

④ **최상급의 뜻을 지닌 표현**

Get up **as** early **as possible**[as you can].

(될 수 있는 대로 일찍 일어나시오.)

She is **as** happy **as** happy **can** be[as she can be].

(그 여인은 더할 나위 없이 행복하다.)

He is **as** great a scholar **as ever** lived.

(= He is one of the greatest scholars.)

(그는 탁월한 대학자다.)

The Koreans are **as** peace-loving a nation **as any** in the world.

(= The Koreans are more peace-loving *than any other* nation in the world.

= The Koreans are *the most* peace-loving (nation) in the world.)

(한국인은 세계 어떤 국민보다도[에게도 손색없는] 평화애호민이다.)

No other friend was **so** cooperative **as** he.

(그 친구만큼 협동적인 사람은 없었다.)

Nothing comes to us **so** quickly **as** light does. (= Light comes to us **more** quickly **than any other** thing in the world.= Light comes to us most quickly in the world.)

(빛의 속도가 가장 빠르다.)

91. 비교급

어떤 점에 관하여 A와 B, 둘의 정도를 비교할 때 쓰인다. 비교급에의 한 비교의 표현은 다음과 같이한다.

1 우세(優勢)비교(Comparison of Superiority [Ascending comparison]): 비교급 + than …에 의한다.

    She is **sincerer than** he. (그 여인은 남편보다 진실하다.)

    He has **more** money **than** he can spend. (= He cannot **spend** all his money.)

        (그에게는 아무리 써도 못 쓸 만큼 돈이 많다.)

    The Marathon runner runs **faster than** he used to.

        (그 장거리 경주자는 이제 이전보다 더 빨리 뛴다.)

    He is **more** eloquent **than** the other. (= He is **the more** eloquent of the two.)

        (두 사람 중에서 그의 말솜씨가 더 감명적이다.)

    She is **the younger** of the two sisters.

        (자매 중에서 그녀가 더 젊다.)

    Of gold and silver, the former is **the more** precious.

        (금과 은 중에서 금이 더 귀하다.)

2 우세의 부정

1) not + 비교급 + than…에 의한다

    He is **not more than** forty years of age. (= at (the) most)

        (그의 나이는 많아야 40세를 넘지 않는다.)

    I have **not more** money **than** he.

        (내가 돈을 그이만큼은 가지고 있지 않다.)

    He'll stay in America **not more than** three weeks. (= at longest)

        (그가 미국에 머무르고 있기는 오래야 3주일 것이다.)

    She did **not** lose **more than** 2,000 won. (= at most)

        (그녀가 잃은 돈은 많아야 2,000원이다.)

2) no + 비교급 + than … 에 의한다

    It was **no** [little] **more than** a dream. (= only)   [문장체]

        (= It was **not any more than** a dream.)   [회화체]

        (그것은 몽상에 지나지 않았다.)

    He has **no more than** one hundred won. (= only; as little as)

(그가 가지고 있는 돈은 겨우 100원이다.)

The orphans lived **no better than** beggars. (= as miserably as)

(그 고아들은 거지와 같은 생활을 했다.)

She has **no more** money **than** you (have).

   (= She has **not any more** money **than** you (have).)   [회화체]

   (당신에게 돈이 없듯이 그녀에게도 없다.)

We have **no more** oil-well **than** you (have).

   (당신네가 유전을 가지고 있지 않듯이 우리도 가지고 있지 않습니다.)

3) no more than과 not more than

She has / no more than five dolls. (= only [as few as])

She has not / more than five dolls. (= at most)

   no more than의 no(부사)는 more를 수식한다.

   (다섯 개를 넘지 않는 수효의 인형을 가지고 있다.)

no 대신에 much이면 '다섯 개보다 훨씬 더 많은, 예컨대 아홉 개나 열 개', a little을 넣으면 '다섯 개보다 조금 더 많이, 예컨대 여섯 개 혹은 일곱 개'란 뜻이다. not more than의 not(부사)은 has를 수식한다. 미국식 영어로는 이 말을 She does not have more than five dolls이라고 한다. 그러니까 이 소녀가 가지고 있는 인형 수효는 다섯 개, 아니면 그 이하인 세 개 혹은 네 개일 것이다.

> 참고 than의 앞뒤를 모두 부정으로 번역하는 것이 좋다.
>
>   I am **no more** mad **than** you are. (= as little mad as)
>
>   (자네가 그렇듯이, 나도 정신 이상자가 아니야.) 비교 표현의 than 다음에는 긍정의 표현이
> 온다는 어법상 원칙이 있다.
>
>   cf. I am **not more** mad **than** you are. (= not so mad as)
>
>   (나도 정신이 조금 이상하기는 하지만 자네처럼 심하지는 않아.)

③ **열세(劣勢)비교**(Comparison of Inferiority [Descending comparison]): less … than … 에 의한다.

less … than(문장체) = not so … as(회화체)

Their attitudes are **less** democratic **than** yours.

   (= not so democratic as yours)

(그들의 태도는 당신네보다 민주적이지 않군요.)

We find **less** difficulty **than** before.

(= We do not find so much difficulty as before.)

(이전만큼의 어려움은 없다.)

She must have been **less** hurt **than** frightened.

(그 부인이 감정을 상했다기보다 오히려 놀랐음에 틀림없다.)

I speak English **less** frequently **than** formerly.

(나는 이전처럼 자주 영어를 쓰게 되지 않는다.)

4 **열세의 부정**: than의 앞과 뒤를 긍정으로 번역하는 것이 좋다.

1) not less … than … 에 의한다

He has **not less than** five million won.

(= at (the) least five million won or more)

(그에게는 적어도 500만 원 이상이 있다.)

He is **not less** energetic **than** his brother. (= at least as energetic as)

(그는 형 이상으로 활동적이다.) (= 형보다 더하면 더했지, 못하지 않다.)

He did **not** lose **less than** 2,000won. (= at least)

(적어도 2,000원은 잃었다.)

2) no less … than … 에 의한다(= not any less than)

She has **no less than** 5 million won. (= as much as; even)

(500만 원이나 가지고 있다.)

He is **no less** energetic **than** his brother. (= quite as energetic as)

(그는 형에 못지않게 활동적이다.) (= 형이 정력적인 것과 같은 정도로 그도 정력적이다.)

5 **점층비교급**(Comparative of Gradation, 漸層比較級): 비교급을 되풀이함으로써 정도가 점차로 높아지거나 또는 낮아짐을 나타낸다.

It is getting **colder and colder** day by day.

(날씨가 매일 조금씩 더 추워진다.)

He became **more and more** eloquent towards the end of his speech.

(그의 연설은 거의 끝나감에 따라 더욱 감명 깊은 열변이 되었다.)

Their laughing voice in the next room grew **less and less** frequent.

(옆방에서의 웃음소리도 점점 줄어들었다.)

The sky grew **dark and darker**.

(하늘은 차차로 어두워졌다.)

⑥ **비례비교급(Comparative of Proportion, 比例比較級)**: the(관계부사) + 비교급 ··· the(지시부사) + 비교급··· '···하면 할수록 더욱[그만큼 더]'에 의한다.

The more one learns, **the easier** do things become.

(배우면 배울수록 세상사가 점점 더 쉬워진다.)

The sooner (you do it), **the better** (it will be).

(빠르면 빠를수록 좋다.)

The more (you have), **the better** (it is).

(많으면 많을수록 더 좋다.)

We are **all the richer** under the industrialization movement.

(공업화 운동 덕택으로 우리는 점점 더 부유하게 살고 있다.)

He has some faults, but I like him **none the less**.

(다소의 결점은 있어도 이에 관계없이 나는 그가 좋다.)

You will speak **more** highly of him as you work with him longer.

(함께 일해감에 따라 더욱 그를 칭찬하게 될 거야.)

⑦ **절대비교급(Absolute comparative)**: 비교의 대상은 없이, 막연히 어떤 정도의 높고 낮은 것을 표시하는 것이다. 이에 대하여 지금까지 일반비교급으로 부르던 것을 상대 비교급(Relative comparative)이라고 부른다.

He contributed millions of dollars to those institutions of **higher** education.

(그는 여러 고등교육 기관에 수백만 달러를 기부했다.)

The **greater** part of the land was paddy fields.

(그 지방 대부분의 토지는 논이었다.)

the **lower** classes (하층 계급)   the **upper** classes (상층 계급)

the **younger**[rising] generation (젊은이들)

the **more** complex problems of life. (인생의 복잡한 문제)

8 기타

1) 동일한 사람이나 물건의 서로 다른 성질을 비교할 때의 more → rather(오히려)이다

She is **more** (= rather) shy than unsocial.

(그 여인은 비사교적이라기보다 오히려 수줍은 편이다.)

Mrs B is **more** proud than vain. (= prouder than vain)

(B부인은 허영적이라기보다 거만한 편이다.)

2) 최상급으로 비교급의 뜻인 표현은 회화체다

I know both A and B, but I think B the **nicest** boy of the two.

(= ···but I think B's the **nicest**.)

(= I know both A and B, but I think B the **nicer** boy of the two.)

(갑과 을 두 애를 내가 다 알고 있는데, 을이 더 마음에 드는 것 같다.)

3) 형용사 상당어인 명사는 비교변화를 받는다

She is **more** *mother* (= motherly) than *wife*. (= wifely)

(그 여인은 양처라기보다 현모인 편이다.)

Though the youngest among them, she was **more** *woman* (= womanly) than her

sisters. (나이는 가장 젊지만 그 여인이 자매 중 여성애가 가장 강했다.)

9 비교급의 관용례

Grandpa had **a little**, father had **less**, and I have (the) **least**.

(집안 재산으로는 조부가 약간, 부친이 그보다 적게 가지고 계셨고 나는 조금밖에 없다.)

참고 less는 드물게 사용된다. 그러므로 less poisonous than(···보다 해독이 더 적은)을 not so
poisonous as로, less strong than(덜 힘센)을 weaker than으로 고쳐 쓰는 것이 좋다.

My elder sister is two years **older** than your **eldest** sister.

(내 둘째 누님은 자네 맏 누님보다 두 살이나 더 많아.)

참고 영국영어에서는 elder, eldest 대신 older, oldest를 많이 쓴다.

There is no time to walk any **further**[farther].

(더 걸어갈 시간이 없다.)

It is not **further** than two kilometers from the school.

(학교로부터는 5리도 안 된다.)

참고　거리에서나 정도에서나 모두 further가 단연 우세하다.

He is **the stronger** of the two.　　　　　　　　　　　　　　　[명사]

　(= He is **stronger** than his brother.)　　　　　　　　　　　　[형용사]

What **more** does the newspaper say?

　(신문에 뭐라고 더 나지 않았나?)

Ten minutes **more**, and school will be closed.

　(10분 더 있으면 수업은 끝난다.)

We were **more than** pleased with the news.

　(그 소식 듣고 더할 나위 없이 기뻐했다.)

Rice is the staple of existence, and **more than** takes the place of wheat with

　us. (쌀은 한국인의 주식으로서, 밀의 대용식 이상이다.)

You **had better[best]** go to bed.

　(잠자리에 드는 것이[가장] 좋겠다.)

I **had[would] rather** not accept your offer.

　(자네 요청을 받아들이지 않는 것이 좋겠어.)

You **would sooner[rather]** die **than** betray your country.

　(= You would as soon die as betray your country.)

　(네가 조국을 배반하다니, 차라리 죽는 것이 낫겠다.)

We hope we shall be able to **get the better[best] of** them.

　(우리가 그들을 이길 수 있기 바란다.)

She **knows better than** to do such a thing.

　(그 여인은 그러한 일을 할 만큼 무식한 사람이 아니다.)

I like you (all) **the more** because[as] you have faults.

　(= … for [because of] your faults)

　(자네에게는 결점이 있어서 오히려 나는 자네를 좋아하네.)

Nothing is **more[so]** precious **than[as]** life.

　(생명만큼 귀중한 것은 없다.)

In **no other** country has social change been **completer**.

(다른 어떤 나라에도 사회 변혁이 이보다 더 완성된 곳은 없다.)

The audience were **more or less** excited. (= somewhat)

(시청자들은 다소 흥분했다.)

Many were against him, but nevertheless[**none the less**] he persevered.

(= in spite of that)

(많은 반대자들이 있었지만 그는 참았다.)

Sooner or later the castle wall will fall to ruin.

(얼마 지나지 않아 성벽이 무너질 거야.)

No sooner had he returned home **than** his father died.

(= He had **no sooner** returned home **than** his father died.)

(= Hardly[Scarcely] had he returned home before[when] his father died.)

(= He had **hardly**[scarcely] returned home before[when] his father died.)

(= As soon as[The moment] he returned home, his father died.)

(귀국하자마자 그의 부친이 돌아가셨다.)

참고 1. 다음 최상급은 실제에서 비교급을 강조한 것으로 회화체다. Which do you like **best** (= **better**), gimchi or salad? (best는 부사)
2. 다음의 easier는 부사상당어다.
This is **easier** said than done.
(이 일이 말은 쉬워도 실행은 어려우니라.)

92. 최상급

어떤 성질의 정도를 달리하는 셋 이상의 것을 비교할 때 쓰인다. 원칙적으로 the를 붙이나, 보어인 형용사와, 또 부사에는 없다.

Saturday was the **finest** day last week.

(지난주에는 토요일이 가장 날씨 좋은 날이었다.)

The **longest** way round is the **shortest** way home.

(급하다고 바늘허리 매어서 쓰나?)

[비교] 같은 의미를 나타내는 원급·비교급·최상급

He is **as great** a statesman **as** ever lived.   [원급]

He is **greater than any other** statesman that (has) ever lived.   [비교급]

He is **the greatest** statesman that (has) ever lived.   [최상급]

(아직까지는 그가 가장 위대한 정치가다.)

She is **as cheerful as any other** girl in her class.   [원급]

No other girl(s) in her class is[are] **so cheerful as** she is.   [원급]

She is **more cheerful than any[(all) the] other** girl(s) in her class.   [비교급]

She is **the most cheerful** girl in her class.   [최상급]

She is **the most cheerful** of all the girls in her class.   [최상급]

[참고] "She is the brightest girl in her class."라고 하면 말은 되지만, 다른 학생들의 감정도 존중하는 의미에서, 실제로는 "She is one of the brightest girls in her class."라고 표현하는 것이 관용법이다.

[1] **절대최상급(Absolute superlatives):** 비교 상대 없이 하나를 강조할 뿐인 문장체다. 회화체에서는 대개 very를 이 뜻으로 쓴다.

She is **a most** poor woman. (most = very(회화체))

(그 여인은 매우 불쌍한 사람이다.)

[참고] 이 예에서 다음과 같은 점에 유의한다.

1. the 대신 a인 것이 보통 말하는 최상급이 아님을 표시한다.

2. 왜 poorest로 되어 있지 않는가?

Most foreigners have a dislike to raw fish. (most = nearly all)

(대체로 외국인은 생선회를 싫어한다.)

[참고] 형식은 최상급이지만 the가 없다.

We shall soon see Dr. Bell and **his most beautiful** wife.

(벨 박사와 그의 아름다운 부인을 우리는 곧 뵙게 된다.)

[참고] 한 분뿐인 부인인데 most … 를 썼음에 유의해야 한다. 관사 등의 유무와 별로 관계없이 대체로 상황(situation)에 따른다. the first lady이면 대통령[주지사] 부인이란 뜻의 미국식 표현이다.

He spends **most** of his time in reading.   [명사]

(그는 대부분의 시간을 독서로 보낸다.)

These dishes are **most** delicious.   [부사]

  (이 요리는 과연 맛있다.)

The typhoon blew **most** violently towards the end of August last year.

  (작년 8월 말 가까이 태풍이 무섭게 불었다.)

The sea is **deepest** at that point. (보어인 최상급 형용사에는 관사 없음.)

  (바다는 저 곳이 가장 깊다.)

② even의 뜻이 때로 포함되어 있는 최상급

The best workman will blunder sometimes.

  (명공이라도 때로 실수하는 것 어쩔 도리 없다.)

The most skilful marksman may sometimes miss.

  (명포수도 못 맞힐 때가 있다.)

Time and thinking tame **the strongest** grief.

  (세월이 흐르고 또 생각을 거듭하면 처절한 슬픔도 달래게 된다.)

③ **동족목적어의 최상급:** 동족목적어를 수식하는 최상급 형용사는 그것만 남고, 뒤의 명사는 흔히 생략된다.

He breathed **his last** (breath).   [문장체]

  (그는 숨을 거두었다.)

They shouted **their loudest** (shouts).

  (그들은 힘껏 외쳤다.)

She smiled **her brightest** (smile).

  (그 부인은 한껏 밝게 미소 지었다.)

④ **부정 센텐스에서의 최상급:** 최상급이 포함된 부정 Sentence에서는 때로 "… 반드시 … 은 아니다"의 뜻을 포함하기도 한다.

The handsomest flower is **not the sweetest**.

  (가장 아름다운 꽃이 반드시 향기롭다고 할 수는 없다.)

⑤ **최상급의 효과를 내는 비교급**

The rose is **lovelier than any other** flower in his garden.

No flower is **lovelier than** the rose.

(= The rose is the loveliest of all the flowers in his garden.)

(= The rose is the loveliest flower in his garden.)

(그의 정원에서 장미가 다른 어떤 꽃보다 더 아름답다.)

6 셋 이상 것들의 최우수·최열등

The foundling is in **the worst** of health.

(그 기아가 최악의 건강 상태에 있다.)

The chauffeur worked **least** but was paid **most**.　　　　　　[부사]

(그 자가용 운전기사가 일은 가장 적게 하고, 급료는 가장 많이 받았다.)

7 more, most가 두 개의 형용사에 공통되어 있는 표현

Those three months were **the most idle and profitable** of my. whole life.— (idlest 가 있으나, most profitable 관계로)

(그 3개월은 내 일생에 가장 자유로운, 또 유익한 시간이었다.)

We fell into a **more low and servile** condition. — (lower가 있으나, more servile 이어 야 하므로)

(우리는 더욱 비천하고 굴종적인 상태로 빠져 들어갔다.)

8 the가 없는 최상급

I love her **best**.　　　　　　　　　　　　　　　　　　　[부사]

cf. I love her **the best**. (여기서 the best는 부사적 대격)

(나는 딸을 가장 귀여워한다.)

The mountain is **highest** at this point. —(같은 것에서)

(이 산은 여기가 가장 높다.)

cf. Mt. Everest is **the highest** (one) of all the mountains in the world.—(다른 것들 사이에서)

We have found his lecture **easiest**.

(그의 강의는 가장 알아듣기 쉽다.)

9 원급·비교급·최상급을 강조하는 부사(구)

1) 원급에는 very: She is **very** pretty.

2) 비교급·최상급에는 much, far, by far, a great deal, still, greatly:

Yours is much[far, a great deal] better than mine.

(당신 것이 내 것보다 훨씬 좋습니다.)

He is by far the better[the more intelligent] of the two.

(그가 두 사람 중에서 훨씬 더 낫다[총명하다].)

Oil is still[greatly] costlier [more expensive] than coal.

(석유는 석탄보다 비싸다.)

He is the very[much the] ablest business-man here.

(그가 여기서는 가장 유능한 실업가다.)

Your picture is by far the best of all in the saloon.

(그 전람실에서 당신의 그림이 가장 우수해.)

⑩ 의미상의 최상급

Vanity of vanities; all is vanity.

(헛되도다, 헛되도다, 세상만사가 헛되도다.)

King of kings(왕 중의 왕) the Lord of Lords (= Christ)

⑪ 최상급의 관용례

To build more factories in the country-side is the next[second] best policy to disperse the city population.

(지방에 더 많은 공장을 건립함은 도시 인구 분산의 차선책이다.)

We live in the next house but one.

(우리는 한 집 건너 이웃에 살고 있다.) (= 셋째 집)

He is the least ambitious man that I know.

(그는 내가 아는 중에서 가장 야심 없는 사람이다.)

If you are wrong, the least you can do is to apologize.

(잘못했으면 최소한 사과해야지.)

He is, to say the least of it, rather stingy.

(줄잡아 말하더라도 그는 구두쇠인 편이다.)

There is *not* the léast help from outside.

(외부로부터의 도움이 오늘엔 조금도 없다.)

cf. There is nót the *least* help from outside.

(외부로부터 적지 않은 도움이 있다.)

He is not in the least concerned about her future.

(그가 그녀의 장래에 대해서는 조금도 걱정하고 있지 않다.)

He has a very small income, but he makes the best of it.

(좋지 못한 것을) (수입은 적으나 그것을 선용하여 살아나간다.)

You must make the most of this opportunity. (좋은 것을)

(이 기회를 잘 이용해서 성공하시오.)

cf. make the best of (불행에 선처하다 = be cheerful in misfortune. 최대한으로 이용하다

= do as well as possible). Try to make the best of your bad business. (이 불경

기를 타개하도록 하라.) make the most of (되도록 이용하다 = make the best use of)

That painting is his last and latest work.

(그 유화가 그의 최후이고 또 최근의 작품이다.)

Last but not least, save money for a rainy day.

(최후지만 최소가 아닌 일인데, 불행에 대비하여 돈을 모아라.)

The author should be the last man to talk about his own work.

(저자가 자기 자신의 작품에 관해서는 말하지 않는 법이다.)

He was sincerely doing his best.

(그는 진심으로 있는 힘을 다하고 있었다.)

Azaleas are at their best in April.

(진달래는 4월에 한창이다.)

He is a fool at (the) best. (잘 봐줘도 그는 바보다.)

At (the) worst our lives are safe.

(최악의 경우에라도 우리의 생명만은 건진다.)

He managed everything for the best.

(그는 만사를 잘 되어가도록 처리했다.)

I think he is fifty at (the) most.

(그의 나이가 많아야 50세일 게다.)

EXERCISE 14

1. 다음에서 잘못된 곳이 있으면 고쳐라.

(1) She is kinder than good.

(2) He is more cleverer of the two clerks.

(3) She likes English than any other subjects.

(4) These goods are more inferior than the samples.

(5) The later you come, the little time will there be for study.

2. 다음을 우리말로 옮겨라.

(1) He is as good as his word.

(2) Nothing is farther from my intention than to give up.

(3) I would not speak to him; still less would I be willing to make friends with him.

(4) It is not so much what you earn as what you save that makes you rich.

(5) A home without love is no more a home than a body without soul is a man.

3. 다음 글에서 a와 b의 서로 다른 점을 말하라.

(1) a. He shot the tiger dead.

  b. He shot the dead tiger.

(2) a. Many boys are fond of sports.

  b. Most boys are fond of sports.

(3) a. He has lost no less than 5,000 won.

  b. He has lost not less than 5,000 won.

(4) a. She has no more than 1,000 won.

  b. She has not more than 1,000 won.

(5) a. The strongest man cannot stop the stream.

  b. The strongest man will win the day.

제4장 관사(Articles)

관사(冠詞)가 예전엔 독립한 한 개의 품사로 인정되기도 했으나, 요즈음에는 대명사와도 비슷하고(the < that: a, an < one), 또 형용사와도 거의 같게 (the, a(n)+명사) 명사를 수식하니, 뜻이나 용법에서 대명형용사라고 볼 수도 있으나, 여하간 그 유무에 따라서 뜻이 조금씩 달라지기도 하는 일종의 수식어임을 생각하여 여기서는 편의상 형용사의 특수한 것으로 다룬다.

[1] 관사의 종류와 용법(Kinds and Uses of Articles)

관사에는 두 가지 종류가 있다.

(1) 부정(不定)관사(Indefinite article): a, an
(2) 정(定)관사(Definite article): the

(1) 부정관사

처음으로 이야깃거리가 되는 단수의 보통명사·집합명사·보통명사화(化)한 다른 종류의 명사 앞에 붙는다. 명사 앞에 형용사가 있으면 그 형용사 앞에, 또 그 형용사 앞에 부사가 있으면 그 부사 앞에 온다.

a day   a cold day   a very cold day

발음에는 강·약의 두 가지가 있다.

(강) a [ei]   I said a [ei] boy, not a girl.

(남학생 한 사람이라고 했지, 여학생이란 말은 안했다.)

266

an [æn]   Egg, not a dozen.

(달걀 한 개 사러 왔지, 한 판은 필요 없소.)

(약) a [ə], an [ən]   He settled a [ə] quarrel in an [ən] amicable way.

(그는 싸움을 우호적인 방식으로 해결했다.)

a, an의 구별은 발음에 따르는 것이며, 철자에 따르는 것이 아니다.

1) 원칙

a) a는 자음으로 시작되는 단어 앞에 쓴다: **a** bench, **a** cat

b) an은 모음으로 시작되는 단어 앞에 쓴다: **an** ant, **an** umpire [ʌ́mpaiə], **an** hour,

an M.P. [émpíː](하원의원)

2) 모음이지만, 자음으로 시작되는 발음일 때에는 ɑ이다

a uniform [júːnifɔːm], **a** European [juərəpíːən] (유럽 사람), **a** one-man show [wʌ́nmænʃou]

(개인전展)

3) [h] 소리는 약한 까닭에, 자음이지만 첫 음절에 강세가 없으면 ɑn이다

an hotel [houtél], an histórian (역사가), an horízon (지평선), an hypóthesis (가설假

說), etc.

그런가 하면, an hill, an history, an household 등도 눈에 띈다.

그러나 이상 (2), (3)번의 예에는 예외가 있으므로, (1)번인 원칙만을 지키는 것이

좋다.

93. 부정관사의 용법

① 보통명사와 함께

1) one: '하나'라는 본래의 뜻

Do one thing at **a** time. (= one)

(한 번에 한 가지 일만을 하라.)

A smile **a** day is all I require. (= in a day)

(하루 한 번의 미소를 내게 보내주시오.)

A word is enough to the wise.

　(분별 있는 사람들에게는 말 한마디로 족하다.)

The cabinet members resigned in **a** body.

　(내각이 총사퇴했다.)

She couldn't sleep **a** wink last night. (= (not even) one)

　(그 여인은 어젯밤 한잠도 이루지 못했다.)

I saw **a** dog at the gate.

　(개 한 마리가 대문 옆에 있는 것을 보았다.)

[참고] 이때의 복수에는 수사나, some 또는 several이 붙는다.
　　　I saw **two[some, several]** dogs in the garden.

2) 약한 one: Introductory use로 대개 번역하지 않는다.

There came **a** bus driving along the highway. (버스가 큰길을 달려왔다.)

Be **a** man who values honor. (명예를 존중하는 사람이 되어라.)

Fine feathers make **a** man. (의복이 날개다.)

I think it **a** great honor. (대단한 영광으로 생각합니다.)

Do you want **a** book? (책을 줄까?)

[참고] 이 경우의 복수에는 some이나 any이다.
　　　Yes, I want **some** (books).
　　　No, I don't want **any** (books).

3) 총칭적 용법(Generic use): 약한 any, every

A dog is a vigilant animal.

　(개는 파수꾼 노릇을 하는 동물이다.)

[참고] 이것이 복수로 되면 관사가 없다.
　　　Dogs are vigilant animals.
　　　또 A 대신 The를 써도 뜻은 같다. 이때의 the는 Generic use이다.

How can you be **a** boy when you are a girl?

　(네가 여자인데 어찌 남자가 될 수 있겠니?)

He has never been in **an** aeroplane.

　(그는 아직 비행기를 타보지 못했다.)

4) **the same:** '하나'라는 본래의 의미에서

　Two of **a** trade seldom agree.

　　(같은 장사끼리는 화합이 안 된다.)

　Birds of **a** feather flock together.

　　(초록은 동색이다.)

　They were all of **a** mind.

　　(그들은 한마음 한뜻이었다.)

　He and she are of **an** age.

　　(그 남녀는 동갑이다.)

5) **a certain:** '어떤'이란 뜻

　Once upon **a** time there was **a** king in **a** country.

　　(옛날 어떤 나라에 어떤 임금이 계셨다.)

　A professor gave his lecture on foreign policy.

　　(어떤 교수님의 외교정책에 관한 강의가 있었다.)

　Birth, in **a** sense, is the beginning of death.

　　(출생이 어떤 의미에서는 사망의 시초다.)

6) **some amount of:** 막연히 '얼마쯤'이란 뜻, 대개 불가산어(不可算語) 앞에서 쓰인다.

　I will stay here for **a** time[while].

　　(당분간 여기에 머물겠다.)

　We only saw you at **a** distance.

　　(우리는 약간 떨어진 곳에서 자네를 보았을 뿐이야.)

　He has **a** knowledge of Spanish.

　　(그가 스페인어를 좀 알고 있다.)

　He owns **a** number of houses in this street.

　　(그는 이 동리에 집을 여러 채 가지고 있다.)

7) **per:** = each '마다(每)'라는 뜻으로 본래는 전치사다.

　It will cost you one thousand won **a** case.

　　(값은 한 갑에 1,000원씩이다.)

The doctor advised me to take that medicine three times **a** day.

(매일 3회 그 약을 복용하라는 의사의 지시였다.)

② 고유명사와 함께

1) … 라는 어떤 사람(some)

On the plane also was with us a Doctor Miller. (= one)

(우리와 함께 또한 밀러 박사라는 분이 비행기에 타고 있었다.)

A Mr. Eliot came to see you during your absence.

(엘리엇이라는 분이 당신의 부재중에 왔다 갔습니다.)

2) 그 이름을 가진 사람이나 사물의 성격(보통명사화)

He is **a** Hercules.

(그는 헤라클레스 같은 장사다.)

She is **a** William.

(그 여인은 윌리엄 댁 부인이다.)

What man is he that is just passing in **a** Ford? (제품)

(방금 포드 자동차 타고 지나가는 사람이 뭐하는 사람이지?)

3) 고유명사에 수식어(구)가 있는 때

I wish you **a Merry** Christmas and **a Happy** New Year.

(성탄과 새해에 복 많이 받으세요.)

Napoleon entered **an almost deserted** Moscow.

(나폴레옹은 거의 황폐한 도시 모스크바에 입성했다.)

③ 추상명사·물질명사와 함께 (성질·종류 등) 쓰인다.

The sister is ready to do anyone **a** kindness. (부분)

(그 수녀님은 누구에게나 친절한 도움을 주려는 분이다.)

He has laid **an** obligation on me, which I cannot fulfil. (수식 절)

(그가 내게 짐을 지웠는데, 나는 그것을 감당할 수 없다.)

She had **a** fire in the kitchen. (보통명사화)

(부엌에서 화재를 당했다.)

This is **an** excellent wine. (수식어)

(이것은 상등품 포도주다.)

Buy me **an** ink that will not spread. (수식절)

(번지지 않는 잉크를 사오너라.)

He has got **a** bad cold. (흔한 병 이름)

(그가 악성 감기에 걸렸다.)

I am suffering from **a** headache [hédeik].

(머리가 아프다.)

④ 특별 용례

Many a man has much trouble to keep out of debt. [문장체]

(빚을 지지 않으려고 애쓰는 사람들이 참으로 많다.)

She was **at a loss** what to say.

(무엇이라고 말해야 좋을지 그 부인은 어리둥절했다.)

Let's go for **a** swim[walk] after school.

(한 차례의 수영이나 소풍) (하교 후 수영[소풍]하세.)

Go in **a** hurry. (서둘러 가라.)

She will go and **have[take]** a look at the new house. (동사구)

(그 부인이 가서 그 새 집을 구경할 거야.)

What a beautiful moon! (보통의 경우면 moon에는 the, what a는 간투사)

(저 아름다운 달!)

The war at last **came to an end**.

(전쟁은 마침내 끝났다.)

He **had an aversion to** mathematics.

(그는 수학을 싫어했다.)

She **had a taste for** music.

(그 부인은 음악을 좋아했다.)

I **have[take] a fancy for[to]** aviation.

(나는 비행하는 것이 좋아.)

She always **makes a point of** answering her letter.

(그 부인은 받은 편지에 회답하는 것을 언제나 중요시한다.)

The harvest is better this year **on an average.**

(금년 추수는 평균해서 평년작 이상이다.)

She is something of **a** heroine. (of a = like)

(그 여인은 어딘지 모르게 여장부다운 데가 있다.)

Are you tired? — **Not a bit.**

(피곤한가? — 아니, 조금도 (그렇지 않네).)

(2) 정관사

정관사인 the의 발음에는 강·약 두 가지가 있다.

(강) [ðíː] 드물다

The [ðíː] is the [ðə] definite article.

(The는 정관사다.)

I didn't say my book; I said the [ðíː] book.

(내 책이라고 하지 않고, 그 책이라고 했다.)

He is the [ðíː] actor for the stage.

(그가 바로 그 극에 알맞은 배우다.)

(약) [ðə] + 자음

How goes the [ðə] world with you?

(요새 재미가 어떤가?)

[ði] + 모음

The [ði] article echoes the [ði] opinion of the best observers.

(그 사설이 가장 우수한 관찰자들의 의견을 반영하고 있다.)

94. 정관사의 용법

1 이미 언급된 것에(Anaphoric 'the'(= 되풀이 'the')라고 불림) 쓰인다.

We keep a dog. The dog is called Rover.

(우리가 개를 한 마리 기르고 있는데, 그놈 이름은 배회자徘徊者이죠.)

2 그때의 상황(situation), 또는 전후관계(context)로 그것이 무엇인가가 명백한 것에 쓰인다.

The doctor said the patient would soon recover.

(의사의 말씀이 그 환자가 곧 회복할 것이랍니다.)

Open the door, please. (문을 여시오.)

What's the matter with you? (무슨 일이요?)

3 유일한 것에 (Unique article이라고 불린다) 쓰인다.

The sun's heat warms the earth.

(태양열이 지구에 온기를 준다.)

A cloud moved so sweetly to the west.

(한 조각구름이 서쪽 하늘로 거침없이 흘러갔다.)

the moon   the world   the sky   the universe

> 참고 1. 계절 이름에는 있어도 또는 없어도 좋다: (the) spring
> 2. 다음과 같은 표현은 형용사 때문에 유일성이 흐려진 것임.
>   a half-moon, a heavy rain, a rough sea, a strong wind, etc.

4 형용사 (구·절)로 수식되는 것에 쓰인다.

 1) 일반 형용사에

Two meetings are to be held on the same[very] day.

(같은 날 회의가 두 차례나 열릴 예정이다.)

A sparrow gave a few chirps on the tree yonder.

(참새 한 마리가 저쪽 나무에서 몇 번 짹짹 울었다.)

the day following (다음날)

the front door (앞문)

on the other hand (또 한편으로는) etc.

2) 서수(Ordinal)에

We hope the twenty-first century will open with pure humanity.

(21세기는 순수한 인도주의로 시작되기를 바란다.)

3) 비교급에(of … 구와 함께)

She is the younger of the two sisters.

(그 소녀는 두 자매 중의 동생이다.)

He got the better of his opponent.

(그는 적대자를 억압했다.)

4) 최상급에

Busan is the best seaport in Korea.

(부산이 한국 제일의 항구다.)

5) 형용사구가 있는 명사에

Do us the kindness to hold your tongue.

(= Be so kind as to….)

(제발 조용히 해주시오.)

The earth is the shape of an orange. (= of the shape)

(지구의 모양은 귤과 비슷하다.)

6) 형용사절이 있는 명사에

The game they played last Sunday was excellent.

(지난 일요일에 있었던 그들의 경기는 훌륭했다.)

They must not take from those that have little the little that they have.

(가난한 사람들로부터 그나마 가지고 있는 최후의 변변치 않은 것까지도 빼앗으려는 태도는

그들이 버려야 한다.)

You are not the man you were.

(자네는 사람이 전과 달라.)

⑤ 동격어(Appositive)인 명사 앞에

Caxton the printer was born in England in the year 1422.

(인쇄가 캑스턴은 1422년 영국에서 출생했다.)

⑥ 총칭 용법(Generic use)

He plays (on) **the** guitar [gitάː] and she plays (on) **the** violin.

(오빠는 기타를, 누나는 바이올린을 연주한다.)

cf. play baseball

The cow is a useful animal. (소는 유용한 동물이다.)

참고 1. 총칭용법에서,

the cow (문장체)를 **대표단수** (Representative singular),

cows (회화체)를 **총칭복수** (Generic plural),

a (= any) cow를 **총칭단수** (Generic singular)라고 부른다.

2. the cow라면 '그 소'(지정)인지, '소'(총칭)인지 분명하지 않다. 다만 그때의 상황에 따라서 판단할 수밖에 없다.

a cow도 '소 한 마리'인지 '소'(총칭)인지 모호하다.

그러니까 총칭의 경우라면 cows가 가장 무난하다.

3. man(사람·남자)과 woman(여자)은 the 없이 총칭적으로 쓰인다. 예전에는 보통명사에도 고유명사에서처럼 관사를 붙이지 않았다. man과 woman의 무관사 현상도 이에 연유한다.

Man for the field, woman for the hearth.

(남자는 바깥을 다스리고, 여자는 집안을 지킨다.)

Man with the head, woman with the heart.

(남자는 지혜로, 여자는 애정으로.)

Man proposes, God disposes.

(계획은 사람에게, 성패는 신에게 있느니라.)

그런가 하면 다음과 같이 복수·부정관사의 용례도 있다.

Men are mortal.

(죽지 않는 사람은 없다.)

A man cannot whistle and drink at one time.

(사람이 동시에 휘파람 불고 술 마시고 할 수는 없다.)

A woman sometimes conceals what she knows.

(여자는 때로 자기가 아는 일이지만 숨긴다.)

4. the +복수[집합]명사 = 어떤 범위 안에서의 전체

The cows in our stable have gone dry.

(우리 외양간 암소들은 모두 젖이 말랐다.)

The police of the box are on his track.

(그 파출소 경찰관 전원이 그를 추격 중이다.)

The men dislike him and **the women** despise him.

(모든 남자들은 그를 싫어하고 또 모든 여자들은 그를 멸시한다.)

⑦ 특수[우수]한(typical [pre-eminent]) 것에 쓰인다.

Iced cider is the [ðíː] drink for hot weather. (= the best)

(차가운 사이다는 한여름에 참 시원한 음료다.)

He looks quite **the** gentleman.

(풍채로 보아 그는 과연 점잖은 남성이다.)

They felt that this was **the** life.

(그게 바로 인생이라고 그들은 느꼈다.)

That's **the** idea. (바로 그거야.) (= 맞았어.)

⑧ 어떤 병 이름(복수)에 쓰인다.

She was in **the** blues yesterday. (어제는 그녀의 기분이 우울했다.)

It gives me **the** chills to chink of seeing him again.

(그 녀석을 또 만날 생각을 하니 몸이 오싹해지며 춥다.)

⑨ 단위를 표시하는 말에(Distributive 'the'(배분의 'the')라고 부른다) 쓰인다.

Students board by **the** month here.

(여기서는 학생 하숙이 월별 계산이다.)

Assorted candies are sold at one dollar (by) **the** pound.

(종합 캔디 값은 1파운드에 1달러다.)

⑩ the + 형용사

1) 복수 보통명사의 뜻

The young only are equal to the hard physical exertions. (= young people)

(젊은이들만이 그 고된 육체적 노력을 당해낼 수 있다.)

A healer is one who heals **the** sick. (= sick people)

(치료자란 병자들을 치료하는 사람이다.)

The wounded were few, but **the** missing were many.

(부상자는 적었으나 실종자는 많았다.)

The learned [lə́:nid] are apt to look down upon the ignorant.

(식자는 무식자를 흔히 멸시한다.)

2) 단수 보통명사의 뜻

The deceased has bequeathed his son a large fortune. (= a dead person)

(고인이 아들에게 많은 재산을 남겨 주었다.)

The unexpected sometimes happens. (= Something unexpected)

(불의의 사고가 때로 일어난다.)

There is but one step from the grotesque to the horrible.

(괴상怪常에서 공포恐怖는 50보 100보다.)

I cannot pay the ready for the goods. (= the ready money)

(그 물품에 대해 현금 지불은 곤란하다.)

3) 추상명사의 뜻

The beautiful is one of human ideals. (= beauty)

(미는 인간이 가지고 있는 이상 중의 하나다.)

4) 부분

He lives in the thick of the town.

(그는 도시의 가장 번화한 곳에 살고 있다.)

I was awakened in the deep of night by violent groans.

(한밤중인데 심한 신음 소리에 나는 잠을 깼다.)

Ⅱ 단수 보통명사의 추상명사화(化): (속성 attribute·기능 function 등)

The heart sees farther than the head.

(정情은 지知보다 사람의 마음을 더 깊이 살핀다.)

She felt the mother rise in her breast.

(그 여인은 가슴에서 모성애(maternal affection)가 솟아오름을 느꼈다.)

There is little of the woman in her.

(그 부인에게는 여성다운 데가 별로 없다.)

The child is father of the man.

(세 살 버릇이 여든까지 간다.)

⑫ **대명사 속격의 대용**

I seized him by **the** neck.

(내가 그의 목덜미를 붙잡았다.)

(참고) 이 형식은 내가 붙잡으려고 하는 그 목적물이 도둑이지, 그의 목덜미가 아니었으나, 그를 잡고 보니, 내 손에 잡힌 곳이 우연히도 그의 목덜미더라는 뜻. 이를 I seized his neck이라면, 처음부터 잡으려고 노린 곳이 그의 목이었다는 간단한 뜻으로 된다. 이에 대하여 seize one by the neck이라면 위협적인 결의에 찬 듯한 느낌을 준다.

I patted her on **the** back.

(내가 그 여학생의 어깨를 가볍게 두드리며 위로해주었다.)

⑬ **물질명사의 보통명사화(化)**

Many often build castles in **the** air.

(공중누각을 종종 쌓아올리는 사람이 많다.)

The water came up to my chin.

(그 강물 깊이가 내 턱에까지 오더라.)

cf. Blood is thicker than water.

(피는 물보다 진하다. < 앵글로색슨족은 다른 종족보다 우수하다.)

⑭ **감탄의 the(= What (a) …!)**

The scandal, **the** scandal, such things should have been possible!

(부정사건, 망신, 이런 일이 일어났다니!)

His own fault, **the** simpleton!

(자기 자신이 저지른 허물이라고, 바보 같은 녀석!)

Oh, **the** wretch! (불쌍한 친구!)

⑮ **부사로서의 the의 용례**: 형용사나 부사의 비교급 앞에서 정도를 표시한다. 앞에 있는 the는 관계부사로 by how much의 뜻이고, 뒤에 있는 the는 지시부사로 in that degree의 뜻이다.

The more man contemplates **the** universe, **the** greater becomes his astonishment. (more는 부사, greater는 형용사)

(사람이 우주에 대한 생각을 깊이 하면 할수록 경탄감은 그만큼 더 강해진다.)

What, were your lips **the** worse for one kiss?

(뭐, 입 한번 맞췄다고 네 입술이 더 흉해졌니?)

The more women look in their glasses, **the** less they look to their houses. (격

언) (여자가 거울을 자주 들여다보면 볼수록, 제집 살림은 그만큼 덜 돌보게 된다.)

She is none **the** better for taking that medicine.

(그 여인이 그 약을 복용했다고 해서 그만큼 더 나을 것이 없다.)

We are not **the** more inclined to help him because he is poor.

(그가 가난하다고 해서 그만큼 그를 도와주려는 생각이 더 드는 것은 아니다.)

16 관용례

The dog was run over and killed **on the spot**.

(그 개가 치어서 즉사했다.)

The man **on the right[left]** was **in the right[wrong]**.

(오른[왼]쪽 사람이 옳았다[잘못했다].)

Don't live in **the past** but only in **the present** and **future**. What's gone is gone.

(회고에 살지 말고 현재와 미래의 희망에 살아라. 과거는 과거니까.)

His speech was short and **to the point**.

(그의 연설은 짧았으나 요령이 좋았다.)

I advise you **to play the soldier** on the front.

(일선에 나가거든 용감한 군인 노릇을 해다오.)

He hit his forehead [fɔ́rid] against the door **in the dark**.

(어두워서 그는 이마를 문에 부딪쳤다.)

We walked all the distance **in the rain** and got wet to the skin.

(비 오는데 계속해 걸었더니 흠뻑 젖었다.)

He lives very quietly, buried in **the country**.

(그는 시골에 묻혀서 조용히 살고 있다.)

What he says is very much **to the purpose**.

(그의 주장은 매우 지당하다.)

Let me remark **by the way** that there is another means to do it.

(말이 나온 김에 이야긴데 그 일을 하려면 다른 방법이 또 있다.)

There are obstacles in the way of working out a plan.

(계획을 세우는 데 방해되는 난관이 많다.)

The ship calls at Gunsan on the way.

(그 배가 도중 군산에 들른다.)

95. 정관사와 고유명사

원칙적으로는 고유명사에는 정관사가 필요하지 않으나, 어떤 종류의 것에는 반드시 붙는다.

1 복수형 고유명사에 쓰인다.

1) 산맥·군도(群島)·연방(聯邦)·지방의 이름에 쓰인다

the Alps = the Alpine Mountains (알프스 산맥)

the Rockies = the Rocky Mountains (로키 산맥)

the Himalayas = Himalaya Mountains

cf. Mt. Ever White (백두산)

the Philippines = the Philippine Islands (Philippine 군도)

cf. Jeju Island (제주도)

the United States (of America) (> U.S.A. 북미합중국)

the Union of Soviet Socialist Republics(> U.S.S.R. 소 연방)

the British Commonwealth of Nations (영 연방)

the Netherlands = Holland의 공식 이름

the Highlands = Scotland의 서북부 고지(高地)

2) 국민[민족]·가족의 복수형 이름에 붙여 그 전체를 표시

the Koreans (한국인)   the Americans (미국인)

the French (people) (프랑스인)   the Yis (이 왕가, 李王家)

the Stuarts (스튜어트 왕가)   the Joneses (존스 문중)

the Wrights (1903년 비행기를 발명한 미국인 형제 이름)

3) 당파·종파(宗派)·학파의 이름에

the Republicans (공화당)   the Democrats (민주당)

the Liberal Party (자유당)   the Christians (기독교파)

the Stoic School (스토아[금욕주의] 학파)

2 강·바다·운하 등

the (River) Thames [temz] (템스 강)

the Hudson (River) (허드슨 강) — 미국식

the Pacific (Ocean [óuʃən]) (태평양)

the Atlantic (Ocean) (대서양)

the Mediterranean (Sea) (지중해)

the Yellow Sea (황해)

the Suez Canal [kənǽl] (수에즈 운하)

the Gulf of Mexico (멕시코 만)

the Cape of Good Hope (희망봉)

   cf. Lake Sanjeong (산정 호수) = the Lake of Sanjeong, Asan Bay (아산만) = the Bay of Asan

참고 1. 호수·만 등에는 무관사.

     2. 해항·공항에는 무관사: Incheon Harbor, Kimpo Airport.

     3. 폭포에는, 영국에서는 the를 넣고, 미국에서는 넣지 않는다.

       the Victoria Falls, Niagara Falls.

3 해협·반도·고개·사막 등

the English Channel (영국 해협)

the Magellan [mədʒélən] Strait (남미 대륙 남단의 대서·태평 두 해양을 연결하는 해협)

the Malay [məléi] Peninsula (Malay 반도)

the Thermopylae [θəːmɔ́pəli] Pass (더모펄리 고개)

the Sahara [səháːrə] (Desert) (Sahara 사막)

4 배·열차·철도 등

the Missouri [mizúri] (미주리 호 함정)

the Mayflower (산사나무 호) — 1620년 필그림 파더스(Pilgrim Fathers)를 태우고 영국에서 신대륙으로 건너간 배 이름.

the Saimaeul (새마을호 열차)

the Boramai (보라매 기機)

the Central Railway (철도 중앙선)

5 공공(公共)의 건물·시설물 등

the National Museum[Gallery] (국립 박물[미술]관)

　　cf. Buckingham [bʌ́kiŋəm] Palace; Westminster Abbey

the Blue House (청와대)

the Foreign Ministry (외무부)

the American Embassy (미국 대사관)

the Sejong Cultural Center (세종문화회관)

the Plaza Hotel (플라자 호텔)

the Korean Red Cross Society[Hospital] (대한적십자사[병원])

the YMCA 〈 Young Men's Christian Association (기독교청년회)

the IOC 〈 International Olympic Committee (국제올림픽위원회)

the National Theater (국립극장)

the Yonsei University (연세대학교)

참고 학교 이름에는 땅 이름이나 사람 이름 등 고유명사가 붙어 있으면 관사는 붙이지 않고 그 밖에는 the를 붙임이 보통격식이다.

　　Seoul National University

　　Oxford University　cf. the University of Oxford

　　Hankuk University of Foreign Studies

　　the Ewha Women's University

주의 역·공원·다리·사원·궁전 등에는 the를 붙이지 않는다.

　　Seoul Station　Hyde Park　Pagoda Park　London Bridge

6 책·신문·잡지 이름 등

the Bible (성서)

the Concise Oxford Dictionary (옥스퍼드 영어 중사전)

cf. Webster's New International Dictionary

the New York Times

the Economist

(the) Reader's Digest

참고 1. Robinson Crusoe같이, 사람 이름이 책 이름으로 변한 것에는 관사가 붙지 않는다.

2. 미국 주간지인 *Time*, *Newsweek* 등에도 대개 관사가 없다.

7 외국 땅 이름으로 그 나라 국어의 관습에 따르는 것에 쓰인다

the Hague [heig] (네덜란드 서부의 도시 이름 < den Haag (= the Garden))

the Sudan [sudá:n] (아프리카 동북부의 독립국)

the Argentine = Argentina

8 제한된 의미로서의 국어 이름에 쓰인다

What is the English (word) for the Korean 'in-gong-wi-seong'?

('인공위성'이란 한국어에 대한 영어는 무엇인가?)

The English (word) is 'artificial satellite'.

참고 국어 그것을 말할 때는 English[Korean] 또는 the English[Korean] language이다.

9 이름이 같은 것을 구별할 때 형용사(구)가 붙는 사람 이름 또는 땅 이름에 쓰인다.

the Roman Jupiter and the Greek Zeus

(로마의 주피터 신에 대한 그리스의 제우스 신)

the ambitious Caesar (야심 있는 시저)

Alexander the Great (알렉산더 대왕)

the Reverend John Smith (존 스미스 목사)

the planet Mars (화성)

the Korea before 1945 (해방 전 한국)

He is the Shaw of Korea.

(그는 한국에서 쇼 같은 풍자문학 작가다.)

참고 1. 일반적으로 사용되는 친근미 있는 형용사가 붙어 있으면, the를 붙이지 않는다.

Ancient China (고대 중국)   Old Jim (짐 할아범)   Dear John (귀여운 존)

2. 요일·축일·달 이름에는 관사가 없다.

Monday   Thanksgiving Day(감사절)   April

⑩ 동격명사가 붙어 있는 사람 이름 앞에 쓰인다.

the poet Byron (시인 바이런)

William the Conqueror (정복왕 윌리엄)

[2] 관사의 생략(Omission of Articles)

단수 보통명사에는 부정관사 또는 정관사를 붙이는 것(with articles)이 원칙이다. 그러나 이론상, 혹은 습관상 물질명사·추상명사·고유명사·총칭용법의 복수 보통명사에는 특별히 제한되어 있지 않으면 대개 관사를 붙이지 않고(no articles), 또 단수 보통명사에도 관사를 빼는(without articles) 현상이 있다. 여기서 생략이란 제목 아래, no articles 및 without articles의 내용을 다루기로 한다.

> 참고 They are as irreconcilable as **oil** and **water**. (no article)
> (그들은 기름과 물같이 화해할 수 없는 사이다.) ― 일반적인 것.
> **The oil** in this watch has dried up. (with article)
> (이 시계 기름이 말랐다.)―제한되어 있는 것.
> His special subject of study is history, particularly **the history** of modern education in Korea. (그의 전공과목은 역사인데, 특히 한국의 근대 교육사다.)
> **The coffee** we had at the **coffee** shop was excellent.
> (그 커피숍에서 우리가 마신 커피는 맛이 좋았다.)

96. 관사의 생략

① 호격어(Vocative, 呼格語): 고유명사와 비슷하기 때문이다.

What do you want me for, **little child**? (꼬마야, 네 소원이 뭐지? 내가 들어줄게.)

You stop that noise, **boys**! (그만 떠들어!)

② **가족 관계를 표시하는 말**: 흔히 대문자를 쓸 정도로 고유명사에 접근한 것인 경우다.

I know **Mother** told **Cook** to prepare a simple meal.

(간단한 식사를 준비하도록 어머니가 요리사에게 지시하신 줄로 안다.)

Father is looking for you, Jim.

(짐아, 아버지가 너를 찾고 계신다.)

He is Jim, **son** of Billy. — the son…이라면 외아들.

(그가 빌리의 아들 짐이다.)

③ **God, Heaven 등 고유명사에 준하는 것**

That nobody knows but **God** above.

(그것을 아시는 분은 하늘에 계시는 하느님뿐.)

Heaven makes amends for all. (= God)

(하늘은 모든 것을 보상해주신다.)

There is nothing new under **heaven**.

(하늘 아래 새것은 없느니라.)

[참고] 1. **the** Almighty God (= God Almighty), **the** Lord, the Devil

2. 다음 것에는 무관사다.

Hell (지옥), Fate (악운), Fortune (행운), Nature ('자연이란 여신女神' 정도로 인격화한

것), Parliament (영국 의회), Congress (미국 의회)

I have to leave when **day** breaks and will stay there till **night** comes.

(날이 새면 거기 가서 밤이 올ˊ때까지 그대로 있을 것이다.)

Night is falling. (밤이 오고 있다.)

(I wish you **a**) Good morning[night]. cf. of **an** evening

④ **공공(公共)의 시설물 등이 본래의 사명·업무·행위 등을 의미하는 한 개의 단어로**

사용될 때

We have **school** till one in the afternoon on Saturday.

(토요일에는 수업이 오후 한 시까지 있다.)

leave **school** (퇴학하다)

finish **high school** (고등학교를 졸업하다)

go to **college** (대학생이다) etc.

The bells are ringing out for **church**.

(예배드리러 오라는 종이 울려 퍼지고 있다.)

cf. **The church** was crammed. (교회당은 만원이었다.)

Mother has gone to **market**. (어머니는 장보러 가셨다.)

Her brother will soon be out of **hospital**.

(그의 오빠가 조만간 퇴원하게 된다.)

Religion and politics are forbidden topics at **table**.

(종교와 정치는 식사 때 화제로 삼지 않는 게 좋다.)

They kept open **house** at their cottage near Mt. Seol-ak last summer.

(지난여름 그들은 설악산 밑 자기네 오두막집을 개방하고 누구든 환영했다.)

(keep house 살림을 하다)

When does the ball take **place?**

(언제 무도회가 열리나?) (take place 개최되다)

cf. We must take **places** in the theater.

(극장 자리를 잡아놓아야 한다.)

A being sick, B has taken his **place**.

(갑이 병이므로 을이 그 대리를 하고 있다.)

We must not give **way** to our feelings.

(우리는 감정에 지면 안 된다.) (give way (to) 양보하다)

go to **bed** (자러 가다)   go to **sea** (선원이 되다)

cf. Go to the **bed** to fetch the magazine you have left there.

(침대에 놓고 온 잡지를 가서 가지고 와!)

5 **실물이 아닌 이름만의 명사**

A Confucianist was entitled to the name of **gentleman**.

(유학자는 군자라는 말을 들을 자격이 있었다.)

Friend and **foe** are antonyms. (친구와 적은 반의어다.)

He was travelling in the character of **leader**.

(그는 지도자 격으로 여행 중이었다.)

6 식사 이름

Won't you come to **dinner** with us some evening?

(저녁식사에 모시고 싶은데, 어떤 날이든지 편하신 날 나와 주서지 않으시겠습니까?)

Breakfast is ready. (아침식사가 준비되었습니다.)

cf. We would like to give you **a** farewell dinner.

('특별한', '일종의'의 뜻인 때) (귀하를 주빈으로 하는 송별연을 마련하고 싶습니다.)

Thank you for **the** good dinner.

(훌륭한 대접을 받았습니다, 고맙습니다.)

a light lunch (가벼운 점심식사)

a substantial supper (실속 있는 저녁식사)

7 경기·유희 이름

They go to Anyang golf-links to play (at) **golf** on Sundays.

(그들은 일요일이면 안양 골프장으로 가서 골프를 친다.)

play **pingpong**[baseball, tennis, cards, school(학교놀이), etc.]

8 병 이름

Some fish give me **indigestion**.

(어떤 물고기는 소화불량을 일으킨다.)

appendicitis (맹장염)	consumption (폐결핵)
gout (통풍痛風)	influenza (유행성 감기)
measles (홍역)	pneumonia (폐렴)
typhus (발진티푸스)	pleurisy (늑막염)

I have taken cold. = I have **a** cold. (감기 들었다.)

cf. You are feverish with **a** bad cold. (일종의)

I also have **a** slight headache. (언제나 그렇듯이)

I have got **the** rheumatism very bad. (회화체)

the smallpox (천연두)   **a** stomachache (복통)

9 계절·자연현상 등

Spring comes when the swallow returns.

(제비가 돌아오면 봄도 온다.)

In **spring** we are mostly outdoors.

(봄이 되면 우리는 대개 집 밖으로 나온다.)

참고 사계절 표현에는 spring, the spring, in (the) spring, in the coming- spring, during (the) spring 등 다 좋다. 그러나 it is[was] 다음에는 the.를 쓰지 않는다.

When it is spring in Korea, it is autumn in tropical countries.

(한국에 봄이면 열대지방엔 가을이다.)

Rain makes things grow.

(비는 만물을 자라게 한다.)

cf. We put off climbing on account of **the** rain.―특정한 것이면 the를 붙인다.

(그때 비가 와서 등산을 연기했다.)

참고 morning, afternoon, evening, day, night가 during, in의 목적어인 때에는 the가 있고, at, till, toward(s)의 목적어인 때에는 the가 없다. at[before, after] noon, dawn, sunrise, sunset

cf. toward(**s**) **the** evening (그날 저녁 때)   **the** next day (그 이튿날)

⑩ 보어인 명사

1) 한때 한 사람만이 가질 수 있는 관직·지위를 표시하는 명사

He was **chairman** of the meeting.

(그가 그 회의 의장이었다.)

They elected him **President** of the Republic of Korea.

(그를 대한민국 대통령으로 선거했다.)

He was elected **Member** of Parliament for Reeds.

(그가 리즈 지방 국회의원으로 선출되었다.)

cf. He was elected **a** member of Parliament.

(그가 국회의원 중의 한 사람으로 선출되었다.)

2) 한 사람뿐인 친족 관계 명사

He is **son** of the minister. (그가 장관의 아들이다.) (a son이면 여러 아들 중의 한 사람)

3) 속성을 표시하는 명사

She was **mother** enough to observe it.

(그 여인은 그것을 주시하기에 충분한 어머니 자격을 갖추고 있었다.)

He has turned **traitor** to his country.

(그는 자기 조국을 배반했다.)

We believe he is **Korean** first, **scholar** next.

(그는 먼저 한국인이고, 그 다음에 학자임을 우리는 믿는다.)

4) 양보·까닭·감탄을 표시하는 절 머리의 명사

Boy as he was, he was sound in judgment, (as = though)

(소년이지만 그의 판단은 건전했다.)

Boy as he was, he was wanting in judgment, (as = because)

(소년이므로 판단력이 부족했다.)

Brave soldier though he was, he didn't want to try it.

(용감한 군인이지만 그 무모한 일을 해보고 싶지는 않았다.)

In my young days I believed his prophecy—**fool** that I was!

(= What a fool I was!)—that은 관계대명사

(젊었을 때 나는 그의 예언을 믿었다, 참으로 어리석은 짓이었지!)

5) 감탄 Sentence 머리의 명사

Strange boy, that friend of yours!

(괴상한 자야, 자네 친구라는 그 녀석!)

Nice day, isn't it! (날씨 좋은데, 그렇지!)

Funny boy, that little rogue with his father's glasses on!

(우스운 놈, 아버지 안경을 걸치고 있는 저 꼬마 말이야!)

11 동격인 명사

1) 사람 이름 앞의 친족관계어·칭호 등

uncle Thomas	**cousin** Dick	**farmer** Haydon
Mr. Brown	**Professor** Onions	**Lord** Mayor (London시장)
Lady Macbeth	**Mrs.** Carter	**King** Charles I
Queen Victoria	**Dr.** Jekyll	**General** MacArthur
St. Paul		

cf. the virgin Mary (동정녀 마리아)

> [참고] 1. 직업 이름이 동격으로 명사의 앞이나 뒤에 올 때는 the를 붙인다.
>
> the banker Holt; Holt, the banker
>
> 2. 동격어에 a가 있으면 a member of the class의 뜻.
>
> May God bless him, a sinner!
>
> (하느님, 죄인인 그에게 복을 내려주소서.)

2) 형용사구가 붙어 있는 명사

Earnest, son of James, will obtain the degree of M.D.

(제임스의 아들인 어니스트가 의학박사 학위를 취득한다.)

Robert Louis Stevenson, author of the Treasure Island was born in 1850.

(보물섬 작가인 스티븐슨은 1850년에 출생했다.)

> [참고] the English poet Milton
>
> Milton, an English poet
>
> Milton, author of the Paradise Lost
>
> my friend Tom = Tom, a friend of mine

12 대구(對句) 관용구

1) 상대 관계의 명사 결합

They are not husband and wife, but brother and sister.

(저들은 부부가 아니라 남매다.)

Mother and child are doing well.

(모자[모녀] 모두 건강하다.)

Dog does not eat dog.

(개도 개고기는 안 먹는다. = 골육상쟁은 피해야 한다.)

2) 전치사 + 명사(대개 부사 상당어구로, 전치사가 없는 것은 부사 대격으로 풀이해야 한다.)

The news spread from mouth to mouth.

(그 소식이 한 사람의 입에서 다른 또 한 사람의 입으로 전해졌다.)

They live from hand to mouth.

(그들은 하루 벌어 하루 먹기가 바쁘다.)

He eyed me from head to foot.

(머리에서 발끝까지 나를 훑어보았다.)

He walked out **arm in arm** with her.

(그는 그녀와 서로 팔을 끼고 걸어갔다.)

A man came in **book in hand**. (첫 번째 in은 부사)

(손에 책을 가지고 한 사람이 들어왔다.)

pipe in mouth (담뱃대를 입에 물고)

face to face (얼굴을 맞대고; 마주 대해서)

hand in hand (손에 손을 잡고; 협력하여)

side by side (나란히; 병행하여)

He was bound **hand and foot**. (그는 손발 모두 묶여 있었다.)

step by step(일보일보一步一步)

year after[by] year (해마다)

day in and day out (날이면 날마다; 해가 뜨나 해가 지나)

from door to door (집집마다[가가호호])

out of[beyond] question (의심할 여지없이)

　　cf. out of **the** question (불가능; 문제 밖)

by train[bicycle, taxi, car, bus, air[plane], land, water, steamer, sea, card, letter, telegram[wire], telephone, wireless, parcel post]

(기차[자전거·택시·자동차·버스·비행기·육로·수로·기선·해로·엽서·편지·전보·전화·무전·소포우편](으로.)

참고　by 이외의 전치사 뒤에서, 또 특정의 것(… 중의 하나)에는 관사가 붙는다.
　　They crossed the river *in* **a** boat.
　　She left by **a** P.A.A. < Pan American Airways)
　　(전미항공회사기로 출발했다.)
　　on foot[horseback] (걸어서[말 타고])

3) 동사＋명사

take root (뿌리를 박다; 정착하다)

leave word (말을 남기고 떠나다)

lose heart (낙심하다)

cast anchor (정박하다; 닻을 내리다)

declare war (선전포고하다)

give ear to (…에 귀를 기울이다)

give way (항복하다)

catch fire (불을 잡다)　cf. make a fire (불을 지피다)

make fun[a fool] of (…을[를] 놀리다愚弄)

give birth to (아기를 낳다)

13 last(지난), next(오는), most(대개의) + 명사

last Monday (지난 월요일)

next month (다음 달)　cf. the next month (그 다음 달)

Most men of culture are fond of sports.

　(대부분의 문화인들은 운동경기를 좋아한다.)

14 as(= in the capacity[role, function] of) + 명사(…의 자격으로)가 as(= for; by way of)는 전치사. 이때의 명사는 한때 한 사람만 가질 수 있는 자격

He acted as chairman, and she as interpreter.

　(남편은 사회자로, 부인은 통역자로 수고해주었다.)

He has become captain and owner of a small ship.

　(그는 작은 배의 선장 겸 소유자가 되었다.)

cf. We all considered him as an able captain. (형용사 관계)

　(그를 훌륭한 선장이라고 우리 모두가 생각했다.)

As a teacher of physics, he has no equal. (as = considered as)

　(물리교사로서 그는 제일인자다.)

As a salesgirl, she is good enough for the purpose.

　(여점원으로서 적당한 사람이다.)

참고 물리교사나 여점원은 한때 한 곳에 여러 사람이 있을 수 있다. 그러나 위 예의 chairman이
　나 interpreter 등은 고유명사나 다를 바 없다.

　　He is not philosopher enough to judge of this. (philosopher = wise)

　　(그는 이것에 가부를 말할 만큼 지혜롭지 못하다.)

She was born and bred **Conservative**.

(Conservative … 명사냐 형용사냐는 극히 모호하다.)

(그 여인은 보수당원[보수적] 으로 나서 자랐다.)

I took my stick by way of (= as a kind of) (**a**) weapon.

(무기로서 내 지팡이를 잡았다.) 이 weapon을 유일한 무기로 생각할 수도, 또 a kind of(형용사구로 간주) 뒤에 있으니 관사를 넣지 않아도 좋다고 인정할 수도 있다. 그러나 관사를 넣는다면 '일종의' 정도의 가벼운 뜻으로 볼 수밖에 없겠다.

15 (a) kind [sort, species] of + 명사

This is the best kind of **dress** for her marriage ceremony.

(이런 종류의 의상이 신부의 결혼식에는 가장 좋겠죠.)　　　　　　　　[문장체]

He is not the sort of **poet** to write such poems.

(그는 이러한 시를 쓸 시인이 아니다.)

cf. He is pure sort of **a** child.　　　　　　　　　　　　　　　　[회화체]

(그는 천진한 아이다.)

What kind of (**a**) flower is that? (회화체 의문에선 a가 붙기도 한다.)

(어떤 종류의 꽃인가?)

> **참고** kind of가 복수로 되면 many[several] kinds of flowers, 또는 flowers, of many[several] kinds. children of this kind = these **kind** of children (회화체)

16 ever, never에 따르는 강조 명사(주어로서 총칭 단수)

Was ever **girl** wooed in this way there?

(거기서는 이 식으로 처녀에게 구혼했다는 건가?)

Never **king** was more unfortunate than Charles the First.

(영국의 찰스 1세만큼 불행한 왕은 없었다.)

Never had **master** a boy so intelligent.

(그렇게 총명한 제자를 가져본 선생이 일찍이 없었다.)

17 일체(一體)로 인정되는 것의 둘째 명사

Mr. Murrey is the editor and **publisher** of this periodical.

(머레이 씨가 이 정기 간행물[잡지]의 편집자 겸 발행인이다.)

Shakespeare was a poet and **dramatist**.

(셰익스피어는 시인 겸 극작가였다.)

a cup and **saucer** (and [n]) (받침 접시가 딸린 찻잔)

a rod and **line** (and [n]) (낚싯줄 달린 낚싯대)

a thread and **needle** (and [n]) (실 딸린 바늘)

cf. **a** red and white flower (붉고 흰 한 송이 꽃)

　　a red and **a** white flower (붉은 꽃 하나와 흰 꽃 하나, 모두 두 개)

　　the red and white flowers

　　(하나하나가 붉고 흰 여러 송이의 꽃)

　　the red and **the** white flowers

　　(붉은 꽃 흰 꽃 등 여러 송이의 꽃)

〔참고〕 구별이 확실한 것에는 관사를 하나에만 붙이기도 한다.

　　We met **a** lady and gentleman waiting for you to come.

　　　(자네 오기를 기다리고 있는 신사, 숙녀를 우리가 만났네.)

　　That kind of fish is abundant on **the** east and west coasts of Korea.

　　　(그런 종류의 물고기는 한국 동서 연안에 풍부하다.)

　　the king and queen (왕과 왕비)

　　the first and second pages = **the** first page and **the** second page

18 기타

1) 관사 대용어

this room　　**that** ceiling (천장)　　**my** table　　**their** books　　**one** day

some friend　　**any** company　　**no** calendar　　**every** week　　**each** minute

either case　　**what** clock　　**which** side　　**whatever** excuses

2) 총칭용법의 복수 보통명사·집합명사

Tigers are beasts of prey. (= A tiger is a beast of prey)

　(호랑이는 맹수다.)

〔참고〕 the tigers of the zoo라면 '그 동물원에 있는 호랑이 전체'를 말하는 것이므로 총칭용법이

　　아니다.

What will **people** say about that? ―people 대신 a man[woman]도 사용할 수

있다. (사람들은 그 일에 대하여 무엇이라고 말할까?)

cf. The Koreans are **an** industrious **people**.

  (한국인은 부지런한 국민이다.)

In former days the nobles oppressed **the people**.

  (예전엔 귀족이 서민을 억압했다.)

the English **people**. (영국민)

the peoples of Asia (아시아의 여러 국민)

the people here (여기 사는 사람들) — here 때문에 the가 필요.

3) 총칭의 '사람·남자·여자'

The proper study of **man** (kind) is **man**.

  (인간이 당연히 연구해야 할 것은 사람이다.)

Woman was created to be the companion of **man**.

  (여자는 남자의 짝으로 창조된 것이었다.)

4) 제목·게시 등

Introduction (서론)

Second Strategic Arms Limitation Talks (〉 SALT) (제2차 전략무기제한협정)

Entrance (입구)

(Emergency) Exit ((비상) 출구)

Free of Tax (면세)

[3] 관사의 위치(Position of Articles)

97. 관사의 위치

관사의 위치는 원칙적으로 다음과 같다.

  a. 관사 + 명사: **a** man

  b. 관사 + 형용사 + 명사: **an** old man

c. 관사 + 부사 + 형용사 + 명사: a very old man 그러나 다음의 경우에는 그 위치가 바뀐다.

① 형용사 + 관사 + 명사

all: **All the** writers joined the club.

　(모든 작가가 그 회원이 되었다.)

both: **Both the** sisters are my acquaintances.

　(그 자매가 다 나와는 아는 사이다.)

such: **Such an** accident (as this) has upset all my plans.

　(이러한 사고가 내 계획을 모두 망쳐놓았다.)

many: **Many a** day has she been waiting for his return.

　(허구한 날 그 여인은 남편 돌아오기를 기다리고 있다.)

half: I had **half a** mind to write a thesis on that subject.

　(그 제목으로 논문을 써볼까 생각해봤던 때도 있다.)

　cf. **half an** hour (반시간), an hour and **a half** (한 시간 반)

double: The driver demanded **double[treble] the** usual fare.

　(그 운전기사가 보통 요금의 두[세] 배를 청구했다.)

　cf. half 나 double 등이 복합어 머리에 오면 관사는 그 앞으로.

　　a half-holiday (반휴일)　　a double-page (두 쪽 크기 지면)

　　a double-blanket (두 장 겹친 담요)

what: **What a** merry time we had of it last Christmas Eve!

　(지난 성탄절 전야에는 참으로 재미있었다.)

② 부사 + 관사 + 형용사 + 명사

quite: He is **quite a** hero. (과연 용자로다.)　　　　　　　[회화체]

　　　—quite 대신 rather나 somewhat이면 문장체

　　　It is **quite a** long way. (꽤 멀구나.)

rather: We thought her **rather** a vain woman.

　　　(우리는 그 여인을 약간 허영에 뜬 여인이라고 보았다.)

③ 부사 + 형용사 + 관사 + 명사

as: He is **as downright a** man as ever lived.

(그는 아직까지 없던 솔직한 사나이다.)

so: We had **so good a** time on Daicheon Beach.

(대천 해수욕장에서는 참으로 재미있게 지냈다.)

too: Politics is **too difficult a** problem for students to tackle.

(= a too difficult problem)

(정치란 학생들이 다루기에는 너무 어려운 문제다.)

how : One can hardly imagine **how perilous an** adventure mountain climbing is.

(등산이 얼마나 위험한 일인지 보통 사람으로선 상상조차하기 어렵다.)

no less (= quite as): She is **no less courteous a** woman than her sister.

(그는 언니에 못지않게 남의 감정을 헤아려준다.)

just: It was **just the** engineer that I had wanted.

(그가 바로 내가 원하던 기술자였다.)

EXERCISE 15

1. 다음을 한국어로 고치고, 지적된 관사의 용법을 말하라.

(1) Will you answer <u>the</u> phone?

(2) Ruin is staring her in <u>the</u> face.

(3) All <u>the</u> wife in her was rising in rebellion.

(4) Heroine as she was, <u>a</u> tremor passed through her.

(5) If you had been born in <u>an</u> Eden, you would have found much to complain of.

2. 다음에 필요한 관사를 넣어라.

(1) True lady never tells lie.

(2) It was too touching story to be soon forgotten.

(3) He is, on whole, satisfactory player.

(4) Man is lord of all creation.

(5) A part of year I live in country.

3. 다음의 우리말을 영어로 표현하라.

(1) 그 여점원이 잘못해서 정가의 곱을 내게서 받았다.

(2) 우리 집 암탉들은 하루 평균 열 개의 달걀을 낳는다.

(3) 우리 큰 아들은 어려서 뱃사람이 되었죠.

(4) 새가 겨울에는 울지 않는다.

(5) 식사 마지막 다과(dessert) 뒤에 여주인의 군호로 우리가 모두 자리에서 일어났다.

제5장 동사(Verbs)

동사는 Sentence의 주어에 대하여 **서술**(predication)의 구실을 할 수 있는 품사로서 주어의 **동작**(action)이나 **상태**(state)를 말한다. 예컨대 go, walk, run은 순간성을 지닌 동작이고, live(살고 있다), like, hate는 계속성을 띤 상태를 표시한다.

형태에 원형(Root form), 과거형, 제2[과거]분사형이라는 변화가 있는데, 이를 **활용**(Conjugation)이라 부른다.

이 활용에 따라서 **인칭·수·시제**(Tense, 時制)**·서법**(Mood, 敍法)**·태**(Voice, 態) 등이 표시된다.

동사라면 일반적으로 술어동사(Predicate verb)로 쓰이는 정형동사(Finite verb)를 말한다. 그러나 술어동사로는 쓰이지 않는, 준동사(Verbal)[비정형동사(Non-finite verb)]도 이 동사라는 품사에서 다루어진다. 이에는 **부정사**(Infinitive)**·분사**(Participle)**·동명사**(Gerund)의 세 종류가 있다.

동사 본래의 사명을 띠고 있는 술어동사를 생각해 보면 각도를 달리하는 데 따라서 다음과 같이 나누어볼 수 있다.

1. 목적어의 유무에 따라서
    a. **자동사**(Intransitive verb) — 목적어 없음.
    b. **타동사**(Transitive verb) — 목적어 있음.
2. 보어(Complement)의 유무에 따라서
    a. **완전동사**(Complete verb) — 보어 없음.
    b. **불완전동사**(Incomplete verb) — 보어 있음.
3. 통어론(Syntax)의 입장에서
    a. 본동사(Principal verb) — 조동사의 보조를 받음.
    b. 조동사(Auxiliary verb) — 본동사를 보조함.
4. 어형 변화에 따라서
    a. 규칙동사(Regular verb) — 규칙적으로 변화함.
    b. 불규칙동사(Irregular verb) — 불규칙적으로 변화함.

이 밖에 뜻에 따르는 분류로 다음과 같이 나눌 수 있다.

a. 지각동사(Verb of Perception)

b. 사역동사(Causative verb)

c. 여격동사(Dative verb)

이상 각종 동사에 관한 설명은 본론의 각 항목에서 다루기로 한다.

[1] 활용(Conjugation)

98. 활용

동사는 인칭·수·시제·서법·태 등을 표시하기 위해 조동사의 도움을 받거나, 또는 혼자서 동사 자체가 어형(form)을 바꾼다. 이 변화를 활용이라 부른다.

활용형 종별	원형 Root	현재형 (제3인칭단수) Present	과거형 Past	제2[과거]분사형 Second[Past] participle	제1[현재]분사형 First[Present] participle
규칙	wait	waits	waited	waited	waiting
	hope	hopes	hoped	hoped	hoping
불규칙	cut	cuts	cut	cut	cutting
	become	becomes	became	become	becoming
	begin	begins	began	begun	beginning

1. 원형·과거형·제2분사형을 **3주요형**(Three principal parts[forms])이라 부른다.

2. 주어가 제3인칭·단수·현재시제인 때에는 원형에 -s 또는 -es를 붙인다.

   A blunt knife cut**s** poorly. (날 무딘 칼은 잘 들지 않는다.)

3. 원형이란 사전에 있는 그대로의 형태로서, 옷 마르는 천과 같으니, 마르는 대로 저고리도 바지도 된다. 즉, 부정사다. to cut(베다)라면 Infinitive with 'to'(to 붙은 부정사)이고, 그대로 cut이라면 Root[Bare] infinitive(원형부정사)이다. 이 예의 cuts가 인칭·수·시제 등에서 비로소 정해진 술어 동사다.

4. You can **cut** down your expenses. (비용을 줄일 수 있을 것이다.) 이 cut이 모양은

원형이지만 조동사 can과 합하여 동사구를 이룸으로써 현재의 가능성을 말하니, can cut은 정형동사(Finite verb)다. (본래는 can이 타동사, (to) cut이 목적어였던 것이다.)

Cut the grapes off the vine. (덩굴에서 포도를 잘라 따라.) 이 cut도 명령 Sentence의 정형동사다.

Be quiet in public. (남과 섞여 있을 때는 조용히 해라.) 이 be도 모양은 원형이나, Sentence에서 제구실을 하는 정형동사다.

참고   1. 활용에서 과거형·과거분사형·현재분사형이라고 해서 그 형이 반드시 과거나 현재의 시제를 의미하는 것은 아니다.

I wish **I could cut** down my expenses(비용을 줄일 수 있으면 좋겠다)의 could cut은 과거형이다. 그러나 시제로는 서상법(敍想法) 과거로서, 그 내용은 현재의 상상적(想像的) 의미를 띤다.

It **is hoped** that peace will soon come(곧 평화가 오기를 희망한다)의 hoped가 과거분사형이다. 그러나 is와 hoped가 합하여 현재시제를 표시하고 있다. hoped는 형용사상당어로 is의 보어다. hope가 여기서 타동사이므로, 과거분사로 되면서 피동(Passive voice)의 뜻을 지니게 된다. 그러니까 과거분사라는 말 대신에 **제2분사**라고 하는 것이 타당하다.

He **was waiting and waiting** for her return(그녀가 돌아오기를 눈이 빠지도록 기다렸다.) 이 waiting이 현재분사이지만 현재시제와는 아무 관계도 없다. was와 waiting이 합하여 진행형 과거시제를 만든다. waiting은 was의 보어다.

그러니까 현재분사라는 명칭 대신에 **제1분사** 또는 -ing형 분사라고 말하는 것이 분명하다고 본다.

2. 역사적으로는 고대영어·중세영어에서

  a. draw — drew — drawn

    blow — blew — blown

    write — wrote — written

    drink — drank — drunk

    처럼, 어간모음(語幹母音)을 변화시켜 과거·제2[과거]분사형을 만드는 것을 강변화 (Strong conjugation, 強變化)라 하고,

  b. hear — hear**d** — hear**d**

    bend — bent — bent

    처럼, 어미(語尾)에 d, t를 붙여서 과거·제2[과거]분사형을 만드는 것을 약변화(Weak conjugation, 弱變化)라 한다.

3. 동사의 활용에 대하여

a. 명사·대명사의 성(性)·수·격에 의한 변화를 어형[어미] 변화(Declension)라 부르고,

b. 형용사·부사의 비교를 표시하는 형 태 변화를 비교변화(Comparison)라 한다.

c. 그리고 Conjugation, Declension, Comparison을 합쳐 Inflection(굴절 屈折)이라고 한다.

99. 규칙동사(Regular verbs)

규칙활용(Regular conjugation), 즉 **원형 + - (e)d**로 과거·제2[과거]분사가 되는 동사를 말한다. 이와 상대되는 것이 불규칙동사다. 원형·제3인칭 단수 현재형·과거형·제2[과거]분사형·제1[현재]분사형에 관하여 특히 주의할 동사의 일부를 뒤에 적는다. 철자와 -ed의 발음에 주의가 필요하다.

① 철자

1) 어미가 -e면 -d만 붙인다

원형	현재형-제3인칭 단수	과거형	제2[과거]분사형	제1[과거]분사형
live	lives	lived	lived	living
agree	agrees	agreed	agreed	agreeing [əgríːiŋ]

2) 짧은 모음+자음이면, 자음을 하나 더하고 +-ed

stop	stops	stopped [stɔpt]	stopped	stopping [stɔ́piŋ]
beg	begs [begz]	begged [begd]	begged	begging [bégiŋ]
cf. jump	jumps	jumped [dʒʌmt]	jumped	jumping

3) 두 개 음절의 말은 뒤 음절에 강세가 있을 때 위와 같다

omít	omits	omitted [oumítid]	omitted	omitting
cf. vísit		visited		visiting
refér	refers [rifɔ́ːz]	referred [rifɔ́ːd]	referred	referring
cf. énter		entered		entering

4) 자음 + -y인 말은 y → i + ed

cry	cries [kraiz]	cried	cried	crying [kráiiŋ]

cf. obey   obeyed   obeying [əbéiiŋ]

② –ed의 발음

1) 원형의 어미가 유성음(Voiced sound) (모음·b·g·l·m·n·ŋ·v·ð·z·ʤ)인 말 뒤에서

[-d](제3인칭·단수·현재의 어미인 -(e)s의 발음은 명사의 복수 및 속격의 경우와 같다.)

원형	과거형	제2[과거]분사형
call	called	called [kɔ:ld]
clean	cleaned	cleaned [kli:nd]
row	rowed	rowed [roud]
bathe	bathed	bathed [béiðd]
breathe	breathed	breathed [bri:ðd]

2) 원형의 어미가 무성음(Voiceless sound)(f·k·p·s·ʃ·θ·ʧ)인 말 뒤에서 [-t]

laugh	laughed	laughed [la:ft]
park	parked	parked [pa:kt]
pass	passed	passed [pa:st]
push	pushed	pushed [puʃt]
bath	bathed	bathed [ba:θt] (목욕시키다)
watch	watched	watched [wɔtʃt]
picnic	picnicked	picnicked [píknikt] (소풍가다)
mimic	mimicked	mimicked [mímikt] (흉내 내다)
traffic	trafficked	trafficked [træfikt] (거래하다)

3) d, t 뒤에서 [-id](이때의 이 [i] 소리는 [e]에 가깝게 내도록 함이 좋다.)

need	needed	needed [ní:did]
plant	planted	planted [plá:ntid]

4) 다음 말은 형용사로 쓰일 때, 이상의 통례와는 달리 그 어미 발음이 [-id]이다.

accursed [əkə́:sid] (저주받은)	aged [éiʤid] (늙은)
blessed [blésid] (축복받은)	crooked [krúkid] (구부러진)
learned [lə́:nid] (유식한)	naked [néikid] (벌거벗은)
ragged [rǽgid] (해어진)	rugged [rʌ́gid] (울퉁불퉁한)

wicked [wíkid] (부도덕한)   wretched [rétʃid] (불행한)

100. 불규칙동사(Irregular verbs)

동사가 활용변화를 할 때 원형 어미에 -(e)d를 붙이는 규칙동사에 대하여 그 이외의
어형으로 활용변화를 하는 동사를 불규칙동사라고 부른다.

① A–A–A형(변화 없는 것)

원형	과거형	제2[과거]분사형	제1[현재]분사형
cut (베다)	cut	cut	cutting
read [ri:d]	read [red]	read [red]	reading

같은 말: burst [bə:st] (폭발하다)   cast [ka:st] (던지다)

cost [kɔst] (비용이 들다)   hit (맞히다)

hurt [hə:t] (상처를 입히다)   let (하게 하다)

put (두다)   rid (면하게 하다)   set (두다)

shed (흘리다)   shut (닫다)   slit (길게 자르다)

spread (펼치다)   thrust (세게 밀다)   upset (뒤집어엎다)

② A–A–B형(원형= 과거형)

beat (때리다)	beat	beat (en)	beating

③ A–B–A형(원형 = 제2[과거]분사형)

come	came	come	coming
become	became	become	becoming
overcome (극복하다)	overcame	overcome	overcoming
run	ran	run	running [rʌniŋ]

④ A–B–B형(과거형 = 제2[과거]분사형)

say (says [sez])	said [sed]	said	saying [séiiŋ]
tell	told [tould]	told	telling

304

같은 말: bend (구부리다)　　bind (묶다)　　bring　　build

burn　　buy　　catch　　cling (밀착하다)

deal (나누다)　　dig (파다)　　dream　　feed (먹이다)

feel　　fight　　find　　free

get　　hang　　have　　hear

hold　　keep　　kneel (무릎 꿇다)　　lay

lead　　learn　　leave　　lend

lose　　make　　mean　　meet

pay　　rend　　seek　　sell

send　　shine　　shoot　　sit

sleep　　smell　　spend　　stand

stick (충실하다)　　strike　　teach　　think

weep　　win　　wind (감다巻)　　etc.

5 A–B–C형(모두 변화하는 것)

do [duː]　　did　　done　　doing

write　　wrote　　written　　writing

같은 말: awake　　bear　　begin　　blow　　break　　choose

draw　　drink　　drive　　eat　　fall　　forget

fly　　freeze　　give　　go　　grow　　hide

know　　lie　　ride　　ring　　rise　　see

sew　　shake　　show　　sing　　sink　　sow

speak　　steal　　swear　　swell　　swim　　take

tear [tɛə] (찢다)　　throw　　wake　　wear [wɛə] etc.

6 have와 be

have　　has　　had　　had　　having

be　　is[am·are]　　was[were]　　been　　being [bíːiŋ]

7 접두어(Prefix, 接頭語)가 붙어 있는 동사는 그 어간(stem, 語幹)의 변화에 따른다.

become　　became　　become　　cf. come

befall (…에게 일어나다)	befell	befallen	cf. fall
gainsay (반박하다)	gainsaid	gainsaid	cf. cay

[참고] 1. 조동사에는 제2[과거]분사·제1[현재]분사가 없고, 원형과 과거형이 있을 뿐이다.

can	could	――――	――――
may	might	――――	――――
must	(must)	――――	――――
shall	should	――――	――――
will	would	――――	――――

2. 제1[현재]분사를 만들 때 철자상 주의할 점.

규칙 동사, 불규칙 동사 모두에 ─ing형을 붙인다. 이 ─ing는 a. 진행형, b. 형용사, c. 명사(= Gerund)의 세 가지 기능을 한다.

1) 어미의 ─e가 voiceless (무성)이면, 그 ─e를 없애고 ─ing을 붙인다.

live ― living   glide (미끄러지다) ― gliding

2) 어미가 **짧은 모음＋자음**이면, 마지막의 그 자음을 거듭하고 ─ing를 붙인다(규칙동사의 과거형 경우와 같음). 두 음절 이상인 말은 어미에 강세가 있을 때만 이렇다.

set ― setting   occúr ― occurring

cf. límit ― limiting

3) 이 밖의 것

die ― dying   lie ― lying   tie ― tying

3. 제2[과거]분사에 두 가지 형이 있을 때, 그 하나는 형용사로 쓰이는 것이 있다.

He got **drunk**. (취했다) ― a **drunken** driver (취한 운전기사)

A moral meaning is **hid** in this story. ― **hidden** treasure (감추어진 보물)

(이 이야기에는 어떤 도덕적 의미가 숨어 있다.)

He is **shrunk** with age. ― a **shrunken** stream (물이 졸아든 개천)

(그가 나이가 들어 여위고 쇠했다.)

The ship was **sunk** by a wave. ― a **sunken** rock (암초, 暗礁)

(파도로 배가 침몰되었다.)

4. 과거·제2[과거]분사에 각각 두 가지 형이 있는 동사

burn	burnt, burned	burnt, burned
dream	dreamt, dreamed	dreamt, dreamed
knit	knit, knitted	knit, knitted
lean	leant[lent], leaned	leant, leaned
leap	leapt, leaped	leapt, leaped
learn	learnt, learned	learnt, learned

light	lit, lighted	lit, lighted
quit	quit, quitted	quit, quitted
spill	spilt, spilled	spilt spilled
spoil	spoilt, spoiled	spoilt, spoiled

cf. wake — woke[waked] — woke[waked, woken]

awake — awoke — awoke[awaked]

awaken, waken은 규칙 동사

101. 뒤섞이기 쉬운 활용 변화의 말

┌bear [bɛə] (낳다)	bore	born	
└bear (참다·나르다)	bore	borne	
┌bind (묶다)	bound	bound	
└bound (뛰어오르다, 접경하다)	bounded	bounded	
┌fall (떨어지다)	fell	fallen	
└fell (베어 넘어뜨리다)	felled	felled	
┌blow (불다)	blew [blu:]	blown	
│flow (흐르다)	flowed	flowed	
└frown (얼굴을 찡그리다)	frowned	frowned	
┌find (찾다)	found	found	
└found (창건하다)	founded	founded	
┌fly (날다)	flew	flown	flying [fláiiŋ]
│flee ─┐			fleeing [flí:iŋ]
│ ├(도망치다)	fled	fled	
│fly ─┘			┌flying
└fry (기름으로 튀기다)	fried	fried	└frying
┌grind [graind] (갈다, 磨)	ground	ground	
└ground (근거를 두다)	grounded	grounded	

┌ hang (걸다[걸려 있다])	hung	hung	hanging [hǽŋiŋ)]
└ hang (교수형에 처하다)	hanged	hanged	
┌ lie (거짓말을 하다)	lied	lied	lying [láiiŋ]
│ lie (눕다)	lay	lain	lying
└ lay (누이다)	laid	laid	laying [léiiŋ]
┌ rise (일어나다)	rose	risen [rízn]	
└ raise (일으키다)	raised	raised	
┌ see	saw[sɔː]	seen	seeing [síːiŋ]
│ saw [sɔː] (톱질하다)	sawed	sawed [sawn]	
│ sew [sou] (꿰매다)	sewed	sewed [sewn]	sewing
└ sow [sou] (씨를 뿌리다)	sowed	sowed [sown]	sowing
┌ tell	told [tould]	told	
└ toll [toul](종이 울리다)	tolled	tolled	
┌ wind [waind] (태엽 등을 감다)	wound [waund]	wound	
│ wind [wind] (통풍시키다)	winded	winded	
└ wound [wuːnd] (상처 입히다)	wounded	wounded	
welcome (환영하다)	welcomed	welcomed	welcoming

(미심쩍을 때는 영어사전 부록의 **불규칙 동사 활용표**를 참고하라.)

참고 1. 동사·형용사·명사의 철자 및 발음 변화

동사	형용사	명사
absént	ábsent	
accént		áccent
advise		advice
beautify	beautiful	beauty
believe		belief
bleed		blood
breathe [briːð]		breath [breθ]
civilize	civil	
classify		class
clothe [klouð]		cloth [klɔθ]

darken	dark	
deepen	deep	depth
excuse [−z]		excuse [−s]
expórt		export
feed		food
fill	full	
heighten	high	height
incréase		increase
Koreanize	Korean	Korea
lengthen	long	length
live		life
lose [luːz]		loss [lɔs]
neutralize	neutral	
objéct		óbject
organize		organ
presént	présent	présent
prove		proof
realize	real	récord
recórd		
save	safe	sale
sell		
shorten	short	
simplify	simple	
specify	specific	
strengthen	strong	strength
sweeten	sweet	
symbolize		symbol
tell		tale
tighten	tight	
use [juːz]		use [juːs]

2. 동사와 명사의 같은 철자와 발음

동사	명사	동사	명사
glance	(give a) glance	kick	(give a) kick
pull	(give a) pull	push	(give a) push
sigh	(give a) sigh	swim	(have a) swim

talk	(have a) talk	try	(have a) try
wash	(have a) wash	rest	(take a) rest
ride	(take a) ride	walk	(take a) walk

3. —ing 형을 만들 때의 철자 변동

begín — beginning   come — coming

cf. cry — crying   cf. go — going

mimic — mimicking   picnic — picnicking

occur — occurring   cf. offering — offering

sit — sitting   write — writing

[2] 동사의 분류(Classification of Verbs)

102. 동사의 분류

목적어나 보어가 있고 없음에 따라서 정형동사(Finite verb, 定形動詞)를 분류하면 다음과 같다.

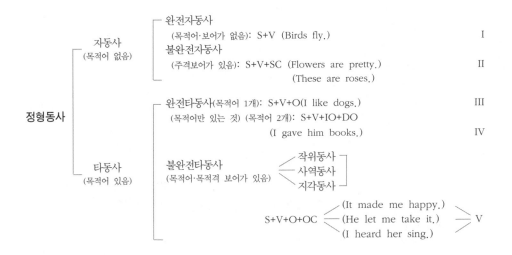

> 참고 S = Subject (주어)   V = Verb (동사)
>   SC = Subjective complement (주격보어)
>   O = Object (목적어)   IO = Indirect object (간접목적어)
>   DO = Direct object (직접목적어) OC = Objective complement (목적격보어)

103. 준보어 (Quasi-complement, 準補語)

어떤 자동사가 본래의 뜻을 지니고 있어서, 그것만으로 어떤 정도의 뜻이 통하지만, 그것에 다시 보어에 해당하는 어귀를 넣어서, 주어의 동작이나 상태를 더 분명하게 설명하는 일이 있다. 이때의 이 보어에 해당하는 어귀를 **준보어**라고 부르는데, 이러한 동사는 불완전자동사(제2형)로 된다.

She married **young**. (그 여자는 어려서 결혼했다.)

He died a **beggar**. (그가 거지로 죽었다.)

married로 결혼했다는 뜻이 표명되었고, died로 죽었음이 밝혀졌다. 거기에 young(형용사)과, a beggar(명사)를 넣어서 뜻을 더 분명하게 했으니, 이런 것이 **준보어**다.

She **was** young. (그 여자는 젊었었다.)

He **became** a beggar. (그는 거지가 되었다.)

에서는, was나 became만으로는 뜻이 전혀 통하지 않고, young과 a beggar가 붙어서 비로소 의사(意思)가 전달(傳達)되니, 이 보어는 절대로 필요하다.

결국 준보어는 불완전자동사와 완전자동사와의 중간적 동사라고도 생각할 수 있는 동사에 붙는 것이니, 보어와 같은 성질의 것으로 보아, 제2형 Sentence의 요소다.

They were born **poor**, lived **poor** and **poor** they died.

(그들은 가난하게 태어나, 가난하게 살다가, 가난하게 죽었다.)

She came home **sick**. (home은 부사로 back의 뜻)

(그 여인은 병들어 집으로 돌아왔다.)

It is no use coming **the high and mighty** over me.

(내게 거만하게 대해봤자 소용없다.)

The shoemaker's wife goes barefoot.

(대장장이 집에서 식칼이 놀다.)

Her cheeks went red as a rose.

(뺨이 장밋빛처럼 빨갛게 변했다.)

He is still going unrewarded.

(아직도 그는 제대로 대접을 받지 못하고 산다.)

She stood smiling.

(그 부인은 서서 미소 짓고 있었다.)

They stood firm in their resolutions.

(그들은 결의가 굳어 있었다.)

The player stands 7 feet high.

(그 선수는 키가 일곱 자다.)

Provisions were running short.

(식량이 부족해가고 있었다.)

She ran wild with joy at the idea.

(그 생각에 그 여인은 기뻐서 어쩔 줄을 몰랐다.)

He remained a bachelor all his life.

(그는 일생을 독신으로 살았다.)

The dog kept barking all night.

(밤새도록 개가 짖고 있었다.)

The document proved of no use. (= useless)

(그 문서는 알고 보니 소용없는 것이었다.)

She looked out of sorts. (= not well)

(그 소녀는 기분이 좋지 않은 표정이었다.)

You may rest assured.

(자네는 안심하고 있어도 좋아.)

104. 능동피동태(Activo-passive, 能動被動態) 동사

이것은 피동의 뜻을 지니고 있는 완전자동사이므로 제1형이다.

The house **is building**. (그 집은 건축 중이다.)

The book **is printing**. (그 책은 인쇄 중이다.)

His works **sell** well. (그의 작품은 잘 팔린다.)

Nylon **washes** easily. (나일론은 세탁이 쉽다.)

None can **compare** with him. (그와 비교될 만한 사람은 없다.)

Her autobiography **reads** like a novel.

(그 부인의 자서전은 소설처럼 재미있게 읽힌다.)

cf. It reads interesting. (제2형) (그것은 재미있게 읽히고 있다.)

105. seem, look 등 불완전자동사(제2형)

보어로 형용사구인 부정사(Infinitive)를 가지기도 한다. 또 그 to be가 생략되기도 한다.

She seems **(to be) happy**.

(그 부인은 행복한 것처럼 생각된다.)

He appears **to have been rich**.

(그가 부유했던 것 같다.)

주의 여기서 to have been을 생략하면, to be로 보게 되어, 시제가 현재로 되니, 뜻이 달라진다.

He continues[remains] **(to be) idle**.

(그는 계속해서 불성실하다.)

He looked **(to be) ill**.

(그는 몸이 편찮은 것 같은 얼굴이더라.)

She looks every inch **a lady**.

(그 여인은 어디까지나 귀부인 모습이다.)

Things are looking a little **better**.

(사태가 조금씩 호전되어 가고 있는 것 같다.)

The bank-note proved (to be) a forgery.

(그 지폐가 위조물임이 밝혀졌다.)

The report was found (to be) true.

(그 보도는 사실임이 판명되었다.)

106. 동족동사(Cognate verb, 同族動詞)

자동사가 동족목적어를 가짐으로써 제3형으로 된다.

She smiled her brightest (smile).

(명랑한 웃음을 그녀가 웃었다.)

She smiled (a smile of) assent[əsént].

(좋다는 뜻을 미소로 표시했다.)

He looked his thanks. (그는 고맙다는 표정을 지었다.)

He looked daggers at me. (나를 노려보았다.)

They shouted (a shout of) applause.

(그들은 박수갈채를 보냈다.)

The smith struck a mighty blow on the anvil.

(대장장이가 모루에 대고 힘차게 내려쳤다.)

He nodded (a nod of) approval.

(끄덕여 찬성의 뜻을 표했다.)

107. 완전타동사(제3형)로 결과를 표시하는 동사

They dug a big well.

(큰 우물을 팠다.) — 파서 우물이 됨.

cf. *Dig* potatoes up. (감자를 캐라.) — 묻혀 있는 감자를 캐냄.

He can *mix* a cocktail. (그가 혼합주를 만들 줄 안다.)

cf. We *mix* butter, sugar, milk, egg and flour for a cake.

(케이크를 만들려면 버터·설탕·우유·달걀·밀가루를 섞는다.)

In former days people often **rolled** a cigarette.

(예전엔 잎담배를 말아서 궐련으로 만들어 피웠다.)

cf. They *rolled* the dried leaves of tobacco into cigarettes.

(마른 담배 잎새를 말아 궐련으로 만들었다.)

108. 자동사 + 전치사가 타동사와 비슷한 것으로 되는 관용례

You must **attend to** your business first. (= give care to)

(먼저 당신 직무에 충실하시오.)

cf. (피동형) Your business must *be attended to* first.

참고 그렇다고 이 종류의 것이 모두 피동형으로 될 수는 없다.

We **heard of** his illness long ago. (= be informed of)

(그가 병환 중이시라는 말을 들은 지가 오래다.)

Love **laughs at** distance. (= disregard)

(반하면 천리 길도 멀지 않다.)

Please **listen to** reason. (= try to hear)

(이성에 귀를 기울여라.)

It is troublesome to **look after** babies. (= take care of)

(갓난아기를 돌본다는 건 귀찮은 일이다.)

Wise men **look at** the matter without prejudice. (= see)

(지혜 있는 사람은 사물을 편견 없이 본다.)

Then I will **look for** lodgings. (= try to find)

(그렇다면 하숙을 구해야겠다.)

People **look on**[upon] Edison as a benefactor of mankind. (= regard)

　(우리는 에디슨을 인류의 한 은인으로 생각하고 있다.)

We must **send for** the doctor and nurse at once. (= ask one to come)

　(의사와 간호사를 당장 모셔와야겠다.)

The old and poor have to **rely on** us for support. (= trust upon)

　(늙은이와 가난한 사람들은 살아가자니 우리에게 의지할 수밖에.)

Everyone **thinks of** his benefit first. (= consider)

　(누구나 사람은 자기 이익부터 생각한다.)

He will **wait on** the distinguished guest. (= serve as a waiter or waitress)

　(그가 오시는 귀빈을 모실 거야.)

She is **waiting for** his arrival. (= await)

　(그 여인이 남편 도착하기를 기다리고 있다.)

People **speak** well[ill] **of** the new governor. (= mention)

　(사람들은 새로 부임한 지사를 호[악] 평한다.)

I can **speak to** his having been here. (= confirm)

　(그가 여기에 왔다 갔음을 나는 확인한다.)

He who **runs after** two hares will catch neither. (= pursue)

　(두 토끼를 쫓는 자는 한 마리 토끼도 못 잡는다.)

109. 재귀동사(Reflexive verb, 再歸動詞)

재귀대명사인 oneself를 목적어로 가지는 완전 타동사로서 제3형에 속한다.

　He often **absents himself** from the lectures.

　　(그는 자주 결강한다.)

　Bear[Conduct] **yourself** nobly like a gentleman.

　　(신사답게 행동을 고상하게 하라.)

　She **betook herself to** entreaties instead of threats.

(위협이 아니라 탄원해보기로 했다.)

He tried to **compose himself** before the examination.

(시험 전에 마음을 진정하려고 했다.)

He **bethought himself of** a capital idea. (= thought of)

(한 묘안이 생각났다.)

She **prides herself on** her skill in embroidering.

(그 여인은 자수의 명수임을 자랑하고 있다.)

[참고] 이상의 예는 그 동사가 이렇게 반드시 oneself를 동반하지만, 재귀대명사 없이 단독으로도 쓰이는 동사가 우연히 재귀대명사를 가지게 되면, 형식은 같지만 자유로운 것으로 재귀동사 라고 못 박기는 곤란하다. 더구나 현대 영어의 특색은 재귀대명사를 점점 쓰지 않고 있다는 점에 유의해야 한다.

They **made themselves** miserable by thinking of their dead child.

(죽은 자식을 생각하여 그 부부는 스스로를 비참하게 만들었다.)

cf. He *made* his sick wife comfortable.

(병중의 자기 부인을 그는 편안하게 해주었다.)

Help yourself without ceremony.

(어렵게 생각 마시고 만족하실 만큼 잡수세요.)

cf. What shall I *help* you to? — Thank you, I'm fully helped.

(무엇을 권해 드릴까요? — 고마워요, 많이 먹었습니다.)

He **settled himself** in an armchair for a nap.

(그가 안락의자에 턱 앉아서 낮잠을 잤다.)

cf. They at last *settled* in Brazil[brəzíl].

(그들은 드디어 브라질에 정착했다.)

He **applied himself** to chemical experiment.

(그는 화학 실험에 전념했다.)

cf. They *applied* the rule to that case.

(그 사건에 그 규칙을 적용했다.)

[참고] 1. 다음의 예는 재귀대명사를 넣어도, 넣지 않아도 좋다.

I dressed (myself). (옷 입었다.)

He hid (himself). (그가 숨었다.)

I overslept[overate] (myself). (늦잠 잤다[과식했다].)

She likes to show (herself) off. (자기를 과시하고 싶어 한다.)

I rested (myself) an hour or two. (한두 시간 쉬었다.)

2. 다음은 목적어인 재귀 대명사를 생략한 것으로 보는 것이 좋다.

I have to wash and shave. (세수와 면도를 해야겠다.)

Koreans feed on rice. (한국인의 주식은 쌀[밥]이다.)

Let's bathe before meal. (식사 전에 목욕을 하자.)

His eyes filled with tears. (눈물이 눈에 가득했다.)

3. 다음은 본래의 목적어를 없앤 것이니, 자동사로 볼 것이다.

I wrote (a letter) to him. (그에게 편지를 썼다.)

I don't smoke (tobacco). (나는 담배 피우지 않는다.)

He left (this place) yesterday. (그는 어제 떠났다.)

Your letter has crossed (mine) in the post. (우체국에서 엇갈렸다.)

4. He *recovered* from his long illness. (무의지)

　(오랜 병에서 그가 회복되었다.)

He tried to *recover himself*. (유의지)

　(기운을 차리려고 했다.)

110. 타동사 + 목적어 + 부사구(부사구 < 전치사 + 목적어)

① 공급

Fill your glass with beer. (맥주를 한잔 가득 따르게.)

Our parents **provide us with** everything needful in childhood.

　(어릴 적에는 부모님께서 우리에게 필요한 모든 것을 마련해주신다.)

That company **supplies us with** rice and coal.

　(저 상회가 쌀과 연탄을 공급해준다.)

We must **put an end to** this foolish behavior.

　(이러한 어리석은 짓은 곧 그만두어야 한다.)

School authorities **must make allowances for** his youth.

(학교 당국자는 그 학생의 젊음을 참작할 필요가 있겠다.)

Please **take good care of** my home while I am away.

(내가 집에 없는 동안 우리 집을 잘 보살펴 주시오.)

② 제조

They **make bottles (out) of** glass. (물리적 변화)

(병을 유리로 만든다.)

cf. Bottles are made of glass.

They **make glass into** bottles.

(유리로 병을 만든다.)

We **make bricks from** clay. (화학적 변화)

(벽돌을 흙으로 만든다.)

cf. Bricks are made from clay.

We **make cloth of** cotton, silk and wool.

(무명·비단·양털로 천을 만든다.)

They will **make a fool of** you.

(저들이 자네를 놀릴 거야.)

They will **make a lawyer of** their son.

(그 부모가 아들을 변호사로 출세시킬거야.)

③ 탈취

In former days they **cleared cotton of** its seeds by a spinning wheel.

(예전엔 물레로 목화씨를 뺐다.)

cf. Cotton was cleared of ….

The book **cured him of** his prejudice.

(그 책을 읽고 그는 편견을 고쳤다.)

A pickpocket **robbed her of** the handbag.

(소매치기가 그 여인의 핸드백을 빼앗았다.)

Influenza **deprived me of** the pleasure of our meeting.

(독감으로 친구들과 만나 놀지 못했다.)

His age-limit retirement **eased him of** the burden.

(정년퇴직으로 그는 중책을 면했다.)

참고 다음의 특수한 것도 제3형이다.

The child **cried itself to** sleep — 이 sleep은 명사로 결과를 뜻하는 to와 합하여 부사구.

(그 아기는 울다가 잠들었다.)

The audience **laughed him down**. — down은 부사

(청중이 웃어서 그는 연설을 중지했다.)

They **played me false[foul]**. — false와 foul은 여기서 부사.

(그들이 나를 속였다.)

111. 제4형(여격동사)이 제3형(완전 타동사)으로 될 때의 전치사

The governess teaches her manners.

(그 여성 가정교사가 소녀에게 예의범절을 가르치고 있다.).

The governess teaches manners **to** her.

She bought her son a bag.

She bought a bag **for** her son.

He often asks me questions.

He often asks questions **of** me.

They played me a joke. (그들이 나를 놀렸다.)

They played a joke **on** me.

참고 I gave him a pen의 a pen이 it이면, I gave it to him 형식으로 고쳐서 쓰는 것이 좋다.

112. 제5형(불완전타동사)의 움직임

의미 또는 형태에 따라서 대체로 다음의 세 가지로 나누어 볼 수 있다.

① **작위동사(Factitive verb, 作爲動詞):** '… 을[를] … 로 하다'의 뜻. 그러나 이 작위동사란 말이 요즈음에는 어색한 명칭이다. 보어는 명사 또는 형용사인데, 목적어의 성질·상태 등을 표시한다.

We **believe** the couple **satisfied.**

　(부부가 만족하고 있는 것으로 믿는다.)

We **consider** the withdrawal **a great shame.**

　(후퇴를 큰 치욕으로 여기고 있다.)

He **considers** this **of great importance.**

　(이것이 매우 중요하다고 그는 생각하고 있다.)

They **elected** him **speaker.**

　(그를 의장으로 뽑았다.)

We **found** him (an) **able** (man).

　(그가 유능한 사람임을 알게 되었다.)

I **found** him **in.**

　(그가 집에 있음을 알았다.)

He **found** everything **in good order.**

　(모든 것이 잘 정리되어 있음을 알았다.)

She **keeps** the window **open.**

　(창을 열어 둔다.)

The disaster **left** few **alive.**

　(참변으로 생존자는 거의 없다.)

His remark **left** me **wondering** what he was driving at.

　(그의 말을 들어보니 그의 의도가 무엇인지 나는 알 수 없게 되어 버렸다.)

His father **named[called]** him **George** after the first President of the United

　States. (그의 아버지는, 미국 제1대 대통령 이름을 따서, 그를 조지라고 불렀다.)

People **suppose** him (to be) **superstitious.**

　(사람들은 그가 미신을 좋아하는 것으로 생각한다.)

Some **think** him **a good Samaritan.**

(그를 자선가로 알고 있는 사람도 있다.)

The government **appointed** him a special delegate.

(정부에서 그를 특별 대표로 임명했다.)

That kind of music **sets** me at my ease.

(그런 음악을 들으면 내 마음은 가라앉는다.)

Mother **has made** me what I am.

(오늘의 내 성공은 어머니 덕택이다.)

He **made** the girl his wife.

(그 소녀를 부인으로 삼았다.)

Thinking **makes** what we read ours.

(사색이 독서를 정신적 양식으로 만들어준다.)

> 참고 I regard him as a genius. (나는 그를 천재라고 생각한다.) 는 제3형으로서, as (전치사 상
> 당어) a genius는 부사구다.

2 **사역동사**(Causative verb, 使役動詞): 어떤 사물이 사람에게 어떤 행위를 하게 하는
동사(cause, get, have, let, make, etc.)로서, 작위동사의 일부라고 볼 수도 있다.

1) 자동사가 사역동사로 변한 것

fall(vi) (떨어지다) → fell(vt) (넘[떨]어지게 하다; 넘어뜨리다)

lie(vi) (눕다) → lay(vt) (뉘다)

rise(vi) (일어나다) → raise(vt) (일으키다; 일어나게 하다)

sit(vi) (앉다) → set(vt) (앉히다; 두다)

etc.

2) 자동사 → (사역의 뜻인) 타동사

fly(vi) (날다) → fly(vt) (날리다; 날게 하다)

Girls **are flying** pigeons in the garden.

(소녀들이 비둘기를 뜰에서 날리고 있다.)

run(vi) (뛰다; 흐르다) → run(vt) (뛰게 하다; 흘리다)

They ran water into a pool.

(수영장에 물을 채웠다.)

3) 원형 부정사(Root infinitive)를 보어로

The captain **bade** [bæd] his men **halt**.

   (중대장이 부하에게 정지를 명했다.)

She **felt** her limbs **tremble**.

   (팔다리가 떨리는 것을 느꼈다.)

They **heard** him **make** a long speech.

   (그가 긴 연설하는 것을 청중은 들었다.)

I'll **help** her (to) **translate** the story.

   (그녀를 도와서 그 이야기를 번역토록 하겠다.)

I **helped** her (to) **wash up** at the sink.

   (아내를 도와 싱크대에서 설거지하도록 했다.)

They will **have[get]** some one **sing**. (어떤 분에게 노래를 시킬 거야.)

I **let** him **have** his own way. (그가 하고 싶다는 대로 내버려 두었다.)

He **made** me **drink** on that night.

   (그날 밤 그는 억지로 내게 술을 권해서 마시게 했다.)

4) to-부정사(to-infinitive)를 보어로

She **asked** me **to hand** this package to you.

   (이 꾸러미를 당신께 전하라는 그 부인의 소청입니다.)

We must **get** some one **to show** us the way. (길을 안내할 사람을 구해야지.)

I **like[want, wish]** you **to come**. (당신이 오시기를 바랍니다.)

What **causes** apples **to fall**? (무엇이 원인이 되어 사과는 땅으로 떨어질까?)

Elders **advise** children **to keep** their money in the bank.

   (어른들은 애들에게 돈만 있으면 은행에 저축하라고 일러 준다.)

We cannot **bear** you **to be unhappy**.

   (당신이 불행하다는 것을 우리가 그대로 보고만 있을 수는 없소.)

They firmly **believe** her **to be pure**.

   (그 여인이 결백함을 그들은 굳게 믿고 있다.)

Illness **compelled** me **to spend** the holiday in bed.

(병으로 할 수 없이 휴일을 누워서 보냈다.)

The commander **directed** his men **to retreat**.

(사령관의 명령은 퇴각이었다.)

Mother never **allows** me **to look untidy**.

(옷을 깨끗하고 바르게 입으라고 어머니는 주의 주신다.)

The scholarship **enabled** him **to continue** his college life.

(장학금이 그의 대학생활을 계속할 수 있게 해주었다.)

He **ordered** his men **to fire**.

(그가 부하에게 발포를 명령했다.)

I **forbade** [fəbǽd] him **to enter** my room.

(내 방에 그가 들어오는 것을 금했다.)

We **permitted** him **to depart**.

(그가 떠나도록 허락했다.)

He often **tells** me **to keep** my mouth shut.

(입이 무거우라고 그는 내게 종종 주의 주신다.)

5) 제2[과거]분사를 보어로

I **hád**[**gót**] my watch **mended**. (능동 — 주어에게 이익)

(시계를 수리하게 했다.)

I **hád**[**gót**] my shoes **cleaned**. (능동 — 주어에게 이익)

(내 신을 닦게 했다.)

He could not **gét** the construction **done** properly. (능동 — 주어에게 이익)

(그는 공사가 제대로 되게 하지를 못했다.)

I **had**[**got**] my bag **stolen**. (피동 — 주어에게 손실)

(가방을 도둑맞았다.)

They **kept** the windows **closed** all day.

(종일 창문이 닫혀 있게 해두었다.)

I could hardly **make** myself **understood** because of language barrier.

(말이 통하지 않아서 내 뜻을 이해시킬 수 없었다.)

We want the work finished before noon.

(정오 전에 그 일을 끝내 주시오.)

6) 제1[현재]분사를 보어로

We had our cars waiting for you.

(여러분을 모시고자 차를 대기시켜 놓았습니다.)

I am sorry to have kept you standing long.

(오래 서 계시게 해서 미안합니다.)

> 참고 이상을 종합하면 사역동사의 보어 모양은 다음과 같다.
> a. get — to부정사·제2[과거]분사
> b. have — 원형·제2[과거]분사·제1[현재]분사
> c. help — 원형·to부정사
> d. keep — 제2[과거]분사·제1[현재]분사
> e. let — 원형
> f. make — 원형·제2[과거]분사
> g. want — to부정사·제2[과거]분사

③ **지각동사(Verb of Perception, 知覺動詞)**: feel, hear, see, notice, observe, perceive, watch 등과 같이 지각을 표시하는 동사인데, 원형 부정사를 보어로 가진다. 제5형 (불완전타동사)에 속하고, 이 종류의 동사에는 대체로 진행형이 드물다.

I saw the bird fly. (새가 나는 것을 보았다.)

cf. The bird was seen to fly. 피동태로 표현하면 부정사의 to가 나타난다.

I saw the bird flying. (새가 날고 있는 것을 보았다.)

cf. The bird was seen flying. (피동태)

I saw the bird caught. (새가 잡혀 있는 것을 보았다.)

> 참고 보어로서 원형부정사는 단순한 **동작**을, 제2[과거]분사(타동사의)는 **피동**을, 제1[현재]분사는 진행을 의미한다.

She felt her eyes dazzled by a blaze of light.

(번쩍하는 광선에 그녀의 눈이 부셨다.)

Watch the girl play the violin.

(그 소녀가 바이올린을 연주하는 것에 주목하라.)

We **watched** the skaters **gliding** past.

　(빙상선수들이 얼음 위를 미끄러지며 지나가는 것을 보았다.)

We **noticed** someone **jump** over the fence.

　(누군가가 담을 뛰어넘는 것을 우리는 눈치 챘다.)

Don't you **smell** something **boiling**?

　(무엇인가 끓고 있는 냄새가 나지 않는가?)

[참고]　다음 동사도 지각동사인데, 제2형으로, see, hear에는 없는 용법이다.

　　　We **felt** cold and hungry. (춥고 시장기가 느껴졌다.)

　　　Velvet **feels** soft. (우단은 감촉이 부드럽다.)

　　　This cake **eats** crisp. (이 케이크는 씹으면 바삭바삭하다.)

　　　A violet **smells** sweet. (오랑캐꽃은 향기롭다.)

　　　Good medicine **tastes** bitter to the mouth. (좋은 약이 입에는 쓰다.)

　　　This milk **tastes** sour. (이 우유는 상했다.)

　　　Imported meat **tastes** bad. (수입 육류는 맛이 없다.)

　　　cf. 1. I see that he dislikes coffee. ─(정신적 지각)

　　　　　2. smell, taste에는 불완전타동사로의 용법이 극히 드물다.

113. 환유목적어(Metonymic object, 換喩目的語)

　'칠판의 글씨를 지워라'는 뜻으로 '칠판 지워라' 또는 '방 안에 흩어진 물건들을 치워라'는 뜻으로 '방 치워라'라는 식의 목적어.

　He wiped **his eyes**. (그는 눈을 닦았다.) ─ his eyes가 환유목적어.

　cf. He wiped his tears away. (그는 눈물을 닦았다.)

　He drank **the glass** dry. (마셔서 잔을 비웠다.) ─ the glass가 환유목적어.

　cf. He drank the wine. (술을 마셨다.)

114. 술사(Predicative, 述詞)

술사는 불완전자동사(제2형)의 주격 보어 바로 그것의 별명이다.

She is **a girl**.　　She seems **kind**.　　She became **rich**.

이 예에서 a girl, kind, rich 등 보어를 없애고, She is. She seems. She became.이라고 만 한다면, 아무 의미도 나타내지 못한다. 그러므로 이 종류의 Sentence에서 중요한 것은, 이들 동사보다도, 오히려 a girl, kind, rich 등의 명사와 형용사다. 가령 동사 없이 She a girl. She kind. She rich라고만 말한다고 해도, 우리는 그것이 무슨 뜻인지 대강만이라 도 짐작할 수 있기 때문이다. 그러므로 동사만으로는 주어에 대한 서술이 완전하지 못하 니까, 그 서술을 완전히 하는 명사나 형용사 바로 이것이 술사다. 즉 보조적인 역할이 아니라 중추적인 몫을 하는 요소란 뜻이다. 종래에 써오던 보어라는 말 대신에 술사라는 말이 정당하다는 생각에서 나온 것이니 합리적이라고 할 수 있다. 다만 이것이 주격보어 에 한한 것이고, 목적격보어도 이렇게 부르는 것은 아니다.

"The more fool he!(그는 점점 더 바보야!)" 주어인 he에 대한 술사가 The more fool이다. 이렇게 연결사(Copula)라고도 불리는 불완전자동사 없이 이루어지는 말이 있음을 참작할 필요가 있다.

그런데,

He sat silent. (말없이 앉아 있었다.)

He spoke hoarse. (연설을 해서 목이 쉬었다.)

The wind blew cold. (바람이 차게 불었다.)

등에서는 silent, hoarse, cold가 서술의 중심이라고는 말하기 어렵고, sat, spoke, blew가 is동사처럼 단순히 연결사 노릇을 한다기보다 그 이상의 의미를 지니고 있는 중요한 동사 이니, 이때의 이 silent, hoarse, cold를 **준술사**(Quasi-predicative, 準述詞)라고 부르는 것이 좋다는 의견도 있다.

115. 주술관계 목적어(Nexus object, 主述關係 目的語)와 부정사주술관계 (Infinitival nexus, 不定詞主述關係)

불완전타동사(제5형)의 구성을 S + V + O + OC로 표시했다. 그러나,

I found **the cage empty**. (= that the cage was empty)

(새장이 비어 있더라.)

I found **her gone**. (= that she was gone)

(그 여인은 가버리고 없더라.)

They made **him President**. (= that he would act as President)

(그를 대통령으로 모셨다.)

He gets **things done**. (= that things should be done)

(그는 일을 남에게 시킨다.)

등에서 the cage와 empty, her와 gone, him과 President, things와 done을 **주술관계 목적 어**라는 새로운 각도에서 풀이하고, 종래의 목적격보어(Objective complement)라는 것을 없 애자는 주장이 바로 이것이다. 결국 the cage가 found의 목적어이면서, empty의 의미상 주어라는 군색한 풀이는 하지 않아도 좋다는 것이다. 이대로 풀이해 나가면 "She sat with the window open(그녀가 창문을 열고 앉아 있었다)."에서도 the window (which was) open이 with(전치사)의 주술관계목적어가 된다.

다음의 예는 **부정사주술관계**인데,

I heard **her sing** (= that she sang) (그녀가 노래하는 것을 들었다.)

cf. (피동형) She was heard **to** sing.

I like **boys to be quiet**. (= that boys should be quiet)

(애들이 조용히 해주었으면 좋겠다.)

cf. I like quiet boys. (떠들지 않는 애들이 귀엽다.)

에서 her sing과 boys to be quiet가 주술관계이고, 그 전체가 heard와 like의 목적어귀이 니 부정사대격(Accusative with Infinitive)의 구조다.

결국 Nexus란 말은 **주**(어와)**술**(어)**관계**란 뜻이다.

[3] 시제(Tenses)

시제는 시간적 구분을 표시하는 동사의 어형변화다. 즉, 동작이나 상태가 일어난, 또는 생긴 때를 표시하는 동사의 형태상 구별이다. 문법 용어인 성(Gender)과 자연의 성(sex)이 다르듯이, 시제는 문법상 용어이고, 시간(time)이란 우리의 실제생활에서 생각하는 시간이다. 그러니까 실제 생활에서의 시간을 동사 형태에서 어떻게 표현하느냐, 그 표현된 모양을 시제라 한다.

시간은 now[today], in the past[yesterday], in future[tomorrow], 또는 second(초), minute, hour, day, week, month, year, etc.로 표시된다.

> 참고   다음의 come을 예로 들면, 시제는 3종이지만 실제의 시간은 거의 같다.
> (현재시제): I **come** to bury Caesar, not to praise him. (= am come = have come)
> (나는 시저를 매장하려고 왔지. 칭찬하려고 온 것이 아니다.)
> (현재완료시제): I **have come** to bring you home. (= came)
> (너를 집으로 데려가려고 왔다.)
> (과거시제): Is that all you **came** to say? (= have come)
> (그것이 오셔서 말씀하시려던 것 전부입니까?)

시제가 형태로 표시되는 것은 현재와 과거뿐, 미래에는 shall, will의 도움을 받고, 또 동작의 완료에는 완료형이 따로 있다. 여기서는 의미에 따라 다음과 같이 영어의 시제를 12종으로 분류한다.

A. 기본시제(Primary tense)	1. 현재	2. 과거	3. 미래
B. 진행형(Progressive form)	4. 현재	5. 과거	6. 미래
C. 완료시제(Perfect tense)	7. 현재	8. 과거	9. 미래
D. 진행형완료(Progressive perfect form)	10. 현재	11. 과거	12. 미래

> 주의   여기서 다루어지는 것은 서실법(Fact mood, 敍實法)[직설법(Indicative mood, 直說法)]의 경우이고, 서상법(Thought mood, 敍想法)[가정법(Subjunctive mood, 假定法)]의 시제는 아니다.

> 참고   편의상 시제(Tense)란 말은 빼고, 현재·진행·완료·진행완료라고만 부르기도 한다.

116. 현재시제(Present tense)

대개 동사는 원형이지만, be와 have는 특별한 형태를, 또 일반 동사는 제3인칭 단수의 주어에 대하여 -(e)s를 붙인 모양을 가진다.

① 현재의 사실(present fact)을 표시

Here **comes** Santa Claus on the sledge.

   (산타클로스 할아버지가 썰매를 타고 오신다.)

Look, the kettle **boils**. (야, 주전자 물이 끓는다.)

There **goes** the chime. (종악鐘樂이 울린다.)

How lightly she **dances**! (얼마나 경쾌하게 추는 춤인가!)

참고 진행형이 없는 동사는 이 현재시제로 현재의 동작·상태를 표시한다.

We **are** Koreans.

   (우리는 한국인이다.)

We **have** a surprise for you.

   (자네들에게 들려줄 놀라운 소식이 있네.)

We **like** our own habits and customs.

   (우리는 고유의 풍속 습관을 좋아한다.)

We **feel** proud of these traditions.

   (이러한 전통을 우리는 자랑스럽게 생각한다.)

We **resemble** our neighbors in skin color.

   (피부색이 이웃 국민들과 비슷하다.)

We **keep** alive the international friendship.

   (국제 친선을 우리는 지속시키고 있다.)

We **know** that prosperity consists with peace.

   (번영은 평화와 양립한다는 것을 우리는 안다.)

Do you **see** that chimney to the right of that poplar?

   (저 포플러 오른쪽에 서 있는 굴뚝이 보이나?)

② 습관적인 일(habitual action)

My boy **bites** his finger nails.

(우리 놈은 손톱을 물어뜯는다.)

Pedlars **buy** goods cheap and **sell** them dear.

(행상인들은 물건을 싸게 사서 비싸게 판다.)

The new school year **begins** in March here.

(우리나라에선 새 학년이 3월에 시작된다.)

He often **comes** to see me.

(그는 종종 내게로 놀러 온다.)

cf. Here **comes** Jack. (잭이 오는구나.) (= is coming)

He **deals** in oil. (그는 기름장수다.)

참고 습관적인 것이 아니라면, 현재의 행동은 현재진행형으로 표시한다.

A dog **is biting** a boy.

그러나 현재의 상태를 표시하는 동사(hear, hope, know, see, think, understand, etc.)에

는 현재시제를 쓴다.

cf. I **live** in Florida. (= am living in F.) — 현재의 사실

I **live** in Florida in winter. — 습관

③ 진리(truth)를 표시: 이것을 일반적 현재(Generic present)라고 부른다.

All living things **die**.

(살아 있는 모든 것은 죽는다.)

A rolling stone **gathers** no moss.

(구르는 돌엔 이끼도 끼지 않는다. = 직업을 자주 바꾸는 사람은 돈을 모으지 못한다.)

The sun **rises** in the east, and **sets** in the west.

(해는 동에서 뜨고, 서로 진다.)

The cunning workman **does** not **quarrel** with his tool.

(명필은 붓을 탓하지 않는다.)

④ 미래시제대용(Substitute for Future tense)

1) 미래를 표시하는 부사와 함께 가까운 미래의 예정이나 약속을 말한다

We **start** for Geneva next week by plane.

(우리는 비행기로 다음 주 제네바에 간다.)

Tonight we **meet** again.

(오늘 밤 우리는 또 만난다.)

The bus **leaves** in half an hour.

(30분 있으면 버스가 떠난다.)

The ship **sails** tomorrow.

(배는 내일 출범한다.)

Tomorrow **is** Saturday. (내일은 토요일) — will be보다 이 현재형이 회화체.

참고 이 밖에 come, go, return 등도 이렇게 쓰일 수 있다.

2) 때(time)나 조건(condition)을 표시하는 부사절(when, while, before, after, till, as soon as, as long as, if 등으로 인도됨)에서는 미래시제 대신 현재시제를 쓴다.

When I **have** a house of my own, I shall be miserable if I **have** not an excellent library. (내 집이라고 마련했어도 많은 책이 들어 있는 서재가 없다면 보잘것없을 거야.)

We are waiting till he **comes**.

(그가 올 때까지 우리는 기다린다.)

When you **receive** this money, your troubles will be over.

(이 돈을 받으면, 당신의 걱정이 사라질 거요.)

cf. Do you know **when he will send the money?** [명사절]

(언제 그가 돈을 보낼지 아시오?)

A day will come **when nobody will support him**. [형용사절]

(아무도 그를 지지하지 않는 날이 올 것이다.)

He will not be here by the time **(when) you come**. [형용사절]

(당신이 여기 오시는 때엔, 그는 이미 여기 없을 거예요.)

참고 형용사절이지만 회화체에서는 대개 will을 쓰지 않음.

When you **shall** see her, tell her that I died.

(그녀를 만나거든, 나는 죽었다고 전해주세요.)

참고 형식적인(formal) 표현이다.

I shoot **if you move.** (꼼짝하면 쏜다.)

Let us go hunting **if it is fine tomorrow.**

(내일 날씨가 좋으면 사냥 갑시다.)

cf. I wonder[can't tell] **if[whether] he will come.** [명사절]

(그가 올는지 어떨지는 알 수 없다.)

I shall be glad if you will agree with me.

(내 의견에 찬동해준다면 기쁘겠다.)—조건을 말하는 부사절에서도, 의지·호의·희망 등

을 강조하려면 will을 쓰기도 한다.

> 참고 이상 예의 till, when 등을 Conjunction of Time, 그것으로 인도되는 절을 시간절(Temporal
> clause)이라 부른다. 또 if 등을 Conjunction of Condition, 그것으로 이루어지는 절을 조건
> 절(Conditional clause)이라고 한다.
>
> 1. 다음 예는 미래완료시제 대신에 현재시제를 쓴 것이다.
>   Stay here till the rain **stops.** (= has stopped < shall have stopped).
>   (비가 그칠 때까지 여기 머물러 계시오.)
>   shall go as soon as I **hear** from her. (= have heard < shall have heard).
>   (아내 소식을 듣는 대로 나는 곧 가겠습니다.)
>
> 2. 시간절에 연속사(Continuative, 連續詞)가 사용되면 미래형을 쓴다.
>   The Premier will arrive on the 10th, **when he will attend** the parley about strategic
>   arms limitation. (수상이 10일에 도착 예정인데, 그때 전략무기 제한에 관한 회의에 참석
>   할 것이다.)

5 **역사적 [극적] 현재 (Historic(al) [Dramatic(劇的)] present):** 지난 일을 현재의 사실
처럼 생생하게 표현하는 것으로서, 현재시제가 과거의 동작이나 상태를 표시한다.

Caesar **leaves** Gaul, **crosses** the Rubicon, and **enters** Italy with 5,000 men. (=
left, crossed, entered)

(시저는 고올을 나와 루비콘 강을 건너서, 5,000명의 부하 장병을 거느리고, 이탈리아로 입성했다.)

Napoleon's army now **advances** and the great battle **begins.** (= advanced, began)

(나폴레옹 군대가 그때 진군하니, 큰 전투가 벌어졌다.)

> 참고 다음 예는 속어(Slang, 俗語)다.
> "O", says I, "I have nothing." ("아, 내겐 아무것도 없어"라고 내가 말했다.) 이렇게 says I
> [he, she, etc.]가 **said** I[he, she, etc.]의 대신으로 사용되기도 한다.

6 **현재완료시제의 대용(Substitute for Present perfect)**: 몇 개의 어떤 특별한 동사에 한정한다.

Mother **asks** me to call and see you. (= has asked)

(어머니가 선생님을 찾아뵈라고 하셨습니다.)

What **brings** you here? (= has brought)

(어째 왔나?)

Where **do** you **come** from? — I **come** from Jejudo. (= have come)

(고향이 어딘가? — 예, 제주도 출신입니다.)

cf. Where **did** you **come** from? — I **came** from Pohang.

(어디서 왔나? — 포항에서 왔습니다.)

I **forget** his exact name. (= have forgotten)

(그의 정확한 이름을 잊었다.)

We **hear** you worried him with unanswerable questions. (= have heard)

(자네가 귀찮은 질문을 해서 그를 괴롭혔다던데.)

I **read**[ríːd] in the paper that you are going abroad. (= have read)

(자네가 해외로 간다는 소식을 신문에서 읽었네.)

Now **we see[understand]** the nature of electricity. (= have seen[understood])

(이제 전기의 본질을 알았다.)

He **says** his daughter will go to the music college. (= has said)

(그의 따님이 음악대학에 입학한다는 말입니다.)

Why, he **is** dead and gone these eighteen years. (= has been)

(아니, 그는 18년 전에 죽었다오.)

참고 It **is** five months since I saw her. (내가 그 여인을 만난 것은 다섯 달 전이야.)

이 경우에 is를 has been으로 바꾸지는 않는다.

cf. Five months **have passed** since I saw her.

7 **과거시제의 대용:** 현존 작품에 나타나 있는 옛 사람들의 말이나 글을 인용할 때인데, 주장은 과거의 것이나, 현재에도 그 내용에서는 다름이 없음을 의미한다.

Thomas Hardy **compares** the world to a rotten apple. (= compared)

(토머스 하디는 이 세상을 썩은 능금에 비유했다.)

Darwin **thinks** natural selection is the chief factor in the development of species. (=thought) (다윈은 자연도태가 종의 진화의 기본 요소라고 생각했다.)

117. 과거시제(Past tense[Preterite])

동사의 모양은 과거형일 뿐, 인칭·수에 따르는 변화는 없으나, be 동사만은 I[he, she, it] **was**; we[you, they] **were**이다. 1820년 이전에는 you(복수) were, you(단수) was이었다. 그러던 것이 were로 통일되었다. 그러니까 you의 단수·복수임을 굳이 나타낼 필요가 있을 때는 복수에 you all, you people 등 형식을 쓴다.

① 과거의 사실·동작·상태 등을 표시
Shakespeare **was born** in 1564 and **died** in 1616.

(셰익스피어는 1564년에 태어나서 1616년에 작고했다.)

Just before its unconditional surrender the capital **was** in an uproar: men **shouted**, women **wailed** and dogs **barked**.

(무조건 항복 직전에 그 수도는 대소동이 벌어져 있었다. 장정들은 외치고, 부녀자들은 통곡하고, 개들은 짖어대는 등.)

He **lived** in Seoul about ten years.

(그는 서울에서 약 10년 살았다.)

cf. He *has lived* in Seoul about ten years (and he still lives there). — 현재완료시제로서 현재까지의 계속을 의미한다.

Korea is not what it **was** twenty years ago.

(한국은 20년 전의 한국이 아니다.)

② 과거의 습관적 동작
I **went** to bed at ten every night in my school days.

(학창시절엔 매일 밤 10시면 잠자리에 들었다.)

Father **used to** [jú:stu(:)] climb mountains on Sundays. ― use [ju:s](vi)의 과거형 ― 정기적(定期的) 과거 습관

(일요일이면 아빠는 등산을 하셨다.)

Used your father **to** climb mountains on Sundays? ― 위의 의문형

Did your father **use to** climb mountains on Sundays? ― 위의 의문형

He doesn't call on me as often as he **used** (to).

(그가 과거에서처럼 그렇게 종종 나를 방문하지는 않는다.)

It **used to** be said that the poor had most children.

(가난한 집에 자녀가 많다고 이전엔 흔히 말했었지.)

He **would** often go angling of a Sunday. ― 부정기적(不定期的) 과거 습관

(그는 일요일이면 종종 낚시질하러 갔다.)

They **used to** discuss politics together and often they **would** get excited.

(그들이 늘 함께 모여서는 정치 토론을 하다가, 때로는 서로 얼굴을 붉히기도 했다.)

cf. Man **will** speak.―현재의 습관

(사람은 말하는 동물이다 = 언론은 자유다.)

〔참고〕 1. used to와 would의 정기·부정기 구별이 절대적인 것은 아니다.
  2. 다음 used는 형용사다.
    The foreigner is[will get(or become)] **used** to the Korean ways of living.
    (그 외국인은 한국인 생활양식에 익숙해져 있다[익숙하게 될 것이다].)

③ **일반과거(Generic preterite)**: 과거·현재·미래에 걸치는 진리. 아직까지 진리였으니, 현재 또 미래에도 그럴 것이라는 결론을 듣는 이나 읽는 이가 끌어내도록 하려는 일종의 기교다.

Faint heart never **won** fair lady. (격언)

(겁쟁이로서 미인을 손에 넣은 예는 없다.)

The course of true love never **did run** smooth.

(진정한 사랑이 가야하는 길은 결코 평탄하게 뚫려 있지 않았다.)

④ **과거완료시제대용**: 흔히 after, as soon as, before, though, till, when 등으로 시작되는 부사절에서 이렇게 쓰인다.

She stood motionless after he **disappeared**. (= had disappeared)

(남편의 모습이 사라지자 부인은 꼼짝도 않고 멍하니 서 있었다.)

They ran away when[as soon as] they **saw** (= had seen) us.

(우리를 보자마자 그들은 도망쳤다.)

참고 1. 그러나 완료의 뜻을 강하게 표현하려면 완료형을 쓴다.

He went abroad after he **had left** the college.

(그는 대학을 졸업하고 해외로 갔다.)

2. 역사의 기록은 사건이 일어난 차례에 따라 과거시제로 일관한다. 다음의 예는 사건 발생 차례대로 말해 내려간 것.

She **found** his letters, **tore** them up and **burnt** them away.

(그 남자의 편지를 찾아 찢어서 태워버렸다.)

5 **현재완료시제대용**

Did you ever meet the poet? (= Have you ever met the poet?)

(그 시인을 만난 일이 있습니까?)

Have you seen him? — Yes, I did.

6 **간접 화법(Indirect narration, 間接話法)**: 주절의 동사가 과거시제이므로, 그것에 호응(呼應)하기 위한 것이다.

He said he **liked** to play at golf. (< He said, "I like to ….")

(골프 치기를 좋아한다고 그가 말했다.)

She told me that he **was** ill. (< She said to me, "He is ill.")

(남편이 병중이라고 그녀가 내게 말했다.)

118. 미래시제(Future tense)

미래의 동작·상태 등을 표시하는 것으로서, 모양은 shall(의무) 또는 will(의지)을 조동사로 하고, 그 다음에 원형부정사가 붙어 있다. 의문 Sentence에서는 이 조동사와 주어의 위치가 변한다. 때로는 미래의 뜻은 없이 다만 의무·의지 등을 표시하기에 그치기도 한다. 단순 미래와 의지 미래로 나눈다.

① **단순[비의지]미래(Simple [Non-volitional] futurity, 單純[非意志] 未來)**: 미래에서의 의무·필요·예정·능력·감정·결과 등을 나타낸다.

Declarative sentence		Interrogative sentence	
		의문	대답
I	shall	Shall I?	You will
I	will(미어)		
You	will	Shall you?	I shall
		Will you? (미어)	
He[She, It, They]		Will he?	He will
will			

I **shall** start at eight tomorrow morning.

(내일 아침 8시에 저는 떠납니다.)

We will get on well. — 미어의 이 will은 I보다 You, He를 강조

(잘할 거요.)

You will win the prize this time. (이번엔 상을 타실 거요.)

You will stay in and work. — 가벼운 요구·명령

(오늘은 외출하지 말고 공부하지? 착해라.)

He will be twenty-two next year.

(그가 내년엔 22살이 되는군.)

Shall I be in time if I start now? — Yes, **you will**.

(지금 떠나면 제시간에 도착할까? — 아무렴, 그렇고말고.)

Shall[Will(미어)] you type this letter for me? — Yes, **I shall**.

(이 편지를 타자해주시겠습니까? — 예, 해드리죠.)

Will **he** forgive us? — Yes, **he will**.

(그가 우리를 용서해줄까? — 그럼, 그럴 거야.)

참고 1. shall의 본래의 뜻이 '필요', '의무'다. 제1인칭의 단순미래에 I will이라고 표현하여, 대단치도 않은 일에 큰 결심이나 나타내는 것 같은 인상을 주느니보다 I shall이라고 말하여 필요상 일이 그저 그렇게 되어서 하는 것이라고 표현하면 겸손하게 들린다. 그리고 제2·3인칭에 will을 씀은, shall로 강제하는 것보다, 자유의사에 맡긴다는 뜻이 숨어 있다. 이렇게 shall이나 will을 쓰는 까닭을 예의로 돌리는 주장을 예의설(Theory of Courtesy, 禮儀

說)이라 부른다.

2. 다음을 비교할 때 I shall….이라면 사정이 허락하는 한 해볼 대로는 해보겠다는 태도이니, 삼가는 태도가 좋다.

I **shall do** everything to assist you.

(도와드릴 수 있는 대로 해봐야죠.)

I **will do** everything to assist you. ─ 이것은 거만한 느낌을 준다.

3. 미국 영어에서뿐 아니라, 전체적으로 will[would, can]이 shall[should, may]보다 단연 많이 쓰이는 이유로는, 혀와 입술을 움직이는 수고가 will에는 적다는 사실이 지적되고 있다.

② 의지미래(Volitional futurity)

Declarative Sentence		Interrogative Sentence
말하는 사람 (Speaker)의 의지	주어(Subject) 의 의지	듣는 사람(Hearer)의 의지(대답)
I[We] will	I[We] will	Shall I? (You shall[명령 sentence])
You shall	You will	Will you? (I will)
He[She, It, They] shall	He will	Shall he? (He shall[Let, Make[him])

1) 말하는 사람(Speaker)의 의지

I wíll leave here, rain or shine. [결심(resolution)]

(청우에도 불구하고, 나는 여기서 떠난다.)

cf. I sháll [ʃæl] never forgive and forget it.

(그대로 물에 흘려 보내지는 못하겠다.)

─ 그대로 내버려두어도 자연적으로 잊히지 않겠다니, 강조의 의미로 의지미래다.

We will permit you to call her on the phone. [승낙(consent)]

(그녀에게 전화 거는 것을 허락한다.)

We(= You and I) will walk. (= Let us ….)

(걷세.)

You shall receive your prize. [약속(promise)]

(상품을 주겠네.)

He shall look after you when I am gone. [약속]

(내가 가버리면 그가 너를 돌봐주게 된다.)

2) 듣는 사람(Hearer)의 의지

Shall I switch on the light? — Yes, please do so. [No, you mustn't [mʌ́snt] (or shan't [ʃɑːnt])] (불을 켤까요? — 그렇게 해라[아니, 그만둬.])

Will you kindly answer my question? — Yes, I will.

(제가 묻는 말씀에 대답해주시기 바랍니다. — 예, 그렇게 하죠.)

What shall it be? (= What kind of drink do you want?) — (It shall be) A glass of whisky straight. — (straight = pure, 물이나 얼음 등을 섞지 않은)

(술은 무엇을 드릴까요? — 순 위스키 한 잔.)

Shall he come at once? — Yes, let him do so.

(당장 그를 오게 할까요? — 그래, 그렇게 해.)

③ will의 주의할 용례

The bear will not touch a dead body.   [습성(habit)]

(곰은 송장을 건드리지 않는다.)

A lion will not willingly attack man.   [습성]

(사자는 고의로 사람에게 덤벼들지 않는 동물이다.)

Oil will not unite with water.   [습성]

(기름은 물과 섞이지 않는다.)

She kept all the presents she received, as girls will.   [습관]

(소녀라면 누구나 그렇듯이, 그 애는 받은 선물을 모두 간직했다.)

Women are generous, they will give you what they can.   [습관]

(여성들은 인심이 좋아 줄 수 있는 것이면 준다.)

You will smoke all day, and complain of a sore throat.   [습관]

(하루같이 종일 담배만 피우고는 목이 아프다고.)

He will have it so.   [강한 의지(strong will)]

(그는 그렇게 말하며 굽히지 않는다.)

She will have her own way.   [강한 의지]

(그녀의 고집이 세다.)

This door will not lock.   [강한 의지]

(이 문은 도무지 잠기질 않는구나.)

This coal **will** not burn.   [강한 의지]

(이 연탄은 아무리 해도 불이 붙지 않는다.)

The cork **will** not come out.   [강한 의지]

(병마개가 빠지지 않네.)

Death, a necessary end, **will** come when it will come.   [강한 의지]

(누구나 죽는 것이니, 죽음은 올 때 오는 것이다.)

참고 물에 빠진 사람이 "I shall die.(죽게 돼요!)"라고 외치면, 구원의 손을 뻗쳐 살릴 수가 있으되, "I will die."라고 하면 강한 의지의 표현이니 구조할 도리가 없다. 강물에서 건져주면 또 다른 방법으로도 결행할 수 있으니 말이다.

사람은 자기의 뜻을 자기가 정한다. 그러므로 자기의 의사를 남에게 물어볼 수 없다. 따라서 Will I…?라는 표현은 다음의 예 이외에 대개 쓰지 않는다.

What **will** I not give? (너인데, 내가 무엇인들 아끼랴)에 숨은 뜻은 "I will give anything you want. (네가 원하는 것이라면 무엇이든지 주마.)"다.

You wish someone to do it for you. **Will** I do? (누구에겐가 그 일을 시키고 싶어 하시는 것 같은데, 제가 해드릴까요?)

"You will go with them." — "**Will** I?(반문, 反問)" "(자네가 그들과 동행하지. — 제가 말씀입니까?)"

Where **will** I not go with you? (=I will go anywhere with you.) (당신과 함께라면 어딘들 아니 가겠습니까?) (수사의문, 修辭疑問).

미국 평어의 Will I?는 결국 Shall I?의 사투리이고, 자기의 의사를 상대자에게 묻는 말은 아니다.

That **will** do.   [능력(capacity)]

(그만하면 됐어.)

Will the ice bear?   [능력]

(얼음이 꺼지지 않을까?)

This auditorium **will** seat three thousand.   [능력]

(이 강당 수용 능력은 3,000명이다.)

I think it **will** be a Korean porcelain.   [추측(probability)]

(그게 고려자기일 것 같아.)

You **will** agree with me in this point, I suppose?   [추측]

(이 점에 동의하시죠, 그렇죠?)

This **will** be the book you are looking for.   [추측]

(이 책이 아마 찾고 계시는 그것 같습니다만.)

That **will** be our train, I think.   [추측]

(저것이 우리가 탈 기차 같은데.)

You **will** have heard the news. (= must)   [추측]

(그 소식을 들으셨을 텐데.)

It is very long since we met, so he **will** have forgotten me.   [추측]

(만난 지가 오래되어서 그가 나를 잊고 있을 거요.)

Accidents **will** happen.   [경향(tendency)]

(사고는 할 수 없어.)

Boys **will** be boys.   [경향]

(아이놈들 장난은 막을 길이 없다.)

Women **will** be curious.   [경향]

(여자들이란 남의 비밀을 알아내고 싶어 한다.)

1) 간접화법의 will

You think he **will** pass. (= You say, "I think he will pass.")   [단순미래]

He thinks he **will**[shall] recover. (= He says, "I think I shall recover.") [단순미래]

He says he **will** do his best. (= He says, "I will do my best.")   [의지미래]

You say you **will** try harder. (= You say, "I will try harder.")   [의지미래]

2) 종속절의 will

인칭에 관계없이 종속절 주어의 의지를 표명한다.

We shall be much obliged if you **will** inform us of your address.

(주소를 알려주시면 고맙겠습니다.)

If you **will** have me stay, I shall.

(당신이 나에게 가지 말라고 하시니, 할 수 없지요.)

Poverty is no crime unless one **will** glory in it.

(뽐내지 않는 한, 가난이 죄악은 아니다.)

3) 양보절의 will — 양보절의 의지

Come what will, I am prepared for it.

(어떤 난관이 닥쳐오든지, 나는 이에 맞설 각오가 되어 있다.)

No matter who will say so, I stick to my opinion.

(누가 그렇게 말하든지, 나는 내 의견을 굽히지 않겠다.)

④ shall의 주의할 용례

I gave him my promise of subsequent payment, and I shall keep it. (= I will)

(차후에 갚겠다고 그에게 약속했으니, 반드시 나는 그렇게 하겠다.)

When opportunity is once gone, what shall overtake her?

— 수사(修辭) 의문으로 운명적인 불가능

(기회가 한 번 가버리면, 무엇으로 그것을 되찾을 수 있나?)

Who shall decide when doctors disagree? — 위의 예와 같음

(학자들의 의견이 다르니, 아무도 단안을 내리지 못하겠다.)

Who shall tell of what others are thinking? (= can[is to]) — 위의 예와 같음

(남의 가슴 속을 누가 들여다볼 수 있다는 거야?)

Who shall say? (= No one can tell[Who is to tell?]) — 위의 예와 같음

(알 사람이 누구야?)

Who shall take his post when he resigns? — 듣는 이의 의지

(그가 사퇴하면 누구를 그 자리에 앉히시렵니까?)

Who shall be more successful than he in such a hard post? — 수사 의문

(이런 힘든 자리에서 누가 그분만큼 잘해낼 수 있겠습니까?)

cf. Will your brother accept the appointment on that salary? — 주어의 의지를 듣는 사람에게 물음 (자네 동생이 그 월급 받고 그 자리에 가려고 할까?)

If I die, no man shall pity me. [예언]

(내가 죽는다 해도 나를 불쌍하다고 생각해줄 사람은 도무지 없겠지!)

Death is certain to all, all shall die. [예언]

(죽음은 누구에게나 오는 것, 모든 사람은 반드시 죽는다.)

I shall never do that again. [강한 의지]

(다시는 그렇게 하지 않겠다.)

cf. I will…은 이에 비해 약한 편이다.

I was told not to smoke, but I **shall**.　　　　　　　　　　[강한 의지]

(금연하라지만 나는 못해.)

"You must cancel your order." — "I **shan't**."　　　　　　　[강한 의지]

(주문을 취소해야 합니다. — 못합니다.)

I **shall** never forget her. (= I cannot)　　　　　　　　　　[강한 의지]

(그녀를 잊을 수가 없다.)

cf. I *will* never forget her. (= I will try not to forget her.)

　　— I shall보다 약하다(그녀를 잊지 않아야지.)

　　What **shall** I do? (미국식 영어에서 shall이 쓰이는 예는 이것뿐이다.)

1) 종속절의 shall — 인칭의 구별 없이 일반적으로 shall을 쓴다.

Any member who **shall** absent himself without notice shall be fined.

(예고 없는 불참자는 벌금을 낼 것.)　　　　　　　　　　　　[단순미래]

The book needed is one that **shall** contain both theory and practice.

(필요한 책은 이론과 실제가 다 적혀 있는 책이다.)　　　　　　[단순미래]

When strength **shall** fail, I will cease.

(기운이 떨어지면 손을 뗄 수밖에 없죠?)　　　　　　　　　　[단순미래]

Shall you dance tonight? (= Will you…?) — Yes, I hope I **shall**.　[단순미래]

　　— 대답으로 "I shall …."을 기대한다. (오늘 저녁 춤추겠습니까? — 예, 추면 좋겠네요.)

2) 간접화법의 shall

You think you **shall** get a job. (= You say, "I think I shall get a job.")

He thinks he **shall** begin. (= He says, "I think I shall begin.")

You say he **shall** save money. (= You say, "He shall save money.")

He says I **shall** write. (= He says, "You shall write.")

5 **미래상당어구(Future equivalents)**

1) **진행형 현재시제**

You **are dining** with us on Saturday week.

(오는 토요일에 우리와 함께 식사하십니다.)

I **am starting** tomorrow by plane.

(내일 비행기로 나는 떠난다.)

2) **be going to(회화체)**

She's **going to** have a baby.　　　　　　　　　　　　　[가까운 장래]

(곧 해산할 거야.)

Her brother **is going to** be married next month.　　　　　[예정]

(그녀의 남동생은 다음 달 결혼할 예정이다.)

Her cousin **is going to** be a trader.　　　　　　　　　　[의향]

(그녀의 사촌형은 상인이 된대.)

cf. I **am going to** Incheon. (인천 가는 중이다.)

I **am going to** Incheon this afternoon.

(오늘 오후 인천에 가련다.)

I **go** to Incheon on Saturdays.

(토요일이면 인천에 간다.)

참고　be going to go[come]이라는 표현도 차차 쓰기 시작한다.

3) **be about to(문장체) (= be just going to)** (즉시)

I **am about to** start. (곧 떠납니다.)

참고　따라서 미래를 표시하는 부사(구)를 붙이지 않으므로, I am about to go tomorrow라는 말
은 없다고 보는 것이 좋다.

4) **be to(예정)**

We **are to** be married in April.

(우리는 오는 4월에 결혼한다.)

5) **be near −ing**

The sun **is near** setting. (해가 막 지려고 한다.)

6) 그 밖에

be sure to (= will surely); **be likely to** (= will perhaps);

be certain to (= will certainly); **on [at] the point [brink, verge, eve] of** (= be ready to);

intend to; etc.

7) would[should] like to

You **would like to** go, would you not? (가고 싶지, 그렇지?)

> 참고 I'll [áil] = I shall [will]   We'll [wí:l] = We shall [will]
>
> You'll [ju:l] = You will   he'll [hí:l] = he will [shall]
>
> she'll [ʃí:l] = she will   it'll [ítl] = it will   they'll [ðeil] = they will [shall]

⑥ **현재시제의 뜻인 should, would:** 여기서는 서실법 과거, 서상법, 시제의 일치[호응] 등을 떠나서 생각해 보는 것이다.

Maids **should** (= ought to) be seen, and not heard.   [충고]

　　(하녀는 대답만 하고 있을 게 아니라, 부르는 대로 와야지.)

They **should** be here by now, I think.   [기대]

　　(= We expect they are here.) (지금까지는 그들이 와 있어야 하는데.)

Why **should** I not go? (내가 왜 안 가?)   [의외]

Ah that such sweet things **should** be fleet, such fleet things sweet! [의외]

　　(아름다운 것은 빨리 사라지고, 빨리 사라지는 것은 아름다우니!)

Speak in a low voice here, lest anyone **should** hear.   [의향]

　　(남이 들으면 안 되겠으니, 여기선 가만히 이야기하세요.)

Doctors wish patients **should** be kept as quiet as possible.   [의향]

　　(의사는 환자가 될 수 있는 한 안정하기를 바란다.)

That's what most men **would** (= wish to) say.   [소망]

　　(그것이 많은 사람들이 말하고 싶어 하는 바다.)

He who **would** catch fish, must not mind getting wet.   [소망]

　　(물고기를 잡고 싶으면, 옷이 물에 젖는 것을 싫어하지는 말아야지.)

119. 진행형 현재시제(Progressive present tense)

be의 변화한 현재형(am, is, are)에 제1[현재] 분사인 -ing형을 붙여서 만든다. 용법은 다음과 같다.

① 현재 진행 중인 동작

We are watching the Olympics on TV.

　(우리는 지금 TV를 통해 올림픽 경기를 보고 있다.)

She is waiting outside in the car.

　(그 여인이 밖에서 차타고 기다린다.)

Now you are exaggerating [igzǽdʒəreitiŋ].

　(자네 허풍일세 그려.)

You are tempting me to laugh.

　(나를 웃기려고 그러는 거지.)

② 현재의 습관: 감정적 색채가 섞여 있다.

I'm always forgetting things. (나는 언제나 잊어버리길 잘해.)

Man is forever pursuing happiness. (인간은 언제나 행복을 추구하고 있다.)

I am missing you dreadfully. (당신이 몹시 보고 싶습니다.)

He is always getting in my way. (그는 언제나 내게 방해만 되고 있다.)

What are you scolding me for? (그대는 왜 내게 늘 잔소리지?)

I am telling you the truth. (나는 또 당신에게 진실을 이야기하는 거요.)

This age, we are always being told, is sceptical and materialistic.

　(이 시대가 회의적이고, 물질적이란 말을 우리는 항상 듣고 있다.)

The boy is again whistling his infernal melodies.

　(그 소년이 또 그 넌더리나는 곡조의 휘파람을 불고 있다.)

He is always complaining about the weather.

　(그 사람은 언제나 날씨 트집을 잡는다.)

Here is the handkerchief you are always dropping.

(당신이 떨어뜨리기 잘하는 손수건이 여기 있습니다.)

[참고] –ing형이 서술형용사처럼 서술력을 가지고 있으므로, 단수시제보다 구체적이고 강조적이라고 볼 수 있다.

③ 가까운 미래

They **are leaving** Korea at the year end. (그들은 금년 말에 한국을 떠난다.)

Christmas **is coming**, the geese are getting fat. — are getting은 현재

(성탄절이 곧 올 터인데, 거위는 살쪄가고 있다.)

We **are having** (= going to receive) three guests this evening.

(오늘 저녁에 세 명의 손님을 모시게 된다.)

I'm afraid I must **be going**. (이젠 내가 가야 할까봐.)

Where **are** they **putting up** tonight? — 단순한 예정

(오늘 밤에는 그들이 어디에 유숙합니까?)

cf. Where *are* they *going to put up* tonight? (더 확실한 의도)

We had better **be dressing** for dinner. (만찬을 위해 옷을 곧 갈아입는 것이 좋겠다.)

cf. We'd better dress for dinner. — 시간에 관계없음

(만찬 때면 옷을 갈아입는 거다.)

Let's **be going** now. (곧 떠납시다.)

[참고] 진행형현재의 be를 과거·미래시제로 고치면, 각각 진행형과거·진행형미래로 된다.
He **is** talking. He **was** talking. He **will be** talking.

④ 진행형 없는 동사: 그러나 이러한 동사도 동작을 중요시할 때는 진행형을 쓰기도 한다.

1) 상태를 표시하는 동사

be, belong, consist, equal, exist, have, possess, resemble, surpass, etc.

She **possesses** a large fortune.

(그 여인은 많은 재산을 가지고 있다.)

He **has** a big estate in the country.

(그에게는 시골에 많은 토지가 있다.)

Have you any money of your own?

(자네 돈 있나?)

cf. We *are having* (= enjoying) a good time here.

He *is having* (= eating) his lunch.

We *are having* a library *built*. (도서관을 짓게 하고 있다.)

2) 감정·지각 등을 표시하는 동사

like, prefer, love, detest, hate, fear, hope, want, wish, please, esteem, respect, envy, see, believe, expect, hear, smell, feel, know, need, forget, remember, consider, think, suppose, presume, imagine, understand, etc.

He **likes** her, but he doesn't **love** her.

(좋아는 하지만, 사랑하지는 않는다.)

She **wants** (= wishes for) every new fashion she sees in dress.

(그녀는 보는 모든 새 유행 옷을 원한다.)

cf. He **is wanting** (= lacking) in courage. (= He is timid.) (용기가 부족하다.)

If you only look, you will be able to see. (보면 알 거야.)

cf. I **am seeing** (= shall meet) him tomorrow. (내일 만날 거야.)

We all **remember** the fact distinctly.

(우리는 모두 그 사실을 똑똑히 기억하고 있다.)

We **hear** cuckoos sing in April. (4월이면 뻐꾸기 우는 소리를 듣는다.)

cf. The judge **is hearing** the case. (재판장이 사건을 심리 중.)

He **smells** horribly of tobacco and wine.

(그에게서 담배와 술 냄새가 몹시 난다.)

3) 회화체에서는 계속을 강조하기 위해 진행형을 쓰기도 한다

I would like to know how she **is feeling**.

(그 소녀의 요즘 건강상태가 어떤지 알고 싶다.)

cf. She **feels** still unwell. (아직까지 그녀의 건강상태가 좋지 않다.)

5 begin, die, open 등 계속의 뜻이 없는 동사의 진행형은 '… 하려 하고 있다'의 뜻

The fishing season **is beginning**.

(낚시 철이 시작될 판이다.)

The invalid **is dying** calmly. (그 병약자가 조용히 임종하려 한다.)

His bright future **is opening**. (그의 밝은 내일이 열리려 한다.)

6 습관적 동작과 현실적 동작

He is a night watchman and **sleeps** of mornings. [습관적]

(그는 야간 순시자니까 아침이 되면 잔다.)

Now he **is sleeping**. [현실적]

(이제 그는 자고 있다.)

The River Han **is freezing** (현실적) as it **freezes** (습관적) in January.

(한강은 정월이면 결빙하니까 이제 얼고 있다.)

7 두 가지 일이 동시 발생

If he **is** not **working** [wɔ́:kiŋ], he **is walking** [wɔ́:kiŋ].

(그가 쉬는 때면 소풍한다.)

When children **are doing** nothing, they **are doing** mischief.

(애들은 한가하면 장난이야.)

8 회화체에서 be + being + 형용사의 형식으로 진행형을 쓰는 일이 있는데, 이것은 일부러 그렇게 한다는 고의(故意)가 포함되어 있다.

He **is being kind** [polite] to her. (= He is trying to be kind to her.)

(그는 그녀에게 친절을 베풀려 애쓰고 있다.)

Is he only **being friendly** because he is happy?

(그는 자기가 행복하니까 일부러 다정한 체하는 게 아니야?)

120. 진행형 과거시제(Progressive past tense)

be의 과거형 변화(was, were)에 -ing형을 붙인다.

1 과거에 진행 중인 동작

The money lender asked him for money every morning when he **was taking** his breakfast. (아침식사 중이면 매일 대금업자가 그에게 돈을 달라고 했다.)

Men **were shouting** and women **were crying**.

　(남자들은 외치고 여자들은 통곡했다.)

The war prisoners **were being led** out. (포로들이 바깥으로 끌려나오고 있었다.)

I **was coughing** all night long. (밤이 새도록 기침하고 있었다.)

cf. I *coughed* all night long. 보다 앞의 진행형에 계속의 뜻이 더 강조되어 있다.

② 과거의 습관

She **was** always **smiling**.

　(언제 보아도 그 소녀는 미소 짓고 있었다.)

I **was reading** the paper every morning when he usually came.

　(매일 아침 내가 신문을 읽고 있노라면 그가 종종 왔다.)

You **were** always **finding** fault with him.

　(당신은 언제나 그를 비난하고 있었소.)

121. 진행형 미래시제(Progressive future tense)

shall [will] + be + -ing

① 미래에 진행 중인 동작

She **will be preparing** dinner just then.

　(바로 그때 어머니는 저녁식사를 준비하고 계실 거야.)

We **shall be flying** over the Pacific about this time on the 10th.

　(오는 10일 지금쯤에 우리는 태평양 위를 비행하고 있을 거요.)

Come again in half an hour's time, and he **will be waiting**.

　(30분 지나서 또 오세요. 그러면 그가 기다리고 있을 것입니다.)

② 가까운 미래

My daughter **will be coming** home from school.

(우리 딸아이가 곧 학교에서 돌아올 것입니다.)

Stop her. She'll **be doing** something desperate.

(붙잡아, 그녀가 자포자기한 일을 저지를지도 몰라.)

③ 동작의 반복

I **shall be dining** alone all next week.

(내가 다음 주에는 계속 혼자 식사를 하고 있을 거야.)

The two families **will be meeting** everyday in the year.

(그 두 가족은 앞으로 1년간 매일 만나고 있을 것이다.)

122. 현재완료시제(Present perfect tense)

have[has] + 제2[과거]분사(< Ex. I **have** my work **done**.)

일종의 동사구로, 뜻으로는 표준을 현재에 둔다. 완료부정사(Perfect infinitive)의 시제는 그 Sentence의 전후관계(Context)에 의한다. 따라서 "They seem **to have been** happy. = It seems that they **have been**[were] happy."니까 모양만 보고 현재완료형이라고 말할 수 없다.

① **현재까지의 동작의 완료(completion):** 현재시제와 관계있는 부사 just, now, already, yet, today, this week[month, year], (up) till now, recently, lately[of late], all this while 등이 흔히 쓰인다. 다만 already, recently, lately 등은 과거시제와도 함께 쓰인다.

She *was* there *already*. (벌써 와 있었다.)

He *came lately*. (최근에 왔다.)

It *happened recently*. (요즘에 일어난 일이었다.)

It **has struck** nine. (아홉 시 쳤다.)

He **has** just[now] **finished** his long and boring speech.

(길고 지루한 연설을 그가 방금 끝냈다.)

I **have** not **seen** him this morning. — 오전 중에 할 수 있는 말

(그가 오전 중에 아직 보이지 않는다.)

cf. I *did*[*could*] not see him this morning. — 오후가 되어서 할 수 있는 말

(오늘 아침엔 그를 못 만났다.)

Thank God, I **have done** my duty. (I = Nelson)

(하느님께 감사드립니다. 이제 제 할일을 끝냈습니다.)

Have you **prepared** tomorrow's lessons yet?

(벌써 내일의 학과 예습을 해두었나?)

참고 과거를 밝히는 ago, yesterday 등과 함께 현재완료형은 쓰지 않는다.

┌He **met** me **one month ago**. (right)
└He has met me one month ago. (wrong)

┌I **finished** it **yesterday**. (right)
└I have finished it yesterday. (wrong)

② 과거동작의 현재결과(result)

Somebody **has taken** your umbrella. (= You have no umbrella now.)

(누군가가 당신 우산을 가져갔습니다.)

I **have lost** my identification card somewhere. (= I have no ID. card now.)

(어디서인지는 모르겠으나 내 신분증명서를 잃었다.)

There are many who **have caught** flu. (= and are suffering now.)

(유행성 감기에 걸려 있는 사람들이 많다.)

He **has acquired** his present position by dint of efforts.

(= acquired it and is now in it.)

(노력한 덕택으로 현재의 일자리를 얻었다.)

He **has gone** to the airfield to see her off. (= He is not here now.)

(부인을 환송하려고 그가 비행장에 나갔다.)

참고 1. Where have you been의 두 가지 뜻.

　　a. (어디 갔다 왔나?) —I have been to the park. (공원에 갔다 왔네.) —경험

　　b. (지금까지 어디 있었나?) —I have been upstairs. (2층에 있었네.) —상태 계속

2. go, come의 현재완료시제는 결과를 표시한다.

　　He **has come** to meet her, but she **has** already **gone**.

　　(만나러 그가 왔지만, 그 여인은 이미 떠난 뒤였다.)

have gone (가버렸다; 가 있다; 지금 여기 없다.)

have come (와서 여기 있다.)

┌ Have you ever **been** here? (*right*)
└ Have you ever come here? (*wrong*)

┌ I **have been** there once. (*right*)
└ I have gone there once. (*wrong*)

┌ He **has gone** out for an hour. (*right*)
│ He **went** out an hour ago. (*right*)
└ He has gone out an hour ago. (*wrong*)

3. Long ago, **I've given** all I had to you. (오래 전 내가 가졌던 전부를 자네에게 주었지.)에서 've given = gave로서, I have nothing이란 심리상태의 지배로 gave를 쓰지 않은 그 까닭을 짐작할 수 있으니, 역시 결과로 보는 것이 좋겠다.

③ **현재까지의 경험**(experience): 흔히 ever, never, once, twice, three times, often, before, for a long time 등의 부사(구)와 함께 쓰인다.

I **have seen** you several times lately.

(요즘 여러 차례 뵌 일이 있습니다.)

Have you ever **heard** of such a thing?

(지금까지 이런 말을 들어본 적이 있습니까?)

Have you **seen** him before?

(이전에 그를 본 일이 있습니까?)

Have you ever **been** in Sweden?—Yes, I **have been** there once.

(스웨덴에 가본 일이 있나? ― 예, 한 번 갔다 왔습니다.)

He **has been** to the bus terminal to meet her brother. (= He is here.)

(처남 만나려고 버스 종점에 갔다가 왔다.)

I **have** just **been** there. (= I am here.) (방금 거기 갔다가 왔습니다.)

Did you speak well? ― I **have** never **spoken** better in my life.

(지난 번 연설은 잘했나? ― 아무렴, 아직까지 그만큼 잘해 본 적이 없네.)

He **has** once **lived** in Suwon.

(그가 한때는 수원에 살기도 했다.)

[참고] 1. '간 일이 있다', '온 일이 있다'의 경험 표시에는 be의 현재완료형을 쓴다.

He **has** often **been** here. (그가 자주 여기 온 일이 있다.)

She **has** never **been** there. (그녀가 거기 간 일은 없다.)

You **have been** to[in, at] Gyeong-ju twice. (경주에 두 번 간 일이 있습니다.)

2. a. **have been + in[at]** = stay, live, stop (= stay for a time)

   b. **have been + to** = visit, make a trip

   그러나 회화체에서는 이러한 구별을 무시하기도 한다.

   Have you ever **been** in[to] the States?

   ─No, I **have** never **been** there. (경험)

   (미국에 산[간] 일이 있나? ─아니요, 거기 산[간] 일이 없소.)

④ **현재까지의 상태 계속(continuance)**: 그 계속 기간을 표시하는 부사(구)가 대개 함께 쓰인다.

We **have known** each other for ten years.

(10년 전부터 서로 알고 있다.)

He **has been** ill since last Wednesday.

(그가 지난 수요일부터 앓고 있다.)

Two years **have passed** since he made any money.

(그가 돈이라고 조금 모은 뒤 2년이 지났다.)

Her health **has** not **been** good these two weeks.

(2주 전부터 그녀의 건강이 좋지 않다.)

I **have lived** in Jong-ro for five years.

(종로에 5년 살고 있다.)

I **have been** and am an admirer of Beethoven.

(나는 계속해서 베토벤의 찬미자였고, 지금도 그렇다.)

You and I **have been** friends from our childhood, haven't we?

(자네와 나는 어릴 때부터 오늘까지 친구지, 그렇지 않아?)

참고 1. 동작의 계속은 진행형현재 완료로 표시한다.

He **has been practising** spoken English on a foreigner for the last two years.

(외국인 상대로 영어회화 연습을 2년 전부터 해오고 있다.)

2. She died. ─(동작) She is dead. ─(결과) She has been dead. ─(상태 계속)

3. live, like, love 등 상태동사가 경험을 표시하기도 하니, 말이란 그 전후관계(context)가 중요하다.

I **have lived** in Seoul before. (이전에 서울에 산 일이 있다.)

5 **미래완료시제의 대용**: 때(time) 또는 조건(condition)의 부사절의 경우

Will you return the book **when** you **have done** with it?

(그 책을 다 읽었으면 돌려주시오.)

Please post this letter as it **has been stamped**.

(이 편지에 우표를 붙이거든 곧 우체통에 넣어주시오.)

We shall start at one **if** it **has stopped** raining by then.

(한 시에 비가 그치면 그때 떠나기로 합시다.)

참고 1. 다음의 예는 일반적인 현재완료로서, 미래의 뜻이 없다.

Everyone feels happy when he **has attained** his end. (누구나 목적을 달성하면 기쁘다.)

2. 현재완료형이 표시하는 것을 동작의 완료, 결과, 경험, 상태 계속 등 중에서 어느 것으로
보느냐는 전후관계에 따른다.

I **have seen** a giraffe [ʤirάːf].

a. (기린을 보았다.) — 완료

b. (기린을 본 일이 있다.) — 경험

6 **주의할 용례**

1) 운동·생성의 뜻을 포함한 자동사인 come, arrive, go, depart, rise, set, grow, fall
등의 제2[과거]분사는 be와 합하여 상태의 뜻을 강조한다. 이것은 분사가 형용사
구실을 하므로 상태동사인 be와 합하여, 상태를 더욱 중요시하기 때문이다. 시(poetry)
나 고정적 표현(set expression)에 많다.

I **am come** to help you. (= have come) (자네를 도우려고 왔네.)

The guests **are** all **gone**. (= have gone) (손님들은 다 돌아갔다.)

The harvest is past, the autumn **is ended**.

(수확기가 지나고, 가을도 끝났다.)

She **is** now **got** into bed. (= has got)

(그 여인은 이제 잠자리에 들었다.)

Winter **is gone**, and spring has come.

(= Winter has gone and is not here, and spring is here.) (= It is spring now.)

The sun **is risen[set]**. (= has risen[set]) (해가 떴다[졌다].)

All the leaves **are fallen**. (= have fallen) (모든 잎이 떨어졌다.)

His two sons **are** now **grown** up. (= have grown) (그의 두 아들이 성장했다.)

2) 현재완료는 역시 현재시제에 속하므로 뜻은 비슷해도 과거를 명시하는 부사(구)와 함께 쓰일 수 없다.

I **have come** here. = I came and I am here.

cf. ⌐ The professor has gone to England.

└ He **went** to England **two weeks ago**.

⌐ Have you met him? (right)

│ When did you meet him? (right)

└ *When* have you met him? (wrong)

현재 만나고 있는 것을 보[알]면서 의문부사인 when?을 넣어 "언제 만나고 있느냐?"고 묻는다면 이치에 맞지 않는다. When?은 과거나 미래(When will you meet him?)의 시간을 묻는 것이기 때문이다. 그러니까 현재의 일부인 현재완료형과도 when?은 쓰이지 않는다. 다음 예의 When은 의문부사가 아니다.

When have you decided to begin? — 이 When은 to begin을 수식하는 미래시제이다. (언제 시작하기로 결정했는가?)

People cease to study when they have ceased school work. — 이 when은 접속사 (학업이 끝나면 사람들은 공부를 하지 않는다.)

3) 현재완료에 just나 now는 흔히 쓰지만, just now를 함께 쓰지는 않는다. 그것은 just now의 뜻이 두 가지인데,

a. (at this moment): He is busy just now.

b. (a short time ago): He returned home just now. 이기 때문이다.

4) 다음 부사는 과거의 의미를 띄었다고 해도, 막연하므로 현재완료형과 함께 쓰인다

⌐ He came lately. (그가 요전에 왔다.)

└ She **has** not **been** here lately. (요즘엔 그녀가 여기 오지 않았다.)

⌐ He himself was there already. (그이까지도 이미 와 있었다.)

└ She **has already arrived**. (그녀가 벌써 도착했다.)

─ I never saw his like yet. (그 녀석 같은 자는 아직 본 일이 없다.)

Have you graduated yet? (벌써 졸업했나?) — 의문.

Has she graduated already? — 일부러, 또는 놀라서 하는 말.

He has not yet begun to work. — 부정 (아직 일 시작 안 했다.)

[참고] 의문과 부정에는 already가 아니고, yet을 쓴다.

I never saw him before. (그와는 만난 적이 없다.)

I have never seen him before. (이전에 그를 만난 일이 없다.)

He always laughed at a good joke.

(재미있는 농담을 들으면 그는 언제나 웃었다.)

India has always enjoyed peace. (인도는 언제나 평화를 누려왔다.)

5) this morning, today, this year 등의 부사(구)는 그 시기가 아직 끝나지 않았으면 현재완료시제와 함께 쓰일 수 있다.

I have not read the paper this morning. — 오전 중 (아직 신문을 못 읽었다.)

I have had a lot of visitors this afternoon. — 아직 오후

(오후에 방문객 여러분이 계셨다.)

cf. I had a lot of visitors this afternoon. — 밤이 되어서

I have not seen him today. — 하루가 다 지나기 전 (오늘 아직은 그를 만나지 못했다.)

Much snow has fallen this winter. — 아직 겨울 (올 겨울 눈이 많이 왔다.)

6) have got = have(회화체)

I have got no time. (틈이 없다.)

I've got to prepare for it. (준비를 해야겠다.)

Have you got any money? (= Have you any money?)

— No, I haven't got any money.

7) 접속사인 since는, 그 앞에 현재(완료)형, 그 뒤에는 과거형을 갖는다

We have known her since she was a mere child.

(우리는 그 소녀를 철부지 어린애일 때부터 알고 있다.)

It is three years since we entered this school.

(우리가 이 학교 입학 이후 3년이 지났다.)

[참고] 때로 since 뒤에 현재완료형이 쓰인 예가 있기는 하다.

It is two years **since** we **have been** here. (여기 우리가 와본 이후 2년이 된다.)

Two years have passed **since** we **have seen** them. (그들을 만난 지 2년이 지났다.)

123. 과거완료시제(Past perfect tense[Pluperfect])

형태는 had + 제2[과거]분사. 예전에는 자동사의 경우 was[were] + 제2[과거]분사였다.
현재완료시제가 현재를 기준으로 하고 있듯이, 과거완료시제는 과거의 어떤 때를 기준
으로 하고 있다.

    cf. He *says* he *has finished* it.

        He **said** he **had finished** it.

        He *says* he *finished* it.

이렇게 과거완료는, 어떤 동작이 과거보다 더 이전에 있었음을 표시하므로, 과거시제를
소(小)과거, 과거완료시제를 대(大)과거라고 부르는 까닭도 그 선후(先後) 관계 때문이다.

    He **lost**(소과거) his watch which he **had bought**(대과거) the day before.

      (그는 그 전날 샀던 시계를 잃었다.)

중요한 용법은 다음과 같다.

① 과거 어떤 때까지의 동작의 완료(completion)

    When I *arrived* at the bus stop, the sightseeing bus **had** already **started**.

      (버스 정류장에 도착하니, 그 관광버스는 이미 떠났더라.)

    When he **had run** two kilometers, he *sat* down on the roadside to have a rest.

      (2km를 뛰고 나서 그는 길옆에 앉아 쉬었다.)

    I **had signed** that contract when[before] he *telephoned* to me.

      (그 계약서에 서명을 하고 나니, 그가 내게 전화를 걸었다.)

    When he **had played** the flute, the audience *applauded*.

      (피리를 불고 나니, 청중은 박수를 쳤다.)

    cf. When he *stood* on the stage, the audience *applauded*.

(그가 무대에 서니, 청중으로부터 박수가 나왔다.)   (동시)

[참고] 1. When morning **came[had come]**, the wind *died* away.

(아침이 되니, 바람은 잤다.)

시간 관계를 명확히 할 필요가 없으면, 과거완료 대신 과거시제를 쓰는 것도 좋다. 또 시간 관계가 확실한 때도 이러하다. 즉,

After he **went[had gone]** to bed, I **turned** on the light again.

(그가 잠자리에 든 뒤, 나는 다시 불을 켰다.)

2. *By that time* absolute secrecy **had been preserved** as to the actual facts of the **case**. (그때까지의 사건의 진상은 비밀에 부쳐져 있었다).

By that time이 과거시제의 구실을 한다.

Such things **had** never **occurred** to her mind.

(그때까지 그 여인의 마음에 이러한 생각은 전혀 없었다.)

과거시제를 표시하는 동사가 없어도, had occurred라는 과거완료로 미루어 과거의 어떤 때를 상정(想定)하도록 한다. 그러므로 여기에 '그때까지'라는 한국어를 넣는 것도 이 때문이다.

3. after, before 등은 그 말 자체가 때의 전후 관계를 표시하고 있으므로 과거완료형을 굳이 쓰지 않아도 좋다.

He got to the station **after** the train(had) **started**.

The train(had) **started before** he got to the station.

4. 일어난 일을 차례로 말해 나가면 과거시제로 일관한다. 역사의 기록이 이러한 방식이다.

I **came**, I **saw**, I **conquered**. (< Caesar: veni, vidi, vici)

(왔다, 봤다, 정복했다.) ─ Caesar의 간결한 승리 보고.

The waiter **broke** a plate, and **concealed** it.

(접시가 깨지니까 웨이터는 그것을 슬그머니 감추었다.)

5. ago(현재를 기준으로 하여 '… 전에')는 과거시제와 함께, before(과거의 어떤 때를 기준으로 하여 '…전에')는 과거완료시제와 함께 쓰인다.

He **went** there a week **ago**. (1주 전에 거기로 갔다.)

He **had graduated** here three weeks **before**. (그가 떠나기 3주 전에 여기서 졸업했다.)

그러나 과거완료와 함께 ago를 쓴 예도 있다.

He drove home in the used car his mother **had bought** two years **ago**.

(그는 자기 어머니가 2년 전에 사주신 중고차를 몰고 집으로 왔다.)

She said, "I did it one year **ago**." = She said that she had done it one year **before**.

ago는 수식어 없이 쓰이지 않으므로, 현재를 기준으로 하여, '… 전에'라는 말일 때도 before를 쓴다.

He saw her ago. (*wrong*)

He **saw** her **before**. (*right*)

He **has** never **seen** her **before**. (*right*)

He **had** never **seen** her **before**. (right)

2 과거 어떤 때까지의 결과(result)

The dress she *was* in **had been bought** ready-made.

(그 여인이 입고 있던 옷은 기성품을 샀던 것이다.)

After leaving the room, the girl *remembered* that she **had left** her flowers

behind. (방을 나와서야, 그 소녀는 꽃바구니를 놓고 왔음을 알았다.)

We *were told* the time limit for application **had been** over.

(신청 기일이 이미 지났다는 말을 들었다.)

3 과거 어떤 때까지의 경험(experience)

She *recognized* me at once, for she **had** often **met** me before.

(그 부인은 이전에 나를 종종 만나본 일이 있었으므로 곧 알아보았다.)

He **had** already **had** military training in his college before he *entered* the army.

(입대하기 전에 이미 대학에서 군사 훈련을 받은 일이 있다.)

We *thought* we **had seen** the newsreel before.

(그 뉴스 영화를 우리들이 본 적이 있다고 생각했다.)

They *asked* me if I **had** ever **visited** the monastic temple.

(그 절에 가본 일이 있느냐고 그들이 내게 물었다.)

Had you ever **been** in Paris?

(그 이전에 파리에 있은 일이 있나?)

4 과거 어떤 때까지의 상태 계속(continuance)

She **had lived** in Hawaii for five years when she *was sent* to school.

(그 애는 하와이에 5년간 살다가 입학했다.)

When he *was sent* to hospital, he **had been** ill for two weeks.

(그가 입원한 것은 2주간이나 앓고 있은 뒤였다.)

I *could get* the book which I **had** long **wanted** to read.

(오랫동안 읽고 싶어 했던 책을 손에 넣을 수가 있었다.)

Her age *was* thirty-two when she **had been married** for ten years.

(결혼한 지 10년이 지나니, 그 여인의 나이는 서른둘이 되었다.)

I **had been** on a tour of Middle East a fortnight when a telegram *was put* into

my hands. (중동을 보름쯤 여행하고 있는데, 전보 한 장이 내 손에 들어왔다.)

⑤ 부사절에서 과거에서의 미래완료 대용(substitute)

We *thought* we would return him the manuscript when we **had done** with it.

(그 원고를 다 읽은 다음에는 우리가 필자에게 돌려주기로 생각했다.)

cf. We think we will return him the manuscript when we *have done* with it.

I *told* him to wait till I **had changed** from my sweater into a suit.

(스웨터를 벗고 옷을 바꿔 입을 때까지 기다리라고 그에게 일렀다.)

⑥ 간접 화법(Indirect narration)

He *said* that he **had seen** me in the studio.

(= He said, "I saw you in the studio.")

(화실에서 나를 본 일이 있다고 그가 말했다.)

She *said* that her mother **had returned** the day before.

(= She said, "My mother returned yesterday.")

(자기 어머니가 그 전날 돌아오셨다고 그 소녀는 말했다.)

⑦ 주의할 용례

1) before, till 등으로 인도되는 종속절의 과거완료시제는 실제에서, 주절의 과거시제

보다 나중임을 표시한다.

I *found* the book before he **had found** it.

(그가 찾아내기 전에 내가 그 책을 수중에 넣었다.)

cf. I shall find the book before he *has found* it.

I **had found** the book before he *found* it.

We *stayed* at the inn till the storm **had ceased**.

(폭풍우가 끝날 때까지 우리는 주막에 묵고 있었다.)

cf. We shall stay at the inn till the storm *has ceased*.

이상과 같은 예에는 과거완료 대신 과거를 쓰기도 한다.

2) no sooner … than, scarcely[hardly] … when[before]에는 과거완료형을 쓴다

No sooner **had** he **seen** me *than* he went out.

　(나를 보자마자 그는 밖으로 나가 버렸다.)

He **had** scarcely[hardly] **escaped** *when*[*before*] he was recaptured.

　(그는 도망치자마자 또 붙잡혔다.)

cf. As soon as he **saw**[had seen] me, he went out.

3) since 앞에 과거완료형이 오는 경우도 있다

It **had been** three years *since* he had seen anybody from home.

　(그가 고향 사람을 본 지가 3년이나 되었다.)

4) 실현되지 않은 과거의 희망·소원 등을 표시할 때, 일반적으로 과거완료형을 쓴다

We **had hoped** he would recover.

　(= We hoped he would recover, but he did not.)

We **had hoped** to hear that things were all smooth and pleasant again.

　(모든 일이 다시 순조롭고 재미있다는 소식을 듣고 싶었는데, 틀렸구나.)

We **had intended**[meant] to pay your money back, but were prevented from

　doing so. (당신 돈을 우리가 갚을 예정이었으나, 사정이 있어 그렇게 하지 못했습니다.)

5) 회고(回顧)의 감정

I **had** soon **told** my story. (= I told my story, and that did not take long.)

　(내 이야기는 간단히 끝났었다.) — 이야기가 곧 끝났음을 강조

124. 미래완료시제(Future perfect tense)

미래의 어떤 때를 기준으로 하여 그때까지의 완료·결과·경험·계속 등을 표시한다.
will[shall] +완료형

① **완료(completion)**

I shall have written the letter by[before] two o'clock this afternoon.

(오늘 오후 두 시까지면 이 편지를 써놓고 있을 게다.)

We shall have graduated by the time you come back from abroad.

(자네가 해외에서 돌아오는 때면 우리는 이미 졸업한 뒤일 것이다.)

I shall have landed at Bangkok before I hear from you again.

(다시 당신 소식을 듣기 전에 난 방콕에 착륙해 있을 거요.)

He will have changed his present position by the end of February.

(2월 말일까지 그는 현재 직위를 떠나 다른 자리에 가서 있을 것이다.)

② **결과(result)**

She will have bought a new car in a month.

(한 달만 지나면 그 부인이 새로 차를 한 대 사 가지고 있을 거야.)

He will have started for Arabia by this time next Monday.

(다음 월요일 이맘때면 그는 아라비아를 향해 출발한 뒤일 것이다.)

③ **경험(experience)**

If you read Hamlet once more, you will have read it twice.

(당신이 햄릿을 한 번 더 읽는다면 두 번 읽은 셈이 됩니다.)

She has decided to go to France next month. Then she will have been there

three times. (그녀가 다음 달 프랑스에 가기로 했으니, 그렇게 되면 그녀가 거기에 세 번째

간 것으로 된다.)

He will have taken the higher civil service examination three times if he takes

it again this time. (그가 이번에 또 고등고시를 치른다면, 세 번 수험한 거다.)

You will have seen much of life by that time in your new living environment.

(새로운 생활환경에서 그때까지는 당신이 인생 경험을 많이 쌓아놓고 계실 것입니다.)

④ **상태 계속(continuance)**

We shall have lived in Seodaemun-gu for twenty-nine years by next May.

(오는 5월까지면 우리는 서대문구에서 29년을 살고 있게 된다.)

He will have been mayor [mɛə] of Seoul two years next September.

(다음 9월이면 그가 서울시장을 2년 지낸 것이 된다.)

[참고] 1. 현재완료형이 미래완료형에 대신한다. 때나 조건을 표시하는 부사절에서 미래시제 대신 현재시제를 사용한 것과 같다.

He will go out to play *when* he **has finished** his work.

(숙제를 끝내놓고는 놀러 나갈 것이다.)

2. 다음은 현재까지의 동작완료·상태계속·경험 등에 관한 상상(supposition) 또는 추측 (inference)을 표시한다.

He **will have finished** his composition by this time.

(will = must) (지금쯤엔 그가 작문을 끝냈을 거야.)

It's six o'clock, so he **will have been** asleep for eight hours.

(이제 6시니까 그가 여덟 시간 잤을 것이다.)

I must go back to her. She **will have missed** me.

(그녀에게로 돌아가야지, 내가 없어서 섭섭했을 거야.)

Will he **have seen[known]** me?

(내가 여기 있는 것을 그가 보[알]았을까?)

You **will have heard** of that rumour. (= I suppose[presume] you have heard it. It is likely that you….) (그 소문을 아마 자네도 들었을 것일세.)

3. 미래완료형은 문장체이므로, 회화체로는 대개 단순미래형을 쓴다.

I **shan't be** through (= shall not have finished) today till five o'clock. (오늘이라면 5 시까지 일이 끝나 있지 않을 것이다.)

125. 진행형 현재완료시제(Progressive present perfect tense)

현재를 기준하여 그 이전에 일어난 **동작**이 현재까지 계속되고 있음을 표시한다. 일반적 으로 **상태 계속**은 **현재완료**시제로 표시한다.

have[has] been + -ing

It **has been raining** since this morning.

(오늘 아침부터 계속 비가 내리고 있다.)

He **has been living** there since last year.

(작년 이래 거기에 그가 살고 있다.)

You **have been looking** forward to the day of your son's success.

  (오늘까지 당신은 아들이 성공할 그 날을 기다리며 살아왔죠.)

I **have been reading** the Bible lately.

  (요즘 나는 성서를 읽고 있다.)

She **has been taking** music lessons for the last five years.

  (지난 5년간 그 여학생은 음악지도를 계속 받아오고 있다.)

How long **have** you **been waiting** here?

  (언제부터 여기서 기다리고 계십니까?)

I **have been sending** letters to my uncle. [되풀이](repetition)]

  (삼촌에게 계속 편지를 보내드리고 있다.)

I **have been thinking** over my life. [되풀이]

  (나는 내 인생을 언제나 생각하며 살고 있다.)

All these weeks I'**ve been forgetting** him. [되풀이]

  (이 몇 주간 나는 그를 잊으려고 애써왔다.)

What **have** you **been doing** all this while[time]?

  (지금[조금 전]까지 무엇을 하고 있었습니까?)

참고 always, all this time 등을 붙임으로써 감정적 색채(emotional coloring)를 동반한다.

We **have been learning** English full six years.

  (만 6년 전부터 영어를 배우고 있다.)

cf. We *have learned* English for three years in high schools.

  (우리는 고등학교에서 영어를 3년간 배웠다.) — 과거의 경험

참고 근접 과거(Immediate past, 近接過去)

  I have been fishing 에는 두 가지 뜻이 있다.

   a. (계속하여 낚시하고 있다) — 현재까지 계속되는 미완료동작인데, 대부분이 이 뜻이다.

   b. (얼마 전에 낚시했다) — 낚시한 지 얼마 뒤에 쓰는 말로서 가까운 과거를 의미하는 근
     접 과거이다.

  He has been drinking.

   a. (그가 아직 마시고 있다.) — 동작 계속.

   b. (그가 술 마신 지 얼마 되지 않는다. = 아직 그에게는 취기(醉氣)가 있다.) — 근접과거.

126. 진행형 과거완료시제(Progressive past perfect tense)

과거의 어떤 때를 기준으로 하여, 그 이전에 일어난 동작이 그때까지 계속되고 있음을 표시한다.

had been+-ing

She **had been learning** French for three years before she went to Paris.

(파리로 가기 전에 그 여학생이 3년간 프랑스어 공부를 계속했다.)

He **had been waiting** in the park about half an hour, when she came there.

(공원에서 30분쯤 기다리고 있었는데 그때 그녀가 거기 왔다.)

When I entered the college I **had been studying** English for six years.

(나는 대학에 들어가기 전 6년 동안 영어공부를 하고 있었다.)

The band began to play at once with a flattering suggestion that it **had been** only **waiting** for their arrival. (그들이 도착하기를 오로지 기다리고 있었다는 듯이 인사 치레로 악대는 일제히 연주하기를 시작했다.)

I thought at first that she **had been washing** potatoes.

(나는 처음에 그 부인이 그때까지 감자를 썻고 있는 줄로 생각했다.)

It **had been blowing** hard through the night.

(그때까지 밤새 바람이 몹시 불고 있었다.)

> 참고 │ 이 Sentence에는 소(小)과거가 없으니, 그것을 보충하는 뜻에서 '그때까지'를 번역된 말에 넣었다.

127. 진행형 미래완료시제(Progressive future perfect tense)

미래의 어떤 때를 기준으로 하여 그 이전에 일어난 동작이 그때까지 계속되고 있음을 표시한다.

will[shall] + have been + -ing

It **will have been raining** for three days tomorrow.

(내일까지면 사흘이나 계속 비가 오고 있다.)

We **shall have been learning** English for six years (by) next February.

(다음 2월이면 6년간 우리가 영어를 배워오고 있다.)

My father **will have been teaching** in that school for twenty-two years next

March. (아버지는 내년 3월이면 그 학교에서 22년간 봉직한 것으로 될 거야.)

I began at one o'clock, so at four I **shall have been, writing** for three hours.

(1시에 시작했으니, 4시면 세 시간 동안 내가 집필하고 있는 거야.)

I **shall have been sleeping** for three hours by the time you come home.

(자네가 돌아올 때까지면, 나는 세 시간 자고 있을 거야.) — 계속

(자네가 돌아올 때까지면, 나는 세 시간 자고 일어나 있을 거야.) — 완료

128. 시제(時制)의 일치(Sequence of Tenses)

Complex sentence에서, 주절과 종속절의 동사 시제의 상호 관계를 말하는 것이다.

① 원칙: 주절의 동사가 과거나 과거완료시제이면, 종속절의 동사도 과거나 과거완료시제다. 즉, 시제가 일치한다.

I *wanted* to finish it before you *came*.

(당신이 오기 전에 그 일을 끝내고 싶었소.)

cf. I *want* [have wanted] to finish it before you *come*.

(자네가 오기 전에 그 일을 끝내고 싶네.)

We *thought* he **would come**. (그가 오리라고 생각했다.)

cf. We *think* he *will come*. (그가 오리라고 생각한다.)

She *knew* that you **would call** on her the following day.

(그 부인은 당신이 그 다음 날 자기를 방문할 것으로 알고 있었다.)

cf. She *knows* that you *will call* on her tomorrow.

He *said* that he **was** glad to see me.

(나를 만나니 반갑다고 그가 말했다.)

cf. He said, "I *am* glad to see you."

She *said* that he **had been** successful.

(그가 성공적이었다고 그녀가 말했다.)

cf. She *said*, "He *has been* [*was*] successful."

He *had explained* to me that it **was** impossible.

(그 일은 불가능하다고 그가 내게 이미 말해 둔 적이 있었다.)

cf. He *has explained* to me that it is impossible.

They *studied* hard so that they **might** pass the exam.

(시험에 합격하려고 그들은 공부에 열심이었다.)

cf. They *study* hard so that they *may* pass the exam.

I *heard* that she **had been** ill. (그녀가 병이었다고 들었다.)

cf. I *hear* that she *was* ill.

We *were told* that he **had gone** to Canada.

(그가 캐나다로 갔다는 소문을 들었다.)

cf. We *are told* that he *has gone* to Canada.

참고 1. 주절의 동사가 현재·미래시제일 때에는 종속절의 동사시제에 아무 제한도 없다. 즉, 시제는 일치하지 않는다.

I *know* he is[was, will be] kind.

We *shall tell* them that it is[was, will be] true.

You *have told* them how he is[was, will be] honest.

2. 과거동사가 여러 개 있어도 한국어로는 모두 모았다가, 대개 마지막에 과거로 마감한다.

He *went* to church, *listened* to the sermon, and *prayed* to God. (교회에 가서, 설교를 듣고, 하느님께 기도했다.)

② 시제 일치의 예외

1) 종속절의 동사가 진리·습관·관례(慣例) 등을 표시할 때

He often *repeated* that every advantage **has** its disadvantage.

(만사에 일장일단이 있다는 말씀을 그는 종종 되풀이하셨다.)　　　　　　　　[진리]

참고 주절에 중심을 두면 그 힘에 끌리어 진리를 말하는 종속절도 시제에 일치하는 경우가 있다.

즉, 여기서는 has가 had로도 되는 일이 있다는 말이다.

*Did*n't you remember that use **makes** perfect?

　(연습은 숙달이다[배우느니보다 익혀라]라는 사실을 잊었었나?)

cf. It *was* an old saying that no man *was* sure of his supper till he *had* eaten it.

　(다 먹고 난 뒤가 아니면 저녁식사를 마치느냐, 그 이전에 죽느냐는 아무도 모른다는 속담이 있었다.) ―예전 어른들의 말씀이니 그대로 둔 것이, 우연히도 시제의 일치를 본 셈이다.

He **told** me that his brother **has** the habit of sleep-walking. 　　　　[습관]

　(그의 형에게 몽유병이 있다고 그가 내게 말했다.)

He *forgot* that boys **will be** boys, and that we **can**not put old heads on young shoulders. 　　　　[습성]

　(애들은 애들이니까 어른 생각대로 시킬 수는 없다는 사실을 그는 잊고 있었다.)

We *knew* that she **is** beautiful, **studies** well and **loves** her neighbors.

　(그 여학생이 예쁘고, 재주 있고, 다정함을 우리는 알고 있었다.) 　　　　[성격]

She *asked* the conductor what time the train bound for Gwangju **starts**.

　(광주 행 열차가 몇 시에 떠나느냐고 그녀가 차장에게 물었다.) 　　　　[관례]

2) 종속절의 내용이 아직 변하지 않고 있는 사실인 때

We *heard*, this morning that the problem **is** still unsettled.

　(그 문제가 아직 해결되어 있지 않다고, 오늘 아침 들었다.)

Where *did* you get these photos I **am** looking at?

　(내가 지금 보고 있는 이 사진들을 어디서 구했나?)

The doctor *said* that her life **hangs** by a thread.

　(그 여인이 위독하다는 의사의 말씀이다.)

The Foreign Minister *told* the press conference that he **intends** to go on a goodwill tour of Africa.

　(외무장관이 아프리카에 친선여행할 생각을 기자회견 석상에서 밝혔다.)

3) 역사적 사실엔 과거시제로 표기한다

We *were* taught that about A.D. 450 Angles, Saxons, and Jutes **began** to invade England and to settle there. (had begun이라고 하지 않음)

(서기 450년쯤에 앵글 족, 색슨 족, 주트 족이 영국에 침입하여 정착하기 시작했다.)

4) 비교를 표시하는 절(as, than 등으로 시작됨)에서는 시제에 제한을 두지 않는다

He *was* then older than I **am** now.

　(그때 그의 나이는 지금의 내 나이보다 많았다.)

He *was* then more generous than he **is** now.

(한때는 후하던 그가 지금은 달라졌다.)

I *liked* you more than he **likes** you.

　(나는 당신을, 그가 당신을 좋아하는 이상으로 좋아했다.)

In those days I *played* much better than you **will** play.

　(그 당시 내 운동 솜씨는 자네들의 앞으로 예측되는 기술보다 더 좋았지.)

He *played* at chess as well as you **do**[have done today; will do tomorrow].

　(그의 장기 솜씨는 지금의[오늘 보여준, 내일 보여줄] 자네 실력과 견줄 만하지.)

He *did* not speak so fast as he usually **does**.

　(평상시처럼 그렇게 그의 말이 빠르지는 않았다.)

5) must, ought to, need not 등 과거형이 없는 조동사는 그대로 과거형 대신 쓴다

I *told* him that he **must** not overeat himself as he was getting better.

　(건강이 회복되어가니 과식하지 말도록 그에게 주의시켰다.)

She *knew* suddenly who the man **must** be.

　(그 여인은 곧 그 남자가 바로 그 아무개임에 틀림없음을 알았다.)

He *inquired* of me if he **ought to** be present at the meeting.

　(그 모임에 자기가 참석해야만 되겠는지 여부를 그가 내게 물었다.)

The employee *was* told that he **need not** stay any longer.

　(그 피고용인은 그 이상 거기 있을 필요가 없다는 선고를 받았다.)

6) lest ··· should와 should도 그대로 쓴다

Take care lest you **should** fall.

　(넘어지지 않도록 정신 차리게.)

He *took* great care lest he **should** fall.

　(넘어지면 안 되니까 그는 매우 조심했다.)

EXERCISE 16

1. 다음 두 개의 Sentence를 비교하여 서로 다른 점을 말하라.

(1) a. He has gone to the zoo.

b. He has been to the zoo.

(2) a. Where do you come from?

b. Where have you come from?

(3) a. I have just read the novel.

b. I have once read the novel.

(4) a. He will want for nothing.

b. He shall want for nothing.

(5) a. In one year you will have forgotten me.

b. It is one year since I parted from him; he will have forgotten me.

2. 괄호 안의 동사를 적당한 시제로 고쳐라.

(1) She was ill, so she (lie) in bed all day long.

(2) I cannot die till I (achieve) my destiny.

(3) I (know) you for ten years by March next.

(4) He (take) her to the hospital last Thursday, and (be) there to see her twice since then.

(5) Of recent years women (be) showing an increased interest in political affairs.

3. 다음 한국어를 영어로 고쳐라.

(1) 할머니는 항상 물건을 잘 잃어버리신다.

(2) 정류장에 택시로 도착해보니, 우리가 타려던 속리산행 버스는 이미 떠났더라.

(3) 그가 지난겨울 방학에 서울을 떠나 울릉도로 갔는데, 그 뒤로 소식이 아득하다.

(4) 그가 제주도 여행을 1주간 하다가, 집으로부터 온 전보를 받았다.

(5) 언제 그가 올지 나는 모르겠으나, 내일 저녁에 그가 온다면, 그렇게 그녀에게 전하마.

[4] 조동사(Auxiliary verbs, 助動詞)

조동사는 본동사(Principal verb)를 도와서 시제·법(Mood, 法)·의문·부정 등에 여러 가지 뜻을 보태어 주는 것이다. 이 본동사와 조동사를 합쳐서 하나의 동사구(Verb phrase)로 보는 것이 편리하다. 조동사는 본동사 앞에 위치하는데, 때로는 본동사가 생략되기도 한다.

    Can you swim? — Yes, I **can** (swim). — No, I **can**not (swim).

    (헤엄칠 줄 아나? — 예, 압니다. — 아니요, 모릅니다.)

대부분의 조동사가 본래는 타동사로서 원형부정사(Bare infinitive)를 목적어로 삼고 있었으나, 차차로 두 개가 접근하여 하나로 연결된 것이다. 그러나 ought(< owe의 과거형), used [ju:st] 등은 to가 붙어 있는 부정사(To-infinitive)를 목적어로 갖는다.

조동사의 특색으로는 다음과 같은 것이 있다.

1. 언제나 정형동사(Finite verb)로 쓰인다.

2. 형태는 현재형과 과거형, 또는 이 두 가지 중의 어느 것 하나다.

3. 주어가 제3인칭단수현재인 때에도 -(e)s를 붙이지 않는다. 다만 does(< do + -es)는 예외다.

4. 의문·부정의 때에도 조동사인 do를 아울러 함께 쓰지 않는다. 조동사 두 개를 포개 쓸 수 없기 때문이다.

5. 조동사에 붙는 not는 회화체에서 n't가 된다: can't [ká:nt], mayn't [méint], mightn't [máitnt], use(d)n't [jú:snt], etc.

6. 중요한 조동사: can[could], may[might], must, need, dare[dared], will[would], shall[should], do[does, did], ought to, used to, etc.

[참고] be, have는 조동사로 인정받기 곤란한 점도 있다.

129. can[could]

① 능력(ability)·가능성(= 있을 수 있음, possibility)

You **can** take a horse to the water, but you **can** not make him drink.

(말을 샘물로 끌고 갈 수는 있되, 그 말에게 억지로 물을 먹일 수는 없다.) [능력]

She **could** hardly live happily together with him. [능력]

(그녀가 남편과 사이좋게 지낼 수는 없었다.)

Such things **can** happen from time to time. [가능성]

(종종 이런 일이 일어날 수 있다.)

We **can**not be too faithful to our duties. [가능성]

(의무에 대해서는 충실할수록 좋다.)

[참고] 1. can 뒤에 do 등의 의지동사가 붙으면 '능력'을 말하지만 be 등의 무의지동사가 오면 can of Wonder(경이의 can)로서 '…일 이치가[일 리가] 없다'라는 추정(推定)의 뜻이다. 부정 또는 의문에 쓰인다.

It **can**not **be** true. (= It is impossible that it is true.)

(그게 사실일 리가 없다.) (현재시제·부정적 추정)

Can it **be** true? (= I wonder if it can be true.) (그럴 이치는 없는데, 그게 사실일까?)

He **can**not **have done** so. (= It is impossible that he can have done so.)

(완료형은 이미 끝난 일이니, 무의지다.) (그가 그랬을 리 없다.)

Can he **have done** so? (= I wonder if he can have done so.)

(그가 그랬을까?) ―(의문)

2. '능력'의 뜻인 can의 미래와 완료시제에는 be able[unable] to를 쓴다.

We shall **be able[unable] to** hear him. (shall can은 잘못)

(그의 연설을 우리가 들을 수 있[없]겠지.)

We **have been able[unable] to** hear him. (현재완료)

(그의 연설을 우리가 들을 수 있[없]었다.)

They **were unable to** see the sight. (= could not)

(그 광경을 그들은 볼 수 없었다.)

I **was able to** do it. (= could)

(그 일을 내가 해낼 수 있었다.)

I could do it에는 두 가지 뜻이 있을 수 있다.

a. = I was able to do it. (할 수 있었다.)

b. =I should be able to do it if I would. (내가 하고 싶다면 할 수 있다.)

또 가능성에는 과거시제로 could를 쓰고, 미래와 완료시제로는 be possible to를 쓴다.

We **could** not leave you alone. (자네를 혼자 있게 할 수야 없었지.)

It **will be possible** for him to get there in time. (아마 그가 시간 내에 도착될 거야.)

It **has been possible**, but hardly probable. (그럴 수도 있으나, 실현될 가망은 적었다.)

3. 노력의 뜻이 있는 다음 예도 could와 비슷하다.

He **managed[contrived]** to keep out of debt. (빚 없이 용하게 살아갈 수 있었다.)

She **succeeded** in talking him over. (그 여인은 그를 설득하는 데 성공했다.)

4. 가벼운 명령(회화체)

You **can** inform him that I want to see him on an urgent business.

(mild command) (아주 급한 일로 내가 뵙고자 한다고 그에게 말씀 전해주시오.)

You **can**not travel second class with a third-class ticket.

(3등 차표로 2등 차를 타면 안 된다.)

5. 금지 (= must not)

You **can** not smoke here. (담배를 삼가 주시오.)

6. can은 미래의 뜻인 부사와 함께 미래로도 쓰인다.

You **can** see him **tomorrow**. (= will be able to) (내일이면 만날 수 있다.)

7. 간접화법

He said that he could drive a car. (< He said, "I can drive a car.")

(자동차 운전을 할 줄 안다고 그가 말했다.)

② **허락(permission) (= may):** 회화체

You **can** have it if you wish. (원한다면 가지시오.)

Can I see you tomorrow? — Yes, you **can**. — 의문의 can에는 요구(request)의 뜻
이 포함되어 있다.

(내일 당신을 방문해도 좋겠습니까? — 예, 좋습니다.)

Can I come in? — No, you **can't**. (can't = must not)

(들어가도 좋습니까? — 아니야, 기다리게.)

③ **부정적 단정(inference of impossibility), 강한 의혹, 놀라움(astonishment), 조바
심(impatience) 등의 강한 감정을 동반**

Can you be such a fool?

(자네가 이런 바보짓을 하다니!)

cf. Can you pretend a fool? (바보 흉내를 좀 내보게나.)

Can he have said such a thing? (could는 더욱 강한 뜻) (그런 수작을 그가 했을까?)

He cannot be an ungrateful man. (그가 배은망덕자일 수는 없을 건데.)

The report cannot have been exact. (그 보도가 정확했을 리가 없다.)

We knew he could not be ill. (병이 아닌 줄로 우리는 알고 있었다.)

④ 관용례

He can not but resign. (but = except)

(사직하지 않을 수 없다.)

I can not help laughing. (help = avoid)

(웃지 않을 수 없구나.)

cf. I can *but* laugh. (but = only) (웃을 뿐이다.)   [문장체]

It is unfortunate; however, it can't be helped.

(안됐네, 그러나 할 수 없는 일이야.)

You must borrow no more money than you can help.

(= as little money as you can)

(될 수 있는 대로 남의 돈은 빌려 쓰지 않도록 하라.)

Don't tell her more than you can help. (= more than you are obliged to do)

(필요 이상으로 그녀에게 알리지 마라.)

You are as wrong as (wrong) can be. (대단한 실수다.)

You cannot be too hospitable to your guests. (손님은 환대할수록 좋소.)

We cannot overestimate the value of time. (시간의 가치에는 한이 없다.)

I could laugh for joy. (= feel inclined to, 가능의 뜻이라면 was able to를 씀이 확실하다)

(기뻐서 웃고 싶다.)

I could have laughed for joy. (= felt inclined to)

(기뻐서 웃고 싶었다.)

130. may [might]

1 허가(permission) (= can)

You **may** use my library whenever you want it.

(필요하면 언제든지 내 장서를 이용하시오.)

May I leave this package with you? — Yes, you **may**.

(이 꾸러미를 맡겨도 좋겠습니까? — 예, 알았습니다.)

They said I **might** stay.

(내가 가지 않아도 좋다고 그들이 말했다.)

[참고] 1. may의 이 뜻으로의 부정은 must not으로, 금지를 뜻한다.

May I smoke? — Yes, you may. (예, 그렇게 하시죠.)

(담배를 피워도 좋습니까?) — No, you must not. (아니요, 삼가주세요.)

In parks you may lie down on the grass, but you **must not** pick flowers.

(공원에서 잔디에 눕기는 해도, 꽃을 꺾어서는 안 된다.)

그러나 금지의 뜻으로 may not도 쓰기에 점잖은 표현이다.

You **may not** drink in the morning. (아침술은 하지 않는 것이 좋을 것 같습니다.)

2. 이 허가의 뜻인 may는 be allowed[permitted] to로 완료·과거·미래시제에 쓰인다.

I **was[have been] allowed to** sit up late at night.

(밤늦도록 앉아서 공부해도 좋다는 허락을 받았다.)

You **will be permitted to** enter. (들어오라는 허락을 받게 될 것이다.)

2 추정(推定): 일반적으로 무의지동사와 함께 쓰인다.

She **may** be an English lady. — 현재·미래의 일. might이면 더욱 불확실한 경우

다. (그 부인이 영국 분인 것 같다.)

He **may** be a learned man for all I know.

(아마 학자일지도 모르지.)

It **may** or **may** *not* be true.

(그것이 사실일 수도, 또 아닐 수도 있겠지.)

An idle fellow **may** sometimes be successful.

(게으른 자가 때로는 성공하기도 한다.)

He **may** have succeeded in obtaining an appointment. — 과거의 일. might이

면 더욱 불확실한 경우다. (한 자리 얻는 데 그가 성공했을 거야.)

He **may** not have gone back last night.

(어젯밤 돌아가지 않았는지도 몰라.)

> [참고] 부정은 may not이지만, 강한 부정에는 cannot을 쓴다.
> She **cannot** be an English lady, for she can hardly use English.
> (그 부인이 영어를 모르니, 영국인이랄 수는 없다.)
> They **cannot** have denied it. (그것을 부정했을 리가 없다.)

③ **불확실**: 의문 Sentence, 또는 주절에 ask, doubt, fear, think, wonder 등이 있는 Sentence의 종속절 내용이 불확실함을 표시한다.

What **may** it be? (이것이 무엇일까?)

Ask him what time he **may** come. (언제 올 것 같은지 물어보시오.)

We are in doubt as to what **may** occur.

(어떤 일이 있을지 우리는 어리둥절하다.)

There is no knowing what **may** happen tomorrow.

(내일 어떤 일이 일어날는지 아무도 모른다.)

I fear he **may** fail. (그가 실패할까 걱정이다.)

I thought it possible that he **might** change this trade.

(그가 전업할 수도 있을 거라고 생각했다.)

We wondered what **might** be the result.

(결과가 어찌 나올 것인지 우리는 궁금했다.)

We know what we are, but not what we **may** be. (미래)

(우리가 인간임을 안다. 그러나 죽어서 무엇으로 되느냐는 모른다.)

④ **인용(認容)**

You **may** call him a genius, but you cannot call him a man of character.

― 부정은 cannot (그가 천재일 수는 있으나, 인격자는 아니다.)

They **may** *well* say so. (그들이 그렇게 말하는 것도 당연하다.)

He **may** *well* be proud of his skill. (그가 자기 재주를 자랑할 만도 하다.)

He was proud of his Alma Mater, and *well* he **might**.

(그가 자기 모교를 자랑했는데, 당연하지.)

You **may**[**might**] *well* call economy the mother of liberty. — 이러한 관용에는 may나 might나 비슷하다.

(경제를 자유의 어머니라고 말함은 당연하다.)

Well may[might] you ask why!

(왜냐고 그 까닭을 물으시는 것은 당연하죠.)

You **may** *as well* (= had better) leave at once.

(자네는 여기서 당장 떠나는 것이 좋겠어.)

One **may** *as well* not know a thing at all, as know it imperfectly.

(불철저하게 아는 것보다 차라리 전혀 모르는 것이 낫다.)

You **might** just *as well* throw your money away as spend it so foolishly.

(돈을 그렇게 못되게 쓰는 것은 내던지는 것이나 마찬가지다.)

I **might** *as well* be talking to the wall as talking to you.

(너와의 이야기는 쇠귀에 경읽기로구나.)

You **might** *as well* try to turn the course of the Danube as try to prevent a woman from talking. (아주머니들 입에서 남의 이야기를 막으려니, 차라리 다뉴브 강물을 막아보려는 편이 낫겠다.)

5 **능력**: can의 약한 의미로 쓰인다.

Gather roses while you **may**. (= While young seek the enjoyment of life.)

(청춘은 다시 오지 못하느니라.)

A man **may** be known by the company he keeps.

(남의 속을 알려거든 그의 친구를 보라.)

She shifted for herself as best she **might**. (= as hard as she could)

(그 부인은 이리저리 자활의 길을 걸었다.)

6 **양보**: 부사절에서 쓰인다.

Go where you **may**, there's no place like home.

(어디를 가나 제집이 제일이다.)

Come what **may**, I'll have my own way.

(어떤 일이 있든지, 나는 내가 하고 싶은 대로 할 거야.)

He thought he would have his own way, come what **might**.

(어떤 일이 있든지, 하고 싶은 대로 하리라고 그는 마음먹고 있었다.)

Be that as it **may**, I will do my part.

(여하간 나는 내 몫을 하련다.)

Be the matter what it **may**, crying will not mend matters.

(어떤 일이든지 간에 후회만 하고 있다고 바로 되지는 않는다.)

Try as you **may**, you will find it a hard nut to crack.

(해보기는 하지만, 어려울 거요.)

However annoying his behavior **may** be, you can not get rid of him.

(그의 행동이 귀찮기는 하나, 그렇다고 쫓아낼 수는 없다.)

Whoever[No matter who] **may** come to my humble abode, he will be welcome. (변변치 않은 제집을 찾아 주신다면야, 어떤 분이거나 기꺼이 모시겠습니다.)

⑦ **목적**: 부사절에서 쓰인다.

Start at once (*so*) *that* you **may** arrive before dark.

(어둡기 전에 도착하도록 곧 떠나게.)

Read history *in order that* you **may** find the laws of political growth and change. (정치적 발전과 변화 법칙을 찾기 위해 역사를 읽으시오.)

You must take medicine[*in order*] *that* you **may** recover.

(회복하도록 약을 쓰시오.)

He was looking out *so*[*in order*] *that* an accident **might** not happen again. (사고가 다시 일어나지 않게 하기 위해 그는 경계하고 있었다.)

We went up higher *that* we **might** have a better view of the valley.

(골짜기의 구경을 더 잘하기 위해 우리는 더욱 높이 올라갔다.)

I write this letter *for fear* you **may**[should] lose the chance.

(당신이 기회를 놓칠까봐 걱정이 되어 이 편지를 보냅니다.)

⑧ **소망·기원·요구 등**

May you live long[Long **may** you **live**]!   [Optative sentence]

(만수무강하소서.)

May he come back safe!   [Optative sentence]

(무사 귀환하도록 축원합니다.)

You **may** open the window.   [가벼운 명령]

(창을 열어주었으면.)

Might I ask your name? — may보다 정중

(존함을 여쭤 봐도 좋습니까?)

You **might** tell it to me.

(그 이야기를 해주시지 않겠어요?)

May his soul rest in peace! — 어떤 분의 작고 소식을 듣고 그의 명복을 비는 말.

(고요히 잠드소서!)

We hope that fortune **may** smile upon you.   [종속절에서]

(운수 좋기를 당신께 바라오.)

I wish you **may** live to see it.   [종속절에서]

(장수하시어 그것을 보실 수 있기 바랍니다.)

Her desire was that she **might** please her parents.   [종속절에서]

(그 여인의 생각은 자기가 부모님께 효도하고 싶다는 것이었다.)

She prayed that I **might** succeed.

(내가 성공하도록 어머니는 빌어 주셨다.)

It is possible that he **may** bring a good news tomorrow.   [종속절에서]

(내일 그가 좋은 소식을 가져올 수 있으면 좋겠다.)

⑨ 간접 화법

She said that he **might** go. (< She said to him, "You may go.")

(남편이 가도 좋다고 그 부인은 말했다.)

He said that she **might** have missed the plane.

(< He said, "She may have missed the plane.")

(자기 부인이 비행기를 놓친 것 같다고 그는 말했다.)

131. must

① **필요(necessity)**: 부정에는 need not을 쓴다.

Must I phone for a taxi now? (택시를 전화로 부를까요?)

　Yes, you **must**. (그래요, 그렇게 해야겠습니다.)

　No, you *needn't*. (아니요, 그렇게 할 필요 없어요.)

You **must** wait for the next train for half an hour.

　(다음 차가 올 때까지 30분 기다려야 합니다.)

Man **must** have food, clothing and shelter to live.

　(인간은 살려면 의식주가 필요하다.)

College students **must** come up to a certain minimum standard of scholarship.

　(대학생은 최소한 어떤 정도의 학력에 달해야 한다.)

One **must** *have lived* long to know how short life is.

　(인생이 짧음을 알려면 장수하고 볼 일이다.)

[참고]　1. '필요'라는 뜻으로의 과거·미래·완료를 표시하려면 have형을 쓴다.

　　　He **had to** give up smoking.　　　　　　　　　　　　　　[과거]

　　　　(담배를 끊을 수밖에 없었다.)

　　　I **shall have to** refuse it.　　　　　　　　　　　　　　[미래]

　　　　(내가 거절하지 않을 수 없을 것이다.)

　　　We **have had to** ask him many times.　　　　　　　　　[현재완료]

　　　　(여러 차례 묻지 않을 수 없었다.)

　　2. I **have to** deliver a message. (소식을 전해야겠다.)는 I **have** a message **to** deliver. (전

　　　할 소식이 있다.)와 비슷한 것이다.

　　3. must와 have to의 차이

　　　You **must** mention the fact. ―(말하는 사람의 입장에서 '필요')

　　　(당신이 사실을 말해줘야 하오.)

　　　You **have to** mention the fact. ―(외부 사정 때문으로, '필요')

　　　(당신이 사실을 말해줘야 될 것이오.)

　　4. You **have not**[do not have] **to** go there. = You need not go there.

　　　(당신은 거기 갈 필요가 없소.)

　　　You **did not have to** go there. (가지 않아도 좋았을 것을.)

He **has got to** support her. (= has to) (회화체) (부양해야지.)

She **has only to** regain health. (건강회복만 하면 돼.)

2 의무(obligation)·당연: ought to보다 약하다

You **must** be kind to the old and young, for they are weak.

(노인과 어린이들에겐 친절해야지, 그들은 약하니까 말이야.)

Soldiers **must** obey orders without question.

(군의 명령은 절대적이다軍令如山)

One **must** do one's best in whatever one undertakes.

(무엇이거나 하고 있는 일에는 있는 힘을 다해야 한다.)

> (참고) 이 '의무'·'당연'의 뜻으로의 과거·미래 등 없는 형에는 be to의 변화형을 쓴다. 또 종속절에서는 must가 그대로 과거의 뜻으로 쓰인다.
> We **are to** meet him at five. (= shall) (다섯 시에 그와 만나게 된다.)
> Not a cloud **was to** be seen. (= could) (구름 한 점도 보이지 않았다.)

3 명령(command)

You **must** pay the fine by the tenth. (10일까지 그 벌금을 내시오.)

They **must** do as I order. (그들은 내 명령대로 해야 한다.)

> (참고) '금지'에는 must not을 쓴다. 과거형이 없으므로, 이때에는 be not allowed to, be prohibited to의 변화형을 쓴다.
> May I go out? (나가도 좋습니까?)
> —Yes, you may. (그래, 좋아.)
> —No, you **must not** (go out). (아냐, 안 돼.)
> He **must not** tell it to others. —(금지)
> (그가 다른 사람들에게 이 말을 하지 말아야지.)
> You **must not** expect others to help you. (남의 도움을 바라고 있어서는 안 된다.)
> He will **not be allowed** to accept it. (그것을 받아서는 안 될 거다.)
> They **were prohibited to** join the party.
> (그 모임에 그들이 참가하는 것은 금지되어 있었다.)

4 주장

He **must** needs[needs must] come. (needs = necessarily) (그는 와야 해.)

If you **must**, you **must**.

(할 수 없는 일이라면, 할 수 없지. = 해야 한다면, 해야지.)

I **must** see the manager now. (당장 지배인을 만나 따져야겠다.)

⑤ **추정(inference)**: 대개 무의지동사(無意志動詞)와 함께 쓰인다. 부정은 cannot이다.

He **must** be rich, since he lives in that gorgeous house.

(그가 저 호화 주택에 살고 있으니, 부자일 거야.)

She **must** be something of a poetess.

(그 여성이 여류시인 같은데, 틀림없을 거요.)

She cannot be over thirty, she **must** be still in her twenties.

(그녀가 30세 이상이라니, 말도 안 돼, 아직 20대일거야.)

She **must** *have been* a beauty in her day.

(한창인 때는 그녀가 미인이었겠다.)

They **must** *have lost* their way.

(길을 잃은 게로구나.)

He **must** *have forgotten* to wind the alarm clock.

(그가 자명종 태엽 감아 주는 것을 잊었나보다.)

cf. He *need not* have wound it. (감아줄 필요가 없었다.)

He *cannot* have forgotten it. (잊어버렸을 이치가 없다.)

⑥ **필연(inevitability)**

All living things **must** die.

(모든 생물은 반드시 죽는다.)

Famine **must** follow the war.

(전쟁 다음에는 굶주림이 반드시 온다.)

It **must** come to an unhappy end.

(이 일이 불행하게 끝날 것은 뻔하다.)

No one can foretell the change we **must** undergo.

(변화란 인생에 반드시 있는 것, 그 누가 미리 짐작할 수 있으랴.)

Whichever profession you may choose, it **must** be for better or for worse.

(어떤 직업을 택하든지 좋지 않으면 나쁠 것이니, 자주 변경하면 되나!)

7 분개·악운(wicked destiny)

Soon after I had recovered my health, what **must** I do but break my arm?

(건강을 되찾자마자, 팔을 다치다니, 빌어먹을!)

The fool **must** needs go and quarrel with his only friend.

(바보 같은 녀석, 하필이면 하나밖에 없는 그 친구를 찾아가서 싸움을 걸게 뭐람!)

When I was busiest, he **must** come in and take up my time.

(가장 바쁜 때 그가 내 방에 들어와서 내 시간을 차지하다니!)

Just when I was ready to travel on official business, my wife **must** fall ill.

(마침 공무로 여행하려던 참에 아내가 병들다니!)

8 **과거의 뜻으로의 must**: 종속절에서는 must가 그대로 과거로 쓰임.

He said he **must** be back by ten.

($<$ He said, "I **must** be back by ten.")

(그는 자기가 10시까지는 돌아와야겠다고 말했다.)

At last the time came when we **must** realize the desire of his heart.

(그의 진심을 이해할 수 있는 때가 결국은 왔었다.)

She worked when she could, and starved when she **must**.

(손발을 놀릴 수 있을 때엔 벌어먹었다. 그게 안 되어 굶어 죽을 수밖에 없었으니, 어찌하랴,

그럴 수밖에.)

132. need

부정과 의문의 경우에만 조동사 구실을 한다. 즉, 제3인칭 현재단수형에 -s가 붙지 않고, 원형부정사(Bare infinitive)를 본동사로 가지며, 과거형이 없다.

You **need** *not* trouble to have a haircut. (일부러 이발할 필요 없다.)

He **need** *not* really be anxious at all. (그가 걱정이라곤 도무지 안 해도 좋을 텐데.)

I **need** *hardly* say it again. (내가 다시 그것을 말할 필요는 없다.)

You **need** *not* have done so. (당신은 그렇게 할 필요가 없었습니다.)

I **need** *not* have consulted you at all.

(나는 당신의 충고를 받을 필요가 없었습니다.)

Need I say more? (더 말할 필요가 있을까요?)

Need he do it? (그가 그 일을 할 필요가 있을까?)

Why **need** you apologize? (당신이 사과할 필요가 어디 있어요?)

Why **need** he have made so great a mistake?

(그러한 큰 실수를 그가 범했다니, 그럴 필요가 무엇이었나?)

We found afterwards that we **need** not take such pains for water. — 종속절의

이 need는 과거다. (물 때문에 그러한 수고를 할 필요가 없었음을 나중에서야 알았다.)

I don't think that **need** be considered. (그것을 고려할 필요는 없다고 생각한다.)

참고 1. 과거와 미래에는 have to, be necessary to 등을 시제 변경하여 쓴다.

Had he **to** come? (올 필요가 그에게 있었나?)

He **had** *not*[**did** *not* **have**] to come. (올 필요가 없었다.)

He *won't* **have to** comply with her request.

(그녀의 요청을 들어줄 필요가 그에게는 없을 거야.)

It **was** not **necessary** for him **to** come to me. (그가 내게로 올 필요는 없었다.)

2. 다음의 need는 실동사(Full verb, 實動詞)인데, 조동사로 쓰였다기보다는 회화체라고 말할 수 있다.

It **needs** to be handled with care. (취급주의) [긍정]

We do *not* **need** to eat a whole ox to judge of the qualities of its flesh. [부정]

(황소 한 마리를 다 먹어 보고 난 뒤에야, 그 고기의 좋고 나쁨을 가려낼 수 있다면 말이 되는가?)

You did *not* **need** to meet him. [부정]

(그이를 당신이 만날 필요는 없었습니다.)

Does she **need** to go then? [의문]

(그러면 그녀가 가야 좋을까?)

3. 종속절에서는 need를 그대로 과거로 쓸 수 있다.

They told me that I **needn't** go unless I wanted to.

(내가 가고 싶지 않으면, 안 가도 좋다고 그들이 말했다.)

4. 비교

He **needn't** have answered. — 대답을 했는데, 그럴 필요는 없었다.

He did*n't* **need** to answer. — 대답할 필요는 없었다. 그러나 실제로 대답했는지 아닌지는

분명하지 않다.

133. dare, 과거형 dared[옛말 durst]

dare(= be brave enough to)는 need처럼 주로 부정·의문인 때 조동사 노릇을 한다.

　　Dare he do it? (= Does he dare to do it? ― 실동사)

　　(감히 그가 그런 일을 저지를 수 있을까?)

　　　― Yes, he **dare** (do anything). (예, 하고말고요.)

　　　No, he **daren't**. (아니요, 감히 못하죠.)

　He **dare** not say 'no' to anybody.

　　(그는 누구에게나 '아니요'라는 말을 감히 하지 못한다.)

　How **dare** you say such an impertinent thing to me?

　　(그대가 어찌 내 앞에서 그러한 건방진 수작을 하나?)

　[참고]　이 "How dare you[he] …?"를 "How do you[does he] dare to …?"라고 고쳐 쓰지 않는다.

　Her look asked what she **durst** not speak.

　　(입으로는 물어볼 용기가 없는 일을 그 여인은 눈으로 말했다.)

　She **dared** not put all her thoughts into words.

　　(가슴 속에 있는 것을 모두 발설할 용기는 그녀에게 없었다.)

　We wonder whether they **dare** try.

　　(그들이 감히 해볼 것 같지는 않다.)

　No one **dared**[durst] answer him.

　　(아무도 감히 그에게 응수할 자 없었다.)

　If you **dare** move, you are a dead man. (꼼짝하면 목숨은 없다.)

　He hardly **dared** express his opinion before his supervisor.

　　(감독관 앞에서는 그가 감히 자기의 견을 말하지 못하더라.)

　I **dare say** he is an unctuous humbug. (I dare say = probably)

　　(아무리 봐도 그는 엉터리 같다.)

She's got tired of life, **I dare say**. (I dare say. = I am sure of it.)

(그 여인은 삶에 지쳤어, 내 관찰에 틀림없지.)

> **[참고]** 다음은 dare가 실동사다. 그 뒤에 있는 부정사 to가 가끔 생략되기도 한다.
>
> He **dares** to do what he knows to be dangerous.
>
> (위험한 줄 알면서도 그는 감히 그 일에 손을 댄다.)
>
> He does not **dare** (to) oppose it. (그가 감히 그것에 반대하지는 못한다.)
>
> They *won't* **dare** (to) deny that. (그들은 그것을 부정하려 들지는 못할 것이다.)
>
> He *has never* **dared** (to) speak to her.
>
> (아내에게 감불생심敢不生心 말을 건네지 못하고 지내왔다.)
>
> He **dared** me to untie the Gordian knot.
>
> (그 난제를 풀 수 있다면 풀어보라고 내게 그가 도전(challenge)해왔다.)
>
> He often **dares** to insult his boss.
>
> (그는 자주 두목에게 모욕을 감행한다.)

134. do, 제3인칭 단수현재형 does, 과거형 did, 제2[과거]분사형 done

자동사 '… 하다', 타동사 '… 을 하다' 등이 대표적인 뜻으로서, 조동사·대동사의 용법은
다음과 같다.

① not과 합하여 부정 센텐스를 만든다

Animals **do** *not* speak. (짐승은 말을 못한다.)

He **does** *not* know how to do it. (그는 그 방법을 모른다.)

We **did** *not* tame lions for the circus. (우리는 곡마단용으로 사자를 길들이지 않았다.)

> **[참고]** 1. not 이외의 부정어가 있으면 do는 필요하지 않다.
>
> **Nothing** has happened. (아무 일도 없었다.)
>
> We saw **nobody**. (= We did not see anybody.) (아무도 보지 못했다.)
>
> He **never** breaks his promise. (그는 약속을 어기지 않는다.)
>
> **No** genius can compensate for inattention to duty.
>
> (재주로 불충실을 보상할 수 없다.)
>
> 2. 예전에는 do 없이 부정 Sentence를 만들어 썼다. 현대 영어의 문장체에도 그 유물이 더

러 눈에 뜨인다.

We knew **not** that the trouble was beginning.

(걱정거리가 생기고 있음을 우리는 전혀 몰랐다.)

They care **not** what others may say.

(남들이 뭐라고 하던 저들은 신경 쓰지 않는다.)

cf. She tried *not* to smile. (웃지 않으려고 애썼다.) 이 not은 to smile을 수식한다.

Will it rain? —I think not. (비가 올까? — 그렇지 않을 거야.) 이 not은 it will not rain의

not이다. (문장체)

I don't think so.라고 하면 현대 영어 회화체다.

[주의] "비는 오지 않을 거야"를 "I think it will not rain."이라고 하지 않는다. 생각은 내 자유이지
만 하늘 일을 왈가왈부할 수 없기 때문에 I don't think it will rain.이라고 한다.

② 의문 센텐스를 만든다

What **do** you want? (청하실 것이 있으시면 말씀해주시죠.)

Does he know it? (이 일을 그가 알고 있습니까?)

Did tigers smoke? (예전엔 호랑이가 담배를 피웠습니까?)

[참고] 예전엔 do를 쓰지 않고, 어순전환(語順轉換)에 의하여 의문 sentence를 만들었으나, 오늘날
엔 그렇지 않다.

Went he? (= **Did** he go?)

What said she? (= What did she say?)

그런데 come (= happen ; turn out)에서는 현대영어에서도 때로는 do 없이 쓰이는 일이
있다.

How comes it? (어찌된 일이요?)

How came you to notice it? (어떻게 그것을 눈치 채게 되었소?)

그러나 이것은 역시 옛말로 속어이니, 현대화하여 How **does** it come? How **did** you
come to notice it?로 고쳐 쓰는 것이 좋다. notice와 뜻이 약간 통하는 suppose, be-
lieve, imagine 등도 마찬가지다. How did it come that you noticed it? (미어)

③ do를 쓰지 않는 경우

1) 주어가 의문사인 긍정적 표현

What happened? (무슨 일이 있었나?)

Who won in a broadcast of the amateur singing contest?

(노래자랑 방송에서 누가 우승했나?)

Whose songs interested you most? — 의문형용사로 수식된 주어

(누구의 노래가 가장 좋았나?)

How many students went to the beach?

(바닷가로 간 학생이 몇 명이나 됩니까?)

I asked her *what* she bought there. [간접의문절]

(거기서 무엇을 샀느냐고 그녀에게 물었다.)

We don't know *where* she lives. [간접의문절]

(그녀의 집을 우리는 모른다.)

cf. Which book **do** you want? [which book은 목적어]

(어느 책이 필요하죠?)

Who **does** not admire such fine views? [부정적 표현]

(이런 아름다운 풍경을 보고 뉘라서 찬탄하지 않겠습니까?)

2) not 이외의 부정어를 쓴 Declarative sentence에

He *never* tells a lie. (그는 결코 거짓말을 하지 않는다.)

None of them like it. (아무도 그것을 좋아하지 않는다.)

3) be, have(소유의 뜻)에는 의문이건 부정이건 간에 do를 쓰지 않는다

Is he a nuclear physicist? (그가 원자핵 물리학자인가?)

Have you citizenship in the United States?

(당신은 미국 시민권을 가지고 있습니까?)

He **is** *not* an applied chemist. (그는 응용화학자가 아니다.)

You **have** *no* right to stay here long.

(당신은 여기에 장기 체류할 권리가 없습니다.)

cf. He does not **have** sugar in his coffee. (= take)

(그는 커피에 설탕을 타지 않고 마신다.)

She did not **have** her picture framed. [사역]

(부인은 자기 사진을 틀에 끼우게 하지 않았다.)

You do not **have** to cook your own meals.

(have not to = need not) (자취 생활을 당신이 할 필요는 없소.)

Do you **have** letters from him even now? (= receive)

(요즘도 그로부터 편지를 받으십니까?)

Did you **have** a good time last Sunday?　　　　　　　　　　　[경험]

(지난 일요일 재미있게 지냈습니까?)

부정적 명령에는 be의 경우에도 do를 흔히 쓴다,

Don't be anxious. (걱정하지 마.)

Don't be silly. (어리석게 놀지 마라.)

Be quiet. (조용히 하라.) (의문도 부정도 아니다)

Do be quiet! (조용하라니까!) ― 강조(의문도 부정도 아니다)

4 **강조의(emphatic) do**

I **do** believe that he will stand by you.

(그가 당신의 편이 되어줄 것을 나는 확신합니다.)

Do stay where you are. (움직이면 쏜다.)

Do come. (제발 와다오.)

He **did** return, but he brought no satisfying news from them.

(과연 그는 돌아왔다. 그러나 시원한 아무 소식도 가져오지는 못했다.)

We **do** admire him, **do** respect him, and **do** congratulate him on his recent

achievement. (우리는 진심으로 그를 찬양하고, 존경하며, 최근의 공적을 축하한다.)

Do have patience and industry. (부디 참고 부지런해라.)

5 **어순전환(Inversion, 語順轉換)**의 형식어로서, 이동하는 부사나 목적어 등에 끌리어

위치를 바꾸는, 일종의 견인(Attraction, 牽引) 현상이다. 이것은 강조 때문이며 문장체다.

회화체에서는 음조(Intonation, 音調)로 조절한다.

Well **do** I remember the scene. (그 장면을 나는 잘 기억하고 있다.)

Often **did** we hear such a strange noise before.

(이전에도, 이러한 이상한 소리를 자주 들었다.)

Not till then **did** we realize the danger of the war situation.

(전세가 불리함을 그때까지 우리는 까맣게 모르고 있었다.)

Not one wink of sleep **did** I get on that night.

(그날 밤엔 눈도 붙여보지 못했다.)

Never **did** I meet such a stubborn old man.

(그런 완고한 늙은이는 일찍이 만나본 일이 없었다.)

Little **did** she dream that it was her mother.

(거기 서 있는 분이 자기 어머님임을 그 소녀는 전혀 알지 못했다.)

So much skill and integrity **did** he show in all his dealings.

(그는 대단한 재치와 품위를 모든 교섭에 과시했다.)

Bitterly **did** they repent their decision.

(마음 괴롭게 저들은 그 결정을 후회했다.)

[참고] 대동사(Pro-verb, 代動詞)인 **do**는 실동사(Full verb)다.

I respect him more than you **do**. (= respect)

(당신보다 내가 그분을 더 존경합니다.)

Somebody ought to help her, but nobody **does**. (= helps)

(그 여인을 돕는 분이 있어야겠는데, 아무도 그렇게 하지 않는다.)

He used more money for her than she **did** for him.

(그가 그녀 때문에 쓴 돈이, 그녀가 그를 위해 쓴 것보다 많다.)

Sound does not reach us so quickly as light **does**.

(소리가 광선만큼 빨리 우리에게 도달하지는 않는다.)

I like raw fish. — So **do** I.

(나는 생선회를 좋아한다. — 나도 그래.)

I don't like oyster. — Neither **do** I.

(나는 굴을 좋아하지 않는다. — 나도 또한 좋아하지 않소.)

cf. He runs fast. — So he **does**.

(그는 빠르다. — 그렇군요.)

135. should

① **시제(時制)의 일치**: 과거로 옮겨진 미래로서, 주어가 주절의 주어와 같으면 단순미래이고, 주어가 주절의 주어와 다르면, 주절의 주어의 의지다.

I thought I **should** be able to solve the problem.   [무의지]

(문제를 내가 풀 수 있을 것으로 생각했다.)

He gave an order that the idle boy **should** be punished.　　　　[의지]

(공부하지 않는 그 학생을 처벌하도록 선생님은 명령하셨다.)

He asked me if I **should** need some more money.

(내가 돈을 더 필요로 하느냐고 그가 내게 물었다.)

She said that I **should** be her husband and she my wife and that we would

care for the wounds of the whole world.

(그녀 말이 나는 남편이 되고 자기는 부인이 되어, 이 세상 사람들의 상처를 어루만져 주자는

것이었다.)

2 **의무(obligation)**: ought to보다 약하다

Everyone **should** depend on his own ability.

(사람은 누구나 자기 실력에 의존해야 한다.)

A liar **should** have a good memory.

(거짓말쟁이는 기억력이 좋아야 탄로가 더디게 난다.)

I **should** have remembered my position, and kept my wishes within bounds.

(나는 내 지위를 잊지 말고, 욕심에 한계를 정해 놓았어야 했다.)

You **should** not have wasted your youth.

(그대는 젊었을 때 허송세월하지 않았어야 되는 건데.)

참고　이렇게 should 뒤에 완료형이 붙으면, 과거의 동작이나 상태를 비난하는 뜻으로 된다.

You **should have seen** Hamlet in movie form.

(여러분이 햄릿을 영화로 보았더라면 좋았을 텐데.)

3 **감정의 should(Emotional 'should')**: 당연·의외·후회·유감 등이, It is right
[natural, proper, good, well, important, necessary, wrong, etc.]에 따르는 명사절에서
쓰인다.

It is right that you **should** report the existing state of things to the school

authorities. (현황을 학교 당국에 보고하는 것이 마땅하다.)

It is natural that you **should** have accepted those terms.

(당신으로서 그 조건들을 받아들였음은 당연하죠.)

It is absurd that she **should** bury her beauty, her wit and her social grace in a convent. (그녀가 자기의 아름다움과 재치와 세련된 사교성을 암자에 묻어 버린다는 것은 알다가도 모를 노릇이다.)

[참고] 이 should가 의문사와 함께 쓰이면 반어적(ironical, 反語的) 의미를 띤다.

Why in the world **should** I see her? (무엇 때문에 내가 그 여인과 만나야 해?)

Who **should** come in but the very man? (호랑이가 제 말하면 온다는 격이지 뭐요?)

Who **should** talk such nonsense? (누가 그 따위 미친 수작을 한단 말이야?)

What are you that you **should** speak so boldly?

(도대체 당신이 뭐하는 사람이기에 그렇게 대담한 수작을 하는 거요?)

It is strange[curious, surprising, wonderful, singular, queer, regrettable, impossible, a pity, a thousand pities, etc.]: 또는 I wonder[regret, am sorry, etc., 또는 To think, etc.]에 따르는 절에서 쓰인다.

It is strange that you **should** still have hope for that project. (주관적)

(그 계획을 아직 단념하지 못하고 있다니, 당신은 참 이상합니다.)

cf. It is strange you still have hope for that project. (사실)

It is singular that on that particular day he **should** have fallen ill.

(하필이면 그날 그에게 병이 날 게 뭐람.)

It is a pity that he **should** miss such a golden opportunity.

(천재일우의 이 기회를 그가 놓친다는 것이 애석하구나.)

I wonder he **should** commit an error. (그가 실수를 한다니, 그게 무슨 소리야?)

I am sorry that you **should** be compelled to leave school for family reasons.

(가정 사정으로 자네가 학업을 중단하게 된다니, 안됐군.)

To think that he **should** betray his fatherland! (그가 조국을 배반하다니!)

O that she **should** treat her daughter-in-law so coldly. —(이 that 앞에 "it is a pity." 등을 넣어서 생각할 것.)

(그 어머니가 며느리를 그렇게 냉대하다니!)

cf.
It is strange that she married[has married] him. — (사실)
It is strange that she **should have married** him. — (생각)

Why **was** the dog killed? (개를 죽인 까닭은?)
Why **should** the dog have been killed? (이상하다. 왜 죽였을까?)

> I'm surprised that they **opposed** us. (약)
>
> I'm surprised that they **should have opposed us.** (강)
>
> That they **should have opposed** us. (가장 강함)

    (우리들에게 반항하다니![배은망덕도 분수가 있지!])

4 **명령·제안·희망·기대·추측 등을 말하는 절에서 다음과 같이 쓰인다.**

I command that you **should** act properly.

    (얌전하게 행동하라고 명령한다.)

He gave orders that strict silence **should** be preserved.

    (절대 정숙[침묵]하라고 명령을 내렸다.)

The leader proposed that we **should** unite at once.

    (당장에 뭉쳐야 한다고 그 지도자는 건의했다.)

They **should** be here by now, I think. — (기대)

    (지금쯤엔 그들이 와 있어야 할 건데.)

The two **should** have so much in common. (= must) — (추측)

    (그 두 사람이 매우 공통된 점을 가지고 있을 거야.)

You **should** hear her sing; it is well worth hearing. — (충고)

    (그녀의 노래를 들어봐, 그만한 가치가 있을 거야.)

He wishes that you **should** take a few days' rest.

    (당신이 며칠만이라도 휴식을 취할 수 있기를 그는 바라고 있습니다.)

She is anxious that her children **should** have good table manners.

    (자기 자녀들이 식탁 예절을 잘 알고 지키도록 어머니는 바라고 있다.)

5 **걱정**: 소극적인 목적으로 '… 하지 않도록' '… 하면 안 되겠으니까'의 뜻인 lest, for fear that 등이 인도하는 부사절에서 다음과 같이 쓰인다.

Stay in *lest* you **should** catch cold.

    (감기 들지 않도록 집안에서 놀아라.)

We fear *lest* he **should** come late.

    (그가 지각할까봐 걱정이다.)

Speak low *lest* anyone **should** hear.

(남이 들으면 안 되니 낮은 소리로 말씀하시오.)

The taffy sellers must not make their scissoring clamor too much *lest* they
should break the stillness of the town.

(엿장수는 거리의 고요한 분위기를 해치지 않도록 가위질 소리를 너무 크게 내지 말아야 한다.)

cf. Fill your thermos to the brim *so that* you **should** not run short of drinking
water. (마실 물이 부족하지 않도록 보온병을 가득 채우시오.)

[참고] 미어에서는 should보다 서상[가정]법 현재형을 흔히 쓴다.
I fear *lest* he **die**. (그가 죽을까 두렵다.)

⑥ **만일의 경우**: 현재·미래의 강한 의심[불확실성]을 표시한다. 조건절에는 인칭에 관계
없이 무의지다.

If it **should** be true, I would[will] run away.

(그게 만일 사실이라면, 나는 도망가겠다.)

Should she injure me, I would still love her.

(내 감정을 건드린다고 해도, 나는 그녀를 역시 사랑할 거야.)

How unfortunate it would be if a time **should** come when we could not unite.

(우리에게 뭉칠 수 없는 때가 온다면, 그야말로 큰 불행이다.)

⑦ **서상 [가정] 법의 귀결절에 다음과 같이 쓰인다.**

But for your help, I **should** not be living now.

(당신이 도와주지 않는다면, 나는 이렇게 살아 있지 못할 거요.)

He **should** have arrived if he had started at the appointed time.

(지정된 시간에 출발했더라면, 그가 도착했을 터인데.)

If there were water to drink, we **should** feel more refreshing.

(음료수가 있으면, 기분이 더 상쾌해지겠다.)

⑧ **예쁜, 친절한, 삼가는 표현에 쓰인다.**

I **should**[would] like to think so.

(저로서는 그렇게 생각하고 싶습니다마는.)

She is beautiful, I **should** say. (예쁘긴 한데요.)

She is over thirty, I **should** think. (글쎄, 서른 넘어 보이는데요.)

Has he agreed? I **should** have thought he would refuse.

(그가 승낙했어요? 거절할 줄로 알고 있었습니다만.)

cf. He *would* like to have seen me once more.

참고 이렇게 제1인칭에는 should지만, 제2, 3인칭에는 would like to다. 1인칭에도 would를 차차로 많이 쓰는 경향이 짙은데, 그것은 would가 should보다 혀와 입술 놀리기가 쉽고 자연스럽기 때문이다. shall보다 will, may보다 can을 더 많이 쓰는 까닭도 같다.

136. would

① 시제의 일치

He promised he **would** come in time.

(시간에 맞춰 오겠다고 그는 말했다.)

He told me that he **would** apply again.

(다시 신청하겠다고 그가 내게 말했다.)

I said I **would** return the money I had borrowed from him.

(그이로부터 빌려 온 돈을 내가 돌려주겠다고 말했다.)

I was afraid he **would** be missing. (그가 실종될까 봐 걱정했다.)

They thought that you **would** not make a tour of Middle East.

(당신이 중동 관광 여행에 참가하지는 않으실 것으로 저들은 알았죠.)

When I said I **would** die a bachelor, I did not think I should live till I were married. (내가 독신으로 살다가 죽겠다고 말한 것은, 결혼하기 전에 내가 죽을 것이라고 생각했기 때문이다.)

② 과거에서의 강한 의지

He **would** tell me nothing. (그는 도무지 입을 떼지 않았다.)

My donkey stopped and **would** not move an inch.

(내가 탔던 당나귀가 발을 멈추더니, 한 치도 움직이지 않았다.)

He knocked at the door, but she **would** not let him in.

(그가 문을 두드렸으나, 부인은 열어주지 않았다.)

She **would** go in spite of my entreaties.

(그렇게 내가 애원했는데도 그 여인은 갑디다.)

He **would** go out in spite of the doctor's advice to stay in bed.

(외출하지 말라고 의사가 말하는데도 그는 도무지 듣지 않았다.)

③ **과거의 습관**: would는 동작에, used to는 동작이나 상태에 쓰인다.

Formerly he **would** read the Bible for half an hour before breakfast.

(이전에 그는 아침식사 전에 30분간 언제나 성경을 읽었다.)

Almost everyday she **would** sit for hours on the veranda doing nothing. (=used to) (거의 매일 그 여인은 아무 일도 하지 않고 여러 시간 툇마루에 앉아 있었다.)

Whenever I asked him why he did not attend school regularly, he **would** give some evasive answer.

(왜 제대로 학교 출석을 하지 않느냐고 물으면, 그때마다 그는 핑계를 댔다.)

cf. He *used* to be very talkative. — 상태, 여기에 would는 불가.

(그는 언제나 너무 수다스러웠다.)

④ **과거에 관한 추정**: 의지를 포함하고 있지 않다.

We know she **would** be about seventy when she died.

(우리가 알기에 그 부인이 작고한 것은 일흔 살쯤 됐을 때였나 봐.)

There was a big fire in Busan, which **would** be in the winter of 1953.

(부산에 큰 화재가 있었는데, 그것이 아마 1953년 겨울이었나 보다.)

⑤ **비난·분개 등**

Your uncle wants to speak to you on the phone. — He **would** call when I'm in the tub!

(자네 아저씨로부터의 전화일세. — 에이, 그는 내가 목욕할 때면 그렇더라.)

My shoelace **would** break when I have just a few minutes to catch my school-bus.

(통학 버스 타기 전 2~3분의 시간밖에 남지 않았는데, 신발 끈이 끊어지다니, 빌어먹을!)

⑥ **친절하고 예쁜 표현에 쓰인다.**

Would you tell me the time, please?

(지금 몇 시인지 시간을 좀 알려주셨으면 감사하겠습니다.)

Would you mind shutting the door for me?

(미안합니다. 문을 닫아주시겠습니까?)

I would call the attention of all present.

(모이신 여러 어른께 말씀 드립니다.)

Would you not rather have a glass of beer?

(맥주나 한잔 하지 않으시려오?)

Would you like a whisky and soda?   [회화체]

(위스키에 소다를 타서 한잔 드실까요?)

참고 Do you want …? 라면 무관한 사이가 아닌 이상 딱딱하다.

What would you have me do?

(무엇을 제가 해드릴까요?)

Would you kindly correct this composition for me?

(미안합니다만 제 작문을 고쳐주십시오.)

⑦ 서상 [가정] 법에서 달성될 수 없는 소원 (= I Wish)

Would (to God) that I were a child again.   [문장체]

(내가 다시 한 번 어린이로 되어 봤으면.)

Would that I had never been there.

(거기 내가 갔던 것이 후회됩니다.)

If only the rain would stop soon.

(비가 곧 그쳐주기만 하면야(얼마나 좋을까?))

I wish the snow would melt.—미래 일에 대한 소망.

(눈이 녹았으면 좋겠다.)

⑧ 서상 [가정] 법의 조건을 말하는 절에서는, 인칭에 관계없이 주어의 의지를 표시 한다

I could do it if I would.

(내가 원하기만 한다면, 그야 할 수 있지요.)

I should esteem it a great honor if you **would** grant my request.

(제 청을 들어주신다면, 큰 영광으로 생각하겠습니다.)

If one **would** understand a nation, one must know its language.

(어떤 국민을 이해하려면, 그들의 국어를 알아둘 필요가 있다.)

If you **would** sit thus by my sickbed, I should find much solace.

(병석에 누워 있는 내 옆에 이렇게 당신이 앉아 있으면 나는 많은 위안을 찾게 됩니다.)

If you **would** be happy, be good.

(행복하려면 선량하여라.)

If you **would** lend me your book, I should be much obliged to you.

(당신 책을 빌려주시면 고맙겠습니다.)

⑨ **서상 [가정] 법의 귀결절에 다음과 같이 쓰인다**: 뜻은 will의 용법에 따른다.

I **would** do it if I could.

(그 일을 할 수 있다면야, 하구말구요.)

I **would** run a business if I had money enough.

(밑천이 넉넉하다면, 나는 장사를 하겠다.)

If he had enough literary talent, he **would** try it.

(그에게 충분한 문재文才가 있다면, 해볼 만도 하지.)

You **would** die if you took a strong dose of that drug.

(그 매약을 과용하면 죽는다.)

Had he ever so many faults, I **would** still be his friend.

(그 친구가 결점투성이이지만, 그에 대한 내 우정엔 변함이 없다.)

I **would** never second the motion if I were you.

(만일 내가 자네라면, 나는 그 동의에 결코 재청하지 않을 걸세.)

He **would** not have smiled unless he had thought her pretty.

(그녀를 곱게 보지 않았다면, 그가 미소 짓지는 않았을 거야.)

He **would** have succeeded if he had had more fund.

(자금이 더 있었더라면 성공했었을 것을.)

It **would** have been a pity, had he not taken his degree.

(그가 학위를 받지 못했다면, 애석할 뻔했다.)

[참고] 다음의 예는 전제절이 구로 되어 있거나, 축약되어 있다.

> To hear him talk, one **would** take him for a fool.
>
> (그가 말하는 것을 들어 보면, 누구나 그를 바보로 알거야.)
>
> It **would** have done you good to have gone away for a change.
>
> (전지요양轉地療養을 했다면 좋았을 텐데 .)
>
> No serious man **would** call this culture.
>
> (정신이 바로 서 있는 사람이라면 이런 것을 문화라고는 부르지 않을 것이다.)

10 would의 관용례

I **would like to** go with him. (= should)

(그를 따라가고 싶다.)

[참고] should[would] like to …는 want to …보다 예의 바른 표현이다.

You **would[had] better** start. (= It would be better for you to start.)

(출발하는 것이 좋겠다.)

You **would[had] best** consent. (= It would be best for you to consent.)

(승낙하는 것이 좋을 거야.)

I **would[had] rather[sooner]** have coffee than tea.

(= more willingly) (홍차보다 커피를 들겠다.)

He **would rather** have died than disgraced himself.

(구차하게 목숨을 보존하느니, 차라리 죽는 편이 좋았겠다.)

You **would as soon** leave her alone **as** detain her.

(그녀를 억지로 붙잡아두기보다는 그대로 내버려두는 편이 낫겠다.)

You **would[had] as lief** stay **as** not.

(그대는 뜨는 것보다 그대로 거기 사는 게 나을 것이다.)

I **would fain** change it. (즐겨 이것을 바꾼다.)

Who **would** have believed it? (= I shouldn't have believed it.)

(누가 그것을 믿었겠는가?)

As (good) luck would have it, I could catch the train.

(다행히 차를 탈 수 있는 시간이 있었다.)

137. ought to

① **의무(obligation)**: should보다 강하고, must보다 약하다.

We **ought to** be kind to others. (우리는 남에게 친절해야 한다.)

Parents **ought to** be honored. (부모님께 효도해야지.)

You **ought** *not* **to** stare at people or to point.

    (사람들을 빤히 본다든지, 그들에게 손가락질해서는 못쓴다.)

Ought he **to** come? (그가 와야 하나요?)

They **ought to** *have been* there to see the amusing play. (= It's a pity that they

    were not there. I wish they had been there.)

    (재미있는 그 연극을 구경하러 그들이 거기 갔더라면 좋았겠다.)

You **ought to** *have consulted* the doctor. (= It's a pity you did not consult the

    doctor. I wish you had consulted the doctor.)

    (의사의 진찰을 받았어야 되는데.)

I wonder what I **ought to** say on this auspicious occasion.

    (이런 경사 때 어떤 말씀을 해야 좋을지 모르겠군요.)

We have left undone those things which we **ought to** *have done* ; and we

    have done those things which we **ought** not **to** *have done*.

    (우리가 했어야 할 일은 아니한 그대로 남겨두었고, 하지 말았어야 할 일은 했다.)

> 참고 다음 예는 당면의 의무가 주어 이외에 있다.
>
> Your teacher **ought to** know that. (= You **ought to** tell that to your teacher.)
>
> Time **ought** *not* **to** be wasted. (= We **ought** *not* **to** waste time.)

② **정당(rightness)**

His watch **ought to** be mended. (그의 시계는 수리를 해야겠다.)

He said so, and he thinks he **ought to** have said so.

    (그는 그렇게 말했고, 그렇게 말한 것을 옳다고 생각하고 있다.)

You **ought to** pay your membership fee.

    (= Pay your membership fee by all means.)

(회비를 반드시 내시오.)

You **ought to** have paid it in a single sum instead of monthly instalments.

(월부가 아니고 일시금으로 냈어야 하는 건데.)

③ 당연(probability)

A good wife **ought to** make a wise mother.

(양처가 현모로 되는 것은 당연하지.)

The fastest runner **ought to** win the race.

(가장 빨리 뛰는 자가 경주에서 이긴다.)

He **ought to** speak standard English after so many years of diplomatic life in England. **Oughtn't** he?

(영국에서 외교관 생활을 오래 했으니, 그가 표준영어를 쓴다는 건 당연한 이야기지, 그렇죠?)

You **ought to** know better. (그런 어리석은 짓은 왜 하나? = 더 잘 알고 있어야지.)

The sight-seeing bus **ought to** arrive at two, if there is no accident.

(그 관광버스가 사고만 없다면 두 시에 온다.)

With his intelligence he **ought to** complete a useful invention.

(그의 머리로 유용한 발명을 완성한다는 건 당연하다.)

They **ought to** have landed on Hawaii by this time.　　　　　　　　　[추측]

(지금쯤엔 그들이 하와이에 착륙했을 거다.)

You **ought** *not* **to** have joined such an association.　　　　　　[비난]

(이러한 모임에는 가입하지 않았어야 마땅하다.)

参考　1. ought to + 완료형의 뜻

　　　a. "… 했어야 하는데, … 하지 않았다".　　　　　　　[비난]

　　　b. "… 할 예정이었는데, 그렇게 되지 않았다".　　　　[추측]

　　2. 시제의 일치에 따라 과거형이 필요하게 되어도 ought to의 형태는 변하지 않는다.

　　　He said that you **ought to** come. (당신이 와야겠다고 그는 말했소.)

　　　We thought that they **ought to** have acted more decisively.

　　　(그들이 더 단호한 태도를 취했어야 할 것으로 우리는 생각했다.)

　　　cf. We thought, "They **ought to** have acted more decisively."

138. used to[júːs(t)tu]

과거의 습관을 말하는 것으로, 언제나 과거형인 변칙동사(Anomalous verb)다. 이 used to가 조동사인지, 실동사인지는 아직 연구대상으로 남아 있다.

1 긍정

1) 과거의 상습적 동작

He **used to** drink when young. (= was wont to)

(그가 젊었을 때에는 늘 술을 즐겼다.)

cf. "He *would* drink …."라면 비교적 과거의 불규칙적 습관, 즉 되풀이에 개인적 관심이 포함되어 있다. used to는 현재와 비교하여 '예전엔 … 했다'의 뜻으로 대개 객관적 보도다.

She came later than she **used(to)**.

(그녀가 보통 때보다 더 늦게 왔다.)

2) 과거의 계속적 상태

He **used to** live in the western side of Seoul in those days, use(d)n't he?

(= didn't he?) (그때엔 그가 서울 서부에 늘 살고 있었죠. 그렇지 않았어요?)

There **used to** be a draw well in front of my house.

(= There was once a draw well…. (＞Did[Used] there?)

(우리 집 앞에 두레우물이 있었다.)

> **주의** 이때의 There used to be를 would로 바꾸어 쓸 수는 없다.
>
> "He **used to** like me," said she tearfully.
>
> ("그 양반 나를 언제나 좋아했거든요"라며, 그 여인은 눈물이 글썽했다.)

2 부정

They **used not to** complain.

(불평을 말하지 않는 버릇이 그들에게는 있었다.)

He **use(d)n't[júːsnt] to** take this sort of thing seriously.

(= He didn't use[juːs] to ….)   [회화체]

(이런 일을 중대하게 받아들이지는 않는 것이 그의 버릇이었다.)

③ **의문**

What **used** he **to** do on holidays?

　(= What did he use to …?)　　　　　　　　　　　　　　　　[회화체]

　(쉬는 날이면 그의 하는 일이 무엇이었습니까?)

Used you **to** know her? (= Did you use to know her?)

　(과거에 그녀를 알고 있었습니까?)

　[참고]　He used to go hunting in winter.　　　　　　　　　　[조동사]

　　(겨울엔 언제나 그가 사냥 나갔다.)

　┌ He is **used** to foreign food. (그는 외국 음식이 몸에 뱄다.)

　└ He is **used** to hunting in winter.

　　이 두 예의 used는 형용사로 accustomed의 뜻이다.

　　Use [juːz] others as you would have them use [juːz] you.　[실동사]

　　(남의 대접을 받고 싶은 대로 남에게도 대하라.)

139. be(의미상 조동사)

원형(be), 현재형(am, is, are), 과거형(was, were), 제2[과거]분사형(been), 제1[현재]분사형(being).

　이미 말한 여러 개의 조동사는 **조동사 + 본동사(원형)**란 형식에 따랐다. 그러나 be와 have는 그 뒤에 대개 분사가 붙고, 원형 동사를 본동사로 가지는 일은 없다. 분사라면, 이는 동사와 형용사 두 구실을 한 몸에 지니고 있는 것이니, 이를 본동사로 인정하기는 곤란하다. 그러니까 형식상으로는 무리하지만, 의미상으로 조동사 취급을 할 수밖에 없다는 결론에서, 이 be와 have의 일부 용례를 조동사라 부르고 있다. 이상에 이미 말한 여러 개의 조동사를 거의 다 포함시켜, 모든 조동사는 일종의 변칙 동사(Anomalous verb)라고 부르고 있는 까닭도 여기에 있다. 시제·법·태·의문·부정 등을 표시하자니, 군색하지만 부정사·분사와 합하여 서술동사를 만드는 일부 구실을 하게 되어 있다.

① be + -ing = 진행형

I am[You are, He is] writing.

She was[You were, They were] writing.

You will[I shall] be writing.

They have[He has] been writing.

He had been writing.

I shall[You will] have been writing.

> [참고] 조동사+본동사를 분석하여 논리적으로 결론지으려면 무리가 있다. 언어는 하나의 습관이므로 규칙 정연할 수는 없겠다. 그러므로 종합적으로 인정한다는 태도가 필요하니, **조동사+본동사**를 일종의 **동사구**로 보는 것이다. 예컨대 위의 마지막 예의 shall have been writing을 하나의 동사구로 생각해 주어인 I에 대한 서술동사로 알아두는 것이 좋다.

Life is passing away, and we have been doing nothing.

　(인생은 흘러가는데, 우리는 해놓은 것이 아무것도 없구나.)

The question was being discussed.

　(그 문제가 논의되고 있었다.)

It's high time he were going. — (서상법 과거)

　(그가 가야 할 때다.)

② be + 타동사 제2[과거]분사 = 피동형

He is respected for his integrity. (< People respect him for his integrity.)

　(그는 청렴결백으로 세인의 존경을 받는다.)

Their bulletins are published monthly.

　(< They publish their bulletins monthly.)

　(그들의 회보는 매달 발행된다.)

They demand that they be allowed the freedom of religion.

　(종교적 자유를 달라는 그들의 요구다.)　　　　　　　　　　　　　[서상법]

③ be + 자동사 제2[과거]분사 = 완료형(상태)

Winter is gone and spring is come.

　(겨울은 가고, 봄이 왔다.)

어떤 자동사적 동작이 완료된 이후의 상태를 말한다. is gone, is come을 has gone, has come으로 바꾸면 동작에 중점을 두는 표현이라고 하겠다.

The sun is set. (해가 졌다.)

④ be + to 부정사 = 예정 · 의무 등

I am to start at nine.   [예정(arrangement)]

(나는 9시에 출발할거다.)

He is to come home next week.

(그는 다음 주에 귀국할 예정이다.)

> 참고   이 to come을 형용사구로 보아 is의 보어로 인정한다면, is는 불완전자동사이지, 조동사가 아니다. 그러나 다시 ought to나 used to의 유추(Analogy, 類推)로, is to를 묶어서 조동사로 본다면 그렇게 생각할 수도 있는 점에 언어의 비논리성을 생각하게 된다. 또 문법은 어디까지나 복잡한 언어현상을 정리하다 보면, 때로는 불철저할 수밖에 없음을 이해해야 한다.

That house of mine is to be let or sold.   [의도(intention)]

(내 저 집은 세놓든지 아니면 팔겠다.)

What am I to do now? (=must, should)   [의무(duty)]

(이제는 어떤· 일을 할까요?)

The wealthy are not always to be envied.   [당연성(propriety)]

(부자가 반드시 부러운 사람들은 아니다.)

You are to pay your debt.   [당연성]

(빚은 갚아야 하는 것이다.)

The twins are to be distinguished by their voices. (= can)

(쌍둥이는 목소리로 가려낼 수 있다.)   [가능성(possibility)]

> 참고   이 예는 피동부정형이 be 뒤에 있음에 유의할 필요가 있다.

Her condition is to be pitied. (= pitiable) (그 부인의 처지가 불쌍하다.)

My tie-pin was nowhere to be found. (= could) (내 넥타이핀이 아무 데도 없었다.)

Not a soul was to be seen. (= visible) (사람이라고는 그림자도 못 봤다.)

The fact is not to be denied. (= undeniable) (그 사실을 부정할 수 없다.)

He was never to see his country's independence.   [운명(fate)]

(조국의 독립을 보지 못한 채 그는 별세했다.)

[참고] 다음의 be는 실동사다.

　1. 존재

　　God **is** and all is well. (하느님이 계시니 온 세상이 태평.)

　　Whatever **is**, is right. (존재하는 것은 모두 정당하니라.)

　　There **is** nothing new under the sun. (이 세상엔 어제나 오늘에나 새로울 것이 없단다.)

　　Can such things **be**? (이런 일이 있을 수 있을까?)

　　I think, therefore I **am**. (나는 생각한다. 그러므로 나는 존재한다.)

　2. 연결사(Copula)

　　That girl **is** Mary. (저 소녀의 이름은 메리다.)

　　Her mother **is** tender and true. (그 애 어머니는 상냥하고 진실하셔.)

　　What **are** you going to **be**? (장래 어떤 인물이 되려는가?)

　　Be sincere! (성실하라!)

　3. 피동형이 상태를 말할 때 be는 연결사이고, 제2[과거]분사는 형용사 상당어로 보는 주장
　　이 있다.

　　This letter **is written** in English. (이 편지는 영어로 쓰여 있다.)

　　The sweaters of Korean make **are** all **sold**. (한국제 스웨터는 다 팔렸다.)

140. have(의미상 조동사)

원형(have [hæv, həv, əv])·3인칭 단수현재형(has)·과거형(had)·제2[과거]분사형(had)·제1[현재]분사형(having)

① **조동사로서의 have**: 이에는 완료시제(Perfect tense)의 것만을 말하는 것으로 대개
되어 있다. 그러나 논리적으로는 조동사라고 하기에 모순된 점이 약간 있어서 be와 함께
역시 변칙동사라고 하겠다.

　I **have** *had* a foreign visitor this morning.　　　　　　　　　　[현재완료]

　(오전에 외국 손님이 한 분 계셨다.)

　There **has** never *been* a country which has benefited from a prolonged war.

　(장기전에서 이익을 본 나라는 아직 없다.)　　　　　　　　　　　　[현재완료]

My sister **had** *finished* her exercises before I began mine.　　[과거완료]

(내가 연습과제에 손을 대기도 전에, 누나는 자기의 것을 끝내고 있었다.)

I *shall* **have** *bought* a new car by the year end.　　[미래완료]

(연말까지는 차를 한 대 사놓겠다.)

What **have** you *been* do*ing* all the day?　　[진행형 현재완료]

(당신은 종일 무엇을 하고 있었지요?)

② 실동사로서의 have

1) 소유

Some **have** too much, yet still they crave.

(어떤 사람들은 재산이 과다하나, 더욱 모으기를 갈망한다.)

[참고] 의문이나 부정에 do[does, did]를 붙이지 않는다.

Have you any money in hand? (가진 돈이 있나?)

cf. **Does** America **have** its own language? [미어]

Had you any trouble while you were travelling?　　[미어]

(여행 중 고생은 하지 않았습니까?)

cf. **Did** you **have** much snow last winter?　　[미어]

(작년에 자네 고장에 눈이 많이 내렸나?)

How many rooms **has** your house? (댁에 방이 몇 개나 있습니까?)

(= How many rooms are there in your house?).

cf. How many rooms *does* your house *have*?　　[미어]

My house *doesn't* have many rooms.　　[미어]

I **have** not any pleasure in cock fighting.

(나는 닭싸움에 별로 흥미가 없다.)

cf. I *do* not *have* any chance of election.　　[미어]

(나는 당선될 것 같지 않다.)

대체로 Americanism에서는 의문이나 부정에 do를 쓰며, Briticism에서도 이 식을 닮아 가는 경향이 짙다.

[참고] 다음의 두 표현에는 약간의 차이가 있다.

Have you time to type it for me?　　　　　　　　　　　[일시적]

　(이것을 타자해주실 시간이 있겠습니까?)

Do you **have** time to practise typewriting after school?　　[상시적]

　(하교 후 타자 연습할 시간적 여유가 있습니까?)

2) '경험하다'·'먹다'·'얻다' 등의 뜻인 have

Did you **have** a pleasant journey?　　　　　　　　　　[경험]

　(여행이 재미있었소?)

He did not **have** coffee this morning.　　　　　　　　[take]

　(그는 오늘 아침에 커피를 마시지 않았다.)

She **has** piano lessons twice a week.　　　　　　　　　[get]

　(그 여학생은 일주일에 두 번 피아노 지도를 받는다.)

3) 불완전 타동사로서의 have(사역은 유의지, 피동은 무의지-경험)

Have him *do* it at once. (= *Get* him *to* do it at once.)　　[사역동사]

　(그렇게 하라고 곧 그에게 시키시오.)

Shall I **have** (= get) him *help* you? — (to) help가 형용사구로 보여.

　(그에게 당신을 도와드리게 할까요?)

I should like to **have** him *meet* you.　　　　　　　　[사역]

　(그로 하여금 당신을 만나 뵙도록 하고 싶습니다.)

I **have** a taxi *waiting* outside.　　　　　　　　　　[사역]

　(밖에 차를 대기시켜 놓고 있습니다.)

I'll **have** you *looking* like a star actress.　　　　　[사역·회화체]

　(당신을 명배우로 보이도록 해드리겠습니다.)

I can't **have** you *doing* nothing all the day.　　　　[허용]

　(그대가 종일 아무 일도 하지 않고 있게 내버려둘 수는 없다.)

You want to **have** your class room *clean*.　　　　　　[사역]

　(여러분은 교실을 깨끗이 해두고 싶죠.)

We **had**[got] those New Year's cards *posted*.　　　　[사역]

　(연하장을 보내게 했다.)

I ought to **have** you *examined* by the doctor.　　　　　　　　[사역]

　(당신이 의사 진찰을 받도록 내가 해드려야 되겠습니다.)

It's an awful blow to a man of middle age to **have** his wife *die* and his son

　lie in bed. (중년 상처에 자식은 병석에 누워 있다니, 그에게는 이만저만한 타격이 아닐

　수 없다.)

He **had** his left arm *broken* by the accident.　　　　　　　　[피동]

　(= He broke his left arm by accident, and he had his broken left arm.)

　(그는 그 사고로 왼팔에 골절상을 입었다.)

cf. ┌He **had** a tooth *taken* out. ─ (대체로 유익)　　　　　　[사역]

　　│ (그는 이를 한 개 뽑게 했다.)

　　└She **had** her hat *blown* off. ─ (대체로 피해)　　　　　　[피동]

　　(그녀의 모자가 바람에 날려갔다.)

4) have＋to(＝must)와 have not to(＝need not)

이 have to를 조동사로 볼 수도 있기는 하다.

Have you **to** do that? (= *Do* you **have to** do that? ─ 미어) (그렇게 해야만 하나?)

She **had to** earn her daily bread during the war.

　(그녀가 전쟁 중엔 자기 밥벌이를 하지 않을 수 없었다.)

You **have not to** spend so much money for unprofitable work.

　(밑천도 안 나올 일에 큰돈을 쓸 필요는 없습니다.)

cf. You *do not have to*… 라면 Americanism이다.

[참고]　1. 다음 두 예는 뜻이 대체로 같다.

　　　　I **have to** send a telegram.

　　　　I **have** a telegram **to** send.

　　2. 목적어가 부정어이면 must의 뜻이 없다.

　　　　I **have no** telegram to send. (오늘 보낼 전보는 없다.)

　　　　I **had no**thing to say to them. (그들에게 전할 말 없다.)

　　3. '소유'의 have와 같이, have to에도 다음과 같은 차이가 있다.

　　　　Have you **to** do this?　　　　　　　　　　　　[일시적]

　　　　(지금 이 일을 해야만 합니까?)

　　　　Do you **have to** do this?　　　　　　　　　　[상시적]

(이 일을 한평생 해야만 하는가?)

4. 대체로 다음의 세 가지 예는 별로 다를 것이 없다.

She **had not to** come.

She **did not have to** come.

She **did not need to** come.

5) have의 관용례

It's snowed heavily for two days. (= It has)

(이틀째 계속되는 폭설이다.)

I've **got to** give up teaching to enter business. (= I have to)

(교육계를 떠나 실업계로 전직을 해야겠다.)   [회화체]

Have you **got** a ball-point pen? (= Have you)   [회화체]

(볼펜을 가지고 있나?)

You'**d better** have a rest for a week or so. (= had better)

(당신은 1주일쯤 휴양하는 것이 좋겠습니다.)

He had better inquire more deeply into the matter. (= would rather)

(그로서는 그 사건을 좀 더 철저히 조사해보는 것이 좋을 거요.)

cf. If he asks you to come, you **better** do so.   [회화체]

(오시라고 그가 청한다면 당신은 그렇게 하시는 것이 좋습니다.)

141. 본동사의 생략

① Sentence의 일부에 본동사가 이미 나와 있으면, 그 밖의 부분에서는 조동사만을 쓴다.

She'll **play** it. I know she **will**.

(그 부인이 연주할 것이다. 할 것으로 나는 안다.)

Need he **pay**? — No, he **needn't**.

(돈을 내야 됩니까? — 아니, 그분은 그럴 필요 없어요.)

Run as quickly as you **can**.

(할 수 있는 대로 빨리 뛰어라.)

If she **would**, she could sing and dance.

(그 여인이 하고만 싶다면, 노래하고 춤출 수 있고말고요.)

They are doing what they **ought not** (to do).

(해서는 아니 될 일을 그들은 하고 있다.)

② **부가 의문(Tag question, 附加疑問)에서의 경우:** 회화체에서 어떤 내용을 진술한 다음에, 상대자의 동의를 구하거나, 또는 자기가 한 말에 힘을 주기 위해 따로 뒤에 붙이는 간단한 의문형이다.

1) 긍정형 뒤에는 부정형을, 부정형 뒤에는 긍정형을 붙이는 것이 보편적인 용법이다

You like it, **don't** you? (당신은 그것을 좋아하지요, 그렇지 않아요?)

You don't like it, **do** you? (당신은 그것을 좋아하지 않죠, 그렇죠?)

You didn't like it, **did** you?

He can catch fish, **can't** he?

He cannot catch fish, **can** he?

She will surely come, **won't** she?

They ought not to go there, **ought** they?

cf. 실동사에도 이러한 용법이 있다.

That's funny, **isn't** that?

He wasn't busy, **was** he?

2) 긍정형 뒤에 긍정형을, 부정형 뒤에 부정형을 붙여, 재촉·놀라움·빈정댐 등을 표시한다

Let us walk now, **shall** we? (자, 이제 걸어볼까요?)

Stop running, **will** you? (그만 뜁시다, 예?)

I've found you at last, **have** I? (숨어봤자 별 수 없지?)

You will not like to play, **shan't** you? (놀고 싶지 않지, 어때?)

You will not be there, **won't** you? (거기에 가지 않죠, 그렇지 않아요?)

So he wouldn't come, **wouldn't** he? (그래서 그는 안 온다고, 안 올까요?)

EXERCISE 17

1. 다음 Sentence를 번역하고, italic체 부분의 용법을 말하라.

(1) The garden *should have been weeded* last week.

(2) He that *would* win the daughter, *must* begin with her mother first.

(3) Little *did* we think that we were never to see him again.

(4) The girl remembered that she had left her flowers behind; she *dared* not return for them.

(5) She *knew not* how to enter upon what she had to say.

2. 다음 두 개의 Sentence를 비교하여 그 차이점을 말하라.

(1) a. We *are to* meet the players at the airport.

    b. We *have been to* the airport to meet the players.

(2) a. We *can but* do so.

    b. We *cannot but* do so.

(3) a. It is strange that you *have resorted* to violence.

    b. It is strange that you *should have resorted* to violence.

(4) a. He *must be* kind to everybody.

    b. He *must be* kind, since everybody says so.

(5) a. I *didn't need to hurry*.

    b. I *needn't have hurried*.

3. 다음 italic체 부분의 뜻을 말하라.

The double meaning of the verb 'can' is illustrated in the reply of a resident in a fruit-growing district who was asked what the growers did with all their products. "*We eat all we can*," she answered, "*and we can what we can't*."

[5] 태(Voice, 態)

주어 및 목적어에 대한 타동사와의 관계를 태(態)라고 부른다. Voice라는 명칭 대신에 Turn(전환, 轉換)이라는 술어도 쓴다.

태에는 두 가지가 있다. 동작하는 것을 주어로 하는 동사 모양을 **능동태**(Active voice, 能動態)라고 하며, 동작 받는 것을 주어로 하는 동사 모양을 **피동태**(Passive voice, 被動態)라고 한다. 이 두 가지가 전하는 객관적 사실에는 별로 다를 바 없으나, 전자에서는 말하는 사람의 관심이 동작주(agent)에 있고, 후자에서는 동작의 대상(object, 對象)에 있다.

"Who broke the dish?(누가 접시를 깨뜨렸나?)."에 대하여 능동태인 "The waiter broke it(웨이터요)."라야 적당하며, 뜻이 비슷하다고 해서 피동태인 "The dish was broken by the waiter(접시는 웨이터에 의하여 깨졌소)."라고 하면 적당하지 않은 대답이다.

능동태   (동작주 + 동작 + 대상) She **opened** the window.

피동태   (대상 + 동작 + 동작주) The window **was opened** by her.

피동태를 만들 수 있는 동사는 타동사다. 피동태의 동사는 **be동사의 변화형 + 제2[과거] 분사**다.

분석적으로는 이 분사가 be의 보어다. 마치 -ing가 be의 보어로서 진행형을 이루는 것과 같다.

피동태의 형식

	현재	과거	미래	부정사	분사·동명사
기본형	It is opened.	It was opened.	It will be opened.	to be opened	being opened
진행형	It is being opened.	It was being opened.	—	—	—
완료형	It has been opened.	It had been opened.	It will have been opened.	to have been opened	having been opened.

> 참고 진행형 미래·진행형 현재완료·진행형 과거완료·진행형 미래완료의 피동태는 가락(tone, 語調) 및 구성 등에 무리가 있으므로 이를 거의 쓰지 않고, 그 대신 진행의 뜻인 부사구나, 피동의 뜻을 지닌 능동태나, 아예 능동태를 쓴다.
>
> The library has been **under construction**. (도서관은 건축 중이다.)

The library **has been building**. (도서관은 건축 중이다.)

They **have been building** a library. (도서관은 건축 중이다.) — 능동태

142. 능동태를 피동태로 전환할 때의 요령

1 시제는 능동태와 동일하게 두고, 인칭과 수를 새 주어에 맞춘다.

1) 현　　재: Everybody respects him.

　　　　　　He is respected by everybody.

2) 과　　거: He explained his idea.

　　　　　　His idea was explained by him.

3) 미　　래: He will teach me.

　　　　　　I shall be taught by him.

4) 현재진행형: He is reading novels.

　　　　　　Novels are being read by him.

5) 과거진행형: She was giving a big party.

　　　　　　A big party was being given by her.

6) 미래진행형: She will be rehearsing her play. (시연(試演)하고 있을 거야.)

　　　　　　Her play will be being rehearsed by her.

7) 현재완료: She has brought these flowers.

　　　　　　These flowers have been brought by her.

8) 과거완료: She had bought a car before.

　　　　　　A car had been bought by her before.

9) 미래완료: She will have typed it by five.

　　　　　　It will have been typed by her before five.

2 조동사는 대개 그대로 둔다. 다만 shall, will은 새 주어에 맞도록 바꾼다.

┌ He will tell me some day. (언젠가는 그가 내게 일러주겠지.)

└ I shall be told by him some day.

⌈ I **will pardon** him. (그의 허물을 묻지 않겠다.)

└ He **shall be pardoned** (by me).

⌈ You **ought to have done** it last year. (작년에 마땅히 했어야지.)

└ It **ought to have been done** by you last year.

③ 능동태의 주어가 주로 by에 의하여 피동태 동사 뒤에 오지만, by 이외의 전치사
는 그 동사에 관용적으로 붙는 전치사들이다.

Politics does not interest me. (나는 정치에 흥미가 없다.)

I am not interested **in** politics.

cf. I don't interest myself **in** politics.

I was interested **by** his travels. (그의 여행기는 흥미로웠다.)

Everybody knows the book-store. (그 서점은 소문났다.)

The book-store is known **to** everybody. ― (얼굴·이름 등)

cf. A tree is known **by** its fruit. ― (판단의 기준)

(나무는 그 과실로 이름이 난다.)

He is known **by** the name of Uncle George.

(그는 George 아저씨로 통한다.)

He is beloved **of** (= loved *by*) all who know him. [고체古體]

(그는 모든 사람에게 귀염을 받았다.)

They were tired **with** play. (애들은 장난으로 지쳐 있었다.)

He was tired **of** his lonely life. (외로움에 싫증이 나 있었다.)

We were all excited **at** the news. (그 소식을 듣고 모두 흥분했다.)

They were caught **in** the rain. (비를 만나 갇혀 있었다.)

We were surprised **at** their illiteracy. (그들이 문맹임에 놀랐다.)

The hotels are crowded **with** honey-mooners.

(신혼여행자들로 호텔은 모두 만원이다.)

The sky was covered **with** dark clouds.

(하늘은 검은 구름으로 덮여 있었다.)

He was satisfied **with** my explanation. (내 설명에 만족했다.)

I am not acquainted **with** the art of poetry. (시작법詩作法을 모른다.)

We were pleased **with** the fine weather. (날씨가 좋아서 상쾌했다.)

I am pleased **at** your coming. (오셔서 기뻐요.)

She is pleased **about** nothing. (그 여인은 아무것에도 만족하지 않는다.)

We are disappointed **about** the weather. (날씨에 실망이다.)

We are disappointed **at** your absence. (그대가 오지 않아 실망이다.)

We are disappointed **in** him. (그 사람에겐 실망이야.)

We are disappointed **of** his wages. (그가 받는 삯에 실망이다.)

We are disappointed **with** our new TV set. (새 TV 수상기에 불만이다.)

④ 능동태의 주어가 총칭 인칭(Generic person), 즉 people, one, we, you, they 등이면 by 이하를 대개 생략한다.

┌**People** enjoy freedom here now. (사람들이 여기선 자유를 누린다.)
└Freedom is enjoyed here now.

┌**One** should obey the doctor's directions. (의사의 지시에 따라야 한다.)
└The doctor's directions should be obeyed.

┌**We** see many flowers in spring. (봄에는 꽃이 많다.)
└Many flowers are seen in spring.

┌We can put up with such simple food. (이런 소찬素饌으로도 지낼 수 있다.)
└Such simple food can be put up with.

┌**You** must keep school regulations. (학교 규칙은 지켜야 한다.)
└School regulations must be kept.

┌**They** speak French in some parts of Canada.
└French is spoken in some parts of Canada.

┌**They** do not eat octopus there.
└Octopus is not eaten there. (그 지방에서는 낙지를 먹지 않는다.)

┌What do **you** call this vine? (이 덩굴 이름이 뭐지?)
│What is this vine called?
└— It is called an ivy. (그 이름은 담쟁이다.)

5 목적어가 피동태의 주어가 되지 않는 경우(= 피동태로는 쓰이지 않는 타동사)

He **has** a poor memory. (그의 기억력은 나쁘다.)   [소유]

   (*wrong*) A poor memory is had by him.

cf. I was badly **had** when I missed the bus. (= disappointed)

A monkey **resembles** man. (= be like) (원숭이는 사람 닮았다.)

   (*wrong*) Man is resembled by a monkey.

He hurt[killed] himself.   [재귀대명사]

   (*wrong*) Himself was killed[hurt] by him.

143. 피동태로의 전환

1 능동태인 S + V + O (제3형) ─ 피동태인 S + V

  ┌ She likes roses.
  └ Roses **are liked** by her.   [동사구]

  ┌ They fought many fierce battles.
  └ Many fierce battles **were fought** by them.

  ┌ Man cannot live life without love.
  └ Life **cannot be lived** without love.

  ┌ They paid no attention to my work.
  │ No attention **was paid** to my work by them.
  └ My work **was paid no attention to** by them.

  ┌ You must take good care of the baby.
  │ The baby **must be taken good care of** by you.
  └ Good care **must be taken of** the baby by you.

  ┌ You must count for their deed. (그의 행위를 가치 있다고 보아야 한다.)
  └ Their deed **must be counted for** (by you).

  ┌ I can do without it. (그것 없이 지낼 수 있다.)

└ It **can be done without** by me.

┌ He laughed at the story. (그는 그 이야기를 듣고 웃었다.)
└ The story **was laughed at** by him.

[참고] 1. 흔히 쓰이는 동사구로 다음과 같은 것이 있다.

If you **wish for** (= have a desire for) permission to go, you must **ask for** (= request) it. (가는 허락을 받으려면 청해 보아야지요.)

We **wondered at** (= were surprised at) his attainments.

(그의 학식[예능藝能]에 감탄했다.)

I know him by sight, but I never **spoke to** him.

(그분을 뵌 적은 있으나, 말씀을 드려본 일은 없다.)

speak to는 한두 마디 말을 건네는 것이고, speak with는 여러 가지로 말을 주고받는 것

He **treated of** (= discuss) the matter at great length.

(그는 그 사건을 자세하게 다루었다.)

We often **think of** (= recall) bygone days. (우리는 흔히 지난날을 회상한다.)

Do you **think of** (= consider) letting your house? (당신네 집을 세 줄 생각이요?)

We have to **deal with** troublesome men. (귀찮은 사람들을 다루어야 하겠군.)

This book **deals with** linguistic subjects. (이 책은 언어학 문제를 논술하고 있다.)

2. 재귀동사의 피동태는 대체로 없다. 다만 다음과 같은 예는 특별한 것이라고 하겠다.

┌ The children amused themselves. (애들은 즐겼다.)
└ The children **were amused** by themselves.

┌ You must prepare yourselves for the worst.
└ You must **be prepared** for the worst. (최악의 경우에 대비하고 있어야 한다.)

┌ She dressed herself in white. (그 여자는 흰 옷을 입었다.)   [동작]
└ She **was dressed** in white(by herself). (그 여자는 흰 옷을 입고 있었다.)   [상태]

② **능동태인 S + V + O + O(제4형) → 피동태인 두 개의 S + V + O**: 피동 주어가 되지 못하고, 그대로 목적어로 남아 있는 것을 보류목적어(Retained object, 保留目的語)라고 부른다.

┌ I gave her a doll. (그 소녀에게 인형을 주었다.)
│ ┌ She was given **a doll** (by me).   [보류목적어]
└ └ A doll was given (to) **her** (by me)   [보류목적어]

┌ The examiner asked us five questions. (시험위원이 우리에게 다섯 가지를 물었다.)
│ We were asked **five questions** (by the examiner).   [보류목적어]
└ Five questions were asked (to) **us** (by the examiner).   [보류목적어]

They allowed each speaker seven minutes. (각 연사에게 7분을 배정했다.)

Each speaker was allowed **seven minutes**. [보류목적어]

Seven minutes were allowed **each speaker**. [보류목적어]

I wrote[sent] her a letter.

A letter was written[sent] (to) **her** by me. (*right*)

She was written[sent] a letter by me. (습관상 어색하여 사용하지 않는다.)

Mother made me a coat. (어머니가 내 옷을 지어 주셨다.)

A coat was made (for) **me** by mother. (*right*)

I was made a coat by mother. (*wrong*)

It will do you harm. (그것이 당신에게 해로울 거요.)

Harm will be done by it. (*right*)

You will be done harm by it. (*wrong*)

참고 이렇게 제4형 Sentence라고 반드시 2개의 피동형이 있는 것은 아니다.

③ **능동태인 S + V + O + C (제5형) → 피동태인 S + V + C (제2형)**: 능동태의 목적격 보어가, 피동태에서는 주격보어로 된다.

They elected Mr. Carter president. (카터 씨를 대통령으로 뽑았다.)

Mr. Carter **was elected** president (by them). [불완전자동사구]

We found the bottle empty. (병은 비어 있었다.)

The bottle was found **empty**. [주격보어]

He made her happy.

She was made happy by him.

We saw him running. (그가 뛰어가고 있는 것을 보았다.)

He was seen running (by us).

I heard him scolded. (그가 꾸지람 듣는 소리를 들었다.)

He was heard scolded (by me).

We cannot get you to do so. (당신이 그렇게 하도록 시킬 수 없다.)

You cannot be got to do so (by us).

참고 We feel the air cold(바깥 공기가 차다)는 The air feels cold라 하고, The air is felt cold

421

라고 하지 않는다. You had[let] him go는 He was made to go (by you)이다.

④ 목적어가 명사절인 것

They say that he wanted to stop the war.

(대통령은 정전을 원했다는 이야기다.)

It is said that he wanted to stop the war.

He is said to have wanted to stop the war.

We know that the war is terrible. (전쟁은 비참한 것임을 안다.)

It is known that the war is terrible.

The war is known to be terrible.

⑤ 보어가 원형부정사인 것(감각동사·사역동사)

We heard her sing. (그녀가 노래하는 것을 들었다.)

She was heard to sing.

We felt our house shake. (우리 집이 흔들리는 것을 느꼈다.)

Our house was felt to shake.

The hunters perceived a boar approach the slope.

(멧돼지가 고갯길로 접근해오는 것을 포수들이 알았다.)

A boar was perceived to approach the slope (by the hunters).

You make me forget my sorrow. (자네를 보면 나는 슬픔을 잊지 않을 수 없네.)

I am made to forget my sorrow.

You cannot make your dog bark. (개를 억지로 짖게 할 수는 없다.)

Your dog cannot be made to bark.

⑥ 의문 센텐스

Who wrote it? (누가 썼나?)

By whom was it written?

Who told you the news? (누가 그 소식을 전하던가?)

By whom was the news told you?

By whom were you told the news?

Whom did you talk to? (누구에게 이야기했는가?)

└ Who was talked to (by you)?

┌ Whom will you send there? (누구를 거기로 보내려오?)

└ Who will be sent there?

┌ What has made you do so? (무엇이 그대에게 그렇게 시켰는가?)

└ By what have you been made to do so?

┌ Where did they find it? (어디서 저들이 그것을 발견했나?)

└ Where was it found?

┌ Why did you say such a thing? (이런 말을 왜 했나?)

└ Why was such a thing said (by you)?

┌ When did you see her smile? (그녀가 미소 짓는 것을 언제 보았나?)

└ When was she seen to smile (by you)?

┌ Who left the window open? (누가 창문을 열어놓은 채로 내버려 두었었나?)

└ By whom was the window left open?

┌ Who showed her the way? (누가 그녀에게 길을 안내했나?)

│ By whom was she shown the way? — (드물다)

└ By whom was the way shown (to) her? — (드물다)

7 **명령 센텐스**: 명령의 피동태를 회화체에서는 별로 쓰지 않는다.

┌ Write that at once. (당장 그것을 쓰시오.)

└ Let that be written at once.

┌ Close the door. (문을 닫으시오.)

└ Let the door be closed.

┌ Sign this contract. (이 계약서에 서명하시오.)

└ Let this contract be signed.

┌ Tell him not to go out. (외출하지 말라고 그에게 전해주시오.)

└ Let him be told not to go out.

┌ Don't touch that crown. (저 왕관에 손대지 마시오.)

│ Don't let that crown be touched.

└ Let not that crown be touched.

144. 피동태의 필요

능동태와 피동태가 뜻으로는 비슷하지만 써서 마땅한 때가 있는 것이니, 골라서 쓸 필요가 있다. 다음에서 피동태가 혼히 쓰이는 경우를 살펴보기로 한다.

1 **능동태의 주어가 분명치 않거나, 능동태의 주어보다 피동태의 주어에 우리의 관심이 더 많을 때**

He **was killed** during the incident. (사변 때 그는 살해당했다.)

These veterans **were wounded** in World War II.

(이 퇴역 용사들은 제2차 세계대전 때 부상당했다.)

A dog **was run over** by a truck. (개 한 마리가 트럭에 치였다.)

cf. A truck ran over a dog.

The murderer **will be hanged**. (그 살인자는 교수형에 처해질 것이다.)

The eldest son of the King[Queen] of England **is called** the Prince of Wales.

(영국 황태자를 '웨일스의 공작'이라 부른다.)

The land **was lost sight of**. (육지가 시야에서 사라졌다.)

He **was appointed** Prime Minister. (그가 국무총리로 임명되었다.)

[참고] 꺼리는 바 있어 능동태의 주어를 말하고 싶지 않을 때에도 피동태를 쓴다. Enough **has been said** here of the subject. (그 제목에 관해서는 여기에 충분히 언급되어 있다.)

2 **능동태의 주어를, 전후 관계로 대강 알 수 있으므로 굳이 by~를 찾아낼 필요가 없는 경우**

The doctor **was sent for**. (의사를 모셔왔었다.)

He **was elected** Mayor of the city. (그가 시장으로 피선되었다.)

You **are** cordially **invited** to the graduation ceremony.

(졸업식에 귀하를 초청합니다.)

3 **능동태의 주어가 총칭 인칭(Generic person)인 것**

Eggs **are sold** by the dozen. (달걀은 12개 단위로 판다.)

cf. **They** sell eggs by the dozen.

Promises must be kept. (약속은 지켜져야지.)

cf. **You** must keep promises.

It **is said** that she died young. = She **is said** to have died young.

(그녀가 젊어서 죽었답니다.)

cf. **People** say that she died young.

4 **앞말과의 조화를 위해**

He came to the meet not only to see, but also **to be seen**.

(그는 경기대회에 구경뿐 아니라, 구경거리도 되고 싶어서 나타났다.)

He rose to speak, and **was listened to** with enthusiasm by those present.

(그가 일어나서 연설을 하니, 청중이 열심히 들었다.)

145. 피동태의 두 가지 뜻

피동태에는 피동의 동작을 표시하는 **동작피동태**(Actional passive)와 피동의 동작 결과로 생겨나는 **상태피동태**(Statal passive) 두 가지가 있다.

┌ Our house **is painted** every year.   [동작피동태]

  (우리 집은 매년 칠을 한다.)

└ Our house **is painted** white.   [상태 피동태]

  (우리 집은 흰색으로 칠해져 있다.)

┌ The gate **is shut** at five every day.   [동작피동태]

  (출입문은 매일 다섯 시에 닫힌다.)

└ Please use the back door as the gate **is shut**.   [상태 피동태]

  (정문이 이제 닫혔으니 뒷문을 이용하시오.)

1 **상태피동태의 제2[과거]분사는 더욱 형용사다운 데가 있어서, 형용사가 있으면 아예 그것을 쓴다.**

The factory **is** always **open** to visitors.   [상태]

425

(그 공장은 언제나 관람 자유다.)

cf. The railway **will be opened** to traffic tomorrow.　　　　　　　　[동작]

(철도는 내일 개통된다.)

> 참고　상태에는 be 이외에 lie, rest, seem, stand 등 동사도 쓰인다. lie concealed(숨겨져 있다),
> rest assured(안심하고 있다), seem satisfied(만족하고 있는 것 같다), stand prepared(각
> 오하고 있다) 등.

② 자동사의 제2[과거]분사에는 피동의 뜻이 없으므로, be + 자동사 제2[과거]분사
는 어떤 자동사적 동작이 완료된 뒤의 상태를 표시한다.

All the leaves of the garden trees **are fallen**. (= have fallen)

(정원수 잎이 모두 떨어져 있다.)

③ 동작피동태임을 더욱 밝히려면, be 대신에 become, get, grow 등을 쓴다.

I can't remember when and where I **became acquainted** with him.

(언제 어디서 그와 알게 되었는지 생각이 나지 않는다.)

As I passed by, my coat **got caught** on that nail.

(지나오는데 옷이 저 못에 걸렸다.)

cf. I could not move since my coat **was caught** on that nail.　　(상태피동태)

(저 못에 내 옷이 걸려 있으니 움직일 수가 없었다.)

He will soon **grow accustomed** to this sort of work.

(그 사람이야 이런 일에는 곧 익숙해질 거야.)

④ have[get] + 목적어 + 타동사 제2[과거]분사도 피동의 뜻을 지닌다. 대개가 피해
(被害) 또는 손실의 뜻으로 쓰인다.

She **had[got]** her house **burnt** down. (= Her house was burnt down.)

(그 여인의 집에 불이 났다.)

He **had** his pocket **picked**. (= His pocket was picked.)

(그는 호주머니의 돈을 소매치기 당했다.)

I **had** my eyes **opened** at the strong sunlight. (= My eyes were opened.)

(강한 햇빛에 눈이 떠졌다.)

> 참고　다음 예는 사역(Causative)인데, 대개 이득(利得)의 뜻이다.

He **hád** his apartment house **repaired**.

(자기가 들어 있는 공동주택 방을 수리케 했다.)

She **hád** her picture **painted**.

(자기 초상화를 그리게 했다.)

⑤ **영어의 피동태라고 해서 한국어로도 반드시 피동태로 옮길 필요는 없다.** 더구나 한국어에는 피동태 표현이 영어에 비해 아주 적다.

1) 감정

be alarmed, be amazed, be astonished, be frightened, be surprised, be shocked　　　　　　　　　　　　　　　　― (놀라다)

be delighted, be pleased　　　　　　　　　　　― (기뻐하다)

be contented, be satisfied　　　　　　　　　　― (만족하다)

be disappointed, be discouraged　　　　　　　― (실망하다)

be determined, be resolved　　　　　　　　　― (결심하다)

be convinced　　　　　　　　　　　　　　　― (확신하다)

be relieved　　　　　　　　　　　　　　　― (마음 놓다)

be enraged　　　　　　　　　　　　　　　― (노하다)

be grieved　　　　　　　　　　　　　　　― (슬퍼하다)

be troubled, be worried, be puzzled　　　　　― (걱정하다)

be ashamed　　　　　　　　　　　　　　　― (부끄러워하다)

be disgusted　　　　　　　　　　　　　　　― (싫어하다)

be reminded　　　　　　　　　　　　　　　― (회상하다)

2) 피해

be hurt, be injured, be wounded　　　　　　― (다치다)

be taken ill　　　　　　　　　　　　　　　― (병나다)

be infected　　　　　　　　　　　　　　　― (옮다)

be drowned to death　　　　　　　　　　　― (물에 빠져 죽다)

be frozen to death　　　　　　　　　　　　― (얼어 죽다)

be killed in a battle　　　　　　　　　　　― (전사하다)

be ruined, be defeated	— (망하다)
be wrecked	— (파선하다)
be derailed	— (난파되다)
be upset	— (전복하다)
be suspended	— (불통不通하다)
be reduced to ashes	— (잿더미가 되다)
be lost	— (실종되다)
be bankrupt	— (파산하다)

3) 기타

be born	— (출생하다)
be engaged	— (종사하다)
be seated	— (착석하다)
be promoted	— (승진하다)
be situated	— (위치하다)

146. 능동피동태(Activo-passive)

피동의 뜻을 지닌 능동태를 말한다.

① 정동사

Meat will not **keep** in hot weather.

(더운 날씨에는 육류가 신선하게 보존되지 않는다.)

This passage does not **translate** well.

(이 구절은 잘 번역되지 않는다.)

This cloth **sells** two dollars a yard.

(이 천은 1야드에 2달러로 팔린다.)

His play **reads** better than it plays.

(그의 극은 연출보다 더 재미나게 읽힌다.)

This wine **drinks** well even in Korean restaurants.

(이 술은 한국 음식점에서도 잘 소비된다.)

It **feels** cold indoors. (= is felt)

(방 안이 춥다.)

Bread will not **bake** in that oven.

(저 아궁이에서는 빵이 구워지지 않는다.)

② 제1[현재]분사

Guns are **firing**. (사격 중)

A girl is **missing**. (소녀 한 명이 실종)

There was trouble **brewing**. (걱정이 생겨나고 있었다.)

A cosy house is **building** on the hillside.

(아담한 집 한 채가 산 중턱에 세워지고 있다.)

The meal is now **cooking**. (먹을 것이 마련되어 가고 있다.)

③ 부정사

This house **is to let**, not **to sell**. (이 집은 세줄 것이지 팔 것이 아니다.)

You are **to blame**. (= to be blamed) (실수는 당신에게 있습니다.)

There was no time **to lose**. (= to be lost) (낭비할 시간이 없었다.)

A black tie is the proper thing **to wear** in a funeral service.

(장례식에는 검은 빛 넥타이를 매는 것이 정식이다.)

Children's vexatious questions are difficult **to answer**.

(애들의 귀찮은 질문은 대답하기가 어렵다.)

[참고] 능동의 의미를 띤 피동태

I **am surprised to** find you have a full set of false teeth. (= feel surprise)

(자네 이가 전부 의치義齒라는 것에 나는 놀랐네.)

EXERCISE 18

1. 태에 특히 주의하며 다음의 영어를 한국어로 옮겨라.

(1) All the students *were made* to remain at the campus two hours longer.

(2) If it would not be too much trouble, I should like to *have* you *do* an errand for her.

(3) Every time he goes out playing at golf he comes home completely *worn out.*

(4) His book *is printing* and hers *is binding.*

(5) With his wife in poor health and a new baby to care for, Mr. Miller is pressed to meet all the expenses.

2. 두 개의 Sentence를 비교하여 차이점을 말하라.

(1) a. The patriot *is buried* at Dongjak-dong.

　　b. The patriot *was buried* last Saturday.

(2) a. Your report *should be written* in English.

　　b. His diary *is written* in English.

(3) a. He *had* his right leg *wounded.*

　　b. He *had* his artificial leg *mended.*

(4) a. In cities modern dwelling houses *are* generally *built* of cement.

　　b. Those warehouses *are built* of bricks.

(5) a. She wants somebody *to admire.*

　　b. She wants somebody *to admire* her.

3. 다음 Sentence의 태를 바꾸어라. (능동태는 피동태로, 피동태는 능동태로)

(1) Send this letter by air mail.

(2) Let us do away with all ceremony.

(3) The winter of 1950 will never be forgotten by any of us Koreans.

(4) What can not be cured must be endured.

(5) What is the rose called in Korean?

[6] 서법(Mood, 敍法)

서법은 센텐스의 내용에 대한 발언자(speaker)의 심적 태도(mental attitude, 心的態度) 를 표시하는 동사의 어형 변화(조동사 포함)다. 즉, 발언자가 어떤 것을 사실 그대로 진술하느냐, 또는 남에게 명령을 내리느냐, 아니면 사실과는 달리 상상적(想像的)인 진술을 하느냐에 따라서 술어동사의 형태가 달라지는 현상을 말한다. 이에는 세 종류가 있다.

1. 서실법(Fact mood, 敍實法)

직설법(Indicative mood, 直說法)이라고도 부르는데, 어떤 사실을 있는 그대로, 즉 사실로서 말하는 동사의 형태다. 이미 시제(Tense)에서 설명된 모든 형식과 용법이 바로 이 서실법에 속한다.

Wine sometimes **shows** the mind of man.

(술은 때로 마시는 이의 본심을 드러내는 것이란다.)

2. 서의법(Will mood, 敍意法)

명령법(Imperative mood, 命令法)이라고도 부르는데, 발언자의 의지(意志)에 의하여 상대방의 마음을 좌우하려는 심적 태도를 표시하는 동사의 형식이다. 동사의 원형을 써서 명령·충고·요구·간청·부탁·희망·금지 등을 표시한다. 이것이 바로 명령 Sentence에 쓰이는 서의법이다. 명령은 제1인칭의 의지를 나타내는 것이므로 Will mood라는 술어도 쓴 것이고, 명령과 간청 사이에는 거리가 먼 것 같아도 "Shut the door(문을 닫아라)."라고 말해 놓고, 상대방이 응하지 않을 것을 예상하여, 다시 "Shut the door, please(제발 문을 닫아주세요)."라고 하면 부드러움을 느끼게 되니, 비슷한 것으로 볼 수도 있다.

Eat and drink that you may live, and **don't live** that you may eat and drink.

(살기 위해 먹고 마실 것, 먹고 마시기 위해 살아서야 되겠는가!)

3. 서상법(Thought mood, 敍想法)

가정법(Subjunctive mood, 假定法)이라고도 부르는데, 어떤 일을 마음속에서 생각난 대로, 즉 가정·상상 등으로서 표현하는 형식이다.

If he **were to** die now, what **would** his family do?

(그가 이제 죽는다면, 그 유족들은 어떻게 할까?)

> [참고] Subjunctive mood란 술어는 Latin의 modus subjunctivus(=mood[mode] to be sub-joined)에서 온 것으로, 종속절에 쓰일 것, 즉 if로 시작되는 것을 위시한 여러 종류의 종속절에 쓰이는 서법이란 뜻이다.

147. 서실법(Fact mood)

Declarative sentence와 Interrogative sentence에 쓰이는데, 거기에 또 긍정(affirmation)·부정(negation)이 있다. 모든 Sentence 중 가장 많은 것이 서실법에 의한 것이다.

He **goes**[went, will go] to school everyday except on Sunday.

(그가 일요일 이외에는 매일 학교에 간다[갔다, 갈 것이다].)

He **does** [did, will] **not go** to school on Sunday.

(그가 일요일에는 등교하지 않는다[않았다, 않을 것이다].)

Miss Brook, **may** I **present** Mr. White to you?

(브루크 양, 화이트 씨를 소개합니다.)

Will she **come** if she **is invited**? (그 부인이 초대 받으면 참석할까?)

I **shall stay** at home if it **rains**. (비가 오면 집에 있겠다.)

> [참고] 1. If she is invited나 if it rains가, 뜻은 가정(假定)이어서 서상법 소관이지만, 서법의 종류를 결정하는 것이 동사의 형태이고 보면, 이것은 서실법에서 다루고, if(만일 <만의 하나)도 가벼운 뜻인 when 정도로 풀이할 수밖에 없다.
>
> 2. 주의할 것은 서실법이 사실을 말하는 것이 아니라 어떤 일을 사실로서 진술한다는 발언자의 심적 태도이니, 그 일이 객관적으로 참이냐 거짓이냐는 문제되지 않는다. 낭만적인

시인 Wordsworth의

The rainbow **comes** and **goes**,　　무지개 서고 지고,

And lovely **is** the rose.　　장미 또한 아름다워라.

라는 이 시구에서 무지개와 장미가 아름다움에 넘쳐흐르고 있지만, 객관적으로도 과연 그것이 사실이랄 수는 없기 때문이다.

148. 서의법(Will mood)

☐ 제2인칭에 대한 명령·요구 등

1) 주어인 You를 생략한다. (가장 보편적인 형식)

Wake up! (그만 자고 일어나라!)

Study your failures and **be instructed** by them.

　(실패를 잘 살펴서, 깨달음이 있도록 하라.)

Pass me the caster, please! (그 양념 병을 이리로 넘겨주시죠!)

Mark my words, you are to do it or die.

　(알겠니, 이렇게 해, 아니면 죽는다.)

Never **mind**. (괜찮아[마음 놔].)

Don't **open** a closed door without knocking.

　(주인의 허락 없이 닫힌 문을 열지 마라.)

Don't **be** so nervous. (그렇게 깜짝깜짝 놀라지 마.)

Say *no more*. (그 이상 더 말하지 마라.)

Do *nothing* secretly. (남 몰래 하지 마라.)

Mince *no* words. (솔직히 말하라.)

[참고] 부정명령에 not을 쓰면, 조동사 do가 필요하고(be의 경우에도), 아예 부정어(Negative)가 있으면 do는 불필요하다. 그러나 옛 용법으로는 do 없이 not 만으로 부정적 표현을 했다.

　　Lead us **not** into temptation (우리를 유혹에 빠지지 않도록 이끌어 주시옵소서).

2) 주어인 You(강세가 있음)가 있는 것(강조 또는 지정상 필요)

You **hold** your tongue! (너, 입 다물고 있어라.)

I can't do it, *you* **try**. (나는 못하겠네, 자네가 해봐.)

You **sit down** and **get** your supper! (애야, 앉아서 저녁식사를 해라!)

You **take** that seat, Harry, and *someone* **fetch** two more chairs!

(해리야, 너는 저 자리에 앉고, 아무나 가서 의자 두 개만 더 가져오너라!)

참고 이 someone은 some one of you의 뜻이므로 사실은 제2인칭.

Bill, *you* **read** first. (빌 군, 자네가 먼저 읽어.)

Don't *you* **forget**[**repeat**] that! (그것을 잊지[되풀이하지] 마라!)

Don't *you* **go** out of a dirty night like this.

(애야, 이런 비바람 사나운 밤에는 외출하지 마라.)

참고 1. 예전에는 대개 주어를 썼다.

Mind[**Look, Mark**] you, the matter is important. (이봐! 중대한 일이란 말이야.)

2. 다음 예는 서실법에 의한 것이지만, 뜻은 완곡한 명령이다.

You will **pack** at once and leave this house.

(당장 짐을 싸 가지고 이 집에서 나가는 거다.)

② **간접명령(Indirect imperative)**: 제1, 3인칭에 대한 간접적 명령으로, 사역동사인 let(강세가 있음)을 쓴다.

Let me **see** (= Show me) your fine collection of pictures.

(자네가 가지고 있는 그 귀한 그림 수집물을 보여주게나.)

Let me **see**. (= Well.) (글쎄.)

Let us **know** (= Tell me) the time of his arrival. (그가 도착할 시간을 알려주시오.)

Let me **go**, I entreat you. (간청이오니 제발 나를 놓아 주세요.)

Let the boys **do** as they please in the open air.

(= Allow the boys to do as···.)

(야외에 나왔으니 애들을 마음대로 놀게 해주시오.)

Let them **have** their own way. (그들에게 제 멋대로들 하라고 해.)

Let every man **do** his best. (= Do your best, everyone!) (있는 힘을 다하라!)

Let your father **be obeyed**. (= Obey your father의 피동형)

(자네 아버지 말씀에 따르게.)

Let me **not complain** about you any more.

(이 이상 더 당신께 내 불평을 털어놓지 않도록 해주시오.)

Let not victory **elate** them. (= Don't be elated by victory.) 　　　　　　　[문장체]

(이겼다고 그들이 우쭐거리지 않도록 하라.)

참고　1. 부정은 Let … not보다 Don't let … 이 더 일반적이다.

Don't let that worry you. (그것이 당신의 마음을 괴롭히게는 하지 마시오.)

Don't let us do this. (이런 일을 우리에게 시키지 마시오.)

Don't let him drink. (그가 술을 마시게 하지 마시오.)

2. 비교

a. Let us go [lét ʌs gou]. (우리를 가게 해주시오.) 　　　　　　　　　[사역]

b. Let us[Let's] go [lets góu]. (갑시다.) 　　　　　　　　　　　　[제안]

(= We will go와 같은 뜻의 suggestion)

Let's let him go. (그를 보냅시다.)

3. 부정은 부정사(不定詞) 앞에 not을 붙인다.

Let's **not** *go*. (가지 않도록 합시다.)

Let's **not** *do* what our parents forbid. (우리 부모들이 금하시는 일은 하지 맙시다.)

4. 완료형인 명령

Have done with such folly! (= Do stop such a folly at once.)

(그 바보 같은 짓은 하지 마라!)

Be gone! (= Go!) (가라!)

③ **기타**: 다음 예도 명령인데, 이 중에는 동사가 빠지고 부사(대부분 방향에 관한)만 붙어 있는 것이 많다.

Down in front! (< Sit down in front!) (앞에 앉아!)

Down on your knees! (무릎을 꿇어라!)

Down with[Let us get rid of] the terrorists! (테러범을 타도하자!)

Up with you! (분발하라!)

Forward! (앞으로 가!)

Out! (= Go out!) (나가라!)

Off[Away] with you! (= Go away!) (가거라!)

All **aboard**! (= Everybody on!)

(모두 타시오!) — 배·기차·버스·비행기 등에서의 차장[기장]의 주의말.

All hands **on deck**! (전원 활동 준비를 하라!)

cf. You **will** please **not** smoke here.   [온건한 금지]

    (여기서 담배는 피우지 않도록 되어 있습니다.)

You **may**[**can**] **not** smoke here.   [온건한 금지]

You **must**[**should**] **not** smoke here.   [금지]

You **shan't** smoke here.   [강한 금지]

참고　1. 서의법에 의하지 않은 명령

    I **insist on** your being punctual. (시간을 잘 지키시오.)

    You **are to** start at once. (당장 출발하라.)

  2. let이 섞인 관용구

    He speaks French, **let alone** (= not to mention) English.

    (그는 프랑스 말을 할 줄 안다, 영어는 말할 것도 없고.)

    The house is uninhabitable in summer, **let alone** in winter.

    (겨울엔 말할 것도 없고, 여름에도 이 집엔 살 수가 없다.)

④ **조건**: 의사명령(Pseudo-imperative, 擬似命令)이라고도 부르는데 명령동사 뒤에 **and** (= then), 또는 **or** (= unless)가 온다.

Hear me out, **and** you will come to understand me.

    (= If you hear me (= what I say) out, you will⋯.)

    (끝까지 내 말을 들어봐요, 그러면 내가 어떤 사람인지를 당신은 알게 될 거요.)

Hurry or interrupt (= If you hurry or interrupt) him, **and** he shows himself anything

    but the man for a crisis. (몰아치고 간섭하면, 그는 갈등 많은 인물로밖에 될 수 없을

    것이오.)

Spare the rod, **and** spoil the child. (격언)

    (자녀의 교육은 때로 엄해야지, 잘못하면 망친다.)

Ask, and it shall be given. (달라고 해요, 그래야 얻게 됩니다.)

Do not approach a step nearer, **or** (= if not) you'll be killed..

    (한걸음이라도 더 가까이 다가서지 마시오. 그렇게 하지 않으면 죽습니다.)

Work, or you will starve. (or = otherwise; if not)

    (일해서 벌어라, 아니면 굶어 죽는다.)

Make haste, or you will be behind time.

(서둘러라, 아니면 시대에 뒤떨어진다.)

[참고] 절대 명령법(Absolute imperative)

특별한 형식의 명령으로서, 명령의 동사가 접속사 또는 간투사의 구실을 한다.

Suppose (= If) you had much money, **say** (= for instance) one million dollars, whom would you give it to? (당신에게 많은 돈이 있다면, 백만 달러쯤 말이야, 그것을 누구에게 주겠나?) — 서상법에서 다룰 것이나, 형식이 명령 Sentence이므로 여기에서도 생각해보게 된다.

Suppose we (= Let's) make it our new starting point now.

(자, 이제 이 기회를 우리의 새 출발점으로 합시다.)

Love (= If you love) me, **love** my dog. (격언)

(저를 사랑하시면, 제집 개까지도 좋게 보아 주셔야죠.)

Take (= If we take) it altogether, the talk was not a success..

(대체로 그 회담이 성공적이라고는 할 수 없다.)

5 양보

Say what we will, they do not mind us. (= Whatever we may say, they….)

(어떤 말을 해도, 그들은 우리말을 들으려고 하지 않는다.)

Go where you will, you will be welcomed.

(어디를 가나 당신은 환영 받을 거요.)

Try as he may, he will hardly gain his purpose.

(그가 아무리 애써도 목적 달성은 어렵겠다.)

Be it(< Let it be) ever so humble, there's no place like homo.

(= However humble it may be, ….)

(초가삼간이라도 내 집이 보금자리.)

Let others say what they will, she will do her best.

(남이야 뭐라던 그 여인은 있는 힘을 다할 거야.)

6 긍정명령(Positive imperative): 강조의 do와 함께 쓴다.

Do tell me what she said. (그 여인이 뭐라고 말했는지 알려주세요.)

Do be quiet, understand? (조용해라, 알겠어?)

Do let me read it. (꼭 나 좀 읽게 해주시오.)

Shall we walk together? — Oh, **do let's!** (우리 함께 걸을까? — 아, 참 그래요.)

[참고] **Don't let** him read it. (그에게는 읽히지 마라.)   [부정명령]

그런데 옛 용법에는 부정명령에도 do가 없었다.

Judge not lest you should be judged.

(남을 비판하지 마라, 우리도 비판 받을 것이 두려우니라.)

7 **피동형 명령**: 많지 않다

Be loved rather than honored. (존경보다 사랑을 받아라.)

Be advised (by me). (= Listen to my advice.) (내 충고를 받아들여라.)

Be assured (= I assure you) it is true. (확실히 사실이야.)

Don't be sadly **disappointed** in love. (실연했다고 지나치게 상심하지 마시오.)

Don't be surprised. (놀라지 마라.)

Let that **be done** at once. (= Do that at once.) (그 일을 곧 하시오.)

Let my mistake **be forgiven**. (= Forgive my mistake.) (내 실수를 용서하시오.)

Let him **be believed**. (= Believe him.) (그의 말을 믿으시오.)

Let it **be remembered** (= Remember(it)) that I have paid off my debts.

(내가 빚 갚았음을 똑똑히 기억해두게.)

149. 서상법[가정법]

A. 전제절(Protasis, 前提節)과 귀결절(Apodosis, 歸結節)

If I were you, I would do so. (만약 내가 당신이라면, 나는 그렇게 하겠습니다.)

이 Sentence에서 전제(hypothesis) 또는 조건(condition)을 표시하는 부사절[종속절](If I were you)을 **전제절**이라 부르고, 귀결(conclusion)을 표시하는 주절(I would do so)을 **귀결절**이라 부른다.

이렇게 조건을 표시하는 부사절, 즉 조건절(Conditional clause)과 귀결을 표시하는 주절[결과절, Result clause]로 이루어진 Complex sentence를 Conditional sentence라고도 부른다. 조건절은 if, even if, if only, so long as, so that, suppose(that), supposing(that), in case(that), on condition(that), provided(that), unless, etc.에 의하여 인도된다.

B. 개방조건(Open condition, 開放條件)과 각하조건(Rejected condition, 却下條件)

조건절의 내용이 단정(斷定)되어 있지 않은 것, 즉 그 진부(眞否)에 관하여 아무 암시도 없는 것이면, 이를 **개방조건**이라 한다.

> If you **are** right, I am wrong.   [현재]
>
> (당신이 옳다면, 내가 잘못이오.)
>
> If you **don't hurry**, you will miss the bus.   [현재]
>
> (서두르지 않으면, 버스를 놓치리라.)
>
> If he **has finished** his work, I shall take him.   [현재완료]
>
> (그가 맡은 일을 끝냈다면, 내가 그를 데리고 가겠다.)
>
> If he **promised** to come, he will do so.   [과거]
>
> (그가 오겠다고 약속했다면, 그렇게 할 테지.)
>
> If she **hadn't left** any message when you called, she perhaps intends to return
>
>   before you leave.   [과거완료]
>
> (당신이 방문했을 때 그녀의 전갈이 없었다면, 당신이 그곳을 떠나기 전에 그녀가 돌아오려고
>
> 생각한 것이겠죠.)

조건절의 내용이 사실과 반대이거나, 불가능한 것이거나, 실현될 가망이 없는 것이면 이를 **각하조건**이라 한다.

> If he **had** money, he would pay you.   [현재 사실의 반대]
>
> (그에게 돈이 있다면, 갚겠지만.)
>
> If she **had come**, he would have met her.   [과거 사실의 반대]
>
> (부인이 왔더라면, 남편이 만났을 텐데.)
>
> If she **should[were to] hear** of your bankruptcy, she would lose her senses.
>
> (그대가 파산했다는 소식을 만일 그녀가 듣는다면, 그 여인은 기절할 거야.)

[참고] should는 현재와 미래에 대한 강한 의심이고, were to는 미래 사실의 반대다.

① 서상법 현재[가정법 현재(Subjunctive present)]

A. 형태

> (전제절) If…원형동사 + (귀결절) < …shall[will] + 원형동사
> …현재시제
>
> If I[you, he, they] **be** ….
>
> If she[he, it] **go**[**have**] ….
>
> 동사는 원형을 그대로 쓰므로 제3인칭 단수현재인 경우에도 -s를 붙이지 않는다는 원칙이 있으나 현대 영어에서는 관용적인 것을 제외하고 대개는 서실법 현재시제를 쓴다.

If it **be** true, we **shall be**[**are**] all at a loss.　　　　　[문장체]

　－ 이 be를 is로 고치면 서실[직설]법이다.

　(그게 사실이라면, 우리는 모두 낭패다.)

If it **rain** tomorrow, we **shall put off** the game. － rains라면 서실법이다.

　(내일 비가 오면 그 경기는 연기한다.)

If need **be**, I will help her. (필요하다면 그녀를 돕겠다.)

Let's go, **be** the weather what it may. (날씨야 어떻든 갑시다.)

(참고) 위의 두 예는 문장체로서 관용적인 것이다. 따라서 be를 is로 대용하지는 않는다.

B. 내용

1) 현재 또는 미래에 관한 상상(imagination), 즉 불확실(uncertainty), 반신반의(半信半疑)

If he **confess**, we shall overlook his sin.　　　　　[부사절]

　(그가 실토하면 그의 죄를 너그럽게 봐주겠다.)

(참고) '실토할지 안 할지' 모르니까 '너그럽게 봐주지 않을지'도 모른다. 그러므로 서상법 현재는 불확실함을 뜻한다는 것이다.

The tree will wither long before it **fall**.　　　　　[부사절]

　(나무가 쓰러지기까지는 오랫동안 시들어 있을 거다.)

(참고) 때를 말하는 부사절의 발달 경로는 다음과 같다.

The sea will ebb and flow as long as the earth **shall last**.

(지구가 존속하는 한 바다는 차고 기울 것이다).

shall last(인칭 불관) → should last(인칭 불관) → last(서상법) → lasts(서실법).

He locked up his money lest it **be** (= should be) stolen.

(도둑맞을까 두려워 돈 있는 데에 자물쇠를 채웠다.)　　　　　　　　[부사절]

I wonder if it **be** she against whom I was warned.　　　　　[명사절]

(어쩌면 그 여인이, 경계하라고 내가 주의 받은 그 사람인지도 모르겠다.)

I wonder if[whether] the report **be** true.　　　　　　　　　　[명사절]

(그 보도가 사실인지 아닌지 모르겠다.)

I move that the matter **be put** to the vote.　　　　　　　　　[명사절]

(이 일을 투표에 부치기로 동의합니다.)

[참고] "I moved …."라고 주절의 동사를 과거시제로 고쳐도 명사절에는 변함이 없다.

I doubt whether the rumor **be** groundless.　　　　　　[간접의문인 명사절]

(그 보도가 사실무근인지 어떤지 나는 모르겠다.)

The school regulation is that no candidate **take** books into the examination

room.　　　　　　　　　　　　　　　　　　　　　　　　　　　　　　[명사절]

(교칙에 의하면 지원자가 수험실로 책을 가지고 들어가지는 못한다.)

I suggest[suggested] that action (should) **be** postponed.　　　　[명사절]

(행동을 연기하는 것이 좋겠다[좋았겠다].)

We suggest that he **go** alone.　　　　　　　　　　　　　　　[명사절]

(그 혼자 가는 것이 좋겠다.)

She demands[insists, orders, suggests] that her plan **be** put into practice.

(= should be)　　　　　　　　　　　　　　　　　　　　　　　　　[명사절]

(그 부인은 자기의 계획이 실천될 것을 요구하고 있다.)

It is desirable that he **marry** her.　　　　　　　　　　　　　[명사절]

(그와 그녀와의 결혼이 바람직하다.)

It is necessary that she **come** here. (= should come)　　　　[명사절]

(그녀가 이리로 올 필요가 있다.)

It was proposed that he **start**. (= should start)   [명사절]

(그가 떠나야 한다는 제안이 있었다.)

2) 기원(wish, 祈願)·희망·저주(curse) 등 대개 독립적인 Sentence에서다

Peace **be** with all the world!

(이 세상 모든 사람들에게 평화가 깃들기를!)

> [참고] 이런 종류의 것을 따로 Optative sentence라고 하여 May(서상법 상당어, Subjunctive equivalent)를 넣어 풀이하기도 한다.
>
> May peace be with all the world!
>
> May good fortune attend you! (만복이 같이 하옵기를!)
>
> May she rest in peace! (그 부인의 영혼이 고이 잠드시옵기를!)

The Lord[God, Heaven] **forbid** that it should happen!

(이런 일이 일어나지 않기를 간절히 바란다!)

My blessing (**be**) on my friends, and my forgiveness **be** to my enemies!

(내 친구들에게 내 축복이, 내 원수들에게 내 용서가 있도록 해주소서.)

(God) **Hang** it (all)! (hang = damn) (빌어먹을!)   [회화체]

Grades **be** hanged! (성적 따위 집어치워라!)   [회화체]

The devil **take** you! (귀신에게 잡아 먹혀라 = 죽어라!)

3) 권유(exhortation, 勸誘)·양보(concession) 등 모양은 비슷하나, 서의법에 의한 명령이 아니다

Be it enough to say that the couple lived happily ever after.

(그 부부가 그 뒤로 언제나 화목하게 살았다면 그만일 것이다.)

Come who may (= Whoever may come), you must remain calm.   [문장체]

(누가 오든지 흥분하지 말고 그대로 가만히 있어라.)

Whatever **be** our fate, let us not add guilt to our misfortunes.

(우리의 처지야 어떻든, 우리의 불행에 죄악까지 덧붙이지는 맙시다.)

Try as she may (=However hard she may try), she will not be able to please her father.

(그녀가 아무리 애를 써도 자기 아버지의 화를 풀어드릴 수는 없을 것이다.)

Say what he will, he cannot make matters worse.

(아무리 그가 큰소리 쳐도, 그가 일을 더 악화시킬 수는 없을 것이다.)

You say he has done wrong. So **be** it. (= Be it so. Let it be so).

(그의 실수라고 당신은 주장하는데, 그렇게 해두지[할 수 없지].

Sit we down. (= Let us sit down.) (앉읍시다.)

Far be it from me to hurt your feelings.

(당신의 감정을 건드리다니, 내게는 그런 생각이 전혀 없소.)

Suffice it to say that my father's death left my family in poverty.

(= May[Let] it suffice(vi.) to ⋯ = May[Let] it be enough to ⋯)

(아버지가 돌아가시니, 우리 집안은 가난에 쪼들렸다고만 말하면 충분합니다.)

Laugh those that can, **weep** those that may.

(웃을 수 있는 자 웃고, 울고 싶은 자 그렇게 하시오.)

참고 　흔하지는 않으나 서상법 현재완료도 있는데, 이것은 완료된 일을 의심할 때 쓰인다.

If he **have arrived** already, he will tell me to that effect.

(그가 벌써 도착했다면 그것을 알려올 것이다.)

If she **have been staying** here so long, she ought to have come to see us.

(그녀가 서울에 그렇게 오래 머물러 있다면, 우리를 만나러 왔어야 마땅하다.)

② 서상법 과거[가정법 과거(Subjunctive past)]

A. 형태

> (전제절) If ⋯ 복수과거동사 + (귀결절) should[would, could, might, must] + 원형동사
>
> 　　　　If I[you, he, they] **were** ⋯.
>
> 　　　　If I[you, she, they] **had** ⋯.
>
> 동사가 복수과거형이므로, he는 인칭·수에 관계없이 were다. 그러나 회화체에서는 제1,
> 3인칭단수 주어에 대하여 was도 쓴다. 이때 must는 be certain to(⋯ 임에 틀림없다)의 뜻이다.
>
> If he were[was] dead, she **must** be at a loss.
>
> (남편이 죽는다면, 부인은 난처할 테지.)
>
> must를 be required to(⋯ 해야 한다)의 뜻으로 쓰려면, should[would] have to를 쓴다.
>
> If you were not disappointed, you **would have to** push on. (실망하지 않았다면, 밀고
> 나가야 한다.)

B. 내용

1) 부사절

현재의 사실에 반대를 가상(supposition, 假想)

If my aunt **were** still alive there, I *would* try to seek for her.

(우리 고모님이 아직 거기에 살아 계시다면, 내가 찾아 나서겠다.)

> [참고] 한국어 표현은 서상법 현재와 같으나, 여기서는 현재 사실과 반대되는 일, 즉 있을 수 없는 일을 가정해본다는 점이 다르다. 다음의 예는 서상법과 거의 비슷하나, 사실은 서실법이다.
>
> If it was raining, why didn't you keep indoors?
>
> (비가 오고 있었다면, 왜 집에 있지 않았지?)
>
> 사실은 비가 오고 있었는데, 하필 그런 때에 외출한 것이 비상식적인 일일 따름이다.

If you **neglected** your business for politics, you *would* repent it.

(정치 운동하느라고 본업을 소홀히 한다면, 당신은 후회하리다.)

Suppose[Supposing, If] a war **broke out**, what *should* we do?

(전쟁이 터진다면, 우리는 어떻게 하지?)

If you **dared** not go, you *would* remain here.

(갈 용기가 나지 않거든, 그대로 여기 남아 있어요.)

If that medicine **produced** any effect on her malady, she *should* take it more.

(그 약이 그녀의 병에 효능이 있다면, 더 복용하셔야죠.)

If we **missed**[should miss, were to miss] this bus, we *should* have to wait half an hour at the terminus.

(이 버스를 놓치면 종점에서 30분 더 기다려야 합니다.)

If you **were** not sick (= But that you **were** sick), you *would* join the Marathon race.

(아프지 않다면 당신은 마라톤에 참가할 건데.)

If there were frequent hijackings, we *should* be overcome with apprehensions.

(비행기 납치 사건이 종종 일어난다면, 우리는 불안해서 견디기 어렵겠다.)

If I **had** the wings of a dove, that way I *would* fly for comfort.

(내가 비둘기 날개를 가졌다면, 저 길로 날아가서 휴식을 취할 수 있으련만.)

He *could* (= would be able to) do it if he **wanted**.

(그가 원한다면 해낼 수야 있지만.)

If we **would** believe, we *might* move the mountains.

(믿는다면 산도 움직일 수 있다.)

[참고] 조동사 would는 의지를 가정한다.

If it **were to** (= should) rain, he *would*n't go.

(비가 온다면 그는 가지 않을 거야.)

If you **were to** be born again, what *would* you like to be, a man or a woman?

(이 세상에 다시 태어난다면, 당신은 어느 쪽이 좋겠습니까, 남자, 또는 여자?)

[참고] 1. be to가 예정·의문·운명·가능 등을 뜻하는 관용구이므로, be를 were로 바꾸면 자연히 were to는 미래 사실의 반대가 된다. 그러나 실제에서 미래사를 점칠 수는 없는 것이니, 예도 극히 드물거니와 현재와 미래의 강한 의혹을 의미하는 should와 같게 쓰인다.

   If the sun **were to** come nearer to us, all living things *would* be scorched to death.

   (태양이 우리에게로 더 가깝게 다가온다면, 모든 생물은 타서 죽을 것이다.)

2. If she **comes** tomorrow, I *shall* not go.   [서실법 현재]

   If she **come** tomorrow, I *shall* not go.   [서상법 현재]

   If she **should** come tomorrow, I should[*shall*] not go.   [서상법 미래]

   If she **were to** come tomorrow, I *should* not go.   [서상법 과거]

   (were to는 미래에서, 가능성이 거의 또는 전혀 없는 일을 가정해보는 것이다.)

3. 다음 예는 서실법 과거로서, 과거 사실에 대한 양보 또는 승인을 의미한다. (if = though)

   If he *was* young, he was able. (젊었지만 그는 수완가였다.)

   If I *met* him at the party last year, I have completely forgotten it.

   (작년 연회에서 만났을 텐데, 생각이 안 난다.)

   이와 같은 것을 **의사조건**(Pseudo-condition, 擬似條件)이라 부른다.

2) 명사절

현재로서는 달성할 수 없는 소망

We wish she **were** here. — was라고 하면 회화체

  (= It is a pity that we can't see her.)

  (그녀가 지금 있었으면 좋으련만.)

I wish he **would** recover. — he는 결국 죽을 사람

  (그의 건강이 회복되었으면 좋겠지만.)

cf. I hope he **will** recover. — he는 결국 회복될 사람

(그의 쾌유를 빈다.)

O[Would to God, Would (God)] that I **might** see her again! — that은 접속사

　(다시 한 번 그녀를 만나볼 수 있다면 얼마나 좋을까!)

I wish I **could** read sanskrit, but I can't.

　(산스크리트어를 읽을 줄 알았으면 좋겠는데, 그것을 나는 못해.)

Farmers wish there **were** a spell of rainy days.

　(한동안 비가 왔으면 하는 것이 농민들의 소망이다.)

It'd **be** rather nice to go to the art of exhibition on the coming Saturday. (명사구)

　(오는 토요일에 미술 전람회에 가서 감상했으면 좋겠다.)

3) 형용사절

필요·당연의 뜻

It's time you **were** off. ［회화체］

　(이제 그만 가시오.)

It's (high) time we **sent**[should send] our boy to bed.

　(우리 애를 재워야 할 때요.)

It's time he **were** going about his own business.

　(지금은 그가 자기의 일에 충실해야 할 때다.)

A nation which **stopped** trading *would be* dead before long. (< If a nation stop-
　ped trading, it would be dead before long.) — 조건절 대신 형용사절.

　(무역을 중지하는 나라는 망한다.)

4) 독립 sentences

때로 어순이 바뀌기도 한다.

Oh, that I **were** young again! (아, 다시 젊어지고 싶구나!)

O **had** we everlasting life!

　(= If we **had**[Had we] everlasting life, we *would*, be happy.)

　(영원한 삶을 누렸으면!)

Oh, **were** we there! (지금 우리가 거기 있다면 좋겠다.)

O[Would] that she **were** alive! (아, 그 부인이 살아 있으면 얼마나 좋을까!)

Oh, that money **grew** on trees! (돈이 나무에서 과실처럼 늘어났으면!)

参考 다음 예는 전제절뿐이고, 귀결절이 없다.

If I **could** only see him! (그를 만나볼 수만 있다면야!)

5) as if (= as though) ('마치 … 인 것처럼') 또는 even if (= even though) ('비록 …일지라도') 뒤에서 쓰인다

You ask me as if you **did not know**. (as if ⟨ **as** you would ask if …)

(알면서 묻는구나.)

He talks as though[as if] he **knew** everything.

(모를 것이 없다는 듯한 그의 말투다.)

She speaks as if there **was** not enough for her. — were 대신 was라면 회화체다.

(자기 몫이 부족하다는 듯한 그녀의 말투다.)

It seems as if he **were** going to fall. — was라고 하면 회화체.

(그가 넘어질 것만 같다.)

He stood there as though he **were** waiting for someone.

(어떤 분을 기다리고 있는 듯이 그가 거기 서 있었다.)

She looks[*looked*] as if she **were** ill. — (주절의 동사가 과거라도 as if 뒤에는 영향 없다.) (몸이 불편한 것 같은 그녀의 안색이다[이었다].)

She looks[looked] as if she **had been** ill.

(몸이 불편했던 것 같은 그녀의 안색이다[이었다].)

参考 as if[as though] 뒤에서는 동사를 생략하기도 한다.

He looked around **as if** afraid of something.

(어떤 것을 두려워하는 듯이 그는 둘레를 살폈다.)

His mouth shaped itself **as though** about to whistle.

(그는 휘파람이라도 불려는 듯이 그의 입 모양을 지었다.)

Even if he **were** poor, he *would* not accept the bribe.

(그가 비록 가난해도 뇌물은 받지 않는다.)

Such an act *would* not be kind even if it **were** just.

(이러한 행동이 옳다고는 해도 친절하지는 않다.)

Even though an earthquake **were to** rock the place, I *would* do as I intended.

(천지개벽이 있다 해도[지진이 땅을 흔든다 해도] 나는 원했던 대로 한다.)

6) 관용례

He is, **as it were**, a living corpse. (= as if it were so, so to speak)

(그는 말하자면 산송장이다.)

cf. I wish I knew everything. **As it is**, I continue my study.

(무소부지無所不知가 내 소원이다. 그러나 그렇지 못하니까, 나는 연구를 계속한다.)

I wish I had known everything. **As it was**, I continued my study.

(세상 이치 다 알기가 내 소원이었다. 그러나 그럴 수가 없었으니, 나는 연구를 계속했다.)

You **had better** not have said anything.

(=It would be better for you not to have said anything.)

(아무 말도 하지 않았다면 좋았을 것을.)

You **had better** stay with us. (< You would have it better to stay with us if you could do so[stay with us].) had = would have[would regard; would consider], stay = to stay[staying], You had better stay, = You would consider staying as better, had[would] rather는 had better의 유추(Analogy), 즉 had better = would[had] rather[sooner]: We **would rather** observe a strict diet. (엄격한 규정식規定食을 먹는 것이 좋다.)

You **had better** have stayed with us. — had better stay의 과거형

(우리와 함께 머무르고 있었다면 좋았지.)

Were I you, I *should* not call on him again.

— (= If I were you….) 이렇게 동사 또는 조동사가 주어 앞에 오는 형식은 문장체다: Had I been; Could he speak; Should he come; etc.

(내가 자네 입장이라면, 나는 그를 다시 찾지 않겠네.)

Did I **possess** a large fortune, I **would** set up a charity hospital.

(= If I possessed ….) (많은 돈이 내게 있다면 자선병원을 세우겠다.)

It **were better** for you to change your major. (= would be)

(자네는 전공과목을 바꾸는 것이 좋을 거야.)

I **should say** (if I *were* asked) that it **were** (= would be) better to say nothing about politics now here.

(지금 여기서는 정치 이야기를 하지 않는 것이 좋겠다는 말을 하고 싶다.)

I **should**[would] like to go (if I *could*). (가고 싶다 (가능하다면.))

Would[Should] you like to come (if you could)? (오고 싶은가 (가능하다면)?)

What would[should] I not give (to you) to see it (if I could see)?

(그것을 (볼 수만 있다면) 보기 위해 무엇을 아끼겠는가?)

But for this fountain of hope, he *would* die[would have died] of heart-break,

(but for = if it were not for[if it had not been for])

(이 희망의 샘이 그에게 없다면[없었다면], 그는 속이 상해 죽을 것이다[죽었을 거다.])

What if another war *should* take place?

(또 전쟁이 일어난다면 어쩌지?)

It *had been* no surprise to me if you **had failed** again.

(= It would have been)

(또 한 번 자네가 실패했어도 나는 놀라지 않았을 거야.)

If (= I wish) I had the brains!   [문장체 겸 회화체]

(내 머리가 좋기만 하다면 (얼마나 좋을까)!)

It *were* (= would be) safer to travel by air.

(비행기 여행이 더 안전하겠지.)

Did not hope **prolong** the length of existence, life *would* certainly be short. (=

If hope did not prolong ….)

(희망이 생명의 존속 기간을 연장하지 않는다면, 인생은 과연 짧은 것.)

③ 서상법 과거완료[가정법 과거완료(Subjunctive past perfect)]

A. 형태

> (전제절) If … 과거완료동사[조동사+완료형] + 귀결절 should[would, could, might, must] + 완료형

If he **had married** her, he *would have been* happier.

(그가 그녀와 결혼했다면, 그는 더 행복했을 거다.)

If she **had been** alive, he *would have sought* for her.

(그녀가 살아 있었다면, 남편이 찾아 나섰을 것을.)

I wish my son *had had* a talent for languages.

(우리 애에게 어학적 재주가 있었더라면.)

[참고] 전제절의 조동사.

　　If it **could** have been done, ⋯. (이루어질 수 있었다면)

　　If she *had* had to come, ⋯. (와야 되었었다면)

　　If she **must** have come, ⋯. (왔음에 틀림없다면)

　　If she **might** have come, ⋯. (와도 좋았더라면[올는지도 몰랐다면])

B. 내용

1) 부사절: 과거 사실의 반대를 가상(假想)한다.

If you **had made** a little more effort, you *would have realized* your dream.

(조금만 더 노력했더라면, 당신은 이상을 실현했을 거요.)

How glad we *should have been* if only we **could have won** back the trophy.

(그 우승 기념품을 우리가 되찾을 수 있기만 했다면, 얼마나 기뻐했겠습니까.)

[참고] should[would, could, might, must] + 완료형이 서상법에서는 과거완료형 대신이 될 수 있다.

If you **could have been** cured, I *should* have been glad. — (had been able to be cured라면 지루하니까 피하는 것이 좋다.)

(자네 병이 치료될 수 있었다면, 내가 기뻐했겠지만.)

If you **had** not **indulged** in dissipation, you *would* live in comfort now.

(방탕에 빠지지 않았더라면, 당신은 지금쯤 편안한 삶을 누리고 있을 거요.)

I *should* not *have smiled* unless I **had thought** it agreeable.

(그것이 마음에 들지 않았다면, 내가 미소 짓지 않았겠죠.)

Even if she **had wanted** to go with him, she *could* not *have done* so.

(남편과 동행하기를 바랐겠지만, 그 부인은 그렇게 할 수가 없었다.)

She *would have* long ago *bought* a piano **had** she **been** able to afford it. (= ⋯ if she had been able ⋯.)

(그 여인에게 그만한 돈의 여유가 있었다면, 오래 전에 피아노를 한 대 샀을 거다.)

But for your help, I *should have been drowned*. (But for = If it had not been for

[Had it not been for])

(당신의 도움이 아니었다면, 나는 물에 빠져 죽었을 거요.)

cf. **But for** (= If it were not for[Were it not for]) your assistance, I *should be* unable to invent it. (여러분의 조력이 없다면, 이 발명은 저에게 불가능합니다.)

But that he was unhealthy, he *would have tried* it again. (= But for the fact that he was unhealthy) (쇠약하지 않았다면, 그는 또 한 번 해봤을 거다.)

Without aid from the scholarship funds, he *could* not *have finished* the engineering course. (장학금을 받지 못했다면, 그는 공과대학을 마치지 못했을 것이다.)

To get (= If I had been[were] able to get) the treasure, I *would have faced*[*would face*] all difficulties.

(그 보물을 얻을 수 있었다면[있다면], 어떤 어려움도 다 달게 견뎌 나갔을[나갈] 거야.)

Had I *taken* (= If I had taken) his advice, I *should have been promoted*.

(그의 충고를 받아들였다면, 나는 승진했을 텐데.)

If he **had seen** the landscape, he *would* be happier.

─ (전제는 과거, 귀결은 현재) (그 경치를 구경했다면 좋았을 걸.)

If she **had** not **died**, she *would* be sixty this year. ─ (전제는 과거, 귀결은 현재)

(그녀가 작고하지 않았다면, 올해가 환갑일 텐데.)

cf. If he **were** still living here, we *could have seen* him before this. ─ (전제는 현재, 귀결은 과거) (그가 아직 여기 살고 있다면, 벌써 우리가 그를 만날 수 있었을 것이다.)

[참고] 다음 예는 형태를 보면 서상법 같으나 사실은 서실법이다.

If you **had travelled** in Spain, why could you not explain bullfight?

(당신이 스페인 여행을 이미 하고 오신 뒤라면 그때 왜 투우 설명을 못하셨나요?)

2) 형용사절: 전제절의 대용이다.

One who **had intended** to cheat him *would have been detected* at once.

(= If one had intended to cheat him, one would have been detected at once.)

(그를 속이려고 했던 자라면 곧 발각되었겠죠.)

He who **had dared** to kick my dog *would have been treated* likewise.

(= If anyone had dared to kick my dog, he would have been treated likewise.)

(우리 개에게 발길질을 하는 녀석이 있었다면, 나도 그대로 그에게 대했으리라.)

3) 명사절: 지금은 어찌할 수 없는 과거에 대한 소망

I wish I **had been** rich. (부자였다면 좋았을 것을.)

I wish you **had** not **married** her. (당신이 그녀와 결혼하지 않았다면.)

I wish you **could have seen** the boat race.

(그 경조회競槽會 광경을 당신이 구경할 수 있었다면.)

[참고] 주절이 과거형이라도, 서상법의 시제는 변하지 않는다.

I *wish* I **were** a superman. (내가 초인超人이기를 원한다.)

I *wished* I **were** a superman. (내가 초인이기를 원했다.)

I *wish* I **had seen** a superman. (초인을 만났었다면 하고 원한다.)

I *wished* I **had seen** a superman. (초인을 만났었다면 하고 원했다.)

과거인가, 과거완료인가의 구별은 주절의 시제와 동시인가, 먼저인가를 결정짓는다.

Would (= I wish) that father **had been** alive and **taken** me there.

(아버지가 생존하셔서 나를 그리로 데려가주셨더라면.)

Would (to) God I **had had** more intelligence.

(내게 이해력이 더 풍부했더라면.)

4) 독립 센텐스: 과거의 사실에 반대되는 소망.　　　　　　　　　　[문장체]

Had I but **known** it! (그 일을 내가 알기만 했더라면!)

O **had** he not **died**! (아, 그가 죽지 않았더라면!)

cf. **Had** I **believed** God, I *should have been* saved.

(하느님을 믿었다면, 나는 구원을 받았을 것을.)

Oh, that I **had** never **been** born. (차라리 이 세상에 태어나지 않았더라면.)

Oh! that I **had** but **known** it. (아, 내가 그 일을 알기만 했었다면.)

If I **hadn't** only **touched** it. (내가 그것에 손만 대지 않았었다면.)

5) as if, as though 다음에서 쓴다

His eyes were full of tears as if he **had cried**.

(마치 울었던 것처럼 그의 눈이 눈물로 차 있었다.)

cf. He cried as if he *was* mad.　　　　　　　　　　　　　[회화체 서실법]

(미친 듯이 외쳤다.)

452

She talks as though she **had been** born in Paris.

(그 여인이 마치 파리에서 출생한 것 같은 말투로 지껄인다.)

6) 관용례

A true Korean *would never have thought* of that.　　　　[명사의 전제절 대용]

(진정한 한국인이라면 그런 것을 생각조차 하지 않았겠죠.)

One glance *would have been* sufficient for you to appreciate it.

[명사의 전제절 대용]

(당신이 그것을 감상하기 위해서는 한 번 힐끗 보는 것으로 충분했을 거요.)

A classmate *would have acted* otherwise.　　　　[명사의 전제절 대용]

(급우라면 다르게 행동했겠지.)

To hear him speak in English, one *would have taken* him for an American.

[부정사의 전제절 대용]

(그가 영어하는 것을 듣는다면 그를 미국인으로 오인할 거야.)

Left to the students to find out for themselves, they *might have shown* more

progress in their studies.　　　　　　　　　　[분사의 전제절 대용]

(학생들에게 스스로 연구하도록 맡겨두었다면, 연구 결과는 더 나았을 거야.)

Without water, we *could* not *have continued* our journey there.

[부사구의 전제절 대용]

(물이 없었다면 거기서 우리는 여행을 계속하지 못했을 거야.)

He must have been honest, **otherwise** his boss *would* not *have trusted* him.

[접속사의 전제절 대용]:

(그가 정직했나 봐, 아니면 그의 물주物主가 그를 신임하지 않았겠지.)

I *would have advised* you to go to the seaside for recuperation.

[전제절 생략].

(나라면 건강 회복을 위해 자네에게 해변으로 가라고 충고했을 거야.)

Ah, if only we *had had* a child!　　　　　　　　　　[귀결절 생략]

(우리 부부에게 아기 한 명만 있었더라면!)

④ 서상법 미래[가정법 미래(Subjunctive future)]

A. 형태

| If + should(무의지) + 원형, should, would, could, might[shall, will, can, may] | |
| If + would(유의지) + 원형, must (= be certain to), would[will] have to (= be obliged to) | + 원형 |

B. 내용

1) **부사절**: 미래 또는 현재에 관해 서상법 현재보다 더 강한 의심·가상(假想)을 표시한다.

If it **should** rain tomorrow, we *should*[*shall*] be obliged to- put off the game.

　(만약 내일 비가 온다면, 경기를 연기하는 수밖에 없겠다.)

You *might* use it, if you *would* (use it).

　(사용하고 싶다면, 그렇게 해도 좋아.)

I *could* do so, if I **would** (do so).　(하려고만 한다면, 할 수야 있겠죠.)

If he **would** work more earnestly, I *should*[*shall*] employ him.

　(그가 만일 더 성실하게만 일해준다면, 그를 고용하겠습니다.)

If anybody **should** come to see me, say I am not at home.

　(나를 만나러 오는 사람이 만약 있다면, 내가 집에 없다고 전하게.)

If some one **should** overhear of this, there *would*[*will*] be a terrible trouble.

　(만일 어떤 자가 이 말을 몰래 엿듣는다면, 큰 걱정거리가 생길 텐데.)

How glad I *should* be if you **could** work out the problem.

　(그 문제를 당신이 해결할 수 있다면, 내가 얼마나 기쁠까요.)

If you **would** grant my request, I *should* be greatly obliged to you.

　(제 청을 들어주신다면 고맙겠습니다만.)

If (= Even if) I **should** be attacked with illness, I *may* not have any doctor to consult here.

　(갑자기 병에 걸려도 여기서는 치료 받을 의사조차 구하지 못하겠다.)

What if ($<$ What would[will] be the result if···?) another world war **should** take place? (또 세계대전이 일어나면, 어떻게 하지?)

[참고] 1. 다음 예는 서상법 미래완료인데, 완료된 일에 대하여, 서상법 현재완료보다 더 강한 의심을 표시한다.

　　　 If she **should have arrived**, she *ought to have come* to us.

　　　 (만약에 그녀가 도착했다면, 우리에게로 왔을 거야.)

　　 cf. 서상법 현재완료:

　　　 If she **have arrived**, she *will come* to us. (그녀가 도착했다면, 우리에게로 오겠지.)

　　　 It is a thousand pities that she should have died.

　　　 (그녀가 죽었다니 유감천만이다.) — 기정사실

　　 2. 이상 여러 개의 If를, 대개는 Provided, Providing, In case 등으로 대용할 수 있다.

2) 명사절: 미래의 일에 관하여 '이렇게[그렇게] 되었으면' 하는 소망이다. 인칭에 관계없이 단연 would가 많이 쓰인다.

I wish it **would** clear up. (비가 개었으면 좋겠다.)

I wish I **could** meet them to reproach them for their ingratitude.

(그들을 만나서 그들의 배은망덕을 꾸짖을 수 있으면 좋겠다.)

[참고] 다음 예는 현재 사실의 반대라기보다 미래의 막연한 소망이다.

　　 I'd rather you **paid[would pay]** me now. (지금 내게 갚아주었으면 좋겠는데.)

　　 I wish it **may[would]** not be true. (···it is not true라면 회화체) (사실이 아니면 좋겠는데.) cf. 뒤의 should는 '감정의 should'

　　　 It is natural[no wonder] that they **should** get excited.

　　　 (저들이 흥분하는 것도 무리가 아니다.)

3) 형용사절

A man who **should** say so must be mad.

(그렇게 말한다면 그는 미친 사람일거야.)

cf. There is every reason why they **should** be dismissed in a body. — 감정의 should. (그들 전체가 해고될 충분한 이유가 있다.)

EXERCISE 19

1. 다음 영어를 한국어로 옮겨라.

(1) Provided he confess his fault, I will pardon him.

(2) She sits sewing as if nothing were the matter.

(3) Though he were to beg this on his knees, I should still refuse.

(4) I should have gone about the old streets crying over my lost youth.

(5) Would you think me impertinent if I were to put your theories to a more severe test?

2. 다음 절에 뜻이 맞는 if…절을 넣어보라.

(1) You might go,

(2) I would not buy it,

(3) The foot-ball match will be postponed,

(4) You would have missed your bus,

(5) What should I do…?

3. 다음 두 개 Sentence를 비교하여 서로 다른 점을 밝혀라.

(1) a. Try not to do it again.

   b. Do not try to do it again.

(2) a. Let us hear your sweet song.

   b. Let's hear his sweet song.

(3) a. Help the poor; the rich can help themselves.

   b. God help the poor; the rich can help themselves.

(4) a. If this is true, that is false.

   b. If this were true, that would be false.

(5) a. Even if he had been poor, he wouldn't have said so.

   b. As if he had been poor, he would have gone begging.

제6장 준동사(Verbals, 準動詞)

준동사는 동사에서 파생(派生)한 것으로서, 이것을 비정형동사(Non- finite verbs, 非定形動詞)라고도 하는데, 단독으로는 술어로 쓰이지 않고, 동사적 성격 이외에 명사·형용사·부사상당어 구실을 하는 것이다. 주어에 대한 술어동사를 정형동사(Finite verb, 定形動詞)라고 부르는데, 이것과 대조적이다. 다음 세 가지가 있다.

1. **부정사**(Infinitive, 不定詞): 명사·형용사·부사상당어

   To speak well requires practice.   [명사구]

   (연설을 잘하려면 연습을 많이 해야 한다.)

   Choose proper time **to marry**.   [형용사구]

   (결혼할 적당한 때를 골라라.)

   Other men lived **to eat**, but he ate **to live**.   [부사구]

   (다른 사람들은 먹으려고 살았지만, 그는 살려고 먹었다.)

2. **분사**(Participle, 分詞): 형용사상당어

   ① 제1[현재]분사

   This book is full of **amusing** stories. (이 책에는 재미있는 이야기가 많다.)

   ② 제2[과거]분사

   Customs **are unwritten** laws. (관습은 불문율이다.)

   ③ 분사구문 ─ 부사상당어구

   Being wise, he passed on silently. (= As he was wise,)

   (현명한 사람이므로, 아무 말 없이 그곳을 지나갔다.)

3. **동명사**(Gerund): 명사상당어

   I hate **troubling** you. (당신께 폐를 끼치고 싶지 않습니다.)

   [참고] 준동사는 문법적 주어를 가질 수 없으니, 인칭·수·서법 등의 제한을 받지 않는다. 그러나 근본이 동사인 만큼 동사로서의 성질을 여러 가지 지니고는 있다.

[1] 부정사(Infinitive)

150. 부정사의 형태

부정사는 준동사의 일종으로, to-가 붙어 있는 것을 to-부정사(to-infinitive), to-가 없는 것을 원형부정사(Root[Bare] infinitive)라고 부른다.

시제 \ 태	능동		피동
단순 (기본)	비진행	진행	(to) be written
	(to) write	(to) be writing	
완료	(to) have written	(to)have been writing	(to) have been written

* to는 여격(Dative)에 붙는 전치사의 유물

부정사의 동사적 성격으로는 다음을 생각할 수 있다.

1. 위의 표대로 시제와 태의 변화가 있다.

2. 목적어를 가질 수 있다.

He is expected to *make* a speech. (그가 연설할 것이 기대되고 있다.)

3. 보어가 붙을 수 있다.

The boy grew up *to be* an able youth.

　(그 소년은 자라서 유능한 젊은이가 되었다.)

4. 부사로 수식될 수 있다.

In the evening everybody is busy *to go* home.

　(저녁때면 사람들은 제집 가기에 모두 바쁘다.)

5. 시제로는 기본시제와 완료시제밖에 없으나, 문맥(context)에 따라 가려낸다.

I *expect* to apply for admission to the college.

　(나는 그 대학 입학을 지원해보련다.)　　　　　　　　　　　[expect보다 미래]

They *left* Korea to settle in Canada.　　　　　　　　　　[left보다 미래]

　(그들은 캐나다에 이주하려고 한국을 떠났다.)

She *seems* to be kind.　　　　　　　　　　　　　　　[seems와 동시로 현재]

(그 여인은 친절한 분 같다.)

It *will* do you good **to take** a cold bath.   [will과 동시로 미래]

(냉수욕을 하면 건강에 좋을 거야.)

Father *was* pleased **to hear** of my promotion.   [was와 동시로 과거]

(아버지는 내 승진 소식을 듣고 기뻐하셨다.)

He *was* known **to have been** a teacher.   [was 이전으로 과거완료]

(교사의 전력자前歷者로 그는 알려져 있었다.)

She *is* glad **to have finished** her work.   [is 이전으로 현재완료]

(작품을 끝내서 그 여성은 기뻐하고 있다.)

He *must be* wise **to have given** such an order.

[must be 이전으로 현재완료]

(그러한 명령을 내렸으니, 그는 현명한 분임에 틀림없다.)

She *intended* [hoped, expected, wished] **to have seen** her son. (=She intended
to see her son, but couldn't.)   [과거의 허사]

(아들을 만날 작정이었으나, 그렇게 되지 않았다.)

We *were* **to have started** at eight.   [과거의 허사]

(여덟 시에 출발했어야 하는데, 그렇게 되지 않았다.)

They *seem* **to be playing** [to have been playing]. (=It seems that they are playing
[have been, were playing].)   [일반 진행형 용법과 같음]

(그들이 운동을 하고 있는 것 같다[있던 것 같다].)

It *would have been* better **to have prepared** for it.

(= ⋯ if we had prepared for it.)   [일반용법과 같음]

(그것에 대한 준비를 했더라면 좋았을 것을.)

We *expect* **to have graduated** by next February.   [미래완료]

(오는 2월까지 우리는 졸업하고 있을 것으로 예상한다.)

6. 태(態)로는 능동·피동의 두 가지다.

    1) 이론상 피동태일 것이 관용상 능동태인 것.

    You are **to blame**. (= to be blamed) (자네가 나쁘네.)

cf. You are to be blamed for this.

(이 일에 대해서는 자네가 비난을 받아야지.)

He has nothing **to do.** (= to be done) (그에겐 할 일이 없다.)

Everyone has his own difficulties **to tackle.** (= to be tackled)

(사람은 누구에게나 스스로 해결해야 하는 난문이 있다.)

That room is **to let.** (= to be let) (저것이 셋방이다.)

cf. Is this house to be let or to be sold?

(이 집이 셋집이요, 팔 집이요?)

2) 능동·피동이 모두 가능한 것

There is something **to fear[to be feared]** in this. (여기에 두려워할 점이 있다.)

You have no time **to waste[to be wasted].**

(자네에겐 낭비할 시간이 없네.) (= 어서 서두르게)

3) 능동·피동에 따라 뜻이 다른 것

I want a novel **to read.** (내가 읽을 소설책이 필요하다.)

I want a novel **to be read.** (누군가가 소설을 읽어 내게 들려주었으면 좋겠다.)

151. 부정사의 용법

1 명사구(Noun infinitive)

1) 주어구

To love and **to be loved** is the greatest happiness of man.　　　　　[문장체]

(사랑을 주고받고, 이것이 인생 최대의 행복.)

To have done so proves his barbarous vigor.

(그가 그러한 행동을 취했다는 것은 그의 만용蠻勇을 증명하는 짓이다.)

It was impossible **to restrain my indignation.**　　　　　[회화체]

(내 의분義憤을 억제할 수 없었다.)

참고　it은 Preparatory 'it'이고, to restrain …는 Extraposition이다. 이 예는 또 바로 It이 Formal subject이고, to restrain …이 Real subject로 되기도 한다.

It takes an hour **to reach Incheon by car**.　　　　　　　　　　　[회화체]

　　(인천까지 자동차로 달리면 한 시간 걸린다.)

His *plan*, **to run new community drive**, has been carried through.

　　　　　　　　　　　　　　　　　　　　　　　　　　[plan과 동격]

　　(이상촌 운동 추진이라는 그의 계획은 완수되었다.)

In writing, the first problem is **to clarify our ideas**.　　　　[주격보어]

　　(글을 쓸 때는 첫 번째 문제가 우리 자신의 생각을 명백히 한다는 것이다.)

To teach is **to learn**.　　　　　　　　　　　　　　　　　　[주격보어]

　　(가르치는 것이 곧 배우는 것이다.)

Not to advance is **to retreat**.　　　　　　　　　　　　　　[주격보어]

　　(전진하지 않는 것은 후퇴를 의미한다.)

All he wants is **to be forgotten**.　　　　　　　　　　[피동형주격보어]

　　(그는 오직 잊히고 싶은 심정뿐이다.)

How to spend money is harder than **how to earn it**.

　　(어떻게 돈을 쓸까가 어떻게 돈을 벌까보다 더 어렵다.)

2) 목적어구

Men fear death as children fear **to play in the dark**.

　　(애들이 어둠 속에서 놀기를 두려워하듯이, 어른들은 죽음을 무서워한다.)

She has but one *aim* in life, **to make money**.

　　(그녀에게는 이 세상에 목적이 꼭 하나 있는데, 즉 돈을 모으는 일이다.)

I make *it* a rule **not to eat anything between meals**.

　　(나는 간식間食을 하지 않기로 하고 있다.)

[참고]　부정의 부정사(Infinitive)는 to 앞에 부정의 뜻인 부사를 놓는다.

　　　He seems *not* **to like** others' advice. (남의 조언을 그는 좋아하지 않는 것 같다.)

　　　She told me *never* **to say** any nonsense before them.

　　　　(그들 앞에서 허튼 수작을 하지 말라고 어머니는 주의를 주셨다.)

He promised *me* **to come back soon**.　　　　　　　　　[직접 목적구]

　　(오래지 않아 돌아오겠다고 그는 내게 약속했다.)

They offered *me* to compensate my loss with money.　　　　[직접 목적구]

　(그들은 내가 본 손해를 돈으로 보상하겠다고 제의했다.)

I taught *him* to say such a thing.　　　　[직접목적구]

　(그런 말을 하면 어떻게 된다는 것을 그에게 깨우쳐 주었다.)

We must learn **how to drive cars.** — (의문사 how, what, which, where 등과 합하여)

　(자동차 운전 방법을 배워야겠다.)

You have **to do it yourself.** (have to = must)

　(혼자 힘으로 해야 한다.)

You have not **to go there now.** (have not to = need not)

　(지금 거기 갈 필요는 없다.)

Nothing remains but **to act.** — (but은 전치사)

　(활동하는 것 외에 아무 할 일도 남아 있지 않다.)

We have no choice but **to obey.** (복종하지 않을 수 없다.)

There is no alternative but **to go.** (가지 않을 수 없다.)

There is nothing[no help] for it but **to run away.**

　(도망치는 것이 상책이다.)

The baby does nothing but **cry** all the time.　　　　[원형부정사]

　(그 아기는 언제나 울어 보채기만 한다.)

We can not (choose) but **pity** the child.　　　　[원형부정사]

　(=We can not help pitying the child.)

　(그 애를 불쌍히 여기지 않을 수 없다.)

Who can but **sympathize** with him?　　　　[원형부정사]

　(누가 그를 동정하지 않겠는가?)

[참고] 현대영어에서 부정사를 목적어구로 가질 수 있는 전치사는 일반적으로 but, except, save (문장체)다. 부정사의 to가 본디 전치사이므로, to 없는 원형부정사까지도 포함시켜, 그 앞에 또 다른 전치사가 올 수 없다고도 생각할 수는 있으나 이 but은 역사적으로도 엄연히 전치사다. 그러나 The plane was *about* to take off. (비행기가 바야흐로 이륙하려 했다.)의 about을 부사로 보는 것이 좋은 까닭은 대체로 부정사가 전치사의 목적어가 되지 않는다는 이유에서다.

She is fond of knitting. (*right*) (그 부인은 뜨개질을 좋아한다.)

She is fond of to knit. (*wrong*)

또 believe, say, think 등은 부정사를 목적어구로 가지지 않는다.

I believe I shall win. (*right*) (내가 이길 것으로 믿고 있다.)

I believe to win. (*wrong*)

She says she will come. (*right*) (그 여인이 오겠단다.)

She says to come. (*wrong*)

I think I shall go. (*right*) (나는 가련다.)

I think to go. (*wrong*)

cf. I intend to go. (*right*)

다음은 부정사를 그대로 목적어구로 하는 동사다.

I cannot *afford* to pay 1st class.

(일등석 값은 낼 여유가 없다.)

He *agreed* to assume the responsibility.

(그 책임을 맡겠다고 그는 승낙했다.)

Can you *arrange* to be here at two o'clock sharp?

(2시 정각에 여기 도착하도록 마련할 수 있겠나?)

He *asked* to be allowed to go. (가도록 허락해줄 것을 그가 청해왔다.)

They *attempted* to escape, but in vain.

(그들이 도망가려고 했으나, 허사였다.)

She can't *begin* to make pies like her grandmother's. (begin to = at all)

(할머니가 만드신 것 같은 파이는 그녀가 도저히 만들 수 없다.)

I don't *care* to run the risk. (그 모험쯤 문제없다.)

It will *cease* to be novel. (그 일은 신기하지 않게 되겠지.)

Do you *choose* to live in the quiet suburbs of Seoul?

(당신은 조용한 서울의 근교에 살고 싶습니까?)

He *continued* to live with his parents after his marriage.

(그는 결혼 후에도 계속 양친과 함께 살았다.)

After that he did not *dare* to show [he dared not show] his face.

(그 뒤로 그는 얼굴을 내밀 용기조차 없었다.)

They have *decided* to found a vocational school.

(직업학교를 설립하기로 했다.)

They *desire* to stay longer in Gyeongju.

(그들은 경주에 더 오래 머물러 있기를 바라고 있다.)

She *endeavored* to comfort her mother in hospital.

(따님은 입원 중인 어머니를 위로하려고 애썼다.)

He *expected* to have come.

(올 예정으로는 되어 있었으나, 결국엔 못 왔다.)

cf. He *expected* to come. (올 예정이었다.) — 왔는지, 오지 않았는지 불확실하다.

You will not *fail* to see the grand scene.

(당신은 그 굉장한 광경을 꼭 보게 될 것입니다.)

He often *forgets* to take his purse with him.

(지갑 가지고 나가는 것을 그는 자주 잊는다.)

She *hopes* to be given an opportunity to appear before the footlights.

(그 여성은 무대에 설 기회가 주어지기를 바라고 있다.)

He *intends* to be a soldier. (그는 군인이 될 작정이다.)

You must *learn* to be more patient.

(더 참을 수 있도록 되어야 한다.)

I *like* to sing. (노래하고 싶다.) — 자기가 부름

cf. I like singing. (노래 부르는 것이 좋더라.) — 자기나 혹은 다른 사람이 부름

How I *long* to see him again!

(다시 그분 만나보기를 얼마나 내가 바라고 있는지!)

I should *love* to live and die with you.

(그대와 함께 살다 함께 죽기가 내 소원이요.)

How do you *manage* to keep out of debt?

(어떻게 빚 안 지고 살아가는가, 용하구나.)

I *mean* (= intend) to wait till you be my wife.

(당신이 내 아내가 될 때까지 나는 기다릴 작정이야.)

cf. I *meant* **to have waited** for him. (기다릴 예정이었으나, 그렇게 하지 않았다.)

[참고] expect, hope, intend처럼 mean도 과거형 다음에 완료부정사가 오면 실현되지 않은 과거의 일이다.

I scarcely *need* **to call** your attention to the matter.

(그 사건에 당신의 주의를 끌게 할 필요가 별로 없다고 생각합니다.)

He *offered* **to help** me.

(그가 내게 도움을 주겠다고 말해 왔다.)

A few gangsters *planned* **to rob** the bank.

(몇 놈의 갱스터가 은행을 털려고 계획했었다.)

I *prefer* **to ride** rather than **walk**. (걷기보다 타는 것이 나는 좋아.)

He *pretended* **to be asleep**. (그는 자는 체하고 있었다.)

They *purpose* [*intend*] **to do** anything productive for their settlement there.

(거기 정착하기 위해서는 생산적인 것이면 어떤 일이나 할 의향이다.)

Korea *promises* **to become** an advanced industrial country.

(한국은 공업 선진국으로 될 것이다.)

The emergency alarm *refused* **to work**.

(비상 경보기가 작동하지 않았다.)

I *remembered* (= did not forget) **to post** [mail] your letters.

(잊지 않고 당신 편지를 우송했습니다.)

He *swore* **not to be** dictatorial. (그는 독재적이지 않기로 맹세했다.)

I *tried* hard **not to yawn** before him.

(그분 앞에서 하품을 억제하려고 무던히 애썼다.)

We will *undertake* **to produce** the witness.

(증인을 찾아내서 보여 주고야 말겠다.)

I do not *want* **to be** inquisitive or **to force** a confidence you have no wish to give.

(나는 캐묻기 좋아한다든지, 또는 당신이 말하고 싶지 않은 비밀을 쑤셔내고 싶지는 않아요.)

I *wish* **to speak** with you in private.

(당신과 은밀히 이야기를 나누고 싶소.)

2 형용사구

1) 선행(先行)하는 명사[대명사]가 그 부정사의 의미상 주어(Sense[Logical] subject)인 것, 관계대명사로 인도되는 절에 해당한다.

He was not a *man* to do (= who would do) anything by halves.

(그는 어떤 일이든 불철저하게 하는 사람이 아니었다.)

Young men have *a passion* to meet the celebrated.

(젊은이들은 사회의 저명인사 만나기를 매우 좋아한다.)

The author should be *the last man* to talk about his work.

(저자는 자기의 저서 이야기를 하지 않는 법이다.)

She will remain as she is for *many years* to come.

(앞으로 여러 해 그 부인은 지금 상황대로 살아가고 있을 거야.)

There will be *no more noise* to be raised about human rights.

(인권에 관해서 더 이상 떠들지는 않을 것이다.)

His English leaves *something* to be desired.

(그의 영어에는 부족한 것이 더러 있다.)

2) 선행하는 명사[대명사]가 그 부정사의 의미상 목적어(Sense[Logical] object)인 것

Please give us *something* to drink. (우리들에게 마실 것을 주시오.)

Have you *anything* further to say? (더 말씀하실 것이 있습니까?)

A woman wants *somebody* to love and somebody to love her.

(여자는 자기가 사랑할 사람, 그리고 자기를 사랑해줄 사람을 원한다.)

참고 '잠시도 지체할 수 없다'란 뜻의 영어는 'There is no time to lose[to be lost]'이다. to lose라면 time이 의미상 목적어이고, to be lost라면 time이 의미상 주어다. "There is nothing to fear[to be feared](두려워할 것이 없다)."도 같은 예다.

3) 선행하는 명사가 전치사의 목적어인 것

We had no *house* to live in. (= in which to live)

(우리는 들어가서 살 집이 없었다.)

We found *a chair* to sit on. (= on which to sit)

(앉을 의자를 찾았다.)

A young lady eats *nothing* to speak **of**. (= nothing worth mentioning)

(아가씨면 누구나 음식은 대수롭지 않은 것을 든다.)

We want some *authority* to lean up **against**.

(우리에겐 기댈 어떤 권력이 필요하다.)

She had very little *money* to buy food **with**.

(그녀에게는 먹을 것을 살 돈이 별로 없었다.)

Now there is no *one* to share my humor and pathos **with**.

(= with whom to share) (이젠 내 인생의 희로애락을 나눌 사람이 없구나.)

4) 선행하는 명사와 동격인 것

I have accepted an *invitation* **to dine with him**. (= that I should dine with him)

(함께 식사하자는 그의 초청을 내가 받았다.)

You are under a *promise* **to keep the secret**. (= that you will keep the secret)

(당신은 그 비밀을 지킨다는 약속을 한 분입니다.)

The *ability* **to speak** is peculiar to mankind.

(언어로 통할 수 있다는 것은 사람만이 가지고 있는 재주다.)

5) 선행하는 명사가 관계되는 것을 표시하여, 관계부사에 해당한다

I had an *opportunity* **to introduce** him to her.

(= on which I could introduce) (그를 그녀에게 인사시킬 기회가 있었다.)

Do me the *kindness* **to hold your tongues**. (= with which you hold)

(여러분, 조용히 해주시기 바랍니다.)

You have no *reason* **to feel displeased**. (= why you should feel displeased)

(당신이 불쾌하게 생각할 아무 이유도 없소.)

6) 주격보어: 명사구로서의 보어는 주어와 동일물이고, 형용사구로사의 보어는 주어의 상태를 말한다.

My plan is **to build a house of my own**.　　　　　　　　　　[명사구]

(내 계획은 내 소유의 집을 한 채 짓는 것이다.)

I am **to build a house of my own**.　　　　　　　　　　　　[형용사구]

(내 소유의 집을 한 채 지으려고 한다.)

① be+to …의 형식으로 의무·기대·가능·운명 등을 표시한다.

You **are to** apply for a vacation at once.   [obligation]

(자네는 당장 휴가 신청을 하게.)

You **are not to** (= must not) put chalk marks on fences.

(담에 낙서를 해서는 안 된다.)   [obligation]

I **am to** interview the daily newsmen tomorrow.   [expectation]

(내일 신문 기자단과 인터뷰할 예정이다.)

What **am** I to **do?** (= shall, must) (나는 어찌하면 좋지?)

Not a stone **was to** (= could) be seen at his grave. (was to be seen = was visible)

      [possibility]

(그의 무덤엔 비석 한 개 보이지 않더라.)

[참고] be + 피동부정사(Passive infinitive)는 위의 예대로 can, -able의 뜻이다.
His request **is not to be denied.** = His request **is undeniable**[can not be denied].
(그의 청이니 거절할 수 없다.)

He **was never to** see his home again.   [destiny]

(그가 다시는 고향에 돌아오지 못했다.)

I had no children in my marriage that **was not to** be.   [destiny]

(결혼해서도 내게는 아이가 없었다. — 아기를 낳지 않도록 되어 있었다.)

② appear, chance, happen, look, prove, seem, turn out 등과 함께 쓰인다.

She *appears* **to have been** the world's ping-pong champion.

(한때 세계적인 탁구선수였다는 데가 그녀에게는 있다.)

If I *chance* **to be** in London I will hunt for the book at second-hand book
stores there. (내가 런던에 가 있게 되면 그 책을 헌책방에서 찾아보겠다.)

He *happened* **not to be** at home. (= It happened that he was not at home.)

(마침 그는 집에 없었다.)

She *looks* **to be** ill. (look은 육체적인 눈에 '보이다')

(그 여인이 병든 사람처럼 보인다.)

She *seems* to have been rich. (seem은 마음의 '눈에 보이다')

(그 부인은 한때 부잣집 마나님이었던 것 같다.)

He *proved* to be an impostor. (그는 협잡꾼으로 판명되었다.)

The report *turned out* to be groundless.

(그 보도는 근거 없는 것으로 판명되었다.)

[참고] appear, prove, seem 등은 부정사 없이, 형용사가 직접 보어로 되기도 한다.
She appears (to be) **pretty**. (그 소녀의 얼굴이 예쁘다.)
The operation proved (to be) **successful**. (수술이 잘 됐단다.)
He seems (to be) **careful**. (그는 주의 깊은 사람 같다.)

7) 목적격 보어로(제5형) 쓰인다

I *advised* my son to be cautious in everything.

(나는 내 아들에게 만사에 신중하라고 타일렀다.)

[참고] 목적어는 부정사구의 의미상 주어다. 대개 부정사구와 의미상 주어가 합하여 that-Clause로 된다. 위의 예도 I advised my son that he should be cautious in everything.으로 대치될 수 있다. 이러한 Accusative with Infinitive를 **Infinitival nexus**라고 부른다.

She *believed* the evil rumor to be true.

(그 여인은 그 나쁜 소문을 사실이라고 믿었다.)

England *expects* everyman to do his duty.

(영국은 국민 각자가 모두 그 본분 다할 것을 기대한다.)

He *declared* himself to be satisfied. (그는 만족한다는 뜻을 언명했다.)

Money *enables* us to enjoy life. (돈으로 인생은 즐겁게 살 수 있다.)

I *judged* it to be best to resign.

(사퇴하는 것이 가장 좋겠다고 나는 판단했다.)

We *know* the announcer in charge to be her.

(담당 아나운서가 그 여성인 줄로 안다.)

[참고] her(목적격)인 까닭은 부정사구의 의미상 주어인 the announcer in charge(목적격)와 일치하기 위함이다.
cf. *The doctor* proved to be **she**. (의사는 알고 보니 그 여의사더군.)

I *have ordered* my car to be here at five o'clock.

(다섯 시에 오라고 내 차에 말해 두었다.)

Permit [*Allow*] me **to introduce** my brother to you.

(제 아우가 선생께 인사드립니다.)

Tell the well-spring **to forget** the source that keeps it filled.

(푸면 곧 채워지는 우물물의 근원을 알면 뭐하냐고 우물에게 전해주시오.)

I *think* [*believe, suppose*] it **to be** him. (= that it is he) — him은 it(목적격)과 일치하기 위한 목적격이다. (그게 그 사람인 줄로 생각한다.)

Your boss *wants* [*wishes, desires, likes*] you **to come back** to work.

(자네 주인은 자네가 돌아와서 일해주기를 바라고 있네.)

[참고] 1. 목적격보어가 피동 Sentence에서는 주격보어로 된다.

　　I told him **to begin**. He *was told to begin*.

　　2. say가 능동인 때는 명사절만을 목적격으로 가진다.

　　┌They *say* **that she is generous**. (*right*)
　　│She *is said to* be generous. (*right*)
　　└They say her to be generous. (*wrong*)

　　　(그 여인이 관대하다는 소문이다.)

　　┌They *say* **they will pass**. (*right*)
　　└They say to pass. (*wrong*)

　　　(그들이 합격한다는 이야기다.)

③ **부사구**: 부정사의 부사적 용법에는 동사·형용사·부사를 수식하는 것과, Sentence 수식구 등 네 가지가 있어서 각기 목적·원인·이유·결과·방향·범위·조건·정도 등을 표시한다.

1) 동사를 수식

① 목적(purpose)을 표시

Women *are made* **to be loved**, not **to be understood**.

(여성이 창조되기는 애정의 상대자로서지, 변명의 주인공으로서가 아니다.)

I'll *call* **to inquire** after his health.

(문안차 그를 방문하련다.)

This *is* **to inform** you that we are grateful for what you've done to us.

(이것은 귀하의 호의에 감사한다는 뜻을 전하려는 것입니다.)

He *opened* his lips as if [as though] **to make** some reply.

(그는 마치 어떤 대답을 하려는 듯이 입을 열었다.)

참고 약간 문장체인데, 목적을 더욱 명확하게 표현하는 것으로 so as to, in order to도 쓴다.

He labored day and night **in order[so as] to** make both ends meet. (그는 수지를 맞추기 위해 열심히 일했다.)

② 원인(cause)을 표시

Mother *was shocked* **to hear** the sad news*

(그 비보를 듣고 어머니는 충격을 받으셨다.)

She *fainted* **to see** her lost child dying by the roadside.

(행방을 몰랐던 어린애가 길옆에서 빈사 상태에 빠져 있는 것을 보고, 그 부인은 기절했다.)

The manager *regrets* **to have suffered** a severe loss.

(그 지배인은 심한 손해를 입어서 한탄하고 있다.)

③ 이유(reason), 즉 판단의 기준을 표시

She *wept* **to read** his letter from the Middle East.

(중동에 가 있는 남편의 편지를 읽고 그 여인은 울었다.)

He *must have managed* well **to have succeeded** so admirably in his business.

(그가 사업에서 큰 성공을 했으니, 운영을 잘했나봐.)

참고 다음과 같은 teach의 표현은 관용적인 것이다.

I will *teach* you **to speak** to me like that. (그런 수작을 네가 내게 하면 혼을 내주겠다.)

This will *teach* you **to speak** the truth. (네가 실토하도록 해주겠다.)

④ 결과(result)를 표시

They *tried* again only **to fail.** (다시 해보았으나 실패할 뿐이었다.)

Edison *grew* up **to be** an inventor. (에디슨은 자라서 발명가가 되었다.)

The Kims *went* to South America to settle there, **never to return.**

(김 씨네가 남미로 이민 가서 돌아오지 않았다.)

He *waked* **to find** that all his glory was only a dream.

(그는 잠을 깨고 보니 찬란했던 모든 것이 꿈이었음을 알았다.)

Oxygen and hydrogen *combine* **to form** water.

(산소와 수소가 합해 물이 된다.)

She will *live* **to be** ninety as she is still in robust health.

(그 할머니는 아직 매우 건강하시니, 90세는 사시겠군.)

⑤ **조건(condition)을 표시**

You will *do* well **to accept** his proposal. (= if you accept …)

(그의 청혼을 아가씨가 받아들이면 좋을 거야.)

What would I not *give* **to be able** to see him?

(= I would give anything if I could see him.)

(그분을 뵐 수만 있다면야, 이 세상에서 내가 아낄 것이 무엇이 있겠습니까?)

To hear her talk, you *would take* her an American.

(그녀가 말하는 것을 들어보면, 당신은 그녀를 미국인이라고 생각할거요.)

To be effective, songs *must be* beautiful and melodious.

(= If it is to be effective ….)

(효과를 내려면 노래는 아름답고 음악적이어야죠.)

I *should be happy* **to be** of any service to you. (= if I could be of ….)

(제가 도와드릴 것이라도 있다면 다행이겠습니다만.)

To do my best, I *could not read* the code telegram. (= Though I …,)

(애를 썼으나, 그 암호 전보를 풀어 읽을 수 없었다.)

⑥ **방향(direction)**

선행하는 동사(운동의 자동사 등)의 동작이 무엇에 관한 것인가를 표시한다. 전치사로서의 to의 본래의 뜻인 '… 을 향하여(= toward, in the direction of)'의 유물이다.

They *came* **to like** each other. (come = be brought, get)

(그들은 서로 좋아하게 되었다.)

cf. He *came* **to meet** her. (목적) (그녀를 만나려고 그가 왔다.)

He *agreed* **to make** the machine at a low price.

(그 기계를 싸게 만들어 보자는 데 그는 합의했다.)

How did you *get* **to announce** the news?

(어떻게 그 소식을 발표하게 되었나?)

He *is going* **to try** a third time next year.

(내년에 삼수생으로 또 한 번 그는 해보려 하고 있다.)

She washed his socks and *proceeded* to darn them.

　(그 여인은 아들의 양말을 세탁해서 꿰매기 시작했다.)

Smoking sometimes *tends* to cause cancer.

　(흡연은 때로 암을 유발하기 쉽다.)

He *went on* to say to defend her from injustice.

　(그 여인이 불법적인 대우를 받지 않도록 그는 계속하여 변호했다.)

2) 형용사를 수식

방향과 범위를 지정하여 ' … 에 대하여', ' … 하는 데'의 뜻.

① 목적

He is *eager* to travel. (그는 여행을 하고 싶어 한다.)

A foreign language is *hard* to learn. (외국어는 배우기 어렵다.)

He was *hard* to please. (그는 성미가 까다로웠다.)

That boy is *slow* to understand. (저 아이는 이해가 느리다.)

She is quite *able* to converse without embarrassment.

　(그녀의 말솜씨로 당황치 않고 충분히 얘기를 나눌 수 있다.)

This world is *good* to live in. (이 세상은 살기가 좋다.)

We are *apt* to make mistakes. (사람은 실수하기 쉽다.)

He is not *likely* to break his journey at Busan.

　(여행 도중에 그가 부산에 잠시 머물 것 같지는 않다.)

Some flowers are *pretty* to look at, but have no fragrance.

　(어떤 꽃은 모양이 고와도 향기가 없다.)

He easily gets *ready* to fight for such a trifle matter.

　(그는 이런 변변치 않은 일을 가지고 서슴없이 싸우려 든다.)

The applicants are *anxious* to know the result of their examination.

　(지원자들은 시험 결과를 몹시 알고 싶어 하고 있다.)

She is *unworthy*[*not worthy*] to be his partner.

　(그녀가 그의 상대자가 될 자격은 없다.)

② 이유

She must be *mad* **to talk** like that. (그런 말을 하다니 그 여인은 정신이 나갔나 보다.)

How *foolish* he was **to reject** the offer!

(그 제안을 그가 거절하다니, 얼마나 어리석은 짓이었나!)

How *silly* you are **to quarrel** with such a theorist!

(이런 이론가와 말다툼을 하다니, 자네는 참으로 어리석네.)

How *lucky* he is **to have** such a virtuous lady as wife!

(이렇게 숙덕 높은 분을 아내로 삼고 있으니, 그는 참으로 운 좋은 사나이다.)

She cannot be *rude* **to have behaved** so prudently.

(그렇게도 경거망동을 삼갔으니, 그 부인이 무교양일 이치가 없다.)

I was *at a loss* **what to say.** (at a loss=puzzled)

(뭐라고 말하면 좋을지 난처했다.)

③ 원인

감정을 나타내는 형용사(glad, happy, pleased, sorry, etc.) 뒤에 감정의 기원으로 쓴다.

I am *happy* **to have** several more pleasant talks with you.

(당신과 몇 번 더 환담할 수 있게 되니 기쁩니다.)

I should be *happy* **to be of any service** to you. (= if I could be)

(제가 도와드릴 것이라도 있다면 다행이겠습니다.)

We are only too *glad* **to hear** of your safe arrival.

(무사히 도착했다니 참으로 기쁘다.)

I am very *glad* **to make** your acquaintance.

(뵙게 되오니 매우 반갑습니다.)

참고 | *I am glad* to see you. (=as I have seen you.) (만나니 반갑소.[처음 뵙습니다].)
    | I *shall be glad* to see you. (=if I can see you.) (만나면 반가울 거요.)

3) 부사를 수식

enough, so as, so … as, too 등 정도를 표시하는 부사와 함께 쓴다. so as to, so … as to는 context에 따라 때로 목적, 때로 결과 등으로 풀이한다.

He is prudent *enough* **to keep** out of debt.

(=He is *so* prudent *as* to keep out of debt.)

(=He is *so* prudent *that* he keeps out of debt.)

(그는 조심성 있는 사람이니까 빚은 지지 않고 산다.)

They are rich *enough* **to keep** their own car.

(자가용을 가질 만큼 그들에겐 여유가 있다.)

He is not old *enough* **to go** to school yet.

(그가 아직 어려서 학교에는 다니지 못한다.)

Get up early *so as* **to have** plenty of time. (so as to = in order to)

(시간을 많이 가질 수 있도록 일찍 일어나라.)   [목적]

Go to bed at once *so as* **not to be** late for school tomorrow.

(내일 학교에 늦지 않도록 곧 잠자리에 들어라.)

Don't run *so* fast *as* **to become** easily tired. (= in such a way as to)   [결과]

(너무 빨리 뛰어 쉽게 지치도록은 하지 마라.)

Be *so* kind *as* **to explain** the meaning of this sentence.

(이 말의 뜻을 설명해주시기 바랍니다.)

Listen attentively *so as* **not to miss** a single word.

(한마디도 빠뜨리지 않도록 주의해서 들어라.)

He is *too* engaged **to pay** attention to her.

(그가 일에 너무 바빠서 부인 걱정을 미처 하지 못하고 있다.)

This book is *nowhere* **to be found**.

(이 책은 아무데서도 눈에 띄지 않는다.)

He ran away with much money, which he spent in a week, or **to be more exact**, *in five days*. (그가 많은 돈을 가지고 달아났다. 그것을 그는 1주일 만에 낭비했다. 좀 더 정확히 말하자면 5일 만에 말이다.)

④ **독립부정사(Absolute infinitive)**: 일종의 부사구로서 Sentence 전체를 수식하는 관용구(Sentence modifier)인데, 흔히 판단 및 추리의 이유·조건·양보 등에 쓰인다. 일반적인 부사구와 다른 점은 이것이 유리(isolation, 遊離)의 힘이 강해, 부정사구와 그 Sentence의 다른 부분과의 유기적인 관계가 희박하다는 것이다. 부정사의 의미상 주어와 그 Sentence

의 주어가 다를 때에는 대개 독립부정사로 본다.

To do him justice, he has many faults, but is not an ill-natured man.

  (공정하게 평한다면, 그는 결점은 많으나, 성미가 고약한 사람은 아니다.)

To return to the subject, what is your point of protest?

  (본 주제로 돌아가서, 당신이 항의하는 요점은 무엇이요?)

Disobeying is a bad habit, **to say the least of it**.

  (아주 줄잡아 말하더라도, 불복종은 나쁜 버릇이다.)

To be frank with you[To speak frankly], I've injured my health from overwork.

  (= If I am to speak frankly)

  (솔직히 말하자면, 나는 과로로 건강을 해쳤다.)

He is very rich, **to begin with**. (= in the first place)

  (그는 우선 큰 부자다 = 돈이면 제일이지 뭐냐, 그는 큰 부호야.)

To make matters worse, he lost his health. (= To add to his difficulties)

  (엎친 데 덮치기로 그는 건강마저 잃었다.)

He can speak Chinese, **to say nothing of[not to speak of]** Japanese.

  (그는 중국어를 할 줄 안다, 일본어는 말할 것도 없고.)

It is warm, **not to say** hot.

  (덥다고는 말하지 않더라도, 아무튼 날씨가 따뜻하기는 하다.)

To tell the truth, I cannot give up the idea of travelling in Africa.

  (사실은 아프리카 여행을 나는 단념할 수 없다.)

He fell from the fifth story, but **strange to say[mention]**, the fall did not kill him. (5층에서 떨어졌지만, 이상하게도 그가 죽지는 않았다.)

Making cynical remarks is a bad habit, **to say the least of it**.

  (비꼬면서 말하는 것은, 아주 줄잡아 말하더라도 나쁜 버릇이다.)

It's a good idea, **to be sure**, but isn't it hard to practise?

  (확실히 좋은 생각이야, 그러나 실천에 옮기기가 어렵지 않을까?)

To make a long story short[In short], this is our answer to your question.

  (요컨대 이것이 당신네 질문에 대한 우리의 대답이요.)

152. 대부정사(Pro-infinitive, 代不定詞)

to만 있고, 그 다음에 올 동사가 생략된 부정사인데, 회화체다.

I shall go to the celebration, or at least I am planning **to** (go to the celebration).

(나는 축제에 간다, 적어도 그렇게 할 계획이다.)

Are you going to sing with him? — He wishes me **to**.

(그이와 함께 노래하는 거야? — 그렇게 하기를 그가 바란다.)

Not study? I'm afraid you'll have **to**. (공부를 안 해? — 해야 할 것으로 아는데.)

Did he come? — No, I asked him **to**, but he didn't want **to**.

(그가 왔나? — 아뇨, 오라고 부탁했지만, 오고 싶지가 않았나 봐요.)

His novel will sell well, it's bound **to**. (그의 소설은 잘 팔릴 것이며, 또 그래야지.)

Will you come with me? — I should like **to**.

(나와 함께 갈까? —그러고 싶지만.)

They call him a miser, and have a right **to**.

(저들은 그를 구두쇠라고 부르는데, 그렇게 부를 수 있지.)

I meant to return the book, but forgot **to**.

(그 책을 돌려드리려고 했었으나, 그만 잊었죠.)

She doesn't come so often as she used **to**.

(요즘엔 그녀가 이전처럼 자주 오지를 않는다.)

We didn't go there because he told us not **to**.

(그의 말씀이 가지 마라니까 우리는 그대로 했다.)

[참고] 이 to가 없으면 뜻이 달라지기도 한다.

I heard everything he told me. (그가 내게 하는 말을 모조리 다 들었다.)

I heard everything he told me **to**. (그가 내게 들으라고 말한 것은 다 들어두었다.)

477

153. 분리부정사(Split infinitive, 分離不定詞)

to와 동사 사이에 부사가 삽입되어 있는 것으로서, 그 부사가 바로 그 동사를 수식하고 있음을 밝히기 위한 조처다. 반대하는 의견도 있기는 하나, 현실적으로 쓰이고 있고, 또 편리하다.

> [참고] 다음 예의 entirely가 각기 어느 것을 수식하고 있는가에 유의한다.
>
> He *entirely* **failed** to understand it. (failed를 수식)
>
> (그것을 이해하는 데 그는 전적으로 실패했다.)
>
> He *failed* to **understand** it *entirely*. (failed인지, understand인지 불확실.)
>
> 1. (그것을 그가 전적으로 이해하지는 못했다.) (understand를 수식)
>
> 2. (그것을 이해하는 데 그는 전적으로 실패했다.) (failed를 수식)
>
> He failed to *entirely* **understand** it. (분리부정사로 understand를 수식, 명확)
>
> (그가 그것을 전적으로 이해하지는 못했다.)
>
> He failed *entirely* **to understand it**. (to understand it 전부를 수식)
>
> (그가 그것을 전적으로 이해하지는 못했다.)
>
> 이 예는, 부정사구를 수식하는 부사는 그 부정사 앞에 온다는 문법에 따른 것이다.
>
> He told me *not* **to move**. (꼼짝 마라고 그가 내게 명했다.)

I wish you **to distinctly express** your opinion.

　(자네 의견을 똑똑히 말해보게.)

She wished **to calmly consider** with her lover the position in which she was

　　placed. (그 여인은 애인과 함께 자기의 처지를 냉정하게 생각해보고 싶었다.)

I want you **to stoutly maintain** your innocence.

　(당신이 자신의 결백을 강경하게 주장하기만 나는 바랍니다.)

We don't want you **to even speak** to him.

　(자네가 그에게 말을 건네는 것조차 우리는 원하지 않아.)

He had **to hurriedly produce** his free pass to the theater.

　(그는 극장 무료입장권을 황급히 내밀 수밖에 없었다.)

He teaches us **to properly respect** our neighbors.

　(이웃 어른들께 응분의 경의를 표하도록 그는 우리에게 가르치십니다.)

It is difficult **to really appreciate** great literary works.

　(위대한 문학적 작품을 진짜로 감상하기란 어렵다.)

She was unable **to long keep silence** at home.

　(집에서 그녀가 오랫동안 말없이 있을 수는 없었다.)

We don't intend **to in any way object** to his suggestion. — in any way를 object

　뒤에 놓아도 뜻은 같다.

　(그의 제안에 조금이라도 반대할 의사는 우리에게 없습니다.)

She refused **to either admit or deny** the scandal.

　(그 험담을 그 여인은 승인도 부인도 하기를 거부했다.)

154. 원형부정사(Root[Bare] infinitive, 原形不定詞)

1 **대다수의 조동사, 즉 shall, will, can, must, may, etc. 다음에 쓰인다.**

That *will* **be** the end of his romance.

　(그것이 그의 연애담 마지막일 거요.)

Why (*should*) we) not **go** at once? (왜 곧 가지 않는 거야?)

2 **지각동사(Verbs of Perception, 知覺動詞)의 능동태와 함께 쓰이면 목적격 보어로 된다.** 지각동사라면 see, hear, feel, watch, notice, behold, observe, perceive, find, imagine, suppose, think, etc.이다.

We *saw* her **enter** the music hall.

　(그 여성이 음악당으로 들어가는 것을 우리는 보았다.)

cf. She was seen **to** enter the music hall. — 피동태로 변하면 to가 나타난다.

참고　원형부정사나 to-부정사나, 목적격보어로 되었을 때의 목적어를 부정사 동반대격 (Accusative with Infinitive)이라 부른다. 위의 예에서는 her가 바로 이것이다. 이것은 의미 상 주어(her) + 술어(enter)의 관계를 가진다. 즉, **Infinitival nexus**다.

I *observed* tears **come** into her eyes.

　(그녀의 눈에서 눈물이 솟아나는 것을 나는 보았다.)

He *watched* the postman **cross** the road.

(우체부 아저씨가 길 건너오는 것을 지켜보았다.)

I *saw* him **slide** down off the chair.

(그가 의자에서 미끄러져 내려갔다.)

We *have heard* (someone) **say [tell]** that he has sold his car.

(그가 차를 팔았다는 말을 들었다.)

He *felt* his hands **tremble**. (= His hands were felt to tremble)

(그는 두 손이 떨리는 것을 느꼈다.)

The prisoner *felt* the snake **crawl** over his hips.

(죄수는 뱀이 허리께로 기어오르는 것을 알았다.)

[참고] 보어가 be … 인 때는 to가 붙는다.

He fet his hands **to be** cold. (그는 자기 손이 차다고 느꼈다.)

I saw (= understood) the gossip **to be** false. (그 쑥덕공론이 허위임을 나는 알았다.)

We knew it **to be** a mistake. (그것이 착오임을 우리는 알았다.)

They found him **to be** learned. (알고 보니 그는 박학인 분이었다.)

③ **사역동사(Causative verb, 使役動詞)의 보어로 쓰인다:** 사역동사라면 let, make, have, bid, help, etc.

Let him **come** in. (손님을 들어오시도록 하게.)

cf. Allow[Permit] him **to** come in.

Let a hundred flowers **bloom**, a hundred schools of thought **contend**.

(백 가지 꽃이 피게 하고, 백 가지 학파가 서로 논쟁케 하라.)

Let **go** the rope. (밧줄을 놓아라.)

He *let* **fall** words. (그는 무심코 그만 지껄이고 말았다.)

What *makes* her **weep**? (무엇이 그 여인을 울리나?)

cf. What *causes* her **to** weep?

He *made* me drink. (그는 내게 술을 억지로 마시게 했다.)

cf. I was made to **drink**. (피동태)

They compelled[forced] me **to** drink.

One last drop *makes* the cup **run** over.

(조금 더 조금 더하면 잔이 넘친다. = 최후의 한 방울로 잔이 넘친다.)

The children *made* **believe** that they were soldiers.

(애들이 군인놀이를 했다.)

None can *make* him **work**, the mere idea of work *makes* this vagabond

shudder.

(아무도 그가 일하도록 할 수는 없는데, 그 건달은 일을 생각만 해도 진저리친다.)

I won't *have* you **say** such things.

(자네에게 이런 말 하라고 내가 시키지는 않겠네.)

cf. I won't get you **to** say such things.

[참고] have가 술어 동사인 Sentence의 피동태는 없다. He had his wife die. (그가 부인과 사별
했다)는 His wife died.란 뜻의 관용적 표현이다.

Bid them (to) **weed** the garden.

(정원의 잡초를 뽑으라고 그들에게 말하게.)

The captain *bade* his men **go** forward.

(중대장은 대원들에게 전진을 명령했다.)

cf. The captain told his men **to** go forward.   [회화체]

Please *help* me (to) **carry** this baggage.

(이 짐을 가져갈 수 있도록 나를 도와주게.)

[참고] help에는 to가 있어도, 또 미어식(美語式)으로 없어도 무방하다.

④ 부정사가 중복될 때 둘째 것부터 쓰인다.

Children must learn **to** read, *write* and *compute* as the basis of education.

(애들은 교육의 기초로서 읽기·쓰기·계산을 배워야 한다.)

cf. Léarn to lábor and to wait. (사람이 할 것은 일, 성패는 하늘에 맡길 수밖에.)

[참고] 이것은 Longfellow의 한 시구로, 율(meter, 律)이 강약격(Trochee, 强弱格)인 까닭에서다.

Our elders tell us **to** speak the truth and to fear nothing.

(선배 말씀이, 거짓말 말고 두려워도 마라고.)

[참고] fear와 to speak 와의 거리가 멀고, the truth and fear처럼 fear를 명사로 읽어 내려가기도
쉬우니, to를 다시 넣어 아주 못을 박은 것이다.

Is that what we came into this world for, **to** work, **dine** and **go** to bed every-

day? (매일 일하고, 먹고, 자고, 그것 때문에 우리는 이 세상에 태어났나?)

What is left to him but **to** drink and **get** married?

(술 마시고 결혼이나 하는 것 외에 따로 어떤 할 일이 그에게 있나?)

⑤ **미어(Americanism) 회화체에서 go, come 등의 뒤에 쓰인다**

이것은 대개 목적(purpose)을 말하는 원형부정사다.

He will **go** tell her. (= to tell) (그가 가서 그녀에게 그 말 전할 거야.)

Go **wash** your hands. (= to wash) (가서 손을 씻어라.)

Come **see** me some day. (=to see) (앞으로 내게 들르게나.)

⑥ **미어에서 보어로 쓰이는 부정사구에 쓰인다**

All he did after his lunch was **yawn**. (= to yawn)

(점심 뒤에는 그가 하품만 하고 있었다.)

The only thing he did was **submit** his resignation. — to submit은 Briticism

(그는 그저 사표를 낼 뿐이었다.)

⑦ **관용례**

Better go to bed supperless than **rise** in debt. (rise = You had better rise)

(빚 얻어 잘 먹고 자고 일어나는 것보다, 굶어서 자고 일어나는 것이 마음 편하다.)

[참고] 위에 인용된 것 이외의 than 뒤에서는 대개 to-부정사가 쓰인다.

She knows better (= is wiser) than **to** do such things against her will.

(그녀는 자기 뜻에 맞지 않는 이러한 일은 하지 않는다.)

He would[had] rather[sooner] starve than *steal*. (도둑질을 해야 할 형편이라면 그는 차

라리 굶어 죽기를 택할 거다.) —(he would) steal로 보아 to가 없다.

Better **wait** and not say a word about it at present. (better = You had better)

(현재로서는 기다리며, 아무 말도 하지 않는 것이 좋다.)

Better[As well] **be** hanged for a sheep than[as] for a lamb.

(새끼 양을 훔치고 교수형을 받을 바에야 큰 양을 훔치는 것이 낫다.)

He *has done nothing but* **pray** all day. (그는 종일 기도만 올렸다.)

[참고] 1. nothing but 앞의 동사가 do 이외의 것인 때는 그 뒤에 to-부정사가 온다.

They desire nothing but **to** enjoy the present moment.

(그들은 현재를 즐기는 것만 원하고 있다.)

Nothing remains but **to** sleep. (자는 것밖에는 할 일이 없다.)

I *could not*(*choose*) *but* **admire** his disinterested anger.　　　　　[문장체]

(그의 공분에 감탄하지 않을 수 없었다.)

　　cf. I couldn't **help admiring** his ….　　　　　　　　　　　　　[회화체]

　　　　I couldn't **help but admire** his ….　　　　　　　　　　　　[속어]

2. as, but, except, save, than 등은 접속사다.

He does little else than(that he does) **think** about her.

(그녀에 대한 생각 이외에는 그에게 아무 할 일도 없다.)

You would rather[may as well] stay than[as] **go**.

(가기보다 머물러 있는 것이 좋을 거요.)

We cannot(do anything) but(that we can) **be** thankful favors.

(그분들의 신세를 고맙게 생각하지 않을 수 없다.)

　　cf. He has nothing but **to** regret his own deeds.

　　　　(그에게는 오로지 자기의 행동에 대한 후회만이 남아 있다.)

　　　　― 이 but은 전치사이고, to regret…은 명사구로서 그 목적어구.

3. Try to = Try and

"Try and be punctual(시간을 잘 지키도록 하라)"가 "Try to be punctual."보다 더 회화
체다. "Come to see me(와서 나를 만나게)"가 "Come and see me."보다 더 명확하다.

What can I do but **change** my occupation?

(내 직업을 변경하는 것밖에 다른 수가 없지 않겠나?)

We had better not **begin** just yet.

(우리는 아직 시작하지 않는 것이 좋을 거야.)

Hadn't you better **talk** about it over a cup of coffee?

(커피라도 한잔 마시면서 이에 대한 이야기를 나누는 것이 좋지 않을까?)

You had better **have waited** longer for her.

(더 오래 그녀를 자네가 기다렸더라면 좋았을 것을.)

You'd best **pay** extra for a better seat.

(더 편한 자리를 차지하려면 별도로 돈을 더 내는 것이 좋아.)

One who wishes to be a politician can not do better than **read** history.

(정치가를 지망하는 사람은 역사를 읽는 것이 좋다.)

155. 부정사의 시제

부정사의 시제(Tense)에는 단순형과 완료형의 두 가지가 있다.

①**단순부정사**(Simple infinitive): 술어동사(Predicate verb)가 표시하는 때와 동시 또는 그 이후, 즉 미래의 것을 나타낸다.

  1) appear, seem, be said, be thought, be believed 등 다음에 오면 동시다

  He *appears* to be rich. (= It *appears* that he is rich.)

   (그 사람 돈 있는 것같이 보인다.)

  They *seem*[*are said*] to be fortunate. (= It *seems*[*is said*] that they are fortunate.)

   (그 집 사람들은 운 좋은 것같이 생각된다.)

  He *seems* to be a business man. (= It is *said* that he is a business man.)

   (그 사람은 장사꾼 같다.)

  They *seemed*[*were said*] to be generous.

   (= It *seemed*[*was said*] that they were generous.) (그들은 관대한 것같이 생각되더라.)

  She *was said* to be charming. (= People *said*[It *was said*] that she was charming.)

   (그녀가 매력 있다는 소문이었다.)

  It *was* a pleasure to hear her play the harp.

   (그 여성이 하프를 연주하는 것을 들으니 좋습디다.)

  2) 희망·기대 등을 표시하는 동사(expect, hope, intend, offer, promise, want, wish, etc.) 다음에 오면 그 이후, 즉 미래(Future)를 나타낸다

  He *expects* to get home in time for the party.

   (= He *expects* that he will get home ….)

   (그는 연희 시간에 맞춰 집으로 돌아올 작정이에요.)

  cf. He *expected* …. (= … that he would get home ….) (작정이었다)

  He *hopes* to see you next week. (다음 주에 그가 당신 만나기를 바라고 있습니다.)

  He *offered* me to lend me the money.

   (그가 돈을 내게 빌려주겠다고 말해왔다.)

I *intend* to call on you one of these days.

(가까운 시일 안에 당신을 찾아뵐 생각입니다.)

It *promises* to be fine this afternoon. (오늘 오후엔 날이 갤 것 같다.)

He *promised* to come. (= He promised that he would come.)

(오겠다고 그가 약속했다.)

He *will promise* to come. (After future로 미래 다음에 오는 것.)

(온다고 그가 약속할 거야.)

We *were* to play the following day.— Future in the Past로 과거에서의 미래. 했
는지 하지 않았는지 모름.

(그 다음날 우리는 경기를 할 예정이었다.)

cf. We *were* to have played ···. — 예정은 있었으나, 실현되지는 않았음.

He *is sure* to get there in time. (확실히 그가 시간 안에 도착할거야.)

This day week we *hope* to have agreed on the conditions.

(내주 오늘까지 그 조건에 합의가 이루어져 있기를 바란다.) — 미래완료 대용.

② **완료부정사**(Perfect infinitive): 술어동사가 표시하는 때보다 이전의 것, 또는 그 때
에 이미 완료되어 있는 것.

They *seem* to have been happy. (= It seems that they were[have been] happy.)

(그 부부는 행복했던 것처럼 생각된다.)

They *seemed* to have been happy. (= It seemed that they had been happy.)

(그들이 행복했던 것처럼 보였다.)

I *remember* to have said nothing of the sort. (= ··· that I said[have said] ···.)

(내가 그런 말은 전혀 하지 않았음을 잘 기억하고 있다.)

cf. I *remembered* to have said···. (= that I had said ···.)

He *pretends* to have studied philosophy. (= ··· that he studied[has studied] ···.)

(그가 철학을 연구한 체하고 있다.)

He *pretended* to have walked a very long way.

(= ··· that he had walked ···.)

(그는 먼 길을 걸은 체했다.)

She *was supposed* to have amassed riches by industry. — 과거 어떤 때까지의

완료

(그 여인이 부지런히 일해서 돈을 모았다고 사람들은 알고 있었다.)

He *expects* to have finished the work by the weekend.

(= … that he will have finished ….) — 미래완료

(주말까지 그 일을 끝내 두길 그는 바라고 있다.)

③ 완료부정사가, 희망·기대 등의 뜻인 동사의 과거형 뒤에 오면 그 일이 실현되지

않았음을 표시한다.

We *intended* to have pleased him. (= We intended to please him, but could[did]

not do so.)

(그를 즐겁게 해드리려고 했었는데, 그렇게 하지 못했다.)

I *wanted* to have bought the book. — 실현되지 않은 과거의 의지

(그 책을 사두었더라면 좋았을 것을.)

[참고] to have bought를 to buy로 하면, 사기를 원했다고만 말하고 있을 뿐이니, 실제로 샀는지
안 샀는지는 불분명하다. 다른 예도 같다.

She *wished* to have come. (그녀가 오고 싶었으나, 오지 못했다.)

We *expected* her to have attended the wedding.

(= We had expected her to attend the wedding.)

(그 결혼식에 그녀가 참석할 것으로 알았는데, 그렇지 않았다.)

cf. expect + 단순부정사 = 미래

expected + 단순부정사 = 과거에서의 미래

expected + 완료부정사 = 실현되지 않은 일

She *was* to have dined with us here on that day.

(그 부인은 그날 우리 집에서 함께 식사할 예정이었으나, 그렇게 되지 않았다.)

You would have done better to have left it unsaid.

(= … if you had left it unsaid.) — 서상법 대용

(그 이야기는 당신이 입 밖에 내지 않았더라면, 더 좋았을 것.)

You should[ought to] have acted moderately.

(중용中庸을 지켰더라면 좋았을 것을.)

참고 should, would, could, might, must, ought to 등 아래의 to-없는 완료 부정사도, 실현되지 않은 과거의 일을 표시하는 경우가 있다.

cf. I had thought[hoped, wished, intended, meant] to send a congratulatory tele-
gram.   [문장체].

(축전을 보내려고 생각했으나, 그렇게 하지 못했소.)

156. 부정사의 의미상 주어(Sense subject)

주어(Subject)는 정동사(Finite verb)에 필요한 것이고, 준동사(Verbals)는 특정된 주어, 즉 문법상 주어를 가지고 있지 않다. 다만 의미상으로 동작이나 상태의 주체는 있다.

1 특정된 주어가 아니고, 막연하게 one, we, you, they 등 총칭인칭(Generic person)에 해당하는 것.

To mourn a mischief past and gone is to draw new mischief on.

(흘러간 불행을 슬퍼하는 것은 새로운 불행을 초래하는 것이다.)

It is never too late to mend. (허물을 바로잡는 데 주저할 것 없다.)

To be frank with you (= Frankly speaking), he loves her.

(솔직하게 말씀드리면 그는 그녀를 사랑합니다.)

2 센텐스 중의 어떤 말이 문맥(context)으로 의미상 주어인 것

He wishes to forget his past. (그는 과거를 잊고 싶어 한다.)

He wishes his wife to forget her past.

(그는 자기 부인이 그녀의 과거를 잊기를 바라고 있다.)

He promised his wife to forget her past.

(그는 자기 부인에게 그녀의 과거를 잊겠노라 약속했다.)

참고 이 wish와 비슷한 형식을 취하는 동사로 다음과 같은 것이다.

a. 희망·기대 — want, desire, hope, beg, entreat, expect, like, etc.

b. 명령·권고 — tell, order, command, ask, advise, teach, urge, persuade, etc.

c. 사역—cause, compel, force, oblige, lead, enable, tempt, encourage, help, etc.

d. 생각—think, believe, consider, suppose, imagine, etc.

e. 허용·금지—allow, permit, forbid, etc.

　지각동사와 일부 사역동사에는 원형부정사가 붙는다.

　I *heard* the dog **bark**. (개 짖는 소리를 들었다.)

　He *made* me **clean** his shoes. (그는 내게 신발을 닦게 했다.)

You must allow *yourself* **to be** in the wrong.

　(자네는 자신이 잘못되어 있음을 인정해야지.)

I like *girls* **to be** cheerful. (소녀들은 명랑해야 좋다.)

cf. I like cheerful girls. (명랑한 소녀가 나는 좋아.)

How clever *you* are **to solve** the problem!

　(그 문제를 풀다니 자네는 머리가 참 좋군!)

3 의미상 주어를 밝힐 필요가 있을 때는 for + 명사[대명사] + 부정사의 형식을 가진다.

　It is good for *him* to go. (그가 가는 것이 좋다.)

역사적으로는 위의 말이 〈 "It is good him to go." 〈 "It is him good to go."에서 유래했다. for him이 본래는 이해의 여격(Dative of Interest)으로 good의 부사구였고, 주격은 부정사구였으나, 차차 him과 to go가 주어 + 술어인 것 같은 심리적 영향을 주어, 결국엔 for him to go가 주어가 되어 For him to go is good이 되었다. 그러므로 "It is good/for him to go."에서 It = For him to go니까 good 다음에 휴지(Pause)를 둔다. 그러나이와는 다르게 "It is good for him/to go(가는 것이 그를 위해서는 좋아, 우리를 위해서는 좋을 것이 없지만)."라고 휴지의 위치가 바뀔 수도 있다. 또 him을 총칭인칭으로 본다면 for him의 번역은 필요하지 않다. "For *men* **to search** their own glory, is not glory(사람이 자기자신의 영화를 찾는 것은 영화가 아니다)."

It is possible for *you* **to do** so.

　(= It is possible that you should do so.) (당신은 그렇게 할 수가 있습니다.)

It is not good for *a man* **to live alone**.　　　　　　　　　　　　　　[명사구]

　(남성[사람]이 짝 없이 산다는 것은 좋지 않다.)

That is for *you* **to decide**.　　　　　　　　　　　　　　　　　　[명사구]

　(그것은 당신들이 정할 일이요.)

The only way is for *you* **to do** everything for yourself.　　　　[명사구]

　(오직 한 가지 길은 만사를 자기 혼자의 힘으로 해나간다는 것이다.)

For *her* **not to go** would look as if she were afraid of meeting him.

　(= That she would not go would look ….)　　　　[명사구]

　(그녀가 가지 않는다면, 마치 그 남자 만나기를 두려워하는 것처럼 보일 것이다.)

It is easy for *one in health* **to preach** patience to the sick.　　[명사구]

　(건강한 사람이 병자에게 참으라고 권고하기는 쉽다.)

cf. It's not easy **to master** a foreign language. ― 의미상 주어는 총칭인칭.

It is time for *us* **to be up and doing**.　　　　[형용사구]

　(= It is time that we should be up and doing.)

　(지금은 우리가 분발하여 활동할 때다.)

There was no one for *her* **to depend upon**.　　　　[형용사구]

　(그 여인이 의지할 사람은 없었다.)

I should be glad for *Mary* **to come**.　　　　[부사구]

　(메리가 와주기만 한다면 좋겠는데.)

They stood aside for *the queen* **to enter**.　　　　[부사구]

　(여왕께서 들어오시도록 사람들은 비켜섰다.)

She longed for *the endless moments* **to pass**.　　　　[부사구]

　(지루한 시간이 끝나기를 그 여인은 갈망했다.)

He was too near for *my car* **to avoid**.　　　　[부사구]

　(그가 내 차 옆에 너무 가깝게 있었으므로 나는 피할 수가 없었다.)

In order for *an artist* **to be taken** seriously by the public, he must take himself

　seriously.　　　　[부사구]

　(예술가가 대중으로부터 진지하게 받아들여지기 위해서는, 자기 자신이 진지한 생활을 해야

한다.)

참고　1. It is good for the health **to bathe** in the sea.

　　(= To bathe in the sea is good for the health.)

　　(해수욕은 건강에 좋다.) ― 의미상 주어가 막연한 것

cf. It is good for *us* **to bathe** in the sea.

(= It is good that we should bathe in the sea.)

2. It is kind **of** you to help me. (it은 Situation 'it', of는 인품·특징·성질 등 사람의 행위에 대한 비판이고, to help me는 이유를 말하는 부사구다.)

(저를 도와주시는 당신의 친절함에 감사합니다.)

(= How kind of you to help me! = You are kind to help me.)

(도와주시니 당신은 친절하십니다.)

cf. It is kind **for** you to help me. (당신이 도와주시니 고맙소.)

It is rude **of** us to stare at foreigners. (외국인을 빤히 보는 것은 실례다.)

이렇게 of가 붙는 형용사는 kind 이외에 unkind, cruel, brave, careless, impudent, rude, selfish, wrong, foolish, thoughtless, generous, polite, nice, good, right, careful, clever, etc.

It is wrong **of[in]** you not to have supported him.

(그를 지지하지 않은 것은 당신의 잘못입니다.)

cf. It was a habit with him to get up late. (늦게 일어나는 것이 그의 버릇이었다.)

157. 생략(Ellipsis)과 부정사

1 의문 센텐스에서 부정사가 남아 있는 경우

What **to do**? (< What am I[are we] to do?) (어떻게 하면 좋아?)

Where **to go**? (< Where am I[are we] to go?) (어디로 가면 좋을까?)

I don't know **what to say**. (< … what I am to say.) ─ 간접의문

(어떻게 말해야 좋을지 모르겠다.)

Why **talk** (= should you talk) so much about it?

(그 일에 왜 그렇게도 말이 많아?)

Why not **go** (< Why do you not go) at once?

(왜 당장 가지 않는 거죠?)

What, not **know** (= Do you say you do not know) me?

(뭐라고! 나를 모른다고요?)

Why (do you) **ask** me, it you know? (안다면서 왜 내게 물어?)

② 감탄조(調)로 to-부정사구만 남아 있는 것

To think he should have deceived me!

(그가 우리를 속였다는 생각만 해도 ….)

To think that it should come to this!

(= How thoughtless I was when I think that it …!) (일이 이쯤 되다니!)

To think she is no more! (이제 그녀와는 유명幽明을 달리하고 있구나!)

Oh, **to have lived** in those peaceful days of that Utopia!

(= Oh, how happy I must have been if I had lived…!)

(아, 그 무릉도원에서 평화로운 나날을 살아보았더라면!)

You coward, **to lay** your hand upon your wife.

(이 못된 자야, 아내에게 폭력을 쓰다니.)

Careless boy, **to lose** his textbook!

(조심성 없는 학생, 교과서를 잃어버리다니!)

Nervous fellow, **to lose** his temper!

(소심한 친구, 화를 내다니!)

To think of her not knowing anything about that!

(= How strange it is to imagine that she knows nothing about that!)

(그녀가 그 일을 전혀 모르고 있다는 생각만 해도 이상하구나!)

To marry before my sick sister with none to take care of her!

(아무도 돌봐줄 사람이 없는 우리 병든 누님을 두고, 내가 먼저 결혼을 하다니!)

O **to be** young again! (청춘이여, 다시 한 번!)

Oh, **to be** in England!

Now that April's there! — *R. Browning*

(= For us to be in England would be delightful since it is April there now.)

(내 나라 영국에 가 보았으면, 거기에 4월은 와 있으려니!) — (기원)

158. 비난(非難)의 부정사(Infinitive of Deprecation)

주어와 부정사를 나란히 놓고 이 두 개의 결합이 상식적으로 불합리하다, 문법적으로 불가능하다, 또는 무식한 표현이라고 비난을 하고 있기는 하나, 실제로는 말로 통용되고 있으니, 확실히 언어 현상의 하나로서 다루게 되는 것이다. 그러므로 의문식 음조(intonation)를 쓴다.

Did you drive with her? — I **drive**!

(그녀와 함께 자동차 타고 돌며 놀았나? — 뭐, 내가 자동차 놀이를 해! 기막힌 소리!)

I **seek** a husband! (뭐, 내가 시집가고 싶어 한다고!)

I **seek** her pardon? Heaven forbid! (내가 그녀의 용서를 빌어? 맙소사!)

He **give** me a living! Can it be possible?

(뭐, 그가 나를 먹여 살린다고! 그게 있을 수 있는 일이야?)

A friend, and **mock** me thus! (mock = he mocks)

(친구인데, 나를 이렇게 모욕해?)

You a man, and **behave** so! (사내대장부가, 그렇게 처신을 하다니!)

A sailor and **afraid** of the weather!

(and = and yet; afraid = he is afraid) (뱃사람이면서 날씨 걱정을 해!)

She a beauty! — (a beauty는 보어에 해당하는 명사)

(그 정도 여자가 미인이야?)

He a gentleman! — (a gentleman도 보어에 해당하는 명사) (그게 신사야?)

 EXERCISE 20

1. 다음의 영어를 한국어로 옮겨라.

(1) She did not live to see her son married.

(2) Now he is old enough to know better.

(3) It wants to be done.

(4) It is evil for you to use violence.

(5) 'Tis better to have loved and lost,

Than never to have loved at all. — *A. Tennyson*

2. 두 sentences의 차이점을 말하라.

(1) a. She did not try to smile.

    b. She tried not to smile.

(2) a. We never wanted to see him.

    b. We wanted never to see him.

(3) a. I saw him come.

    b. I saw him coming.

(4) a. We saw him make a great error.

    b. We saw he had made a great error.

(5) a. He stopped smoking.

    b. He stopped to smoke.

3. Change the Infinitives into Clauses, and vice versa:

(1) I should have been glad to meet her.

(2) He was the first Korean that wrote English grammar.

(3) She was said to have lived in the States.

(4) We found that he was a famous preacher.

(5) They did not know how to act.

[2] 분사(Participle)

분사는 준동사(Verbals)의 일종으로 동사와 형용사의 두 가지 구실을 한 몸에 지니고 있다. 동사원형에 -ing를 붙이는 제1[현재]분사(First [Present] participle)와, 제2[과거]분사(Second[Past] participle) (동사활용(Conjugation)의 기본형 중 하나인 -d, -ed를 붙이는 규칙적인 것 및 불규칙적인 것이 있음)의 두 종류가 있다.

> [참고] 흔히 현재분사·과거분사라 부르고 있으나, 현재·과거란 말에 끌려 시제(Tense)의 그것과 혼동하기 쉬우므로 Jespersen의 주장을 따르는 것이 좋을 것 같다. 즉, **제1분사·제2분사**로 He is running에서는 running을 현재분사라 불러도 그럴듯하겠으나 He was running에서도 같은 술어로 부른다는 것은 이상한 느낌을 주기 때문이다. 마찬가지로 That ship was built in Korea라고 할 때 built가 과거분사라면 그런가보다 생각하는 사람도 있겠지만, Two big ships will soon be built here. (큰 배 두 척이 여기에서 조만간 건조될 것이다.)란 예에서 built가 과거분사라면 당황하기 쉽다.

태 〱 시제	제1[현재]분사		제2[과거]분사
	기본[단순]시제	완료시제	
능동	falling(vi.) breaking(vt.)	having fallen having broken	fallen
피동	being broken	having been broken	broken

(능동태 진행완료형으로 having been break*ing*이 있다.)

> [비교] 1. 타동사의 능동태 제1[현재]분사에는 의미상 목적어를 염두에 두어야 한다: a *cutting* wind (살을 에는 듯한 찬바람)
> 2. 타동사의 제2[과거]분사는 피동의 뜻을 그 자체로 간직하고 있다: a broken glass (깨진 잔)

159. 분사의 동사적 성질

1 목적어(Object)를 가질 수 있다.

Here comes a girl **carrying** *a racket*.

(라켓을 가지고 한 소녀가 이리로 온다.)

We heard her **singing** *a love song*.

(우리는 그녀가 사랑 노래 부르고 있는 소리를 들었다.)

2 보어(Complement)를 가질 수 있다.

Being *rich*, he can afford an expensive car of foreign make.

(부자니까 외국제 비싼 자동차를 살 수 있다.)

It *being* cloudy, she took her umbrella with her.

(날씨가 흐려 있으므로 딸애는 우산을 가지고 나갔다.)

I know a Hawaiian girl *called* Bessie.

(베시라는 하와이 소녀를 나는 알고 있다.)

He received a card from a fan *named* Jangmi.

(그는 장미라는 이름의 지지자로부터 축하 엽서를 받았다.)

He has been *elected* chairman. (그가 회장으로 선출되었다.)

③ 부사(구)(Adverb)로 수식될 수 있다.

The stars are *shining* brightly. (별이 찬란하게 빛나고 있다.)

The children walked round the bonfire *singing* merrily.

(소년 소녀들이 모닥불 주변을 돌며 흥겹게 노래 불렀다.)

His daughter is now a fully *grown* woman. (grown < grow(vi.))

(그의 따님은 이제 어른이다.)

He reads the Bible *written* in Latin. (written < write(vt.))

(그는 라틴어로 된 성서를 읽는다.)

The beautiful moon is *hidden* behind the dark clouds.

(아름다운 달이 검은 구름 뒤로 숨었다.)

She wrote him a letter, *thanking* him for his help, and sending him her best wishes. (그녀는 그에게 편지를 써서, 도와주어 고맙다며, 잘 있으라고 했다.)

160. 분사의 형용사적 용법(Adjective use)

① 한정 용법(Attributive use, 限定用法)

1) 명사의 앞 또는 뒤에서 형용사 구실을 한다

① 제1[현재]분사

Let sleeping dogs lie. (긁어 부스럼 만들지 마라.)

The baby sleeping sound, let it sleep on. (sound는 부사)

(단잠 자고 있는 아기, 그대로 자도록 두시오.)

No artist living could paint better. (could는 서상법의 귀결)

(현존 화가로는 이보다 더 잘 그릴 사람이 없다.)

There is an office girl **sitting** at typewriter.

(타자를 하고 있는 여사무원이 있다.)

In the parlor there were a lady **reading** some magazine and a girl **writing** a letter. — (a lady와 a girl은 분사의 의미상 주어)

(응접실에는 잡지를 읽고 있는 부인과, 편지를 쓰고 있는 소녀가 있었다.)

The parade came with flags **flying** and the band **playing**.

(행렬은 깃발을 날리며, 악대의 연주로 통과했다.)

[참고] **자동사 제1[현재]분사**는 능동태(Active voice)다. 이렇게 볼 때 능동태는 피동태(Passive voice) 의 상대일 뿐 아니라, 피동태 이외의 모든 형태를 포함한다고 볼 수 있다.

  a **living** creature(생물) < live(vi.) = exist

  living English(현대[생활] 영어)

  the **rising** moon(뜨는 달) < rise(vi) = come up in the east

  falling leaves(낙엽) < fall(vi.) = come down from a higher place

  a **hard-working** man(부지런한 사람)

cf. **타동사 제1[현재]분사**

  a **charming** girl(매력적인 소녀) < charm(vt.) = attract

  many **fascinating** department stores(눈을 황홀케 하는 많은 백화점)

  '누구를 황홀케 하느냐'라고 의미상 목적어(Sense object)를 생각해보아야 한다.

  an **interesting** book (재미있는 책) < interest(vt.) = attract and hold the attention of

  man-**eating** animals (사람을 잡아먹는 동물 (사자·호랑이·상어 등) man이 의미상 목적어

  a heart-**breaking** son (부모님 가슴 아프게 하는 자식)

  a **melting** pot (도가니, 인종과 문화가 뒤섞인 곳, 즉 미국)

  a long-**playing** record (장시간 연주의(L.P.의) 음반) < play(vt.) = cause to give out music

  The **surprising** news spread like wildfire (그 놀라운 소식이 순식간에 퍼졌다.)

   —surprise(vt.) = strike a person with wonder

  He cast a **piercing** eye at me. (그는 날카로운 눈으로 나를 보았다.)

   —pierce(vt.) = make a way through the eye(꿰뚫다)

② **제2[과거]분사**

A. 자동사(vi.)는 능동적 의미(Active meaning)를 지니고, 상태 또는 성질을 표시한다.

Her husband is a man **descended** from a noble family.

(descend = move downwards, a man descended = a man who has descended)

(그녀의 남편은 귀족 가문의 후손이다.)

The old palace is a sad relic of **departed** worth.

(of departed worth = of worth which has departed)

(그 고궁은 지난날의 영화를 말해주는 슬픈 유물이다.)

There is an indignant multitude now **gathered** and gathering there.

(gather(vi.) = come together in one place)

(저기에 모인, 또 모이고 있는 화난 군중이 있다.)

I showed him my **expired** driving licence.

(나는 만료된 내 운전면허증을 그에게 보여주었다.)

days **gone** by (지나간 세월)   **decayed** teeth (충치)

returned soldiers (귀환 군인)   **rotten** eggs (상한 달걀)

faded[**withered**] flowers (시든 꽃)

a **retired** general (퇴역 장군)   a full-**blown** rose (활짝 핀 장미)

a man **advanced** in years (고령자)

cf. ┌ a **drunken** fellow (술 취한 사람) ─ 분사적 형용사 (Participial adj.)
    └ He has **drunk** much. (술을 많이 마셨다) ─ 순수분사 (Pure participle)

    ┌ a **learned** [lə́:nid] professor (학식 풍부한 교수) ─ 분사적 형용사
    └ He has **learned** [lə:nd] English. (영어를 배웠다.) ─ 순수분사

B. 타동사는 형용사 구실을 할 때 피동적인 뜻(Passive meaning)을 지닌다.

I like **minced** meat. (mince(vt.) = cut meat into very small pieces)

(나는 다진 고기를 좋아한다.)

All those **invited** were pleased with the hostess's hospitality.

(초대 받은 사람들은 그 집 안주인의 친절한 접대에 만족했다.)

Soldiers **wounded** on the front were carried to the ambulance.

(전선 부상 용사는 야전병원으로 옮겨 갔다.)

Money **lent** is money **spent**. (빌려준 돈은 잃은 돈.)

His brief case **left** behind in a bus has not been found yet.

　(버스에 놓고 내린 그 손가방을 그는 아직 찾지 못했다.)

He wishes to be buried in the grave **dug** under the wide and starry sky.

　(넓고 별빛 맑은 하늘 아래에 만들어진 무덤에 그는 묻히고 싶어 한다.)

The yacht floated about with her masts **broken**.

　(그 쾌속정은 돛대가 꺾인 채 표류했다.)

a well-**known** actress (유명한 여배우)

a long **looked-for** chance (오랫동안 엿보고 있던 기회)

2) 준[의사]분사(Quasi-participle, 準[擬似]分詞)

　명사 꼬리에 -(e)d(= having)가 붙어서 형용사로 만들어진 것.

　a blue-eye**d** girl (푸른 눈의 아가씨)

　a good-humore**d** speaker (명랑한 연사)

　a hot-tempere**d** boss (성미 급한 사장)

　a kind-hearte**d** lady (인정 많은 부인)

　the left-hande**d** pitcher (왼손잡이 투수)

　a middle-age**d** couple (중년 부부)

　near-sighte**d** persons (근시안자들)

161. 분사의 서술 용법(Predicative use)

① 제1[현재]분사

1) 주격 보어(Subjective complement)

　He is **longing** to see you. (longing = dying) (그는 당신을 몹시 보고 싶어 하고 있습니다.)

　You look **dazzling** this evening. (오늘 저녁 당신은 너무 예뻐서 눈이 부시군요.)

　The messenger came **running**. (심부름꾼은 뛰어 왔다.)

　I remained **standing** in the bus. (버스 안에 선 채로 있었다.)

　The prices of commodities keep **rising**. (물가가 계속 오르고 있다.)

What have you been **doing?** — I have been **looking** over tomorrow's lessons. (지금까지 무엇을 하고 있었나? — 내일의 교과를 훑어보고 있었습니다.) (look over = examine)

He was found **sleeping.** (그가 자고 있음이 알려졌다.)

He went **fishing.** (fishing < a fishing < on fishing) (그는 낚시하러 갔습니다.)

She is happy **expecting** his success. (expecting < in expecting)

(그 여인은 남편의 출세를 기다리며 즐거워하고 있다.)

They had difficulty **crossing** over the bridge. (crossing < in crossing)

(다리를 건너느라고 그들은 고생했다.)

He is busy **handling** piles of desk work. (handling < in handling)

(그는 많은 사무를 취급하기에 바쁘다.)

cf. He is busily **handling**…. (그는 많은 사무를 바쁘게 취급하고 있다.)

[참고] 전화할 때 쓰이는 'speaking'

Is this Dr. Bell **speaking**? (<Is this Dr. Bell? + Is Dr. Bell speaking?)

(그쪽이 벨 박사이십니까?)

This is Tell **speaking.** (< This is Tell. + Tell is speaking.) (여기는 텔입니다.)

2) 목적격 보어(Objective complement)

일반적으로 지각동사(Verbs of Perception)나 사역동사(Causative verb)와 함께 쓰인다.

Can you smell something **burning?** (that something is burning이란 명사절이 smell의 목적어인 듯이 생각해 풀이해야 한다.)

(무엇인가 타고 있는 냄새가 나고 있지 않습니까?)

We saw the cargoes **being loaded.** (하물이 적재되고 있는 것을 보았다.)

I heard her **singing** popular Negro melodies.

(나는 그녀가 흑인의 유행가를 부르고 있는 소리를 들었다.)

We heard the rain **pattering** at the window.

(비가 창문에 후드득 내리고 있는 소리를 들었다.)

She felt a vague sense of happiness **stealing** over her.

(막연하게나마 행복하다는 생각이 그녀에게로 스며들어오고 있음을 느꼈다.)

I won't have any one **coming**[come] to see me today.

(오늘은 아무와도 만나지 않겠다.)

We left the alarm bell **ringing**. (경종이 울리는 대로 그냥 두었다.)

I left her **smiling**. (내가 떠날 때 그 여인은 미소 짓고 있었다.)

He kept me **waiting** my turn for half an hour at the barber's.

(이발관에서 반시간이나 그가 내 차례를 기다리게 했다.)

Will you set the machine **going**?

(이 기계를 작동시켜주게나.)

We thought her **dying** when she slept,

And **sleeping** when she died.

그녀의 자는 모습 임종과 같고,

죽은 그 얼굴 자는 듯하더라.

> 비교 We saw her **dance** on the stage.
>
> (= She danced on the stage, and we saw it.) ― 사실대로의 보고.
>
> We saw her **dancing** on the stage.
>
> (= She was dancing on the stage when we saw her.) ― 묘사적인(descriptive) 효과를
>
> 가지고 지속(duration)·반복(repetition)을 표시.
>
> I saw him **kicking** my dog. (목적격 보어)
>
> He was **kicking** my dog. (주격 보어)

② 제2[과거]분사

1) 주격 보어

She was always **reserved**. (그 여인은 언제나 수줍어했다.)

People looked **surprised** at the news of their unconditional surrender.

(그들의 무조건 항복 소식을 듣고 사람들은 어리둥절한 표정이었다.)

On the threshold I stood **astonished**.

(나는 깜짝 놀라서 문간에 서 있었다.)

He stood **surrounded** by his friends at the celebration.

(그는 축하연에서 친구들에게 둘러싸여 서 있었다.)

He went to bed utterly **exhausted** with toil.

(그는 일에 몹시 지친 몸으로 잠자리에 들었다.)

You must go **dressed** in those clothes.

(입으신 옷 그대로 가셔야 합니다.)

She felt **insulted** at his imperative orders.

(그의 강압적인 명령에 그 부인은 모욕을 당한 느낌이었다.)

We remained perfectly **composed**.

(우리는 그대로 태연자약했다.)

She stole away **unobserved** from behind the house.

(남의 눈에 띄지 않게 그 여인은 집 뒤로 살그머니 빠져 나갔다.)

You may rest **assured** that he will not bother you again with such trifles.

(이런 시시한 일로 그가 귀하를 다시는 괴롭히지 않으리라고 아시고, 안심하셔도 좋을 것입니다.)

He got **married**[hurt, wounded, burned, etc.] (그가 결혼[상·크게 부상·화상당] 했다.)

2) 목적격 보어

No parents like to see their children **disappointed**.

(부모로서 자녀들이 실망하는 꼴을 보기 좋아할 사람은 없다.)

We found the whole class **collected** on the ground.

(가보니 운동장에 학급학생 전체가 모여 있었다.)

We seldom hear Lincoln **spoken** ill of.

(링컨 대통령을 헐뜯는 소리는 별로 들리지 않는다.)

She lived only to see her son **gone**.

(그녀가 장수는 했지만 자식의 죽는 꼴을 본 것뿐이다.)

I like my meat **half-done**. (= underdone)

(내 고기는 설익은 것으로 해주게.)

I like my eggs **half-boiled**. (내게는 반숙 달걀을 주시오.)

[비교] ┌ (have + 목적어 + 제2[과거]분사)

　　　a. (사역) I will **háve** a doctor **sent for**. (의사를 모셔오라고 심부름 시키겠다.)

　　　b. (피동) I **had[got]** my foot **tródden** in a crowded bus. (만원 버스에서 발을 밟혔다.)

　　└ c. (상태) He **had** his field work **finished** before they came. (= had finished)

　　　　(그들이 오기 전에 그의 실지 조사는 끝나 있었다.)

He **hád** his tooth pulled out. [hæd] (이를 뽑게 했다.)

He **had pulled out** her tooth. (He had [hiːd]) (그녀의 이를 뽑은 뒤였다.)

Then I **had** only two thousand won **left**. (= Only two thousand won **was left** then.)

(그때 단돈 2,000원이 남아 있을 뿐이었다.)

They saw my dog **kicked** by him. (목적격 보어)

My dog was **kicked** by him. (주격 보어)

be + 제1[현재]분사 = 진행형(Progressive form)

be + 자동사 제2[과거]분사 = 완료형(Perfect form)

He is **gone**. = He has gone. (그는 가버렸다 > 그는 여기 없다.)

be + 타동사 제2[과거]분사 = 피동태(Passive voice)

a. 동작 피동태(Actional passive)

This house **was painted** last year. (이 집은 작년에 칠했다.)

b. 상태 피동태(Statal passive)

This house **is painted** green. (이 집은 녹색으로 칠해져 있다.)

We **heard** her **scolding** her brother. = She was scolding her brother.

(그녀가 남동생 꾸짖는 소리를 들었다.)

We **heard** her **scolded** by her mother. = She was scolded by her mother.

(그녀가 어머니로부터 꾸지람 듣는 소리를 들었다.)

참고 1. 어떤 술어동사에는 분사 앞에 as(전치사상당어)가 관용적으로 붙는다.

I **look upon** you **as** instigating others to oppose me.

(자네가 사람들을 선동하여 나를 반대하도록 하고 있는 것이라고 나는 인정하네.)

We **consider** the ship with all hands **as** lost.

(그 배와 승무원을 모두 잃은 것으로 우리는 생각한다.)

They **regard** the dispute **as** settled. (사람들은 그 논쟁이 해결된 것으로 알고 있다.)

2. 부대상황(attendant circumstances, 附帶狀況)을 표시할 때 목적어 + 분사 앞에 with를 붙이는 것이 있다.

The dog barked at me **with** its tail **wagging**.

(우리 개는 꼬리를 흔들며 나를 보고 짖었다.)

She was sending me off **with** her hand **waving**.

(그 여인이 손을 흔들며 나를 환송해주었다.)

With night **coming** on, we thought it time to retire.

(밤이 다가오니 우리가 취침할 때임을 알았다.)

He was staring on the people around **with** his mouth **shut**.

(그는 입을 다물고 주위의 사람들을 노려보고 있었다.)

cf. He stood with his eyes wide open. (wide=widely)

　(눈을 크게 뜨고 서 있었다.)

He was leaning against the wall **with** his arms **folded**.

　(팔짱을 끼고 담에 기대어 서 있었다.)

162. 분사의 다른 품사로의 전용(轉用)

1 **명사적 용법(Noun use)**: 형용사의 경우와 같이 그 앞에 the를 붙인다. 대개는 복수 명사로 취급되지만 단수로도 쓰인다.

The battle field was covered with **the dying**. (vi.)

　(싸움터는 죽어가는 군인들로 덮여 있었다.)

We had **the following** to say on the matter. (vt.)

　(그 사건에 관하여 우리는 다음의 것을 말해야만 했다.)

The deceased tell no tales. (vi)

　(죽은 사람은 말을 못한다 = 고인에게는 입이 없다.)

It is difficult to distinguish between **the known** and **the unknown**. (vt.)

　(기지既知의 사항과 미지未知의 사항을 구별하기는 어렵다.)

The unexpected always happens. (vt.) (격언)

　(뜻밖의 일이 언제나 일어난다.)

We thought him for **lost**. (vt.) (lost = a lost one) (그를 죽은 사람으로 생각했다.)

We have taken (it) for **granted** that you will consent. (vt.)

(granted = a granted thing) (쉽게 여러분이 승낙해주실 것으로 알고 있었죠.)

the accused [-zd] (피고) (단수)　the betrothed (약혼자) (단수)

the condemned (죄인)　　　　the uneducated (무식한 자들)

the undersigned (서명자)　　the suffering (가난한 사람들)

2 **부사적 용법(Adverb use)**

It is **boiling[burning, hissing, scalding, scorching, steaming]** hot.

　(날이 찌는 듯이 덥다.)

It was **piercing**[freezing, biting] cold yesterday.

(어제는 살을 에는 듯이[얼어붙도록] 추웠다.)

She was **exceeding** glad. (=exceedingly) (그 여인은 매우 좋아했다.)

It is **shocking** bad. (= very, extremely)   [회화체]

(그건 몹시 나쁘다.)

It's a **damned** silly remark. (= extremely)   [속어]

(그것은 어처구니없이 어리석은 수작이다.)

She's in a **thundering** bad temper.

(그 여인은 몹시 화가 나 있다.)

I beat him **jumping**. (뛰어 오르며 그를 때렸다.)

dripping[soaking] wet (흠뻑 젖은) (= very)

passing strange[rich] (매우 이상한[부유한]) (= very)

③ 전치사적 용법(Prepositional use)

They had long talks **concerning** religion. (= about)

(그들은 종교에 관해 장시간 토의했다.)

What's your opinion **regarding** his punishment? (= about)

(그의 처벌 문제에 관해 귀하의 의견은 어떠신지요?)

She looks old **considering** her age. (= for)

(그 여인은 나이보다 늙어 보인다.)

According to your cloth, cut your coat.

(천을 보고 옷을 잘라라. = 응분의 생활을 하라.)

④ 접속사적 용법(Conjunction use)

Supposing (that) you were dismissed, what would you do?

(자네가 해고된다면 어떻게 하지?)   [= If]

Assuming that it is true, what should we do?   [= If]

(그것이 사실이라면, 우리는 어떻게 해야 할 것인가?)

He will do the work **provided**[providing] (that) you pay him.

(그에게 보수를 준다면 그 일을 할 것이다.)   [= if]

Seeing (that) we know nothing of the truth, it is best to wait for further
  information.   [= Since]

  (그 진상을 우리가 모르니, 기다려서 더 자세한 것을 알아보는 것이 좋겠다.)

Granting (that) he has done right, we believe it improbable.   [= Though]

  (그가 옳은 일을 했다 해도, 있을 법하지 않은 일 같다.)

Granted this is true, you are still in the wrong.   [= Though]

  (이것이 사실이라고 해도, 자네는 역시 잘못했네.)

163. 분사구문(Participial construction, 分詞構文)

분사구문이란 분사가 접속사 구실도 겸하면서, 절(Clause)을 (부사)구(Phrase)로 만드는 문장체 표현이다. 즉, 형식적으로는 분사가 주격 보어(Subjective complement)이고, 의미상으로는 부사상당어(Adverb equivalent)다. 그러므로 대개 부사절(Adverb clause)로 바꿀 수 있다. 그러나 등위절(Co-ordinate clause, 等位節)에 해당하는 것도 없지는 않다. 전후관계(context)에 따라서 완료형 분사(Perfect participle)도 쓰인다. 회화체로는 별로 쓰이지 않는다.

① 분사의 의미상 주어(Sense subject)

1) 주어와 분사의 의미상 주어가 동일할 때는 의미상 주어를 넣지 않는다

Going downtown, I met an old friend of mine.

  (=While I was going downtown (ad.), I ….)

  (중심가로 가다가 옛 친구 한 사람을 만났다.)

Left to herself, she began to feel lonely.

  (= When **she** was left to herself, **she** ….)

  (혼자 남게 되자, 그 여인은 외로움을 느끼기 시작했다.)

Having made a sketch of the scenery in his book, he hurried home.

  (= After **he** had made …, he ….)

  (책에 그 경치를 사생寫生한 뒤, 그는 집을 향해 발걸음을 재촉했다.)

2) 주어와 분사의 의미상 주어가 다를 때는 의미상 주어를 넣는다. 이것을 독립주격 (Absolute nominative)이라고 부른다.

It being cold, **we** kindled a fire. (= As it was cold, **we** ⋯.)

3) 분사의 의미상 주어가 총칭 인칭(Generic person) 인 one, we, you 등일 때는 이를 생략한다. 이 구문을 유리분사(Loose participle, 遊離分詞), 또는 현수(懸垂)분사(Dangling participle)라고 부른다. Dangling은 '이것도 저것도 아니고 공중에 대롱대롱 매달려 있는' 이란 뜻으로, 풀이가 알쏭달쏭함을 의미한다.

Strictly speaking, history does not repeat itself.

(엄격히 따지자면 역사는 되풀이되지 않는다.)

2 **분사의 때**

1) **술어동사와 동사**

Laughing merrily, they **shook** hands with each other.

(명쾌하게 웃으면서 그들은 악수했다.)

He **took** a nap, **sitting** in the shade of a tree.

(낮잠 잤다, 나무 그늘 아래에 앉아서.)

2) **술어동사 이전**

Having written a letter of introduction, he **handed** it to me.

(= After he had written a letter ⋯,)

(소개장을 써서 내게 주었다.)

He **having gone out**, she **entered** the house. (= When he had gone out, she ⋯.)

(남편은 이미 외출했는데, 부인이 그 뒤에야 들어왔다.)

참고 다음의 예는 먼저 나오는 말이, 먼저 일어난 일이다.

Kneeling down to pray, he **bowed** his head.

(= He knelt down ⋯, and bowed, ⋯.)

(= He knelt down ⋯, bowing his head.)

(기도하려고 무릎을 꿇고, 그는 머리를 수그렸다.)

3) **술어동사 이후**

They **started** early in the morning, **reaching** their destination before sunset.

(= ⋯, and reached their ⋯.)

(아침 일찍 떠났으므로 해지기 전에 목적지에 도착했다.)

cf. **Starting** early in the morning, they reached their destination after sunset.

    (= As they started ….) ― (술어동사 이전)

③ 분사가 접속사 다음에 오면 주어 + 술어가 대개 생략된다.

People often make mistakes **when** (they are) **speaking** foreign languages.

    (우리가 외국어를 사용할 때에는 실수하기 일쑤다.)

While (he was) **lecturing** before his class, he was very strict.

    (학생들에게 강의할 때면 그는 매우 엄격했다.)

Some books, **though** (they are) **read**[red] at random, may often be serviceable

    in giving information. (어떤 책은 되는대로 읽게 되기도 하지만, 지식을 전달하는 데

    가끔 도움이 되기도 한다.)

A wild animal can be tamed, **if** (he is) **caught** young.

    (맹수라도 어릴 적에 잡으면 길들일 수 있다.)

If (he is) **spoken** to softly, he will tell the truth.

    (가는 말이 고우면, 그도 사실을 털어놓을 거야.)

④ being, having been 등이 피동이나, 보어 앞에서 생략되기도 한다.

 1) 피동인 경우

    (Being) Sadly **disappointed** in love, she was on the verge of tears.

      (실연에 지쳐서 딱 울고 싶은 심정이었다.)

    (Having been) **Asked** to lecture at the women's university, she could not come

      here. (그 여대에서 강연 요청이 있었으므로 그 부인은 여기에 참석하지 못했다.)

    This (having been) **done**, we all broke up.

      (이 행사가 끝나자 우리는 모두 해산했다.)

 2) 보어인 경우

    A number of houses collapsed, (being) **unable** to bear the weight of the snow.

      (눈의 무게를 견디지 못하고 많은 집이 무너졌다.)

    School (having been) **over**, they went to the exhibition of the students' works.

      (하교 후 그들은 학생 작품 전람회로 갔다.)

(Having been) **A saint** when he lived, he died a martyr.

　(생전에 성자였기에 죽어서는 순교자가 되었다.)

(Being) **A great leader**, he was not daunted by the difficulty of the task.

　(위대한 지도자였기에 그 일이 곤란하다고 해서 기가 꺾이지는 않았다.)

> [참고]　운동을 표시하는 동사의 완료형에서 having이 생략되기도 한다.
>
> 　(Having) **Arrived** at the station, they had their baggages checked.
>
> 　(역에 도착해 짐을 맡겼다.)
>
> 　(Having) **Returned** from England, he came to see me.
>
> 　(영국에서 돌아와 내게 인사를 하러 그가 왔었다.)

⑤ 분사의 위치

1) 머리에(가장 많이 쓰이는 형식)

Wagging its tail, the dog licked my hand.

　(꼬리를 흔들며 개는 내 손을 핥았다.)

2) 중간에(드물다)

The wicked man, **seeing** the policeman, ran away.

　(그 악인은 경찰관을 보자 달아났다.)

3) 꼬리 부분에(두 번째로 많이 쓰인다)

He is wonderfully active, **considering** his age.

　(그의 나이로 본다면 기력이 매우 좋다.)

> [비교]　분사의 위치—(대명사가 주어인 때와, 명사가 주어인 때)
>
> 　a. **Composing** music, **he** hummed. —주어가 대명사이면 분사는 앞에 온다.
>
> 　(작곡하면서 콧노래를 불렀다.)
>
> 　b. 주어가 명사면, 분사는 앞·중간·뒤 어디에 와도 다 좋다.
>
> 　┌ **Composing** music, **the musician** hummed.
>
> 　│ **The musician**, **composing** music, hummed.
>
> 　└ **The musician** hummed, composing music.

> [주의]　다음과 같은 표현은 대체로 쓰지 않는다.
>
> 　He, composing music, hummed

164. 분사구문의 의미

분사구문을 기능(Function)상 부사 상당절이라고는 하나 순수한 부사절과는 달라서 표현이 생략·압축되어 있으니, 정서적 색채(emotional coloring)가 짙다고 하겠다. 그러므로 의미에서도 확연치 않은 것이 더러 있으니, 그 풀이는 쓰는 사람의 자유의사에 맡길 수밖에 없다.

1 때(time) (= when, while, as, since, after, etc.)

Arriving at the terminal, we found the bus gone. (= When we arrived ….)

　(종점에 도착하니 버스는 떠났더라.)

Travelling, he was suddenly taken ill. (= While he was travelling, he ….)

　(여행 중에 그는 병에 걸렸다.)

Having been placed in the service of a trading company, he was too busy to

　find time for reading. (= After he had been placed …,)

　(그는 무역회사에 취직하고 보니 바빠서 독서할 시간이 없었다.)

Having done all he could, he went home to set his mother's mind at rest.

　(그는 할 수 있는 모든 일을 해 놓고 집으로 가서 어머니 마음을 위로해드렸다.)

He went out, **having** first **locked** the drawer.

　(먼저 서랍을 잠그고, 그는 외출했다.)

This (having been) **done**, we left the spot.

　(이 일이 끝난 뒤 우리는 현장을 떠났다.)

The ceremony (being) **over**, the crowd dispersed.

　(식이 끝나자 군중은 해산했다.)

All things **considered**, we think it reasonable to give the plan up.

　(= When all things are considered, ….)

　(여러 가지를 생각해보니 우리 계획을 포기하는 것이 좋겠다.)

2 **부대 상황(Attendant circumstances, 附帶狀況):** 주격 보어다운 데가 많다(We sat

singing. They came **running**.)

Walking softly from behind, he tried to catch the squirrel.

(뒤로 살며시 가서 다람쥐를 붙잡으려고 했다.)

We took a walk together, **enjoying** the fine view around.

(주위의 아름다운 경치를 구경하면서 우리는 함께 산책을 했다.)

He wrote her a friendly letter, **thanking** her for her gift.

(= and thanked) (그녀에게 편지를 쓰며 선물을 보내줘 고맙다고 했다.)

They ran away, **slamming** the door behind them.

(문을 쾅 닫고 그들은 달아났다.)

We went up the hill, he alone **remaining** at the foot. (= and ⋯ remained)

(우리는 산에 올랐는데, 그 혼자 기슭에 남아 있었다.)

Frightened by the alarming news, he turned pale.

(깜짝 놀랄 그 소식을 듣고, 그는 창백해졌다.)

The bride looked admirably beautiful, **dressed** in white.

(흰 예복을 입으니 신부는 매우 예뻐 보였다.)

Defeated on the Eastern Front, the enemy retreated.

(동부전선에서 패해 적은 퇴각했다.)

> 참고 강조(Emphasis)로 as one is[does] 등이 붙는 예도 있다.
>
> Being[Living] alone, **as I am[do]** in this solitary island, I seldom see people, much less talk with them. (이 외로운 섬에 실제로 혼자 (살고) 있으니, 사람 구경을 못한다. 그러니 이야기를 주고받는다는 것은 생각조차 할 수 없는 일이 아니겠는가!)

③ 이유(reason)(= as, since, etc.)

Being ill, she has been confined to bed for a fortnight. (= As she is ill)

(병으로 2주간이나 그 부인은 자리에 누워 있다.)

Leading a retired life in an out-of-the-way village, the old professor has very few visitors.

(외딴 마을에서 은퇴 생활을 하고 있으니 그 노 교수에게는 방문객이 별로 없다.)

(Being) Warm and full, he soon fell asleep.

(등 덥고 배부르니 그는 곧 잠이 들었다.)

There **being** no one to help him, he had to do it all alone.

(=Since there was no one …,)

(아무도 그를 도와줄 사람이 없으니 그는 그 일을 오로지 혼자서 할 수밖에 없었다.)

Having been deceived so often, she is now on her guard.

(여러 차례 속아왔으므로 이제 그녀는 자위自衛 태세를 취하고 있다.)

The hailstones **having cracked** the window panes, we must have them mended. (우박이 유리창을 깼으므로 고쳐 껴야겠다.)

We all burst out laughing in spite of ourselves, not **being able** to help it.

(하도 기가 막혀 무심코 우리는 모두 웃음을 터뜨렸다.)

The case **being** now helpless, we must change our course.

(그 일은 이제 손을 뗄 수 없게 되었으니, 우리는 방침을 변경해야 한다.)

(Being) Tired of eating Chinese food every day in Taiwan, I often called at Korean restaurants in Taipei. (타이완에 있을 때는 계속 중국 음식만 먹기 싫어서 타이베이에 와서는 때로 한국 음식점을 찾아갔다.)

Overcome with surprise, she was unable to speak.

(깜짝 놀라서 그 부인은 입을 열 수 없었다.)

(Having been) Confirmed by the proofs, it must not be false.

(증거에 의하여 확인되어 있으니, 그것이 거짓일 수는 없다.)

All things **having been packed up**, the mountaineering party set out on an expedition. (짐이 다 꾸려졌으므로 등산대는 원정길에 올랐다.)

Having prepared the next day's lessons in the evening, she had nothing else to do but to look in on television. (저녁 때 이튿날 과정 예습을 해놓았으니, 텔레비전 시청밖에 딸애는 할 일이 없었다.)

The air mail, **having been addressed** to the wrong place, did not reach his company. (그 항공 우편물은 배달 주소가 잘못 적혀 있었으므로 그의 회사에 배달되지 않았다.)

Having been cheated by the quack, she does not trust him.

(돌팔이 의사인 그에게 속아서, 그녀는 이제 그를 믿지 않는다.)

The signal **being given**, we walked on again.

(신호가 나와서 우리는 계속 걸었다.)

(Being) A kind man at heart, he is liked by everybody.

(그는 실제로는 마음씨 착한 분이므로 누구에게나 환영 받는다.)

④ 조건(condition) (= if)

Judging from a rumor, he can not be a just man. (= If we judge)

(소문에 따르면 그가 점잖은 사람은 아닌가봐.)

He'd be warmer **running**. (= if he should run) (뛰면 훈훈해질 것이다.)

Other conditions **being** equal, a married woman is fitter than an unmarried one as a daily governess. (다른 조건이 비슷하면 기혼녀가 미혼녀보다 통근 가정교사로는 더 적합하다.)

Properly **speaking**, whales are not fish. (사실을 말하면 고래는 어류가 아니다.)

Taking all things into consideration, his lot is a happy one.

(여러 점을 참작해 보면, 그는 운 좋은 사나이다.)

Born in better times, he would have become a free citizen.

(= If he had been born …) (더 좋은 시대에 태어났더라면, 그는 자유시민이 되었을 것이다.)

The poison, **used** in a small quantity, will be a medicine. (= if it is used …)

(독도 소량은 때로 약이 될 수 있다.)

Once **seen**, it will be remembered long. (일단 보고 나면, 그것은 오래 잊히지 않는다.)

⑤ 양보(concession) (= though, although)

Admitting that he is naturally clever, he is still too youngs for the position.

(그에게 천부적인 재능이 있음을 인정하지만, 그가 그 자리에 앉기에는 아직 젊다.)

Waking or **sleeping**, I cannot forget my refugee life.

(=Whether I may wake or sleep)

(자나 깨나 내 피난 생활을 나는 잊을 수가 없다.)

Knowing the danger ahead, they pushed on.

(앞의 위험을 알면서도, 그들은 밀고 나갔다.)

Wounded severely, the brave admiral continued to do his duty as commodore.

(심한 상처를 입었으나, 용감한 제독은 사령관으로서의 임무를 계속 수행했다.)

All allowances **made** for his inexperience, still his salary is too small.

(= Though all allowances are made)

(무경험자임을 참작한다고 해도, 그의 급료는 너무 적다.)

Surrounded on all sides, the enemy yet tried to escape.

(= Although the enemy were surrounded)

(사방으로 포위되어 있는데도 적군은 여전히 도망치려 했다.)

[3] 동명사(Gerund)

동명사는 준동사(Verbals) 중의 하나로, 동사원형에 -ing가 붙어서 명사적으로 쓰이는 것이다. 형태는 제1[현재]분사와 같으나 제1[현재]분사가 동사와 형용사의 구실을 겸하고 있는데 대하여, **동명사는 동사와 명사의 구실을 겸하고 있다.**

165. 동명사의 두 가지 성질

① 동사적 성질

1) 시제(Tense)와 태(Voice)의 변화를 가진다.

시제 ＼ 태	능동	피동
기본[단순]형	writing	being written
완료형	having written	having been written

(진행완료형인 having been written이 있지만 별로 쓰이지 않는다.)

A. **시제**: 두 개뿐이므로 정확한 것은 전후관계(context)에 따른다.

① 기본형

Saying and **doing** are two things.　　　　　　　　　　　　[통시, 通時]

(말과 실행은 별개의 것이다.)

I remember **seeing** him somewhere.

(= having seen = that I saw) (어디선가 그를 본 기억이 있다.)   [술어동사보다 이전]

He repents **neglecting** his studies. (= having neglected=that he neglected)

(그는 공부를 소홀히 한 것을 후회한다.)   [술어동사보다 이전]

They regretted **raising** a scandal. (=that they had raised)   [술어동사보다 이전]

(그들은 물의를 일으킨 것을 후회했다.)

The girl was praised for **entertaining** company with music.   [술어동사보다 이전]

(=having entertained = as she had entertained)

(그 소녀는 음악으로 손님을 대접해 칭찬받았다.)

He was criticised unfavorably for **writing** the essay.   [술어동사보다 이전]

(= having written) (그 수필을 써서 그는 비난받았다.)

[참고] 다음과 같은 술어 동사는 전후관계가 명백하므로 동명사는 대개 기본형이다.

You must *apologize* to her for **breaking** your word. (약속을 어겼으니 사과해야지.)

Don't *blame* him for **coming** late as it was not his own fault.

(지각했다고 책망하지 마시오. 그의 실수는 아니었으니까.)

He is proud of his son('s) **being** a nuclear physicist.   [술어동사와 동시]

(=that his son is) (그는 자기 아들이 원자핵 물리학자임을 자랑스럽게 생각한다.)

I like **playing** with children.   [술어동사와 동시]

(나는 애들과 놀기를 좋아한다.)

On account of their mother **being** ill in bed, the children have[had] no supper.

[술어동사와 동시]

(어머니가 앓아 누워계시니, 애들이 저녁식사를 하지 못한다[하지 못했다].)

I am[was] sure of his **coming**. (= that he will[would] come)

(그가 올 것을 믿는다[믿었다].)   [술어동사로부터 미래]

We have no doubt of your **winning** the game.   [술어동사로부터 미래]

(자네가 우승할 것으로 우리는 믿네.)

What do you intend **doing**?   [술어동사로부터 미래]

(어떤 일을 하려고 하는 것이요?)

② 완료형(술어동사보다 이전)

He regrets **having** never **been** abroad while young.

(젊었을 때 해외에 다녀오지 않은 것을 그는 후회하고 있다.)

She hated herself for **having married** him.

(그 여인은 그이와 결혼한 것을 유감스럽게 생각했다.)

They will be glad of your **having recovered** your spirits.

(자네가 원기 회복했음을 저들이 모두 기뻐할 거야.)

[참고] 다음 예는 기본형이나, 완료형이나 뜻이 같다.

　　After **knocking[having knocked]** at the door several times, he was let in.

　　(= After he had knocked)

B. 태

① 피동은 being, having been + 타동사 제2[과거]분사로

We don't like **being seen** in shabby clothes.

(우리는 초라한 옷을 입은 꼴을 남에게 보이고 싶어 하지 않는다.)

She was near **being caught** in the shower.

(하마터면 그녀가 소나기 맞을 뻔했다.)

I seldom heard such cruel things **having been done**.

(= that such things had been done.)

(이런 잔인한 일이 감행된 예를 나는 별로 들어본 적이 없다.)

[참고] 본래는 기본형 동명사가 명사처럼 전후 관계로 능동으로도 피동으로도 쓰였다.

　　This is my **explaining** his thought in brief.　　　　　　　　[능동]

　　(이상以上이 그의 사상을 내가 간단히 설명해본 것이다.)

　　This clause needs **explaining**. (= being explained)　　　　　　[피동]

　　(이 조항은 설명되어야겠다.)

② 능동태로서 관용에 따라 피동의 뜻을 지니고 있는 것

Her shoes want **mending**. (= being mended)

(그녀의 신발은 수선을 요한다.)

My watch needs **repairing**. (= being repaired)

(내 시계는 수리를 요한다.)

He deserves punishing. (= being punished)

(그는 벌을 받을 만하다.)

Nothing worth mentioning occurred. (= being mentioned)

(이야깃거리가 될 만한 일은 없었다.)

Easy writing makes hard reading.

(쉽게 쓴 글은 읽기 어렵다.)

2) 목적어를 가질 수 있다

My hobby is collecting stamps. (내 취미는 우표 수집이다.)

The reading it gave him a strange pang.

(그것을 읽고 나니 그는 이전에 맛보지 못한 마음의 고통을 느꼈다.)

I have heard of your studying[having studied] medicine.

(자네가 의학을 연구했다는 말을 나는 들은 적이 있네.)

After hearing[having heard] her sing some pop songs, we came out.

(그녀의 유행가 몇 마디를 듣고서 우리는 그곳을 떠났다.)

3) 보어를 가질 수 있다

The trainees soon began feeling tired.

(연습생들은 곧 염증을 느끼기 시작했다.)

The players are sure of being successful this time.

(우리 선수들이 이번엔 꼭 성공한다.)

He had neither talent nor inclination for putting the world right.

(그에겐 세상을 바로잡을 능력도 의향도 없었다.)

4) 부사(구)를 가질 수 있다.

Rising early is better than Heaven's help.

(부지런함이 운수 좋은 것보다 낫다.)

Going to town is enjoyable when we have plenty of money.

(돈이 많을 때는 거리로 나가는 것도 재미있지.)

People wondered at her[she] and me talking friendly with each other.

(그녀와 내가 서로 친하게 이야기하는 것을 사람들은 이상하게 보더라.)

② 명사적 성질

1) 주어로 사용

Angling is pleasant for lovers even when there is no fish.

(낚시질이 애인들에겐 물고기가 없을 때도 재미있다.)

Telling a lie is harder than **telling** the truth.

(거짓말하기가 진실을 말하기보다 더 어렵다.)

His **having won** the gold prize has not surprised us.

(그의 금상 획득은 당연하다.)

Bill's **having been punished** disappointed me.

(빌이 처벌된 것에 나는 실망했다.)

It was nice **seeing** you yesterday. (it은 Preparatory 'it')

(좋았어요, 어제 당신 만난 것은.)

Maturing early[Early **maturing**] is to be avoided for greatness.

(훌륭한 사람이 되는 데 조숙早熟은 좋지 않다.)

2) 보어로 사용

Complimenting is **lying**. (찬사는 빈 말이다.)

Lending him money would be **throwing** your money into the sea.

(그에게 돈 빌려주기란 바닷물에 던져버리는 것과 같이 어리석은 일일 것이다.)

Doing nothing is **doing** ill. (ill(n.) = an evil action)

(놀고먹는 것은 악을 범하는 것이다.)

> 참고 다음의 예 등이 목적격 보어라는 견해도 있으나, 그대로 목적어로 보는 것이 좋다.
> I remember mother **reading** the poem. (= mother's)
> (나는 어머니가 그 시 읽으신 것을 기억하고 있다.)
> I don't mind you **going**. (= your) (자네는 가도 괜찮아.)

3) 타동사·전치사의 목적어로 사용

Quite many people do not enjoy **smoking** now.

(요즘엔 흡연을 즐기지 않는 사람이 꽤 많다.)

Some people don't like **getting up** early.

(어떤 사람들은 아침 일찍 일어나기를 싫어한다.)

I repent **having offended** her.

(그 부인의 기분을 상하게 한 것을 나는 후회한다.)

She couldn't help **crying**. (그 여인은 소리 내어 울지 않을 수 없었다.)

He is above **working** for his bread.

(그는 밥벌이를 위해 일하고 있는 것이 아니다.)

Some urgent business prevented me from **coming** earlier.

(급한 용무가 생겨서 늦었습니다.)

Thank you very much for **being** so kind to me.

(저에게 이렇게 친절히 대해주시니 대단히 고맙습니다.)

The sagacious reader is capable of **reading** between the lines what does not

stand written in them.

(현명한 독자란 말 속에 담긴 뜻을 파악할 수 있는 사람을 말한다.)

[참고] 다음 동사는 주로 동명사를 목적어로 갖는다.

I could not **avoid** laugh*ing*. (웃지 않을 수 없었다.)

Coeds **enjoy** cycl*ing* now. (요즘엔 여대생들이 자전거를 즐겨 탄다.)

She **finished** resid*ing* the folktales. (민간 설화집 읽기를 끝냈다.)

We certainly lose when we **give up** try*ing*. (시도하지 않으면 큰 손실을 초래한다.)

4) 형용사(관사 포함)를 가질 수도 있다.

동명사에 정관사(the)나 형용사가 붙으면 그만큼 명사적 특징이 짙어진 것으로 보아야 한다. 그리하여 타동사의 경우에는 목적어가 바로 그 뒤에 오지 않고, of + 목적어 형식을 취하기도 한다.

I quite dreaded **the** coming home again.

(내가 다시 귀국하는 것을 두려워했다.)

The killing *of* men in the war is the noblest of professions.

— (the가 붙으면 of를 동반)

(전쟁에서는 사람 죽이는 것이 권장할 일로 되어 있다.)

cf. **Killing** two birds with one stone is a double gain.

(= The killing of two birds) (일석이조는 양득兩得이다.)

He increased the efficiency by **the** continuous making **of** scientific experiments. (계속적인 과학 실험으로 그는 능률을 올렸다.)

cf. … by continuously **making** scientific experiments.

This dressing her up was only to lamentable purpose.

(그녀를 치장시킨 것은 결국 후회하기 위해서임과 다를 바 없었다.)

[참고] 부정관사·복수형 등은 그 명사적 색채를 더욱 강하게 나타낸다.

There is **a knocking** at the door. (손님 오셨나보다.)

He has **a liking** for selected readings from great works.

(그는 대작의 선집選集 읽기를 좋아한다.)

There is **a** ferroconcrete **building** too. (저것도 역시 철근 콘크리트 건조물이다.)

No **writings** of Socrates have been found yet.

(소크라테스의 작품으로 아직까지 발견된 것이 없다.)

Men's **comings** and **goings** are nothing to eternal nature.

(사람이 나고 죽는다는 것은 영원한 자연에게는 흥미 없는 문제다.)

Sayings and **doings** are liable to disagree. (말과 행동이 맞지 않기 일쑤다.)

전치사가 on이면 기본형이 보통이나, after면 기본형·완료형 다 쓰인다.

The thief ran away **on seeing** a policeman.

(= … **after seeing[having seen]** a policeman.)

(그 도둑은 경찰관을 보자마자 달아났다.)

166. 의미상 주어(Sense subject)

1 **의미상 주어가 나타나 있지 않은 것**: 어떤 것은 의미상 주어를 총칭인칭인 we, you, one, people 등으로 생각해볼 것이고, 또 다른 어떤 것은 전후관계(context)로 미루어 찾아내야 한다.

Desultory **reading** is often a waste of time.　　　　　　[총칭인칭]

(산만한 독서는 때로 시간 낭비다.)

Living is **giving** and **taking**.　　　　　　　　　　　　[총칭인칭]

(산다는 것은 주고받는 것이다.)

Driving a car requires care and skill.　　　　　　　　　　　　　　[총칭인칭]

　　(자동차를 운전하려면 주의와 기술이 필요하다.)

They don't think **getting married** is worth while.　　　　　　　　[총칭인칭]

　　(그들은 결혼을 대수로운 것으로 생각하지 않는다.)

Making money is not his aim.　　　　　　　　　　　　　　　　　[he]

　　(돈 버는 것이 그의 목적은 아니다.)

She makes her own living by **sewing**.　　　　　　　　　　　　　[she]

　　(재봉으로 그 부인은 自活하고 있다.)

He insisted on **visiting** her.　　　　　　　　　　　　　　　　　[he]

　　(그녀를 방문하겠다고 그는 우겼다.)

It is jolly **seeing** you again. (다시 만나 뵈니 반갑습니다.)　　　　[I]

The rain kept us from **going** out yesterday.　　　　　　　　　　[we]

　　(어제는 비가 와서 외출하지 못했다.)

② **의미상 주어를 나타낼 필요가 있는 것**

1) **사람과 그 밖의 다른 동물을 표시하는 명사·대명사를 속격(Genitive case)으로 하여 동명사 앞에 놓는다.** 이것이 본래의 형식이다.

My boy's sitting up all night reading worries me. (reading은 분사로 sitting의 보어)

　　(독서로 밤새는 우리 애 때문에 걱정이다.)

You need not be ashamed of **your father's being poor**.

　　(자네 아버지가 가난하다는 걸 부끄럽게 생각할 필요는 없네.)

She thought that **Peter's coming home** would set it to rights.

　　(피터가 오면 일을 바로잡을 것이라고 부인은 생각했다.)

Tom's pitching now won't help us to clinch the game.

　　(이제 와서 톰이 투수가 된다고, 우리 편 승리에 큰 도움은 되지 않을 거다.)

Your not going there will repress their dissatisfaction.

　　(당신이 가지 않는다면 그들의 불평은 가라앉을 거요.)

His being a foreigner complicated the matter by needless additions.

　　(그가 외국인인 까닭에 쓸데없는 조건이 더 붙어서 사태가 복잡해졌다.)

On his entering the hall, they shouted for joy.

(그가 홀에 들어오자 사람들은 환호성을 질렀다.)

Who told you of your dog's being here with me?

(자네 개를 내가 여기 데리고 있다고 누가 말하던가?)

2) 현대 영어에서는 속격의 's가 없어져 가고, 목적격(명사에서는 통격, 즉 Common case라고도 볼 수 있는)을 단연코 많이 쓴다. 회화체에서는 더욱 그렇다.

Have you heard about Tom's[Tom] running into trouble?

(톰이 사고를 냈다는 말 들었니?)

I can't approve of students coming and going as they like. (= students')

(학생들이 제멋대로 출결하는 것에 찬성할 수 없다.)

We don't mind you smoking here. (= your)

(여기서는 담배를 피우셔도 괜찮습니다.)

Do you mind me smoking? (= my) (mind 뒤에서는 어조도 my보다 me가 좋다)

(담배를 피워도 괜찮겠습니까?)

cf. Would you mind opening the door? (opening의 의미상 주어는 you)

(문을 열어주시겠습니까?)

Would you mind me asking some questions?

(제가 몇 가지 여쭤봐도 괜찮으시겠습니까?)

3) 무생물·추상명사 및 그 밖의 명사로 속격을 쓰기에는 어색한 것들

We are glad of the war haying been over.

(이제 전쟁이 끝났으니 기쁘다.)

She was not afraid of the dining room being seen by anybody.

(자기 집 식당이 누구에게나 잘 보일 수 있다는 것을 그 부인은 불안해하지 않았다.)

There is little chance of the trophy coming back to us.

(그 우승 기념품이 우리에게로 다시 돌아올 희망은 적다.)

Mother insists on our hands being washed before eating.

(식사 전에 반드시 손을 씻으라고 어머니는 야단이다.) [피동태·동명사]

Our efforts resulted in a peace envoy being dispatched. [피동태·동명사]

(우리가 힘쓴 결과 평화 사절이 파견되는 것으로 끝이 났다.)

The waves began with **little drops of water being pushed** to and fro or up and down. (파도는 물방울이 위아래로 이리저리 밀리면서 생긴다.)

There is no possibility of **my suspicions being wrong.**   [추상명사]

  (내 의심이 잘못되었을 가능성은 없다.)

The young leading the young is like **the blind leading** the blind.

  (젊은이가 젊은이를 인도하는 것은 장님이 장님을 인도하는 것과 같다.)

The trouble ended in **our teacher explaining** something to his students.

  (그 소란은 선생님이 학생들에게 어떤 것을 설명해주심으로써 끝났다.)

I don't like **her coming** here to see you.

  (그녀가 당신을 만나려고 여기 오는 것이 나는 싫어요.)

cf. I saw her **coming.** (그녀가 오고 있는 것을 보았다.)   [제1분사]

We object to **Jack getting** nothing and **Jill** everything.

  (잭은 아무것도 갖지 못하고 질은 모든 것을 다 갖는다는 주장에 우리는 반대한다.)

My parents don't like the idea of **me marrying** a foreigner.

  (우리 부모님은 내가 외국인과 결혼하겠다는 의향에 반대하신다.)

We were not sure of **that being** possible. (that's라면 that is로도 되므로)

  (그것이 있을 수 있는 일인지 우리는 확신할 수 없었다.)

She was not aware of **the house being** so shabby. ([s]음으로 끝나는 말에 's가 붙으면 발음이 복잡할 터이니까) (그녀는 그 집이 그렇게 초라할 줄 몰랐다.)

I can't understand **a lady talking** like that.

  (숙녀로서 그렇게 말하다니 이해할 수가 없다.)

Fatal accidents will occur in the air before **the flyers providing** against them.

  (비행사가 사고 방지 준비를 하기 전에 공중 참사는 일어날 수 있다.)

They made fun of **Jack and me quarrelling** with each other.

  (Jack's and my라면 거북한 표현이겠다)

  (잭과 내가 말다툼하는 것을 보고 다른 놈들은 놀렸다.)

On account of those **three breaking the sad news** to us, we had to make a report on it. (three의 속격은 어색하다)

(그 세 사람이 이 비보를 전하니, 우리는 이에 관한 보고서를 만들 수밖에 없었다.)

Do you know of **any man of all work going through** with a great undertaking?

(속격으로 만들 수 없다)

(팔방미인으로서 큰 사업을 하는 사람을 알고 있습니까?)

We have heard of the **boys[boy's, boys']crying** for unification.

(세 개의 발음은 같다.) (통일을 호소하는 학생들의 외침이 있었다는 말을 들었다.)

[참고] 의미상 주어가

　　1. 대명사인 때는 속격(어쩌다 목적격도).

　　2. 사람을 포함한 생물인 때는 속격·목적격·통격 다 좋다.

　　3. 비생물인 때는 대개 목적격으로

　　4. 그 밖에

　　　a. 의미상 주어를 강조할 때는 속격.

　　　b. 동명사를 강조할 때는 목적격·통격.

4) 의미상 주어를 of-Phrase로 나타내는 것, 동명사가 자동사인 때

The time will come for the **returning of her missing child.**

(때가 되면 실종된 그 아이가 돌아오겠죠.)

Everybody would be pleased by **the unexpected appearing of the kidnapped.**

(그 납치된 사람이 뜻밖에 나타나면 모든 사람은 기뻐할 거다.)

[참고] 1. 동명사가 타동사면 by-Phrase로

　　I think the **catching** of fish **by anglers** a pastime. (낚시꾼이 물고기 잡는 것을 일종의 오락으로 생각한다.)

　　2. 명사절·형용사절·부사절을, 동명사를 써서 구(Phrase)로 만들면, 이를 **동명사구문**(Gerun-dive construction)이라고 부른다. cf. 분사구문(Participial construction)

　　Your making money(< That you make money) is no proof of your merit. (돈을 번다고 그것이 잘났다는 증거가 될 수는 없다.) — 명사절

　　This is the book of his writing(< which he wrote). (이것이 그가 쓴 책이다.) — 형용사절

　　We are glad **of the examination('s)** being over(< that the examination is over). (시험이 끝나니 마음이 가볍다.) — 부사절

167. 관용례

There is no persuading them. (= It is impossible to persuade them.)

(그들을 설복시키기란 불가능한 일이다.)

There is no getting along with her.

(그녀와는 함께 지낼 수가 없다.)

There is no accounting for tastes. (좋고 싫은 데는 이유가 없다.)

I can't help thinking that he is still alive.

(그가 아직 살아 있다는 생각을 떨칠 수가 없다.)

A just idea cannot help bearing fruit. (올바른 생각은 반드시 결실을 맺는다.)

She was on the point of going out then. (= just about to go out)

(바로 그때 그 부인은 외출하려던 참이었다.)

She makes a point of answering every letter she received.

(= makes it a rule to answer) (그 부인은 받는 편지마다 반드시 회답하기로 했다.)

Our team looked like winning at first. (like를 looked의 보어인 형용사로 보고, (to)

winning …을 부사상당어(구)로 본다.) (처음에는 우리 편이 이길 것같이 보였다.)

We felt like crying[eating, laughing].

(우리는 울고[먹고·웃고] 싶었다.)

They never meet without quarrelling. (= When they meet, they always quarrel.)

(그들은 만나면 반드시 말다툼한다.)

None of the ants come home without bringing something.

(그 개미떼가 제집으로 돌아올 때는 반드시 무엇인가 가지고 온다.)

It is no good[no use, of no use, useless] worrying about those unfortunate things

of the past. (불행했던 과거사로 속 태우는 것은 좋지 않습니다.)

cf. There is no use[good] in talking to that fellow.

(저 녀석에게는 말해 봤자 아무 도움이 안 돼.)

(It is of) No use to talk to that fellow. (부정사)

It's of no use his trying to tempt me.

(그가 나를 유혹하려 해도 아무 소용없다.)

Would you **mind** turning on the television? (= Please turn on the television.)

(텔레비전을 틀어주시겠습니까?)

On hearing that, he changed his plans.

(그 이야기를 듣더니, 그는 계획을 변경했다.)

This is a photo **of** my uncle's **taking**.

(이것은 우리 아저씨가 찍은 사진이다.)

His 재가 is a profession **of his own** choosing.

(그의 직업은 그가 좋아서 택한 것이다.)

168. 동명사와 부정사와의 비교

부정사 용법 중의 명사구는 명사의 구실을 한다는 점에서 동명사와 같으나, 용법상 약간 다르다.

① 주어 또는 주격 보어로서, Gerund는 일반적인 일, Infinitive는 특정의 일

Seeing is **believing**. (= Seeing as a general rule is followed by belief.)

(보면 믿는다.) (= 보는 것은 일반적으로 믿음을 동반한다.)

To know him is **to like** him. (이 표현을 Gerund로 바꾸면 의미가 약하다.)

(그를 한 번 알게 되면 좋아하게 돼.)

To be, or **not to be**; that is the question.

(살아야 하느냐, 죽어야 하느냐, 그것이 문제로구나.) — (Gerund로는 대치될 수 없다. — H. Sweet. Hamlet 자신의 신세타령이기 때문이다) (132쪽을 보라)

② 동사의 목적어(Object)로서, ① Gerund만을 목적어로 삼고 있는 동사, ② Infinitive만을 목적어로 가지고 있는 동사, ③ Gerund도 Infinitive도 다 목적어로 삼을 수 있으나, 그때에는 뜻이 서로 약간 다를 수도 있는 동사 등이 있다.

1) Gerund만을 목적어로 가지는 동사

Be careful to **avoid giving** offence to them.

(그들을 성나게 하지 않도록 조심하시오.)

All day they **enjoyed playing** baseball. (온종일 그들은 야구를 즐겼다.)

The child barely **escaped being** run over.

(그 어린이가 하마터면 차에 치일 뻔했다.)

I **finished reading** the novel last night.

(어젯밤 그 소설 읽기를 끝냈다.)

He **gave up drinking** by the doctor's advice.

(그는 의사의 권고로 술을 끊었다.)

Have you **done eating?** (식사를 끝냈습니까?)

You will **postpone writing** till you learn full particulars.

(상세한 것을 알게 될 때까지 편지를 쓰지 않는 것이 좋아.)

She **resisted being** kissed. (그 여인은 입맞춤당하지 않으려고 저항했다.)

2) Infinitive만을 목적어로 가지는 동사

Bring as many friends as **choose to come.**

(오겠다는 친구는 다 데리고 오게.)

I **hope to see** you within the next few days.

(수일중에 만나기를 바랍니다.)

He **hoped to have obtained** a prize.

(그는 상을 타고 싶어 했었다, 사실은 타지 못했지만.)

She will **persuade** him **to give up** the attempt.

(그 획책을 단념하도록 부인이 남편을 설득할 거요.)

She steadily **refused to tell** an untruth.

(거짓말은 할 수 없다고 잘라 말했다.)

Jack **seeks to make** friends with the girl.

(잭은 그 소녀와 친해지려고 애쓴다.)

I **wish to speak** with you in private.

(자네와 은밀히 이야기하고 싶은 일이 있네.)

3) 동명사나 부정사나 다 목적어를 가질 수 있는 동사

① 뜻이 대개 같은 것

When did you begin ⟨ learning / to learn ⟩ English? (언제부터 영어를 배우기 시작했습니까?)

I shall never cease ⟨ feeling / to feel ⟩ grateful for your favors.

(당신의 은혜는 결코 잊지 않을 거요.)

He continued ⟨ talking / to talk ⟩ on religion. (그는 계속 종교에 관한 이야기를 했다.)

They intend ⟨ returning / to return ⟩ home. (그들은 귀국할 의향이다.)

Most sons and daughters neglect ⟨ writing / to write ⟩ to their parents.

(대부분의 자녀들은 부모님께 편지 쓰기를 게을리 한다.)

The child started ⟨ crying / to cty ⟩ again. (그 애는 또 울기 시작했다.)

② 뜻이 다른 것

대체로 동명사는 시간을 초월한 동작으로서 추상적이고, 부정사는 앞으로 있을 동작으로서 구체적이다.

> He has forgotten **returning** the book. (= that he has returned the book)
>
> (그 책 반납을 그는 잊고 있었다.)
>
> He has forgotten **to return** the book. (= that he is to return the book)
>
> (그는 책 반납해야 하는 것을 잊었다.)

> I hate **lying**. (일반적인 경우) (나는 거짓말하기를 싫어한다.) — 처세술로서
>
> I hate **to lie**. (특별한 경우 불가피한 사정으로, 싫지만 하게 되는 때 등)
>
> (나는 거짓말하기 싫은데.)

> She likes **swimming**. (수영은 그녀가 좋아하는 운동이다.)
>
> She likes **to swim**. (그녀는 수영하고 싶어 한다.)

> Some people like **reading** romantic literature. (일반적)

(어떤 사람들은 연애문학 읽기를 좋아한다.)

I should like **to read** some romance for amusement.

(머리도 쉴 겸 연애소설이나 읽었으면 좋겠다.) (특정적)

He omitted **preparing** the next day's lessons. (= neglect)

(그는 그 이튿날 과정 예습을 못했다.)

I omitted **to write** the third line. (= fail to) (셋째 줄을 빠뜨리고 베꼈다.)

I remember **posting** the air mail. (과거)

(그 항공 우편물 보낸 것을 기억하고 있다.)

Remember **to post** those Christmas cards before the middle of December.

(미래) (그 크리스마스카드를 12월 중순 이전에 보내야 하는 것을 잊지 마시오.)

He stopped **talking**. (그는 이야기를 중단했다.)

He stopped **to talk**. (하던 일을 그만두고, 그는 이야기했다 [걸음을 멈추고 이야기를 했다,

말하기 위해 걸음을 멈췄다].)

He tried **praying**. (기도는 이미 시작) (그는 기도해보았다.)

He tried **to pray**. (기도는 시작 전) (그는 기도하려고 했다.)

My chair wants **mending**. (내 의자는 수리해야 한다.)

I want **to have** my chair mended. (내 의자를 수리했으면 좋겠다.)

③ **전치사의 목적어로는 동명사가 쓰이고, 부정사는 쓰이지 않는다**

I committed a folly in **trusting** such a man.

(이런 사람을 믿는 데서 나는 실수를 했다.)

On **leaving** school, he went into business. (졸업하자 곧 그는 장사를 시작했다.)

The sun is near **setting**. (해가 거의 지려 한다.)

참고 1. 형용사인 worth, like 뒤의 -ing form은 동명사로서 **부사상당어** 구실을 하는 것이라고 본다.

This life is really *worth* **living**. (우리의 인생은 참으로 살 만한 가치가 있다.)

I feel *like* **going** out for a walk. (소풍하러 나가고 싶은 마음이다.)

2. to + 동명사 대신에 to-부정사를 쓰는 표현도 있다.

The foreigner is accustomed **to eating[to eat]** Korean pickles.

(그 외국인은 한국 김치 먹기에 익숙해졌다.)

He works hard with a view **to gaining[to gain]** scholarship.

(장학금을 탈 목적으로 그는 열심히 공부한다.)

④ 어떤 명사나 형용사는 전치사 + 동명사로도, 부정사로도 수식된다.

I will take my chance **of finding[to find]** him at home.

(그가 집에 있는지 없는지 내가 한 번 가보겠다.)

They have the honor **of representing[to represent]** their country at the conference. (그들은 그 대회에서 국가를 대표하는 영예를 지니고 있다.)

In power **of describing[to describe]** natural scenery he has no equal.

(풍경 묘사에서 그를 당해낼 사람은 없다.)

I am desirous **of knowing[to know]** further details.

(더욱 자세한 점을 나는 알고 싶다.)

He is proud **of speaking[to speak]** Spanish.

(그는 스페인어 할 줄 아는 것을 자랑거리로 생각하고 있다.)

We were surprised **at hearing[to hear]** him say so.

(그가 그렇게 말하는 것을 듣고 우리는 놀랐다.)

There occurred nothing worthy **of being mentioned[to be mentioned]** during the vacation. (휴가 중 말씀드릴 만한 일은 아무것도 일어나지 않았습니다.)

[참고] 다음 형용사는 그 뒤에 오는 것이 동명사냐, 부정사냐에 따라 뜻이 다르다.

He is afraid **of dying.** (= anxious lest he should die) ─ 행동에 대한 공포·염려 등.

(죽는 것 아닌가라고 그는 걱정하고 있다.)

cf. He is afraid **to die.** (= dare not die) ─ 어떤 행동에 대하여 할 수 없던가, 또는 하기 싫다는 느낌을 암시. (그는 감히 죽지 못한다. < 그는 죽기를 두려워한다.)

He is sure **of hearing** some news. (= He is sure that he will hear ….)

(그는 어떤 소식 들을 것을 믿고 있다.)

cf. He is sure **to hear** some news. (= He will surely hear ….)

(그에게 어떤 소식이 확실히 올 것이다.)

다음 형용사 뒤에는 전치사 + 동명사가 온다.

He is clever **at painting[in making excuse].** (그는 유화[핑계 대기]에 능하다.)

She is passionately fond **of reading.** (그 여대생은 독서광이다.)

They are tired **with teaching[of teaching]** all day.

(종일 가르치느라고 그들은 지쳤다[염증이 생겼다].)

다음 형용사 뒤에는 부정사가 온다.

529

The examinees are anxious[curious, eager] **to know** the result.

　(수험생들은 결과를 알고 싶어 한다.)

She isn't content **to live** a quiet family life in a small town.

　(작은 마을의 조용한 가정생활에 그 여인은 만족하지 않는다.)

다음 동사는 그 뒤에 **전치사＋동명사**도, **부정사**도 다 가진다.

They decided **on building[to build]** an apartment house.

　(공동 주택 한 채를 세우기로 했다.)

We failed **in perceiving[to perceive]** any difference in them.

　(그것들이 서로 다르다는 것을 우리는 알 수 없었다.)

169. 동명사와 제1[현재]분사와의 비교

이 두 가지는 모양이 같으므로 총칭적으로 '-ing form'이라고 부르기도 한다. 다만 그 기능에 따라서 구별된다.

① **복합어인 경우**: Gerund는 그 뒤에 있는 명사의 용도·목적·기원 등을 의미하고, First [Present] participle은 그 뒤에 있는 명사의 동작·상태를 뜻한다.

동명사	제1[현재]분사
smóking-room(흡연실)	smóking chímney(연기 나는 굴뚝)
a. 쓸 때에 Hyphen(-)을 흔히 붙이나 반드시 그런 것은 아니다.	a. Hyphen이 없다.
b. 강세(stress)는 전방강세(fore stress), 즉 강·약 (´ ˴).	b. 강세는 평판(平板)강세(even stress), 즉 강·강 (´ ´)이 보통이나, 약·강(˴ ´)인 후방강세 (hind stress)도 있다.

[참고] Gerund의 결합(combination)에서, 위의 smoking-room처럼 동명사가 제1요소로 먼저 나타나는 것이 흔하나, 제2요소로 뒤에 오기도 한다. card-**playing**(화투놀이), early-**rising**(일찍 일어나기), the second **reading**(제2독회), No **spitting**(침 뱉지 마시오), No **scribbling**(낙서 금지)' 등.

다음에 Gerund의 예를 몇 개 더 들기로 한다.

bathing suit(목욕복), boiling point(끓는점), boxing gloves(권투 장갑), dancing hall(댄스 홀)(cf. **dancing** doll(춤추는 인형) — 제1분사), drinking water(음료수), dying day(임종일), fishing boat(어선), freezing point(빙점), ironing board(다림대), laughing stock(웃음거리), living room(거실)(cf. **living** things(생물) — 제1분사), parting glass(이별주), running track

(주로, 走路), sleeping powder(가루 수면제), speaking ability(회화 능력), spending money(용돈), visiting card(명함), walking tour(도보 여행), wedding ring(결혼반지), working day[근무(작업)일] 등.

다음 말은 Gerund가 아주 명사로 변한 것이다. blessings(축복·행복·기도), a building(건물), a drawing(그림), savings(저금), writings(저작물) etc.

② **전치사의 유무**: 전치사가 있으면 그 뒤의 -ing form은 Gerund, 없으면 First participle이다. 표현 효과에서 분사가 동명사보다 더 구체적이고 인상적이다.

He is happy (in) **expecting** her arrival.

(그녀가 올 것을 기다리며 그는 기뻐하고 있다.)

There is no use (in) **talking** only.

(떠들기만 하는 것이 무슨 소용이 있나?)

They were busy (in) **burning** confidential papers.

(그들은 서둘러 비밀 서류를 태웠다.)

We had difficulty (in) **understanding** what they said.

(그들의 말은 알아듣기 어려웠다.)

She wore herself (in[with]) **entertaining** people.

(손님 접대 하느라고 그 여인은 지쳤다.)

They kept the ball (in) **rolling**. (그들은 이야기를 잘 이끌어났다.)

cf. Keep **looking on**. (keep을 vt.로 보면 looking on은 Gerund고, vi.로 보면 looking on은 Participle로서 Complement이다.) (굿이나 보고 떡이나 먹지.)

참고 1. 위의 예에 있듯이, 전치사가 생략된 이러한 -ing form을 **분사의 부사상당어 구실**이라고도, 또 **반동명사**(Half-gerund)라고도 부른다.

It is no use talking. (< It is of no use (=useless) to talk. + There is no use in talking.) (이야기해봤자 쓸데없는 일이다.)

③ **본래의 Gerund가 현재로서는 First participle로 인정되는 것**

a. 이것을 피동의 뜻을 지닌 능동형이라고, 태(Voice)에서 다루었다.

The dictionary is **printing**. (< a-printing < on printing = in the course of printing, being printed) (그 사전은 인쇄 중)

The dormitory is **building**. (그 기숙사는 건축 중)

b. They went **shopping**[boating, fishing, hiking, hunting, shooting, skating].

(< a-shopping < on shopping) (그들이 장보러[배 타러, 낚시질하러, 도보 여행하러, 사냥하러, 총사냥하러, 스케이트 타러 갔다.)

④ **동명사냐, 제1[현재]분사냐?**: -ing form 위의 속격을 쓰지 않는 경향이 짙어졌기 때문에 때로는 모호한 예도 있다.

I remember my father **giving** me an old coin.

a. father's giving으로 보면, giving은 동명사로 remember의 목적어. (아버지가 내게 옛날 돈 한 푼 주신 것을 기억하고 있다.) ― 행동 자체

b. giving을 분사로 보면 father를 수식하는 형용사 상당어이고, my father가 remember의 목적어다. (옛날 돈을 한 푼 주시던 그때의 아버지 모습이 아직도 생생하다. = I remember my father as he was when he gave me an old coin.) 또는 giving을 준(準)목적격 보어(Quasi-complement)로 보고, 다음과 같이 풀이해도 마찬가지다.

(우리 아버지가 옛날 돈 한 푼을 주셨는데, 잊히지 않는다.)

He sent the ball **flying**.

본래는 by flying이었겠으나, by가 없는 이상, 분사로 보아 목적격 보어 구실을 하는 -ing form이다.

(그는 공을 쳐서 날려 보냈다.)

We don't like him **going** there.

his going보다 회화체이므로 going은 동명사다.

(그가 거기 가는 것을 우리는 싫어한다.)

cf. We saw him **going**. (분사)

(그가 가고 있는 것을 우리는 보았다. = 가고 있는 그를 봤다.)

He could do it at home without the world **knowing**. (동명사)

(세상 사람들 모르게 그는 집안에서 그 일을 꾸밀 수 있었다.)

I can't help the water **running** out of my eyes. (동명사)

(눈물이 흐르는 것을 맞을 수 없다.)

We hear of Helen **continuing** her Latin studies. (동명사)

(헬렌이 라틴어 공부를 계속한다는 이야기를 듣고 있다.)

They were startled by the scientist **unlocking** his heart.

(그 과학자가 자기의 속마음을 털어놓는 데 사람들은 놀랐다.)

    a. his action of unlocking으로 보면 동명사.

    b. the scientist who was unlocking으로 보면 제1[현재]분사.

EXERCISE 21

1. Translate into Korean, and tell the uses of the Gerunds and the Participles:

(1) There is no knowing what the future has in store for us.

(2) Supposing white were black, you would be right.

(3) A play acted impresses more than a play read.

(4) The crop is of immense value, forming as it does the staple export of Korea.

(5) What you call fate is a web of your own weaving from threads, of your own spinning.

2. Tell the difference between the two sentences:

(1) a. She went on wearing a wig.

    b. She went out, wearing a wig.

(2) a. The men fearing captivity escaped into the wood.

    b. The men, fearing captivity, escaped into the wood

(3) a. The child was dressed in the latest fashion.

    b. The child was dressed every morning by its mother.

(4) a. He insisted on taking part in the movement.

    b. He insisted on my taking part in the movement.

(5) a. I forgot visiting her.

    b. I forgot to visit her.

3. Put into English:

(1) 당분간 이 사무실을 다른 분들과 함께 쓰셔야겠습니다.

(2) 칭찬이라니, 나는 오히려 그들을 나무라야겠네.

(3) 한국 사람들이 거의 모두 똑똑하다는 사실을 부정할 수 없다.

(4) 그는 성미가 느긋해서 누구와도 사이좋게 지낸다.

(5) 이 학교에서 교육받는 학생들은 3,000명에 달한다.

제7장 부사(Adverbs)

품사 중의 하나로, 동사·형용사·다른 부사(구·절)·Sentence 등을 수식(modify)한다.

[1] 부사의 종류(Kinds of Adverbs)

의미 \ 기능	단순부사	의문부사	관계부사
장소·방향	here, there, hither, thither, in, out, inside, outside, above, below, near, far, off, away, forward, backward, anywhere, nowhere, yonder, etc.	where? whence? whither? *where	where **wherever
때	now, then, ever, since, before, ago, presently, lately, soon, instantly, immediately, suddenly, nowadays, already, early, late, meanwhile[meantime], afterward, today, yesterday, yet, etc.	when? how(long)? *when	when **whenever
정도	very, much, nearly, half, almost, quite, enough, scarcely, hard, hardly, partly, greatly, rather, little, too, the, etc.	how(far)? *how	how, that, as **however
빈도	once, twice, thrice, often, always, sometimes, first, again, seldom, daily, weekly, monthly, annually, etc.	how(often)? *how	how **however
양식·방법	well, ill, badly, so, thus, otherwise, wisely, skilfully, quietly, quickly, swiftly, slowly, happily, easily, gladly, sadly, pleasantly, etc.	how? *how	how **however
원인·이유	therefore, accordingly, consequently, hence, thence, thereby, etc.	why? wherefore? *why	why

* 간접의문(Indirect question)에 쓰이는 종속의문부사(Dependent interrogative adverb).
** 복합관계부사(Compound relative adverb).

170. 단순부사(Simple adverbs)

의문부사·관계부사 이외의 것으로서, 이것 중의 어떤 것은 형용사처럼 원급·비교급·최상급의 비교변화(Comparison)를 갖는다(early−earlier−earliest 등).

1 **장소·방향의 부사**(Adverbs of Place, Direction)

Here we are at the Capitol. (국회의사당에 도착했다.)

He is never happy **away** from home.

(그는 집을 떠나면 마음이 편하지 않다.)

Those behind cried, "Go **Forward!**" and those before cried, "Go **Back!**"

(처진 자는 '앞으로'라고, 앞선 자는 '뒤로'라고 외쳤다.)

2 **시간의 부사**(Adverbs of Time)

They married and lived happily **ever after**.

(그들은 결혼하여 그 뒤로 언제나 행복하게 살았다.)

He went **before** to see if the road was safe.

(길이 안전한지 살피기 위해 그는 먼저 갔다.)

We want liberty and union **now** and **forever**.

(우리는 자유와 통일을 지금, 또 영원히 원한다.)

3 **정도의 부사**(Adverbs of Degree)

Few men are **wholly** good or bad.

(전적으로 착하거나 악한 사람은 별로 없다.)

She is **not less** graceful than her sister. (= perhaps more)

(그녀가 언니보다 품위가 떨어지지 않는다.)

Thus far we didn't think. (그 정도까지는 우리가 생각하지 않았다.)

4 **양식·방법의 부사**(Adverbs of Manner)

How **slow** the time passes! (야, 시간 참 더디구나!)

The snow was falling **thick and fast**. (그때 눈은 줄기차게 내리고 있었다.)

Thus let me live unseen, unknown.

(이렇게 남의 눈에 띄지 않고, 알려지지도 말고, 살아가게 해달라.)

As you treat me, **so** I will treat you.

(자네가 내게 대하는 대로, 그렇게 나도 자네에게 대하겠네.)

Any man may be in good temper when he is well dressed.

(누구나 옷을 잘 차려 입으면 기분이 좋다.)

5 **원인의 부사**(Adverbs of Cause)

He has lost the wager, **therefore** he must pay.

(내기에 졌으니 돈을 내야지.)

She said she would come, **consequently** I expect her.

(그녀가 오겠다고 했으니, 기다릴밖에.)

The weather is bitterly cold, **so** put on extra clothes.

(날씨가 몹시 차다, 그러니 옷을 더 입어라.)

6 **확언(確言)의 부사**(Adverbs of Assertion)

We shall **probably** win. (= most likely) (십중팔구 우리가 이긴다.)

Perhaps no one can be a poet without genius.

(아마도 천재성 없이는 시인되기가 어려울 것이다.)

He may **possibly** recover. (어쩌면 회복할지도 몰라.)

Do you admire Seoul? — **Yes**, I do. (서울이 좋은가? — 예, 그렇고말고요.)

Have you seen the new physician? — **No**, I have not.

(이번에 새로 오신 내과의를 뵈었나? — 아니요, 아직 못 뵈었습니다.)

Little did I dream of hearing such exquisite music.

(이렇게 훌륭한 음악을 들으리라고는 꿈에도 생각하지 못했다.)

Never mind! (괜찮아)

참고 never(＜not+ever)와 **always**(= at all times)는 정반대의 말인데, 그 사이에 정도의 차이가 많다.

never → seldom[little, rarely] → hardly[scarcely] → once → sometimes → often[frequently] → usually[generally] → always.

"그는 언제나 지각하지 않는다."

He never comes late. (*right*)

He does not always come late. (*wrong*)

주의 yes, no의 용법

영어로는 묻는 형식에 관계없이 긍정(Affirmative)은 yes, 부정(Negative)은 no로 대답한다.
이 점이 한국어와는 다르다.

1. The sun is shining brightly. (긍정) (해가 찬란하게 빛나고 있다.)

　이 사실을 긍정하면 Yes(예), 부정하면 No(아니요).

2. Is the sun shining brightly? (긍정적 의문)

　(해가 찬란하게 빛나고 있나?) ― 사실이면 Yes(예), 아니면 No(아니요)이다.

3. The sun is **not** shining brightly. (부정) (해가 찬란하게 빛나고 있지 않다.)

　그런데 자기 생각이 The sun is shining brightly라면 ― Yes(**아니요**)

　　　　　　　The sun is **not** shining brightly라면 ― No(**예**)

4. Isn't the sun shining brightly? (부정적 의문) (해가 찬란하게 빛나고 있지 않는가?)

　이에 대한 자기 생각이 The sun is shining brightly라면 ― Yes(**아니요**)

　　　　　　　The sun is **not** shining brightly라면 ― No(**예**)

다만 **mind**(= dislike, 싫어하다)라는 동사로 묻는 말에는 위와 다르게 대답해야 한다.

Would[Do] you **mind** shut**ting** the window?

(창문 좀 닫아주겠습니까? < 창문 닫기를 귀찮게 생각하시오?)

　Yes. (예, 싫습니다. < 귀찮게 생각합니다.)

　No. (좋습니다. < 아니요, 귀찮게 생각하지 않습니다.)

171. 의문부사(Interrogative adverbs)

의문부사로는 다음과 같은 것들이 있다: where, when, how, why, whence, whither, wherefore, etc.

1 센텐스 제일 앞에 자리 잡고, 의문 센텐스를 만든다

Where did you get it? (어디서 그것을 자네는 입수했나?)

When shall we meet again here? (언제 여기서 우리가 다시 만나기로 할까?)

How if the sky were to fall? (천지가 개벽을 한다면 어떻게 하지?)

How do you like Korean food? (한국 음식이 어떻죠?)

How is it that you are always behind time?

(언제나 자네는 지각인데 웬일이지?)

How far is it from here to the gymnasium?

(여기서 체육관까지 거리가 얼마나 되죠?)

Why on earth does he behave so? (도대체 왜 그가 그런 짓을 할까?)

Whence is thy learning? (그대의 학문은 어디서 배운 것인가?)(옛말)

This life is a fleeting breath, and whither and how shall I go?

(이승은 덧없는 순간, 어디로 어떻게 나는 갈거나?) (옛말)

② 간접의문을 뜻하도록 명사구[절] 앞에 온다. 이때의 의문사를 종속 의문부사 (Dependent interrogative adverb), 센텐스 전체를 종속의문 센텐스(Dependent in-terrogative sentence)라고 부른다.

We wish to know where the wicked go after death.

(악인은 죽어서 어떻게 되는지 알고 싶다.)

Everybody should know when to speak and when to be silent.

(사람은 말을 할 때와 하지 않을 때를 구별할 줄 알아야 한다.)

Tell me when you were born and how you received education.

(자네 생년월일과 수학修學 상황을 말해주게.)

Teach me how to cook this food. (이 음식 요리법을 가르쳐주시오.)

Nobody knows how it happened. (어찌된 일인지 아무도 모른다.)

That's why you don't make progress. (그것이 자네가 발전하지 못하는 이유야.)

참고 의문 Sentence의 주절(Principal clause)의 동사가 'think, suppose' 등일 때에는 주절이 의문사 다음에 온다.

Where do you think they live? (어디에 그들이 살고 있다고 당신은 생각합니까?)

When and how do you suppose they met? (언제 어떻게 그들이 만났다고 짐작합니까?)

cf. Do you know when and how they met? (그들이 만난 때와 상황을 아시죠?)

③ 양보절(Concessive clause)

You should try a change of air for your health, no matter where.

(아무데라도 좋으니 전지요양轉地療養을 하도록 하시오.)

He came from no one knows where.

(그가 어디에서 살다왔는지 아무도 모른다.)

No matter **how** rich you are, you can't get everything that you want.

(아무리 돈이 많아도 원하는 것 전부를 손에 넣을 수는 없다.)

They have been a couple for I don't know **how** long.

(언제부터인지는 모르겠으나, 그들은 부부생활을 하고 있다.)

172. 관계부사(Relative adverbs)

접속사의 구실을 겸하는 부사로서 where, when, why, how의 4개다. whence(= from where), whither(= to what place)는 옛말이다. 관계 부사가 그 기능에서는 관계대명사와 같으나 이것은 인도(introduce)하는 절에서 부사의 역할을 한다.

① **제한적 용법(Restrictive use)**: 전치사 + 관계대명사로 대신할 수 있고, 번역할 때에는 대개 나타내지 않는다.

1) 형용사절을 인도

I may find some green spot **where** (= in which) I may bury my bones.

(내 뼈를 묻을 수 있는 푸른 산은 어디나 있겠지.) ― spot이 선행사(Antecedent)

He looked to the place **where** (= from which) the sound came from.

(그는 소리가 들려오는 곳에 주목했다.)

There are frequent occasions **when** (= on which) joking is not allowable.

(농담했다가 큰코다치는 경우가 흔하다.)

That's the reason **why** I did so.

(the reason과 why 중에서 어느 것이든 하나는 빼는 것이 상례다.)

(그것이 내가 왜 그렇게 했느냐 하는 까닭이다.)

참고 1. This is **how it happened**. (일의 전말은 이러하다.) ― 명사절로서 the way how라고 선행사를 두는 용법은 현대 영어에서 드물다.

2. 다음의 that은 관계부사로 볼 수 있다.

They began to pursue him on the day **that** (= when[on which]) he left the house.

(그가 집을 떠나던 날 그들은 그를 뒤쫓기 시작했다.)

Now **that** the case is hopeless, we must change our plans.

(가망이 없으니 계획을 변경해야겠다.)

This is not the place **that** (= where[to which]) they came last summer.

(여기는 지난여름 그들이 왔던 곳이 아니다.)

That is the reason **that** (= why[for which]) I do not like him.

(그래서 나는 그를 싫어한다.)

Making a low bow was the way **that** (= how[in which]) Koreans respected their elders. (절은 한국인의 손윗사람들에 대한 존경의 표시였다.)

In case **that** you give me leave, I will start at once.

(허락만 해주신다면 당장 떠나겠습니다.)

3. a. **the + 비교급 (단독일 때)**

   the는 지시 부사(Demonstrative adverb)로 정도(= by so much ― 그 만큼), 또는 이유 that account ― 때문에)를 뜻한다.

   I take a cup of **coffee** every morning after breakfast, and feel **the better** for it.

   (매일 아침 나는 식사 후에 커피 한 잔을 마시는데, 그러면 기분이 그만큼 더 상쾌해진다.)

   The invalid is **the worse** because he has left hospital.

   (그는 퇴원해서 그만큼 병이 더 악화되었다.)

   cf. He is a clever man; it **nevertheless** (< never + **the** + **less**) makes us anxious.

   (그가 재주가 있지. 그러나 그것이 걱정거리야.)

   b. **the + 비교급…, the + 비교급**

   첫 번째의 the는 관계부사(= by how much, in what degree, etc. 얼마만큼)고, 두 번째의 the는 정도(= by so much, in that degree, etc. 그만큼)를 의미하는 지시부사다.

   The sooner you come, **the better** it will be.

   (자네가 빨리 올수록 그만큼 형편이 더 좋아질 거야.)

   You will be **the more** pleased, **the oftener** she comes. ―(관계절이 뒤로 왔음.)

   (자네는 더욱 기쁘겠네, 그 여인이 더 자주 와준다면.)

   The more brilliant diamond, **the better**. ―(be동사 생략) (금강석은 빛날수록 좋다.)

   The picture is none **the** (=on that account) **worse** in my eyes for being painted by a woman. ―(관계부사 the 없음.)

   (이 그림이 여성이 그린 것이라고 해서 내 평가의 눈을 흐리게 하지는 않는다.)

2) 명사절을 인도

선행사가 생략된 때. (선행사를 넣으면 형용사절이다.)

This is (the ground) **where** the children play. (여기는 애들이 노는 곳이다.)

The winners marched to (the spot) **where** the flags were streaming in the wind.

(기가 바람을 타고 펄럭이는 곳으로 수상자들은 줄지어 걸어 나갔다.)

Tell me (the reason) **why** you left me.

(선행사인 the reason은 why 앞에서 대개 생략된다.)

(자네는 왜 우리를 떠났는가, 그 까닭을 말해주게.)

This is **how** he always treats me. (그가 저를 대하는 태도는 언제나 이런 식이죠.)

I cannot tell you **how** roughly I have been handled.

(제가 어떠한 천대를 받았는지 이루 말할 수 없습니다.)

3) 부사절을 인도

Many stores stand (at a place) **where** there is much traffic.

(선행사가 있으면 where 이하는 형용사절)

(사람들의 왕래가 잦은 곳에 가게가 많이 늘어서 있다.)

Where there is life, there is hope. (생명이 있는 곳에 희망이 있다.)

Come to see me(at a time) **when** the war has come to a close.

(전쟁이 끝나거든 만나자꾸나.)

Things are never found **when** one wants them.

(세상 물건이, 있었으면 좋겠다고 생각되는 때는 없다.)

Come **when** you wish to. (오고 싶을 때 오렴.)

Return **whence** (= to the place from which …) you came.

(떠나온 곳으로 돌아가라.) (옛말)

Go **whither** you will (= to any place that …). (가고 싶은 곳으로 가라.) (옛말)

참고 선행사가 없으면 관계부사의 기능이 접속사와 같으니, 접속사로 봐도 좋다.

② **비제한적[계속적] 용법**(Non-restrictive[Continuative] use): 대개 where와 when에 한정되는데, 절 앞에는 Comma(회화에서는 Pause)가 있다.

She carried it to the closet, **where** (= and there) she stored it away.

(그 부인은 그것을 벽장으로 가지고 가서, 거기에 간직해 두었다.)

I was just going to answer, **when** (= and then) the bell rang.

(대답하려고 하니까 종이 울렸다.)

[참고] 1. why에는 이러한 용법이 없으므로, 다음과 같이 다룬다.

He had long been ill in bed, **for which reason** he had to send in his resignation.

(그는 오랫동안 병석에 누워 있었던 까닭에 할 수 없이 사표를 제출했다.)

2. ask, know, etc. 다음에 오는 선행사 없는 종속절을 이끄는 것은 의문부사다. 이때는 명사절이다.

They asked me **when** and **where** I had been born.

(내 출생 시와 출생지가 언제며 어디냐고 그들이 내게 물었다.)

I want to know **why** they granted my request.

(그들이 왜 내 청을 들어주었는지 알고 싶다.)

Tell me **how** he has got hurt.

(어떻게 그가 부상당했는지 말해주게.)

3. 명사를 선행사로 하는 when 등은 생략되기도 한다.

I arrived here on the day (when) you left Seoul.

(자네가 서울을 떠나던 바로 그날 나는 이리로 왔지.)

He started the moment (when) he got her message.

(그녀로부터 연락을 받자마자 그는 떠났다.)

4. 관계부사는 when, how 등인 때 생략되기도 한다.

It happened on the day(when) they celebrated his birthday.

(그 사고는 생일을 축하하던 바로 그날 일어났다.)

This is the way (how) the accident happened to him.

(이렇게 해서 그에게 사고가 일어난 거야.)

173. 복합관계부사(Compound relative adverb)

관계부사에 -ever가 붙어 있는 것으로서, 선행사를 자체 속에 지니고, 양보(Concession)의 뜻을 표시하는 부사절을 인도한다.

Wherever (= To any place that[No matter where]) one goes[Go where one will], one hears the same story. (어디를 가나 같은 이야기를 듣는다.)

Whenever[No matter when] he coughed, he felt a good deal of pain.

(기침할 때마다 그는 몹시 괴로워했다.)

However guilty he is, he is still an object of compassion. (= No matter how)

(아무리 죄가 있다 해도 그는 불쌍한 사람이다.)

He was not contented, **however** rich he became.

(아무리 돈을 모았어도, 그는 만족하지 않았다.)

However the thing turns out, you will be right.

(그 일의 결과가 어떻든 간에 당신은 괜찮을 겁니다.)

cf. His records are poor in that grade; **however**, we are not surprised.

(그 학급에서 그의 성적이 나쁘나, 우리는 그러려니 한다) (접속사)

[2] 부사의 형태(Forms of Adverbs)

174. 대부분의 부사는 형용사 + −ly(< like = similar[equal])형

부사	형용사
They talked so **angrily** inside that I stopped going in. (안에서 그들이 노하여 떠들고 있었으므로 나는 들어가기를 꺼렸다.)	He gets **angry** at trifles. (그는 변변치 않은 일에도 화를 낸다.)
Assuredly [əʃúəridli] you will find him honest. (확실히 그가 정직한 사람임을 당신은 알게 될 거야.)	You will be **assured** [əʃúəd] of his honesty. (그가 정직한 사람임을 당신은 확신할 거야.)
Every picture was **beautifully** painted. (그림이 모두 예쁘게 그려져 있었다.)	The scenery is too **beautiful** for words. (경치가 너무 좋아서 말로 다 표현할 수 없다.)
He acted **bravely** a silent and desperate part. (그는 말은 없었으나 필사적인 역할을 용감히 해냈다.)	She is **brave** for a woman. (여성으로서는 용감하다.)
She gave an opening address **charmingly**. (그녀는 애교에 찬 개회사를 했다.)	Her manner is very **charming**. (그녀의 태도가 매력적이다.)
Purge your mind of false notions and live **cleanly**.	She kept everything **clean** in the kitchen. (부엌의 모든 것을 깨끗이 해두었다.)

(마음속의 옳지 않은 생각을 씻고, 깨끗이 살아라.)

Speak your mind **clearly**.
(그대의 생각을 똑똑히 말해보시오.)

His intelligence is **decidedly** above the average.
(그의 지능은 단연 보통 이상이다.)

The above sum has **duly** been received.
(위의 금액을 제대로 영수함.)

The poor boy understands his lessons **dully**.
(그 학생은 학과 이해가 둔하다.)

How **easily** things go wrong.
(세상일이란 까딱하면 잘못된다.)

She is **exceedingly** beautiful.
(그 여인은 매우 아름답다.)

Man is like a radish with a head **fantastically** carved upon it.
(사람의 모양은 무에다 머리를 괴상하게 새겨 놓은 것과 같다.)

He, **formerly** the possessor of much property, has become poor.
(이전엔 큰 재산가였던 그가 이제는 가난해졌다.)

cf. They are considered to be the cleanly [klénli] people in the world.
(그들은 세계에서 가장 청결을 좋아하는 국민이라고 인정받는다.)

What you mean is quite **clear**.
(그대의 생각은 잘 알겠습니다.)

I hope you are more **decided**.
(당신에겐 과단성이 더 있어야겠습니다.)

The train is **due** at five.
(기차는 다섯 시 도착.)

Trade was **dull** last summer.
(지난여름엔 무역이 부진했다.)

Make yourself **easy** about the matter.
(그 일은 안심하시오.)

cf. Take it **easy**! — (Slang)
(너무 상심하지 마.)

She is a girl of **exceeding** beauty.
(매우 아름다운 소녀다.)

The weather here is as **fantastic** as a lover's mood.
(이곳 날씨는 애인의 기분같이 변덕스럽다.)

In **former** days there were more wild animals here.
(왕년에는 여기에 맹수가 더 많았다.)

[참고] 1. −ly가 붙어 있는 형용사도 있다.

friendly: We have friendly relations with our neighbors. (우리는 이웃과 사이좋게 지낸다.)

homely: The place had a homely air. (그 처소엔 가정적인 분위기가 감돌고 있더라.)

manly: He answered his inquisitors in a manly fashion, etc. (그는 취조자에게 남자답게 대답했다.)

2. −ly가 붙을 때의 철자상 변화:

형용사＋−ly: beautiful—beautifully, quick~quickly, rapid—rapidly

−e 없애고 −y: able—ably, feeble—feebly, probable—probably cf. whole~wholly, sole—solely, etc.

−e 없애고＋−ly: due—duly, true—truly

−y 없애고＋−ily: gay—gaily[gayly], happy—happily, lovely—lovelily

+ –ally: dramatic—dramatically, pathetic — pathetically cf. public —publicly

+ –y: dull—dully, full—fully

175. 모양이 형용사와 같은 것

부사	형용사
The sun was shining **bright(ly)**. (해는 밝게 빛나고 있었다.)	I hope that a **bright** future is in store for you. (당신의 내일이 다복하기를 빕니다.)
The farmer toils **early** and late. (농민은 아침부터 늦게까지 수고한다.)	The crops and the fruit are **early** this year. (곡식과 과실이 올해에는 이르다.)
Speak loud and **clear**. (크게 똑똑히 말하시오.)	The coast is **clear**. (= There is no one or nothing in the way.) (위험은 없다.)
The book is easy **enough** for you to under-stand. (그 책은 당신이 충분히 이해할 수 있습니다.)	Have you money **enough[enough money]** for the journey? (여비는 충분한가?)
Please do not speak so **fast**. (말씀을 천천히 해주시오.)	Willows are **fast** in growth. (버드나무는 빨리 자란다.)
The plan bids **fair** to succeed. (그 계획은 성공할 징조가 보인다.) cf. She sang **fairly** well. (꽤 잘 불렀다.)	He is **fair** in his dealings. (그는 일 처리에 공정하다.)
Hold **firm** to the rope. (밧줄을 단단히 붙잡아라.) cf. His religious doctrine was **firmly** believed. (사람들은 그의 교리를 굳게 믿고 있었다.)	He is as **firm** as a rock. (그는 끄떡도 않는 억센 사나이.)
They sell **dear** in the height of the season. (대목에는 물가가 비싸다.) cf. Our victory has been **dearly** bought. (우리의 승리는 비싼 대가를 치르고 얻은 것이다.)	Things are **dear** in the height of the season. (대목에는 물가가 비싸다.)
He loves his children **dearly**. (그는 애들을 몹시 사랑한다.)	You are **dear** to me. (귀여운 것)
They sell **cheap** for cash. (현금이면 싸게 판다.) cf. The victory was **cheaply** bought. (그 승리는 희생자 없이 얻어졌다.)	It was **cheap** at that price. (그 값이면 싼 물건이었다.)
I studied **hard** all day long.	She is **hard** to please.

(온종일 나는 애써 공부했다.)

cf. He has **hardly** eaten anything since the
morning. (= by no means)
(아침부터 아직까지 아무것도 먹지 않았다.)

The victory was **hardly** won.
(= with difficulty)
(간신히 얻은 승리였다.)

Don't speak **ill** of others.
(남을 비방하지 마시오.)

Don't talk so **loud(ly)** before others.
(사람들 앞에서 너무 큰 소리로 떠들지 마시오.)

The moon goes round the earth **monthly**.
(달은 한 달에 한 번 지구를 돈다.)

(그 여인은 성미가 까다롭다.)

Don't overwork yourself; you might get **ill**.
(무리하지 마시오, 병나기 쉬우니까.)

She is **loud** in her praises of his strength.
(부인이 열을 올려 남편의 힘자랑을 하고 있다.)

What **monthly** magazine do you take?
(어떤 월간지를 읽습니까?)

176. 두 가지 형태의 부사: 형용사와 같은 것·형용사 + - ly

이 두 모양의 부사에는 의미·용법이 같은[비슷한] 것과, 다른(different) 것이 있는데, 다른 것이 많다.

1 같은[비슷한] 것:

The train goes there **direct**. (이 기차는 거기로 직행한다.)

　cf. He has had a **direct** influence on Modern Korea. (형용사)

　　(근대 한국에 그가 직접적인 영향을 끼쳤다.)

Go **directly** toward the building. (그 건물을 향하여 똑바로 가시오.)

Dig **deep** for water. (깊이 파야 물이 솟는다.)

I am **deeply** grieved at your misfortune. (당신의 불행에 깊은 애도를 표합니다.)

The baby is **sound** asleep. (아기가 깊이 잠들어 있다.)

We couldn't sleep **soundly** on that night. (그날 밤엔 우리가 깊은 잠을 자지 못했다.)

He came **safe**. ― (He를 강조) (그는 무사히 왔다.)

He came **safely**. ― (came을 강조) (그가 잘 왔다.)

┌ Drive **slow**. ─ (동사보다 부사에 무게를 둔다.) (천천히 돌게.)
└ He walked **slowly**. ─ (동사를 강조) (쉬엄쉬엄 그는 걸어갔다.)

┌ Go and return **quick**. (빨리 왕복하라.)
└ I ran as **quickly** as I could. (될 수 있는 대로 빨리 뛰었다.)

[참고] 미국식 회화체로는 quickly보다 quick이 많이 사용된다.

② 형용사형과 형용사 + –ly형의 뜻이 서로 다른 것

┌ The sea was running **high**. (파도가 높게 일고 있었다.)
└ He is a **highly** gifted author. (비유적) (그는 비상한 천재적 작가다.)

┌ He came home **late** at night. (그는 밤늦게 집으로 돌아왔다.)
└ I have seen little of him **lately** [of late]. (요즘 나는 그를 별로 만나지 못했다.)

┌ She lives very **near** to the church.

  (그 부인은 교회당으로부터 매우 가까운 곳에 살고 있다.)

└ It was **nearly** five in the evening. (그날 저녁 5시 무렵이었다.)

┌ He has found a **pretty** big pearl. (꽤 큰 진주를 그가 발견했다.)
└ How **prettily** she was dressed! (그녀의 의상이 얼마나 아름다웠는지!)

┌ A dose of this medicine will put you **right**.

  (이 약 한 번 쓰시면 병이 나을 것입니다.)

This valley is **rightly** called an earthly paradise.

  (이 골짜기를 지상낙원이라 부를 만하지요.)

┌ He saw the monster with his eyes **wide** open.

  (눈을 크게 뜨고 그는 그 괴물을 보았다.)

They are **widely** different from each other. (비유적)

  (그들은 서로 매우 다르다.)

[참고] 1. 다음 부사의 발음에 주의하여야 한다.

  designedly [dizáinidli] (일부러) avowedly [əváuidli] (공공연하게)

  markedly [máːkidli] (현저하게)

  2. –ly 로 끝나는 형용사도 있다.

  Pride is one of the seven **deadly** sins. (거만은 지옥 가는 일곱 가지 죄 중 하나다.)

  I don't care to be very **friendly** with him. (그와 지나치게 친하고 싶지는 않다.)

Even in hard times they enjoyed **lively** songs. (어려움에 처해 있을 때에도 그들은 생기 있는 노래를 즐겼다.)

177. 형태가 전치사와 같은 것

원어(Primitive, 原語)가 많고, 파생어(Derivative, 派生語)는 적다. 부사는 동사·형용사·다른 부사를 수식하고, 전치사는 그 뒤에 오는 명사 또는 대명사와 합하여 부사구 또는 형용사구를 만든다.

부사	전치사
He is **about** to start(= on the point of starting). (그가 떠나려는 참이다.)	She worries **about** his health. (그 부인은 남편의 건강을 걱정하고 있다.)
The skylarks soared **above**. (종달새들이 하늘 높이 날아올랐다.)	The jet plane soared **above** the greenfield. (제트 비행기가 푸른 들 상공으로 날아올랐다.)
The stream was rough when we swam **across**. (우리가 헤엄쳐 건너올 때 물살이 거칠었다.)	He was lying with his hands **across** the breast. (가슴에 두 손을 얹고 그는 누워 있었다.)
A dog came running **after**. (개가 한 마리 뒤를 따라 달려왔다.)	The mountain was named Everest **after** Sir George Everest. (조지 에베레스트 경의 이름을 따서 그 산을 에베레스트라 불렀다.)
Come **along** with me. [따라와 (함께 가자)!]	Many poplars grow **along** the roadside. (길가에 많은 포플러가 자라고 있다.)
What comes after ever conforms to what has gone **before**. (다음에 오는 것은 먼저 있던 것을 따르게 마련이다.)	**Before** the signing of the receipt, the money will not be paid. (영수증에 도장을 받기 전에는 돈을 내지 못합니다.)
Beyond is the blue sea. (저 멀리 푸른 바다가 있다.)	He lives **beyond** his income. (그는 수입 이상의 생활을 한다.)
Thus man passes **by**. (이렇게 인생은 흘러간다.)	Children were playing **by** the river. (애들이 강가에서 놀고 있었다.)
She is **in** for an illness. (그 여인은 병으로 집에 있다.)	She is a bird **in** a cage. [형용사구] (새장 속의 새 신세.)
Put your coat **on**.	Put your gloves **on** your hands.

(옷을 입게.)

I wish you would turn **over** a new leaf.

(자네가 새사람이 되었으면 하네.)

Hear me **through**!

(끝까지 내 말을 들어봐!)

The sun comes **up** in the east and goes down in the west.

(해는 동에서 뜨고 서쪽으로 진다.)

참고 'Time is **up**(=ended). (시간이 다 됐다.)' up을 형용사 상당어로 보고 is의 보어로 생각함이 좋겠다. up을 부사로 보면 is는 완전자동사다.

'The moon is **down**(=gone down). (달이 져 있다.)', 'Winter is **over**(=finished). (겨울이 지나갔다.)'도 같은 종류다.

(손에 장갑을 끼게.)

I heard her singing **over** her work.

(일하면서 노래 부르고 있는 그녀의 소리를 들었다.)

All this has been done **through**[out of] envy.

(이 모든 일은 시기 때문에 벌어진 것이다.)

He goes steadily **up** the social scale.

(그는 꾸준히 사회적 지위를 향상시켜 간다.)

A child fell **down** the stairs.

(어린애가 계단에서 떨어졌다.)

178. 부사 상당어(구)인 명사

일시(日時)·수량·거리·양식[방법]·상태 등을 표시하는 명사가 전치사 없이 부사(구) 구실을 하는 것. 이것을 명사[대명사]의 **부사적 대격**(Adverbial accusative[objective])이라고 부르는데, 고대 영어에서 대격(對格)의 명사가 그대로 부사로 쓰인 일이 있으므로 그 유물이라 볼 수 있다.

He slept **all night** quietly in spite of the noise outside.

(밖은 소란했지만 밤새도록 그는 조용히 잘 잤다.)

The ceremony will be held **next Friday**[on Friday next].

(그 식이 다음 금요일에 있다.)

We have lived here(for) **a long time**.

(우리는 여기서 오래 살고 있다.)

The snow lay **knee** deep. (눈이 무릎에 닿도록 많이 쌓여 있었다.)

Ten miles away there stood a mill. (10마일 떨어진 곳에 방앗간이 있었다.)

To be **seventy years** young is sometimes far more cheerful and helpful than

　to be forty years old.

　(나이 70에 젊음은, 40에 무력보다 때로는 더 유쾌하고 쓸모 있다.)

Most people travel **third class**. (많은 사람들이 3등차를 이용해 여행한다.)

I was **twenty years** old **twenty years** ago. (내 나이가 금년 40이죠.)

This goes **a long way** towards solving the problem.

　(그 문제를 해결하는 데 이것이 큰 도움이 된다.)

I had to go **home** wet in the rain.

　(비에 젖은 채 나는 집으로 돌아올 수밖에 없었다.)

We two were walking **hand in hand** on the beach.

　(우리 두 사람은 손과 손을 맞잡고 바닷가를 어정거리고 있었다.)

179. 명사의 속격(Genitive case)이 부사(구)로 변한 것

이것을 **부사적 속격(Adverbial genitive)**이라 부른다. -s는 부사를 만드는 어미(Adverbial
ending)이기도 하다.

　A good man will not **always**(< all+way + -s) prosper.

　(착한 사람이라고 반드시 잘사는 것은 아니다.)

　A soldier must **needs**[needs must](= of need) go when duty calls.

　(군인은 의무적으로 명령하면 반드시 나가야 한다.)

　Nowadays (< now + a + day + -s) boys and girls expect to have to amuse

　themselves. (요즘엔 소년 소녀들이 재미있게 놀아야겠다고 생각하고 있다.)

　Learned men are **sometimes** (< some + time + -s) wanting in judgment.

　(학자라도 때로는 판단력이 무딜 수 있다.)

　She was young, innocent, and beautiful **besides** (< by the side + -s).

　(그 여성은 젊고, 순진한데다가 또 예쁘기까지 하다.)

　Two months **afterwards** (< afterward+-s) he was reported fit for duty.

(그때부터 2개월 뒤에, 그는 근무해도 좋다고 보고되었다.)

What **else** (= otherwise) can I do for you?

(이 밖에 또 무엇을 해드릴까요?)

We are **hence** (< here + -s) unable to believe it.

(이 때문에 우리는 그것을 믿을 수 없다.)

All the shutters were closed, **thence** (< thanon + -es) we inferred that the house was unoccupied. (덧문이 모두 닫혀 있었다. 그러므로 집안에는 사람이 없다고 짐작했다.)

There was **once** (< one + -s = of one time) a grievous famine in the land.

(일찍이 그 땅에는 비참한 굶주림이 있었다.)

What is read **twice** (= two times의 문장체) is better remembered than what is transcribed. (두 번 읽는 것이 베끼는 것보다 더 잘 기억된다.)

She goes to church **Sundays**[on Sundays]. (미국식)

(그 여인은 일요일엔 교회에 예배하러 간다.)

He often sits up late **nights** (= at night) for reading.

(그는 독서로 종종 밤을 샌다.)

I have often seen him **of late** (= lately). (부사구)

(요즘 나는 그를 종종 만났다.)

Of old (= Formerly) there were giants and mammoths.

(예전엔 거인과 거룡巨龍이 있었다.)

I did it **of necessity**, not **of choice**.

(좋아서가 아니라, 할 수 없이 한 일이다.)

He would come **of an evening**[of an afternoon, of a morning, of a Saturday].

(옛 관용구로 문장체) (그가 저녁[오후·아침·토요일]이면 종종 왔다.)

180. nice and[náaisn] (= nicely, satisfactorily), etc.

이 and 다음에 오는 형용사의 뜻을 강조하는 부사구로서 회화체.

I thought you'd like me to look **nice and** clean.

(내가 몸치장을 말쑥하게 하고 있는 것을 당신께서 좋아하시리라고 생각하고 있었죠.)

This refined rice drink is **nice and** hot.

(이 약주가 따끈하게 잘 데워져 있다.)

I am **good and** tired today. (= entirely) (나는 오늘 몹시 지쳤다.)

I am **fine and** pleased to see you so content. (= much)

(당신이 그렇게 만족해하시니 저는 참으로 기쁘군요.)

He was **rare and** hungry. (= rarely [very, uncommonly]) (그는 몹시 배가 고팠다.)

[3] 부사의 용법(Uses of Adverbs)

181. 동사를 수식

He runs **fast**. (그는 빨리 달린다.)

The wind blows **hard**. (바람이 몹시 분다.)

The gate is **freshly** painted. (문에 칠을 새로 했다.)

She closed the window **softly**. (소녀는 창문을 살며시 닫았다.)

The catcher **often** throws the ball to the second base.

(포수가 종종 제2루로 공을 던진다.)

He dragged a painful existence **on**. (그는 괴로운 생활을 그럭저럭 계속했다.)

There is [ðɛə] no one **there** [Sea]. (거기엔 아무도 없다.)

[참고] 첫 There는 Preparatory 'there'로서, Sentence 머리에 붙어, be와 함께 존재를 의미하는데, 발음 역시 약하고, 마지막 there는 Adverb of Place여서 강하게 발음한다.

There's = There is[has]. (약) [ðəz]·(강) [ðɛəz]

There [ðə] must have been many dangers on the way. (도중에 많은 위험이 있었을 거야.)

There는 be 이외에도 appear, corns, go, live, occur, remain, stand, etc. 및 피동형과 함께 쓰인다.

There **came** a flood of rain on that night. (그날 밤에 비가 억수같이 내렸다.)

There **was born** a baby to the happy couple.

　(그 사랑하는 부부 사이에 아기가 태어났다.)

Adverb of Place로서의 there가 Sentence 제일 앞에 오는 때도 있다. 어순(Word order)이 흔히 뒤집힌다.

There [ðɛə] it is in front of you. (거기 자네 발 앞에 그것이 있네.)

There flies his ball! (저기 그가 친 공이 날아간다.) cf. here = in[to] this place

Here [híə]! (= Here I am. = Present.) (예, 출석했습니다.) (호명 때)

Cigarettes? **Here** you are. (담배? 여기 있네.)

Here we are. (목적지까지 우리가 왔다.)

Here's [híəz] (a health) to you! (당신의 건강을 빕니다.) (축배 때)

182. 형용사를 수식

He is a **very** fast runner. (그는 매우 빠른 주자다.)

The price is **never** high. (값은 결코 비싸지 않다.)

We were astonished at her **unexpectedly** prompt departure to South America.

　(그녀가 남미로 느닷없이 선뜻 떠나버리는 데 놀랐다.)

You can't reach it; you are not tall **enough**.

　(거기 닿지 못한다. 그만큼 네 키가 크지는 않으니까.)

183. 다른 부사를 수식

He runs **very** fast. (그는 매우 빨리 달린다.)

I see **quite** clearly that all good things must come to an end.

　(좋은 모든 것이 결국엔 끝난다는 사실을 나는 아주 잘 알고 있다.)

184. 구(Phrase)를 수식

This morning we started **exactly** at seven. [부사구]

(오늘 아침 우리는 일곱 시 정각에 출발했다.)

A man **apparently** from Arabia has presented his business card at the entrance.

[형용사구]

(아라비아 사람처럼 보이는 남자가 입구에서 명함을 냈다.)

185. 절(Clause)을 수식

I did so, **simply** because I could not do otherwise.

(다만 다른 방법으로는 할 수가 없었으므로, 나는 그렇게 했다.)

He will arrive **shortly** before she leaves.

(부인이 출발하기 조금 전에 남편이 도착할 것이다.)

Will he seek after wealth **even** when his life passes away?

(생명이 끝날 때에도 그는 돈을 탐낼까?)

186. Sentence 전체를 수식(Sentence modifying adverb)

Probably he will soon get over his illness. (= It is probable that he….)

(아마 머지않아 그가 건강을 회복할 것이다.)

Fortunately our family had a narrow escape from the danger.

(운 좋게도 우리 집은 그 위험을 간신히 면했다.)

She **wisely** refused to accept his invitation.

(그 여인은 현명하게도 그 남성의 초대에 응하지 않았다.)

It may **well** be true. (= probably, have a good reason to) (아마 그것은 정말이겠지.)

The account in this paper has **evidently** been censored.

(이 신문 기사는 검열을 받은 것이 확실해.)

187. 다른 품사의 상당어(Equivalent)

1 명사 상당어(Noun equivalent)

In America the President reigns for four years, and journalism governs for **ever**.

[전치사의 목적어]

(미국에서 대통령은 4년간 통치하지만, 언론계의 지배는 영원하다.)

This is the greatest disaster that has happened till quite **recently**.

(이 사고가 최근까지 일어났던 것 중 최대 참사다.)   [전치사의 목적어]

Though young he has experienced his **ups** and **downs** in life.

(나이는 젊어도 그는 이미 인간 운명의 흥망을 경험했다.)

2 형용사 상당어(Adjective equivalent)

Even children can answer your question.

(당신의 그 질문이라면 애들도 대답할 수 있죠.)

Do you know anyone **else**? (그 밖에 또 누군가를 알고 있나?)

No one **else** said so. (= instead) (그 밖에는 아무도 그렇게 말하지 않았다.)

Man can not live by bread **alone**. (사람이 먹는 것만으로 살 수는 없다.)

He will speak on the subject of "Korea **today** and tomorrow."

("한국의 오늘과 내일"이란 제목으로 그가 연설할 것이다.)

I **too** am fond of amusement at times. (나 역시 때로는 놀기가 좋지.)

She is **quite** the lady. (그 부인이야말로 진정한 숙녀야.)

There is **almost** nothing that a team of engineers cannot do today.

(오늘날엔 기술자들이 단합해서 하면 못하는 일이 거의 없다.)

Your Christmas holidays will soon be **over**. (= finished)

(겨울방학도 곧 끝나겠지.)

How are you? — I am very well, thank you. (요즘 어떠신가? — 응, 좋아, 고맙네.)

The moon is **down** (= set), and the sun is **up.** (= risen) (달이 지고, 해가 떴다.)

What time do you expect her **back?**   [목적격 보어]

  (그녀가 몇 시에 돌아오리라고 보십니까?)

It might have been quite **otherwise.** (= different)

  (사정이 전혀 달라졌을는지도 모르죠.)

They are **well off** for winter clothing. (= having enough)

  (그들 겨울옷 준비는 충분하다.)

③ **접속사 상당어(Conjunction equivalent)**

Now I am an independent man, I have to manage all my affairs myself.

  (= Since) (이제 나는 독립했으니까 내 일은 모두 내가 처리해야겠지.)

Once you consent, you are trapped. (= As soon as)

  (일단 동의한다면 걸려들고 만다.)

④ **동사 상당어(Verb equivalent)**

방향 등을 표시하는 부사는 동사 없이도 명령의 뜻을 띠고, 동사 구실을 한다.

Out! (= Get out!) (나가!)

Down with the tyrant! (= Knock[Strike] to the ground) (폭군을 타도하라!)

[4] 부사의 위치(Position of Adverbs)

188. 일반적인 경우

① **형용사·부사를 수식할 때는 바로 그 앞에 온다**

That's **quite** *expensive.* (그것 꽤 비싸구나.)

These candidates are **well** *educated.* (형용사 < 제2분사)

  (이 지원자들은 교육을 잘 받은 사람들이다.)

He speaks English **wonderfully** *well*. (부사)

(그의 영어회화는 놀랄 만큼 능숙하다.)

She called me up **shortly** *before her departure*. (부사구)

(그녀가 출발 직전에 내게 전화를 걸었다.)

I was **rather** *at a loss*, not knowing where to go. (부사구)

(어디로 가야 할지 몰라서 약간 난처했다.)

Take care **not** *to make a mistake*. (부사구 < 부정사)

(실수하지 않도록 주의하라.)

We are happy **only** *when we are sound both in mind and body*. (부사절)

(사람은 심신이 건전할 때에만 행복하다.)

> [참고] enough만은 이상의 위치와 달리, 그것이 수식하는 형용사·부사 뒤에 온다.
> He is wise **enough**. (그만 하면 그도 이젠 철이 들었다.)
> You are tall **enough** to catch it. (거기에 닿을 만큼 키가 크구나.)
> The meat is done **enough** not to take away your appetite.
> (자네 입맛을 떨어뜨리지 않을 만큼 고기가 잘 구워졌네.)
> She is a modest **enough** salesgirl. (그녀는 꽤 얌전한 여점원이다.)
> They ran quickly **enough**. (어지간히 빨리 뛰었다.)

② 양식·상태 등을 표시하는 부사

1) 대개 동사 뒤에 온다. 그러나 목적어가 있을 때는 목적어 뒤에 온다.

She answered **politely**. (그 소녀는 공손하게 대답했다.)

She sang **sweetly** in the recital last night.

(어젯밤 독창회에서 그녀는 훌륭한 노래를 들려주었다.)

"Why do you have to leave now?" she asked **abruptly**.

("왜 당장 떠난다는 거죠?"라고 그 여인은 퉁명스럽게 물었다.)

His son's business failure disappointed him **greatly**.

(그의 아들이 사업에 실패해, 그는 매우 실망했다.)

Time has touched me **gently** in his race.

(세월은 흘러가며 내게 풍파 없이 대해주었다.)

> [참고] He politely answered라면 부사의 의미는 약해지고, 동사가 강조된다.

They **gladly** agreed. (좋아하며 동의했다.)

She **afterwards** became a famous actress. (그 뒤 그녀는 명배우가 되었다.)

The traveller **then** visited an old temple. (그 뒤 옛 절을 참배했다.)

2) 부사보다 목적어[구·절]가 길든가, 또는 의미가 강할 때는, 부사가 앞에 온다.

He read **carefully** every word. (글자마다 정신 차려 그는 읽었다.)

They said **brusquely** that they had nothing to say to him[They **brusquely** said

that …]. (그에게는 할 말이 아무것도 없다고 퉁명스럽게 그들이 말했다.)

You must know **well** the customs and habits of the tribe you are going to meet

during your tour of Africa.

(당신은 아프리카 여행 중 만나보려는 종족의 풍속 습관을 잘 알고 있어야 합니다.)

She explained **precisely** what she had heard about the accident.

(그 사고에 대하여 들어두었던 모든 일을 그 부인이 정확하게 설명했다.)

3) 목적어가 절이나 부정사인 때에는 부사가 동사 앞에 오기도 한다

They **strongly** asserted that they knew nothing of the matter.

(그 일에는 그들이 전혀 아는 바가 없다고 잘라 말했다.)

She **gently** asked her son to give up that bad habit.

(그 나쁜 버릇을 버리라고 그 어머니는 아들을 부드럽게 타일렀다.)

③ in, out, up, down 등 방향을 표시하는 부사가 동사와 결합해 동사구를 만들 때

1) 목적어가 명사면, 그 앞이나 뒤에 놓인다

Put **on** your coat. = Put your coat **on**. (옷을 입으시오.)

Take **off** your hat. = Take your hat **off**. (모자를 벗으시오.)

We have carried **out** the plan. = We have carried the plan **out**.

(그 계획을 우리가 실행했다.)

2) 목적어가 대명사면 그 뒤에 온다

Put it **on**. (이것을 입어.)

Take it **off**. (그것은 벗어.)

We have carried it **out**. (그것을 성취했다.)

[참고] Carry it *off*. (*right*) (옮겨가라)   Carry off it. (*wrong*)

④ 빈도·정도 등을 표시하는 부사의 경우

1) Simple sentence면 동사 앞에

Her father **often** invited me. (장인이 나를 종종 초대하셨다.)

Grandpa **always** laughed at a good joke.

(할아버지는 재미있는 농담을 들으시면 언제나 웃으셨다.)

I **sometimes** take ginseng tea. ("Sometimes I ···."도 좋다.)

(나는 때로 인삼차를 든다.)

He **nearly** fell down senseless on the ground.

(그는 정신을 잃고 땅에 쓰러질 정도였다.)

Your answer **quite** satisfied me. (자네 답장은 확실히 내 마음에 들었네.)

We **little** know an irony of our fate. (운명의 장난을 우리는 알 도리 없다.)

2) 조동사, 또는 be가 있으면 부사는 그 뒤에

He will **flatly** reject your proposal. (그가 당신의 제안을 딱 잘라 거절할 것이오.)

That herb can **generally** be found here. (이 약초는 이 근방에 흔합니다.)

I should **very much** like to go there with you.

(거기를 당신과 함께라면 가고 싶고말고요.)

She is **almost** the best singer this time.

(이번에 그녀가 거의 최상의 가수다.)

You are **often** careless. (자네는 종종 덤비는 것이 탈이야.)

I have **frequently** been to Gyeongju. (완료형이면 그 사이에)

(경주 구경은 여러 번 했다.)

The folk music has **satisfactorily** been explained.

(그 민속음악이 만족스럽게 설명되었다.)

I have **once** been here. (여기라면 와본 일이 있다.)

She has **never** been in America. (아직 미국에 가본 적이 없다.)

참고 I **really** must go. (난 정말 가야만 해.)

이 예에서, 부사의 뜻은 약하고 동사가 강조되어 있다.

He **nowadays** has been complaining of his job.

(그는 요즘 자기 일자리에 불평하고 있다.)

이 예도 위의 것과 같이, 부사의 뜻은 약하고 동사의 의미는 강조되어 있다.

다음과 같은 예는 형용사＋명사라는 관념의 영향을 받은 표현이다.

His inauguration must have been **heartily** congratulated (＜hearty congratulation).

(그의 취임은 정녕 진심으로 축하를 받았을 거야.)

You should have **cordially** welcomed him. (＜cordial welcome)

(그를 정성껏 환영했어야죠.)

⑤ **때가 명확한 부사는 Sentence 앞이나 뒤에**

Today and forever a good book is the best of friends. ＝A good book is the best of friends **today and forever**.

(오늘, 아니 영원히 좋은 책은 가장 좋은 친구니라.)

[참고] 때를 표시하는 부사로, 자유로운 위치를 취하는 부사가 있다. 그렇다고 강조 때문인 것도 아니다.

- **Soon** they will remove into the country.
- They will **soon** remove into the country.
- They will remove into the country **soon**. (그들은 시골로 곧 이사할 것이다.)

- **Sometimes** learned men are wanting in judgment.
- Learned men are **sometimes** wanting in judgment.
- Learned men are wanting in judgment **sometimes**.
- (때로는 학자가 판단력이 부족할 수 있다.)

장소를 표시하는 부사는 흔히 때를 말하는 부사보다 먼저 온다.

We had a football match **there** yesterday. (우리는 거기서 어제 축구경기를 했다.)

189. 약간 특수한 경우

① **명사·대명사를 강조하기 위한 almost, even, exactly, only, etc.는 대개 그 명사·대명사 앞에 온다**

Almost everything that is great has been done by youth.

(위대한 모든 것은 거의 다 젊은이들의 수고로 이루어진 것이다.)

Pain is hard to bear, but with patience, day by day, **even** this shall pass away.

(고통이란 견디기 어려운 것, 그러나 매일 참으면서 버텨보는 것인데, 결국엔 그 고통마저

끝나고야 만다.)

That's **exactly** what I want to hear from you.

(그게 바로 내가 자네로부터 듣고 싶은 이야기일세.)

Hardly anybody will come; at least Tom[Tom at least].

(올 아이는 거의 없다. 적어도 톰은 안 온다.)

2 alone, else, too, etc.는 수식되는 말 뒤에 온다

He **alone** can explain it to you.

(그이만이 당신께 그것을 설명해드릴 수 있습니다.)

It is nothing **else** but laziness. (그것은 태만 이외의 아무것도 아니다.)

She **too** can speak French[She can speak French, too].

(그녀도 프랑스 말을 할 줄 안다.)

She **also** agreed with me[She agreed with me too]. — also는 문장체, too는 회화

체 (그녀도 내 의견에 동의했다.)

> 참고 전후 관계(Context)에 따라서 두 가지 뜻으로 풀이될 수 있다. 강세(Stress)에 따른다.
> Shé **also** speaks French. (그녀도 프랑스 말을 한다.)
> She **also** speaks Frénch. (그녀는 프랑스 말도 한다.)

3 not, hardly, etc.가 진술을 부정하는 경우에는 첫 조동사 다음에 온다. 완료형에

서는 have 다음에 온다

I can not do what is beyond my ability. (제 힘에 부치는 일은 못합니다.)

We had **hardly**[scarcely] left the house, when it began to rain in torrents.

— when 대신 before는 고체(古體) (집을 나오자마자 비가 쏟아지기 시작했다.)

You will **by no means** find teaching a soft job.

(남을 가르친다는 것이 결코 쉬운 일이 아님을 당신네들은 알게 될 거요.)

> 참고 1. not이 단어나 구·절을 부정할 때는 그 앞에 온다.
> **Not** everybody can do this. (이 일을 해낼 수 있는 사람은 별로 없다. < 모든 사람이
> 다 이 일을 할 수 있는 것은 아니다.)
> Now we have **not** a moment to lose. (이제는 잠깐의 지체도 안 된다.)
> There was **not** much of the sentimental in her.
> (그녀에게 지나치도록 감상적인 면은 없었다.)

He pretends **not** to know her. (그는 그녀를 모른 체한다.)

It is **not** that you resemble a monkey, but that the monkey resembles you.

(그건 자네가 원숭이를 닮은 것이 아니고, 그 놈이 자네를 닮았다는 이야기라고.)

Not considering his age, he overworked himself.

(나이 생각을 하지 않고, 그는 과로했다.)

2. never는 단순과거인 때에, 조동사 do를 필요로 하지 않을 만큼 강하여, 동사 앞에 온다.
또 완료형 앞에도 올 수 있다.

I **never** saw such a thing. (나는 이런 것을 본 적이 없다.)

I **never** have said so. (그렇게 말한 일이 절대로 없다.)

cf. 위의 것은 I have never said so보다 강하다.

3. Will he die? — I hope **not** (<I hope he will not die.)

(그가 돌아가실까? — 돌아가시지는 않을 거야.)

Will he recover? — I am afraid **not**. (<I am afraid he will not recover.)

(그가 회복할까? — 어려울 거야.)

4 **부사가 부정사구를 수식할 때는 대개 그 뒤나 앞에 온다**

We hope to see you **again**. (우리는 당신을 또 만나 뵙게 되기를 바랍니다.)

I want you to read this book **carefully**. (자네가 이 책을 정독하길 바라네.)

The surest way to make money is **always** to save one's earnings.

(돈 버는 가장 확실한 방법은 언제나 수입을 저축하는 것이다.)

cf. He **always** saves his earnings to make a lot of money. — 이 always saves는
save를 수식 (그는 큰돈을 모으기 위해 번 돈을 언제나 저축한다.)

I told them **not**[never] to make such a noise.

(그렇게 떠들지 말라고 그들에게 일렀다.)

[참고] 분리 부정사(Split infinitive)

We failed to **entirelý** comprehend his explanation.

(우리가 그의 설명을 완전히 이해하지는 못했다.)

이 entirely를 to 앞에 놓으면, 이 부사가 수식하는 것이 failed냐, comprehend냐가 분명하
지 않고, Sentence 마지막에 놓으면 의미에 미묘한 차이가 생긴다.

5 **센텐스를 수식하는 부사(Sentence modifying adverb)**

1) **흔히 동사 앞에**

He **foolishly** threw away such a good chance.

(이런 좋은 기회를 놓치다니, 그는 바보다.)

They **evidently** regarded him as a leader.

(그들이 그를 지도자로 인정했던 것은 확실하다.)

2) 조동사 do 앞에

This **clearly** does not show the difference.

(이것으로 그 차이가 증명되지 않는 것은 명백하다.)

3) 조동사 뒤에, 완료형은 have 뒤에

I must **definitely** refuse. (당연히 거절해야지.)

You should **justly** treat your employees.

(종업원들의 대우는 공평해야 한다.)

He must **surely** have accomplished what I thought was impossible.

(내가 불가능하다고 생각했던 것을 그가 해냈음이 틀림없다.)

The Senate has **wisely** adopted the amendment without opposition.

(상원이 수정안을 이의 없이 가결한 것은 사태를 잘 파악했기 때문이다.)

You have **fortunately** been saved in that accident.

(그 사고에서 자네가 구조된 것은 행운이지.)

[참고] 조동사나 be에 강세가 있으면 부사는 그 앞에 온다.
We **really** múst stop. (우리가 정지해야 한다는 사실을 잊지 마라.)
That clearly is his fault. (두말할 것 없이 그것은 그의 잘못이다.)

4) be가 단순시제(Simple tense)인 때는 그 다음에 온다

The boy is **really** bad. (그 애가 나쁘다는 것은 사실이다.)

It was **certainly** the first time that those two girls met.

(그 두 미혼녀가 만난 것은 확실히 그때가 처음이었다.)

cf. The goods have **certainly** been sent to you.

(그 물건은 자네 앞으로 온 것이 틀림없네.)

5) Sentence 앞, 또 때로는 뒤에 온다

Unluckily I could not buy the rare book.

(그 진본珍本을 사지 못한 것은 내 운이 나빴기 때문이다.)

Undoubtedly you are right. (의심할 여지없이 자네가 옳아.)

He will be in time for the plane, no doubt.

(그는 비행기 탈 시간에 틀림없이 올 거요.)

⑥ 강조의 목적으로 부사를 제일 앞에 둔다

Away[Off] they went at last after staying here a long time.

(오랫동안 이곳에 머무른 뒤 결국 그들은 떠나버렸다.)

Again and again my mother has told me so.

(어머니는 몇 번이고 저에게 그렇게 말씀해주셨습니다.)

Slowly and sadly we laid him down.

(천천히, 그리고 침통한 마음으로 우리는 그의 시체를 내려놓았다.)

참고 1. 이 경우에 어순(Word order)이 바뀌기도 한다.

Down came the wall. (벽이 무너져내렸다.)

Never is an owl more blind than a lover.

(올빼미 눈이 아무리 어둡다 해도 애인의 눈 같지는 않다.)

Little did she dream that it was true.

(그것이 사실임을 그 여인은 전혀 몰랐다.)

2. 다음 only의 위치와 수식 관계

Only *he* saw the picture yesterday. (그이만이 어제 그 그림을 보았다.)

He only *saw* the picture yesterday. (그는 어제 그 그림을 보기만 했다.)

He saw only *the picture* yesterday. (그는 어제 그 그림만을 보았다.)

He saw the picture only *yesterday*[*yesterday* only].

(그는 그 그림을 바로 어제 보았다.)

회화체에서는 부사를 동사 앞에 놓고, 음조(Intonation, 音調)의 조절로 수식의 대상을 표시

하기도 한다.

'He only saw *the picture* yesterday.'에서 the picture에 강세(Stress)를 두면, 'He saw

only *the picture* yesterday.'의 뜻도 된다.

다음은 Comma 또는 Pause로 수식되는 것이 밝혀진다.

She, only *smiled*. (그 부인은 미소 지었을 뿐이다.)

She only, smiled. (그 부인만이 미소 지었다.)

[5] 까다로운 부사(Hints on Some Adverbs)

190. very, much

① very는 형용사·부사를 수식하고, much[very much]는 동사를 수식한다

He is **very** intelligent. (그는 매우 총명하다.)

I am not **very** busy. [not very = rather(약간)] (그다지 바쁘지는 않다.)

She sang **very** quietly. (그 여인은 매우 조용히 노래를 불렀다.)

He who works **much** will advance **much**.

　(일 많이 하는 사람이 전진도 많이 한다.)

Thank you **very**[ever so] **much**. (대단히 감사합니다.)

[참고] very는 형용사로도 쓰인다. 명사 앞에서 강조(Emphasis)의 뜻으로 쓰인다.

Come this **very** moment. (지금 곧 오라.)

The **very** fact your presence is enough. (당신께서 참석해주시는 것만으로 충분합니다.)

This is the **very** thing I have been looking for.

　(이것이야말로 내가 가지고 싶었던 바로 그 물건이다.)

② very는 제1[현재]분사를, much는 제2[과거]분사를 수식한다

His story is very interesting. = His is[He has told us] a very interesting story.

　(그의 이야기는 매우 재미있다.)

We were much interested by his story.

　(우리는 그의 이야기로 많은 재미를 보았다.)

He is a much[highly] admired hero.

　(그는 대단한 경애를 받는 영웅이다.)

[참고] 제2[과거]분사라도 동사적 성질을 잃어서 순전한 형용사로 느껴지면 very를 쓰고, 동작주(Agent) 등으로 동사적 성질이 두드러지면 much를 쓴다.

　┌ She was **very** annoyed. (매우 마음이 괴로웠다.)

　│ She was **much** annoyed with her baby for pulling her hair.

　└ (머리카락을 아기가 잡아당기니까 엄마는 매우 귀찮아했다.)

He was **very** excited. (그는 매우 흥분했다.)   [회화체]

We were **much** excited. (우리가 받은 자극은 컸다.)   [문장체]

He is a **very** learned man in language. (그는 어학 방면의 학자다.)

She wore a **very** worried look over the situation.

  (형편이 그러니까 그녀는 매우 난처한 표정을 하고 있었다.)

The resources are **very** limited. (자원이 매우 제한되어 있다.)

I am **very** tired with that long walk. (그렇게 오래 걸었기 때문에 나는 매우 피곤하다.)

③ very도 much도 쓸 수 있는 것

I am **much** pleased to hear of your recovery.

[very를 쓰면 좀 더 회화체]

(완쾌하셨다는 말씀 듣고 매우 기뻐하고 있습니다.)

He was **very** disappointed with his new car.

[much를 쓰면 약간 문장체]

(그는 이번에 사들인 차가 몹시 마음에 들지 않았다.)

She was **much**[very, very much] surprised to hear about it.

  — very much라면 very냐 much냐 따질 것 없이 무난

(그 여인은 그 이야기를 듣고 깜짝 놀랐다.)

You were **much** afraid of being ill. — afraid가 완전한 형용사지만 서술적

  (Predicative use)으로만 쓰이는 까닭에 대개 much, 그러나 very도 간혹 쓰인다.

(너는 병일까 봐 매우 걱정했지.)

The two sisters were **much** alike. — alike는 서술용법의 형용사

(그 자매는 거의 비슷하다.)

We were **much** amused by a funny fellow. — 이 amused에는 동사적 성질이

  우세하다 (웃기는 놈이 있어서 우리는 매우 재미있었다.)

He too had a **very** amused look. — 이 amused에는 형용사적 성질이 우세하다

(그 놈도 역시 어지간히 재미있어 하는 표정이었다.)

[참고] 구(Phrase) 앞에는 much가 온다.

  I was (very) **much** *at a loss* for a word. (적당한 말이 생각나지 않아서 애먹었다.)

  What you say is (very) **much** *to the purpose.* (당신 말씀은 매우 적절합니다.)

4 **형용사나 부사의 비교급(Comparative)에는 강의어(Intensive)로 much[far, by far], 원급·최상급(Superlative)에는 very인데, 때로는 much도 쓰인다**

You will feel **much** better by and by.

　(당신 기분이 곧 훨씬 더 좋아질 거요.)

Yours is **much[greatly]** the better than his.

　(당신의 것이 그의 것보다 훨씬 더 좋습니다.)

참고　다음 부사로서의 much는 almost[nearly]의 뜻.

　　　The girls are **much** of an age. (그 소녀들은 거의 같은 나이 또래다.)

I am **very** glad to see you. (처음 뵙습니다.)

This is a **very** long tunnel. (이것은 과연 긴 굴이로구나.)

It is the **very**[much the, by far the] best. (이것이 단연 제일이다.)

Do your **very** best. (있는 힘을 다하라.) — 강한 표현

참고　She is **very** *different* from her sister. (그 소녀는 언니와 매우 다르다.) 이 very 대신, much, very much, far를 쓰기도 하는 까닭은 different가 모양은 원급이지만 의미상 두 가지를 비교하고 있기 때문이다. 뜻으로 이 different와 정반대인 like도 much[very much] like가 관용적인 까닭은 비교의 뜻이 숨어 있기 때문이다.

He is **much** like his father. (그는 자기 아버지를 많이 닮았다.)

191. already, yet, still

already는 긍정(Affirmation)에, yet은 부정(Negation) 및 의문(Interrogation)에, still(= even to this[that] time)은 '아직'의 뜻으로 쓰인다.

I have already read this book. (= I have read this book already.)　　　[긍정]

　(나는 이 책을 이미 읽었다.)

The war there has already been finished.　　　[긍정]

　(그곳 전쟁은 이미 끝나 있다.)

Have you read this book yet? [의문] — No, not yet.　　　[부정]

($<$ No, I have not read this book yet.)

(벌써 이 책을 읽었나?―아니요, 아직 읽지 못했습니다.)

[비교] Haven't you sold it **already**? (벌써 팔아버리지 않았나?)

Haven't you sold it **yet**? (아직 팔지 않았나?)

[참고] 1. 의문에도 강조·의외(surprise)의 감정을 표시하려면 already를 쓴다. 발음할 때는 already 에 강세를 둔다.

Is it the closing hour **already** (= so soon)? (yet를 쓰면 뜻이 가볍다)

(아니, 벌써 하교시간이야?)

Is she back **already** (= as early as now)? (빠르군, 그녀가 벌써 돌아왔어?)

이의 대답은 긍정이면 Yes, already, 부정이면 No, not yet이다.

2. 긍정의 yet

1) = ever, up to this time

This is the largest diamond **yet** found. (= We have not **yet** found such a large diamond.) (이렇게 큰 금강석을 일찍이 본 일이 없다.)

2) = still

He is **yet** alive. (그는 아직 살아 있다.)

There is **yet** time. (아직 시간은 있다.)

3) = eventually[some day]

We shall win **yet**. (결국엔 우리가 이긴다.)

4) 비교급과 함께라면 still, even의 뜻

He wants **yet** more. (그는 아직도 더 욕심내고 있다.)

3. 관용구

No member has been present **as yet** (= so far).

(아직은 회원이 한 사람도 출석하지 않았다.)

He is **still** asleep. (그는 아직 자고 있다.)

Was the library **still** open? (그때까지 도서관 문이 열려 있었나?)

I **still** don't understand what he meant. (나는 그가 한 말의 뜻을 아직도 모르겠다.)

You can speak English **still** (= even) better if you try. (비교급을 강조)

(당신은 노력만 한다면 영어회화를 더욱 더 잘할 수도 있습니다.)

We have a right to our property, **still more**[much more] (오히려 더) to our life.

― 관용구   [긍정]

(우리에게는 사유재산권이 있다. 하물며 생존권에서야.)

If you don't know, **still less** [much less] (오히려 덜) ought I. ― 관용구　　[부정]

(선생께서 모르신다면, 하물며 저 따위야 모르는 것이 당연하죠.)

192. once, ever

1 **once**: '일찍이·이전에·옛적에·한 번·앞으로 언젠가·일단'의 뜻

He was **once** a soldier. (그는 일찍이 군인이었다.)

I **once** heard that there are white elephants in Thailand.

(태국에는 흰 코끼리가 있다는 말을 이전에 들은 적이 있다.)

There was **once** a grievous famine in the land.

(옛날에 그 지역에 극심한 기근이 있었다.)

You have taken me in more than **once**. (take in = cheat)

(자네가 나를 속인 것이 한 번 정도가 아니지.)

Nothing that has **once** existed has entirely disappeared.

(한 번 존재한 것은 결코 전멸한 예가 없다.)

Time **once** lost never returns. (시간이란 일단 놓치면 돌아오지 않는다.)

I have not seen her **once**. (나는 한 번도 그녀를 본 적이 없다.)

참고 '한 번 더 말씀해주십시오'는

　　1. I beg your pardon? (pardon에 강세를 둔다. 아니면 "용서를 빈다"라는 뜻.)

　　2. What did you say? (하대하는 말)

　　3. (Tell me) **Once** more, please. (약간 실례되는 표현)

　　4 Say it (to me) **once** again. (약간 실례되는 표현)

I should like to see her **once** (= some day, at some time in the future 앞으로 언젠가)

before I start from here. (내가 여기서 떠나기 전에 언젠가 그녀와 만나고 싶다.)

If the news **once** (= ever, 일단) becomes known, he will be ashamed of what

he did. (그 소식이 일단 알려진다면, 그는 자기가 한 일을 부끄러워할 거야.)

② ever

1) 언제나, 계속해서(= at all times)

We have **ever** thought otherwise. (우리는 언제나 다르게 생각해왔다.)

I have known him well **ever** since he was a classmate of mine.

(그가 내 동급생인 때부터 나는 그를 잘 알고 있다.)

> [참고] ever를 '언제나·계속해서'의 뜻으로 쓰려면 대개 as[than] ever나, ever since[the same] 등인 때다. 이 밖에는 이 뜻으로 always를 쓴다.
> "나는 줄곧 종로에 살고 있다."는 'I have **always** lived in Jongro.'다.

2) 일찍이(not ever = never) (대개 부정어와 함께)

No man **ever** returned from the other world.

(저세상으로부터 한 사람도 돌아온 일이 없다.)

Nothing **ever** happens in that sleepy village.

(그 고요한 마을엔 그날이 그날이다無事泰平)

We don't think they will **ever** try. (= We think they will never try.)

(그들이 시도할 것 같지 않다.)

He is the greatest admiral that **ever** lived in our country. (never의 뜻이 숨어 있다)

= Such a great admiral has never lived in our country.

(그는 우리나라 최대의 제독이다.)

3) 도대체 … (한) 일이 있나? (= at any time) (의문에)

Have you **ever** heard[Did you **ever** hear] an African song?

(아프리카 노래를 들은 일이 있는가?)

> [참고] 과거의 경험을 묻는 말의 대답은 ever가 아니라 once다.
> Yes, I've (**once**) heard one in Congo[Yes, I've heard one before in Congo].
> Did you **ever** hear …? —Yes, I heard one ….

Is he **ever** at his office? (그가 자기 사무실에서 집무하고 있는 일이 있는가?)

Did you **ever** see a giraffe? (기린을 본 일이 있나?)

Why **ever** don't you go? (의문사를 강조, 회화체) (도대체 왜 가지 않는 거야?)

4) 일이 있으면 (= at any time, once) (조건에)

If you (should) **ever** come this way, please drop in on us.

(이 근처에 오실 일이 있거든, 우리에게 들르시게.)

He has succeeded, if **ever** man did. (= If he has not succeeded, no man ever did.)

(그 사람이 성공했다고 말하지 않는다면, 아직[일찍이] 성공한 사람은 세상에 없다.)

5) 강조(so, such, as … -as, etc.)

Thank you **ever** so much. (ever so = very) (참으로 감사합니다.)

She is **ever** such an obedient daughter. (그 애는 과연 효녀다.)

You are as kind as **ever**. (as ever = 변함없이) (당신은 변함없이 친절하시네요.)

She is as good a girl as **ever** was. (그 소녀는 참으로 착한 애다.)

He may read as many books as **ever** he likes.

(그 사람은 자기가 좋아하는 대로 많은 책을 읽어도 좋아.)

Was he **ever** proud of his own power!

(ever가 very의 뜻일 때, 대개는 S + V가 V + S로 변하고, 마지막에는 감탄부호가 붙는다.)

(그 자의 권력 자랑이라면, 비위에 거슬러서 봐줄 수 없었지!)

193. ago, before, since

① **ago**: 현재를 기준으로 '전(前)에'라는 뜻. 과거동사와 함께 쓰이되, 앞에 (a) long (time), a few days 등의 기간(duration)을 표시하는 말이 붙는다.

I saw him two weeks **ago**[since]. (나는 그를 2주 전에 만났다.)

② **before**: 과거를 기준으로 하여 '… (그)전에'라는 뜻. 대개 과거완료형과 함께 쓴다.

I had seen him two weeks before.

(그때로부터 2주 전에 내가 그를 만났다.)

She told me she was very happy to have won the gold medal a few days

before. (그 여학생이 나와 만나기 며칠 전에 금메달을 따서 기쁘다고 말했다.)

Somebody tore the poster down, but not before most people had read it.

— 이 before는 접속사.

(포스터를 누군가가 찢어버렸지만, 그때는 이미 대부분의 사람들이 읽은 뒤였다.)

The bus(had) left before I got there. — 이 before도 접속사

(거기 내가 도착하기 전에 버스는 이미 떠나버렸더라.)

Come to see me before five o'clock. — 이 before는 전치사

(다섯 시 전에 나를 만나주시오.)

[참고] 1. 비교

┌ It was (not) long **ago[before]** that I first saw a tiger.   [부사]

│ It is (not) long **since** I first saw a tiger.   [접속사]

└ (not long ago＝not long since, 바로 얼마 전에)

┌ He came home today, but she did three days **ago**.

│ (남편은 오늘 귀가했으나, 부인은 3일 전에 왔다.)

│ He came home yesterday, but she did two days **before** (＝earlier).

└ (남편은 어제 돌아왔는데, 부인은 그 이틀 전에 벌써 왔다.)

2. 다음의 before는 단순히 in time past (이전에)의 뜻이다.

I have seen the picture **before**. (나는 이전에 그 영화를 본 일이 있다.)

I saw the picture **before**. (나는 그 영화를 전에 보았다.)

He was never late **before**. (이전엔 그 학생이 지각한 일이 없다.)

3. "눈이 오지 않기 전에 여기를 떠나라"의 영어 표현은 "Leave here **before** it snows."
한국어를 직역하는 before it does not snow는 잘못이다.

③ since

1) 그 뒤(＝from then till now) (현재완료형과 함께)

We have not seen her **since** (then[that]).

(그 뒤로 우리는 그녀를 보지 못했다.)

He left home last year and has been away ever **since**.

(그가 작년에 집을 나가서, 그 뒤 줄곧 돌아오지 않고 있다.)

[참고] "그가 사흘 전부터 병으로 누워 있다."라는 뜻의 영어는 "He has been ill in bed for three days."다. 만약 'He has been ill in bed since three days ago.'라면 말은 되나 비관용적이다.
"내가 이 학교에 부임한 지 20년이 된다."의 영어는 다음과 같다.

Twenty years have passed **since** I came to this school. (*right*)

It is twenty years **since** I came to this school. (*right*)

It has been twenty years **since** I came to this school. (*wrong*)

2) 전에(＝ago, before now) (과거형·현재형과 함께) — (since의 강조)

It happened many months since[ago].

= It is many months since it happened. (그 일은 여러 달 전에 일어났다.)

How long is it since? = How long since is it? (그것이 얼마 전의 일이요?)

3) 그 이전에(= before)

Mother had died one year since. = It was one year since mother had died.

(어머니는 그보다 1년 전에 돌아가셨다.)

194. enough, too, also

1 enough: '··· 만큼(to the needed degree)', '충분히(sufficiently)' — 수식되는 말 다음에 온다.

He is prudent **enough** to keep out of debt.

= He is so prudent that he can keep out of debt.

(그에게는 조심성이 있어서 빚 없이 살고 있다 = 빚 없이 살 만큼 그는 현명하다.)

Did you sleep **enough** last night? (어젯밤 잘 잤나?)

My English is not good **enough** for me to act as interpreter.

(내 영어 실력이 통역사가 될 만큼은 못된다.)

It is misery **enough** to have once been happy. [형용사]

— enough의 위치는 명사 앞으로도 올 수 있다: ··· enough misery to ···.

(한때 행복했었다는 것만으로도 매우 비참한 일이다.)

We **cannot** thank you **enough**.

(여러분께 우리가 어떻게 감사해야 할지 모르겠습니다. < 아무리 감사해도 지나치지 않습니다.)

He fell from the third story; but **curiously [oddly, strangely]** enough (= strange to

say) the fall did not hurt him.

(3층에서 떨어졌으나, 이상하게도 그의 몸은 상하지 않았다.)

Sure enough (= Certainly, Indeed) the report was false.

(과연 그 보도는 잘못되었다.)

She can sing **well enough** (= quite[fairly] well) if she likes.

(그 여인이 기분만 난다면 노래를 꽤 잘 부를 수 있다.)

They have flour **enough and to spare**.   [형용사]

(그들에게는 밀가루가 족하고도 남을 정도로 많다.)

2 **too**: '…도(= also, besides, as well)', '지나치게(= more than enough)'·형용사·부사 또는
Sentence 전체를 수식하는 데 쓰이되, 동사를 수식하는 데는 쓰이지 않는다.

Read other books, **too**. — Comma는 있어도 좋고 없어도 좋다.

(다른 책도 읽으시오.)

He rises **too** early every morning. (매일 아침 그는 지나치게 일찍 일어난다.)

My horse is hungry and thirsty, **too**. (내가 타고 온 말이 배고프고 목도 말라 있다.)

You are really **too** kind. — 회화체로 이 too는 very의 뜻

(매우 고맙습니다. < 과연 매우 친절하십니다.)

She is **too** young **to** marry. (= She is so young that she cannot marry.)

(too … to '너무 … 해 … 할 수 없다') (그 애는 나이가 너무 어려서 시집갈 수 없다.)

He is **too** clever not **to** notice it. (= He is so clever that he notices it.)

(그는 매우 총명하니, 그것을 눈치 채지 못할 이치가 없다.)

His services have been **too** great to be forgotten.

(그의 공적을 잊을 수 없다. < 그의 공적이 우리가 잊어버리기에는 너무나 크다.)

It is **too** far for us **to** go. (거기가 너무 멀어서 우리는 가지 못한다.)

He was not **too** good **to** see her. (not too good = rather sorry, not too = not very)

(그가 그녀를 보니 미안했다.)

[참고] too가 어느 것을 수식하는가는 전후관계(Context)에 달려 있다.

  ┌He likes apples.
  └He likes oranges, **too**. (오렌지도)
  ┌He likes oranges.
  └She likes oranges, **too**. (부인도)

I shall be **only too** glad to go.

(= I shall be too apt[likely, ready, inclined] to go.) — only[all, but] too에는 두 가지
뜻이 있다. 하나는 very, 또 하나는 regrettably(유감스럽게)

(나는 참으로 가고 싶다.)

The sad news proved **only too** true.

(그 비보는 유감스럽게도 사실임이 드러났다.)

They are **too apt to** quarrel. (그 애 둘은 만났다 하면 싸운다.)

She is **too ready to** speak. (그 여인은 입이 너무 가볍다.)

cf. They are **too** wise **to** quarrel. (그 애들은 철이 나서 싸우지 않는다.)

That laborious task is **too much for** me. (= too difficult for)

(힘 드는 그런 일을 나는 감당하지 못하겠다.)

This is really **too much** (of a good thing). (= unbearable)

(이것은 정말 견디기[참기] 어렵구나.)

The tour was **none too** pleasant. (= not at all)

(그 여행은 도무지 유쾌하지 않았다.)

We **cannot** praise her **too** much for her social service.

(우리는 그 부인의 자선 사업에 찬사를 아낄 수 없다.)

[비교] ┌ She speaks French, **too**. (긍정)
│   (그 부인은 프랑스 말도 안다.)
│   She doesn't speak French, **either**. (부정) = She speaks French, **neither**.
│   (그 부인은 프랑스 말도 모른다.)
└ too(…도)의 부정에는 neither, not either, nor를 쓴다.

┌ She likes history. —So do I. (그 여학생은 역사를 좋아해. —나도 그래요.)
(긍정) │ She is fond of reading. —So am I[Me, **too**]. (그 여학생은 독서를 즐긴다. —나도 그래요.)
│ She is eager for praise. —So she is.
└ (그 애는 칭찬을 듣고 싶어 한다.) —그래 (= Indeed.)

┌ She doesn't like history. —**Neither[Nor]** do I.
(부정) │ (그 여학생은 역사를 좋아하지 않는다. —나도 그래[좋아하지 않아].)
│ cf. She has often visited her old school. —So she has.
└ (그녀는 종종 모교를 찾았지. —그래.)

[참고] 부정에서도 too를 쓰는 경우가 있다.

a. 권유의 부정의문:

Won't you play with me, **too**? (나와 함께 자네도 운동하지 않으려나?)

cf. Don't you go, **either**? (자네도 안 가나?)

b. 부정어 앞에 too가 놓일 때:

He, **too**, did **not** like to play. (그도 운동하기를 좋아하지 않았다.)

c. 반어적(反語的) 조건에:

I'll be hanged **if** he doesn't know it **too**. (= He certainly knows it.)

(그도 알고 있다. 아니면 내 목을 내놓겠다.)

d. Why로 인도되는 부정에:

Why don't you go with her **too**? (권유)

(자네도 그녀와 함께 가면 좋을 것을, 왜 안 가는 거야?)

③ also: '… 도'

I **also** saw. = I saw **also**. (나도 보았소.)

We gave him not only[merely, simply] food, but (**also**) clothing.

(우리는 그에게 먹을 것 외에 옷도 주었다.)

비교 also와 too

1. also는 다분히 문장체이므로, too가 더 많이 쓰인다.

2. also보다 too는 뜻이 강해 주의를 끄는 데 효과가 있다.

He is a professor and has **also** published many books.

(그는 교수인데, 책도 여러 권 써냈다.) ─교수로서 저술은 당연하다.

He is a professor; he is a good record holder in swimming, **too**. (그는 교수인데, 수영선수로서의 기록 보유자이기도하다) ─교수로서 선수임은 약간 의외.

3. Word order에서

a. also는 대개 동사 앞에 오고 조동사나 be동사가 있으면 그 뒤에 온다.

He **also** played. (그도 운동했다.)

He will **also** play. (그도 운동할 거야.)

The fable is **also** instructive. (그 우화는 교훈적이기도 하다.)

b. too는 Sentence 끝에 온다.

He played with us, **too**. (그도 우리와 함께 운동했다.)

c. 특히 어떤 대명사만을 강조하려면 also의 위치는 그 앞에 오거나 뒤에 오거나 자유롭다. 그러나 too는 언제나 그 뒤에 온다.

I think so, **also** she[she **also**]. (내 생각이 그런데, 그녀도 같다.)

I, **too**, have a mountain of troubles. (내게도 걱정 근심이 태산 같다.)

195. 준(準)부정어

hardly(실현이 어려운 것에), scarcely(여유가 별로 없는 것에), seldom[도수(度數) 표시에], rare-ly(대개 차별 없이 쓰임), etc.

 1 '겨우', '거의 … 아니다'(= only just, barely, scarcely, probably not)

We could hardly[scarcely] understand his explanation. — scarcely가 hardly보다

약간 강하다 (그의 설명을 거의 알아듣지 못했다. < 그의 설명은 이해할 듯 말 듯했다.)

He will hardly stand for parliament in all these obstacles.

(그에게 여러 가지 장애가 있으니 입후보하기가 아마 어려울 것이다.)

The ladies here hardly[scarcely] ever drink. (= very seldom)

(이곳 여성들은 어쩌다가는 몰라도, 대체로 술을 마시지 않는다.)

She scarcely[seldom, rarely] goes to church.

(그녀가 교회에는 별로 나가지 않는다.)

He seldom, if ever, dines out. (seldom, if ever = seldom or never)

(그는 별로 외식하지 않는다.) — if ever (외식하는 일이 있다고 해도.)

She comes here rarely. (= seldom, not often)

(=It is rarely[seldom] that she comes here.)

(어머니는 어쩌다가 오시는 일이 있다. = 별로 오시지 않는다.)

 2 '전혀 아니다' (= not at all[by no means])

You can hardly expect me to help you.

(저로서 당신을 도와드리기는 절대로 불가능합니다.)

can hardly(= cannot … at all)는 일종의 완서법(緩敍法, litotes)

This is scarcely the time for argument.   [litotes]

(지금 논쟁이나 하고 있을 때가 아니다.)

She can scarcely have said so. (그녀가 그렇게 말했을 리가 없다.)

Hardly[Scarcely] *had* a month *passed when* he died.   [문장체]

(= A month *had* hardly[scarcely] *passed when* he died.) — 문장체이기는 하나 회화체

로도 쓰인다. (= As soon as a month passed, he died.)   [회화체]

(한 달이 지나자마자 그는 우리와 유명을 달리했다.)

[참고] 1. 다음의 hardly에는 부정의 뜻이 없다.

Our victory was **hardly** won. (= with difficulty 간신히) (우리 편이 겨우 승리했다.)

During the war they were **hardly** treated. (전쟁 중에 그들은 학대받았다.)

2. barely(여유가 별로 없음)에는 긍정과 부정의 두 가지의 뜻이 있다.

He has **barely** enough money to live on. (= only just)   [긍정]

(그에게는 겨우 먹고 살아갈 돈밖에 없다.)

He had **barely**[**Barely** had he] heard the news, when he turned pale. (= hardly, scarcely)   [부정]

(그 소식을 듣자마자 그의 얼굴빛은 새파래졌다.)

3. hardly 뒤에 '언제나'의 뜻을 포함시키려면 ever를 쓰고, always는 쓰지 않는다.

We hardly **ever** see him nowadays. (요즘 우리는 그를 거의 보지 못한다.)

It hardly **ever** turns out in that way. (이것이 그러한 결과로는 별로 되지 않는다.)

196. little, a little, not a little (= considerably)

Some people like cheese very **little**. (어떤 사람들은 치즈를 별로 좋아하지 않는다.)

He is **little** better than a vagabond. (그는 건달과 다를 바 없다.)

She is **little** less elegant than her sister.

(그 부인은 언니 못지않게 점잖다.)

He is **a little** better today. (그의 병이 오늘은 조금 나은 편이다.)

We were **not a little** surprised at his noble deed.

(우리는 그의 웅대한 공훈에 어지간히 놀랐다.)

[참고] little이 다음 동사를 수식할 때는 대개 **not at all**의 뜻으로 된다: know, think, care, dream, guess, realize, imagine, etc. 앞에서.

He **little** *knew* that his son would get the prize.

(그는 자기 아들이 상을 받으리라고는 전혀 몰랐다.)

Little *did* she *dream* of hearing such exquisite music.

(그녀는 이러한 훌륭한 음악을 들으리라고는 꿈에도 생각지 못했다.)

197. no, not, none, nothing

① no

1) 부정의 응답

Will you go?[Won't you go?] — **No**, I won't.

(가겠나?[가지 않겠나?] — 아니요[예], 가지 않겠습니다.)

> **참고** 묻는 말 형식에 관계없이 부정의 대답에 쓰인다.
>
> 묻는 말 형식에 관계없이 긍정의 대답에는 Yes를 쓴다.
>
> Will you go?[Won't you go?] — **Yes**, I will.
>
> (가겠나?[가지 않겠나?] — 예[아니요], 가지요.)

2) 비교급 앞에서

I can run **no** *further*. (더는 못 뛰겠다.)

They are **no** *better* than prisoners of war. (그들은 포로나 다름없다.)

3) or no

Right **or no**, it is true. (어떻든, 사실인 것을 어떻게 해.)

We must keep our promise, whether **or no**.

(하늘이 무너져도 약속은 지켜야지.)

> **참고** I've **no** doubt *but that* she will come. (but that = that) (그 여인은 꼭 온다.)
>
> cf. I would continue my study *but that* I am poor. (but that I am poor = *but for* my poverty) (가난하지 않다면 나는 연구를 계속할 거야.)

② not

1) not이 단어·어군(Word group, 語群)·구·절을 수식할 때는 그 앞에 온다

Not *many* want the war. (전쟁을 원하는 사람은 많지 않다.)

Not *all good men* will prosper.

(모든 착한 사람들이 다 잘사는 것은 아니다.)

Not *everybody* can be a politician.

(모든 사람이 다 정치인이 될 수는 없다.)

Not *knowing* what to say, I remained silent then.

(무엇이라고 말해야 좋을지 모르겠기에, 그때는 내가 입을 다물고 있었다.)

I've come to advise you, **not** *to be advised*.

(내가 자네에게 충고하려고 온 것이지, 충고를 들으려고 온 것은 아닐세.)

It is **not** *that I am against the bill*, but that I have an entirely different idea.

(내가 그 안건에 반대하는 것이 아니라, 내게는 전혀 다른 생각이 있어서요.)

She answered **not** a word. (그 여인은 한마디의 대답도 하지 않았다.)

[참고] 소유·존재를 표시하는 Sentence의 부정에는 not a가 no보다 강하다.

He has **not a** penny. (한 푼도 없다.)

cf. He has **no** penny. (푼돈이 없다.) ─no는 형용사

There was **not a** cloud. (구름은 한 점도 없었다.)

Not a light breeze stirred the leaves. (미풍 한 점도 나뭇잎을 건드리지 않았다.)

There is **not a** day but what it blows. (but what = that … not)

(바람 불지 않는 날은 하루도 없다.)

[참고] Will it be fine tomorrow? ─I'm afraid **not**. (＜it will **not** be fine tomorrow로, 이 not은 Clause의 단축형) (내일 날씨가 좋을까? ─좋지 않을 것 같습니다.)

She will **not** come, **not** she. (그 여인은 오지 않습니다. 아니 와요.)

2) not 및 그 유사어가 진술을 부정하는 부사(Sentence modifying adverb)인 때는, 조동사 뒤, 또 완료형에서는 have, 피동형에서는 be 다음에 온다.

I *do* **not** know how to comfort you.

(무엇이라 위로의 말씀을 올려야 할지 모르겠습니다.)

cf. I know not. (옛 체)

  I do not know. (문장체)

  I don't know. (회화체)

We *have* **not** given you any necessary instructions yet.

(우리가 아직 자네들에게는 필요한 지시를 내리지 않았네.)

The neutral country *is* **hardly** *hit* by the war.

(중립국은 전쟁의 피해를 거의 받지 않는다.)

It *can* **by no means** be easy when one has no house of one's own.

(자기 집을 가지고 있지 못하면 편할 수야 없지.)

We *have* **never** *heard* such stories before. [보통]

(이러한 이야기를 들어본 적이 없다.)

cf. We **never** *have heard* such stories before.   [강조]

③ **none**

1) the＋비교급 앞에

They are **none** *the happier* for their wealth.

(그들에게 돈은 있다고 해도, 그만큼 행복하지는 않다.)

He is **none** *the worse* for a single failure.

(한 번쯤 낙방했다고 해도 그는 아무렇지도 않다.)

She is **none** *the wiser*. (그 부인은 전혀 모른다.)

2) too, so 앞에

He returned **none** *too* soon. (알맞게 그가 돌아왔다.)

She is **none** *so* beautiful. (그 여성이 대단한 미인은 아니다.)

④ **nothing**: '조금도[결코] … 아니다'(= not at all)

This is **nothing** *like* so[as] good as that (nothing like = not nearly)

(이것은 저것보다 훨씬 못하다.)

That is **nothing** *less than* madness. (nothing less than[nothing short of] = just the

same as) (그것이 바로 발광發狂이다.)

I care **nothing** for[about] your threats.

(그대들이 아무리 위협을 해도, 내게는 소용이 없다.)

198. 이중부정(Double negation)과 재서부정(Resumptive negation)

① **이중부정**: 부정을 다시 부정하는 것으로, 결론은 긍정이다.

He **never** comes **without** being late.

(그는 출석했다 하면 반드시 지각이다. < 지각하지 않고는 출석하지 않는다.)

This is **not** **un**known to you. (= You are to some extent aware of this.)

(이 일은 당신도 어느 정도 알고 있습니다.)

② **재서부정**: 부정을 강조하기 위해 다른 부정어를 더 써서 부정의 뜻을 되풀이하는 것. 그러나 부정의 뜻은 강조되는 부정어 한 개에만 있는, 일종의 속어다.

I don't want **no** iced coffee. (no = any) (나는 냉커피가 싫다.)

I wouldn't let you touch me, **not** if I was starving.

(내가 굶어 죽는다 해도, 그대가 내 몸에 손을 대지 못하게 하겠다.)

We **never** see **nothing** between 'em. (그들 사이에 이상은 없는 줄로 안다.)

199. 어(語) 부정과 센텐스 부정

어[특수·부분] 부정(Word[Special, Partial] negation)은 특수한 단어·구·절을 부정한다. 이 부정 때문에 Sentence 전체가 부정 센텐스(Negative sentence)가 되는 것은 아니다.

센텐스 부정(Sentence[Nexus] negation)은 주어와 술어의 관계를 부정한다. 이것이 **부정 센텐스**(Negative sentence)다.

어 부정	센텐스 부정
She is **un**fortunate.	She is **not** fortunate.
(그 여인은 불행하다.)	(그 여인은 운이 좋지 않다.)
Not *a few of them* wanted peace.	A few of them *did* **not** *want* peace.
(그들 중 적지 않은 사람들이 평화를 원했다.)	(그들 중의 약간은 평화를 원치 않았다.)
It's **not** *lawful*. (= It is **un**/*lawful*.)	It *isn't lawful*.
(그것은 불법적이다.)	(그것은 합법적이랄 수 없다.)
He deserves **not** *to be recommended*.	He *does* **not** *deserve* to be recommended.
(그는 추천되지 않는 것이 당연하다)	(그는 추천받을 자격이 없다.)
We are here **not** *to talk nonsense*, but to act.	We *aren't* here to talk nonsense, but to act.
(우리가 여기 모인 것은 잡담하자고가 아니라, 행동으로 나서기 위해서다.)	(잡담하려고 여기 온 것은 아니고 행동하자고 온 것이다.)

참고 'She is **un**fortunate'와 'She is **not** fortunate'의 뜻은 같지만 여기에 very를 넣는 경우에는 뜻이 달라진다.

She is *very* **un**fortunate. (그 여인은 매우 불행하다.)

She is **not** *very* fortunate. (그 여인의 운이 그다지 좋지는 않다.)

200. 부분부정(Partial negation)과 완전부정(Total negation)

1 부분부정은 '부정어 + all, always, both, every, everyone, everybody, every-thing, everywhere, etc.'인 때에 일어난다.

Not all beautiful women will die young.

(= Beautiful women will not always die young.)

(미인이 반드시 단명한 것은 아니다.)

All soldiers who go into battle are not killed.

(이 not은 All을 수식한다.) (싸움터로 나가는 군인 모두가 죽는 것은 아니다.)

Not every country can produce everything.

(어떤 나라든지 모든 필수품을 다 생산할 수는 없다.)

She is not very[quite] healthy. ― 이 not은 very[quite]를 수식

(그녀는 매우 건강한 편이 아니다.)

The periodical does not come out weekly.

― 이 not은 weekly를 수식 (그 간행물이 매주 나오지는 않는다.)

참고 all not…, 또는 all …not이 의미상 완전부정을 표시하기도 한다.
Not all the water in the sea can wash the balm off from him.
(바닷물 전부로도 그에게서 향유香油를 씻어버릴 수는 없다.)
All the perfumes will not sweeten it.
(향수를 아무리 뿌려도 그것을 향기롭게 하지는 못할 거야.)

2 완전부정

1) 부정어(no, not, etc.) + any, either, anyone, anybody, anything, anywhere, etc.

We have not seen anything of him lately.

(요즘엔 그를 전혀 만나지 못했다.)

Never anything can be amiss when simplicity and duty go with it.

(성실성과 직책감이 이에 곁들인다면, 세상에 잘못되는 일은 없을 것을.)

2) none, neither, nothing, nobody, nowhere, no, not, etc.

None are completely free from care. (걱정, 근심이 전혀 없는 사람은 없다.)

Nothing can bring back the hour of glory in the flower.

(한때 피었던 그 꽃의 아름다움을 되찾을 길 없구나.)

3) 부정의 뜻인 접사(Affix, 接辭)

unhappy, **dis**advantage(불리, 不利), **non**resistance(무저항주의), etc. 부정어는 부정적으로 변하기 쉬운 말에 끌리기 쉬운 경향을 띠고 있다. 일종의 견인현상(Attraction, 牽引現象)이다.

No one **ever** saw her smile. (아무도 그녀가 미소 짓는 것을 본 적이 없다.)

no가 ever에게로 끌려 never가 되면, '**Never** did anyone see her smile.'이다. 그러나 다음의 것은 잘못되었다.

Anyone never saw her smile. (*wrong*)

Ever did no one see her smile. (*wrong*)

 EXERCISE 22

1. 우리말로 옮겨라.

(1) Not a day passes that the brothers do not quarrel about something or other.

(2) We are anxious to make what amends we can in the short time there is left to us.

(3) It is difficult to speak in terms of too high praise of his great achievement.

(4) Our manager is too much of a man of the world not to know better.

(5) Not once have you done as I have wanted.

2. 두 문장의 차이를 설명하라.

(1) a. I do not despise him because he is diligent.

   b. I do not despise him because he is poor.

(2) a. He has just been punished.

   b. He has been justly punished.

(3) a. Things turned out unhappily for them.

　　b. Things unhappily went from bad to worse for them.

(3) a. He is too excited to speak.

　　b. He is too ready to speak.

(4) a. This makes not the least difference.

　　b. This does not make the least difference.

3. 괄호 안의 단어 중 옳은 것을 골라라.

(1) As a linguist his name is (wide, widely) known.

(2) Have you posted the letter (already, yet)? I had no idea you'd be so quick.

(3) We were (very, much) annoyed by their interruption.

(4) This is (how, why) I came to know him.

(5) He writes and paints (a little, little).

제8장 전치사(Prepositions)

전치사의 기능은 명사·대명사 또는 명사 상당어 앞에 위치해, 이것들과 합해져 형용사구·부사구를 만드는 것이다. 전치사 뒤에 오는 어[구·절]를 전치사가 지배한다고 해 전치사의 목적어라고 부른다.

> Are you satisfied **with** his progress **in** English?
> (그의 영어 실력이 향상되어 당신은 기쁘십니까?)
> ― with his progress 부사구(are satisfied를 수식)
> in English 형용사구(명사인 progress를 수식)
> progress는 with가 지배하는 목적어, English는 in의 지배를 받는 목적어.

[1] 전치사의 종류(Kinds of Prepositions)

전치사의 분류에는 형태(Form)를 기준으로 하는 방법과, 의미(meaning)를 기준으로 하는 방법의 두 가지가 있다.

201. 형태에 의한 분류

① 단일 전치사(Simple prepositions, 單一前置詞)

1) 일차 전치사(Primary prepositions, 一次前置詞)

다른 품사로부터 전용(轉用)되었거나, 또는 파생(派生)되지 않은 본래의 전치사: at, by, down, for, from, in, of, off, on, over, since, through, till, to, under, up, with, etc.

2) 이차 전치사(Secondary prepositions, 二次前置詞)

다른 품사로부터 전용되었거나, 파생된 것: aboard(< on + board), about, above, across, after, against, along, amid, among, around, before, behind(< by + hind) below, beneath, beside, besides, between, beyond, within, without, etc.

but(< 접속사), except(< 동사), like(< 형용사), near(< 형용사), opposite(< 형용사), round(< 형용사), etc.

into(< in + to), throughout, toward(s), underneath, until, upon, etc.

> 참고 분사형 전치사(Participial preposition)도 이에 속한다.
>   a. 제1[현재]분사가 전치사로 전용되는 것:
>   concerning, considering, during, excepting, notwithstanding, regarding, touching
>   (= concerning), etc.
>   b. 제2[과거]분사가 전치사로 전용되는 것: except, past, etc.

2 **구 전치사(Phrase prepositions)**: 두 개 이상의 단어가 모여서 한 개의 전치사 구실을 하는 전치사 구

according to(…에 따라서), along with, apart from, as far as(…까지), as for(…에 관해서는), as regards, as to(…에 관하여), because of(…때문에), by dint of(…의 힘으로), by means of(…에 의하여), by reason of, by virtue of, by way of, for the good[benefit] of(…을 위해), for the purpose of, for the sake of, for want of(…이 없기 때문에), in addition to(…에 더하여), in behalf of(…을 위해), in case of(…의 경우에는), in comparison with, in compliance with(…에 따라), in connection with, in consequence of, in consideration of, in front of, in lieu of(…의 대신에), in place of, in point of(…에 관하여), in spite of, in stead of, on account of, on behalf of(…을 대신하여), out of(…에서 바깥으로), owing to, thanks to(…덕택에), with the object of, with[in] regard to, with respect[reference] to, with a view to, etc.

> 참고 대부분이 of나 to로 끝나며, 그 뒤에는 반드시 명사·명사상당어구가 온다.
>   다음의 예같이 전치사 두 개가 겹친 것을 **이중전치사**(Double preposition)라고 부르기도 하나, 이 종류의 것이 많지도 않으므로 여기서는 이 Phrase preposition에 넣는다.
>   He ran away **from behind** the farm house. (그는 농가 뒤로 빠져 도망쳤다.)
>   Please wait **till after** the office hours. (업무 시간이 끝날 때까지 기다려 주시오.)

but for your help (당신의 도움이 없다면)

for above[over] fifty years (50년 이상에 걸쳐)

for under one thousand won (1,000원 이하로)

from among the men (그 사람들 중에서)

from beyond the river (강 건너편으로부터)

from under the roof (지붕 밑으로부터)

since before the Liberation(해방 전부터)

cf. at about five o'clock (다섯 시쯤 해서)의 about(= nearly)는 부사로서 형용사인 five를 수식한다.

202. 의미에 의한 분류

① 때(time)

after, at(시각), before, by, during, for, from, in(달·해), on(날), past, since, through, till, to, within, etc.

He left **after** a few hours. (= a few hours later) (2~3시간 뒤에 그는 떠났다.)

Christmas will come **in** a fortnight. (< fourteen nights). (in = at the end of)

　(보름 지나면 성탄절이다.)

We can finish it **in** one day. (in = within the space of)

　(하루 만에 마칠 수 있다.)

Please return **within** a week. (일주일 이내에 돌아오라.)

Father fainted **at the eleventh hour** of mother's death. (= just in time)

　(아버지는 어머니의 임종 직전에 기절하셨다.)

He went away **in** the night **on** the 7th. (7일 밤에 그는 가버렸다.)

참고 'at July 31'이란 표현은 어떤 정해진 오랜 기간을 한 덩어리로 묶고, 그중에서 특정의 하루를 시점으로 생각해보는 용례다. 'We went fishing **on** July 31.'이라면 한 덩어리라는 생각과는 관계없이 하루만의 문제다.

We sent him off **on** the night *of the 7th*. (7일 밤에 우리는 그를 환송했다.)

We heard a strange voice **in the small[little] hours** of the day. (= the first few hours after midnight) (우리는 그날 밤 1~2시쯤 괴상한 소리를 들었다.)

Of evenings she always made one of the young ones.

(이 of는 속격의 of가 부사 상당어귀의 of로 변한 것)

(저녁때면 어머니는 애들 틈에 끼셨다.)

The train then was never **on time**. (= punctual)

(그때의 기차는 언제나 늦었다.)

We got there **in time** for the plane. (in time = early enough[not late])

(비행기 시간에 맞게 우리는 거기 도착했다.)

I learned English **for the first time** in the middle school.

(나는 중학교에서 영어를 처음으로 배웠다.)

I found English difficult **at first**, but I liked it.

(처음에는 어려웠으나, 나는 영어를 좋아했다.)

He will be here **by** five. (다섯 시까지는 올 거야.)

She works there **from** eight **till** five. (from은 출발점)

(여덟 시부터 다섯 시까지 그 여인은 거기서 일한다.)

We have been here **since** one o'clock. (한 시부터 계속 여기 있다.)

I shall be here **before** noon. (정오 이전에 오겠다.)

Their ideas are **behind** the times. (그들의 사상은 시대에 뒤떨어져 있다.)

We enjoyed sea-bathing **during** the vacation.

(during 뒤에 있는 명사는 단수로 When의 상대어) (휴가 중 우리는 해수욕을 했다.)

He waited at the hut **for** the six long hours.

(for 뒤의 명사는 대개 복수로 How long?의 상대어)

(오두막에서 여섯 시간이나 그는 기다렸다.) — long은 지루하다는 느낌.

He worked **by** day and studied **by** night. (= during)

(그는 낮에 일하고, 밤에 공부했다.)

It is ten minutes **to**[of美語·**before**] three. (3시 10분 전.)

cf. ten minutes **past** three. (3시 10분)

He is **past** the prime of his success. (그에게 이제 성공의 절정은 지났다.)

2 장소(place)

above, among, around, at, below, beside, besides, between, by, down, for, in, into, off, on, out of, over, round, to, toward(s), under, up, etc.

Was it two degrees **below** or above zero?

　(그때의 온도가 영하였나, 영상이었나?)

She is **above** asking questions. (그 여학생은 부끄러워서 질문을 하지 않는다.)

The treatise is **above** me. (이 논문을 나로서는 이해하지 못하겠다.)

The criminal ran **across** the border **into** Mexico, and is still at large.

　(그 범인은 국경을 넘어 멕시코로 도망쳤으므로 아직 붙잡히지 않았다.)

Keep your swords bright **against** the day of battle.

　(싸움에 대비해 칼을 갈아 두고 있어라.)

There is a dog **at** the door. (임시로 그 옆에) (출입문 옆에 개가 있다.)

There stands a willow **by** the gate. (언제나 그 옆에)

　(대문 옆에 버드나무가 한 그루 서 있다.)

He was sitting **near**[opposite] me.

　(그가 내 옆에[반대쪽에] 앉아 있었다.)

We heard gunfire **in the distance**. (= far away) (멀리서 총소리가 났다.)

The picture looks better **at a distance**. (거리를 두고)

　(그 그림은 약간 거리를 두고서 보면 더 좋아 보인다.)

Close[Shut] the door **after**[behind] you.

　(behind에는 당신 뒤에 있는 문이란 뜻도 있다) (들어오면[나가거든] 문을 닫으시오.)

above (위에) — 공간을 두고 비스듬히 ↔ **below** (아래에) — 공간을 두고 비스듬히.

　beneath(= below) (문장어)

among (가운데) — 셋 이상의 복수명사와 함께 ↔ **between** (사이에) — 두 개의

into (안으로) — 동작과 함께 ↔ **out of** (바깥으로) — 동작과 함께

over (바로 머리 위에) — 공간을 두고 ↔ **under** (바로 아래에) — 공간을 두고

round (둘레에) — 동작과 함께 ↔ **around** (둘레에) — 정지 상태에서

up (위로) — 동작과 함께 ↔ **down** (아래로) — 동작과 함께

③ 원인(cause)·이유(reason)·근원(source)

at, for, from, of, out of, through, etc.

I cannot but feel surprised **at** his confession.

  (그의 고백을 듣고 나는 놀라움을 금할 길 없다.)

He died **of** paralysis of the heart. (그는 심장마비로 작고했다.)

She was tired **of** life. (그 여인은 살기가 싫어졌다.)

He comes **of** a good family. (그는 명문 태생이다.)

They became ill **from** food poisoning. (그들은 식중독으로 병에 걸렸다.)

He did it **out of** love to her. (그는 그녀에 대한 사랑 때문에 그랬다.)

He asked a question **of** me. (< He asked me a question.) (근원)

  (그가 내게 질문했다.)

She required the answer **of** me. (< She required me the answer.)

  (내 대답을 그 여인은 요구했다.)   (근원)

④ 결과(result)

into, to, etc.

Heat changes water **into** steam. (열은 물을 증기로 변하게 한다.)

He joined the quarrel **to** his cost. (그는 싸움에 가담했다가 손해를 보았다.)

His speech was short and **to** the point. (그의 연설은 짧고도 요령이 좋았다.)

⑤ 목적(purpose)

after, for, on, etc.

I wonder what he is **after**. (그가 무엇을 원하고 있는지 나는 모르겠다.)

One who runs **after** two hares will catch neither.

  (두 토끼를 쫓는 자는 한 마리도 못 잡는다.)

He paints pictures **after** Picasso. (= in imitation of)

  (그는 피카소를 모방하여 그림을 그리고 있다.)

He is away **on** business. (그는 볼 일로 외출 중이다.)

⑥ 도구(tool)

with, etc.

Primitive men killed animals **with** stones.

  (원시인들은 동물을 돌로 쳐서 잡았다.)

She amuses herself **with** poems on Sundays.

  (일요일이면 그 부인은 시를 읽으며 즐긴다.)

cf. The cow supplies us **with** milk. 〈 The cow supplies milk **to** us.

  (암소가 우리에게 우유를 공급한다.) ― provide, furnish 등도 이와 같음

7 **재료(material)·원료(raw material)**

  from, of, out of, etc.

  Cloth is made **of** cotton, silk, wool and nylon. (재료―모양이 변치 않음)

    (천은 면·생사·털실·나일론으로 만든다.)

  Gas is made **from** coal. (원료―모양이 변함) (가스는 석탄으로 만든다.)

  He made a lawyer **of** his son. (그는 아들을 법률가로 출세시켰다.)

  They make bottles **out of** glass. (병은 유리로 만든다.)

  cf. They make glass **into** bottles. (결과)

8 **행위자(agent)**

  by, etc.

  Hamlet was written **by** Shakespeare. (햄릿은 셰익스피어가 썼다.)

9 **방법(method)**

  by, on, etc.

  Locomotives are now driven **by** electricity. (기관차가 이제는 전기로 움직인다.)

  We went there **on** foot. (우리가 걸어서 거기에 갔다.)

10 **관계(relation)**

  about, of, on, over, etc.

  We sent him **about** his business. (그를 쫓아 보냈다. < 여기엔 일이 없으니까)

  Most workmen are paid **by** the day. (= according to)

    (대부분의 노동자들은 날품팔이다.)

  I took her **by** the hand. (그녀의 손을 잡았다.)

  Yours is **by** far the best. (far는 명사로 a distant place의 뜻)

(당신의 것이 단연 제일이요.)

I got it **for** nothing[ten dollars]. (for = at the amount of)

(공짜로[10달러 주고] 그것을 손에 넣었다.)

What has become **of** you? (become of = happen to)

(웬일인가?[당신에게 무슨 일이 생겼습니까?])

How did you get rid **of** your cold? (get rid of = do away with)

(어떻게 감기를 고쳤습니까?)

Dr. C cured me **of** my disease. ― of는 탈취(deprivation)

(최 박사가 내 병을 치료해주셨다.)

I shall not dwell **on** the subject at any length.

(이 문제에 관해 더 이상 길게 말하지 않겠습니다.)

He shut the door **on** the lady[He walked out of the room **on** her].

(그는 그 여인을 무시하고 방을 나섰다.)

He opened the door **to** the lady. (그는 부인을 방으로 청해 들였다.)

cf. He opened the door **for** the lady.

(그는 부인에게 문을 열어주었다.)

I heard her singing **over** her needle work. (over = while one is having)

(그녀가 바느질하며 노래 부르는 소리를 들었다.)

Let's talk about it **over** a cup of tea. (홍차나 한잔 들며 이야기하자.)

Don't get angry **over** such a trivial matter.

(이런 대수롭지 않은 일에 화내지 마.)

I have nothing to do **with** the affair. (그 일과 나는 아무 관련도 없다.)

What is the matter **with** you? ― Nothing is the matter **with** me.

(웬일이야? ― 아니야, 아무것도 아니야.)

Are you **for** his opinion or **against** it?

(당신은 그의 의견에 찬성입니까, 반대입니까?)

I took it **for** granted that you would come. (take for granted = accept as true)

(당신이 틀림없이 오실 줄로 알았죠.)

참고 전치사를 또 다음의 두 가지로 나누어 볼 수도 있다.

　　a. 상태(state): by, in, on, under, etc.

　　Our dog got in by creeping **under** the gate. (우리 개가 대문 아래로 기어 들어왔다.)

　　I will stand **by** you whatever happens. (stand by＝help, support)

　　(어떠한 경우에나 내가 당신을 돕겠습니다.)

　　b. 동작(action)

　　He urged me **to** (do) it. (그가 내게 강권해서 그 일을 하게 했다.)

　　They forced me (to go) **into** it. (그들이 억지로 나를 그리로 들여보냈다.)

　　Santa Claus is said to come **down** the chimney.

　　(산타클로스 할아버지는 굴뚝을 타고 내려오신대.)

　　She fell asleep and went **past** her station.

　　(그 할머니는 잠이 드셔서 내리셔야 할 역을 지나치셨다.)

[2] 전치사의 목적어(Objects of Prepositions)

203. 전치사의 목적어는 명사상당어(Noun equivalents)다

① 명사·대명사

All men are equal in *the eyes of the law*.

　　(법 앞에서는 만인이 평등하다.)

I have found a good friend in *Mr. Lee*. (in ＝ in the person of)

　　(이 군이라는 좋은 친구를 얻었다.)

He was **beside** *himself* with *anger*. (그는 화가 나서 제정신을 잃었다.)

1 care for *nothing* **besides** *this*. (나는 이것 이외에 아무것도 원하지 않는다.)

② 형용사

The miner is given up **for** *dead*. (그 광부는 사망한 것으로 단념할 수밖에 없다.)

His English is far **from** *perfect*. (그의 영어가 완전하다고는 아직 인정하기 어렵다.)

He is **at** *best* a bench-warmer. (그는 고작 후보 선수다.)

They have nothing in *common* with each other.

(그들에게는 서로 공통점이 없다.)

All wise men share one trait [trei] in common: the ability to listen.

(현명한 사람들은 모두 한 가지 공통된 특색을 가지고 있다. 즉, 남의 말을 귀담아들을 줄

아는 능력 말이다.)

People in *general* have little belief in the future existence.

(일반 사람들은 내세를 별로 믿지 않는다.)

Of *late* the prices have abruptly risen. (최근 물가가 몹시 올랐다.)

The patient is going **from** *bad* **to** *worse*.

(그 환자의 병세는 점점 악화되어 간다.)

She has been loyal to me **through** *thick and thin*. (= through all kinds of diffi-

culties) (물불을 가리지 않고 우리 아내는 내게 충실해왔다.)

The source is uncertain **at** *least* in my opinion.

(적어도 내 의견으로는 그 전거典據가 불확실하다.)

The jewel cannot be worth one million won **at** *most*.

(이 보석이 기껏해야 100만 원짜리는 못 된다.)

I wish to speak to you in *private*. (*opp.* in public 공공연히)

(은밀히 당신께 말씀드리고 싶습니다.)

In *short*, I want some money. (요컨대 돈이 좀 필요합니다.)

They protested in *vain*. (항의했으나 헛되었다.)

③ 부사

Many unexpected things may happen **between** *now and then*.

(허다한 의외의 일이 종종 일어날는지도 모른다.)

He has been walking about **from** *here* **to** *there*.

(그가 아까부터 여기서 저기까지 거닐고 있다.)

That technical expert has been engaged **from** *abroad*.

(저 기술자는 외국으로부터 초빙되었다.)

He sits up **till** *late* now preparing for the entrance examination.

(입학시험 준비로 그가 요즘엔 밤늦도록 자지 않고 공부한다.)

④ **부정사(Infinitive)**: but에 한한다.

Nothing remains **but** *to die*. (죽는 것밖에 다른 길이 없다.)

I have no choice **but** (*to*) do what I have been asked.

(나는 하라는 대로 하는 수밖에, 쓰다 달다 말할 처지가 아니다.)

He cared for nothing **except** *to be praised*.

(그에게는 칭찬받는다는 것 이외에 아무 관심도 없었다.)

> [참고] 'He is *about* to retire from business(그는 사업에서 손을 때려고 하고 있다).'에서 about
> 은 부사이고, 부정사는 형용사구로 is의 보어다. 이 설명은 OED에 따르는 것이다.

⑤ **동명사(Gerund)**

He went away **without** *saying* good-bye to me.

(그는 내게 잘 있으라는 인사도 없이 가버렸다.)

My brother insisted **on** *my lending her* the sum she needed.

(형은 그 부인이 필요하다는 돈을 그대로 빌려주라고 내게 강요했다.)

There is no hope **of** *reforming* him.

(그를 감화시킬 수는 없는 것으로 보인다.)

⑥ **구(Phrase)**

A friend of mine called me **from** *across* the street.

(친구 한 사람이 길 건너편에서 소리쳐 나를 불렀다.)

Wait for me there in the library **till** *after the exam*.

(시험이 끝날 때까지 도서관에서 기다려주게나.)

We have been living in Seoul ever **since** *before the war*.

(전쟁 전부터 우리는 계속 서울에 살고 있다.)

I hadn't a clear insight **into** *how to proceed*.

(진행 방법에 대한 명확한 통찰력이 내게는 부족했다.)

Your answer is perfect **except** *for one mistake*.

(네 대답이 하나 외에는 모두 옳다.)

He was asleep **at** *after eleven o'clock*.

(열한 시 이후에는 그가 자고 있었다.)

We drove up **to** *within two kilometers* of the village.

(그 마을에서 2km도 안 되는 거리까지 우리는 차를 몰았다.)

cf. I ran *on* to the foot of the mountain. (이 on은 부사)

(산 밑까지 계속해서 뛰었다.)

⑦ 절(Clause)

Man differs from brutes **in** *that he can think and speak*.

(in that은 문장체이므로, 이 대신 because, in so far as를 흔히 쓴다.)

(사람은 생각하고 말할 줄 안다는 점에서 짐승과 다르다.)

We give the report **for** *what it is worth*.

(사실 여부는 보장하기 어려우나, 여기 그 보고를 해둔다.)

I am quite at a loss (**as to**) *what (I am) to do*.

(어찌하면 좋을지 난처하다.)

We cannot live at ease **except** *where we have mastered our surroundings*.

(우리가 주위를 우리의 것으로 만들어버리지 않은 곳에서는 마음 놓고 살 수가 없다.)

His description **of** *how they conquered the North Polar Regions* is very thrilling. (북극 탐험에 관한 그의 기사는 매우 감동적이다.)

You may make merry **with** *whomever you like* just for this Christmas Eve.

(성탄 전야인 오늘만큼은 마음 내키는 대로 누구와도 상대가 되어 재미있게 놀아서 좋다.)

⑧ **전치사의 목적어 생략**: 이때의 전치사는 대개 부사로 변한다.

A preposition is not a proper word to end a sentence **with**.

(= ··· with which to end a sentence)

(전치사가 Sentence를 끝내기에 적당한 말은 아니다.)

This fence is too high for me to jump **over**.

(이 담이 너무 높아서 나로서는 뛰어넘을 수 없다.)

Houses are built to live **in**, and not to look **at**.

(집은 살자고 짓는 거지, 보기 위해서가 아니다.)

I have taken the Christmas box I was looking forward **to**.

(기다리고 있던 성탄 선물을 받았다.)

The robber now found himself in the same place he had formerly forced me into. (이 강도가 이전에 나를 강제로 잡아 가두었던 바로 그곳에, 이제는 갇힌 신세가 되었다.)

The bed he slept **on**, the table he ate **at** and wrote **upon**, were his own possessions. (그가 잠잔 침대, 식사하고 집필한 탁상은 그의 소유물이었다.)

9 전치사의 생략

1) 부사적 대격(Adverbial accusative)

전치사 + 목적어인 부사구에서 전치사가 생략된 것이다. 고대 영어에서 대격의 명사가 그대로 부사로 쓰인 예의 유물이다.

Stop **a moment**! (잠간 정지!)

They bound me **hand and foot**. (내 손발을 잡아맸다.)

He is busy **canvassing** for the election. (선거 운동으로 그는 바쁘다.)

2) 기술(記述)의 대격(Accusative of Description)

Of + 목적어인 형용사구에서 전치사가 생략된 것으로 회화체에서 흔하다.

It's (of) **no use**. (소용없다.)

What part of speech is this word? (이 단어의 품사는 무엇인가?)

3) 절을 Object로 하는 전치사는 생략되기도 한다

Be careful (of) **what you are writing**. (글을 쓸 때는 무엇을 쓸까에 조심해야 한다.)

10 전치사 (목적어가 있음)와 부사 (목적어가 없음)와의 비교

Walk **along** this road straight. (전) (곧게 이 길을 걸어가시오.)

How are you getting **along**? (부) (요즘엔 어떻게 지내고 계십니까?)

Everybody laughed **at** the joke. (전) (그 농담을 모두 재미있게 들었다.)

The joke was laughed **at** by everybody. (부) (그 농담은 모든 사람에게 재미있었다.)

A truck ran **down** the slope. (전)

(화물차 한 대가 고갯길을 달려 내려왔다.)

A child was run **down** by a truck at the slope. (부)

(한 어린이가 고갯길에서 화물 자동차에 치였다.)

I'll think **over** the problem seriously. (전) (그 문제를 내가 신중히 고려하겠습니다.)

└Let me think it **over** for a moment. (부) (그것을 내가 잠시 생각해보도록 해주시오.)

11 **전치사·부사·접속사와의 비교**

The dog was running **after [behind]** his master. (전)

(개가 주인 뒤를 쫓고 있었다.)

The dog was running **after**. (부) (개가 뒤에서 뛰고 있었다.)

The dog came **after** I did. (접) (개는 내가 온 뒤에 왔다.)

[참고] 전치사와 강세(Stress)

대체로 전치사에는 강세가 없으나, 대조적인 때에 온다.

Is that letter **fróm** him or **tó** him? (전치사를 중요시)

(이 편지가 그이로부터 온 거야, 그이에게로 갈 거야?)

Is this letter for **hér** or for **h m**? (대명사를 중요시)

(이 편지가 그녀에게 입니까, 그에게 입니까?)

[3] 다른 품사와의 결합(Combination with Other Parts of Speech)

204. 동사 + 전치사

1 **일정한 전치사와만 합하는 동사**

We cannot **account for** life, which, however, is a fact we have to accept.

(= explain) (인생을 설명할 수는 없다. 그러나 받아들일 수밖에 없는 사실이다.)

I don't **believe in** dragons. (= have faith in the existence of)

(용이란 것이 있다고 나는 믿지 않는다.)

We have to **depend on** the rain for the water supply.

(물 공급에서는 비에 의존할 수밖에 없다.)

[참고] 피동으로 변해도 전치사는 그대로 둔다.

Tastes can hardly be accounted **for**.

(취미가 사람에 따라 다른 까닭을 설명하기는 어렵다.)

This popular remedy is not believed **in** now.

(이 민간 치료법이 효과 있다고 생각하는 사람은 이제 없다.)

The evil rumor is not to be depended **upon**. (그 나쁜 소문을 믿을 수는 없다.)

[비교] 대부분의 전치사가 동사와 합하여 부사로 쓰인다.

┌ Put your cap **on** the table. (전) (모자를 탁상 위에 놓아두시오.)

│ Put **ón** your cap. (부)

└ Put your cap **ón**. (부)

┌ They talked **over** the matter. (= concerning) (전) (그들이 그 일에 관한 이야기를 했다.)

└ They talked the matter **over**. (= through) (부) (그들은 그 일을 처음부터 끝까지 이야기했다.)

② 전치사에 따라 의미가 다른 것

┌ I *agree* **with** *you* on that point. (사람을 목적어로)

│ (그 점에 관하여 당신과 내 생각은 같습니다.)

│ I *agree* **to** your *proposal*. (사건을 목적어로)

│ (당신 제안에 나는 찬성이요.)

│ [참고] 미국 영어에서는 이를 별로 구별하지 않고 'agree with'를 단연 많이 쓴다. 또 disagree에

└ 는 언제나 with가 붙는다.

┌ The committee *consists* **of** seven members.

│ (대개 구체적인 목적어에)

│ (그 위원회는 7인으로 구성되어 있다.)

│ Carbonic acid gas *consists* **of** carbon and oxygen.

│ (탄산가스는 탄소와 산소로 되어 있다.)

│ Courage *consists* **in** overcoming one's greed. (대개 추상적인 목적어에)

└ (용기는 자기의 탐욕을 극복하는 데 있다.)

┌ She *corresponds* **for** the Korea Times.

│ (그 여기자는 《코리아타임즈》에 통신하고 있다.)

│ His answer *corresponds* **to** my expectation.

│ (그의 대답은 내 예상대로다.)

│ This copy does not *correspond* **with** the original.

└ (이 사본은 원문과 맞지 않는다.)

It is hard for me to *get* **at** the meaning of this passage.

　(나로서는 이 문구의 의미를 이해하기 어렵다.)

We *got* **in** a taxi at the East Gate and *got out* at Jongro.

　(동대문에서 택시를 타고, 종로로 와서 내렸다.)

[참고] 버스·지하철 등에서는 get on(타다), get off(내리다)를 흔히 쓴다.

He *got* **into** office on the 2nd of March. (3월 2일에 그가 취임했다.)

She cannot *get* **over** the loss of her husband. (get over = overcome[forget])

　(남편을 잃고서 아직 잊지 못하고 있다.)

cf. She **got** the idea **over**. (그 생각을 전했다.) ─ over는 부사

Both the brothers *have got* **through** colleges with honors.

　(형제가 다 대학을 우등으로 졸업했다.)

The revolt was soon *got* **under** suppression.

　(반란이 곧 진압되었다.)

He ran out in the dark to *look* **about** him.

　(그는 주위를 살피려고 어둠 속으로 뛰어 나갔다.)

Please *look* **after** my baby in my absence.

　(제가 없는 동안 우리 아기를 돌봐주시오.)

They *looked* **around** the whole room.

　(그들은 방 전체를 돌아보았다.)

I like to *look* **at** the stars at night. (나는 밤에 별 보기를 좋아한다.)

He trudged on the street *looking* **for** a job.

　(그는 일자리를 찾아서 거리를 무거운 걸음으로 걸었다.)

You must *look* **out** **for** catching cold. (감기 들지 않도록 주의하시오.)

I'll ask the authorities to *look* **into** the matter.

　(그 사건 조사를 당국에 요청하련다.)

She is *looking* **over** her lessons for the following day.

　(딸애는 이튿날의 학과를 훑어보고 있다.)

He *has* just *looked* **through** Eliot's complete works.

(그가 엘리엇의 전집을 통독했다.)

Look to it that such things don't happen again.

(이런 일이 다시는 일어나지 않도록 주의하시오.)

I am *looking forward* to seeing you. (저는 당신 뵐 때를 몹시 기다리고 있습니다.)

We *look* upon them as our enemy. (우리는 그들을 적으로 인정한다.)

cf. He *looked* me in the face. (그는 내 얼굴을 정면으로 보았다.)

I was very sorry to *part* from my family.

(from 뒤에는 대개 '사람') (내 가족과 작별하는 것이 몹시 슬펐다.)

He has *parted* with all his property. (with 뒤에는 대개 '물건')

(그는 전 재산을 처분했다.)

He *stood* by her to the last. (= help) (최후까지 그는 그녀를 도왔다.)

O.K. *stands* for 'all correct'. (= mean) (오케이는 '이상 없음'을 뜻한다.)

We *stood* on the Racial Self Determination. (= insist on)

(우리는 민족자결권을 주장했다.)

He always *stands* to his assertion. (= stick to)

(그는 언제나 자기주장을 고집한다.)

③ **동사 + 부사 + 전치사**

You had better **do away with** formalities. (모든 허례는 피하는 것이 좋아.)

We must **keep up with** the progress of the times.

(우리는 시대의 변천에 보조를 맞추어야 한다.)

All his men **look up** to him. (= respect) (그의 부하 모두가 그를 존경한다.)

Can you **make up for** your loss this time?

(이번에는 손해 본 것의 보충이 가능합니까?)

When you **put up at** the small inn, you have to experience a good deal of discomfort.

(작은 주막에서 숙박하려면 여러 가지 불편이야 없을 수 없지.)

They can **put up with** simple fare. (그들은 검소한 식사를 견뎌낸다.)

They **speak** [think] ill [well, highly] of him.

(사람들은 그를 헐뜯는다[칭찬한다].)

④ 타동사 + 명사 + 전치사

We should never lose [luːz] sight of this fact.

(우리는 이 사실을 등한시해서는 안 된다.)

(피동형) This fact should never be lost [lɔst] sight of.

He always takes advantage of odd minutes.

(그는 언제나 여가를 이용한다.)

(피동형) Odd minutes are always taken advantage of by him.

(피동형) Advantage is always taken of odd minutes by him.

205. 형용사 + 전치사

① 일반 형용사

He is deeply appreciative of your kindness.

(그는 당신의 친절을 매우 고맙게 생각하고 있습니다.)

Because of domestic cares, I am not equal to the trip. (= fit for)

(나는 집안일로 이번 여행을 할 수 없다.)

He is still deficient in administrative ability.

(그에게는 아직 행정력이 부족하다.)

I am desirous of marrying you. (desirous = feeling a desire for)

(나는 당신과 결혼하고 싶습니다.)

cf. You are a *desirable* secretary. (desirable = worth having, satisfying)

(당신은 기분 좋은 비서군.)

Excessive drinking is destructive of health. (= destroy) (과음은 건강에 해롭다.)

The war victims are destitute of the daily necessaries.

(전쟁 이재민들은 일용품이 없어 고생이다.)

Mt. Seolak is famous for natural scenery in Korea.

(설악산은 한국에서 자연의 경치로 유명하다.)

I wish to live on the mountain side **free from** air pollution.

(대기 오염이 없는 산허리에 나는 살고 싶다.)

They **are glad of** your assistance.

(당신의 도움을 그들이 기뻐하고 있습니다.)

We **are ignorant of** (= don't know) the reason for their discord.

(그들의 불화 이유를 우리는 모르겠다.)

He **is independent of** his father's wealth and title.

(그는 이제 아버지의 돈과 이름에 기대지 않고 살아간다.)

All men and women **are jealous of** their rivals.

(남녀 누구나 경쟁자를 시샘한다.)

The Congress of the United States **is representative of** the American people.

(= represent) (미국 의회는 미 국민을 대표한다.)

Your remittance falls **short of** the amount we are entitled to.

(보내신 돈은 우리의 청구액보다 부족합니다.)

We feel **sorry for** her misfortunes.

(그녀가 불행을 당해서 우리는 가엾게 생각한다.)

Cupid **is symbolic of** love. (= symbolize)

(큐피드는 사랑을 상징한다.)

② 형용사 기능의 제2[과거]분사

His whole soul **was absorbed in** National independence.

(그의 온 마음은 국가 독립에 잠겨 있었다.)

I **am** now **cured of** the influenza.

(나는 이제 유행성 감기를 치료했다.)

His whole life **was given to** drinking. (= in the habit of)

(그는 술 마시는 데 일생을 날렸다.)

We **are** much **indebted to** you for the useful criticism.

(당신의 유익한 비평으로 얻은 바 많습니다.)

③ 전치사에 따라 뜻이 달라지는 형용사

We are *anxious* **at**[**about**] your safety.

　(당신의 안전에 대하여 우리는 염려하고 있습니다.)

He is *anxious* **for** her prompt answer. (그는 그녀의 신속한 회답을 갈망하고 있다.)

There are some faces not *familiar* **to** me. (= well known)

　(저로서는 잘 모를 사람들도 몇 분 계십니다.)

　I'm not *familiar* **with** the details of the matter. (= having knowledge of)

　　(나는 그 사건을 자세하게는 모른다.)

　Don't be too *familiar* **with** her. (= being on intimate terms with)

　　(그녀와 너무 가깝게는 지내지 마시오.)

We are *impatient* **for** your arrival. (= easily annoyed at)

　(안달할 정도로 우리는 당신의 도착을 기다리고 있습니다.)

Impatient **of** noise and atmospheric pollution, he left towns for the country.

　(= unwilling to tolerate) (소음과 대기 오염이 싫어서 그는 도시를 떠나 시골로 갔다.)

He is *impatient* **with** his employees. (= easily excited)

　(그는 피고용인에 대하여 화를 잘 낸다.)

The widow is *possessed* **of** a large fortune. (= have)

　(그 미망인은 많은 재산을 가지고 있다.)

They say he is *possessed* **with**[**by**] an evil spirit. (= control)

　(그가 귀신들렸다는 소문이다.)

He was *tired* **from**[**by, with**] the long airplane ride. (= fatigued)

　(장거리 비행으로 그는 지쳐 있었다.)

When flying we are apt to be *tired* **of** looking at the sky and clouds.

　(= sick of) (비행할 때 우리는 하늘과 구름 보는 것이 싫어지기 쉽다.)

We are all *liable* **to** error. (= likely to have)

　(인간은 누구나 실수하기 쉽다.)

I am not *liable* **for** her debts. (= responsible)

　(내가 그녀의 빚을 갚을 법적 책임은 없다.)

어원이 같은 말이라도 그것이 동사인가 형용사인가에 따라서 전치사가 다르다.

Her heart is *filled* **with**[*full* **of**] hope. (be filled with＝be full of)

(그녀의 가슴은 희망에 부풀어 있다.)

He *prides* himself **upon**[is *proud* **of**] his knowledge. (pride oneself upon＝be proud of)＝He *takes pride* **in** his knowledge. ― 명사(그는 자기의 학문을 자랑하고 있다.)

cf. She is *familiarized*[*familiar*] **with** French. (＝well acquainted)＝She *has familiarity* **with** French. (그 여인은 프랑스 말을 잘 안다.)

[4] 전치사 상당어(Preposition Equivalents)

206. 전치사 이외의 말로 전치사의 기능을 하는 것

① 형용사

1) 일반 형용사

He moved **like** lightning. (그는 번개같이 빨리 움직였다.)

An artificial flower does not come **near** a natural one.

(조화가 실물과 같지는 못하다.)

The house **opposite** ours is painted white.

(우리 집 건너 편 집은 희게 칠해져 있다.)

2) 제1[현재]분사

a. 비인칭 독립분사(Impersonal absolute participle)

They are making law **concerning** public welfare.

(국민 복지를 위한 법을 제정 중에 있다.)

We are avoiding all discussion **regarding**[**respecting**] the scandal.

(그 추문에 대하여 모든 시비 가리기를 우리는 피하고 있다.)

She's done well **considering** the circumstances. (＝for)

(그때 그 경우를 생각해본다면 그 여인은 잘한 일이다.)

b. 독립분사(Absolute participle)

He started **notwithstanding** our remonstrances. (= in spite of)

　(우리의 충고를 듣지 않고 그는 떠났다.)

Most believers napped **during** his long sermon.

　(= while his long sermon lasted(last(옛말) = dure)

　(설교가 길어서 신도들은 대부분 졸았다.)

No trade can be reopened with her pending the agreement.

　(= while the agreement is pending.)

　(그 나라와 협정이 이루어지지 않는 한 무역의 길은 다시 열릴 수 없다.)

3) 제2[과거]분사

어원적으로 제2[과거]분사인 except, past, etc.

We are doing business all week **except** Sunday. (< Sunday being excepted)

　(우리는 일요일을 제외하고 일주일 내내 장사하고 있다.)

[참고] excepting은 except와 같은 뜻이나, 긍정·부정 Sentence의 제일 앞에 오는 것이 보통이다.

　Excepting your brother, they are all right.

　　(자네 동생을 제외하고는 모두 괜찮아.)

　Everybody observed the rule not **excepting** the chairman.

　　(회장은 말할 것도 없고, 모든 회원이 그 규칙을 지켰다.)

　cf. Your composition is good **except for** a few mistakes. (= were it not for 제외하면)

　　(자네 작문은 좋은데, 몇 군데 틀린 것이 있군.)

I like to meditate on life about an hour **past** sunset. (< sunset having passed)

　(해 진 뒤 한 시간쯤 인생에 관하여 명상하기를 나는 좋아한다.)

All the passengers and crew have left the ship **save** the captain.

　(save는 옛말·시어) (선장 이외에 모든 승객과 승무원들은 그 배를 떠났다.)

② 접속사

No student gave me the correct answer **but** him.

　(그 학생 이외에 아무도 정답을 내지 못했다.)

That's nothing **but** the result of despising moral education. (nothing but = only)

　(그것은 도의 교육을 무시한 결과에 불과하다.)

cf. Recovery is **all but** impossible. (all but=almost, nearly)

　― 문장체로서 뜻이 강하다. (회복은 거의 불가능하다.)

　He is **all but** a boss. (두목이라고 부르지만 않을 뿐이다.)

　They are all promoted **but** he. (이 but은 접속사) (그 분 이외에는 모두 승진했다.)

Here is Prof. K, **than** whom a better scholar can hardly be found.

　(여기 K교수가 계신데, 그분 이상 가는 학자는 드문 줄로 안다.)

He is taller **than** me. (그는 나보다 키가 크다.)

cf. I know you better **than** he (knows you). 　　　　　　　　　　[접속사]

　(자네를 알기에서야 그 사람보다 내가 낫지.)

　I know you better **than** him. (= than I know him) [접속사]

　(나야 자네를 더 잘 알지, 그 사람을 더 잘 알겠는가?)

③ 부사

I've never been **inside** a saloon. (술집이란 곳엔 발도 들여놓은 적이 없다.)

cf. Peaches have stones **inside**. (부사) (복숭아에는 굳은 씨가 안에 있다.)

Nobody knows this secret **outside** a few of your friends. (= except)

　(자네 친구 2~3인 이외에는 그 비밀을 아무도 모르네.)

cf. Wait for me outside. (밖에서 기다려주시오.) (부사)

Have you ever been **on board** a man-of-war? (= aboard, on board of, 전치사구)

　(군함을 타본 일이 있나요?)

cf. He sprang **on board**, pistol in hand. (= aboard, in[on] a ship) (부사구)

　(그는 손에 권총을 들고 배에 뛰어 들었다.)

[5] 전치사의 위치(Position of Prepositions)

207. 전치사는 대개 목적어 앞에 온다

He who is tired **of** *work* is tired **of** *existence*.

(일하기 싫은 사람은 살기도 싫은 사람이다.)

We have no use **for** *doctors*. (우리에게는 의사가 소용없다. ― 건강체)

cf. *Doctors* we have no use **for**. (Doctors를 강조)

그러나 다음과 같은 경우에는 목적어로부터 떨어져서, Sentence 또는 Clause 뒤에 온다.

① **목적어가 의문대명사인 때**: 의문의 대상이 먼저 알고 싶기 때문이다.

Who(m) were you talking **with**?

― (머리에는 대개 주어가 붙는다는 심리에서 Who도 쓰일 수 있다.)

(누구와 이야기하고 있었소?)

What did you leave that college **for**? (무엇 때문에 당신은 그 대학에서 떠났습니까?)

Which of these chairs did he sit **on**? (어느 자리에 그가 앉았었습니까?)

Tell me *what business* you are engaged **in**. (what은 간접의문형용사)

(어떤 사업을 하고 계시는지 말씀해주시죠.)

② **목적어가 관계대명사인 때**: that, as인 때와, 관계대명사가 없을 때에는 언제나 그러하다.

He is the boy *whom* I came **across** here yesterday. (come across = meet unexpectedly) (동사구의 일부인 전치사는 대개 뒤에 온다.)

(이 학생이 내가 어제 여기서 우연히 만난 그 젊은이다.)

It is the very problem *that* we have seriously been thinking **about**.

(이것이 우리가 신중하게 생각하고 있는 바로 그 문제라고요.)

That was such a cosy room *as* one would like to stay **in**.

(그것은 아담해서 머물러 있고 싶은 방이었다.)

This is the guide they spoke of. (Contact clause로서 = *whom* they spoke of)

　(이 사람이 그들이 이야기했던 그 안내자입니다.)

That is the automobile plant we work in. (= in *which* we work)

(이것이 우리가 일하고 있는 그 자동차 공장입니다.)

참고　which에는 전치사가 그 뒤에도, 앞에도 다 올 수 있다.

　　This is the book *which* I told you of. = This is the book of *which* I told you.

　　(이것이 내가 소개한 그 책이야.)

③ 명사 + 형용사구인 부정사

I have no *paper to write* on. (글씨 쓸 종이가 내게는 없다.)

Here is a pen *to sign your name* with. (서명하실 펜을 받으시지요.)

Have you any *girl friend to go* there with?

　(거기 함께 갈 여성 친구라도 있나요?)

There is enough *room for children to play* in.

　(애들이 놀 수 있는 넓은 터가 있다.)

④ 강조하기 위해 목적어를 제일 앞에 둘 때

Anything else we can't agree to. (이 밖의 다른 것에는 우리가 동의할 수 없다.)

Food, clothing and shelter, man cannot do without.

　(의식주 없이는 사람이 살아갈 수 없다.)

Your paying my money at once I insist on.

　(당장 내 돈을 갚아 주어야겠네.)

⑤ 다음과 같은 피동형의 경우

Wounded veterans *have been well provided* for by the government.

　(상이용사들의 생활이 군색하지 않도록 정부가 잘 보살펴왔다.)

Helpless old men and women *should be taken care* of.

　(의지할 데 없는 남녀 노인은 돌봐드려야 마땅하다.)

[6] 관용례(Some Idiomatic Usages)

208. 단일 전치사(Simple preposition)

He fired a shot **at random**. (그는 닥치는 대로 한 방 쐈다.)

We were **at school[church]** together. (우리는 학교[교회] 친구였다.)

After all our efforts we failed. (= In spite of everything)

　(노력은 했으나 실패했다.)

Five have passed this year **against** three last year. (= in contrast to)

　(작년의 세 학생에 비해 금년엔 다섯 명이 합격했다.)

We must not quarrel **among** ourselves. (대개 같은 종류 사이)

　(우리끼리 싸워서는 안 된다.)

Amid such trials he never faltered. (대개 이질적인 것 사이)

　(이러한 역경에서도 그는 결코 굽히지 않았다.)

A ray of moonlight fell **aslant** the window.

　(한 줄기 달빛이 창으로 비스듬히 비치고 있었다.)

A shadow fell **athwart** his face. (= across)

　(그림자가 그의 얼굴을 가로질러 비쳤다.)

Bar(ring) sports, like breeds like. (= except)

　(변종變種을 제외하고 자녀는 부모를 닮는다.)

Beside him, she is remarkably good.

　(그와 비교하면 그의 부인은 훨씬 선량하다.)

Their remarks are beside **the point[mark]**. (그들의 비평은 맞지 않는다.)

He was **beside himself** with anger. (그는 화가 나서 미친 것 같았다.)

It is just **between you and me**. (이것은 비밀일세.)

Such demands are **beyond** all reason. (이러한 요구는 말도 안 된다.)

But for your help, I should have been ruined. (= If it had not been for)

(당신의 조력이 없었다면 나는 파산할 뻔했습니다.)

It is **by far** the best. (이것이 단연 우수하다.)

I have done my duty **by** him. (= concerning)

(나는 그에게 대한 내 의리를 지켰다.)

It is five inches long **by** three wide.

(그것은 넓이가 3인치, 길이가 5인치다.)

Seven **by** six is forty-two. (7에 6을 곱하면 42다.)

She lives **by** [for] her**self**. (그 여인은 홀로[남에게 의지하지 않고 제힘으로] 산다.)

Despite our efforts, the flames spread quickly.

(애를 썼으나 불길은 막 번졌다.)

We copied it **word for word**. (적응, adaptation을 의미)

(우리는 그것을 한 자 한 자 베꼈다.)

For one thing, I am too busy now. (instance)

(한 가지 이유로는 요즘 내가 몹시 바쁘다.)

He was wrong then **for once**. (occasion) (그때만은 한 번 그가 실수했다.)

For all my dislike, I respected them. (나는 그들이 싫었지만, 역시 존경했다.)

You shall want **for** nothing. (무엇이든지 당신이 원하는 대로 다 해주리다.)

I am acting **for** my brother, president of this company.

(나는 이 회사 사장인 형 대리를 하고 있다.)

He has it **in** him to do great things.

(그는 위대한 일을 할 수 있는 소질을 가지고 있다.)

I was there **in person**. (내가 친히 거기 참가했었다.)

It fits you **like a glove**. (그것은 당신에게 꼭 맞습니다.)

Of old there were phoenixes, I hear. (= Formerly)

(이전엔 불사조라는 것이 있었다는데요.)

The door blew **off** its hinges. (separation)

(경첩이 빠져서 문이 떨어져 나갔다.)

I am engaged **on** the same terms. (condition)

(나도 같은 조건으로 고용되었다.)

We have no cash **on hand**. (= within reach) (지금 당장은 현금이 없다.)

I congratulate you **on** your good sense. (reason)

(당신의 탁월한 착상에 축하를 보냅니다.)

My son is now **on his own**. (우리 아들이 이제는 독립적으로 생활하고 있다.)

They will give fifty dollars **per head [capita]**.

(1인당 50달러씩 낼 것이다.)

They said so **through** envy. (motive) (질투 때문에 그들이 한 말이었다.)

She danced **to** his playing. (accompaniment)

(그의 연주에 맞추어 그 부인은 춤을 췄다.)

Is bread **superior [inferior] to** rice as a main food?

(주식으로 빵이 밥보다 낫습니까?[못합니까?])

He **hung about** the door. (= loiter)

(그가 문 근처에서 어른거렸다.)

She **set about** doing good. (= make a start with)

(그 부인은 좋은 일을 하기 시작했다.)

We **came across [on, upon]** an interesting item. (= find unexpectedly)

(우리는 재미있는 항목을 우연히 발견했다.)

She **inquired after** you. (= ask about the health of)

(그녀가 자네 안부를 묻네.)

He **yearns after** her affection. (= feel a tender desire for)

(그는 그녀의 애정을 간절히 바라고 있다.)

Your sister **takes after** your mother. (= resemble)

(자네 누이는 어머니를 닮았군.)

You must **abide by** these rules. (당신은 이 규칙을 지켜주어야겠습니다.)

He **does** well **by** his relatives. (do by = treat) (그는 친척들을 잘 대접한다.)

How did you **come by** that? (어떻게 그것을 손에 넣었나?).

We **went for** them. (go for = attack) (우리는 그들을 공격했다.)

I can't **tell** one **from** the other. (나는 A와 B를 구별할 수 없다.)

She could not **refrain from** telling the story. (= evade)

(그 부인은 그 이야기를 하지 않을 수 없었다.)

We have learned much **of** him. (source) (우리는 그로부터 배운 것이 많다.)

He **fell to** musing. (= start) (그는 깊은 생각에 잠겼다.)

Two is **to** six as ten is **to** thirty. (proportion)

(2 대 6의 관계는 10 대 30의 그것과 같다.)

It is forbidden **under** pain of death.

(그것은 금지되어 있는데, 범하면 극형을 받는다.)

The team returned **via [by way of]** Bangkok.

(선수단은 방콕을 경유해 귀국했다.)

With all his learning, he can not teach. (= in spite of)

(학문이 있으면서도 그는 남을 가르칠 줄 모른다.)

It **rests with** you to decide. (결정은 자네의 생각 나름일세.)

209. 구 전치사(Phrase preposition)

As for that man I hope never to see him again. (= Concerning, Speaking of)

(그 사람이라면 다시는 만나지 않는 것이 좋겠네.)

He said nothing **as to** his salary. (= about)

(그는 자기 봉급에 관해서 아무 말도 하지 않았다.)

They are **at loggerheads** with each other. (그들은 사이가 좋지 않다.)

She served **at the cost [expense] of** her health.

(그 여성은 자기가 병으로 쓰러지면서까지 봉사했다.)

Your copy is **at variance with** the original.

(당신의 사본은 원본과 다릅니다.)

We take receipts **in acknowledgment of** payment made.

(우리는 돈 낸 표로 영수증을 받는다.)

Some thinkers live in advance of their age.

(어떤 사상가는 시대를 선도하는 역할을 한다.)

Dr. C is in[under] charge of this ward. (C 박사가 이 병실 책임자다.)

In common with them, there must be a way out with us.

(그들과 같이 우리에게도 난국을 타개할 길이 있을 것이다.)

I gave up the idea in compliance with your wishes.

(원하시는 대로 제 계획은 단념했습니다.)

Everything has been done in conformity to[with] your instructions.

(지시하신 대로 모든 일은 처리되었습니다.)

In contrast to his rough appearance, he proved generous.

(험상궂은 외모와는 달리, 그는 관대했다.)

Life was simple in old days in contrast with that of today.

(예전엔 생활이 오늘에 비해 단순했다.)

He went his own way in defiance of custom.

(그는 관습을 무시하고 제 고집대로 했다.)

I am in favor of gentle measures. (나는 온건한 수단에 찬성이다.)

He is not in favor with his audience. (그는 청중에게 인기가 없다.)

They are thought to be in league with foreign businessmen.

(그들은 외국 상인과 결탁되어 있다고 한다.)

Banks give paper money in lieu of coin.

(은행에서는 경화硬貨 대신 지폐를 준다.)

They suffered many hardships in pursuance of the policy.

(그 정책 수행을 위해 그들은 많은 수고를 했다.)

Man lives in pursuit of happiness. (행복을 추구하며 사람은 산다.)

He left home in quest[search] of truth.

(진리를 터득하려고 그는 집을 나섰다.)

They sailed out in the teeth of the storm. (폭풍을 무릅쓰고 그들은 출항했다.)

We give you this **in token of** our gratitude for you.

(감사의 정표로 이것을 당신께 드립니다.)

One cannot be **on good terms with** everybody.

(사람은 팔방미인이 될 수는 없다.)

 ## EXERCISE 23

1. 빈칸에 적당한 전치사를 넣어라.

(1) My brother deals (　　) rice.

(2) We feel much concerned (　　) your health.

(3) He is employed (　　) a clerk (　　) a common salary.

(4) My nephew has increased (　　) wisdom(　　) the increase of age.

(5) I dropped in (　　) her house (　　) my way home.

2. 영어로 옮겨라.

(1) 당신은 그 병을 고치셔야 합니다.

(2) 당신은 학교에 걸어서 옵니까, 자전거로 옵니까?

(3) 그 외국인이 음악당에서 바로 내 앞에 앉았었다.

(4) 지난 성탄절 이후 나는 그녀로부터 아무 소식도 듣지 못하고 있다.

(5) 이 소설이 내가 요즘 읽은 것 중 단연 재미있다.

3. 두 문장의 차이점을 설명하라.

(1) a. She **takes after** her aunt.

　　 b. He **took to** writing after his retirement under the age limit.

(2) a. We are **waiting for** dinner.

　　 b. The table-maids will **wait on** us at dinner.

(3) a. We must **keep up with** the times.

      b. You have to **put up with** inconveniences when travelling.

(4) a. No man can be **free from** defects.

      b. Articles bought here are delivered **free of** charge.

(5) a. We **agree to** your proposal.

      b. We **agree with** you, but with some reservations.

제9장 접속사(Conjunctions)

단어·구·절을 연결하는 품사를 말한다.

The coed drove *slowly* **and** *carefully*.　　　　　　　　　[단어 연결]

　(그 여대생이 차를 천천히 조심스럽게 몰았다.)

To speak **and** *to act* are very different.　　　　　　　　[구 연결]

　(말과 실행은 전혀 다른 것이다.)

His grandfather made money, his father spent it, **and** he now suffers from

　poverty.　　　　　　　　　　　　　　　　　　　　　　　　[절 연결]

　(그의 할아버지는 돈을 모았고, 아버지는 낭비했고, 그는 이제 거지다.)

He had to earn his school expenses **while** he was studying in our college.

　　　　　　　　　　　　　　　　　　　　　　　[주절에 종속절을 연결]

　(우리 대학에 재학 시 그는 학비를 벌어야만 했다.)

[참고]　연결어(Connectives, 連結語)라면 다음 세 가지를 말한다.

　　　1. 관계사(Relatives) ─ 관계대명사·관계형용사·관계부사 등의 총칭.

　　　2. 의문사(Interrogatives) ─ 의문대명사·의문형용사·의문부사 등의 총칭.

　　　3. 접속부사(Conjunctive adverbs) ─ however, consequently, therefore, besides, for ex
　　　　ample, in the meantime, on the one hand ··· on the other (hand), partly ··· partly,
　　　　etc.

[1] 접속사의 종류(Kinds of Conjunctions)

형태 ＼ 기능	등위 접속사	종속 접속사
단일 접속사	and, but, or, nor, for, yet, still, so, however, therefore,	as, after, because, since, if, unless, though, although, when, while, before, till[until], lest,

	hence, nevertheless, whereas, etc.	that, than, whether[if], while, etc.
구 접속사 [접속사 구]		as soon as, as[so] far as, as[so] long as, as much as, as if[though], so that, in order that, in case, in that, for fear(that), etc.
상관 접속사	both[alike, at once] … and, either … or, neither … nor, not … but, not only … but also, etc.	as[so] … as, as … so, so[such] … that[as], so that, if … then, when … then, though … yet, scarcely [hardly] … when[before], whether … or, no sooner … than, etc.
접속사상당어	only(= but then)	now, once, the moment[instant], every time, the next time, immediately, directly, provided, granted, suppose, supposing, considering[seeing] that, only (= except for the fact that), were it not that, etc.

* 등위 접속사를 다음과 같이 분류하기도 한다.
  a. 연결 접속사(Copulative conj.): and, besides, moreover, as well as, etc.
  b. 선택 접속사(Alternative conj.): or, nor, else, otherwise, etc.
  c. 반의 접속사(Adversative conj.): but,(and) yet, while, etc.
  d. 추론 접속사(Illative conj.): (and) so, therefore, etc.

(1) 기능상의 분류(Classification on Functions)

210. 등위 접속사(Co-ordinate conjunctions, 等位接續詞)

단어·구·절을 문법상 대등한 관계에서 연결하고, 이 접속사로 연결된 절을 등위절(Co-ordinate clause)이라고 부른다.

Latin is elective **or** optional in our college.

(라틴어는 우리 대학에서는 자유 또는 선택 과목이다.)

He is **both**[at once] honest **and** diligent.

(= He is **not only**[merely] honest **but also**[likewise] diligent.)

(= He is diligent **as well as** honest.)

(그는 정직하고 부지런하다.)

To grow old, but to be able to learn is the privilege of man.

(나이를 먹어도 배울 수 있다는 것이 사람의 특권이다.)

비교 He will stay at home, **and** not join the party.

He will **not** join the party, **but** stay at home.

(그는 집에 있고, 모임에는 참석하지 않을 거다.)

Live till tomorrow, **and** the darkest day will have passed away.

(실망하지 말고 내일까지 견뎌보아라, 그러면 괴로운 날은 이미 지나가 있으리라.)

Years do not make sages ; they make only old men. [접속사 없는 등위절]

(나이테가 현명한 인물을 만드는 것은 아니고, 단지 늙은이를 만들 뿐이다.)

It must be false, **for** everyone says so. (= Everyone says so, **so** it must be false.)

(그것은 거짓일거야, 모두 그렇게 말하니까.)

There was no response to my repeated knocking, **so** I went away.

(아무리 문을 두드려도 응답이 없었다. 그래서 나는 가 버렸다.)

I can't do it, **nor** can he. (나는 못해, 그도 못하지.)

I like coffee, **while** my room-mate like ginseng tea. (while [whereas] = but)

(나는 커피를 좋아해, 그런데 같은 방 친구는 인삼차를 즐겨 마시지.)

She is slender, **whereas** he is stout. (부인은 날씬한데, 남편은 뚱뚱하다.)

They make good resolutions, **only** they never keep them.

(그들의 결심은 훌륭하나, 도무지 지키지를 않는다.)

My sister likes cats, **still** she doesn't care to own one.

(우리 누이가 고양이를 좋아는 해도, 기르기는 원하지 않는다.)

Either he **or** I am in the wrong. (= Either he is in the wrong **or** I am.)

(그가 잘못했든지, 아니면 내가 잘못했다.)

[참고] 1. and로 연결되는 두 개의 말 사이에는 주종관계 및 그 밖의 뜻이 있다.

soap **and** water (비눗물), bacon **and** egg (달걀 곁들인 베이컨).

Come **and** see us, please. (and = to) (놀러오게.)

Try **and** calm yourself. (and = to) (마음을 가라앉히도록 하시오.)

Let's go **and** help him. (= to) (도와주러 가세.)

I am rare **and** hungry. (= very hungry) (배고파 죽겠다.)

Mind **and** write to me soon. =Mind that you will write to me soon.

(곧 편지하는 것 잊지 마시오.)

He walked for days **and** days. (수일간 걷고 또 걸었다.)

Her heart ached **and** ached **and** ached. (강조) (그 여인의 마음은 끝없이 아팠다.)

He painted it, **and** painted it elaborately. (강조) (그 그림에 그는 화필을 들고 또 들었다.)

He enjoys tennis, golf(,) **and** baseball. (and 앞에 Comma를 넣는 것은 약간 문장체)

(그는 테니스, 골프, 야구를 좋아한다.)

He is a rich, kind, wise friend. (and가 없어지고, 때로 Comma도 없어지면, 각 단어의

독립성이 약화된다.) (그 친구 좋지, 돈 있겠다, 마음 좋겠다, 분별할 줄 아니 말이야.)

Speak the truth, **and** you need have no fear. (=If you speak the truth, you ….)

(명령 뒤의 and) (진실을 말하면 두려울 게 없다.)

2. or로 연결되는 두 개의 말 사이에 종속·양보의 뜻이 있기도 하다.

Let me pass, **or** I'll call out. (=if not) (지나가게 해주시오, 아니면 소리 지르겠습니다.)

It is never in the text book, **or** I must have read it.

(그것이 교과서에는 없소, 있다면 내가 읽었을 거야.)

Rich **or** poor, we will keep together and be happy.

(재물이야 있거나 없거나 간에 우리는 결혼하여 행복하렵니다.)

3. but의 대표적인 관계 표시

It was **not** she, **but** he. (그건 부인이 아니고 남편이었다.)

Excuse me, **but** aren't you Mr. Hilton? (실례합니다, 혹시 힐튼 씨가 아니신지요?)

Good Heavens! **But** it rains! (아이고, 비가 오는구나!)

However, did she go herself? (여하간 그녀가 친히 갔나?)

however의 위치는 Sentence의 제일 앞·중간·끝에 다 온다. 회화체로도, 문장체로도 쓰이는 but과 비교할 때, however에 약간 딱딱한 맛이 있으나 회화체로도 쓰인다.

He, **however**, was not pleased. (그러나 그는 기뻐하지 않았다.)

That's not yours, **however**. (그래도 그것이 당신의 것은 아닙니다.)

cf. nevertheless, notwithstanding, (and) yet 등은 문장체다.

4. nor, neither의 어순(Word order)

You can't understand him, **nor**[neither] can I.

(당신은 그 사람의 말을 못 알아듣지요, 나도 모르겠습니다.)

He doesn't want. —**Neither** *do* I. (그는 원하지 않아요. — 나도 원하지 않고요.)

211. 종속 접속사(Subordinate conjunction, 從屬接續詞)

문법상 종속관계에 있는 절(Subordinate clause — 명사절·부사절)을 Sentence의 다른 부분의 절(Principal clause — 주절)에 연결하는 접속사를 말한다. 이 종속 접속사로 연결되는 것은 Complex sentence다.

1 명사절(Noun clause)

1) 단순히 내용을 전하는 것: that [ðət], 강조 [ðæt]

That *he has won the fame* is no proof of his merit.　　　　　　[주어절]

(= It seems quite accidental **that** *he has won the fame.*)

(그가 명성을 얻었다고 그것이 자기의 공으로 이루어졌다는 것을 보여주는 것은 아니다. = 그가 명성을 얻은 것은 전적으로 우연인 것 같다.)

Their policy was **that** *they wanted to stop the war.*　　　　　[보어절]

(그들의 정책은 전쟁을 중지하는 것이었다.)

She fancied **that** *he should get on well by degrees.*　　　　[목적어절]

(남편이 차차 출세하리라고 부인은 생각하고 있었다.)

On these grounds we have come to *the conclusion* **that** *he is a man of integrity.*　　　　　　　　　　　　　　　　　　　　　　　　[동격절]

(이러한 근거로 그가 청렴결백하다는 결론에 이르렀다.)

Oh, **that**[O **that**, Would **that**] he could come! (< I wish that…!)

(아, 그가 올 수 있다면!)

To think **that** *he should have deceived me*! (< I am sorry to think **that**….)

(그가 나를 속인 걸 생각하니!)

The poet is Nature's son *in* **that** *he loves her.*　　　　　[전치사의 목적절]

(시인은 자연을 사랑한다는 점에서 자연의 아들이다.)

[참고] 전치사 및 타동사의 목적어가 되는 명사절의 that은 다음과 같다.

1. that이 전치사의 목적어가 되는 경우에는 대개 '… 이외에'의 뜻인 but, except, save 뒤에서이고, 위의 예와 같이 in인 경우는 드물다.

She is an excellent teacher of English conversation *except* **that** she often speaks too fast. (때로 너무 빠른 것이 걱정이지, 영어회화 여선생님으로는 참 훌륭하셔.)

2. 목적어인 명사절을 인도하는 that은 종종, 특히 회화체에서 생략되나, 두 개 이상의 명사절이 and나 but으로 연결되어 있을 때, 두 번째 이하의 that은 그대로 두는 것이 보통이다.

She said **(that)** *she was not feeling well* and **that** *she would not join the party*. (그 여인은 건강 상태가 좋지 않아 일행에 끼지 못하겠다고 말했다.)

3. 다음 동사 뒤에서는 that이 대개 생략된다.

believe, know, suppose, think, wish, etc.

4. 다음 말 뒤에서는 that이 생략되기도 하고, 사용되기도 한다.

be[become, seem], afraid[glad, sorry], confess, consider, hear, imagine, say, understand

be[become, seem, etc.] + 형용사에서 it은 회화체로도, 문장체로도 편리하다.

It is certain **that** she will come. (그 여인은 꼭 온다.)

본래 자동사인 complain, insist, rejoice, wonder 등 다음에 오는 that을 의미상으로는 목적어로 봐도 좋으나, 문법상으로는 'of the fact …'라고 부사적으로 풀이하는 것이 좋겠다.

5. 다음 동사 뒤에서는 that이 대개 사용된다. agree, assume, learn, state, suggest, etc.

2) 선택을 내용으로 하는 것: whether(문장체), if(회화체)

Nobody can tell **if** *it is genuine*.

(그것이 진짜인지를 누가 알아낼 수 있겠습니까?)

Ask her **if**[**whether**] *she is coming*. (오실 거냐고 부인께 여쭤보시오.)

Whether *he knows the secret* (*or not*) still remains a question.

(or not이 붙으면 딱딱한 형식적인 표현)

(= It still remains a question **whether** *he knows the secret* (*or not*).)

(그가 이 비밀을 알고 있는지, 어떤지 아직 문제다.)

My considerable concern for him is **whether**[**if**] *he will try it*.

(if 뒤에서는 or not이 대개 따르지 않는다.)

(그에 대한 내 비상한 관심은 그가 이 일에 손을 대는 것이 아닌 가다.)

We had some doubts (as to) **whether** *it was natural or not*.

(그것이 자연물인지, 인조물인지 약간 의심 가는 점이 있었다.)

The measure of choosing well is **whether** *a man likes what he has chosen*.

(선택을 잘했는가의 여부는 선택한 것을 좋아하느냐에 달려 있다.)

참고 1. I don't know **whether** *he will consent.*   [타동사의 목적어]

(그가 승낙할지 어떨지 나는 모르겠다.)

My departure will depend *upon* **whether** *I shall get leave or not.*   [전치사의 목적어]

(허가가 나면 나는 떠나고, 안 나면 떠나지 않는다.)

He asked me the question **whether** *it was proper to do that.*   [동격]

(그 일을 하면 어떻겠느냐고 그가 내게 물었다.)

2. lest, but(that)도 명사절을 인도한다.

We feared **lest** *you should come too late.*

(당신이 너무 늦게 오지 않나 하고 마음을 졸였습니다.)

My terror was **lest[that]** *my teacher should follow me.*

(내가 두려웠던 것은 선생님이 내 뒤를 따라오시지 않나 하는 것이었다.)

Who knows **but (that, what)** *it is false?* (but = that[if] … not)

(이것이 사기가 아니라고 누가 알겠는가?)

But I am ill, I should like to go. (= If I were not ill ….)

(아프지 않다면 내가 가고 싶은데.)

I do not deny **but[but that, but what]** he is trustworthy.

(but[but that, but what] = that)

(그가 믿을 만한 사람임을 나는 부정하지 않는다.)

3. 형용사절을 인도하는 것은 관계사(Relatives)의 구실인데, 접속사가 이에 대신하는 일은 다음과 같은 예외적인 경우뿐이다.

The day **before** *you landed* was foggy here.

(당신이 착륙하시기 전날은 여기가 짙은 안개였죠.)

Just imagine my anxiety **if** *I did not listen in to the radio news about your plane.*

(당신이 탄 비행기에 대한 라디오 뉴스를 듣지 않았을 경우의 내 불안한 심정을 상상해 보세요..)

2 **부사절(Adverb clause)**

1) 때(time)

He left **after[before]** *she came.* (그녀가 온 뒤에[오기 전에] 그는 떠났다.)

As *I looked,* someone came near. (내가 보니 어떤 사람이 다가왔다.)

It seemed scarcely a month **since** *she had been there last.*

(그녀가 거기 다녀온 뒤로 한 달도 되지 않는 것같이 생각되었다.)

When *he was asked his opinion,* he cleared his throat.

(그에게 의견을 묻자 그는 헛기침을 했다.)

참고 I was about to say, **when** he stopped me. [등위 접속사]

(말을 하려는데 그가 나를 제지했다.) (··· at the time **when** ··· 이라면 when은 관계부사)

While *the cat's away*, the mice will play. (= During the cat's absence)

(범 없는 골에는 토끼가 스승無虎洞中狸作虎)

cf. He is lazy, **while** his brother is diligent. [등위 접속사]

(형은 게으름뱅이인데, 동생은 부지런하다.)

They are living with their parents **until**[till] *their own house is ready*.

(그들은 자기네 집이 마련될 때까지 부모님을 모시고 살고 있다.)

It was not **until** *we had heard from you* that we understood the true state of

affairs. (자네로부터 소식을 듣고서야 비로소 진상을 알았네.)

Once *you have made a promise*, you ought to keep it.

(약속을 하면 지켜야지.)

All's fair in love and war **as long as** the world lasts.

(이 세계가 존속하는 한 사랑과 전쟁에서는 모든 것이 정당화된다.)

cf. Any book will do **so long as** it gives you pleasure. (= if)

(재미만 있다면, 아무 책이나 좋아.)

She weeps **whenever** she hears a sailor's song.

(그 부인은 뱃사람의 노래를 들으면 언제나 눈물짓는다.)

By the time *you are dressed*, dinner will be ready.

(네가 옷을 다 입을 때까지는 만찬이 준비된다.)

2) 장소(place)

I like to live **where** *simple folks dwell*. (in the place *where* ···라면 관계부사)

(소박한 사람들이 살고 있는 곳에 나도 살고 싶다.)

Things are never **where** *one wants them*.

(흔한 물건도 어쩌다 필요해서 찾으면 없다.)

Give a preposition **where** *(it is) necessary*. (필요한 곳에 전치사를 넣으시오.)

Wherever *I go*, my heart turns to you.

(어디를 가나 내 마음은 그대를 잊지 못합니다.)

3) 목적(purpose)

Let your dog loose **that**[**so that, in order that**] *he may* run about for a while.

(잠시 뛰어다니도록 개를 놓아주어라.)

참고 이 경우 may[might] 대신, can[could], will[would], shall[should]가 쓰이기도 한다.

She turned her head away **lest**[**for fear that**] *he should* see her tears.

(문장체, lest = "…이면 곤란하다") (그가 그녀의 눈물을 볼 것이 두려워 부인은 얼굴을 돌렸다.)

참고 이 경우 때로 should 대신 may[might]가 쓰이기도 한다. not을 넣지 말 것.

4) 원인·이유(cause, reason)

My work in French is poor **because** I don't like the subject.

(나의 프랑스어 성적이 좋지 않은 것은 그 과목을 내가 싫어하기 때문이죠.)

We do *not* buy ties **because** we like them, *but* **because** the salesgirl persuades us what we buy is the fashion. (우리는 넥타이를 고를 때 그 어떤 것이 마음에 들어서가 아니라, 여점원이 그것이 유행이라고 권하니까 사지요.)

비교 I did*n't* say so **because** I was ashamed.
(부끄러우니까 그렇게 말한 것이 아니다. ─다른 까닭이 있어서 그렇게 말했다.)
I didn't say so, **because** I was ashamed. (그렇게 말하지 않았다, 부끄러웠기 때문에.)

She is often absent, *not* **that** she dislikes school *but* **that** she is in poor health.

(that = because) (그 소녀가 자주 결석하는 것은 공부가 싫어서가 아니고 몸이 약해서다.)

Who is he **that** he should treat me badly like this?

(that은 판단의 근거로 < Who is it *that* …?) (그가 누구기에 나를 이렇게 학대하는가?)

As it is already time to start, we are getting exasperated.

(벌써 출발할 시간이 되니 안절부절 어쩔 줄 모른다.)

Your experience there cannot be valuable, **inasmuch as** you don't speak the language. (그곳 본토 말을 모르면 그곳에서의 경험은 대단한 것이 못될 거야.)

비교 as, since, because의 비교
as는 의미가 약하니, 간단한 부수적인 까닭을 말할 때 쓰이고, **since**는 as보다 딱딱한데, 그 이유를 이미 알고 있을 때 쓰이며, **because**는 직접적인 이유를 정면으로 나타낸다.
All the tunneling has to be done by the pick, **since** boring machines cannot be

used. (굴을 파는 데는 구멍 뚫는 기계穿孔機를 쓸 수 없으니, 모두 곡괭이로 파야 한다.)

참고 1. The reason is … 뒤에는 that, It is … 뒤에는 because를 쓰는 것이 원칙이다. 그렇지 않은 경우도 더러 있다.

The reason why he is a bachelor **is that** he likes solitude.

(그가 독신자인 까닭은 고독을 좋아하기 때문이다.)

It is because I was involved in the accident that I am nervous of riding a car.

(내가 차 타기를 불안하게 생각하는 까닭은 차 사고를 당해본 적이 있기 때문이다.)

2. 회화체에서는 원인·이유의 접속사를 대개 생략한다.

I must start at once ; I have an urgent business.

(곧 떠나야겠어, 급한 일이 생겼단 말이야.)

3. why의 대답으로는 because를 쓰고, for를 쓰지 않는다.

Why did you there? — **Because** I wanted to see the play.

(거기 왜 갔었나? — 연극을 보고 싶어서.)

4. 이유를 말하는 접속사로는 because가 가장 강하고, since, now that, as, for의 차례다. now that은 since와 거의 같으나, 주로 완료형과 함께 쓰인다.

Now that he *has gone*, she will miss him very much.

(그가 떠나버렸으니, 부인은 그가 매우 보고 싶을 거야.)

5) 결과(result)

He spoke *so* rapidly **that** we could not clearly understand him.

(말이 빨라서 그의 뜻을 잘은 알아듣지 못했다.)

참고 회화체에서는 that을 생략하기도 한다.

It is so cold I can't play outside. (너무 추우니 바깥에서 놀 수가 없다.)

The burglar wore gloves, **so that** there were no finger-prints visible.

(강도가 장갑을 끼고 있어서 지문이 하나도 보이지 않았다.)

cf. The burglar wore gloves **so that** there *might* be no finger-prints visible.

(목적) (지문이 하나도 보이지 않도록 하기 위해 강도는 장갑을 끼고 있었다.)

Any day will do, **so that** it be fine. (조건 = if only)

(날씨만 좋으면 아무 날이나 괜찮을 것이다.)

He made *such* an excellent speech in defence of our cause **that** everyone admired him. (우리들의 대의명분을 변호하기 위한 그의 연설이 탁월했기에 모든 사람이 감탄했다.)

참고 so 하나로 목적·결과를 표시하기도 한다.

He ran **so** he wouldn't miss the bus.   [목적]

(버스를 놓치지 않으려고 그는 뛰었다.)

He ran quickly **so** he got there in time.   [결과]

(빨리 뛰어 시간 안에 도착했다.)

6) 방식(manner)

Take things **as** they are. (세상사를 그대로 받아들이는 수밖에.)

I will describe her **as** she looks. (그녀의 용모를 생긴 그대로 묘사할 것이다.)

Leave it **as** it is. (그대로 두시오.)

cf. **As** it is, I cannot pay you. (사실은 갚을 수가 없습니다.)

Do **like** your master tells you. (Americanism) (주인이 하라는 대로 하게.)

Habit grips you **like** an octopus(does). (습관은 우리에게 낙지처럼 착 붙는다.)

7) 비교(comparison)

He is **as** tall **as** you (are.) (그의 키는 당신만 하죠.)

He is **as** tall **as** you are short. (당신 키가 작은 만큼 그는 큽니다.)

As machines cannot work without oil, **so** man cannot work without food.

(기계가 기름 없이 움직일 수 없듯이, 사람은 먹지 않고 일할 수 없다.)

I kicked the ball **as** far from the gate **as** I could.

(문으로부터 될 수 있는 한 멀리 나는 공을 차 보냈다.)

I am *not* **so** young **as** you. (나는 그대만큼 젊지 않아.)

Nothing can be more charming **than** inward beauty.

(아름다운 마음보다 더 예쁜 것은 있을 수 없다.)

We remember it **as if**[though] it were a thing that happened yesterday.

(그것이 어제 일처럼 아직도 우리 머릿속에 생생하다.)

참고 1. 비교의 뜻인 as, than 뒤에서는 흔히 생략현상이 일어나니, 대명사일 때는 격(Case)에 주의해야 한다.

He loves her as dearly as (he loves) **me**.

(아버지는 내 누이동생을, 나를 사랑하시듯이 귀여워하신다.)

He loves her as dearly as **I** (love her).

(아버지는 내 누이동생을 내가 그 애를 귀여워하듯이 사랑하신다.)

따라서 접속사 다음에 you나 Tom 등이 오면, 격의 외형적인 변화가 없어 모호해지므로 다음과 같이 하는 것이 좋다.

He loves her as dearly as **you** *do*[**Tom** *does*].   [주격]

He loves her as dearly as he does **you**[**Tom**].   [목적격]

2. We went to church **as** (it was) *usual* (with us).

(우리는 평상시처럼 교회에 갔다.)

3. She looked as pale **as** (she would look) **if** she were ill.

(병든 것같이 그녀의 얼굴빛이 창백했었다.)

8) 조건(condition)

We shall smile **if** we meet again. (우리가 다시 만나면 기쁘겠지.)

She doesn't worry about penmanship **so that** the writing is legible. (= if)

(글자는 알아보기만 하면 된다고 그 여선생님은 습자에 관해서 걱정을 별로 하지 않으신다.)

He will come **unless** he hears to the contrary.

(오지 말라는 통지가 없으면 그는 올 것입니다.)

He *scarcely* ever played with us **but (that)** a quarrel followed. (= ···but for the

fact that a quarrel followed = if a quarrel had not followed)   [종속 접속사]

(그가 우리와 함께 놀면 반드시 싸움이 시작되었다.)

He is a good worker, **only (that)** he is idle. (= except that = if he were not idle)

(게으르지만 않다면 그는 훌륭한 일꾼이다.)

In case I am prevented from coming, please excuse me. (= if)

(내가 참석 못하게 되어도 용서해주시오.)

I'll lend you the sketch book **so [as] long as** you keep it clean. (= if only)

(더럽히지만 않는다면 그 단편집을 빌려주리다.)

Suppose you won a million won, what would you do with it?

(Suppose = If지만 흔히 서상법에 쓰인다)

(100만 원이 손에 들어온다면 그것으로 무엇을 하시겠습니까?)

Supposing he is absent, what excuse will he make?

(흔히 서실법의 전제절에 쓰인다.)

(그가 참석하지 않고서 무엇이라 변명할까?)

cf. **Supposing** him to be in the wrong, I put him to right.

(Supposing him to be = As he was…. — 이유) (그가 잘못했으므로 바로잡아주었다.)

9) 양보(concession)

Though he has denied the deed, no one will believe his word. (사실, fact)

(그런 일은 하지 않았다지만, 그의 이 말을 믿을 사람은 없다.)

Though he scolds me, yet will I like him. (가정)

(그가 나를 꾸짖는다 해도, 나는 그가 좋다.)

Although my grandfather is over seventy, he can **read** without glasses.

(우리 조부님은 70이 넘으셨어도, 안경 없이 독서를 하신다.)

cf. You could not do it! I could, **though**. (부사)

(당신은 못해, 나야 하려면 하지.)

> [참고] Although, though 뒤에서는, yet을 쓰고, but은 쓰지 않는다.
> **Although** we do not act like heroes in our normal life, **yet** we when confronted with danger reveal conspicuous bravery. (우리는 일상생활에서는 행동이 용사 같지 못해도, 일단 위기에 직면하면 상당한 용기를 발휘한다.)

I will not ask him to try it, **even though**[even if] he is[be] willing.

(그가 하고 싶어 해도 내가 그에게 해보라고 하지는 않을 거야.)

He will oppose it **if** they dismiss him.

(그가 해직된다 해도, 그는 그것에 반대할 거야.)

Few **though** *they were*, the Spartans fought desperately at Thermopylae.

(수효는 적었으나 테르모필레에서 스파르타 용사들은 필사적으로 싸웠다.)

Important **as** *sugar is* as an article of food, man can not live on it.

(설탕이 일종의 식품으로서 중요하기는 하나, 주식이 될 수는 없다.)

Much **as** *they resemble* each other, they are not twins.

(그들은 서로 많이 닮았지만 쌍둥이는 아니다.)

Boy **as** *he is*, he is old in experience.

(그는 아직 소년이기는 하나, 세상 경험에서는 노장이다.)

cf. Young **as** he is, it is natural that he should make mistakes.   (이유)

(나이가 어리니까 잘못하는 것은 당연하죠.)

Whatever[No matter what] they may say, he is safe.

(그들이 무엇이라고 떠들든지 간에, 그는 무사해.)

Whether he likes *or not*, he will have to leave his home.

(좋거나 싫거나 간에, 그는 고향을 떠나야만 한다.)

10) 제한(limitation)

He is a dutiful son, *as* sons go. (세상 돌아가는 대로 말하자면, 그 사람은 효자지.)

As[So] far as my knowledge goes, there is no such monstrous insect like this.

(내가 아는 한 이런 기형적인 곤충은 없다.)

Only **so much** do I know **as** I have lived.

(내가 가지고 있는 지식의 양이란 살아온 만큼에 불과하다.)

The three married daughters never come home **but** (that) they bring something for their old parents. (= except that they bring⋯.) (결혼한 세 자매가 친정에 올 때면 언제나 부모님을 위해 무엇인가 가지고 온다.)

참고 1. 이 except that ⋯은, except를 전치사로 인정하고 that 이하 명사절을 그 Object로 볼 수도 있고, 또 except that을 접속사구로 볼 수도 있다.

2. 종속 접속사가 다음과 같이 쓰이면 등위 접속사의 성질을 띤다.

He continued lazy, until he reached the age of conscription.

(그가 게으름뱅이 노릇만 하고 있다가, 드디어 징병 연령이 되었다.)

Men of understanding seek after truth, **while** fools despise knowledge.

(지성인은 진리를 찾는데, 어리석은 자들은 이를 경멸한다.)

3. 등위와 종속의 관계는 다음의 술어로 설명되기도 한다.

Parataxis(병렬, 並列)과 **Hypotaxis**(종속)

A. Sentence나 Clause가 연결사 없이 병렬하는 현상을 **Parataxis[Co-ordination]**라고 부른다.

I came, I saw, I conquered. (＜L. veni, vidi, vici[ví:nai váidai váisai] (내가 왔노라, 보았노라, 이겼노라) ─ 원로원에 대한 시저의 간결한 전황 보고. 이 말에는 Simple sentence 사이의 관계가 명시되어 있지 않다. 그러므로 Coordinate conjunction인 and로 연결하면 뜻이 확실해진다.

B. Complex sentence에서 Clause가 Subordinate conj.이나, Relative에 의하여 종속하는 현상을 **Hypotaxis[Subordination]**라 부른다.

632

When I came here, I saw (the enemy) and conquered (them).

C. ┌It's struck ten; you've to go to bed. (10시다, 잠자리에 들어라.) —뜻은 종속이나 형
  │ 식은 Parataxis.
  └**As** it has struck ten, you have to go to bed. —Hypotaxis.

┌Do you think so? Then try hard.   [Parataxis]]
│ (그렇게 생각합니까? 그러면 열심히 노력하시오.)
│**If** you think so, please try hard.   [Hypotaxis]
└ (그렇게 생각한다면, 열심히 노력하시오.)

┌Here is somebody. He wants to see you. (두개의 Simple sen.)
│ > Here is somebody who wants to see you. (Complex sen.로 who …가 종속절)
└ > Here is somebody wants to see you. (Contact clause)

┌I think **that**. A typhoon is coming near.
└ > I think a typhoon is coming near. (종속 접속사가 없는 것)

역사적으로 Hypotaxis는 Parataxis로부터 발달한 것이다. 논리적인 정확한 표현에는 Hypotaxis가 좋으나, 회화체에서는 복잡한 형식이 귀찮으니까, 의미상 상관관계(correlation)가 있어도 Simple sentence를 흔히 쓰고, 때로는 and나 but 등으로 Compound sentence를 만들어 쓴다.

(2) 형태상의 분류(Classification on Forms)

212. 단일 접속사(Simple conjunction)

She is desirable as a secretary, **but** not as a teacher.   [등위]

  (그녀는 비서로는 바람직하나, 교사로는 적합하지 않다.)

There has been no tyrant like Intemperance **since** the world was created.

  (세계가 창조된 이래 방종 같은 폭군은 없다.)   [종속]

You must hide here **until** night falls **and** the street is deserted.

  (너희들은 밤이 되어 거리에 사람들의 통행이 멎을 때까지 여기에 숨어 있어야 한다.)

                                              [until 종속, and 등위]

참고 although (＜all＋though), because (＜by＋cause), unless (＜on[in]＋less), whereas (＜where＋as) 등은 본래의 구성 요소를 생각하여 복합 접속사(Compound conjunction)라고 따로 분류하기도 하나, 이 책에서는 단일 접속사에 포함시킨다.

Although I did not enter, I waited with longing eyes near her gate, expectant of her. (내가 그 집 대문 안으로 들어가지는 않았어도 그 옆에서 그녀를 만날까 싶어 서성거렸죠.)

213. 구 접속사[접속사 구](Phrasal conjunction[Conjunction phrase])

He has teaching experience **as well as** knowledge.　　　　　　　　[등위]

(= He has *not only* knowledge, *but also*[likewise] teaching experience.)

(그에게는 지식도, 교수 경험도 있다[지식은 당연한 것이고, 교수 경험도 있다].)

You can stay in Paris **as long as** you have money.　　　　　　　[종속]

(파리 생활도 돈 떨어지면 그만이란다.)

Never mind the blindness of the lovers, **so long as** love lasts.

(애정이 지속하는 한 애인들이 맹목이면 어때?[애인들이 맹목이라도 참견할 일이 못돼.])

　　　　　　　　　　　　　　　　　　　　　　　　　　　　[종속]

So far as my knowledge is concerned, there is no difficulty.

(내가 아는 바로는 어려울 것이 없다.)　　　　　　　　　　　　[종속]

(In) **So far as** I know, there is no such word in Chinese characters.　[종속]

(내가 아는 바로는 이러한 한자가 없다.)

We don't need men with new ideas **as much as** we need men who will put energy behind the old ideas.　　　　　　　　　　　　　　　[종속]

(우리는 전래의 사상에 정력을 기울이는 사람을 필요로 하는 만큼 새로운 사상을 가진 자를 필요로 하지는 않는다.)

A gerund differs from a participle **in that** the former is a noun, while the latter is an adjective. (= because; in as much as)

(동명사는 명사고, 분사는 형용사니까 서로 다르다)

214. 상관 접속사(Correlative conjunction, 相關接續詞)

두 쪽 말이 서로 얽히는 것으로서 모두 접속사인 경우와 한쪽이 부사 또는 형용사인 경우가 있다.

① 등위 상관 접속사(Co-ordinate correlative conjunction)

Either do not attempt at all, **or** go through with it.

(아예 시도를 하지 말거나, 아니면 철저히 일을 끝내라.)

She can **both** sing **and** dance. (그 여인은 노래도 춤도 다 할 줄 안다.)

cf. She can **not** sing nor[or] dance. (그 여인은 노래도 춤도 못한다.)

Both for their sake **and** for our own there must be no misunderstanding.

(그들을 위해서도, 또 우리를 위해서도 오해가 있어서는 안 된다.)

He was **at once** surprised **and** troubled by the phone.

(at once = alike, both)

(그는 전화를 받고 놀라기도 했고, 걱정도 되었다.)

This book is **alike** agreeable **and** instructive.

(이 책은 재미도 있고 유익하기도 하다.)

Read **not** for others **but** for yourself.

(다른 사람을 위해서가 아니고, 자신을 위해 독서하라.)

He said he had **neither** father **nor** mother, **nor** any brothers or sisters.

(그에게는 양친도 형제나 자매도 없다고 말했다.)

The republic as she is today is a menace **not only**[merely] to herself, **but** to the Middle East.

(그 공화국이 현재대로라면 자체에 대해서뿐 아니라, 중동에 대해서도 위협적인 존재다.)

[참고] 등위 상관 접속사로 연결되는 어귀는 같은 품사라야 한다.

He studied **both** in England **and** in America. (*right*)

He studied in **both** England **and** America. (*right*)

He studied **both** in England **and** America. (*wrong*)

(그는 영국에서도 미국에서도 유학했다.)

> You can prohibit **neither** swimming **nor** fishing in the river. (*right*)
>
> You can **neither** prohibit swimming **nor** fishing in the river. (*wrong*)
>
> (당신에게는 그 강에서의 수영이나 고기잡이를 금할 권리가 없소.)

> Sports are **not only** good for the health, **but(also)** helpful in promoting good morals.
>
> (*right*)
>
> Sports are **not only** good for the health, **but(also)** in promoting good morals.
>
> (*wrong*)
>
> (운동경기는 건강에 좋을 뿐 아니라, 미덕을 조장하는 데도 도움이 된다.)

② 종속 상관 접속사(Subordinate correlative conjunction)

No sooner had he stood up **than** he began to shout to the audience.

(그가 일어서자마자 청중을 향해 외치기 시작했다.)

I am not **so** strong **as** I once was. (so는 부사)

(이전만큼 내 몸이 튼튼하지는 않다.)

He is **such** a fool **as** he looks. (such는 형용사) (그는 생긴 대로 바보다.)

As you make your bed. **(so)** you must lie on it.

(= One must lie on the bed one has made.)

(= **As** a man sows, **(so)** he shall reap.)

(자기가 심은 씨는 자기가 거두어야 한다.)

If you don't hold your tongue, **(then)** you will repent it.

(말문을 닫지 않으면 후회하리라.)

Though [Although] I believe the contrary, **(yet)** I am open to conviction.

(나는 그렇지 않다고 믿고는 있지만, 언제나 옳은 말에는 승복할 작정이다.)

Where your treasure is, **there** will your heart be also.

(보물이 있는 곳에, 마음도 가느니라.)

They **never** meet **but** they talk about economic independence.

(= They **never** meet **without** talking about economic independence.)

(그들은 만나면 언제나 자주경제에 관한 이야기만 한다.)

The happier we are, **the** longer we live.

(즐거우면 즐거울수록 사람은 장수한다.)

[2] 접속사 상당어(Conjunction Equivalents)

215. 접속사 상당어인 품사

현대 영어에서 순수한 접속사라면 although, and, because, if, lest, nor, or, unless, whereas, etc.이다. 그러므로 다른 품사로서 접속사 구실을 하는 것을 다음에 적는다.

1 명사

Every time he coughed, he felt a good deal of pain.

(기침할 때마다 그는 매우 괴로웠다.)

The moment[instant, minute] (that) the button was pressed, the rocket shot up.

(that을 넣는다면, 이 that은 관계부사이고, 그 앞의 명사는 부사 상당어)

(단추를 누르자 로켓은 솟아올랐다.)

I will show you the sample **next time** I see you.

(다음에 우리가 만날 때 그 견본을 당신께 보여드리겠습니다.)

The next time he came, she chanced to be playing with her dog.

(그 다음 번에 그가 왔을 때 그녀는 우연히 개와 놀고 있었다.)

2 동사

Suppose I were away from you, should you be sorry for it? (= If)

(내가 당신에게서 떠나간다면, 당신은 섭섭해 할까?)

Supposing (that) everyone who accepted the invitation actually comes, there will be just under one hundred guests. (제1[현재]분사) (초대에 응한다고 통고해 온 사람들이 모두 온다면, 100명에서 몇 쯤 모자라는 수효의 손님이 올 것이다.)

Seeing (=Since) the facts of the case are not yet known, it is best to suspend judgment. (이유) (이 사건에 대한 진상이 아직 확실하지 않으니 판정은 보류하는 것이 좋겠다.)

Your estrangement to him is strange **considering** that you have always liked him. (that도 접속사) (당신과 그의 사이가 서먹서먹한데, 언제나 당신이 그를 좋아해온 것을 생각하면 이상합니다.)

According as the demand increases, prices go up.

(수요가 증가하는 데 따라서 물가는 오른다.)

You should be home soon providing the buses haven't been held up.

(회화체, = if) (버스 운행에 사고가 없다면 곧 귀가하겠지.)

Provided (that) you bear the expense, I will consent. (제2분사로 = if)

(비용을 당신이 담당한다면 내가 승낙하겠습니다.)

Granted[Granting] that this is true, he is still in the wrong.

(이것이 사실이라고 해도, 그 사람은 역시 잘못했어.)

[참고] 다음과 같이 전치사가 접속사 상당어로 되어 있는 예도 있으나 이는 옛말이나 속어이므로, 다른 말로 대신하는 것이 좋다.

　You will not have better health **without** you take better care of yourself. (= unless)
(몸 다루기에 더 조심하지 않으면, 완전한 건강 회복이 어려울 것이요.)

③ 부사

I use home-made articles; **besides** they're very cheap.　　　　　　[등위]

(나는 국산품을 쓴다, 더구나 값이 매우 싸다.)

He doesn't want to play golf; **moreover** it is expensive.　　　　　[등위]

(그는 골프치기를 싫어한다, 더구나 비용이 많이 든다.)

Come when you please; **only** let me know when I may expect you.[등위]

(아무 때나 오셔도 좋으나, 오실 때는 알려주시오.)

Everything went against him; **still** he persisted.　　　　　　　　[등위]

(만사가 뜻대로 되지 않았으나, 그는 여전히 고집했다.)

You were not in then, **so** I left a message with your secretary.　　[등위]

(그때 사장께서 자리에 계시지 않으셨으므로, 비서께 제 용건을 전하고 왔습니다.)

Now (that) you have packed up your things, you had better start.

(that을 넣으면 그 that은 관계부사)　　　　　　　　　　　　　　[종속]

(짐을 꾸렸으니, 그대는 떠나는 것이 좋을 거야.)

They have begun to praise him **now that** he's dead and gone.

(그가 죽고 나니, 사람들은 그를 칭찬하기 시작했다.)

Once she consents, we have her. (= If once)　　　　　　　　　　　　[종속]

(그녀가 일단 승낙만 하면 우리 편이야.)

Directly[Immediately] we saw a lightning, we heard a distant roll of thunder.

(번개가 번쩍하자 멀리서 천둥이 들렸다.)　　　　　　　　　　　　　　　[종속]

> 참고　1. 접속사, 특히 종속 접속사가 생략되는 일이 있는데, 이때엔 어순이 뒤집힌다.
>
> 　　　**Had** I the money, I would pay. (= If I had the money…)
>
> 　　　(그만한 돈이 있다면 내가 갚지.)
>
> 　　　**Were** *it* possible, we would do it. (= If it were possible…)
>
> 　　　(가능하다면 왜 하지 않겠습니까?)
>
> 　　2. 동일한 말[단어]로서 접속사·전치사·부사 등 세 가지 또는 이 가운데서 두 가지 품사로
> 　　　쓰이는 것이 있다.

┌ Calm comes **after** a storm has passed.	[접속사]
｜ **After** a storm comes calm.	[전치사]
｜ When a storm is over, calm comes **after**. (= later)	[부사]
└ (고생이 다하면 즐거움이 온다)	
┌ It's quite a long time **since** I saw you last.	[접속사]
｜ You haven't been here **since** that time.	[전치사]
｜ I haven't seen him **since**.	[부사]
└ (작별한 지 오래입니다.)	
┌ Look **before** you leap.	[접속사]
｜ Look **before** your leaping.	[전치사]
｜ Look **before**, and then leap. (= earlier)	[부사]
└ (뛰기 전에 앞을 살펴라.)	
┌ She is waiting here **till** the ship comes in.	[접속사]
｜ She is waiting here **till** the ship's arrival.	[전치사]
└ (배가 입항할 때까지 그 여인은 대기 중.)	

639

EXERCISE 24

1. Put into Korean

(1) Once you hesitate, you are lost.

(2) We are not sure if he will go himself.

(3) In case I forget, please remind me of my promise.

(4) They were indignant that no one liked their performance.

(5) When the applause died down, he continued his speech on energy resources.

2. Fill the blanks with suitable conjunctions:

(1) Waiter _____ he was, he had human passions.

(2) We don't care who does it, _____ it is done.

(3) The invalid could not speak a word, _____ did he move his limbs.

(4) She is not so sick _____ she can eat.

(5) _____ we can see, he is a man of noble character.

3. Correct the errors:

(1) He was not only stingy to his enemies but also to his neighbors.

(2) It will not be long after he comes back.

(3) Since she is old, she is still beautiful.

(4) The children hid themselves in order that they should be seen.

(5) He will be ruined unless he does not abandon that habit of wasting his money.

제10장 간투사(Interjections)

8품사 중의 하나로 감탄사(Exclamation, 感嘆詞)라고도 부른다. 희로애락 등 강한 감정을 나타내는 말인데, Sentence에서 다른 부분과는 아무 문법적 관계없이, 때를 따라 아무데나 끼어드는 (*inter* = between + *jacere* = throw) 까닭으로 간투사(Interjections, 間投詞)라고 불리는 독립요소다. 그 위치가 아무 데라지만 Sentence 첫머리에 흔히 오고, 끝부분에 더러 오기도 한다. 글자로 적을 때는 마지막에 감탄부(Exclamation mark, 感嘆符)인 '!'를 둔다. 본래의 간투사(Original interjection)는 외침인 O! Ah! Alas! 등이었으나, 차차로 다른 말로부터 전환된 간투사(Converted interjection)인 What!, Why! 등도 생겼다.

O that you could come, dear Bell! (아, 내 사랑하는 벨, 당신이 올 수 있다면!)

Oh, what a lie! (야, 새빨간 거짓말.)

[참고] 대개 O 뒤에는 Comma가 없고, Oh 뒤에는 있다.

Ah! when shall we all meet again?

　(기 막혀라! 우리 모두가 언제 다시 만날 수 있을까?)

Alas! he is no more. (슬프다! 유명을 달리한 그가 그립구나.)

What! Is it true? (뭐! 그게 사실이요?)

Why, yes! (말도 마라! 그렇다니까.)

216. 간투사의 분류

생략 부분이 많아 엄격한 구별은 곤란하나 편의상 다음과 같이 나눈다.

① 형태상 분류

1) 단일형(Simple interjections)

　Ah! O! Oh! etc.

　Welcome! (반가워라!)

Really! (정말?)

Farewell![Good-by(e)! Adieu!] (안녕!) (Farewell은 오랜 또는 영구적인 작별에)

2) 구 간투사(Phrasal interjections)

(O) dear me! (어머나! 맙소사! 저런!)

For shame! (창피하다!)

By Jove! (천만에!) ─ (맹세·찬성·강조 등에)

O for a draft of beer! (맥주 한잔 했으면 좋겠다!)

Alas for Helen! (= I am sorry for Helen.) (헬렌이 불쌍해!)

Oh, to have been there! (거기 내가 갔더라면 좋았을 것을!)

Hurrah for Korean sports! (한국인의 우수한 경기 빛나라!)

Good Heavens[Gracious]! = My Gracious[Gracious me]!

  (어머나! 아이고! 저런!) ─ (놀라움 표시 surprise)

3) Sentence interjections

Thank you! (고마워라!)

Good morning[evening, night]. ─ (아침·저녁·밤의 만날 때와 헤어질 때 인사)

Well done! (멋지다[잘했어]!)

Bless me! (제기랄!) ─ (놀람·분노)

Damn it! (빌어먹을!)

Hang it! (우라질!)

Look here! (이봐!)

Poor fellow! (불쌍하기도 해라.)

Serve him right! (싸구나!)

How vast the unattained is! (이루지 못한 (학문) 세계의 광대함이여!)

What a monstrous tail our cat has got! (우리 집 고양이 꼬리, 야! 참 괴상하구나.)

② 의미상 분류: 내용

1) 기쁨(delight)

Ah! Aha! Hurrah[Hurray]! (만세!)

2) 슬픔(sorrow)

Ah! Oh! O[Ah] me[my]! Alas!

3) 놀람(surprise)

Ah! O! Oh! Dear! Good Heavens[Gracious]!

Ha! Why! (의외)

Dear, dear! What shall I do? (아이고! 나는 어찌하면 좋아?)

4) 찬양(applause)

Ah! Ay(e)! Bravo! Well! (물론이지!)

Well done! (잘했어!) Indeed! Attaboy (멋지다 ― 미어美語)

5) 경멸(contempt)

Ah! Bah! (뭐야!)

Bosh! Nonsense[Stuff]! (말도 안 되는 수작!)

Pa(h)! Pish! Pooh! Pshaw [pʃɔː]! Tut tut! (쯧쯧 ― 혀 차는 소리) Tush!

6) 의혹(doubt)

Ha! Humph! (흐음!)

7) 주저(hesitation)

Ha! Hem! Hum! Well! (글쎄) Indeed! (아, 그래!)

8) 웃음(laughter)

Ha, ha, ha! He, he! Aha!

9) 부름(address)

Come! Hallo(a)! Hello―(전화에서) Halloo (여봐!)

Hey! (여봐!) Hi! Ho! I say! ― (영국식) Say! ― (미국식)

Look here! Oh! Ahoy! ― (배를 부르는 소리)

10) 주의(attention)

Lo (< Look)!―(옛말) Ah! Hark! Hem! Hush! (조용히!) Hist! Ho!

There! it's just as I told you. (거봐! 내가 뭐라고 했어?)

11) 비난(reproof)

Fie [fai] (upon you)!

12) 저주(swearing)

Marry(< By Mary)! (By) Gosh(< By God)! By Jove!

Confound it! Damn it! Hoity-toity! (이거 야단났구나!)

My God, my money is gone! (빌어먹을! 내 돈 어디 갔어?)

13) 소원(wish)

Ah!

14) 지루함(weariness)

Heigh-ho!

15) 의성(Onomatopoeia, 擬聲)

Baa! (양 우는 소리) Bang! (문 닫는[권총 쏘는] 소리)

Bow-wow (개 짖는 소리) Buzz (벌의 붕붕 소리) Caw [kɔː] (까마귀 우는 소리)

Cluck! (암탉이 병아리 부르는 소리) Cock-a-doodle-doo! (수탉 우는 소리)

Coo! (비둘기 소리) Crack! (찰싹! 우지끈! 탕! ─ 총소리) Croak! (개구리 소리)

Cuckoo (뻐꾸기 소리) Ding-dong (종소리) Gobble! (칠면조 소리) Grunt (돼지 소리)

Honk, honk! (자동차 경적 소리) Mew[Miaow]! (고양이 우는 소리)

Moo! (소 우는 소리) Ouch! (아야!) Paketa-paketa-paketa! (기관총 소리)

Pip! (병아리[쥐] 소리) Pop! (병마개 빠지는[불꽃 터지는] 소리)

Puff, puff! (기차 소리) Purr! (고양이의 가르릉 소리) Quack! (오리가 우는 소리)

Rub-a-dub! (북소리) Splash! (철썩!) Tap-tap! (문 두드리는 소리)

Whinny! (말 우는 소리)

217. 간투사의 다른 품사로의 전용(轉用)

① 명사로 전용

He finally refused their offer after many hum's and ha's.

(여러 차례 망설이다가 드디어 그는 저들의 제의를 거부했다.)

His toy balloon burst with a bang.

(그의 장난감 풍선이 쾅하고 터졌다.)

2 동사로 전용

   Do not **halloo** till you are out of the wood.

    (안심할 수 있을 때까지는 좋다고 날뛰지 마라[김칫국부터 마시지 마라].)

   The nurse **hushed** the crying child to sleep.

    (유모는 울고 있는 애를 달래 잠들게 했다.)

   Many pigeons are **cooing**.

    (많은 비둘기가 꾸르르르 울고 있다[짝을 찾고 있다].)

   They **pooh-poohed** the religious idea at first.

    (처음엔 그들이 그 종교사상을 멸시했다.)

   The steam escapes with a **hissing** sound.

    (증기가 쉬잇 하고 샌다.)

3 부사로 전용

   A ball went **crash** through the window.

    (공 한 개가 와르르 창을 깨고 들어갔다.)

제3부
통어론

Syntax

제3부 통어론(Syntax, 統語論)

제1부 서론(Introduction)에서 문법에 관한 윤곽을 적었고, 제2부인 어형론(Accidence)에서는 각 품사의 형태, 즉 어형의 변화(Inflection)를 주로 다루었다. 이제 제3부 통어론(統語論)에서는 **Sentence에 나타나 있는 word의 배열**(arrangement)**과 상호 관계 등을** 간단히 설명한다. 편의상 어형론(語形論), 또는 통어론으로 분류하기는 하나 그 경계선을 긋기란 어려운 일이다.

영어 학습의 목적은 영어로 된 Sentence를 이해하고, 문법과 관용법에 따라 영어 Sentence를 만들어 쓰는 데 있다. 즉, 영어를 읽고, 쓰고, 말하기 위한 것인데, 이 모든 것이 Sentence를 상대로 하는 것이고, 단어는 다만 그 Sentence를 만드는 요소일 따름이니, 결국 어형론은 Sentence를 논하는 Syntax를 부분적으로 설명하는 것이라 하겠다.

그러므로 이미 다룬 어형론에서 Number(수), Case(격), Gender(성), Comparison(비교 변화), Conjugation(활용) 등 Syntax와 거리가 먼 듯한 항목을 다루는 데 많은 것을 Sentence에 포함시켜 표시한 것은, 이 모든 것이 결국 Sentence를 만들기 위해서 존재한다고 볼 수 있기 때문이다. 따라서 '문법'이라면 통어론을 주로 하고, 거기에 부수적으로 어형론 [품사론]을 넣는 것이 이해하기 쉬울지도 모르겠다. 그런 취지하에 제1부 제4장 센텐스, 제5장 센텐스의 종류 등에서 Syntax에 관한 것을 이미 많이 다루었지만, 여기에 Syntax란 항목을 새로 넣어서 몇 가지를 더 설명해보기로 한다.

제1장 통어론의 윤곽(Outline of Syntax)

통어론이란 Sentence에서 단어가 배열되는 방식을 다루는 부분의 문법을 말한다(Syntax (< syn = together + taxis = arranging) means arranging together and is the name given to that part of Grammar which treats of the ways in which words are arranged together in sentences. — Onions).

Speech(말)의 단위는 Sentence라고 이미 말한 바 있다. 그리고 Sentence의 단위는 Word 다. Sentence에 사용되는 Word에 관하여 그 Function(기능)을 찾아보는 것이 Grammar의 역할이다. Word가 모여서 Sentence를 구성하는데, 이에는 일정한 규칙이 있어서, 그 이루어진 Sentence에는 여러 가지 Form[Pattern, Type]이 있다. 이것을 다루는 것이 Syntax다.

어떤 Sentence에서, 어떤 Word가, 어떤 Form(형태)을 띠느냐(cow, cows, cow's, cows' 등) 하는 것을 논하는 것이 Accidence[Morphology(형태론)]였다. 말하자면 단어[품사]론이다. 그러니까 Grammar는 Accidence와 Syntax로 구성되어 있다. Accidence에서 다룬 것이 Number(수), Case(격), Gender(성), Person(인칭), Comparison(비교 변화), Tense(시제), Voice(태), Mood(법) 등이었고, Syntax에서 다루는 것이, 제1부에서 이미 말해둔 Phrase (구), Clause(절), Equivalents(상당어), Sentence, Combination of Sentences, Concord(일치), Sequence of Tenses(시제의 일치), Narration(어법), Word order(어순), Emphasis(강조), Ellipsis(생략), Parenthesis(삽입), Transformation(전환, 轉換), Analysis(해부) 등이다.

1. **Word**는 Sentence를 만드는 가장 작은 단위다. Word를 8품사(Parts of Speech)로 나누어보았다: ① Noun, ② Pronoun, ③ Adjective, ④ Verb, ⑤ Adverb, ⑥ Preposition, ⑦ Conjunction, ⑧ Interjection.
   다음 Sentence의 각 Word를 품사별로 표시해본다.
   The power of speech is a gift by God; but alas! how often do we use
   ③　①　⑥　①　④③①⑥　①　⑦　⑧　⑤　⑤　④　②④
   it for evil purposes!
   ②⑥　③　　①

(말하는 재주는 하느님이 주신 선물인데, 한심하게도 우리는 얼마나 자주 이것을 나쁜 목적에 쓰고 있는지!)

2. **Phrase**는 2개 이상의 Word가 모여서 한 개의 품사 구실을 하는 것이다.

① Noun phrase: I like to chat with young men and women.

    (젊은 남녀와 담소하는 것이 나는 좋아.)

② Adjective phrase: The television is of great use.

    (TV는 매우 유용하다.)

③ Verb phrase: Work hard, and you will catch up with him. (= will overtake)

    (열심히 하세요, 그러면 그를 쫓아갈 수 있을 거예요.)

④ Adverb phrase: We came home after dark.

    (어두워져서야 돌아왔다.)

⑤ Preposition phrase: He sat in front of me at the theater.

    (그는 극장에서 내 앞에 앉았다.)

⑥ Conjunction phrase: As far as I know, she is innocent.

    (내가 아는 한 그 부인은 결백하다.)

⑦ Interjection phrase: By Jove! you were there!

    (원, 저런! 자네가 거기 있었군!)

3. **Clause**는 Sentence의 한 부분인 의미상 단위로서, 그 자체 내에 주어 + 술어의 형식을 갖춘 것이다.

  1) Co-ordinate clause(등위절): 두 개 이 상의 절이 등위 접속사로 연결되어, 문법상 대등 관계에 있는 것.

    Give me liberty, or give me death. (자유를 달라, 아니면 죽음을 달라.)

  2) Subordinate clause(종속절): Sentence의 딸림자리(從位)에 있는 절로서 다음 3 종류가 있다.

    ① Noun clause: We *know* (that) he is a man of character.

      (그가 인격자임을 우리는 알고 있다.)

    ② Adjective clause: *He is the very man* (that) we can trust.

(그 사람이야말로 우리가 믿을 수 있는 분이다.)

③ Adverb clause: **Unless you are diligent,** *you will fail.*

(부지런하지 않으면 실패한다.)

3) Principal clause(주절) — 바로 위 2)의 ①, ②, ③ 예에서 이탤릭체로 된 으뜸자리 (主位)에 있는 절.

이상의 단어·구·절을 Grammatical units(문법적 단위)라고도 부른다.

4. Sentence의 구조(structure)

1) Sentence의 Principal elements(주요요소): 주어·술어·보어·목적어.

Our time passes quickly. (세월이 빨리 흐른다.)

Our time — 주부: time — 주어(Subject word)

passes quickly — 술부: passes — 술어(Predicate verb)

술어의 종류에 따라 Sentence는 5형으로 나누인다.

제1형(완전자동사): Jane smiled.

제2형(불완전 자동사 — 주격 보어 필요): She has grown **a charming girl.**

제3형(타동사 — 목적어 필요): She loves **her parents.**

제4형(여격동사 — 간접목적어·직접목적어 필요): she showed them **her pictures.**

제5형(불완전 타동사 — 목적격 보어 필요): They thought her **kind.**

2) Sentence의 Subordinate elements(종속요소): Modifier(수식어)와 Connective(연결어).

There is a garden **in her face, where** roses and **white** lilies show.

(그녀의 얼굴엔 꽃밭이 있나봐, 장미와 흰 백합이 피어오르니.)

There — 부사, in her face — 부사구, where — 관계부사, white — 형용사.

이와 같이 명사를 modify(수식)하는 Adjective, 동사를 수식하는 Adverb, 그리고 where 등의 Connective(연결어)를 종속요소라 부른다.

3) Sentence의 Absolute elements(독립요소): Interjection, Vocative(호격어, 呼格語), Parenthesis(삽입어구) 등을 말한다.

5. Sentence의 종류

A. 구조(Construction)상 분류

1) Simple(단순) sentence: Sentence 안에 Clause를 가지고 있지 않은 것.

We cannot account for life. (인생이 무엇인가를 설명할 수는 없다.)

2) Compound(중복) sentence: Independent clause(독립절)가 Coordinate conjunction으로 연결되어 있는 것.

We cannot account for life, but we have to accept it.

(…, 그러나 받아들일 수밖에 없다.)

3) Complex(복합) sentence: Subordinate[Dependent] clause가 있는 것.

We cannot account for life, which, however, we have to accept **because** it is a fact. (…, 왜냐하면 인생이란 엄연한 사실이니까.)

which 이하도 뜻으로는 독립절이나 형식상으로는 종속절이다.

B. 의미(Meaning)상 분류

1) Declarative(평서, 平敍) sentence: 사실을 전하는 것.

He **went** fishing on Sunday last. ― Affirmative(긍정)

He **did not go** fishing on the following day. ― Negative(부정)

2) Interrogative sentence

① General question(일반의문): Yes[No]로 대답될 수 있는 것. 소리 낼 때는 Rising intonation(상승조上昇調)이다.

Do you feel lonely? ― Yes, I do[No, not in the least].

(쓸쓸하세요? ― 예, 그렇습니다[아니, 조금도 그렇지 않아요].)

② Special question(특수의문): Yes나 No로는 대답할 수 없는 것. 소리 낼 때는 Falling intonation(하강조上昇調)이며, 제일 앞에 Who, What, Where, Why, How 등이 붙는다.

What is that flower? ― It is a lily.

Where did you get it? ― I got it in that flower-shop.

a. 어순이 변하지 않는 경우

ⓐ 의문사가 Subject인 때

Who said so?

Which is more interesting?

ⓑ 의문 Sentence가 Noun clause로 변하여 Sentence의 일부로 될 때

We don't know **who she is.** (< Who is she?)

Tell me **where she lives.** (Where does she live?)

He asks me **whether [if] she is modest** (얌전한) (< Is she modest?)

b. 어순이 변하는 경우

ⓐ 의문사가 보어인 때

Who is that lady?

ⓑ 의문사가 목적어인 때

What flower did you get?

ⓒ 의문사가 의문부사인 때

Where is the flower?

③ Rhetorical question(수사修辭의문): 형식은 Interrogative sentence이지만, 뜻은 Declarative sentence인 것, 소리 낼 때는 Falling intonation.

Who does not love his country? = Everybody loves his country.

Why can't we kiss and be friends(?) — 때로는 의문부호도 없이 Period를 쓰기도 한다. (키스하고 화해합시다)

④ Alternative question(선택의문): A인가, B인가, 어떤 것인가를 묻는 의문으로 Special question의 일종이라 볼 수도 있다. 소리 낼 때 첫 부분은 Rising, 마지막 부분은 Falling intonation이다.

Is it right or wrong?

Do you want your coffee black or white(cream을 넣은 것)?

⑤ Tag question(부가의문): Affirmative 다음에 Negative를 덧붙이거나, 또는 Negative 다음에 Affirmative를 덧붙여서 상대자의 동의를 구하려는 것인데, 확실치 않은 심정을 나타낸다. 소리 낼 때는 Falling intonation이다.

You had supper there, **didn't you?**

You are not ill, **are you?**

그러나 Affirmative 다음에 역시 Affirmative 형식의 question을 넣어서 surprise, satisfaction 등의 감정을 나타내기도 하는데, 소리 낼 때는 Rising intonation이다.

So you are going home, are you?

So she is here now, is she?

3) Imperative sentence

Start at once. ― (Affirmative)

Don't be too hasty. ― (Negative)

You hold your tongue. ― 대개는 주어가 생략되나, 넣으면 강세가 있다.

Dó get up, it is late. ― 긍정인 때도 do를 넣으면 강세가 있다.

제1·2인칭에 대한 간접적 명령에는 let을 쓴다.

Let it be done. ― command(명령)

Let me speak a few words. ― request(요구)

Let him have his own way. ― permission(허가)

Let's[Let us] [lets](= We had better) play hide and seek. ― admonition(권고)
(술래잡기 하자.)

Let us [let əs] (= Allow us to) play hide and seek. ― supplication(탄원)
(술래잡기 하게 해주시오.)

Let him (= Whatever he may) say what he will, I will do my part. ― concession(양보)

Imperative + and = If ….

Read, and you will understand. (= If you read, you ….)

Imperative + or = If not ….

Read, or you will not understand. (= If you don't read, you ….)

4) Exclamatory sentence

What a sincere man he is to say so! (to say so는 원인을 말하는 부사구) = How sincere a man he is to say so!

cf. He is a very sincere man because he says so. ― (Declarative sentence)

제2장 화법(Narration[Speech], 話法)

남의 말을 전달하는 방법에서

a. 발성(發聲)된 그대로를 전하는 것이 **직접화법**(Direct narration)이고,

b. 그 말의 내용을 가지고, 자기 말로 고쳐서 표현하는 것이 **간접화법**(Indirect narration)이다.

218. 직접화법과 간접화법의 비교

직접화법	간접화법
Tom says, "I am safe." (Declarative sentence) ("나는 무사해"라고 톰이 말한다.)	Tom says (that) he is safe. (톰은 자기가 무사하다고 말한다.)
Jack said to me, "Why did you not go?" (Interrogative sentence) (잭은 나에게 "왜 가지 않았느냐?"고 말했다.)	Jack asked me why I had not gone. (왜 내가 가지 않았느냐고 잭은 내게 물었다.)
Miss Ellen said to them, "Please be quiet." (Imperative sentence) (엘렌 선생님이 그들에게 "조용해요"라고 말씀하셨다.)	Miss Ellen requested them to be quiet. (엘렌 선생님이 그들에게 조용하도록 부탁하셨다.)
He said, "May you be prosperous!" (Optative sentence) ("귀하의 번영을 비옵니다"라고 그가 말했다.)	He expressed his wish that I might be prosperous. (내가 번영하기를 바란다는 뜻을 그가 전했다.)
She said, "How happy I am!" (Exclamatory sentence) ("얼마나 나는 행복한가!"라고 부인은 말했다.)	She said that she was very happy. (그 부인은 자기가 매우 행복하다고 말했다.)

[참고] 위의 says, said 같은 것을 **Reporting verb(전달동사, 傳達動詞)**라고 하고, 또 Quotation marks(인용점, 引用點)인 " … " 안의 부분 및 (that) he is safe 등을 **Reported speech(피전달부, 被傳達部)**라고 부른다. Tom, Jack, Miss Ellen, He, She는 **Reporter(전달자)**이다.

219. 직접화법을 간접화법으로 전환할 때

① **피전달부가 Declarative sentence일 경우:** 간접화법의 전달동사는 say, tell, re-mark, state, etc이다. 다만 직접화법의 say to는 대개 tell로 고치고, 또 간접화법에 쓰이는 접속사 that은 생략해도 좋다.

1) 전달동사가 과거인 때 피전달부의 동사는 Sequence of Tenses(시제의 일치) (368쪽을 보라) 법칙에 따라 변한다.

2) 대명사와 때·곳에 관한 부사는 전달자의 입장에서 본 것으로 바뀐다.

He said to her, "You are young."

(그가 그녀에게 "당신은 젊군요"라고 말했다.)

He told her that she was young.

(그는 그녀에게 그녀가 젊다고 말했다.)

She said, "I will give you this coin."

("내가 네게 이 동전을 주겠다"라고 그녀가 말했다.)

She said that she would give me that coin.

(그녀가 내게 그 동전을 주겠다고 말했다.)

참고 그 동전이 가까운 곳에 있다면 this에는 변동이 없다.

He said, "I saw her yesterday."

("어제 내가 그녀를 만났다"라고 그가 말했다.)

He said that he had seen her the day before.

(그 전날 그녀를 만난 일이 있다고 그가 말했다.)

참고 같은 날 전달했다면 yesterday에는 변동이 없다.

She said, "My husband will come here tomorrow."

("내 남편이 내일 여기 올 거야"라고 그녀가 말했다.)

She said that her husband would go there the next day.

(자기 남편이 그 이튿날 그 곳에 갈 것이라고 그녀가 말했다.)

참고 같은 장소에서 전달하는 말이라면 come here에는 변동이 없다.

He said to me, "I feel lonely, but I enjoy my loneliness."

(그는 내게 "내가 고독하지만 그것을 즐길 줄 안다"라고 말했다.)

He told me that **he** felt lonely, but that **he** enjoyed **his** loneliness.

(그가 고독하지만 그것을 즐길 줄 안다고 내게 말했다.)

She said to us this morning, "**I'm** going with **you** tomorrow."

("나도 너희들과 함께 내일 간다"라고 어머니가 오늘 아침 말씀하셨다.)

She told us this morning that **she is** going with **us** tomorrow.

(어머니가 내일 우리와 함께 가신다고 오늘 아침 말씀하셨다.)

Yesterday you said, "She will not start **tomorrow**."

("그녀가 내일은 떠나지 않는다"라고 어제 당신은 말했습니다.)

Yesterday you said that she would not start **today**.

(어제 당신은 그녀가 오늘은 떠나지 않을 거라고 말했습니다.)

참고 now → then   ago → before

today → that day (그 이튿날 전달한다면 yesterday)   tonight → that night

tomorrow → the next[following] day

yesterday → the day before[the previous day]   here → there

thus → so   this → that   these → those

② **피전달부가 Interrogative sentence 일 경우**: 간접화법의 전달동사를 ask, inquire [demand](of a person), want to know, etc.로 고치고, 피전달부를

a. 의문사가 있으면 그 의문사로 ── 인도되는 명사절을 만든다.

b. 의문사가 없으면 if, whether로

He said to her, "Who are you?"

("당신이 누구요?"라고 그가 그녀에게 물었다.)

He **asked** her **who** she was.

She said to me, "Why did you strike my boy?"

("왜 우리 집 애를 때렸느냐?"라고 그녀가 내게 말했다.)

She **demanded of me why** I had struck her boy.

He said, "How did you open the door?"

("문을 어떻게 열었느냐?"라고 그가 물었다.)

He **asked** (**me**) **how** I had opened the door.

She said to me, "When will my dress be finished?"

("언제 내 옷이 다 됩니까?"라고 그녀가 내게 말했다.)

She **asked** me **when** her dress would be finished.

He said to me, "Which is the shortest course?"

("어느 길이 가깝냐?"라고 그가 내게 물었다.)

He **inquired of me which** was the shortest course.

참고 술어동사가 be이고, 의문사가 보어면, 간접화법에서도 V + S의 차례가 되는 것이 일반적이다.

She said to him, "**What is** the matter?"

She asked him **what was** the matter.

The teacher said to the girl, "What does this mean?"

(선생님이 그 여학생에게 "이것이 무슨 뜻이지?"라고 물으셨다.)

The teacher **demanded of** the girl what it meant.

We asked her, "Is this your first visit here?"

("여기로의 여행이 처음이십니까?"라고 우리가 그 부인께 여쭤보았다.)

We asked her **if[whether]** that was her first visit there.

"Shall I ever forget her?" ("내가 그녀를 잊을 수 있을까?")

He **wondered if** he would ever forget her.

"Do you know my name?" said he. ("내 이름을 당신이 아시오?"라고 그가 말했다.)

He asked **if** I knew his name.

We said to him, "Were you satisfied?"

("만족하셨습니까?"라고 우리가 그에게 물었다.)

We **inquired of** him **whether** he had been satisfied.

③ **피전달부가 Imperative sentence일 경우**: 전달동사를 tell, order, command, request, expect, ask, beg, advise, forbid 등으로 고치고, 피전달부를 to-infinitive로 표현한다.

He said to me, "Eat it up." ("다 먹어버리게"라고 그가 내게 말했다.)

He **told** me **to eat** it up.

참고 that clause를 쓸 수도 있다. He ordered **that** I should eat it up.

She said to us, "Don't make such a noise."

┌ ("소란 피우지 말아라"라고 엄마가 우리들에게 말씀하셨습니다.)

└ She told us **not to make** such a noise.

┌ He said to her, "Please wait till I come home."

│ ("내가 집에 돌아올 때까지 기다려주시오."라고 아빠가 엄마에게 청했다.)

└ He **asked** her **to wait** till he came home.

┌ He said to his mistress, "Pardon me, madam."

│ ("용서해주십시오, 주인아주머니"라고 그 애는 여주인께 빌었다.)

└ He **begged** his mistress **to pardon** him.

┌ The officer said, "Stay, do not leave your post."

│ ("그대로, 자리를 떠나지 말아요!"라고 장교가 그(들)에게 명했다.)

└ The officer **commanded** him[them] **to stay** and **not to leave** his[their] post.

┌ The doctor said to me, "Don't drink away your reason."

│ ("정신을 잃도록 술을 마시지는 말게"라고 의사는 내게 충고해주셨다.)

└ The doctor **advised** me **not to drink** away my reason.

┌ My colleague said, "Let's try once again."

│ ("우리 또 한 번 해보세"라고 내 동료는 제의했다.)

└ My colleague **suggested**[**proposed**] that we **should try** once again.

[참고] 1. 다음 예는 의문과 명령 두 가지가 합쳐진 것.

He said, "Are you crazy? Don't touch that!"

("자네 미쳤나? 그것에 손대지 마!"라고 그는 말했다.)

He **asked** me **if** I was crazy and **told** me **not to** touch that.

2. 다음 것은 명령이 or로 Declarative sentence에 연결된 것.

She said to him, "Start at once, or you will be late."

(어머니가 아들에게 일렀다, "당장 떠나라, 아니면 늦는다"라고.)

She advised him to start at once, **adding**[**and added**] that he would be late if he didn't.

(= She warned him that he would be late unless he would start at once.)

4 **피전달부가 Optative sentence일 경우**

He said, "May God forgive my sin!"

("제 죄를 하느님께서 용서해주시옵소서"라고 그는 빌었다.)

He **prayed** that God **might** forgive his sin!

She said to him, "God bless you!"

("당신께 하느님이 복을 내려 주시도록 비옵니다"라고 부인은 남편에게 축복했다.)

She **expressed her wish** that God **might** [would] bless him.

5 **피전달부가 Exclamatory sentence일 경우**: 감탄의 뜻을 cry, exclaim 등 적당한 동사, 또는 수식 어구에 의하여 내용 전달을 주로 표현한다.

He said, "How fast they run!"

("그놈들 잘도 뛴다"라고 그는 감탄했다.)

He said that they ran **very** fast.

She said, "How beautiful the full moon is!"

("저 보름달의 아름다움이여!"라고 그 여인은 찬탄했다.)

She said **how** beautiful the full moon was.

He said, "Oh, what a big fire it is!" ("아이고! 큰 화재로구나"라고 그는 소리쳤다.)

He **cried out with surprise** that it was a very big fire.

She said, "Hurrah! It's stopped raining today."

("좋아라, 오늘은 비가 그쳤구나!"라고 그 소녀는 외쳤다.)

She **exclaimed with delight** [joy] that it had stopped raining that day.

He said, "Ah! All things can not be bought with money."

("기막혀라, 돈으로 살 수 없는 것도 있구나!"라고 그는 탄식했다.)

He **cried out with a sigh** that all things could [can] not be bought with money.

She said, "Alas! How reckless I have been in driving!"

(그 여인은 말했다, "내 잘못이야! 운전할 때 내가 참으로 부주의했거든!"이라고.)

She **confessed with regret** that she had been **very** reckless in driving.

6 **피전달부가 Compound sentence일 경우**: 접속사인 and, but 다음에 I that을 넣는다. 다만 첫 번째 that은 생략해도 좋다.

He said, "I am busy and I cannot comply with your request."

("내가 바쁘니 자네 청을 들어줄 수가 없네"라고 그가 말했다.)

He said (that) he was busy and **that** he could not comply with my request.

[주의] 여기서 두 번째 that을 빼면 'he could ….'가 He의 말인지, 전달자의 말인지 분명하지 않다.

She said, "The door is closed, but the windows are open."

("문은 닫혔지만 창은 열려 있다"라고 그녀가 말했다.)

She said (that) the door was closed, but **that** the windows were open.

He said, "She will come, for she has promised certainly."

(그는 말했다 "그녀가 올 거야, 확실히 그렇게 약속했으니까"라고.)

He said (that) she would come, **for** she promised certainly.

[참고] 접속사가 for인 때는 그대로 둔다.

She always says, "This climate will not suit me and I must go away soon."

("이곳 기후가 내게 맞지 않으니 곧 떠나야겠다"라고 그 여인은 언제나 말하고 있다.)

She always says that climate will not suit her **and that** she must go away soon.

[참고] 종류가 다른 절이 겹치면 전달동사도 달라진다.

He said to her, "How do you feel? You look pale. Go to bed at once."

("기분이 어떠냐? 안색이 좋지 않구나. 어서 쉬거라"라고 아버지가 딸에게 말씀하셨다.)

He **asked** her how she felt, **said** that she looked pale, and **advised** her to go to bed at once.

⑦ **피전달부가 서상법(Thought[Subjunctive] mood)인 경우**: Complex sentence인데, Tense만이 다르다.

1) 서상법 현재형 → 서상법 과거형

He said, "If it be rainy tomorrow, we will not play."

(그는 말했다, "만일 내일 비가 온다면, 우리는 운동을 하지 않을 거야"라고.)

He said that if it **were** rainy the next day, they would not play.

She said, "I wonder if his fortune-telling be true."

("그의 사주풀이가 맞는지 어떤지 나는 모르겠어"라고 그녀가 말했다.)

She wondered if his fortune-telling **were** true.

참고 제의(proposal)가 내용인 절은 그대로.

She said, "I propose that a change (should[shall]) be made."

("변경하도록 제의합니다"라고 그녀가 말했다.)

She proposed that a change (should) be made.

2) 서상법 과거·과거완료형 → (시제의 변화 없음)

He said, "If you **were** to say so, I **should** be angry."

("만일 자네가 그렇게 말한다면, 나는 화낼 테야"라고 그가 말했다.)

He said that if I **were** to say so, he **would** be angry.

She said, "I **could** tell it if I **wanted**."

("내가 원한다면 말할 수도 있다"라고 그 여인은 말했다.)

She said that she **could** tell it if she **wanted**.

He said, "I **should** like to have a walk **now**."

(그는 말했다, "지금 산책이나 하고 싶구나"라고.)

He said that he **should** like to have a walk then.

She said, "If I had left home a little later, I might have missed the aeroplane."

("집에서 조금만 늦게 나왔더라면, 비행기를 놓쳤을 것을"이라고 어머니는 말씀하셨다.)

She said that if **she** had left home a little later, she might have missed the aeroplane.

220. 묘출화법(Represented speech, 描出話法)

직접화법과 간접화법의 중간적 성질을 띠는 것으로 이야기·소설 등에 많다. 전달자[필자가 작품에 나오는 인물의 말이나 생각을 전하는 데, 본래의 말을 그대로 전달하는 것도 아니고, 그렇다고 순전히 자기의 말로 고친 것도 아닌 형식이다. 즉, 필자의 입장에서 쓰인 것이지만, 사실은 작품에 나오는 인물의 말이나 생각을 객관적으로 묘사하고 있는 것이다. 직접도 간접도 아닌 이 혼성화법은 객관적 서술에 주관적 감정을 섞은 것이니 생기 있는 표현이라 하겠다. 직접화법의 피전달부가 길거나, 또는 종류가 다른 여러 개의 Sentence로 이루어져 있을 때 간접화법으로 고치자면 하나하나에 전달동사를 따로 써야 하니 번거

롭기도 하고, 말하는 사람이나 듣는 사람에게도 어수선하다. 이 묘출화법의 형식적 특징은
다음과 같다.

a. 전달동사인 He said[thought, hoped, declared, etc.], He asked[wondered, want-
   ed to know, etc.]가 없거나, 또는 있어도 분명하지 않다.

b. 인칭과 시제는 간접화법의 경우와 똑같이 변경되어 있으나, 의문·명령·감탄 Sentence
   등은 직접화법 그대로의 어순이고, 때와 장소의 부사는 변경되는 경우도 있고, 그대
   로인 경우도 있다.

   May I inquire **did she** ever speak of me to you?

   (그녀가 내 말을 당신께 했소?)

   He asked me **would I** lend him my umbrella.

   (내 우산을 빌려달라고 그가 말하더군.)

   Ned put his flat and final question, **would she** marry him.

   (네드는 단호하고도 결정적인 질문을 했다, 그녀가 자기와 결혼할 것이냐고.)

   Little Nell could not understand. **What was reading? Why was her sister reading?**
   What delight came to a girl from reading?

   (어린 넬은 알 도리가 없었다. 독서란 무엇일까? 왜 언니는 독서를 하고 있을까? 독서를 하면
   우리 소녀들에게는 어떤 기쁨이 올까?)

   직접화법: "What is reading? Why are you reading, sister? What delight comes
   　　　　　 to a girl from reading?"

   The commander **told** his men **that they were** brave sons of that country. **Were**
   they not as courageous as **their** enemy? **Let them take heart** and **fight** to the
   last. How glorious it **would be** for **them** to fall fighting for **their** father land!

   (지휘관은 부하 장병들에게 말했다. 그들은 그 나라의 용사들이니, 용기에 있어 그들의 적군
   만 못하지 않다. 용기를 내어 마지막 순간까지 싸워라. 조국을 위해 전사하는 것이 얼마나
   영광스러운 일이냐고 말이다.)

   직접화법: The commander said to his men, "You are brave sons of this
   　　　　　 country. Are you not as courageous as our enemy? Take heart
   　　　　　 and fight to the last. How glorious it will be for us to fall fighting

for our father land!"

 EXERCISE 25

다음 화법을 바꾸어라.

(1) She said to him, "Have you sent the letter by air mail?"

(2) He said, "What nonsense!"

(3) She said to her mother, "May I go?"

(4) Our officer said, "Stay, don't leave your camp."

(5) He said, "If I could, I would do so."

(6) She told me that she had bought that picture a week before.

(7) He asked her if she knew the girl.

(8) She begged me to lend her my note-book.

(9) He exclaimed in surprise at finding himself deceived.

(10) We told the men to stop quarrelling; if not, we said they should be driven out of the hall.

제3장 일치(Agreement, 一致)

한 Sentence 안에서 의미상 밀접한 관계를 갖는 어떤 단어(구)와 또 다른 어떤 단어(구) 사이에 Number, Gender, Person, Case가 서로 일치한 형태적 특징을 표시하는 것을 말한다. 주어와 술어동사와의 사이, 명사와 수식어와의 사이, 명사와 그 동격어와의 사이, 명사와 그것을 받는 대명사와의 사이가 주로 다루어진다. 이것을 일명 호응(Concord, 呼應) 이라고도 한다.

221. 수의 일치(Concord of Number)

술어동사의 수와 인칭은 주어의 수와 인칭에 일치한다. 현대 영어에서는 be의 변형과, 서실법 제3인칭 단수 현재를 표시하는 -(e)s 이외에는 수·인칭 등을 따로 표시하는 형태는 없다.

[참고] 1. 의미를 중요시하는 것을 **Synesis**(의미구문, 意味構文)라 부른다.
   Neither of them **are** right. (그 둘 중에 어느 하나도 옳지 않다.)
   I hate **these sort** of things. (나는 이러한 종류의 것을 싫어한다.)

2. Sentence 안의 어떤 말이, 그 옆의 다른 어떤 말의 영향을 받으면 수·인칭·격 등에서 그것과 일치한다. 엄격한 의미의 일치 관계가 이렇게 깨어지는 현상을 **Attraction**(견인, 牽引)이라 부른다.
   One in **ten take** drugs. (열 사람 중에서 한 사람은 약을 먹는다.) — 사실은 One이 주어니까 takes로 될 것이지만 ten과의 proximity(접근) 관계로 복수화한 것이다.
   All the power of his **wits have** given way to his impatience. (그의 지혜의 모든 힘은 성급함에 지고 말았다.) — 주어인 All the power로 has일 것이 Attraction 관계로 이와 같이 된 것이다.

3. 동사는 최후의 주어와 일치한다.
   Neither he nor **I am** to blame. (그도 나도 잘못은 아니다.)
   Neither you nor I nor **anybody** else **knows**. (당신도, 나도, 또 다른 아무도 모릅니다.)

4. **Plural of Concord**(호응의 복수)
   복수소유격의 명사 또는 대명사로 수식되는 명사는 복수가 된다.

Have you had your breakfasts? (아침식사를 드셨나?)

We have washed all the children's hairs. (모든 애들의 머리를 씻겨 주었다.)

1 주어의 모양이 복수이지만, 뜻이 단수면 동사는 단수가 된다.

1) and로 연결된 것

My colleague and friend is in hospital now. — 동일인

(내 동료이며 친구인 그가 지금 입원 중이다.)

Curry and rice is his favorite dish. (카레라이스는 그가 좋아하는 음식이다.)

The sum and substance of the matter is this. (그 사건의 골자는 이거야.)

The rise and fall of the tides is as steady as the moon.

(조수의 기복은 달의 차고 기울기처럼 한결같다.)

Slow and steady wins the race.

(느려도 황소걸음이 최후의 승리를 거둔다.)

Romeo and Juliet is one of Shakespeare's masterpieces.

(로미오와 줄리엣은 셰익스피어의 걸작 중 하나다.)

Barnes & Noble is a famous retail bookseller.

(반스앤드노블은 유명한 소매서점이다.)

No hour and no minute is to be wasted.

(일분일초를 아껴야 한다.)

참고 Time and tide wait for no man. (tide＝time[season])

(가는 세월이 사람을 기다려주지 않는다.)

—Time and tide가 뜻으로는 Tautology(중복)이지만 관습상 복수로 취급한다.

Every man and (every) woman has business and desire.

(남녀 누구에게나 할 일과 욕망이 있다.)

Each day and each hour brings its task.

(우리에게는 매일 매시 해야 할 일이 있다.)

Either sex and every age is in the pursuit of happiness.

(남녀 간 나이 차별 없이 모든 사람은 행복을 추구한다.)

To dissemble your feelings, to control our face and to do what everyone else is doing **is** an instinctive reaction.

(감정을 감추고, 표정을 억제하고, 남이 하는 일을 한다는 것, 이것은 본능적인 반응이다.)

The queen with her prime minister **is** in the council chamber.

(여왕께서는 수상을 대동하시고 회의실에 계십니다.)

> 참고   이 with가 이상의 and와 비슷하게 단수의 뜻을 표시한다. 주어가 with, as well as, not only … but also 등으로 이렇게 연결되어 있으면, 동사의 Number는 그 중의 중요한 주어와 일치한다.
>
>   cf. The prime minister **and** his chief secretary **are** in the drawing room. (국무총리와 수석 비서관이 응접실에 계십니다.)
>
>   Henry as well as I **is** to use a separate room to stay in.
>
>   (나처럼 헨리도 독방에 머무를 것입니다.)
>
>   Not only the moon but(also) the stars **shine** at night.
>
>   (달만이 아니라 별도 밤이면 빛난다.)

Three and four **is**[**are**] seven. (3 + 4 = 7) ─ 단수·복수 다 받는다.

Four from ten **leaves** six. (10 − 4 = 6)

Six multiplied by four **is** twenty-four. (6 × 4 = 24)

Twenty divided by five **equals** four. (20 + 5 = 4)

2) 복수명사가 함께 뭉쳐 하나의 관념을 표시하면 동사는 단수로 한다.

Ten dollars **was** spent right and left quicker than thought.

(10달러가 눈 깜짝할 사이에 낭비되었다.)

Forty kilometers **is** more than a day's journey for him.

(하루의 여정으로 100리는 그에게 무리다.)

The last thirty years **has** been those of astonishing progress in industrialization of Korea.

(과거 30년이 한국의 공업화에 놀라운 발전의 시기이었다.)

Gulliver's Travels **has** wit and irony.

(걸리버 여행기에는 재치와 풍자가 있다.)

The Stars and Stripes **is** flying overhead.

(미국 국기가 공중에서 펄럭이고 있다.)

The United States **was** then at war with Japan. — (남북전쟁 전에는 are, were 등 복수로 사용되었으나, 통일 후에는 단수로 사용된다)

(미합중국은 그때 일본과 전쟁 중이었다.)

The Times **is** one of the leading newspapers in the world.

(≪타임스≫는 세계 유수의 신문 중 하나다.)

> 참고 1. –ics로 끝나는 학문의 명칭은 대개 단수로 다룬다.
>
> physics (물리학), statistics (통계학), mathematics (수학), etc.
>
> 2. many a (하나하나 세보니 과연 많은)는 many보다 더 많다는 느낌을 주나, a 때문에 단수로 취급한다.
>
> *Many a man* **was** killed by the earthquake. (지진으로 사망자가 많았다.)
>
> 3. There is 뒤에 복수명사가 오기도 한다. 이때의 there is는 We have(있다)란 뜻의 숙어로 보는 것이 좋다.
>
> There's *a plain, a river and woody hillsides*. (평야·강·푸른 산이 있다.)
>
> There **was** *many tribes* who had peculiar customs in that part of the world.
>
> (그 지방에 독특한 풍습을 지닌 여러 종족이 살고 있었다.)
>
> 4. one of + 복수명사 다음에 오는 관계절에서는 선행사인 복수명사와 일치하기 위해 복수형 동사가 와야 하지만, one과 일치하는 경우도 있다.
>
> That is one of those *mistakes* which **is[are]** often made by prep boys or girls.
>
> (그것은 수험생들이 범하기 쉬운 하나의 실수다.)
>
> 5. 다음과 같은 것은 수의 일치가 불필요하다.
>
> I am **friends** with her. (나는 그 소녀와 친구야) —**Plural of Reciprocity** (상호복수)라 부른다.
>
> 6. 비교
>
> More *speakers* than one **have** referred to it. (more는 형용사)
>
> (이 문제를 언급한 연사는 한두 사람이 아니다.)
>
> More than one *speaker* **has** referred to it. (more than은 복합부사로 형용사인 one을 수식한다.) (한 분 이상의 연사가 그 문제를 언급했다.)
>
> more than **one**은 일반 명사에 붙고, more than **a**는 기간·거리 등에 붙는다: more than one person[house, etc.]. more than a week[month, year, mile, etc.]

② **주어의 모양이 단수이나, 뜻이 복수이면 동사는 복수형으로 한다.**

Sacred and profane *wisdom* **agree** in declaring that "Pride goeth before a fall."

(wisdom = wise men)

(종교인이나 일반 식자나 모두 주저하지 않고 하는 말은 "교만한 자는 망하느니라"다.)

Parliament **are** divided in opinion. (군집명사)

　(영국 국회의원들의 의견이 엇갈렸다.)

cf. *Parliament* **is** dissolved. (집합명사) (국회가 해산되었다.)

The *audience* **were** all enraptured.

　(청중은 모두 기뻐서 어쩔 줄을 몰랐다.)

cf. The *audience* **is** composed of actors and actresses.

　(청중은 남녀 배우들이었다.)

The *committee* **differ** as to what announcement they shall make.

　(위원들은 발표할 사항에 관한 의견이 다르다.)

cf. The *committee* **is** made up of seven.

　(위원회는 7인으로 구성되어 있다.)

None **are** permitted to enter by this back-gate.

　(아무도 이 뒷문으로는 들어오지 못한다.)

cf. *None* of the party **was** sick. (일행 중 병자는 한 사람도 없었다.)

The *enemy* **are** fleeing in all directions. (적이 사방팔방으로 도망치고 있다.)

cf. The *enemy* **has** lost hope to continue its advance on us.

　(적군은 우리를 계속 공격하려는 의욕을 잃었다.)

Two-thirds of the eggs **are** rotten.

　(달걀의 2/3가 상했다.)

cf. *Two-thirds* of the land **is** his. (그 토지의 2/3는 그의 것이다.)

A number of houses in this area **belong** to her.

　(a number of = many, several) (이 지역의 많은 집이 그 여인 소유다.)

cf. *The number* of pilgrims yesterday **was** about 1,000.

　(어제 참배자 수가 약 1,000명이었다.)

A great number of persons **have[has]** assembled.

　(꽤 많은 사람이 모였다.)

An enormous crowd of spectators **have[has]** flocked on the scene.

　(과연 많은 구경꾼이 현장에 모였다.)

A *group of* islands **were** seen off the south.

(남쪽 멀리 몇 개의 섬이 보였다.)

A *lot of* children **are** coming to see the wreck of the enemy plane.

(많은 애들이 적기의 잔해를 보려고 오고 있다.)

A *lot of* money **has** fallen to the heir.

(많은 유산이 상속인에게로 갔다.)

③ 명사와 대명사[형용사]와의 일치

She's failed to write home **these**[this] three *weeks*.

(그 여학생은 3주나 집에 편지를 보내지 못했다.)

His parents had to wait for **those**[that] four *years*.

(그의 양친은 4년간 아들의 대학생활을 기다리고 있어야 했다.)

Mother was fond of **those** kind of *flowers*.   [회화체]

(= flowers of that kind)

(어머니는 저러한 종류의 꽃을 좋아하셨다.)

Some *people* spend **their** restless *nights* in castles in the air.

(어떤 사람들은 공상에 잠 못 이루고 지샌다.)

A great *multitude* gave **their** cheers for victory.

(많고 많은 사람들이 승리의 만세를 불렀다.)

Everybody should obey the laws of **their** country.   [회화체]

(누구나 국민된 사람은 법을 지켜야 한다.)

[참고] 다음은 옛 글에 나오는 고체(古體)

  a. 제2인칭 단수

    현재형: Thou art[dost, hast, lovest, seest, takest, shalt, wilt, canst, may(e)st, etc.] ….

    과거형: Thou wast(*or* wert)[didst, hadst, lovedst, sawest, tookest, shouldst, wouldst, couldst, mightest, etc.] ….

  b. 제3인칭 단수

    현재형: He asketh[doeth(*or* doth), hath, loveth, seeth, singeth, etc.] ….

222. 성의 일치(Concord of Gender)

Nelly made up her mind to call off **her** date at any cost.

　(넬리는 어떤 희생을 치르더라도 그 약속을 취소하기로 결심했다.)

John was baptized while **he** was yet a mere baby.

　(존은 젖먹이였을 때 세례를 받았다.)

Each is expected to bring **his** or **her** own luncheon.

　(각자 점심은 가지고 오기 바람.)

The *sun* runs **his** orbit, and the moon her circle.

　(태양은 자기의 궤도를, 달도 자기의 궤도를 달린다.)

A *ship* is referred to as 'she', because it costs much to keep her in paint and

　powder.

　(배는 여성으로 취급되는데, 배를 꾸미는 데 비용이 많이 들기 때문이란다.)

223. 인칭의 일치(Concord of Person)

It is *you* who **are** a competent teacher of English.

　(영어 교사로서의 적임자는 당신이요.)

It is *I* who **am** fit as a newspaper man.

　(신문 기자로서의 적임자는 나라고요.)

Either you or *he* **is** responsible for the loss.

　(손해의 책임은 당신 아니면 그가 져야죠.)

Either *you* **are** to go, or your brother **is**.

　(자네가 가든지, 아니면 자네 동생이 가든지 해야겠네.)

Neither you nor *she* **is** too old.

　(자네나 부인이나 아직 나이 걱정할 때는 아니야.)

Neither the *man* nor the *woman* **is** [**are**] talkative.

(그 남자도 또 여자도 수다스럽지는 않다.)

Neither of us have ever tried **our** best.

(우리 중에 아무도 있는 힘을 다해 본 적은 없다.)

cf. *Neither advertisement* is to be believed.

(어느 광고나 믿기 어렵다.)

Each is anxious about the result of **his** examination.

(누구나 시험 치른 뒤에는 그 성적을 걱정한다.)

[참고] 1. 주어의 모양보다 의미를 강조하는 예:

　　Dick and I **will** try it. (Dick and I = We)　　　　　　　[의지미래]

　　(딕과 내가 꼭 그 일을 해보겠습니다.)

　2. Either … or, Neither … nor에 관하여

　　a. **Either** he **or** I *am* responsible.　　　　　　　　　[문장체]

　　　Neither he **nor** I *am* responsible.　　　　　　　　[문장체]

　　b. **Either** he **or** I *are* responsible.　　　　　　　　[회화체]

　　　Neither he **nor** I *am[is, are]* responsible.　　　　[회화체]

　　c. **Either** he is responsible, **or** I am.　　　　　　　　[관용례]

　　　(그이나 나나 누가 한 사람 책임져야지.)

　　　He is **not** responsible, **nor** am I.　　　　　　　　　[관용례]

　　　(그이도 나도 아무 책임질 일 없다.)

224. 격의 일치(Concord of Case)

I suspected the *intruder* to be **him**.

(침입자는 아무래도 그자라고 생각되었다.)

Father said he would *take* my sister and **me** to the picnic.

(아버지가 누님과 나를 피크닉에 데리고 가시겠다고 말씀하셨다.)

To *see* **her** is to *love* **her**. (한눈에 반할 여인.)

Not *one* of the girls resembles **her** parents. (딸 중에 한 사람도 부모 닮은 애는 없다.)

I thought *of* **you**, not **him**. (내가 뜻을 둔 사람은 당신이지, 그가 아니다.)

The men under his command acted *like* him.

(부하 장병들의 움직임이 지휘관과 같았다.)

Every *bird* likes **its** own nest best. (어떤 새나 자기 둥지를 가장 좋아한다.)

 EXERCISE 26

1. (   ) 안 단어 가운데 적당한 말을 골라라.

(1) The English (are, is) a practical people.

(2) A large proportion of the buildings there (is, are) apartment houses.

(3) Trial and error (is, are) the source of knowledge.

(4) Happiness and success in life (do, does) not depend on our circumstances, but on ourselves.

(5) The majority of the inhabitants (are, is) handsome with, powerful physique.

2. 빈칸에 알맞은 형태의 동사를 넣어라.

(1) He is not mistaken, nor _____ I.

(2) None _____ so deaf as those that will not hear.

(3) Many a flower _____ without being seen.

(4) Money, and not advice, _____ wanted.

(5) The bow and arrow _____ the ancients' favorite weapon.

제4장 어순(Word order, 語順)

어떤 Word[Phrase, Clause]가 Sentence에서 차지하는 위치를 말한다. 현대 영어에서는 Sentence의 5형(Five forms)대로 어순이 대강 정해져 있다.

"The hunter killed *a tiger*(포수가 호랑이 한 마리를 죽였다)"는 이미 정해져 있는 S + V + O 형식, 즉 Normal (word) order(정상어순, 正常語順)이다. 이것을 *A tiger* the hunter killed (호랑이를 포수가 죽였다)라고 하면 O + S + V로 어순을 바꾸어 강조의 뜻을 나타낸 것이 된다. 이렇게 어순이 정상적인 것과 달라지는 현상을 Inversion(어순전도, 語順轉倒)이라 하며, Emphasis(강조), Rhyme(운, 韻)과 Rhythm(율, 律), Balance(균형, 均衡) 등을 위해 쓰인다. Inflection(어형 변화, 語形變化)이 줄어든 현대 영어에서 이 어순 문제는 매우 중요하며, Style(문체)과도 관계가 깊다.

225. Declarative(평서, 平敍) sentence

A. Normal order(정상어순): S + V

Fire *burns*. (불은 탄다.)

He *mused* silently on the farmer's word.

(그는 조용히 그 농부의 말을 곰곰이 생각해보았다.)

B. Inversion(어순전도):

1. V + S

Came a cry of alarm. (야단났다는 외침이 들렸다.)

In *came* the old woman. (들어왔다, 그 노파가.)

Up the chimney *roared* the fire. — (부사구로 인한 Attraction 관계)

(벽난로는 소리를 내며, 연통을 통해 위로 타올랐다.)

And so into the room in the evening *came* his friends.

(그리하여 저녁 때 그 방으로 찾아들어왔다, 그의 친구들이.)

"I will prove," *said* he.

("내가 증명하겠노라"라며 그가 나섰다.)

cf. He *said*, "I will prove." (그는 말했다, "내가 증명하겠노라"라고.)

"No," he *whispered*, "I will never do it."

("아니야"라고 그는 속삭였다, "결코 그러지 않겠다.")

"He doesn't know how to praise children." — "Neither *do* I."

("그는 애들 칭찬해주는 방법을 몰라." — "저도 몰라요.")

"He said she was jealous." — "So *did* I."

("그 여인은 질투심이 많다고 그가 말했다." — "나도 그렇게 말했어.")

cf. "They think you helped him much." — "So I *did*."

("자네가 그를 많이 도와주었다고 그들은 생각하고 있네." — "그랬지.")

Were I to vanish from the earth tomorrow, none would feel sorry for it.

(내일 내가 이 세상에서 사라진다 해도 섭섭하게 생각할 사람은 하나도 없겠지.)

참고 1. Preparatory 'There' 다음에는 언제나 V + S

There *came* to Korea **a French missionary**. (프랑스 선교사 한 분이 한국에 왔다.)

There *goes* **the thief!** (도둑 잡아라!)

There *are* still **tigers** here and there in Korea.

(한국에는 아직도 여기저기 호랑이가 있다.)

2. local significance(장소적 의미)가 있을 때에도 V가 S에 비하여 가벼우면 V + S다.

Here *comes* **the dandy**. (여기 멋쟁이가 온다.)

Here *is* **your stick**, and there *are* **your gloves**.

(여기 지팡이와, 저기 장갑이 있습니다.)

3. V가 중요하거나, S·V가 모두 가벼우면 S + V다.

Here it *is*. (자, 받으시오.)

Here **we** *are*. (도착했다.)

Lighter? Here **you** *are*. (라이터? 자. = This is what you want.)

There **they** *are*. (저기 그들이 있구나.)

There **you** *are*. (그러게 내가 뭐라고 그래! = I told you so.)

2. v + S + V

Only then *did* he *think* of what she had said.

(겨우 그때서야 그는 어머니 말씀이 생각났다.)

Never before *had* **she** *called* upon them.

(그 이전에는 그녀가 그들을 방문한 적이 없었다.)

참고 이 두 예는 머리의 부사 때문에 Attraction 관계로 전도된 것이다.

Had **our son** not *died*, he would be thirty now. (If를 쓰지 않은 까닭에) (우리 아들이 죽지 않았다면 올해 서른 살일 텐데.)

226. Interrogative sentence

Normal order: V + S[v + S + V]

Is **the moon** full tonight? (오늘 저녁엔 보름달입니까?)

Are **you** *coming* to her birthday party?

(그녀의 생일파티에 오시겠습니까?)

Have **you** ever *made* a speech in English?

(영어로 연설해본 적이 있습니까?)

May I *park* this car near here?

(이 부근에 주차해도 괜찮겠습니까?)

Why *did* **he** *resort* to such violence?

(그는 왜 이렇게 완력에 호소했을까?)

cf. **Who** *does* the largest trade among the Korean merchants?

(Who는 주어) (한국 상인 중 누가 제일 큰 장사를 합니까?)

What *makes* you think so? (what은 주어) (왜 그렇게 생각하나?)

Who *is* **the gentleman** *shaking* hands with the host? (Who는 보어)

(주최자와 악수하는 분은 누구신가요?)

What *is* **the use** of crying, my girl? (what은 보어)

(울면 뭐하니? 얘야.)

What *did* **you** *say*? (뭐라고 말씀하셨죠?)

Whom *do* **you** *want* to meet? (누구를 만나고 싶으시오?)'

Where *can* it *be*? (도대체 그게 어디 있을까?)

How much money *do* you *need* for it?

(그 일에 자금이 얼마나 필요한가?)

How tall *are* you? (자네 키는 얼마나 되지?)

Whom *do* you *think* most eloquent?

(누가 가장 웅변적이라고 당신은 생각합니까?)

Which picture *have* you *found* most impressive?

(어느 그림이 가장 인상적이라고 보았습니까?)

cf. **How many technicians** *have accepted* your offer of positions?

(당신의 초빙을 수락한 기술자가 몇 명이나 됩니까?)

> [참고] 어순은 S + V이지만 의문부가 있으면 Rising intonation으로 발음하는 반신반의의 의문이 있다.
>
> Then **you** still *love* her? (그렇다면 아직 그녀를 사랑하는 군요, 그렇죠?)
>
> So **that's** what she wants? (결국 그게 그녀의 소원이군요, 틀림없죠?)
>
> **You** *don't mean* that? (그런 뜻으로 말씀하시는 것은 아니죠, 그렇죠?)
>
> cf. 이런 것과는 반대로 형식은 의문이나, 뜻은 Declarative인 Rhetorical question도 있다.
>
> Who does not know? (= Everybody knows.) (다 알고 있어.)

227. Imperative sentence

Normal order: V[v+V]

Send me your address. (당신 주소를 알려주시오.)

Do give up that idea. (그런 생각은 버리시오.)

Don't forget what I've told you. (내 말을 잊지 마시오.)

Inversion

1. S+V

She is out in the garden. **You** *wait* in my room for a while.

— (대조적인 표현) (내 누이동생은 정원에 나갔네, 자네는 내 방에서 잠깐만 기다리게.)

You *come* here at five. I'll be here then at four.

(자넨 다섯 시에 여기 오게, 나는 네 시에 오지.)

You *look* here! (여기를 봐, 자네 말이야.)

2. v + S + V

Do you *wait* in patience. (꾹 참고 기다리게)

Don't you *make* a noise, whatever you do.

(어떤 일을 하거나 불평을 절대로 털어놓지 말란 말이야.)

228. Optative(기원, 祈願) sentence

Normal order

1. v + S + V

May you *be* happy! (부디 행복하기를!)

Long *may* he *live*! (그의 만수무강을 (기원합니다)!)

Might I *have known* it in time! (제때 그 일을 내가 알았더라면!)

2. V + S

Long *live* the queen! (여왕 만세!)

3. S + V ──(머리에 May를 넣어볼 것)

God *save* our king! (국왕 만세!)

God *bless* you! (당신께 신의 축복이 있기를!)

229. Exclamatory(감탄) sentence

Normal order: S + V

How we *shall laugh* when they come back!

(그들이 돌아오면 우리는 얼마나 웃을까?)

How pleasant it *is* to be up with the lark!

(일찍 일어난다는 것이 얼마나 상쾌한지요!)

What a merry time **we** *had* of it last Sunday!

(지난 일요일 얼마나 우리가 재미있게 놀았는지요!)

Inversion: V + S (시나 문채를 내려는 산문 등에)

How precious *is* life! (생명의 고귀함이여!)

What a piece of work *is* **a man!** (사람은 얼마나 훌륭한 예술품인가!)

230. Object의 어순

1. **S + V + O** — Declarative sentence

   You *should* not *despise* **the poor** in the least.

   (가난한 사람들을 조금도 업신여겨서는 안 된다.)

2. **O + S + V** — Interrogative sentence

   What did you *throw* at him? (그에게 무엇을 던졌나?)

3. **O + S + V** — Exclamatory sentence

   What a lovely time we *have enjoyed*! (멋지게 놀았다.)

   What beautiful hair the girl *has*! (그 소녀의 아름다운 머리카락!)

4. **O + S + V** — Adjective clause with Relative pronoun

   The girls **whom** you *saw* in the book store are our students.

   (서점에서 보신 소녀들은 우리 학교 학생들입니다.)

   They always remember **what** they *learn*. (what = that which)

   (배우는 것을 그들은 언제나 기억하고 있다.)

   God gives wisdom to **whomever** he *pleases*.

   (신은 누구에게나 마음 내키는 대로 지혜를 주신다.)

   He lost **what little self-possession** he ever *had*.

   (그나마 가지고 있던 침착성을 그는 그만 잃었다.)

5. **O + S + V** — Quotation as Object

"Is an Englishman's house his castle?" she *asked*.

("영국인은 사생활을 존중합니까?"라고 그 여인은 물었다.)

6. O+S+V— Emphasis를 위한 Inversion

Dates I *could* never *remember*. (날짜가 도무지 생각이 나지를 않았소.)

Talent he *has*, but capital he *hasn't*.

(재주야 그에게 있지만 밑천이 없다네.)

Her face I *don't call* to mind at all.

(그 여자의 얼굴이 도무지 생각이 나지 않는걸.)

No help did he *offer* me. (조금도 나를 도와주지 않았다.)

Works done least rapidly. (done = which have been done)

Art *most cherishes*. — Robert Browning (공든 탑이 무너지랴.)

What it is none *can tell*. (그것이 무엇인지를 아무도 모른다.)

Nothing else I *have* to tell you now. (지금으로서는 따로 더 할 말이 없다.)

Not a single word did she *say*. (한마디 말도 그 여인은 하지 않았다.)

The more money he *gets*, the more fame he *wants*. (the … the … 는 Correlative

로, 이 형식이 Normal이다.) (그는 돈을 모으면 모을수록 더욱 명성을 탐낸다.)

7. V+O +Adv.

I didn't know that *before*. (이전엔 미처 몰랐소.)

Will you do it *then*? (그렇다면 그 일을 하겠습니까?)

We defeated them *completely*.

(재기불능일 정도로 그들을 패배케 했다.)

8. V+Adv.+O

He wiped *off* the table. (그는 식탁을 닦았다.)

The swollen river washed *away* the bridge.

(갑자기 많아진 물에 다리가 끊어졌다.)

231. Complement의 어순

Normal order:

1. S + V + C

   The weather *has become warmer.* (날씨가 더 더워졌다.)

2. S + V + O + OC

   The assembly *elected* him **chairman** [Speaker].

   (회원[국회의원]들이 그를 회장[의장]으로 뽑았다.)

3. C + V + S

   Who *is* it you wish to meet? (당신께서 만나고 싶어 하시는 분의 성함은요?)

4. OC + v + S + V + O

   What *do* you *call* that faithful boy? — We call him Honest Tom.

   (저 충직한 애를 무엇이라고 부릅니까? — 순진한 톰이라고 부르죠.)

5. C + S + V

   What a good supporter he *has been* to me for the past four years!

   (과거 4년간 내게 그가 얼마나 훌륭한 보호자였는지요!)

Inversion:

1. C + V + S

   Blessed [blésid] *are* the pure in heart. (마음이 청결한 자는 복이 있나니.)

   Great *was* his surprise. (그의 놀라움은 대단했다.)

   Such *were* her manners that every one praised her.

   (such는 형용사) (그녀의 예의범절이 좋았으므로 모든 사람이 칭찬했다.)

   Near *is* my shirt, but nearer the skin.

   (내 몸보다 소중한 것은 없다. = Necessity is a hard master.)

2. C + v + S + V

   So **terrible** *did* it *look* that we shouted out loudly.

   (그 모양이 어찌나 무서운지 우리는 한껏 소리 질렀다.)

3. C + S + V

A mighty fellow he *was*! (장사壯士였지, 그가 말이야.)

The more often a man has been in amusement center, the more likely he *is* to return there.

(환락의 거리에 가본 경험이 쌓일수록, 더욱 그리로 돌아가기 쉽다.)

4. V + C + O — (Object가 긴 경우)

The special committee *kept* moving things and people on.

(특별히 소집된 위원들이 계속 행사가 진행되고 위원들이 움직이도록 했다.)

We didn't *think* fit to do what they suggested. — (think 뒤에 fit, good, proper, right 등이 관용적으로 오는 예) (그들의 제안을 받아들이지 않는 것이 좋겠다고 생각했다.)

232. It is … that[who, which] — (강조 형식)

It is **a poor heart** that[who] never rejoices.

(= That heart that never rejoices is poor.)

(기쁜 감정을 모르는 사람은 불쌍하다.)

It is **an ill bird** that fouls its own nest.

(= One should not speak ill of one's home.)

(제집 흉을 남에게 말하는 것은 좋지 않다.)

It was **the battle of Waterloo** that[which] decided the fate of Europe.

(유럽의 운명을 결정지은 것은 워털루 전투였다.)

It was **yesterday** that he stood against the world. — (yesterday는 부사)

(바로 어제 일이었소, 그가 세론世論과 맞서 싸웠던 것이.)

It is **of recent years** that sport has become international.

— (of recent years는 부사구) (스포츠가 국제행사가 된 것은 근년의 일이다.)

233. Pronoun의 어순(제2 → 3 → 1인칭·he → she의 차례)

You and your fathers fought for Independence.

  (자네들과 선열들은 독립을 위해 싸우셨지.)

Father and I planted trees on Arbor day.

  (아버지와 나는 식목일에 나무를 심었다.)

One evening he and she went up the hill to find the treasure.

  (어떤 날 저녁에 그 부부는 보물을 찾으러 동산에 올랐다.)

cf. Ladies and gentlemen! (신사 숙녀 여러분!)은 Syllable 수가 적은 것부터 말하고 내려가는 것이 음성의 조화를 위해 부드럽기 때문이다.

> 참고   Direct object가 it[them]이면 Indirect object보다 먼저 온다.
>
>   I'll leave it you when I die. (내가 죽으면 이것은 네 차지다.)
>
>   I can't lend them you now. (지금은 그것들을 빌려주기 어렵네.)
>
>   그 이유로는 다음을 생각할 수 있다. 즉, Phonetic value(음가, 音價)에서 다른 명사나 대명사보다 it이 더 가볍다. I gave it him은 I gave it to him의 실제적인 발음과 비슷하다. 또 it은 흔히 Person보다 Thing을 대신하므로 위치를 바꾸어도 Direct object임을 쉽게 알 수 있다.

234. Adjective의 어순

1. Pre-position(명사 앞에 놓기, 前置)

Childlike *faith* is not necessarily childish *faith*.

  (순진한 믿음이 반드시 유치한 신앙은 아니다.)

Let's take a rest for half an *hour*[a half *hour*].

  (30분간 휴식을 합시다.)

2. Post-position(명사 뒤에 놓기, 後置)

There is *something* wholesome in disappointment. —(something의 some이 이미 형용사다. no-, any-, every- 등도 같다) (실망에는 유익한 교훈도 있을 법하다.)

Perhaps *somebody* nice will come in your place.

(당신 대신 훌륭한 분이 오실 거요.)

Some foreigners have a great liking for *things* Korean.

(일부 외국인은 한국적 사물에 비상한 취미를 가지고 있다.)

That has been the custom from *time* immemorial.

(그것은 아득한 옛날부터 내려오는 풍습이다.)

He has got wealth by all *means* imaginable. (강조)

(그는 가능한 모든 수단을 써서 돈을 모았다.)

Money cannot buy the *things* most precious. (강조)

(가장 귀한 것은 돈으로도 살 수 없다.)

A *boy* bright but humble is to be admired.

(머리가 좋으면서도 겸손한 아이는 칭찬할 만하다.)

No other two nations are so vitally tied together by *bonds* geographical and historical. (어떤 두 나라도 지리적인 또 역사적인 유대로 그만큼 강하게 결속되어 있지는 않다.)

I have never seen a *woman* so nimble, so considerate, and so generous.

(그렇게 민첩하고 남의 생각 잘 해주고 또 관대한 여성을 나는 아직까지 본 적이 없다.)

[참고] 다음 예는 French의 영향 때문이다.

    a *consul* general (총영사)   the *price* current (정가표)

[비교] a *good many* children (꽤 많은 애들)   *many good* children (많은 착한 애들)

235. Article의 어순

Normal order: 관사 + 명사

Inversion

We had *such* a nice dinner at his.

(우리는 그의 댁에서 참으로 맛있게 저녁식사를 했다.)

All the world's a stage. (이 세상은 온통 무대다.)

This article would be cheap at *treble* the price.

(그 값의 세 배를 주고 사더라도 이 물건은 싸다.)

Bats come out in *so* dark a night.

(그렇게도 캄캄한 밤에 박쥐는 나온다.)

He is as *diligent* a man as ever lived.

(그만큼 부지런한 사람은 드물다.)

I've found him *quite* a different man.

(그는 내가 생각했던 것보다 아주 다른 사람이더라.)

That is *too* great an honor not to excite the envy of his rivals.

(그것은 경쟁자들이 부러워하지 않을 수 없는 정도의 큰 영예다.)

236. Adverb의 어순

Normal order: V + Adv.(manner, 방법)·Adv. + V(시간·정도)

"Don't *answer* back," she *repeated* sternly.   [*manner*]

("말대답하지 마라"라고 어머니는 엄하게 되풀이하셨다.)

He seldom *sleeps* soundly.   [time]

(그는 푹 자는 때가 별로 없다.)

We always *take* lunch at the same place.   [time]

(우리는 언제나 같은 곳에서 점심식사를 한다.)

He usually *goes* for half an hour's walk before breakfast.

(그는 아침식사 전에 흔히 30분 소풍을 한다.)

I quite *agree* with you in the views.   [degree],

(그 견해에 나는 자네와 동감이네.)

They *take* supper early. (V+O+Adv.)

(그들은 일찍 저녁식사를 한다.)

She *put* **out** the fire. (< What did she put out?)

　(그 여인은 불을 껐다.)

She *put* the fire **out**. (< What happened to the fire?)

　(그 여인은 불을 내다놓았다.)

He *got* **over** the idea. (= have done with) (그는 그 생각을 잊었다.)

He *got* the idea **over**. (그는 그 생각을 전했다.)

She **busily** *examined* the old records. (Adv. + V + O)

　(그 여인은 예전 기록을 부지런히 검토했다.)

He *said* **clearly** that it was impossible to start in such bad weather.

　— (Object가 길면) (이렇게 날씨가 나쁘니까 떠날 수가 없다고 그는 언명했다.)

Inversion: Adv. + V

Out *rushed* the mother and her son.

　(어머니와 아들이 뛰어나왔다.)

By the wall *stands* a telegraph pole.

　(담 옆에 전선주가 서 있다.)

Never *shall* I forget the sight.

　(그 광경을 나는 결코 잊지 못할 거야.)

He **never** *was* happy in his childhood, but he **generally is** happy at present. —

　(강조) (그는 어렸을 땐 불행했지만 지금은 대체로 편안한 생활을 하고 있다.)

Well *do* I remember his farewell address.

　(그의 고별사를 기억하고 있고말고요.)

You **never** *can tell*. — (강조)

　(절대로 당신은 확언할 수 없소.)

cf. He *is* **seldom** happy. (그는 별로 즐겁지 않다.)

She *is* **always** at home. (그 여인은 언제나 집을 지키고 있다.)

India *had* **always** *enjoyed* peace before. (v + Adv. + V)

　(그 이전에는 인도가 언제나 평화를 누렸다.)

By **always** *obtaining* Dr. P's treatment, he could preserve his health.

— (Verbal 앞에서) (P박사의 치료를 계속 받음으로써 그는 건강을 유지할 수 있었다.)

It is not good **always** *to live alone*.

(always는 to live alone을 수식) (계속 홀로 지내는 것은 좋지 않다.)

cf. It is not **always** good to live alone. (독신 생활이 반드시 좋은 것은 아니다.)

Certainly that was thunder.

(Sentence modifier로 제일 앞에 온다. Certainly는 Surely보다 강하다.)

(틀림없이 그것은 천둥 소리였다.)

He will **certainly** *complete* his work. (Verb 앞에서)

(그는 자기가 맡은 일을 반드시 완성할 거요.)

cf. **Hardly** a wink of sleep was got there.

—(Hardly가 a만을 수식하므로 Normal order다) (거기서는 눈도 못 붙였다.)

She **only** *died* two weeks ago. — (only는 Verb 앞에 놓고, 그것이 수식하는 말에 Stress 를 두는 것이 새 경향이나, 글로는 Stress 표시가 어려우니, only를 수식하는 말 가까운 곳에 놓는 것이 안전하다. 따라서 위의 말은 = She died only two weeks ago.)

(그 여인이 작고한 지 2주에 불과하다.)

Hardly *had* he left his house when his wife came home.

(남편이 집을 떠나자마자 부인이 귀가했다.)

237. Preposition의 어순

Normal order: Prep. + Noun(equivalents)

Inversion

Who are you speaking **of**? (Who는 Interrogative로서 = Whom. Subject의 자리라는 생 각에서 회화체로는 Who를 흔히 쓴다.) (누구에 대한 말을 하고 계십니까?)

Which ball-point pen do you write **with**? (Interrogative)

(당신은 어떤 볼펜을 씁니까?)

This is the house *that*[*which*] Tom lives **in**. (Relative pronoun)

(이것은 톰이 살고 있는 집이다.)

These reports are not *what* we have much attention to.

(이 보고는 우리가 중요시하는 것이 아니다.)

This is the book *which* I have long been looking for.

(which는 Relative pronoun)

(이것은 내가 오랫동안 찾았던 바로 그 책이다.)

 EXERCISE 27

1. 한국어로 옮겨라.

(1) Snip! went the scissors.

(2) Never did I see the like.

(3) After a storm comes a calm.

(4) Sweet is honey, but the bee stings.

(5) In vain did father thunder and mother moralize.

(6) To a blind horse a nod is as good as a wink.

(7) I regretted that I was like that; but like that I was-

(8) There never was a good war or a bad peace.

(9) Better go to bed supperless than rise in debt.

(10) The face of her aunt I don't call to mind so well.

제5장 생략(Ellipsis)

사정이나 전후 관계에 따라 말의 뜻이 잘 통할 때는 형태상 완전한 Sentence의 일부를 빼는 일이 있다. 이 현상을 생략(Ellipsis, 省略)이라 부르고, 생략이 이루어져 있는 말을 Elliptical sentence라고 한다.

238. Subject의 생략

[1] Diary(일기)

   (It) Snowed all day. (I) Got rid of my troublesome cough.

   (I) Went to church at ten.

   (종일 눈. 귀찮은 기침이 멈췄다. 10시에 교회로 갔다.)

   참고 이렇게 Sentence의 머리 부분이 생략되는 현상을 **Prosiopesis**라 부른다.

   (I am) Sorry you didn't win. (안됐네, 이기지를 못해서.)

   (It) Seems O.K.. (그럴 듯합니다.)

   (We) Had a good time yesterday. (어제는 재미있었다.)

[2] Imperative sentence

   (You) Do get up; it is very late. (이젠 그만 일어나거라, 어지간히 늦었다.)

   (You) Keep watch. I'm going to lie.

   (감시해라, 난 좀 누워야겠다.)

[3] 되풀이를 피하기 위해 생략한다

   The police came and (they) were on his track.

   (경찰이 와서 그를 추적하고 있었다.)

[4] 관용

   (I) Thank you so much. (매우 감사합니다.)

   (It) Serve(s) him right. (그 놈 꼴좋겠구나!)

(It) Doesn't matter. (괜찮아.)

239. Predicate verb의 생략

1 되풀이를 피하기 위해 생략한다

Will you be at home this evening? — Yes, I shall (be).

(오늘 저녁 댁에 계시겠습니까? —예, 있겠습니다.)

She is taller than her sister (is tall).

(언니가 누이동생보다 키가 더 크다.)

Walk as fast as you can (walk).

(될 수 있는 대로 빨리 걸어라.)

Who came late? — I (came late), sir.

(누가 지각했지? — 저입니다, 선생님.)

I won't go. — Why (will you) not (go)?

(나는 안 갈 거야, — 왜 안 가는 거야?)

Some of the passengers were Koreans, (and) others (were): Americans.

(승객 일부는 한국인, 또 일부는 미국인이었다.)

A new curriculum is to be adopted and new text books (are to be) compiled.

(새 교과과정이 채택되어야 하고, 교과서가 따로 편찬되어야겠다.)

〔참고〕 Sentence의 뒷부분이 생략되는 현상을 **Aposiopesis**라고 부른다.

Will you go? —Yes, I will (go).

2 Imperative sentence

(Take) One more glass, and let's have pleasant talks.

(한 잔 더 들게, 그리고 재미있는 이야기나 하세.)

(Tell[Give] me) Your name and address, please.

(당신의 주소와 성함을 말씀해주시죠.)

(Have) Courage! Your troubles will soon be over.

(용기를 가져요, 당신의 걱정 근심도 이제 끝이 나겠죠.)

③ 관용

So much (has been done) for today. (= That's all for today.)

(오늘 일은 그만합시다.)

So much (is sufficient) for (our treatment of) the king. What (shall we say) about
the queen? (왕 이야기는 그만하고, 왕비는 어찌 되었지요?)

(There is[I have]) No doubt (that) he will pay your money back.

(틀림없이 그가 자네 돈을 갚을 걸세.)

Hence (comes) the name 'forget-me-not'.

(이렇게 해서 '물망초'라는 이름이 이 꽃에 주어졌죠.)

He does what he thinks right, no matter what[whatever] the consequences
(may be). (그는 자기가 옳다고 생각하는 일이면 한다. 그 결과야 어떻게 되든지 간에.)

No matter how[However] rich (he may be), he is not an honorable man.

(아무리 큰 부자라고 해도, 그가 점잖지는 않다.)

Will it be fine tomorrow? ― I think (it will) not (be fine tomorrow).

(내일 날씨가 좋을까? ― 글쎄, 그렇지 않을 것 같은데.)

Do you think he is coming tomorrow? I'm afraid (he is) not (coming).

(내일 그가 올 거라고 생각합니까? ―글쎄, 안 올 거요.)

He even deceived me. ― Did he (deceive you)?

(그는 나를 속이기까지 했다오. ―그랬어요?)

240. Subject와 Predicate verb의 생략

① 되풀이를 피하기 위해 생략한다

Have you ever visited the Modern Art Gallery? ― Never (have I visited the
Modern Art Gallery).

(현대미술관에 가본 일이 있나? ― 한 번도 못 가봤어.)

Will you help me for it? — Certainly (I will help you for it).

　(이 일에 나를 좀 도와주겠습니까? — 그리고 말고요.)

Will you come? — Yes (I will come)[No. (I won't come)].

　(오시겠습니까? — 예 (가겠습니다)[아니요 (안 가겠습니다)].)

② Adverb clause에서 생략한다

1) as, before, till, when, while 등 time을 표시하는 접속사 뒤에서

He sprained his ankle when (he was) walking in the dark.

　(어둠 속을 걷다가 그는 발목을 삐었다.)

A lobster is black till (it is) boiled.

　(가재는 삶을 때까지 검다.)

(Hullo) Henry! (Are you here[there]?)

　(헨리야, 여기[거기] 있니?)

(Whether it is) True or not, it is funny anyhow.

　(사실이든 아니든 하여간 우습군.)

2) if, unless 등 조건(condition)을 표시하는 접속사 뒤에서

Most people stammer, if (they are) angry.

　(사람들이 노하면 대개 말을 더듬는다.)

Wild animals cannot be tamed unless (they are) caught young.

　(들짐승은 어려서부터 잡아 기르지 않으면 길들이기 어렵다.)

If (you are) in need, don't hesitate to ask me for money.

　(돈에 궁하거든 주저 말고 내게 말해주게.)

3) though 등으로 양보(concession)를 표시하는 Clause에서

She did not lose her hope though (she was) much alarmed at the news.

　(그녀가 소식을 듣고 매우 놀라기는 했으나 실망하지는 않았다.)

It is unfortunate, though (it is), natural.

　(올 것이 왔다지만 안됐군요.)

4) as 등으로 비교(comparison)를 표시하는 Clause에서

He treats me as (he would treat) a child.

(그는 나를 어린이 취급한다.)

He is as stupid as she (is stupid). (남편이 부인만큼이나 우둔하다.)

Nothing can be simpler (than this). (이보다 더 간단한 것은 있을 수 없다.)

I like grapes as well as (I like) apples.

(사과뿐 아니라 포도도 나는 좋아한다.)

I cannot run faster than you (can run fast).

(나는 자네보다 더 빨리 뛰지는 못하겠네.)

5) Contracted(단축) sentence로 만들기 위해

(It is) Nice to see you again. (다시 뵈오니 반갑습니다.)

(It is) Gone with the wind. (바람과 함께 사라지다.)

(I am) Glad to see you. (처음 뵙겠습니다.)

(I shall) See you again tomorrow. (내일 다시 만나세.)

(Have you) Got a match? (성냥 가졌나?)

Why (should I) not (go with you)? (저를 데리고 가시면 안 돼요?)

(I wish you a) Good morning. (안녕히 주무셨습니까?)

(You are) Welcome! (잘 오셨소!)

(You have) Well done (= done well)! (= It is done well.) (잘했다.)

What a terrible accident (it is)! (이 얼마나 끔직한 사고인가!)

241. Principal clause의 생략

(How glad I should be) If I were young again!

(내가 만일 다시 젊어진다면 (얼마나 좋을까)!)

O (how I wish) that you could stay here longer with us, dear Rebecca! (여보 레베카, 당신이 우리와 함께 여기서 더 오래 머물러 있을 수 있다면 얼마나 좋겠소!)

What (shall I do) if I lose?

(이번에 지면[잃으면] 나는 어떻게 하지?)

What (does it matter) though they punish me? My heart is free now.

((내가 벌을 받으면 어떠리. 이제 내 가슴은 후련하다.)

I've no money, and I feel as (I should feel) if I were going to have an illness.

(내게 돈이 없다. 몸살이 날 것 같구나.)

242. Subordinate clause의 생략

I might have missed the bus (if I had left home a little later).

((조금만 늦게 집을 떠났어도) 나는 버스를 놓칠 뻔했다.)

(Had I but taken your advice) I should be happier now.

((자네 충고를 받아들였더라면) 지금쯤 훨씬 더 행복할 것을.)

I should like to go for a walk (if I had time).

((시간이 있다면) 산책하고 싶다.)

243. Notice(게시) 등에서의 생략

(This area is) Off limits[Out of Bounds] (출입금지)

(Put your) Hands off (this business)! (손을 떼시오!)

cf. 이 business를 article(물품)로 바꾸면, "손을 대지 마시오 = Don't touch."이다.

(Please take your) Shoes off. (신을 벗고 들어오시오.)

(You should take heed to the) Wet[Fresh, Damp] paint. (칠 주의)

(This store is) Closed today. (오늘 휴업)

(This road is) Closed to all vehicles. (모든 차량 통행금지.)

(You are allowed to move in only) One way. (외길)

(These articles are) Not for sale. (비매품)

(This subway is) Under construction[repair]. (공사[수리] 중) (There is)

No thoroughfare. (통행금지)

244. Proverb(격언) 등에서의 생략

(Those who) First come, (are) first served.

　(선착순[빠른 것이 제일].)

After death, (comes) the doctor[come drugs]. (= It is too late to shut the stable-door

　when the steed is stolen.) (소 잃고 외양간 고친다.)

(Do it) Now or (the chance will) never (come to you again.)

　(지금이 공전절후空前絕後의 좋은 기회다.)

(You had) Better be untaught than (you are) ill taught.

　(학식 있는 것이 도리어 근심을 산다.)

245. Noun의 생략

① Genitive(속격) 다음에서(= Absolute genitive)

　The doctor's (office) is just around the corner.

　　(의원醫院은 바로 이 모퉁이를 돌아서 있다.)

　Finding a desirable barber's (shop) there, I was shaven and shampooed.

　　(나는 거기서 그럴 듯한 이발소를 찾아 면도하고 머리를 감았다.)

　She went to the butcher's (shop), and asked for some dog-meat.

　　(그 여인은 정육점에 가서, 개 먹이로 쓸 허드레 고기를 달라고 했다.)

　St. Paul's (Cathedral) is a grand building.

　　(세인트 폴 대성당은 웅장한 건물이다.)

② Adjective 뒤에서의 생략

　She prefers red wine to white (wine).

(그 부인은 흰 포도주보다 붉은 것을 더 좋아한다.)

One man can lead a horse to water, but a thousand (men) can't make him drink. (말을 물 있는 데로 데리고 가는 일은 한 사람으로도 될 수 있으나, 물을 억지로 먹이려면 1,000명이 들어도 불가능하다.)

③ Numeral(수사) 뒤에서의 생략

School breaks up at five (o'clock) in the afternoon.

(수업은 오후 다섯 시면 끝난다.)

She is a girl of seventeen (years of age).

(그 소녀의 나이는 열일곱.)

It was at ten (minutes) past two (o'clock) on the eighth (day) of March.

(그 일은 3월 8일 2시 10분에 있었다.)

④ Comparative, Superlative 뒤에서의 생략

Of the two sisters, the younger (sister) cooks to perfection.

(그 자매 중에서 동생의 요리 솜씨가 훌륭하다.)

That college is one of the oldest (colleges) in the country.

(그 대학이 그 나라에서 가장 역사가 오래다.)

246. Article의 생략

① 보통명사를 추상화할 때

at(the) table (식사 중)   on (the) foot (걸어서)

go to (the) market (장보러 가다.)

come up to (the) town (상경하다.)

② 보통명사를 고유명사처럼 다룰 때

(The) Cook is busy in the kitchen.

(요리사는 지금 부엌에서 바쁘게 일하고 있다.)

Either (my[the]) father or (my[the]) mother will go with me.

(아버지, 아니면 어머니가 저와 함께 가주십니다.)

③ Vocative인 때

Come on, (my) boy. (my 등은 the를 대신할 수 있다.)

(자, 가자, 애야.)

(The) Porter, let them in.

(수위 양반, 저들을 들여보내주시오.)

④ as (= in the capacity of) 뒤에서, 한때 하나만인 자격인 때

He was appointed as (the) principal of the high school.

(그가 그 고등학교 교장으로 임명되셨다.)

I will act as (the) go-between for you.

(자네라면 내가 중매인 노릇을 하지.)

⑤ kind[sort] of 다음에 있는 명사에는 생략된다

They've brought in a new kind of (the) machine for preventing air pollution.

(그들은 새 종류의 대기 오염 방지용 기계를 도입했다.)

That's not the kind of (a[the]) flower she likes.

(그것은 그녀가 좋아하는 종류의 꽃이 아니다.)

⑥ 실체가 아니고, 명칭만으로서의 명사에는 생략된다

What do you mean by (a) 'sentence'?

(센텐스란 무슨 뜻이지?)

We mean(a) 'guest room' by(a) 'sa-rang-bang'.

('사랑방'이라면 '손님 방'이란 뜻이다.)

⑦ 대조적인 한 쌍의 말

(a) hand and (a) foot (수족)

(a) brother and (a) sister (남매)

from (a) door to (a) door (이 집에서 저 집으로)

(a) step by (a) step (한걸음 한걸음)

He listened to her with (a) pen in (his) hand.

(손에 펜을 들고 그는 부인 말을 들었다.)

⑧ **관용구**

at (the) war (전쟁 중)	by (a) telegram (전보로)
on (the) earth (지상에서)	by (the) land (육로로)
take (a) root (뿌리를 내리다)	lose (the) heart (낙담하다)
keep (the) house (살림하다)	give (the) way (항복하다)
give (an) ear (경청하다)	call to (the) mind (회상하다)

247. 대명사의 생략

She is the kindest (one) of them all.

　(그녀가 그들 중에서 가장 친절한 분이다.)

There is a boy (who) wants to talk with you.

　(어떤 학생이 당신과 말씀을 나누고 싶답니다.)

(He) Who steals my purse steals trash.

　(내 지갑 터는 놈은 쓰레기를 훔쳐가는 격이다.)

248. 부정사의 동사 생략(Pro-infinitive)

Don't go out unless you have to (go out).

　(부득이한 사정이 아니라면 외출하지 마시오.)

Are you going to dance with her? — She wishes me to (dance with her).

　(그녀와 짝지어 춤추려나? — 그러기를 그녀가 바라고 있다네.)

When a man breaks a date, he has to (break), and when a girl does, she has two (dates). (남자가 여자와 만날 약속을 어기면 피치 못할 사정이 있기 때문이고, 여자의 경우라면 두 개의 약속이 있기 때문일 거야.)

249. 분사 구문의 being, having been 등 생략

The ceremony (being) over, the crowd dispersed. (식이 끝나니 군중은 흩어졌다.)

Prof. Lewis, (having been) asked to lecture in Boston, was unable to come.
(루이스 교수가 보스턴에서의 강연 요청을 받았으나 갈 수가 없었다.)

250. 부사(구)의 생략

Among many virtues (there) is that of frugality.
(여러 덕행 중에 절약도 낀다.)

The delegates walked out. (< … walked out of the conference)
(대표들이 회의에서 퇴장했다.)

251. 전치사의 생략(Adverbial accusative에서)

Wait (for) a moment. (잠시 기다려주시오.)

Walk (in[on]) that way. (저리로 걸어가시오.)

I don't care (by) a bit for him.
(그 사람에 대하여 나는 조금도 관심 없다.)

We always travel (by the) third class.
(우리는 늘 3등차 타고 여행을 한다.)

She entered (with) a telegram in her hand.
(그녀가 손에 전보 한 장을 들고 들어왔다.)

He lay on his back, (with) his knees in the air, his hands behind his head.
(무릎을 세우고, 두 팔을 베개로 해서, 그는 반듯이 누웠다.)

The old man was rambling (with his) stick in(his) hand.

(그 노인이 손에 단장을 쥐고서 산책하고 있었다.)

252. 접속사의 생략

Some followed us, (but[and]) others not.

　(일부는 우리 뒤를 따랐고, 또 일부는 그러지 않았다.)

I'll not tell you more, (because) you are not interested in it.

　(이 이상 더 얘기하지 않겠어, 자네들이 재미있어 하지 않으니까.)

I know (that) the doctor's not coming.

　(의사가 오시지 못하는 줄로 알고 있다.)

It's so cold (that) I can't go out. (회화체) (어쩌나 추운지 밖에 나갈 수가 없구나.)

EXERCISE 28

생략된 부분을 추가하라.

(1) Don't be gone too long.

(2) Though defeated, they did not yield.

(3) Don't speak until spoken to.

(4) Exceptional ability, if ill employed, is more than useless.

(5) I noticed that his clothes were carefully brushed, his hairs in nice order, and his teeth white.

(6) The first month is called January, the second February.

(7) A man of sociable instincts, he had many acquaintances.

(8) Better be the head of an ass than the tail of a horse.

(9) What if he should fall into the river?

(10) I know her better than my cousin.

제6장 센텐스의 전환(Transformation of Sentences, 轉換)

어떤 Sentence의 뜻은 대체로 변경하지 않으면서, 구조(Structure)만을 다른 것으로 변경하는 것을 말한다. 영어 작문에 크게 참고가 되는 것으로서, 주로 Sentence의 표현 형식과 구조에 따라 다음과 같이 전환된다.

a. 표현 형식에 따라 전환

Declarative sentence ↔ Interrogative sentence

Declarative sentence ↔ Imperative sentence

Declarative sentence ↔ Exclamatory sentence

b. 구조에 따라 전환

Simple sentence ↔ Compound sentence

Simple sentence ↔ Complex sentence

Compound sentence ↔ Complex sentence

253. 주어의 변경(Conversion)

Experience makes *men* wise.

  (경험은 우리를 현명하게 한다.)

Men are made wise by *experience*.

I happened to see her on the Christmas Eve.

  (나는 우연히도 성탄절 전야에 그녀를 만났다.)

It happened that I saw her on the Christmas Eve.

254. 품사의 변경

He was wild in his **hot youth**. (그가 혈기왕성했을 땐 방탕했다.)

He was wild when he was full of **youthful vigor**.

Though he is **seasick**, he must do his duties.

  (뱃멀미가 나도 그는 자기의 임무를 해야 한다.)

With[For] all his **seasickness**, he must do his duties.

She regarded the lady with **envy**. (그 소녀는 부인을 부러운 듯이 바라보았다.)

(envy를 envious eyes로, 또는 with envy를 enviously로)

255. 태(Voice)의 변경

I saw a stranger enter your house.   [능동]

  (어떤 낯선 사람이 자네 집으로 들어가는 것을 보았네.)

A stranger was seen to enter your house(by me).   [피동]

256. 법(Mood)의 변경

As he **is honest** and **trustworthy**, I like to associate with him.   [서실법]

  (그는 정직하고 신뢰할 수 있으니까 나는 그와 사귀고 싶다.)

If he **were dishonest** and **untrustworthy**, I **would** not associate with him.

                                                                      [서상법]

Take care of the pence, and the pounds will take care of themselves.

  (티끌 모아 태산 된다. = 푼돈을 소중히 하면 큰돈은 저절로 모인다.)   [명령법]

If you **take care** of the pence, the pounds will take care of themselves.

                                                                      [서상법]

I **will** do this if you **allow** me. (= I will not do this unless you allow me.)

(허락해주신다면 제가 하겠습니다.)   [서실법]

I **would** do this if you **allowed** me.   [서상법]

Have you paid your fare? Then come in.   [의문]

(요금을 냈습니까? 그러면 들어오시오.)

Come in if you have paid your fare.   [명령]

257. 화법(Narration)의 변경

She has said, "**I have** a slight headache."   [직접화법]

She has said **that she has** a slight headache.   [간접화법]

(그 여인은 머리가 조금 아프다고 말했다.)

258. 단축과 신장(Contraction and Expansion)

I am at a loss what to do. (어찌해야 좋을지 모르겠다.)

I am at a loss(to know) what I am to do.

He naturally thinks so. (그가 그렇게 생각하는 것이 당연하다.)

It is natural for him to think so.

It is natural that he should think so.

She listened to him so as not to miss a word.

(한마디도 빠뜨리지 않고 들으려고 그 여인은 그의 말에 귀를 기울였다.)

She listened to him so that she might not miss a word.

The more men have, the more they want.

(사람은 가지면 가질수록 더 가지고 싶어 한다.)

Man's wants become greater in proportion to the increase in their possession.

He did this according to my order.

　(이 일은 그가 내 명령에 따라서 한 것이다.)

He did this as he had been ordered by me.

He is too honest to accept a bribe. (그는 매우 정직하여 뇌물을 받지 않는다.)

He is so honest that he will not accept a bribe.

One more such loss, and we are ruined.

　(한 번 더 이렇게 손해를 보면 우리는 파산이다.)

If we suffer one more such loss, we are ruined.

The play presented at the Sejong Cultural Center was very popular.

　(세종문화회관에서 상연된 그 연극은 평판이 매우 좋았다.)

The play which was presented at the Sejong Cultural Center enjoyed great
　popularity.

259. 분해와 결합(Separation and Combination)

He is a cheerful boy. His father is a shoemaker.

　(그는 명랑한 소년이다, 그의 아버지는 신발 만드는 사람이고.)

He is a cheerful boy whose father is a shoemaker.

We made a fire. It was very cold. (우리는 불을 피웠다, 매우 추운 날씨였기에.)

It was so cold that we made a fire.

It being very cold, we made a fire.

260. 강조(Emphasis)

It is for your sake that I say this. (내가 이 말을 하는 것은 자네를 위해서야.)

cf. I say this for you.

Not a word did he say at the table. (식탁에서 그는 입을 떼지 않았다.)

cf. He said nothing at the table.

Speak you must anyway. (어쨌든 말을 해봐라!)

cf. You must speak anyway.

Well do we remember the day. (잊을 수 없어요, 그날을.)

cf. We remember the day well.

He rarely speaks at the meetings, but when he does speak, it is always to the point. (그는 여러 사람 있는 데서 별로 입을 열지 않는다. 그러나 일단 입을 열었다 하면 언제나 요령 있는 말을 한다.)

cf. (…when he speaks, ….)

It snowed for days and days. (그날도 또 그날도 눈은 내렸다.)

cf. It snowed for many days.

I am very fond of the company of ladies. I like their beauty,. I like their delicacy, I like their vivacity, and I like their silence.

(부인들과 사귀는 것 난 참 좋아. 아름답지, 고상하지, 생기 있지, 조용하지, 그게 모두 내 마음에 꼭 드니까 말이야.)

cf. I like the company of ladies for their beauty, delicacy, vivacity and silence.

What would I not give you?   [수사의문]

(무엇인들 그대에게 주지 못할 것이 있겠는가?)

cf. I would give you anything.

261. 구조에 따르는 전환

① Simple s. →Compound s. →Complex s.

Not knowing what to say, I remained silent.

(뭐라고 말해야 좋을지 몰라서 나는 가만히 있었다.)

I did not know what to say, so I remained silent.

As I did not know what to say, I remained silent.

She will start in spite of the bad weather. (날씨가 나빠도 그 여인은 떠날 거야.)

The weather is bad, but she will start.

Though the weather is bad, she will start.

② Complex s. →Compound s. →Simple s.

He showed me a picture which he had painted.

(그가 그린 그림을 내게 보였다.)

He painted a picture and showed it to me.

He showed me a picture of his own painting.

If you do not hurry, you will miss the bus.

(서두르지 않으면 버스를 놓칠 겁니다.)

Hurry, or you will miss the bus.

No hurry will make you miss the bus.

③ Compound s. →Complex s. →Simple s.

She was very tired, so she could not walk well.

(매우 피곤해서 그 여인은 제대로 걸을 수가 없었다.)

She was so tired that she could not walk well.

She was too tired to walk well.

Stop at the tenth floor, and you will find his office.

(10층에서 내리면 그의 사무실이 있죠.)

If you stop at the tenth floor, you will find his office.

Stop at the tenth floor to find his office.

④ Simple s. →Compound s.

The statesman's death was much regretted in England.

(그 정치가의 죽음을 영국민은 매우 슬퍼했다.)

The statesman died, and it was much regretted in England.

⑤ Simple s. →Complex s.

But for[Except through] your help, I should have been ruined.

(당신의 도움이 아니었다면 나는 파산했을 거요.)

If it had not been otherwise through your help, I should have been ruined.

I am certain of his correctness. (확실히 그가 옳다.)

I am certain that he is correct.

262. 표현의 다양성(Variety of Expression)

Though he may be a very poor man, we don't blame him.

(그가 아무리 가난해도 우리는 그를 나무라지 않는다.)

Whatever poor man he may be, we don't blame him.

However poor he may be, we don't blame him.

Poor as he may be, we don't blame him.

Let him be ever so poor, we don't blame him.

Be he ever so poor, we don't blame him.

제7장 삽입어귀(Parenthesis, 插入語句)

Parenthesis(pl. Parentheses( ))는 본래 둥근 괄호(cf. brackets, 각(角)괄호[ ])라는 뜻인데, Sentence 속에 독립적으로 끼어든 어귀, 즉 Parenthetic(al) expression(삽입어귀)이란 뜻으로도 쓰인다.

> [참고] Sentence의 구조
>
> (1) Principal elements: Subject, Verb, Complement, Object
>
> (2) Subordinate elements:
>
>   a. Modifier: Adjective, Article, Adverb
>
>   b. Connectives: Preposition, Conjunction, Relative pronoun, Relative adverb
>
> (3) Absolute elements: Interjection, Vocative, Parentheses, Absolute participle.
>
> 이 Absolute elements(독립요소)라는 것이 의미상으로야 Sentence의 다른 부분과 관계가 있다고 볼 수 있지마는 문법상으로는 독립적인 존재다.
>
>   **Oh**, don't think I sit around doing nothing.　　　　　　　　　　　[간투사]
>
>   (아이고! 내가 아무 일도 않고 집에 앉아만 있다고 생각하지 마시오.)
>
>   Come, **children**, let's beat it! (얘, 이놈들아, 도망가자.)　　　　　　[호격(呼格)]
>
>   Little, **if anything**, is known of the country. (＜if anything is known of the country)
>
> 　　　　　　　　　　　　　　　　　　　　　　　　　　　　　　　[삽입어귀]
>
>   (그 나라에 관하여, 어떤 편인가 하면, 별로 알려져 있는 바가 없다.)
>
>   I will come, **the weather permitting**.　　　　　　　　　　　　　[독립분사]
>
>   (날씨가 좋으면 제가 가서 뵙지요.)

이 삽입 어귀를 발음할 때는 앞뒤에 휴지(Pause)를 두고, 쓸(write) 때는 comma(,)로 앞뒤를 끊거나, dash(—)를 앞뒤에 두거나, 또는 둥근 괄호(( ))로 싼다.

263. 삽입어(Parenthetic word)

It was, **indeed**, a cold night. (과연 추운 밤이었다.)

We (**the boys and I**) are coming over to see you tomorrow (**Friday**).

　　(우리 — 애들과 저 — 가 내일(금요일) 뵈러 가겠습니다.)

The contests in which men are engaged are of three kinds — they are conflicts of: (1) men with nature ; (2) men with other men ; and (3) men with themselves. [숫자]

(사람들이 치르는 투쟁에 세 가지가 있다 — (1) 인간과 자연, (2) 인간과 인간, 그리고 (3) 인간과 자기 자신과의 투쟁 말이다.)

The playwright's aim is not now to represent life as it is (a tragic business) but to comment on it satirically and amusingly.

(극작가의 목적이 요즘에는 인생을 있는 그대로 묘사하는 것(슬픈 일인데)이 아니라, 그것을 풍자적으로, 또 재미있게 비판하는 것이다.)

264. 삽입구(Parenthetic phrase)

There is nothing — except the salary — that attracts her to her present workshop. (그녀는 현재 다니는 공장에 아무 매력도 갖고 있지 않다 — 월급만은 다르지만.)

Their struggle was, after all, a failure. (그들의 몸부림이 결국엔 실패였다.)

He fell head foremost from the window, but, happy to say, he did not get hurt. (그는 창에서 머리를 거꾸로 해서 떨어졌으나, 다행히 상처는 입지 않았다.)

I am — to tell you the truth — tired of this exercise. (나는, 사실, 이 연습에 지쳤다.)

265. 삽입절(Parenthetic[Inserted] clause)

I go there whenever I have time, which isn't often.

(내가 여가만 있으면, 그렇게 종종 있는 것은 아니지만, 거기 갑니다.)

You shall finish it, I hope, by five this afternoon.

(오늘 오후 다섯 시까지 그 일을 끝내주시오, 제발.)

참고 이런 것을 Parenthetic sentence라고 부르기도 하나, Sentence의 한 부분인 이상 역시

Independent clause(독립절)로 하는 것이 좋겠다.

He thinks, **simple fellow that he is**, that he knows everything.

(어리석은 친구지, 그는 자기가 백과사전인 줄로 생각하고 있어.)

Books, **the wise men tell us**, are the best friends. (현인들 말씀이, 책은 가장 귀한 친구다.)

Go home — **there's a good girl** — your mother is waiting.

(집으로 가라, 우리 애 착하지, 어머니가 기다리셔.)

They made an apology — **we wonder if it was a sincere one** — for having caused

us so much trouble. (그들이 우리를 그렇게도 괴롭히더니 사과를 해왔습니다 — 진심인

지 아닌지는 잘 모르겠습니다만.)

The two sisters — **they are twins** — are exactly alike.

(그 자매 두 사람은 쌍둥이인데 — 매우 비슷하다.)

The devil, **I take it**, is still the busiest creature in the universe.

(마귀가, 내 생각에는, 역시 이 천지에서 가장 바쁜 놈인 것 같다.)

I'm a doctor, **you know**. (나는 의사이니까요, 아시겠죠?)

He was deaf to my advice, and, **what was worse**, he told a lie.

(그는 내 말을 듣지 않았다. 그리고, 더욱 괘씸한 것은, 그가 거짓말까지 했다.)

I'll have to go, **I'm afraid**. (이젠 저를 보내주셔야겠습니다.)

There must be, **they say**, a return to religion. (Unhappily, they cannot agree on

the religion to which the return should be made.) 종교로 돌아가야 한다는 이야기다.

(허나 곤란하게도 어떤 종교로 돌아갈 것인가에 대해서는, 사람들의 의견이 일치하지 않는 다.)

"This", **my brother said to me**, "is the actual state of things."

("이것이"라고 형은 말했다, "진상이란다.")

Human societies(**there are some brilliant exceptions**) have been generally opposed

to freedom of thought. (인간사회가 — 멋진 예외도 얼마간 있기는 하나 — 대체로 사상

의 자유에는 반대의 입장을 취해왔다.)

Only a nominal sum of money, **to my shame be it spoken**, was placed at my

disposal by the institute. (부끄러움을 무릅 쓰고 드리는 말씀인데, 다만 말뿐인 얼마

안 되는 돈이지만, 그 기관이 내게 마음대로 쓰라고 주었습니다.)

제8장 센텐스의 해부(Analyses of Sentences, 解剖)

Sentence의 해부는 Sentence를 그 구성 요소로 나누고, 각 요소 사이의 문법적 관계를 밝히는 것을 뜻한다. 이 일은 Sentence의 뜻을 바로 이해하는 데 도움이 된다. 이 해 부를 위해 Sentence에 있는 각 Word의 품사와 기능, Phrase와 Clause의 종류 등 Sentence의 성분 요소(Elements)를 잘 살펴야 한다. Analysis(pl. Analyses)를 또 Parsing이라고도 부른다. 다음에 예를 몇 가지 든다.

1. **This is the glass that was broken yesterday.**

   (이것이 어제 깨진 유리잔이다.)

   ① **This** — Pronoun으로 Subject.

   ② **is** —Incomplete vi.로 Predicate.

   ③ **the** —Definite article로 glass의 Modifier.

   ④ **glass** —Noun으로 the와 합하여 Subjective complement.

   ⑤ **that was broken yesterday** — Adjective clause로서 glass의 Modifier.

   that은 Relative pronoun으로 was broken의 Subject, **was broken**은 Predicate verb, was는 불완전자동사. broken은 break(vt.)의 제2[과거]분사로 Passive의 의미를 띤 Complement. 아예 was broken을 Verb phrase로 보는 것이 편리하다. **yesterday**는 Adverb로서 was broken의 Modifier.

이것은 Complex sentence다.

2. **연쇄의문절(Concatenated interrogative clause)**

   Who do you think he is?

   (그가 누구라고 당신은 생각합니까?)

   (do you think…?는 Principal clause이고, Parenthetic clause(삽입절)가 아니다. 삽입절이라면 Who … is he?가 되어야 하기 때문이다. Who … he is가 Subordinate clause로서 특수 구조인 연쇄의문절이다.)

Whom do you think I praised?

　(누구를 내가 칭찬했다고 당신은 생각합니까?)

What do you suppose she played?

　(그 부인이 어떤 곡을 연주했다고 당신은 생각합니까?)

[참고]　다음 예와는 구조가 다르다.

　　What did she play? (어떤 곡을 그 부인이 연주했습니까?)

　　Do you know what she played? (어떤 곡을 연주했는지 아시오?)

When do you think they will finish?

　(언제 그들이 일을 끝내리라고 당신은 생각합니까?)

How old do you take him to be?

　(그의 연세가 얼마나 되시리라고 당신은 생각합니까?)

3. 연쇄관계절(Concatenated relative clause)

They taught children who they thought were eager to learn.

　(배우고 싶어 하리라고 생각되는 어린이들을 그들은 가르쳤다.)

Why do you ask questions that you know must hurt me?

　(그것이 내 감정을 건드릴 것을 알면서 당신은 왜 그런 질문을 하시오?)

The Bible is the book which whosoever read would like to read again.

　(성서는 읽는 사람이면 누구나 다시 읽고 싶어 하는 책이다.)

She has bought a flower-pot which I don't know where to place.

　(그녀가 화분을 한 개 사왔는데 어디에 놓으면 좋을지 망설여지는군.)

We met a lady whom we thought was one of the delegates to the conference.

　(이번 회의에 파견된 대표 중 한 분인 듯한 부인을 만났다.)

4. Handsome is that handsome does.

　(마음이 아름다우면 외모도 좋아 보인다. < 훌륭하게 행동하는 사람이 점잖다.)

① Handsome(adj.)은 is의 Complement인데, 강조 때문에 차례가 거꾸로 된다.

② that은 Compound relative로 one[he] who의 뜻이다.

③ handsome(adv.) = handsomely로 does(= acts; behaves)를 수식한다.

일반 어순이면 One who does handsomely is handsome인데 이것은 Complex sentence다.

5. **That perplexes you not; mystery you see none in that.**

(그것 때문에 당황할 것 없어요. 이상한 것이라도 있는 것은 아니니까.)

① **That**은 화제로 되어 있는 일.

② **perplexes you not** = does not perplex you(당신의 마음을 당황하게 하지 않소.)

③ **mystery you see none.** = You see no mystery at all. (신비라고는 조금도 없다.)

본래의 no가, 그 다음에 있을 명사가 생략되거나, 또는 그 명사와 떨어져 있게 되면 none으로 변한다.

Need there is **none**. (필요는 조금도 없다.)

이것은 Compound sentence다.

6. **Without care and method, the largest fortune will not, and with them almost the smallest will, supply all necessary expenses.**

(아껴서 규모 있게 쓰면 꽤 적은 돈으로도 모든 필요한 비용을 쓸 수 있지만, 그렇지 않으면 많은 돈으로도 결코 안 된다.)

① **supply**…가 will not에도, will에도 연결되는 공통(common relation)의 단어다. 이를 표시하기 위해 Comma가 두 곳에 다 있다.

② **without**과 **with**가 대조적이다. 이 두 전치사가 이끄는 부사구가 중요한 조건을 제시하는 것이므로 앞부분에 와 있다.

③ **the largest**와 **the smallest**라는 Superlative degree에 even의 뜻을 포함시키는 것이 좋다.

④ **fortune** = a great deal of money; wealth

⑤ **them** = care and method

⑥ **will not**과 **will**은 Volition을 뜻하고, 단순미래가 아님. 이것은 Compound sentence다.

7. The temptation persecuted me cruelly. At last I gave in. I had to.

(유혹이 나를 몹시 괴롭혔다. 결국 나는 굴복했다. 그렇게 하지 않고서는 견딜 수 없었다.)

① give in이라는 관용어귀의 뜻 yield를 모르면, 비록 짧은 idiom이지만, 바로 풀이하기 어렵다.

② had to 뒤에 give in을 넣어본다.

8. Man is the will, woman the sentiment. In this ship of humanity, Will is the rudder, and Sentiment the sail; when woman affects to steer, the rudder is only a masked sail.

(남성은 의지고, 여성은 감정이다. 인간 사회를 배에 비유한다면, 의지는 키[蛇]고, 감정은 돛[帆]이다. 그러므로 여성이 키를 잡고 섣불리 조종해보겠다고 나서면 외모는 키이지만 그 탈이 벗겨지는 때에는 역시 돛일 따름이다.)

① 이렇게 비교적 긴 것이라도, 적당히 끊어서 풀어보면 해부가 가능하다. "Man is the will, (and) woman (is) the sentiment"로 Compound sentence, the는 추상명사에 주체성을 주어, of humanity의 제한을 받게 한다. *the* beauty *of the village* (마을의 미인)

② In this ship of humanity는 Adverb phrase로서 뒤에 있는 is를 수식한다. of는 Apposition을 의미: the City *of* Seoul, **humanity** = the human race.

③ Sentiment (is) the sail. In…sail은 Compound sentence.

④ when woman affects to steer는 Adverb clause로서, 이하 sail까지가 Complex sentence. **affect** = pretend: He affected to be dumb. (벙어리인 체했다.) **masked** = wearing a mask: a masked ball (가면무도회)

9. The nerve of some city dwellers!

(일부 도시인의 신경은!)

마지막 부분에 무엇을 넣을 것인가는 각자 생각대로겠다. is surprising (놀랄 만하다), is over-sensitive (과민하다), is bold[daring] (대담하다), is edgy[on edge] (날카롭다), is dull (둔하다), etc. Jespersen은 그의 저서인 *Essentials of English*

*Grammar*의 Introductory p. 19에서 이렇게 말했다.

"모든 언어활동에 세 가지 구별할 것이 있는데,

1. Expression(표명) — 말하는 사람이 주는 것.

2. Suppression(억제) — 말하는 사람이 주지 않는 것.

3. Impression(인상) — 듣는 사람이 받는 것. 표명되어 있는 것에서 뿐 아니라 억제되어 있는 것에서도 얻어지는 것이다. "Suggestion(암시)은 Suppression을 통하여 얻어지는 Impression이다."

위의 문제도 말을 다하지 않고 억제한 것, 즉 Suppression의 예다. 그렇다면 사람에 따라듣는 내용을 달리 생각할 수도 있는데, 즉 Impression이 다를 수 있는데, 몇 가지를 생각해본 것이다.

10. He had his wife die.

(그는 부인을 잃었다.)

= He lost his wife. (그는 부인과 사별했다.)

= He was bereaved of his wife.

위의 had에는 Causative meaning(사역적 의미) 이러한 경우의 주어는 피동적인 입장에서의 감[지]각력(passive sentiment)을 가지고 있을 뿐 부정사로 표시되는 행동에 아무런 지배력이 없다.

  I am always delighted to have you **come**.

    (당신이 와주시면 나는 언제나 기뻐요.)

  cf. I will have him come at once.   (사역)

    (당장 그를 오게 해야겠다.)

여러 국어 중에서 이 형식의 말을 더러 피동으로 옮기면 편리할 수는 있을 것이다. 그러나 이 **have** + 목적어 + 자동사에 passive meaning은 없다고 본다.

11. Double restriction(이중제한)

두 개의 제한적 관계의 형용사절이 한 개의 Antecedent(선행사)를 수식하고 있다. 그러면서 뒤의 절은 앞의 절이 수식한 것 전체를 다시 수식[제한]하고 있다.

Is there anything he wants that he has not?

　(그가 가지지 않은 것 중 어떤 원하는 것이 있나요?)

Will you recommend anyone that we know who is as talented as you?

　(우리가 아는 사람으로 당신만큼 재주 있는 사람을 추천해주시겠습니까?)

There is no man that I know of who deserves to love you.

　(제가 아는 총각으로 아가씨를 사랑할 만한 자격이 있는 자는 없는데요.)

　cf. You have given me the very thing I wanted, and which I should have con-
　　　tinued to want, had not you given it.

　　　(당신은 내가 원하는 대로 그 물건을 주셨습니다. 만약 당신이 그것을 주지 않으셨다면,

　　　나는 계속해서 그것을 가지고 싶어 했겠죠.)

이 예는 제2절이 Non-restrictive relative clause(비제한적 관계사절)로서, Double re-
striction의 예와 다르다.

12. Negation(Word negation과 Sentence negation과의 비교)

　1) Word[Partial, Special] negation (단어[부분·특수] 부정)

　부정하려는 말 앞에 not 또는 no를 붙인다.

　Not *many* of us wanted the war.

　　(우리 중에 전쟁을 원하는 사람은 많지 않았다. = 다만 적은 수의 사람들이 전쟁을 원했을 뿐.)

　He is no *fool*. (그는 어리석지 않은 사람이다. = 꾀가 있는 사람이다.)

　He said not *a* word about it. (그는 그 일에 관해 한마디도 하지 않았다.)

　　이 not이 a를 부정한다. a = even a로 not 때문에

　I have not *a* book to read. (내가 읽을 책이라고는 한 권도 없구나.)

　　cf. I *haven't* a book to read.　　　　　　　　　　　　[Sentence negation]

　　(읽을 책을 가지고 있지 않다.)

　　　= I have no *book*.　　　　　　　　　　　　　　　　　[Word negation]

　2) Sentence[Nexal] negation

　주어와 술어동사의 결합을 부정한다.

　Many of us didn't want the war.

(우리 중에 많은 사람이 전쟁을 원하지 않았다.)

Many of us와 want the war의 관계를 부정한다.

He didn't say a word about it. (그는 그 일에 관해 말하지 않았다.)

We aren't here to wait, but to act.

(우리는 기다리고만 있자고 여기 모인 것이 아니라, 행동하기 위해서다.)

(= We are here not to wait, but to act.)   [Word negation]

참고 He is not happy.

　1. 이것을 Word negation으로 보면 not이 happy를 부정하는 것이니 "그는 불행하다 = He is unhappy."의 뜻이다.

　2. 그러나 Sentence negation으로 보아도 not이 He와 is happy와의 관계를 부정하는 것이니, "그는 행복하지 않다"로 내용에서는 Word negation과 거의 같다.

　3. 여기에 very를 넣어보면

　(Word negative) He is **very** unhappy. (그는 매우 불행하다.)

　(Sentence negation) He is not **very** happy. (그가 매우 행복한 것은 아니다.)로, happy 하지만 대단한 정도로 happy하지는 않다는 뜻이다.

13. He will go I don't know where.

(그는 내가 어딘지 모르는 곳으로 가겠지요.)

마지막에 it is를 넣어 I don't know where it is(부사절) = somewhere로 본다. He will go라고 말해놓고 목적지를 말해야겠는데, 자기로서는 어디인지를 모르겠으니까 I don't know where로 끝내는 것이다.

She is thinking of I don't know what.

(그 부인이 나로서는 무엇인지 알지 못할 어떤 것을 생각하고 있다.)

마지막에 역시 it is를 넣어본다. 무엇인가 그녀가 생각하고는 있는데 그 대상물이 무엇인지를 자기로서는 모르겠으니, "I don't know what it is."(명사절)를 of의 목적절로 삼았다.

14. Instrumental(수단의) 'for'

If it were not **for** you, I should be poor now.

(당신이 아니라면, 나는 지금 가난하겠지요.)

= If it(=my not being poor) were not owing to you, I should be poor now. =
I owe my not being poor to you. 이 for의 뜻은 owing to; on account of; be-
cause of 로 Instrumental 'for'라 부른다.

15. Split subject(분리 주어)

She happened to look up. (그 부인이 우연히 쳐다보았다.)

이 예에서 문법상 주어는 She이지만 그렇다고 "Who happened?"라고는 말할 수 없고,
"Who happened to look up?"이라고 하든지, 아니면 "What happened?"라고 말해야 통
한다. 이것은 논리적인 주어가 분리되어 두 개의 요소로 이루어져 있음을 의미하기 때문
이다. 즉, "She + to look up"이란 사실이 "occurred[chanced; took place](일어났다)"라는
뜻이다.

He is sure to come. (그는 확실히 온다.)

Who is sure? (*wrong*)

What is sure? (*right*)

즉, He + to come이란 것이 is sure(확실하다)란 뜻에서 '분리 주어'라 부른다.

He was seen to nod. (그가 조는 것이 보였다.)

He+to nod가 was seen.

16. It is kind of you to come.

(와주셔서 감사합니다[잘 와주셨습니다].)

kind 외에 good, nice, foolish, brave, courageous, selfish, trivial, etc.도 같은 경우다.
이 Sentence는 형식상 to come이 명사구로서 주어, 그것을 앞의 It이 대신하고 있고, of
you는 is kind의 부사구라 할 수 있으나, 의미로는 to come이 부사구의 구실을 하고, of
you는 is kind의 주어 같은 관계에 있다. 그리고 kind는 결과적으로 kindness라는 명사와
같다. 결국 대체로는 You are kind란 뜻의 말인데 **근원(source [origin])을 말하는 of**가 있
기 때문에 미묘한 차이(nuance)로, "와주시니 친절이란 행동이 당신으로부터 생깁니다"가
본래의 뜻이다.

How sweet of you to say so!

(그렇게 말씀해주시는 호의가 참으로 고맙군요.)

cf. You are sweet upon me.

(당신은 제게 상냥하십니다.)

It is wonderful of you to let me come.

(나를 오게 하다니, 당신은 장하시군요.)

It is cowardly of me to keep away.

(도망친다면 내가 비겁하지요.)

17. He sat there reading. (< He sat there. + He was reading.)

(그가 거기 앉아 독서하고 있었다.) reading은 Complement.

She came home sick. (< She came home. + She was sick.)

(그녀가 아파서 귀국했다.)

이상의 예는 "This is Smith speaking[(전화에서) 여보세요, 제가 스미스입니다. < This is Smith. + He is speaking)"와 같은 조직이다.

18. Tears streaming down her cheeks, she went on knitting.

(눈물은 두 볼을 흘러내리는데, 그 여인은 뜨개질을 계속했다.)

= Tears were streaming down her cheeks, but[nevertheless] she continued knitting.

= While tears were streaming down her cheeks, she continued knitting.

streaming은 Absolute participle로 Attendant circumstance(부대조건)를 의미한다. down은 동작을 의미하는 전치사, went on = continued(vt.), knitting은 Gerund.

19. Context (전후 사정·문맥, 文脈)

Situation(당시의 상황) 또는 Context of Situation(장면의 맥락, 脈絡)이라고도 부르는데, 어떤 Sentence는 Analysis와 별로 관계없이 주위의 사정(environment)이나, 앞뒤의 사건 등으로 미루어 보아야 올바른 풀이를 할 수 있다. 한자에서도 '不可 不可'라면 반대한다는 뜻이고, '不可不 可'라면 찬성한다는 뜻이 되니, 그대로 '不可不可'라고만 썼을 때의 뜻은

Context로 미루어보아서 결정할 수밖에 없다.

    Fire (on the enemy camp)! (적진을 포격하라!)

    (There is a) Fire (in that street)! (불이야!)

    Can you spare me a few minutes?

       a. (잠깐 뵐 수 있습니까?) spare = grant.[제4형]

       b. (제가 잠시 자리를 비워도 괜찮습니까?) spare=get along

          without, a few minutes는 Adverbial accusative.   [제3형]

    It is easy to please John. (존을 기쁘게 하기는 쉽다.)

      it은 Preparatory "it", to please John(명사구)은 Extraposition, for us를 to please John 앞에 넣어서 그것을 Sense subject로 삼는다.

    John is easy to please. (기쁘게 해주는 데 존은 다루기 쉽다.) easy = easily persuaded; compliant, (for us) to please 형식은 다르나 뜻은 결국 앞의 Sentence와 같다. 다만 John을 주체로 하는 말이므로 그가 강조된다.

    Flying planes can be dangerous.

       a. (비행 중의 비행기는 위험할 수도 있다.) Flying은 제1분사.

       b. (비행기 조종은 위험하다.) Flying(vt.) (= Piloting)은 Gerund로 planes를 목적어로 하는 주어다.

20. A little girl was lost on the street, and was brought into the police station. The officers tried in every way to learn her name. Finally one of the officers said:

"Tell me, little girl, what name does your mother call your father?"

"Why," responded the child, innocently, "She doesn't call him any names; she likes him."

(어린 한 소녀가 거리에서 길을 잃었다. 그래서 경찰서로 데려왔다. 경찰관들이 그 애 이름을 알려고 온갖 방법으로 애쓰다가, 나중에 한 분이 이렇게 물었다, "우리 아기 착하지, 말해 봐, 어머니가 아버지를 무엇이라고 부르지?" "어머나", 그 소녀는 순진하게 대꾸했다. "엄만 아빠에게 아무 욕도 하지 않아. 얼마나 아빨 좋아한다고.")

Analysis도 최종의 목적은 어떤 Sentence의 뜻을 정확하게 이해하려는 데 있다. 그러나 아무리 해도 Grammar로는 참뜻을 알 길이 없는 것이 있다. 이것이 usage(관용법)에 속하는 문제로 idiom(숙어)이라는 것이다. 경관의 평이한 물음을 소녀는 숙어로 풀이한 데서 생 긴 humor다. 즉, "call (a person) names = call him bad names = insult him(< nickname(별명)을 부르다 = 욕하다)."

21. The most mortifying infirmity in human nature, to feel in ourselves, or con-template in another, is, perhaps, cowardice. To see a coward done to the life upon a stage would produce anything but mirth.

(인간성에서 가장 창피스러운 약점은 자신에게서 느껴보거나, 또는 남의 일을 생각해보거나 간에, 비겁함인 것 같다. 극장무대에서 겁쟁이가 실물대로 연출되는 장면을 보고 아무도 명랑해지지는 않을 것이다.)

이 paragraph는 ① Punctuation marks(구두점), ② 단어, ③ 숙어, ④ 문법, ⑤ 상식 등의 총동원을 요구한다고 본다.

① is의 주어가 infirmity고, 보어가 cowardice임을 comma로 미루어 알 수 있다. Sentence modifier인 perhaps가 앞뒤의 comma로 그것임을 표시하고 있는데, 써내려가다가 보니, is cowardice라고 결론을 내리기보다는 여유를 두고서, 이 주장이 옳으냐 아니냐는 반반 정도라는 뜻에서 perhaps가 필요하게 되었다.

② mortify(vt.) (< *mors* = death + *facere* = make) = make one feel ashamed ; wound one's feelings, infirmity(< *in* = not + *firmus* = strong + -*ty*: 성질·상태 등을 표시하는 suf-fix) = weakness, contemplate(vt.) (< *con* = completely + *template* = temple, place for observations + -*ate* 동사어미) = think deeply of. cowardice = lack of courage (<coward = a person who runs from danger), mirth = laughter; merry fun.

③ do = play the part of (…의 역할을 하다). life = a living form, anything but = not in the least (결코 … 아니다)

④ To see … mirth = If you should see … stage, it would produce … mirth.

⑤ 저들의 심한 욕 중 하나가 'You are a coward[liar].'다. 죽자 살자 하던 애인 중의 한 사람이 위급한 일에 부닥쳤을 때 "나는 모르겠다. 너는 너 좋을 대로 해라. 나는 간다"라며 도망친다면 이것이 겁쟁이(coward)나 할 수 있는 일이지, 당당한 인격자로서야 상상이나 할 수 있겠느냐 말이다. 그런데 이러한 비겁한 행동(cowardice)을

천연덕스럽게 무대에서 보여주는 장면을 본다면 화가 나서 견딜 수 없다는 뜻이다.

참고 위의 글은 문장체(literary style)다. 서로 다른(different) 언어사회에서는 여러 가지 따로 된 발음·단어·구조를 쓰는 일이 있다. 한 개인도 때와 장소에 따라서 같지 않은 표현을 하는 경우가 있다. 즉, 언어 수준(speech levels)이 다르다는 말이다.

문장체라면 formal[형식적인(딱딱한)]인 것이고, 이것의 상대인 회화체(colloquial style)라면 informal[격식을 차리지 않는(탁 터놓은)], 즉 familiar(친숙한)인 것이다. 문장체 영어를 **written[literary] English**, 회화체 영어를 **spoken[colloquial] English**라고 부른다.

문장체라면 도서, 신문, 평론, 형식적인 통신문, 공식(公式) 연설, 의례적인 담화, 공적인 대담 등에 쓰이고, 회화체라면 교양 있는 영·미국 사람들이 일상의 회화나 친숙한 사람들 사이에 왕래하는 편지 등에 쓰인다. 다만 회화체가 차차 문장체보다 더 흔하게 글에까지 파고드는 경향은, 교통기관의 발달로 서신보다 담화가 더 용이해졌고, 민주시대라 격식을 따질 필요가 차차 없어졌기 때문이리라. 다음에 예를 몇 개 들어 본다: (L)은 문장체, (C)는 회화체.

- (L) Whom are you looking for? (누구를 찾고 있습니까?)
- (C) Who are you looking for?

- (L) He laughed a merry laugh. (그가 즐거운 웃음을 웃었다.)
- (C) He laughed merrily.

- (L) He was so excited that he could not speak. (너무 흥분되어서 그는 말을 못했다.)
- (C) He was so excited he could not speak.

- (L) What has become of him? (그가 어찌 되었는가?)
- (C) What has become of him? (그가 어디로 갔는가?)

- (L) Arriving at the station, I found the train gone. (역에 도착해 보니, 기차는 이미 떠났더라.)
  —분사구문(Participial construction)은 문장체 전용
- (C) I arrived at the station, but the train had already started.

- (L) My secretary, who typed this letter, is an excellent typist.
  (이 서신을 타자한 사람은 내 비서인데, 우수한 타자수다.)
- C) You know what an excellent typist my secretary is. Well, she typed this letter.

- (L) Were I to say so, you would be angry.
  (만일 내가 그렇게 말한다면, 당신은 화를 낼 거요?)
- (C) If I were to say so, you would be angry.

- (L) Which do you like better? 어떤 것을 더 좋아하시죠?)
- (C) Which do you like best?—과장(誇張)적이다.

- (L) You are hereby summoned to appear at ten o'clock in the forenoon.
  (오전 10시 출두하도록 이에 통지함.)
- (C) Please call at ten in the morning.

연습문제 해답(Answers to Exercises)

EXERCISE 1 (p. 20)

1. [현대에서 사람은 자기의 운명을 좌우할 수 있다. 소원이 강하기만 하면, 그것이 어떤 것이거나 성취할 수 있다. 기막히지 않아? 닐 암스트롱 (Neil Alden Armstrong)의 행적을 생각해보라, 달에 착륙한 첫 번째 인간 말이야]. **명**—man, master, destiny, desire, Neil Armstrong, moon. **대**—He, whatever. **형**—the, his, own, strong, first. **동**—can, be, wants, is, think. **부**—today, enough. **전**—of, on. **접**—if. **간**—Oh.

2. (1) ① (영어를 언제부터 배우고 있습니까?)—**부**. ② (오랜 뒤에 그 기회가 왔다.)—**형**. ③ (곧 돌아오리다.)—**명**.

   (2) ① (스무 살 때 그가 고향을 떠났다.)—**명**. ② (알려주기 위해 그가 집으로 갔다.)—**부**. ③ (그들은 국산품으로 만족하고 있다.)—**형**. ④ (내가 집으로 가는 길에 그와 만났다.)—**형**.

   (3) ① (어쩌나! 옷에 먼지가 묻었네요.)—**접**. ② (그가 아파도 식사는 할 정도야.)—**접**. ③ (그분 이외에 아무도 그것에 흥미를 보이지 않았다.)—**전**. ④ (청춘은 한 번 가면 다시 오지 않는다.)—**부**.

EXERCISE 2 (p. 33)

1. (1) (환자가 그날 몹시 아파서 면회를 사절했다.)—**부사구**.
   (2) (코 빨간 사람이 정문에 서 있었다.)—**형용사구**.
   (3) (그녀가 우리 일을 방해할 것 같은 무분별한 사람은 아니다.)—**명사구**.
   (4) (가까워오는 시험을 생각하니 잠이 잘 오지 않았다.)—**부사구**.

   (5) (그에게는 후원해줄 친구가 없었다.)—**형용사구**.

2. (1)(우리에게는 수요일이 제일 한가한 날이죠.)—**명사절**.
   (2) (주저하면 그대는 실패야, 一路邁進)—**부사절**.
   (3) (그는 내가 기대하던 그런 사람이 아니었다.)—**형용사절**.
   (4) (그렇게 해서 어찌어찌 그는 수지를 맞추어 나갔다.)—**명사절**.
   (5) (겉보기만큼 그는 나이가 많지는 않다.)—**부사절**.

3. (1) (당신은 그녀의 이 서투른 글씨를 알아볼 수 있습니까?)—understand.
   (2) (내가 도와줄 테니 두려워하지 마시오.)—support.
   (3) (헨리는 아버지를 많이 닮았군.)—resembles.
   (4) (당신은 어디서 이 엽전을 구했소?)—obtain.
   (5) (더는 그대의 거드름을 그대로 보고만 있을 수는 없다.)—endure

EXERCISE 3 (p. 40)

1. (슬기로운 사람은 모든 사람으로부터, 어리석은 사람으로부터도, 그 어떤 것을 배울 수가 있다. 어리석은 사람은 아무로부터도, 슬기로운 사람으로부터도, 아무것도 배우지를 못한다.)—something, everyone, anything, anyone.

2. (영국은 부자에게는 천당, 실력자에게는 연옥, 빈자에게는 지옥이다.)—the와 합해 명사로서 전치

사의 목적어 구실을 한다. ─ the well-to- do, the able, the poor.

3. (1) (고향이 어디입니까?) ─ **명사상당어**

(2) (자라는 애들에게는 영양식이 필요하다.) ─ **형용사상당어**

(3) (장미 재배에는 기술·지식·인내가 필요하다.) ─ **명사상당어**

(4) (그 소녀의 나이는 금년에 열일곱이다.) ─ **부사상당구**

(5) (사변 전부터 우리는 여기 살고 있다.) ─ **명사상당구**

EXERCISE 4 (p. 65)

1. (1) (소녀는 미소로 감사의 뜻을 표시했다.) ─ **제3형**

(2) (이 천은 깔깔하다.) ─ **제2형**

(3) (불길이 빨리 돌았다.) ─ **제1형**

(4) (오래 기다리고 있게 하지 말아줘.) ─ **제5형**

(5) (새해 복 많이 받으십시오.) ─ **제4형**

2. (1) (안내자는 길을 잘 알고 있는 것 같았다.) ─ (C)

(2) (사람에게는 예의가 제일.) ─ (O)

(3) (식탁 한가운데에 꽃병이 있다.) ─ (S)

(4) (내가 전적으로는 만족하고 있지 않다.) ─ (M)

(5) (저기 앉았던 자가 외치기 시작했다.) ─ (M)

3. (1) a. (헬을 우리 팀의 주장으로 뽑았다.) ─ O.C. b. (내 여자 친구가 고운 넥타이를 하나 골라주었다.) ─ D.O.

(2) a. (당장 택시를 한 대 불러 주시오.) ─ D.O. b. (우리는 그를 흔히 밥이라고 부릅니다.) ─ O.C.

(3) a.(그가 아들에게 물려준 것은 빚뿐.) ─ D.O. b. (아무 일이나 하다가 말고 그대로 내버려두지 마라.) ─ O.C.

EXERCISE 5 (p. 83)

1. (1) (벼는 천천히 자라는 곡초다.) Does rice grow slowly?

(2) (그 영화는 재미있었다.) Was the picture interesting?

(3) (간호사를 불러 와요!) Must you send for the nurse?

(4) (그들이 그녀에게 보석을 보여주었다.) Did they show her the jewels?

(5) (우리는 그를 회장으로 선출했다.) Did we elect him chairman?

2 (1) (이 약을 드시오.) Don't take this medicine.

(2) (그에겐 친구가 없다.) He has some friends,

(3) (그들은 우리를 만날 예정이다.) They don't expect that they will meet us.

(4) (당장 떠나도록 하시오.) You have not to [need not] start at once.

(5) (너무 어려서 수험 자격이 없다.) He is old enough to take the examination.

3. (1) (날씨 좋다.) What a lovely day it is!

(2) (그들이 굶주림으로 계속 고생하고 있다.) Have they been suffering from hunger?

(3) (그 부인은 그의 숙모이신데 시골에 사신다.) The lady who is her aunt lives in the country.

(4) (내가 여기 온 지 반 년이 되었다.) I came here half a year ago.

(5) (손만 대면, 쫓아내겠다.) Touch it, and I will kick you out.

EXERCISE 6 (p. 94)

1. (1) (이 참고서는 초보자에게 절대로 필요하다.) reference book, necessity, beginners ─ 보통

명사.

(2) (그 책장을 보면 웹스터 영어사전 두 권이 있을 거다.) Websters(= Webster's dictionaries)−고유명사, shelf−보통명사.

(3)(들어가 설 데가 없다.) room(= space)−추상명사.

(4) (나는 핫도그를 먹으면 속이 좋지 않다.) hot dog(= a hot frankfurter sandwich)−물질명사

(5) (그 여인은 어렸을 때 시력을 잃었다.) sight(= the power of seeing)−추상명사, child−보통명사

2. (1) The child has fallen into the well.

(2) Most fruits are canned[packed in cans].

(3) Admiral Lee-sun-shin is the Nelson of Korea.

(4) Health gives us happiness.

(5) He has no respect for age.

EXERCISE 7 (p. 100)

1. (1) ⓒ (2) ⓔ (3) ⓐ (4) ⓑ (5) ⓓ

2. boy-scouts, quizzes, media, toothbrushes, Chinese

3. (1) 많은 사람이 사방에서 모여들었다.

(2) 애들은 이러한 속임수를 잘 모른다.

(3) 출발 전에 당신과 만나 악수할 수 있다면 얼마나 내가 기쁠까!

(4) 우리는 길 없는 아라비아 사막의 호젓한 들판을 타고 넘었다.

(5) 소녀의 것 같은 앳된 눈물이 40세나 된 그녀의 얼굴을 흘러내렸다.

EXERCISE 8 (p. 110)

1. (1) That pitcher's ear를 The ear of that

pitcher로 (저 물주전자는 손잡이가 떨어졌다.)

(2) A degree of doctor를 a doctor's degree로 (그 조교수는 박사학위를 가지고 있다.)

(3) my sister를 my sister's로 (나는 우리 언니 친구 한 분과 탁구를 칠 것이다.)

(4) your mother's를 your mother로 (이것이 어머님 초상화죠? 당신은 그 어른을 닮았네요.)

(5) minute's를 minutes'로 (그의 사무실은 은행에서 2~3분 걸으면 닿을 데다.)

2. (1) 개가 여러 마리 짖어대니 짐은 심상치 않다고 생각했다.

(2) 이것은 당신이 참견할 일이 아니요.

(3) 그가 쓴 그 글엔 잘못이 별로 없다.

(4) 어젯밤에는 한잠도 못 잤다.

(5) 그들은 소리 높여 당신을 칭찬합디다.

EXERCISE 9 (p. 114)

1. husband, lord[gentleman], hen, nephew, son, mistress, god, waitress, tigress, poetess, hero, widow, bridegroom, alumna, female reader.

2. (1) her (그 배는 승무원 전원과 함께 가라앉았다.)

(2) its (한국은 산수 경치로 이름 높다.)

(3) its (영국의 영광은 그 시에 의하여 가장 찬란하게 나타난다.)

EXERCISE 10 (p. 130)

1. (1) it = The baby (그 어린 애가 어찌나 귀여운지 뽀뽀해주지 않을 수 없었다.)

(2) It = that there was a great fire there (큰 화재가 거기 있었다고 한다.) It is said = People [They] say

(3) It = Preparatory 'it', that he left home =

Extraposition(외위치) (그가 본국을 떠난 것이 10년 전이었다.)

(4) It = to speak with your mouth full(입에 음식을 잔뜩 넣은 채로 남과 말을 주고받는 것은 실례다.)

(5) It = that he came late (그의 지각이 종종 있는 일은 아니었다.) He did not often come late의 often을 강조

2. (1) him을 his로 (그의 외투는 벌써 해졌다.)

(2) He를 It으로 (그의 나이가 40세 넘은 것같이 생각되었다.)

(3) she를 her로 (그가 자네와 그녀에게 전갈을 보냈네.)

(4) your's를 yours로 (이 타자기는 당신의 것이죠, 그렇잖아요?)

(5) my를 the로 (그가 내 손을 잡았다.)

EXERCISE 11 (p. 143)

1. (1) Who (누가 명의라고 생각하는가?)

(2) Which (지도 받은 여러 선생님 중에서 어느 어른을 가장 존경했는가?)

(3) that (전쟁 때 한 마을을 지났는데, 온통 빈 것 같아서 사람이라고는 그림자 하나도 보이지 않고, 개천의 물소리밖에는 아무것도 들리는 것이 없더라.)

(4) this (차이점은 다음과 같은 것일 거야, 즉 어머니의 슬픔이 아버지의 것보다 더 컸었다는 것 말이야.)

(5) what (남편에게 뭐라고 편지를 쓰면 좋을지 부인은 주저했다.)

2. (1) 그 여인은 왜 그러한 생활을 했을까?

(2) 우리 위원회원으로는 어떤 분들을 생각하고 있습니까?

(3) 말로는 표현할 수 없을 정도로 당신은 나를 학대했습니다.

(4) 아버지가 돌아가시면, 나는 누구를 위해 일을 하지요?

(5) 문제는 누가 이 난국을 타개할 것인가였다.

EXERCISE 12 (p. 159)

1. (1) What (고칠 수 없는 것은 참을 수밖에 없다.)

(2) that (하디의 소설을 읽은 사람으로, 누가 그 비극적 종말을 잊을 수 있겠는가?)

(3) who (내 앞에 우리 아저씨라고 생각되는 신사 한 분이 보였다.)

(4) which (그것이 내가 조금 더 일찍 오지 못한 까닭이다.)

(5) whose (시력이 약한 사람이라도 이것은 읽을 수 있다.)

2. (1) (one) who – 관계대명사, who (she) – 의문대명사 (그녀가 누구인지를 모르는 사람은 오직 당신뿐.)

(2) 두 개의 what – 의문대명사 (나는 사정을 너무나 잘 알고 있었다.)

(3) what – 관계대명사 (초등학생 때 배운 것은 머리에 남아 있다.)

(4) what – 의문대명사 (그가 무엇을 말하고 있는지 그들은 알지 못했다.)

(5) what – 의문대명사 (이러한 고생이 오랫동안 계속되면, 그의 신상에 어떤 일이 일어날 것인지는 명백하다.)

3. (1) 때로는 이러한 의문도 일으켜보지, 유행을 만들어내는 사람이 누구인가라는 것 말이야.

(2) 메리를 진창 속으로 밀어 넣은 애는 루시였다. who(pushed)

(3) 아무리 대단한 일이라도, 한 시간쯤 지나면,

즉 열이 식으면, 군중은 잊고 만다.

(4) 그의 다음 말을 들으니 웃고 싶던 내 생각이 그만 사라졌다.

(5) 이 나를 본인보다 더 잘 알고 있는 사람이 누구이었소? (= 나를 가장 잘 아는 사람은 역시 나였다. —수사의문, that(knew)

EXERCISE 13 (p. 196)

1. (1) All (달다고 모두가 설탕은 아니다.)

(2) any, some (기름이 별로 남아 있지 않으니, 얼마쯤 주문해야겠다.)

(3) ones (그 부인은 양장보다 한복을 더 좋아한다.)

(4) One (우리가 의무에 충실하면 할수록 좋다.)

(5) None (어리석은 자 아닌 바에야 누가 이런 허망한 말을 믿겠는가.)

2. (1) neither를 either로, 또는 don't를 없앤다. (그 두 사람 어느 쪽도 우리는 모른다.)

(2) someone을 anyone으로 (누가 오면 내일 다시 오라고 전해주시오.)

(3) too를 either로 ("나는 굴이 싫어." "나도 그래.")

(4) it을 one으로 ("박쥐를 산 채로 본 일이 있나?"—"예, 본 일이 있소.")

(5) neither를 either로 (그는 사상가가 아니다, 또 시인도 아니야.)

3. (1) such (그 부인은 숙녀니까 그러한 대우 받을 것을 기대하고 있다.)

(2) One (사람은 건강에 유의해야지.)

(3) any (그는 너무 피곤해서 조금이라도 더 걸을 수가 없었다.)

(4) every (그 여인에겐 자기 아들을 자랑할 만한 이유가 충분히 있다.)

(5) Each (우리는 각자 자기 마음대로 하기를 원한다.)

EXERCISE 14 (p. 265)

1. (1) kinder를 more kind로 (그 부인은 선량하다기보다 오히려 친절한 편이다.)

(2) more를 the로 (두 사무원 중에서 그가 더 슬기롭다.)

(3) English 뒤에 better를 넣고, subjects의 s를 없앤다 (그 여학생은 다른 어떤 과목보다 영어를 좋아한다.)

(4) more를 없애고, than을 to로 (이 물품은 견본만 못하다.)

(5) little을 less로 (오는 게 늦으면 늦을수록 공부할 시간은 더 줄어들 것이다.)

2. (1) 그는 약속을 잘 지킨다.

(2) 단념하겠다는 의도는 내게 전혀 없다.

(3) 나는 그에게 말을 건네고 싶지 않다. 하물며 그와 친구가 되겠다고는 생각하기조차도 싫다.

(4) 부자가 되는 데는 얼마나 벌어들이느냐보다 얼마나 저축하느냐가 중요하다.

(5) 사랑 없는 가정이 가정이 아닌 것은, 정신없는 사람이 사람이 아닌 것과 같다.

3. (1) a. 그가 총활을 쏴서 호랑이를 죽였다. (dead는 보어) b. 그는 죽은 호랑이를 쐈다.

(2) a. 운동경기를 좋아하는 학생이 많다. b. 대부분의 학생은 운동경기를 좋아한다.

(3) a. 5,000원이나 잃었다. (no less than = as much as) b. 적어도 5,000원은 잃었다. (not less than = at(the) least)

(4) a. 1,000원밖에 없다. (no more than = only) b. 많아야 1,000원 있을 거야. (not more than = at(the) most)

(5) a. 강자라도 흐르는 물을 막을 수 없다. (이 최상급에 even의 뜻이 있다.) b. 최강자가 승리한다.

EXERCISE 15 (p. 297)

1. (1) 그 전화를 받아주시겠습니까? (the는 어느 전화임이 그때의 상황으로 분명하니까.)

(2) 그 여인이 파산에 직면하고 있다. (the=her이지만 앞에 her를 써서 빤히 뚫어지게 볼 상대자는 her이고, 우연히도 그 시선이 그 여인의 얼굴에 갔다.)

(3) 그녀의, 아내라는 감정이 한꺼번에 반항의 기세를 띠고 있었다. (the는 wife의 속성)

(4) 여장부였지만 온 몸이 떨렸다. (a는 일종의 몸 떨림으로 무서우면 한때 몸에 오는 오싹하는 생리적 현상, 앞머리 부분은 Though she was a heroine의 뒤집힌 형태.)

(5) 낙원 같은 곳에서 출생했다고 해도, 살아가노라면 불평엔 한이 없었을 거야. (an = …같은)

2. (1) true 앞에 A를, lie 앞에 a를 (진정한 숙녀는 거짓말을 하지 않는다.)

(2) story 앞에 a를 (곧 잊어버리기에는 너무나 감동적인 이야기였다.)

(3) whole 앞에 the를, satisfactory 앞에 a를. (대체로 그만하면 선수로서 만족하다.)

(4) lord 앞에 the를 (사람은 만물의 영장이다.)

(5) A를 빼고, the를 year와 country 앞에 넣는다. (1년 중 몇 달은 내가 시골 생활을 한다.)

3. (1) The salesgirl received double the price from me by mistake.

(2) Our hens lay on an [the] average ten eggs a day.

(3) Our elder [eldest] son went to sea in his childhood.

(4) Birds do not sing in winter.

(5) After dessert [dizə́:t], at a signal from the hostess, we all rose.

EXERCISE 16 (p. 372)

1. (1) a. 과거 동작의 결과 (그는 동물원에 갔다. =지금 여기에 없다.) b. 경험 (그는 동물원에 갔다 왔다. = 지금 여기에 있다.)

(2) a. 출신처를 묻는 말 (고향이 어디시오?) b. 여기로 오기 전 살던 곳의 이름 (전 거주지가 어디요?)

(3) a. 완료 (바로 지금 그 소설을 다 읽었다.) b. 경험 (그 소설을 읽은 적이 있다.)

(4) a. 단순미래 (그에게 군색한 것이 별로 없을 거야.) b. 의지미래 (넉넉히 살도록 해주겠다.)

(5) a. 미래완료 (1년이면 나를 잊고 있겠지.) b. 상상 (작별한 지 벌써 1년, 이제는 그가 나를 잊고 있을 거야.)

2. (1) lay (그 여인은 아파서 종일 누워있었다.)

(2) have achieved (내가 맡은 일을 하고 난 뒤라야 죽어도 눈을 감겠다.)

(3) shall have known (다음 3월까지면 자네를 알고 지낸 지 10년이 되네.)

(4) took; has been (지난 목요일 그녀를 입원시키고, 그 이후 문병 차 두 차례 갔다 왔다.)

(5) have been (근년에 여성들이 정치에 높은 관심을 보여 왔다.)

3. (1) Grandma is always losing things. (사실은 애들이 잃어버린 것을 할머니 주머니에서 찾아가니까, 할머니 주머니에 넣어둔 습득물은 없어지기만 하는 것 같다.)

(2) When we arrived at the terminus by taxi, we found that the bus for Mt Sok-ri we wanted to take had already started.

(3) He left Seoul for Ulleung-do during the last winter vacation, and we have heard nothing from him since then.

(4) He had travelled in Jeju-do a week, when he received a telegram from home.

(5) I don't know when he will come, but if he comes tomorrow evening, I will tell her so.

EXERCISE 17 (p. 414)

1. (1) 지난주에 정원의 풀 뽑기를 실시했더라면 좋았을 걸. (과거사에 대한 후회)

(2) 장가들려면, 장모될 사람의 마음을 먼저 사야한다. (would = wishes to, must = is required to)

(3) 그를 다시는 만나보지 못할 것임을 우리는 미처 생각하지 못했다. (Little (= not at all) 때문에 did가 필요했고, 그것에 끌려 앞에 붙었다.)

(4) 그 소녀가 꽃을 놓고 온 줄은 알았으나, 그것을 찾으러 도로 갈 생각은 감히 나지 않았다. (dared = durst)

(5) 해야 할 말을 어떻게 시작할 것인지 그 여인은 망설였다. (knew not = did not know의 고체)

2. (1) a. (비행장에서 선수들을 환영할 예정이다.) are to는 기대(expectation) b. (선수들을 환영하기 위해 비행장에 갔다 왔다.) have been to 는 경험(experience)

(2) a. (우리는 그렇게 할 수가 있을 뿐이다.) but=only b. (우리는 그렇게 하지 않을 수 없다.) but do = help doing

(3) a. (자네가 완력에 호소했음은 이상하네.) 의견 표시 b. (자네가 완력에 호소했다니 천만의 외로군.) 분개·놀라움 등 감정 동반

(4) a. (모든 사람에게 친절해야지.) 의무 b. (그는 친절할 거야, 모든 사람이 그렇게 말하니까.) 추측

(5) a. (서두를 필요가 없었기에, 덤비지 않았다.) b. (서두를 필요가 없었는데, 공연히 덤볐다.)

3. ('can'이라는 동사의 두 가지 뜻이 과수원 지역 어떤 주민의 대답에 잘 나타나 있는데, 그 많은 과실을 재배자들이 어떻게 처분하느냐는 질문에, 한 재배자 부인의 말은 이러했다. "실컷 먹죠. 그리고 먹고 남는 건 통조림으로 만든답니다." all we can(eat)－can은 조동사; and we can (= preserve in airtight containers, 통조림하다)－can은 실동사; what we can't(eat)－can은 조동사.

EXERCISE 18 (p. 430)

1. (1) 모든 학생은 두 시간 더 교정에 머물러 있도록 지시를 받았다. (사역의 make에는 강제하는 뜻이 있어서, let과 비교된다. Let(=Allow) him do so.(그에게 맡겨 그렇게 하라고 해두게.) Make him do so. (그에게 억지로라도 그렇게 시키게.)

(2) 수고가 과하지 않다면, 자네가 그 여인의 심부름을 해주었으면 좋겠네. (have～do 사역)

(3) 골프하러 나가기만 하면, 그는 아주 피곤한 몸으로 귀가한다. (worn out = tired out. worn 은 타동사 wear의 제2[과거]분사(피동)로 여기선 comes의 보어)

(4) 그의 저서는 인쇄 중이고, 그 부인의 것은 제본 중이다. (is printing = is being printed, is binding; = is being bound)

(5) 허약한 부인과 갓난아기 돌보는데 드는 비용으로 밀러 씨는 곤란에 처해 있다. (be pressed = be put into difficulty, 여기서 is pressed는 상태피동)

729

2. (1) a. (그 애국자는 동작동에 묻혀 있다.) ─ 상태 피동 b. (그 애국자는 지난 토요일에 묻혔다.) ─ 동작피동

(2) a. (자네 연구보고서는 영어로 써야 하네.) ─ 동작피동 b. (그의 일기는 영어로 써 있다.) ─ 상태 피동

(3) a. (그는 오른쪽 다리에 상처를 입었다.) ─ 피동 b. [그는 그의 의족(義足)을 고치게 했다.] ─ 사역

(4) a. (도시의 문화주택은 대개 시멘트로 지어진다.) ─ 동작 b. (저 창고는 벽돌로 지어져 있다.) ─ 상태

(5) a. (그 여인은 자신이 사모할 사람을 구한다) ─ somebody whom she will admire b. (그 여인은 자기를 사모할 사람을 원한다.) ─ somebody who will admire her.

3. (1) Let this letter be sent by air mail. (항공우편으로 이 편지를 보내시오.)

(2) Let all ceremony be done away with. (모든 형식은 없앱시다.) do away with = put an end to

(3) None of us Koreans shall forget the winter of 1950. (동란의 1950년 겨울은 우리 한국인 아무에게도 잊히지 않을 거야.)

(4) We must endure what we cannot cure. (고쳐질 수 없는 것은 참을 수밖에 없죠. = 별다른 수가 없는 것은 그대로 둘 수밖에.)

(5) What do you call the rose in Korean? (참고: 이 물음의 대답은 We call the rose "jangmi" in Korean.)

EXERCISE 19 (p. 456)

1. (1) 그가 자기 허물을 자백한다면 나는 그를 용서하겠다. (Provided = If. confess 서상법 현재)

(2) 그 여인은 천연덕스럽게 앉아서 바느질하고 있다. (sewing 주격보어, were 서상법 과거)

(3) 그가 비록 무릎을 꿇고 이것을 간청해도, 나로서는 변함없이 거절할 거다. (were to 서상법 미래)

(4) 속절없이 흘러간 내 청춘에 눈물지으며, 그 옛 거리를 내가 돌아다녔겠지. (if I had been there를 넣어본다. crying 목적격보어)

(5) 당신의 이론을 더 엄밀히 제가 검토한다면, 저를 건방지다고 여기시겠죠? (were to 서상법 미래)

2. (1) if you would (만약 자네가 원한다면) 가도 좋아.

(2) if the price were too high (값이 너무 비싸면) 사지 않겠다.

(3) if it rains (비가 오면) 축구경기는 연기된다.

(4) unless you had hurried[if you had not hurried] (서두르지 않았다면) 당신은 버스를 타지 못했을 거야.

(5) if I should fail (만일 실패한다면) 나는 어쩌지?

3. (1) a. (다시는 그런 일을 하지 않도록 하라.) not이 to do를 수식 b. (다시 하려고 애쓰지 마라.) not이 try를 수식

(2) a. (당신의 그 아름다운 노래를 우리가 듣도록 허락해주시오.) b. (그의 아름다운 노래를 들읍시다.)

(3) a. (가난한 사람을 도우시오, 돈 있는 사람은 자립할 수 있으니까.) ─ 서의법으로의 명령 b. (신은 가난한 사람을 도와주소서, 가진 자는 남의 도움이 필요하지 않으니까요.) ─ 서상법 현재로 기원의 뜻, God 앞에 May를 넣어볼 것.

(4) a. (이것이 사실이라면, 그것은 거짓이다.) — 서실법으로 사무적인 진술 b. (만일 이것이 사실이라면, 그것은 거짓일 거다.) — 서상법 과거로서 사실이 아니라는 단정

(5) a. (가난했어도 그가 그렇게는 말하지 않았으리라.) — 서상법 과거완료로 Even if [though] = Although b. (가난뱅이처럼 그가 거지 노릇을 했겠죠.) — 서상법 과거완료로 As if = As would be the case if…

EXERCISE 20 (p. 492)

1. (1) 그 부인은 단명해 아들이 결혼하는 것을 보지 못했다. (to see가 결과를 뜻하는 부사구)

(2) 그는 이제 더 철이 들었을 나이다. (=그러니까 그러한 유치한 짓은 하지 않는다.) (to know better(= be wise enough not to do)가 부사인 enough를 수식하는 부사구)

(3) 그 일은 해야 된다. (= It ought to be done.)

(4) 폭력을 쓰는 것은 나쁘다. (It = for you … violence, evil(형용사) 뒤에서 Pause를 가진 다)

(5) 실연으로 끝나도 사랑은 귀하죠, 그걸 전혀 경험하지 못함보다야 ('Tis [tiz]=It is. (to have) lost=to have been unable to win. 여기에 사용된 완료형부정사는 현재까지의 경험을 표시)

2. (1) a. (그 여인은 미소 지으려 노력하지 않았다.) to smile은 명사구로서 try의 목적구

b. (미소 짓지 않으려고 그 여인은 애썼다.) not이 to smile을 수식

(2) a. (그 사람 만나기를 우리는 결코 원하지 않았다.) b. (그를 절대로 만나지 않는 것이 우리의 소원이었다.) never가 a에서는 wanted를, b에 서는 to see him을 수식

(3) a. (그가 오는 것을 보았다. = He came, and I saw it.) 사실을 그대로 표현한 것(bare fact)이다 b. (그가 오는 것을 보았다. = He was coming when I saw him.) 좀 더 설명적(more descriptive)이다

(4) a. (그가 큰 실수를 하는 것을 우리는 보았다.) b. [그가 이미 큰 잘못 저지른 것을 우리는 알(보)았다.] a의 saw와(to) make는 거의 동시. (to) make가 saw의 목적격 보어, b의(that) he had made는 saw 이전의 동작

(5) a. (그는 피우던 담배를 끊었다.) smoking은 Gerund로 stopped(vt)의 목적어 b. (그는 하던 일을 멈추고, 담배를 피웠다.) to smoke는 결과를 의미하는 부사구, stopped는 여기서 완전자동사

3. (1) I should have been glad if I had met her. (그녀를 만났더라면 좋았겠는데.)

(2) He was the first Korean to write English grammar. (그가 한국인으로서는 최초로 영문법을 써냈다.)

(3) She was said that she had lived in the States. (그녀가 미국에 살고 있었다는 소문이었다.)

(4) We found him to be a famous preacher. (알고 보니 그는 유명한 전도사였다.)

(5) They did not know how they should [would] act. (어떤 행동을 취하면 좋을지 그들은 몰랐다.)

EXERCISE 21 (p. 533)

1. (1) 우리의 앞날은 예측할 길이 없다. (There is no -ing=It is impossible for us to+원형동사)

(2) 흰 것을 검다고는 말할 수 없으니, 당신은 잘못이요. (Supposing=If)

(3) 연출되는 극이 읽히는 극작품보다 더 인상 깊다. (which is acted [read])

(4) 곡식은 매우 중요한 것으로서, 실제로 우리나라의 중요한 수출품이다. (forming = for it forms)

(5) 운명이란 우리 스스로가 만든 재료로 친히 짜 놓은 함정이다. (weaving, spinning은 동명사로 of의 목적어)

2. (1) a. (그 여인은 계속해서 가발을 썼다.) – 동명사 b. (그 여인은 가발을 쓰고 외출했다.) – 분사

(2) a. (감금을 두려워하는 사람들은 숲속으로 도망쳤다.) – 분사로 한정적 용법 b. (사람들은 사로잡힐까 두려워서 숲속으로 도망쳤다.) – =as they feared, 분사구문

(3) a. (그 애는 최신 유행의 옷차림을 하고 있었다.) – 상태 b. (그 애 옷은 애 어머니가 매일 아침 입혀주셨다.) – 동작

(4) a. (그는 그 운동에 가담하겠다고 고집했다.) – Gerund인 taking의 의미상 주어는 He b. (나더러 그 운동에 참가하라고 그는 졸랐다.) – 동명사인 taking의 의미상 주어는 my

(5) a. (그녀 방문한 것을 나는 잊었다.) – 과거 b. (그녀 방문할 것을 내가 잊었었구나.) – 미래

3. (1) For the time being you wilt have to share this office room with others. (being은 분사)

(2) So far from praising them, I must rather blame them.

(3) There is no denying the fact that most Koreans are clever.

(4) He is an easy-going type of man, who gets along well with everyone.

(5) The boys [girls] educated in this high school number 3,000.

EXERCISE 22 (p. 585)

1. (1) 그 형제가 이 일 저 일로 말다툼하지 않는 날은 하루도 없다. (not a는 no보다 강하다. that(= when)는 Relative adverb, something or other = things unknown)

(2) 우리에게 남겨져 있는 짧은 시간에 될 수 있는 한의 보상을 하려고 애쓰고 있다. (anxious = eager, what amends we can = all the amends that we can make, there is=that there is…로 형용 사절이 there + be로 시작되면 that 없이 명사에 붙는다)

(3) 그의 큰 성공을 아무리 칭찬해주어도 지나치지는 않겠다. (= You cannot praise his great achievement too much. It is difficult to speak… too…. = You cannot speak … too …)

(4) 우리 지배인은 세상 경험이 많은 분이므로, 그만한 일을 모를 이치가 없다. (too…to에 부정의 뜻이 포함되어 있다는 점과, know better= be wise enough not to… 라는 관용구임을 생각할 것)

(5) 자네는 한 번도 내가 원한 대로 하지 않았어. (once는 강조관계로 머리에 나와 있다)

2. (1) a. 그는 부지런하니까 내가 멸시할 까닭이 없지. b. 그가 가난하다고 내가 멸시하지는 않는다. (이 not…because는 Correlative conjunction)

(2) a. 그가 방금 벌을 받았다. b. 그가 벌을 받았는데, 당연하지. (justly는 Sentence modifier)

(3) a. 그들에겐 일이 불행하게 됐다. b. 불행하게도 그들에게는 일이 더 나빠졌다. (이 unhappily는 Sentence modifier)

(4) a. 너무 흥분해서 그는 말을 못 한다. b. 그

는 입이 너무 빠르다. (이 too는 very의 뜻으로 회화체)

(5) a. 이것은 적지 않은 차이를 낸다. (not이 Word negation으로 the least를 수식) b. 이것으로 조그만 차이도 생기지 않는다. (not는 Sentence negative)

3. (1) widely(언어학자로서 그의 이름은 널리 알려져 있다.)

(2) yet−약간 놀라는 느낌으로 already를 써도 좋다. (벌써 그 편지를 우송했나? 자네가 그렇게 빠를 줄은 전혀 몰랐네.)

(3) much(그들이 방해를 하니, 우리는 매우 귀찮았다.)

(4) how(이렇게 해서 나는 그를 알게 되었다.) a little(그는 글쓰기도, 그림 그리기도 조금씩은 한다.)

EXERCISE 23 (p. 617)

1. (1) in (우리 형은 쌀장수다.)

(2) about (우리는 당신 건강이 매우 걱정됩니다.)

(3) as, at (그는 시세대로의 봉급에 사무원으로 고용되어 있다.)

(4) in, with (우리 조카는 나이 드는 데 따라서 점점 더 철이 났다.)

(5) at, on (내가 집으로 가는 길에 그 애 집에 들러봤다.)

2. (1) You must cure yourself of the disease.

(2) Do you come to school on foot or by bicycle?

(3) The foreigner sat right in front of me at the concert hall.

(4) I have not heard from her since last Christmas.

(5) This novel is by far the most interesting of all that I've read.

3. (1) a. take after=resemble (그 애는 자기 아주머니 닮았다.) b. take to=begin to like [become fond of] (정년퇴직 후 그는 집필하기 시작했다.)

(2) a. wait for=expect (우리는 식사를 기다리고 있습니다.) b. wait on [upon] = serve the needs of (식사 때 식당 아가씨들이 접대해 줄 것이다.)

(3) a. keep up with = not fall be hind (시대에 뒤떨어지지 않아야 한다.) b. put up with = endure[bear] (여행할 때는 불편을 참아야지.)

(4) a. free from = lacking (결점 없는 사람은 없다.) b. free of=without payment of (우리 가게에서 사신 물건은 무료로 배달해드립니다.)

(5) a. agree to=consent to [view with favor] (우리는 당신들의 제안에 찬성입니다.)

b. agree with = have the same opinion with (당신의 의견에 몇 가지 조건을 붙여 동의합니다.)

EXERCISE 24 (p. 640)

1. (1) 망설이면 망한다.

(2) 그가 친히 갈는지 우리는 잘 모르겠다.

(3) 만약 내가 내 약속을 잊어버리고 있으면, 내게 깨우쳐주시오.

(4) 그들의 흥행을 아무도 좋아하지 않기 때문에, 그들은 화를 냈다.

(5) 박수가 그치자 그는 동력자원에 대한 그의 연설을 계속했다.

2. (1) as [사동(使童)이기는 했으나, 인간의 정열을 그는 지니고 있었다.]

(2) so long as [if only] (이 일이 이루어지기만

733

하면 그만이지, 누가 하느냐는 우리가 관계하지
않겠다.)

(3) nor (그 병자는 말 한마디 못하고, 팔 다리도
움직이지 못했다.)

(4) but (식음을 전폐할 만큼 그녀의 병이 심하
지는 않다.)

(5) so far as (우리가 보는 바로는, 그가 훌륭한
인격자이시다.)

3. (1) not only stingy를 stingy not only로 (그는
적에게뿐 아니라 이웃 사람들에게도 인색했다.)

(2) after를 before로 (오래지 않아 그가 돌아온다.)

(3) Since를 Even if, 또는, If [Though]로 (나이
는 많지만 아직도 그 여인은 아름답다.)

(4) in order that을 lest, 또는 for fear(that)로
(남의 눈에 띄면 안 되겠으니까 애들은 몸을 숨
겼다.)

(5) unless를 if로 하든지, 아니면 does not
abandon을 abandons로 (돈 낭비하는 습관을
그가 버리지 않는다면, 그는 파산할 거야.)

EXERCISE 25 (p. 664)

(1) She asked him if he had sent the letter
by air mail. (그 편지를 항공우편으로 보냈느냐
고 부인은 남편에게 물었다.)

(2) He cried out what nonsense it was. (무
슨 실없는 소리냐고 그는 고함쳤다.)

(3) She asked her mother if she might go.
(가도 괜찮으냐고 그 소녀는 자기 어머니에게 여
쭈어보았다.)

(4) Our officer told us to stay and not to
leave our camp. (이동하지 말고, 진지를 그대로
잘 지키고 있으라는 우리 지휘관의 명령이었다.)

(5) He said that if he could, he would do

so. (할 수 있다면 자기는 그렇게 한다고 그가 말
했다.)

(6) She said to me, "I bought this picture a
week ago."("1주 전에 내가 이 그림을 샀다"라
고 그녀가 내게 말했다.)

(7) He said to her, "Do you know the
girl?"("당신이 그 소녀를 아시오?"라고 남편이 부
인에게 말했다.)

(8) She said to me, "Please lend me your
note-book."("필기장을 빌려 주시면 고맙겠습니
다"라고 그녀가 내게 말했다.)

(9) He said, "To think that I should be
deceived!" "내가 속은 것을 생각하면!"이라고
그는 분개했다.

(10) We said to the men, "Stop quarrelling,
or you shall be driven out of the hall."("싸우
지 마시오. 계속해서 싸운다면 이 강당에서 몰아
내겠소"라고 우리는 그들에게 말했다.)

EXERCISE 26 (p. 673)

1. (1) are (영국 사람은 실제적인 국민이다.)

(2) are (저쪽 건물의 대부분은 공동 주택이다.)

(3) Is (시행착오는 지식의 근본이다.)

(4) do (이 세상 행복과 성공은 형편에 달린 것
이 아니라, 우리 자신에 달렸다.)

(5) are (그 주민의 대다수가 강한 체격에 인물이
좋다.)

2. (1) am (그에게 잘못이 없다. 나도 또한 그렇다.)

(2) are (아예 들으려고도 하지 않는 사람처럼 절
벽인 귀머거리는 없다.)

(3) dies (보는 사람도 없이 피고 지는 꽃이 많고
도 많다.)

(4) is (돈을 달라고 했지, 충고해달라는 것은 아

니야.)

(5) was (화살 멘 활이 옛 사람들의 좋아하는 무기였다.)

EXERCISE 27 (p. 688)

(1) 싹둑! 가위는 잘랐다.

(2) 이런 것은 나로서 본 일이 없다.

(3) 폭풍 뒤엔 정적(靜寂)이 온다.

(4) 꿀은 단데, 벌이 쏘는구나.

(5) 아버지가 꾸짖으시고, 어머니가 타이르셨어도, 아무 효과 없었다.

(6) 쇠귀에 경 읽기다(牛耳讀經) [남의 말을 귀담아듣지 않고 곧 흘려버린다(馬耳東風)].

(7) 나는 내 됨됨이를 후회했으나, 그것이 내 본성이었다.

(8) 전쟁에 좋은 전쟁, 평화에 나쁜 평화가 있은 적은 없다.

(9) 저녁 굶고 자는 것이 낫다, 아침에 일어나 빗에 졸리는 것보다는 (점잖은 사람은 얼어 죽어도 겻불은 쬐지 않는다).

(10) 그녀 숙모의 얼굴 모습이 잘 생각나지 않는다.

EXERCISE 28 (p. 700)

(1) Don't 뒤에 you를 넣을 수 있다. 그러면 강조된다. (가서 너무 오래 있지 마시오.)

(2) Though 뒤에 they were를 넣을 수 있다. (그들이 싸움엔 패했으나, 항복은 하지 않았다.)

(3) until 뒤에 you are를 넣을 수 있다. (남이 말을 걸어올 때까지 이쪽에서는 아무 말도 하지 마라.)

(4) if 뒤에 it is, more 뒤에 dangerous, than 뒤에 it is를 넣을 수 있다. [비범한 재주는 악용하면 무용(無用)보다 오히려 위험하다.]

(5) hairs와 teeth 뒤에 각각 were를 넣을 수 있다. (그의 옷은 솔질이 잘되어 있고, 머리도 잘 빗겨져 있으며, 이 또한 깨끗한 것을 나는 보았다.)

(6) the second 뒤에 is called를 넣을 수 있다. (첫 달은 정월, 둘째 달은 이월이라 불린다.)

(7) 문장의 첫머리에 Being을 넣을 수 있다. (나면서부터 그에게는 붙임성이 있었으므로 안면이 넓었다.)

(8) 문장의 첫머리에 You had, than 뒤에 you are를 넣을 수 있다. [닭 머리가 될지언정, 쇠꼬리는 되지 마라].

(9) What 다음에 would become of him을 넣을 수 있다. (만일 그가 강에 빠진다면 어떻게 할 거야?)

(10) a. than 뒤에 I do를 넣으면: (내 사촌을 알기 보다야 우리 형수님을 내가 더 잘 알지.)
b. does her를 cousin 뒤에 넣으면: (내 사촌이 우리 형수님을 알기보다야 내가 더 잘 알지.)

찾아보기(INDEX)

1. 문법 용어(Grammatical terms)

2. 중요 어귀(Some Words and Phrases)

A

O

O to have been there! 73

oddly enough 216

of(근원) 54, 718

of an evening 285, 552

of course 67

of evenings 590

of itself 123

of late 548, 552, 596

of old 226, 552, 613

of+추상명사=형용사 91

Of what[which] is Washington the capital? 136

Off limits. 694

Oh, that money grew on trees! 447

on account of 514, 522, 588, 718

on an average 272

on behalf of 588

on board 609

on good terms with 617

on -ing 521, 525, 528

on purpose 128

on the other hand 274

on the point of -ing 524

on the spot 279

on the way 280

on time 590

once 29, 570

Once bit, twice shy. 242

one 160, 161

one after another 183

one another 182, 187

one day 163, 169

One more …, and … . 704

one of 260

(the) one … the other 164, 185

only 565

only to 471

only too 575

or 25, 622

…, or 72

other 183

otherwise 453, 557, 707

ought to 402, 403

out of 23

out of question 291

out of the question 291

out of sorts 312

P

paint after Picasso 592

Pardon him his offence. 57

part from[with] 603

Pass me the salt. 55

passing strange 504

pay by the day 593

pen in hand 697

per head[capita] 614

play the soldier 279

Poor as he may be, 707

posting(cf. to post) 479 528

(the)poor law 38, 219

praying(cf. to pray) 528

prefer … to 695

prevent one from -ing 518

pride oneself on[upon] = be proud of=take
    pride in 43, 317, 607

Properly speaking 512

provide 53, 318

Provided[Providing](that) 638

put an end to 318

put on 537, 559

put out the fire 686

지은이 **박술음**

고(故) 박술음 선생(1902~1983)은 한국의 일제 강점기와 자주 독립, 그리고 6·25전쟁으로 한국의 국가 존립 자체가 위기였던 시절에 영어영문학자셨다. 국민 대부분이 영어라는 언어를 왜 학문으로 배워야 하는지조차 몰랐던 당시에 선생은 남다른 세계적인 안목으로 교육에 뜻을 두시고 외국어, 특히 영어의 필요성과 학문적 실천을 선도하셨다. 1954년에는 한국 최초의 외국어 특수 대학인 한국외국어대학교를 설립하도록 당시 이승만 대통령을 회유하고, 대학 설립 자금 지원자를 설득해 외국어 학문의 절실함을 주창하신 박술음 선생은 한국외국어대학교의 건학 창시자이자 대한민국 영어 교육의 아이콘이었다. 선생은 한국처럼 천연자원이 없는 나라는 인재 교육, 특히 외국어 학습을 부지런히 해서 세계화에 앞장서야 한다고 늘 주장하셨고, 이를 몸소 실천하셨다.

물론 6·25전쟁으로 폐허가 된 이 땅에 영어를 뿌리내리게 하는 과정에는 적지 않은 어려움이 있었다. 당시에는 국토방위는 물론이고, 전쟁으로 폐허가 된 나라를 다시 일으켜 세우는 일에 여념이 없어 먼 앞날에 대한 갈망은 강했으나 이를 실현시킬 수 있는 준비와 대책을 세워갈 여유가 없었다. 이러한 때에 박술음 선생은 세계를 향한 교육이념을 내세우고, 외국어 특수 대학을 출범시키고, 늘 "학업에 정진할 때 세계적인 안목을 가져라, 세계인이 되어야 한다"라고 말씀하셨다. 한국외국어대학교에서 23년간 학장(오늘날 총장에 해당)직을 맡으시면서 몸소 한국 영어 교육의 선구자로 명강의를 하셨고, 최고의 대학 행정가로서 외국어 교육의 틀을 닦아 제도화하셨다. 1954년 이래 선생의 제자들은 한국외국어대학교를 졸업한 뒤 한국이 산업화 과정을 거치는 동안 오대양 육대주 지구촌 곳곳을 누비며 큰일을 해왔고, 지금도 적지 않은 일을 하고 있기 때문에 오늘날 우리가 경제 10대국 선열에 오를 수 있었음을 실감해 2011년 기금을 모아 돌아가신 스승의 참뜻을 기리며 추모문집을 제작하고, 한국외국어대학교 모교에 선생의 추모 동상을 세우는 행사를 하였다. 이는 어느 대학에서도 찾아볼 수 없는 유일한 아름다운 광경이었다.

박술음 선생은 성년의 문턱에 들어선 시기 이전부터 팔순의 천수를 다하시기까지 오직 겨레와 학문을 위한 길에 몸과 마음을 바치셨다. 송도고보 3학년 재학 중 3·1운동에 참여하심으로써 비롯된 겨레 사랑은 6·25전쟁의 소용돌이 속에서 사회부장관이라는 어려운 일에

몰두하시기까지 한결같이 뜨거운 불길로 타올랐다. 상이군경을 위한 '원호법'을 마련하시고 유엔군전력강화를 위한 노무단을 조직하신 외에 유엔민사처를 비롯한 외국기관에서 자금과 물자를 장만하시어 전사에 시달린 국민생활의 인장을 이룩하신 일들은 전쟁을 수행하는 크나큰 힘이었다.

독립운동으로 송도고보 중퇴라는 희생을 치르신 선생의 배움을 향한 소망은 대학 입학자격 검정고시 난관을 이겨내심으로써 드높이 발돋움하시었다. 이어 현 연세대학교의 전신인 연희전문학교 영문과를 마치시고는 휘문고보의 교사와 교장으로 20여 년, 연희대학교의 교수와 교무처장으로 6년, 그리고 창립에 이바지한 한국외국어대학교에서 교수와 학장(총장)으로 23년간을 봉직하시는 동안 이 나라 교육계에 새 이정표를 세우셨다.

현재는 과거 없이 존재할 수 없고, 미래는 현재의 연속임을 누구도 부정할 수 없을 것이다. 이미 고인이 된 박술음 선생의 저서 『학습영문법(School English Grammar)』을 다시 발행함으로써 세월의 그늘 속에 묻혀 잊혀져가는 선생의 영어교육의 발자취를 다시금 기억하는 것이 그의 교육정신이 담겨 있는 지구촌 시대 한국인의 긍지를 살리고 진정한 의미의 세계화를 실천하는 길임을 아무리 강조해도 지나침이 없을 것이다.

한 점의 흐트러짐이 없는 선생의 결곡한 용모와 단정한 자세에서 볼 수 있듯이 박술음 선생의 인품은 많은 사람으로 하여금 무한히 경외(敬畏)하는 마음을 갖도록 했다. "양심의 평안 속에 올곧게 살다"가신 선생은 "교사는 가도 교육은 영원하다"라고 말씀하시면서 능력으로 사람을 기용하셨으며, "급사에게도 하대를 하는 법 없이 '평범(平凡) 속에 비범(非凡)'을 남기셨다."

박술음 선생의 대부분의 저서는 대한민국 영어 교육의 모태로서 1920년대부터 1960년대 말까지 약 50년간 중·고등학생들의 영어 교과서로 오랫동안 애용되었다. 영미 대가들의 걸작을 수렴하신 선생은 명구들을 추려 이를 몇 권의 단행본으로 내놓았는데, 'Readers' English, Present English, Extract English'가 그것이다. 선생은 이 자료들을 KBS 라디오 방송 교재로 직접 사용하셔서 약 10년간 적지 않은 청취율을 올리고 호평을 받았다.

선생의 마지막 저서인 영문법을 기초로 영어와 우리말 표현의 묘미를 잘 살려 쉽게 쓴 영어 학습서 『학습영문법(School English Grammar)』 제2판을 출간하는 것은 바로 이러한 선생의 인생 의지와 영어교육의 참 뜻, "평범 속에 비범"의 의미를 다시 한 번 더 높이 세우기 위함이다.

약력	주요 저서

1902년 황해도 출생	*Readers' English*
1919년 송도고보 수학	*Present English*
1921년 전문학교 검정고시 합격	*Extract Readings*
1924년 연희전문학교 졸업	*Model English* (Book I)
1924~1947년 휘문고보 교사(교무주임, 교장 역임)	*Model English Grammar*
1937년 일본 문부성영어과 교원 검정고시 합격	*Model English Lesson* (Book I–III)
1947~1952년 연희대학교 교수(교무처장 역임)	*Model English Readers* (Book I–II)
1952~1955년 사회부장관	*English Today*
1955~1977년 한국외국어대학교 교수	*Advanced Model English Readers* 1–3
1955~1960년 한국외국어대학교 제2대 학장	『핸디영한사전(Handy Concise of English Dictionary)』
1957년 문교부 검정고시 위원장	『학습영문법(School English Grammar)』
1957~1965년 KBS 영어 영문법 강의	
1962년 공보부 '방송교양 문화상' 수상	
1960~1963년 휘문고등학교 교장	
1961~1963년 한국외국어대학교 영어과 학과장(대학원 설립 준비)	
1963~1968년 한국외국어대학교 초대 대학원장	
1964년 연세대학교 명예 문학박사학위 취득	
1966~1977년 한국외국어대학교 제6대 학장	
1970년 국민 훈장 동백장 수상	
1983년 별세(한국외국어대학교 학교장)	

한울아카데미 1861

학습영문법(제2판)

ⓒ 박은정, 2015

지은이 | 박술음
기획·편집 | 박은정
펴낸이 | 김종수
펴낸곳 | 한울엠플러스(주)

책임편집 | 신유미

초판 1쇄 발행 | 1981년 9월 30일
제2판 1쇄 발행 | 2015년 12월 30일

주소 | (10881) 경기도 파주시 광인사길 153(문발동) 한울시소빌딩 3층
전화 | 031-955-0655 | 팩스 031-955-0656
홈페이지 | www.hanulmplus.kr
등록번호 | 제406-2015-000143호

Printed in Korea.
ISBN 978-89-460-5861-3 93740 (양장)
      978-89-460-6104-0 93740 (반양장)

* 책값은 겉표지에 표시되어 있습니다.
* 이 책은 강의를 위한 학생용 교재를 따로 준비했습니다.
  강의 교재로 사용하실 때에는 본사로 연락 주십시오.